WITH CHRIST IN THE SCHOOL OF PRAYER

그리스도의 기도학교

세계
기독교
고전

◀ 60 ▶

WITH CHRIST IN THE SCHOOL OF PRAYER

앤드류 머레이 기도론 전집

그리스도의 기도학교

앤드류 머레이 | 김원주 옮김

CH북스
크리스천
다이제스트

† 차례

제1권 그리스도의 기도 학교에서

제2권 기도 생활

제3권 중보기도의 비밀

제4권 중보기도의 사역

제1권

그리스도의 기도 학교에서

With Christ in the School Prayer

머리말

그리스도처럼 사는 삶의 여러 모습 가운데, 그리스도께서 하나님 앞에서 끊임없이 하시는 일, 즉 그리스도의 중보 사역에 동참하는 것보다 더 고귀하고 영광스러운 것은 없습니다. 우리가 더욱 그리스도 안에 머물고 그리스도를 닮아 가면, 제사장으로서의 그리스도의 삶이 우리 안에서 더욱 역사(役事)하게 될 것입니다. 우리의 삶은 그리스도의 삶, 곧 사람들을 위해 끊임없이 기도하는 삶이 될 것입니다.

그리스도인의 삶에서 기도가 차지하는 위치와 능력을, 우리는 너무도 이해하지 못하고 있습니다. 기도를 단지 그리스도인으로서 살아가는 하나의 수단으로 보는 한, 우리는 기도가 참으로 무엇인지 충분히 이해할 수 없습니다. 그러나 기도를 우리에게 맡겨진 최상의 일로, 다시 말해서 다른 모든 일의 근간이요 힘이 되는 것으로 간주하면, 기도보다 더, 배우고 실행에 옮길 만한 것이 없음을 이해하게 될 것입니다.

하나님께서 자기 자녀들에게 기도의 능력과 영향력을 밝히 보여 주시는 일에 이 책을 써 주셨으면 하고 저는 기도합니다. 하나님께서는 모든 믿음의 기도를 듣고 싶어하십니다. 예수님의 이름으로 구하는 것은 무엇이든 주고 싶어하십니다. 하나님께서는 기도에 응답을 주고자 하십니다. 하지만 하나님께서 자기 자녀, 즉 자신의 기도를 하나님께서 들으실 거라고 믿는 자녀에게 무엇을 해 주실 것인가에 대해, 충분히 이해한 사람은 아직 없습니다.

많은 사람들이 자신의 기도에 효력이 없다고 불평합니다. 저는 그들에게 이런 말을 하고 싶습니다. 복되신 예수께서 그들에게 기도를 몹시 가르치고 싶어하시며 그들을 기다리신다는 것을.

　하나님께서 우리의 눈을 여시어서, 거룩한 중보기도의 사역을 이해할수 있게 해 주시기를 바랍니다. 우리는 이 사역을 위해 하나님의 제사장으로 구별되었습니다. 하나님께서 우리에게 담대한 마음을 주시어서, 우리 기도가 큰 영향력을 행사할 수 있다는 것을 믿게 해 주시기를 원합니다. 그리고 예수님을 바라봄으로써, 소명을 수행할 수 있을까 하는 두려움이 모두 사라지기를 기원합니다. 예수께서는 살아 계셔서 영원히 기도하십니다. 우리 안에 사시면서 기도하시며, 기도 생활의 결과를 보증하십니다.

제 1 장

한 분뿐이신 선생

예수께서 한 곳에서 기도하시고 마치시매
제자 중 하나가 여짜오되
주여 우리에게도 기도를 가르쳐 주옵소서. ― 누가복음 11:1

　제자들은 지금까지 그리스도와 함께 지냈고 그리스도께서 기도하시는 모습을 보아왔습니다. 그래서 그리스도의 놀라운 공적 생활과 그리스도의 은밀한 기도 생활 사이에 무언가 관계가 있다는 것을 알았습니다. 이들은 그리스도께서 기도의 대가이시라는 것을 믿었습니다. 우리 주님처럼 기도하는 사람이 아무도 없었기 때문입니다. 그래서 주님께 와서 "주여 우리에게도 기도를 가르쳐 주옵소서" 하고 요청하였습니다. 훗날 제자들이 우리에게 말할 수 있었다면 주께서 자기들에게 가르치신 기도의 교훈을 능가하는 것은 없다고 했을 것입니다.

　오늘날에도 주님을 만나는 제자라면, 똑같이 "주여, 우리에게도 기도를 가르쳐 주옵소서"라고 요청할 필요를 느낄 것입니다. 그리스도인으로서 성숙해지면 그리스도의 끊임없는 중보기도에 대한 믿음과 생각이 점점 더 놀랍게 변합니다. 우리도 그리스도처럼 중보기도를 드리고 싶다는 소원이 생깁니다.

　그리스도께서 기도하시는 모습을 보면, 또 주님처럼 기도하거나 가르칠 수 있는 사람이 아무도 없다는 것을 기억하면, 우리는 제자들이 왜

"주여 우리에게도 기도를 가르쳐 주옵소서"라고 요청하였는지 이해하게 됩니다. 주님이 어떤 분이시고 어떻게 모든 것을 소유하고 계신지, 어떻게 주께서 친히 우리의 소유가 되시며, 우리의 생명이 되셨는지를 생각하면 우리는 구할 수밖에 없다는 것을 확실히 느낍니다. 뿐만 아니라 주께서는 우리를 이끌어 자신과 좀 더 친밀하게 사귀도록 하시고 또 바로 주님처럼 기도하도록 가르치기를 기뻐하신다는 것을 확실히 알게 됩니다.

옛적에 제자들이 그랬듯이 우리도 바로 오늘 주님께 "주여 우리에게 기도를 가르쳐 주옵소서" 하고 말씀드립시다. 곰곰이 생각해 보면 우리의 간구 한 마디 한 마디가 다 깊은 의미를 담고 있음을 발견할 것입니다.

우리가 배워야 할 필요가 있는 것은 바로 "주여 우리에게 기도를 가르쳐 주옵소서"라고 말하는 것입니다. 초기 단계에서 기도는 매우 단순해서 어린아이라도 드릴 수 있습니다. 하지만 또한 기도는 사람이 도달할 수 있는 일 가운데 가장 고귀하고 거룩한 일입니다. 기도는 보이지 않으나 지극히 거룩하신 분과 갖는 교제입니다. 영원한 세계의 능력은 기도에 따라 행사되어 왔습니다. 기도야말로 참된 종교의 본질입니다. 모든 복의 통로이며, 능력과 생명의 비결입니다. 하나님께서는 모든 이에게 기도를 통해 당신을 붙잡고 당신의 힘을 받을 수 있는 권리를 주셨습니다. 약속이 성취되는 것도, 하나님 나라가 임하는 것도, 하나님의 영광이 충만하게 드러나는 것도 모두 기도로 이루어집니다.

하지만 우리는 이 복된 사역을 하기에는 너무 게으르고 부적합한 존재들입니다. 오직 하나님의 영만이 우리가 마땅히 해야 할 대로 이 사역을 감당할 수 있게 해 줍니다. 우리가 스스로 속아서 능력은 없으면서 형식만 붙들고 있게 되기가 얼마나 쉬운지요! 우리의 게으름이나 교회의 잘못된 가르침, 습관의 영향, 감정의 기복, 이 중 어느 하나에만 걸려도 우리는 영적 능력이 없고 효력도 없는 기도에 쉽게 빠져들고 맙니다. 참된 기도, 곧 하나님의 힘을 붙들고 역사하는 힘이 큰, 진정 하늘 문을 활짝 여는 참된 기도를 배우고 싶은 사람이라면 "아, 누가 되었든지 내게 이렇게 이렇게 기도하라고 가르쳐 주었으면" 하고 외치지 않겠습니까?

예수께서는 구속받은 백성, 특히 기도의 능력을 얻고 싶어하는 자들을 훈련하는 학교를 여셨습니다. 그렇다면 우리는 "주님, 저희가 정말 배워야 할 일이 이것입니다. 우리에게 기도를 가르쳐 주옵소서!" 하고 청원하면서 그 학교에 들어가야 하지 않겠습니까?

우리는 옛적에 주님의 백성들이 어떤 능력을 가지고 기도했는지, 또 기도의 응답으로 어떤 기사들이 행해졌는지를 주님의 말씀에서 읽어왔습니다. 이 같은 일이 준비의 시기인 옛언약 아래에서 일어났다면, 성취의 시기인 오늘날에는 주께서 자기 백성들 가운데 계신다는 이 확실한 표를 훨씬 더 풍성히 주시지 않겠습니까? 우리는 주님께서 주님의 이름으로 드리는 기도의 능력과 관련하여 사도들에게 어떤 약속을 주셨는지 들었습니다. 그 약속이 진실됨을 사도들이 얼마나 영광스럽게 경험했는지도 보았습니다. 이 약속이 우리에게도 진실될 수 있음을 우리는 확실히 압니다. 오늘날에도 우리는 주님께서 당신을 온전히 신뢰하는 이들에게 여전히 능력을 베푸신다는 참으로 영광스런 증거들을 계속해서 듣습니다. 주님, 이 사도들도 모두 저희와 같은 성정을 지닌 사람들입니다.

우리도 저들과 같이 기도하도록 가르쳐 주옵소서. 이 약속들은 우리를 위해 있습니다. 하늘 나라의 능력과 선물은 바로 우리를 위해 있는 것입니다. 우리에게도 기도를 가르쳐 주셔서 풍성히 받을 수 있도록 해 주십시오. 주님은 또한 우리에게 당신의 일을 맡기셨습니다. 주님의 나라가 임하는 것이 우리의 기도에 달려 있습니다. 또한 주님은 기도를 통해서 당신의 이름을 영광스럽게 할 수 있습니다. 그렇습니다. 주님, 저희 자신을 학생으로 당신께 바칩니다. 진실로 주님께 배우고자 합니다.

이제 우리는 기도를 배울 필요가 있음을 알게 되었습니다. 처음에는 기도처럼 간단해 보이는 일이 없습니다. 그러나 후에 가면 기도만큼 어려운 것도 없습니다. 이때쯤 되면 우리는 마땅히 해야 할 대로 기도할 줄 모른다고 고백하지 않을 수 없습니다. 분명하고 확실한 약속이 담긴 하나님의 말씀이 우리에게 있다는 것은 사실입니다. 그러나 죄 때문에 마음이 심히 어두워져서, 우리는 하나님의 말씀을 적용하는 방법을 언제나

다 아는 것은 아닙니다. 영적인 일에서 우리는 언제나 가장 필요한 일을 추구하지도 않고 성소의 법을 따라 기도하지도 않습니다. 세속적인 일에서는 우리 천부께서 우리에게 필요한 것을 구하라고 하셨을 때 우리에게 주신 더할 수 없는 자유를 잘 활용할 줄을 여전히 모릅니다. 우리가 무엇을 구해야 할지 알고 있다 하더라도 주께서 받으시는 기도를 드릴 필요가 얼마나 많겠습니까? 기도는 하나님의 영광을 위하여 드려야 하며, 하나님의 뜻에 전적으로 복종하여, 온전한 믿음의 확신으로, 예수의 이름으로 그리고 들으심을 받을 때까지 끈기있게 드려야 하는 것입니다.

이 모든 것을 배워야 합니다. 기도는 오직 기도를 많이 드리는 학교에서만 배울 수 있습니다. 왜냐하면 기도는 숙달해야 하는 습관이기 때문입니다. 효력 있는 기도라는 천상의 기술은 자신의 무지와 무가치함을 뼈저리게 의식하는 가운데서, 그리고 믿음과 불신 사이에서 몸부림치면서 배우는 것입니다. 우리가 이 사실을 기억하지 못하는 때에라도 믿음과 기도의 창시자이며 완성자이신 주님께서 우리의 기도를 굽어보시고, 자기를 신뢰하고 기도하는 모든 이들이 기도 학교에서 온전히 배울 수 있도록 하실 것입니다. 우리 자신의 무지를 인식하고, 또 주님을 온전하신 선생님으로 믿고서 공손히 배우는 태도로 모든 기도를 드리도록 합시다. 그러면 주께서 우리를 가르치실 것입니다. 우리는 능력 있게 기도하는 법을 배울 것입니다. 주께서 기도를 가르치시기 때문에 우리는 배울 수 있습니다.

학생에게는, 자신의 일이 무엇인지 알고 가르치는 은사가 있으며 인내와 사랑으로 학생의 눈높이를 맞출 줄 아는 선생이 필요합니다. 예수께서는 이 모든 자질을 다 구비하고 계십니다. 아니 그보다도 훨씬 뛰어나십니다. 아무도 예수님처럼 가르칠 수 없습니다. 기도하기를 가르치는 분은 친히 기도하시는 예수님이십니다. 예수께서는 기도가 무엇인지 아십니다. 주님은 세상에 계실 때 시련 가운데 눈물로 기도를 배웠습니다. 하늘에서도 기도는 여전히 주님이 기뻐하시는 사역입니다. 하늘에서 주님의 생활은 곧 기도 생활입니다. 예수께는 하나님의 어전으로 데려갈 사람들을 찾는 것만큼 즐거운 일이 없습니다. 주께서는 이들에게 기도로 주위 사람들에게 하나님의 복을 내리게 하는 능력을 입혀 주실 수 있습니다. 이들이 하나님의 나라를 세상에 드러내는 중보기도에서 주님의 동역자들이 되도록 훈련시키실 수 있습니다. 주님은 가르치는 법을 아십니다. 이번에는 절박한 필요를 느끼게 함으로써, 다음에는 기쁨에서 나오는 확신을 갖게 함으로써 가르치십니다. 여기서는 말씀의 가르침으로, 저기서는 기도가 응답받는다는 것이 무엇인지 아는 다른 신자의 간증을 통해 가르치십니다. 주님께서는 성령에 의해 우리 마음에 들어오시고, 기도를 방해하는 죄가 무엇인지 보여 주기도 하고 우리가 하나님을 기쁘시게 한다는 확신을 주시기도 합니다. 주께서는 구해야 할 내용이나 구하는 방법을 알게 함으로써 뿐만 아니라 우리 속에 기도의 영을 불어넣으심으로써, 즉 대 중보자로 우리 안에 사시면서 가르치십니다. 이런 사실들을 알때 우리는 경외하는 심정과 기쁨으로 "누가 그리스도처럼 가르칠 수 있겠는가" 하고 묻지 않을 수 없습니다.

예수께서는 제자들에게 설교하는 법을 가르치지 않았고 오직 기도하는 법만을 가르치셨습니다. 설교를 잘 하는 데 필요한 것에 대해서는 별로 말씀하시지 않았으나 기도를 잘 하는 법에 대해서는 많이 말씀하셨습니다. 하나님께 말씀드리는 법을 안다는 것은 사람에게 이야기하는 법을 아는 것보다 더 중요합니다. 사람에게 능력 있는 것이 아니라 하나님께 능력 있는 것이 참으로 중요한 일입니다. 예수께서는 우리에게 기도하는 법을 가르치기를 기뻐하십니다.

예수께서 세상에 계실 때 하셨던 말씀을 깊이 생각합시다. 그리고 이같은 선생을 모신다면 우리가 발전할 것을 충분히 확신하고서 기도의 기술에 대한 주님의 가르침에 복종하도록 합시다. 주님의 말씀을 묵상할 뿐만 아니라 주님의 보좌 앞에 엎드려 기다리며 중보 사역을 위해 훈련받도록 합시다. 우리가 말을 더듬거리고 두려워할 때에라도 주께서 당신의 사역을 가장 아름답게 수행하고 계신다는 확신을 가지고 그렇게 합시다. 주께서 자신의 생명을 우리에게 불어넣으실 것입니다. 이것이 곧 기도입니다. 주께서 우리에게 당신의 의와 생명을 나누어 주시듯이 당신의 중보도 나누어 주실 것입니다. 주님의 몸의 지체로서, 거룩한 제사장으로서 우리는 사람들을 위하여 하나님께 호소하고 하나님을 설득하는 주님의 제사장적 사역에 참여할 것입니다. 비록 우리가 무지하고 연약할지라도 주님, 우리에게 기도를 가르쳐 주옵소서.

주여, 우리에게 기도를 가르쳐 주옵소서

복되신 주님, 주께서는 항상 기도하며 사시므로 저에게 기도하는 법을 가르치고 또 언제나 기도하면서 사는 법을 가르치실 수 있습니다. 주께서는 제가 쉬임없이 기도함으로 또 하나님 앞에서 제사장으로 섬으로써 하늘에서 당신의 영광을 나누어 갖도록 하기를 기뻐하십니다.

주 예수님, 저는 마땅히 해야 할 대로 기도할 줄을 알지 못함을 고백합니다. 제가 주와 함께 머물며 기도의 훈련을 받을 시간을 주께 드릴 수 있게 하여 주옵소서. 제가 자신의 무지를 깊이 알고 또 기도의 놀라운 특권과 능력, 기도의 영이신 성령의 필요를 깨달음으로 제가 알고 있다고 생각하는 모든 것을 다 버릴 수 있게 하소서. 제가 진심으로 주께 배우려는 마음과 가난한 심령으로 당신 앞에 무릎 꿇게 하소서.

주님과 같은 선생이시라면 제게 기도를 가르치실 수 있다는 확신을 채워 주십시오. 항상 아버지 하나님께 기도하며 기도로써 당신의 교회와 세계의 운명을 정하시는 예수님을 제 선생으로 삼으면 저는 두려워할 일이 없을 것입니다. 기도 세계의 신비를 알 필요가 있는 만큼 제게 그 신비를 열어 주실 것입니다. 제가 알지 못할 때에라도 주님은 제가 믿음에 굳세어서 하나님께 영광을 돌릴 수 있도록 가르치실 것입니다.

복되신 주님, 주께서는 당신을 신뢰하는 학생을 부끄럽게 하시지 않을 것이며, 학생도 주님의 은혜를 받았으므로 주님을 부끄럽지 않게 할 것입니다. 아멘.

제 2 장

예배하는 자들

아버지께 참되게 예배하는 자들은 영과 진리로 예배할 때가 오나니 곧 이때라 아버지
께서는 자기에게 이렇게 예배하는 자들을 찾으시느니라 하나님은 영이시니 예배
하는 자가 영과 진리로 예배할지니라 — 요한복음 4:23-24

예수께서 사마리아 여인에게 하신 이 말씀은 기록된 예수님의 가르침
가운데 기도와 관련된 첫 번째 가르침입니다. 이 말씀에서 우리는 처음
으로 기도 세계의 놀라운 모습을 잠깐 엿볼 수 있습니다. 아버지 하나님
께서는 예배하는 자들을 찾으신다는 것입니다. 우리의 예배가 하나님의
사랑하시는 마음을 만족케 하며 하나님께 기쁨이 된다는 것입니다. 하나
님은 참되게 예배하는 자들을 찾으시지만 그런 사람을 많이 만나지 못하십
니다. 참된 예배란 영과 진리로 드리는 예배입니다. 영과 진리로 드리는
이 예배에 나갈 수 있는 길을 열기 위해 인자가 오셨고 또 그 사실을 우리
에게 가르쳐 주십니다. 기도 학교의 첫 수업은 영과 진리로 기도한다는
것의 의미를 이해하고 그렇게 기도할 수 있는 방법을 아는 것이 되어야
합니다.

이 사마리아 여인에게 우리 주께서는 세 가지 예배에 대해 말씀하셨습
니다. 첫째로, 사마리아인들이 드리는 무지한 자의 예배가 있습니다. "너
희는 알지 못하는 것을 예배하고." 둘째로, 하나님께 대한 참된 지식을
갖고 있다고 하는 유대인들의 지적인 예배가 있습니다. "우리는 아는 것

을 예배하노니 이는 구원이 유대인에게 남이라." 그 다음에는, 예수께서 오셔서 친히 소개하신 새로운 예배, 곧 영적인 예배가 있습니다. "그러나 아버지께 참되게 예배하는 자들은 영과 진리로 예배할 때가 오나니 곧 이때라." 전후 관계로 볼 때 "영과 진리로"라는 말이 흔히 사람들이 생각하듯 마음으로부터 정직하고 진지하게 한다는 뜻이 아닌 것이 분명합니다. 사마리아인들에게는 모세 오경이 있으므로 하나님께 대한 지식이 어느 정도 있었습니다. 사마리아인들 가운데는 정직하고 진지하게 기도로 하나님을 찾는 사람들이 틀림없이 한 사람 이상은 있었을 것입니다. 유대인들은 지금까지 받은 대로 하나님 말씀에서 참되고 충분한 계시를 받았습니다. 유대인들 가운데도 전심으로 하나님을 구한 경건한 사람들이 있었습니다. 그러나 말 그대로 "영과 진리로" 하나님을 구한 사람들은 아직 없었습니다. 예수께서는 "때가 오나니 곧 이때라"고 말씀하십니다. 즉 하나님에 대한 예배가 영과 진리로 이루어지는 것은 오직 주님 안에서 그리고 주님을 통하여서라는 말씀입니다.

그리스도인들 가운데 여전히 이 세 부류의 예배자들이 있습니다. 무지해서 자기들이 무엇을 구하는지 거의 알지 못하는 사람들이 있습니다. 이들은 진지하게 구하지만 거의 받는 것이 없습니다. 더 많은 지식을 갖고 온 마음으로 그리고 대개가 아주 열심으로 기도하려고 하지만 영과 진리로 드리는 예배의 충만한 복은 얻지 못하는 사람들이 있습니다. 우리는 주님께서 우리를 이 세 번째 예배로 데려가 주시기를 구해야 합니다. 영과 진리로 예배하는 법을 주님께 배워야 합니다. 이것만이 영적 예배입니다. 이렇게 예배할 때 우리가 하나님께서 찾으시는 예배자들이 됩니다. 기도에서는 모든 것이 영과 진리로 예배하는 것을 얼마나 잘 알고 있고 또 실행하느냐에 좌우될 것입니다.

"하나님은 영이시니, 예배하는 자들은 영과 진리로 하나님을 예배해야 한다." 여기서 주님이 제시하신 첫 번째 생각은 하나님과 하나님을 예배하는 자들 사이에 일치가 있어야 한다는 것입니다. 하나님이 그러하시므로 하나님을 예배하는 자도 그러해야 한다는 말씀입니다. 이 점은 우주 전체에 퍼져 있는 원칙을 따르는 것입니다. 우리는 어떤 물체와 물체를 보는 신체의 기관이 서로 일치하기를 바랍니다. 눈은 빛에 대해 내적 적합성을 지니고 있고 귀는 소리에 대해 그런 내적 적합성이 있습니다. 하나님을 참되게 예배하는 사람, 하나님을 찾고 알고 소유하고 즐길 사람은 하나님과 일치해야 하며, 하나님을 받을 만한 역량을 지녀야 합니다. 하나님은 영이시므로 우리는 영으로 예배해야 합니다. 하나님이 영이시므로 하나님을 예배하는 자도 그러해야 하는 것입니다.

이 말이 무슨 뜻입니까? 이 여인은 예수께 참되게 예배할 장소가 사마리아인지 예루살렘인지를 물었습니다. 이후로부터는 예배가 더 이상 어떤 특정한 장소에서만 드려지게 되지 않는다고 예수님은 대답하십니다. "여자여, 내 말을 믿으라 이 산에서도 말고 예루살렘에서도 말고 너희가 아버지께 예배할 때가 이르리라." 하나님은 영이시므로, 공간이나 시간에 매이지 않으시고 무한한 완전함 가운데서 항상 모든 곳에 계시듯이 하나님께 대한 예배도 더 이상 장소나 형태에 제한되지 않고 하나님께서 친히 영이시듯이 예배도 영적인 것이 된다는 말씀입니다. 이것은 깊은 의미를 지닌 교훈입니다. 우리 기독교 신앙이 특정 시간이나 장소에 매임으로 인해 얼마나 많은 장애를 겪고 있습니까? 교회나 골방에서 진지하게 기도하고자 하는 사람은 일주일이나 하루의 대부분을 기도할 때 가졌던 정신과는 전혀 다르게 보냅니다. 이 사람의 예배는 자신의 전 존재로 드리는 것이 아니라 고정된 장소나 시간에 행하는 일인 것입니다. 하나님은 영이십니다. 하나님은 영원하고 변함이 없는 분이십니다. 하나님은 현재 계시는 그대로 언제나 진리 가운데 계십니다. 따라서 우리의 예배도 영과 진리 가운데 드려야 합니다. 하나님께 드리는 예배는 우리 생활의 정신이 되어야 합니다. 우리의 생활은 하나님이 영이시므로 영으로 드리는 예배가 되어야 합니다.

주님의 이 말씀에서 두 번째로 생각하게 되는 점은 영으로 드리는 이 예배는 하나님께로부터 직접 와야 한다는 것입니다. 하나님은 영이십니다. 하나님만이 우리에게 주실 영이 있으십니다. 하나님께서 아들을 보내어 우리에게 성령을 주심으로써 우리를 이런 영적 예배에 합당하도록 만드신 것은 바로 이 목적을 위해서였습니다. 예수께서 두 번에 걸쳐 "때가 오나니" 하시고 이어 "곧 이때라"고 덧붙이실 때, 말씀하고자 하시는 것이 바로 이 예수님의 사역입니다. 예수께서는 성령으로 세례를 주고자 오셨습니다. 성령은 예수께서 영광을 받으시기 전에는 오실 수 없었습니다(요 1:33; 7:37,38; 16:7). 예수께서 성령을 아버지의 영으로 우리에게 보내실 수 있었던 것은 죄를 끝내시고 자기 피로 지성소에 들어가 거기에서 우리를 위해 성령을 받으셨을 때였습니다(행 2:33). 아버지 하나님께서 아들의 영을 우리 마음에 보내어 주셔서 우리가 "아바, 아버지"라고 부를 수 있게 하신 것은 그리스도께서 우리를 구속하셨고 우리는 그리스도 안에서 자녀의 위치를 받았을 때입니다. 영으로 드리는 예배란 그리스도의 영으로, 곧 아들의 영으로 하나님을 예배한다는 뜻입니다.

이것이 예수께서 여기서 아버지의 이름을 쓰시는 이유입니다. 구약 성도들 가운데서 개인적으로 자녀의 이름을 쓰거나 하나님을 아버지라고 부르는 사람은 한 사람도 없습니다. 아버지를 예배하는 일은 성령을 받은 사람들에게만 가능합니다. 영으로 예배하는 일은 아들이 아버지를 계시한 사람들, 그래서 아들의 영을 받은 사람들에게만 가능합니다. 그 길을 열고 영으로 예배하는 법을 가르치시는 이는 오직 그리스도밖에 없습니다.

진리로 예배한다는 말은 진정으로 예배한다는 것만을 의미하지 않습니다. 그런가 하면 하나님 말씀의 진리에 맞게 예배한다는 것만을 의미하지도 않습니다. 이 말은 깊고 신성한 의미를 지니고 있습니다. 예수님은 "아버지의 독생자로 은혜와 진리가 충만한" 분입니다. "율법은 모세로 말미암아 주어진 것이요 은혜와 진리는 예수 그리스도로 말미암아 온 것이라." 예수께서는 "내가 곧 진리요 생명이라"고 말씀하십니다. 구약에서는 모든 것이 그림자요 약속이었습니다. 예수께서는 바라는 바의 현실, 곧 실상을 가져오셨고 주십니다. 그리스도 안에서 영생의 복과 능력이 실제로 우리의 소유가 되며 경험이 됩니다. 예수님은 은혜와 진리가 충만한 분이십니다. 성령은 진리의 영이십니다. 성령으로 말미암아 예수 안에 있는 은혜가 행위와 진리에서 우리의 것이 됩니다. 즉 하나님의 생명으로 인해 적극적인 교제가 이루어진다는 것입니다. 따라서 영으로 드리는 예배란 진리로 드리는 예배, 즉 하나님과의 살아 있는 실제적인 교제이며, 영이신 아버지와 영으로 기도하는 자녀 사이의 실제적인 왕래이며 조화입니다.

사마리아 여인은 예수께서 자기에게 말씀하신 것을 당장에는 깨닫지 못했습니다. 그 말씀의 의미가 충분하게 드러나기 위해서는 오순절이 필요했습니다. 처음 기도 학교에 들어왔을 때, 우리는 이런 가르침을 파악할 준비가 거의 되어 있지 않습니다. 후에는 더 잘 깨달을 것입니다. 우선은 시작하고 주께서 주시는 대로 그 교훈을 받도록 합시다. 우리는 육신에 속해 있으므로 하나님이 찾으시는 예배를 드릴 수 없습니다. 그러나 예수께서는 성령을 주시기 위해 오셨습니다. 그리고 우리에게 성령을 주셨습니다. 기도하려고 할 때에 그리스도의 말씀이 가르치는 바로 그 자세를 갖도록 합시다.

하나님을 기쁘시게 하는 예배를 드릴 수 없는 우리의 무능력을 깊이 고백하고, 하나님께서 우리를 가르쳐 주시기를 기다리는 어린아이 같은 온순함을 가지며, 성령의 감화하심에 순종하는 단순한 믿음을 갖도록 합시다. 무엇보다 아버지 하나님에 대한 지식, 곧 아버지께서 우리 마음에 계시하신 무한한 부성애, 우리를 자녀로 삼으시기 위해 우리에게 아들과 성령을 보내시는 하나님의 무한한 사랑을 믿는 단순한 신앙이 영과 진리로 드리는 기도의 참된 비결이라는 복된 진리를 굳게 붙잡도록 합시다. 이것은 그리스도께서 우리에게 열어 놓으신 새롭고 산 길입니다. 아들이신 그리스도와 우리 속에 거하시며 아버지를 계시하시는 아들의 영을 모시면, 우리는 영과 진리로 예배드리는 사람이 될 수 있습니다.

주여, 우리에게 기도를 가르쳐 주옵소서

복되신 주님, 당신께서는 물 한 잔 주기를 거절한 여인에게 하나님께 대한 예배가 어떠해야 하는지를 가르쳐 주셨습니다. 주님의 그 사랑을 찬송합니다. 저는, 영과 진리로 기도하기를 갈망하여 당신께 나아오는 당신의 모든 제자에게 마찬가지로 가르쳐 주시리라는 것을 확신하고 기뻐합니다. 오 거룩하신 주님, 제게 이 복된 비결을 가르쳐 주옵소서.

영과 진리로 예배하는 일이 사람에게서 나오지 않고 오직 당신에게서만 나온다는 것을 제게 가르쳐 주옵소서. 영과 진리로 드리는 예배가 때와 시기에 맞는 일만이 아니라 당신에게 있는 생명이 흘러넘치는 것임을 알게 하여 주옵소서. 나의 무지를 깊이 알게 하시고 내 자신에게는 하나님께 드릴 아무것도 없음을 알며 또한 내 구주이신 주께서 어린아이처럼 더듬거리는 말을 들으시고 성령의 감화를 받도록 준비하심을 생각하고서 기도로 하나님께 가까이 나오도록 가르쳐 주옵소서. 저는 주님 안에서 제가 어린아이이며 따라서 자유롭게 주께 나아갈 수 있으며, 주님 안에서 아들의 영을 받고 진리로 예배하는 영을 받음을 인하여 당신을 찬송합니다. 무엇보다 아버지의 복되신 아들이시여, 기도에 확신을 주는 것은 아버지의 계시임을 가르쳐 주옵소서. 아버지로서 품으시는 하나님의 무한한 사랑이야말로 기도와 예배 생활의 기쁨이며 힘이 되게 하여 주옵소서. 아멘.

제 3 장

홀로 하나님과 함께

너는 기도할 때 네 골방에 들어가 문을 닫고 은밀한 중에 계신 네 아버지께 기도하라
은밀한 중에 보시는 네 아버지께서 갚으시리라 — 마태복음 6:6

예수께서는 첫 제자들에게 산상수훈에서 처음으로 공적인 가르침을
베푸셨습니다. 제자들에게 하나님의 나라와 그 법과 생활에 대해 상세히
설명하셨습니다. 그 나라에서 하나님은 왕이실 뿐만 아니라 아버지이기
도 하십니다. 하나님은 모든 것을 주실 뿐만 아니라 그 자신이 모든 것이
되십니다. 하나님 나라의 복은 하나님에 대한 지식과 하나님과의 교제에
만 있습니다. 그래서 기도와 기도 생활에 대한 계시가 예수께서 오셔서
세우려고 하신 새 나라에 관한 주님의 가르침의 한 부분을 이루었습니
다. 모세는 기도에 관해 명령도 규례도 제시하지 않았습니다. 선지자들도
기도의 의무에 관해 직접적으로 말한 바가 거의 없습니다. 기도를 가르
치시는 분은 그리스도이십니다.

주께서 제자들에게 가르치시는 첫 번째 사실은 제자들이 기도하기 위
한 은밀한 장소를 갖고 있어야 한다는 것입니다. 모든 사람은 홀로 하나
님과 지낼 수 있는 독립된 장소를 갖추어야 합니다. 교사는 누구나 교실
이 있어야 합니다. 예수님은 기도 학교에서 우리의 한 분밖에 없는 교사
이십니다. 우리 선생께서는 이미 사마리아에서 예배는 더 이상 시간이나
장소에 제한되지 않고, 참된 영적 예배는 영적인 일이고 생활이라고 가

르치셨습니다. 사람은 전 존재가 생활 전체에서 영과 진리로 드리는 예배가 되어야 합니다. 주님은 사람들 각자가 매일 예수님을 만날 수 있는 자기만의 고정된 장소를 정하기를 원하십니다. 내밀한 방, 곧 은밀한 곳은 예수님의 교실입니다. 어디든지 그런 장소가 될 수 있습니다. 우리는 거처를 바꾸어야 하기 때문에 날마다 그 장소가 바뀔 수 있습니다. 그러나 학생이 직접 주님께 나아와 아버지 하나님을 예배하도록 주님의 준비를 받을 수 있는 은밀한 곳과 조용한 시간이 있어야 합니다. 예수께서는 그곳으로 오셔서 우리에게 기도를 가르치십니다.

교사는 자기 교실이 명랑하고 매력적이며, 밝고 쾌활한 곳, 즉 학생들이 와서 머물고 싶은 곳이 되기를 바랍니다. 산상수훈에서 예수님은 우리에게 기도의 장소를 지극히 매력적인 장소로 제시하려고 하십니다. 우리는 그곳에서 우리가 할 일 가운데 가장 중요한 사실이 무엇인지 이내 알아차립니다. 예수께서는 세 번에 걸쳐 아버지의 이름을 사용합니다. "네 아버지께 기도하라." "네 아버지께서 갚으시리라." "너희에게 있어야 할 것을 너희 아버지께서 아시느니라." 골방에서 필요한 첫 번째 사실은 "내가 내 아버지를 만나야 한다"는 것입니다. 골방에 비치는 빛은 아버지의 얼굴에서 비추는 빛입니다. 예수께서 가득 채우실 하늘로부터 오는 신선한 공기, 곧 내가 호흡하고 기도하는 곳의 분위기는 하나님의 아버지로서의 사랑, 즉 하나님의 무한한 자애입니다. 그러면 우리가 내쉬는 각각의 생각이나 요청은 마음에서 우러나온 아버지에 대한 어린아이 같은 단순한 신뢰입니다. 이것이 예수께서 우리에게 기도를 가르치시는 방식입니다. 예수께서는 우리를 아버지의 살아 계시는 어전으로 데려갑니다. 거기서 드리는 우리의 기도는 분명 많은 것을 성취할 것입니다.

"은밀한 중에 계신 네 아버지께 기도하라." 하나님은 육신의 눈으로는 볼 수 없도록 당신을 감추십니다. 예배 드릴 때 우리가 무엇보다 자신의 생각과 행사에 몰두하고 있는 한 우리는 보이지 않는 분, 곧 영이신 하나님을 만나지 못할 것입니다. 세상과 사람에 속해 있는 모든 것에서 물러나 오직 하나님만을 모시는 사람에게만 아버지께서는 자신을 나타내실 것입니다. 마음에서 세상 생활을 깨끗이 몰아내고 마음을 비운 채 그리스도의 인도를 받아 은밀한 하나님의 어전에 이를 때 하나님 아버지의 사랑이 그에게 빛을 비출 것입니다. 문을 닫아 건 골방의 은밀함, 곧 주변 모든 것으로부터 완전히 고립됨이란 우리 속에 있는 영적 성소, 곧 휘장 안에 있는 하나님 장막의 비밀한 곳을 말합니다. 그곳에서 우리의 영혼이 보이지 않는 분과 진정으로 만나게 됩니다. 그래서 응답 받는 기도의 비결을 언급한 후 논의의 시초부터 우리가 바르게 기도 드리는 법을 배우는 것은 바로 은밀한 방에서 오직 하나님과만 지내는 데 있다는 것을 배웁니다. '은밀한 중에 계시는 아버지'라는 말씀으로 예수께서는 아버지 하나님이 우리를 기다리고 계시는 곳이 어디며, 어디로 가야 하나님을 뵐 수 있는지를 가르쳐 주고 계십니다.

그리스도인들은 개인 기도를 마땅히 드려야 하는 만큼 드리지 못한다고 불평합니다. 그리스도인들은 자신들이 연약하고 죄인이라고 느낍니다. 마음은 냉담하고 어둡습니다. 이들은 마치 기도할 것이 거의 없는 것 같고 믿음도 별로 없고 기쁨도 없는 것 같습니다. 이들은 마땅히 그래야 하는데도 혹은 그러기를 바라지만 아버지께 올 수 없다는 생각에 낙담하고 기도를 하지 못합니다. 여러분의 선생님께서는 이렇게 말씀하십니다. 너희가 개인 기도를 하러 갈 때, 먼저 생각해야 할 것은 '아버지는 은밀한 곳에 계시며, 그곳에서 너희를 기다리신다'는 것입니다. 여러분의 마음이 냉랭하고 기도할 말이 없다는 바로 그 이유 때문에 사랑하시는 아버지의 어전으로 나아가라는 것입니다. 아버지가 자식을 불쌍히 여기듯이 주님께서는 여러분을 불쌍히 여기십니다. 여러분이 하나님께 나아가 드릴 기도가 별로 없다는 점을 생각지 말고 하나님께서 얼마나 많은 것을 여러분에게 주기를 원하시는지를 생각하십시오. 하나님의 얼굴을 올려다보십시오. 하나님의 놀랍고 부드러우며 긍휼히 여기시는 사랑을 생각하십시오. 자신의 모든 것이 얼마나 죄스럽고 냉랭하며 어두운지를 하나님께 말씀드리십시오. 아버지 하나님의 사랑하시는 마음이 빛과 따뜻함을 여러분 마음에 비추실 것입니다. 예수께서 말씀하시는 대로 하십시오. 문을 걸어 잠그고 은밀한 중에 계신 아버지께 기도드리십시오. 무한하신 하나님과 단 둘이서만 있을 수 있다는 것이 놀랍지 않습니까? 하늘을 우러러 '내 아버지시여' 하고 말하십시오.

"은밀한 중에 보시는 네 아버지께서 갚으시리라." 은밀하게 드리는 기도는 열매를 맺지 않을 수 없다고 예수님은 말씀하십니다. 은밀하게 드리는 기도의 복이 우리 생활 가운데 나타날 것입니다. 은밀한 가운데 하나님과 단 둘이 있는 가운데 우리가 우리 생활을 사람들에게보다 먼저 하나님께 모두 맡긴다면 하나님께서는 우리에게 공적으로 보상하실 것입니다. 하나님께서는 반드시 기도에 대한 응답을 우리에게 내리시는 복 가운데서 나타나게 하실 것입니다. 우리 주님께서는 하나님이 무한한 부성애와 신실하심으로 은밀한 가운데 우리를 만나시는 것과 꼭같이 우리도 어린아이와 같은 단순한 믿음과 신뢰를 가져야 우리의 기도가 복을 가져온다는 것을 가르치려 하셨습니다.

'하나님께 나아가는 자는 반드시 자기를 찾는 자들에게 상 주시는 이심을 믿어야 할지니라.' 골방의 복은 내가 기도할 때 갖는 강한 감정이나 뜨거운 열정에 달려 있지 않고 그곳에서 내가 아뢰는 내 필요를 들으시는 아버지의 사랑과 능력에 달려 있습니다. 그러므로 기도의 대가이신 주님께는 단 한 가지 소원밖에 없습니다. 즉 네 아버지께서 은밀한 가운데 계시고 보시며 들으신다는 사실을 기억하라는 것입니다. 은밀한 곳에 가서 그곳에 머무르며 아버지께서 갚으시리라는 확신을 가지고 나오십시오. 그 점에 대해 아버지를 믿으십시오. 하나님을 의지하십시오. 아버지께 드리는 기도는 결코 헛될 수 없습니다. 아버지께서는 당신에게 공적으로 보상하실 것입니다.

아버지로서 갖는 하나님의 사랑에 대한 이런 믿음을 확증하기 위해 그리스도께서는 세 번째 말씀을 하십니다. "구하기 전에 너희에게 있어야 할 것을 하나님 너희 아버지께서 아시느니라." 얼른 생각할 때 이 말씀대로 하자면 마치 기도할 필요가 없어지는 것 같습니다. 그러나 우리가 기도란 참으로 무엇인지에 대해 더 깊은 통찰을 얻을 때 이 진리는 우리의 신앙을 굳건히 하는 데 많은 도움을 줄 것입니다. 이 말씀은 우리가 이방인들이 그러듯이 마지못해 하는 하나님을 억지로라도 우리의 기도를 들으시도록 하기 위해 많은 말로 간절히 탄원할 필요가 없다는 것을 가르쳐 줍니다. 우리가 "내 아버지께서 내게 이것이 필요하다는 것을 정말로 아실까" 하고 물을 때 이 말씀은 기도 가운데 깊이 생각하고 잠잠히 기다리도록 이끌어 줄 것입니다.

하나님의 말씀에 비추어 볼 때 우리의 요청이 하나님의 영광을 위해 필요하다는 것을 성령께서 확신을 주신다면 우리는 놀라운 확신을 가지고 "내 아버지께서 이것이 내게 필요하고 따라서 내게 있어야 한다는 것을 아신다"고 말할 수 있습니다. 응답이 조금이라도 지연된다면 그것은 우리가 조용히 인내하는 가운데 견디는 법을 배우도록 가르칠 것입니다. 아버지 하나님! 하나님께서는 제게 그것이 필요한 줄 아십니다. 우리의 선생이신 그리스도께서는, 우리가 하나님께 가까이 가는 가운데 우리 속에 있는 어린아이의 복된 자유와 단순함을 기르기를 바라십니다. 성령께서 우리 속에 그 자유와 단순함을 일으키실 때까지 아버지 하나님을 바라봅시다. 기도하면서 이따금 우리는 간절하고 절박한 기도에 너무 몰두한 나머지 아버지께서 아시고 들으신다는 것을 잊어버릴 정도가 될 때 잠잠히 있으면서 조용히 그냥 이렇게 말합시다. "내 아버지께서 보시고 내 아버지께서 들으시며 내 아버지께서 아십니다." 그럴 때 우리는 믿음으로 하나님께서 마땅히 응답해 주실 것을 구하며 "우리는 주께 구한 것을 이미 받은 줄로 안다"고 말할 수 있을 것입니다.

이제 이 교훈들을 받아들이고 실천하며 하나님께서 이 교훈들 가운데서 여러분을 온전케 하실 것을 믿으십시오. 골방의 문을 닫아걸고, 즉 사람들이 드나들지 못하도록 문을 닫아걸고 하나님과만 그 안에서 오래 머무십시오. 그곳에서 하나님은 여러분을 기다리십니다. 그곳에서 예수께서 여러분에게 기도를 가르쳐 주실 것입니다. 은밀한 가운데 아버지와 단둘이만 지낸다는 이것이 여러분의 최고의 기쁨이 되게 하십시오. 아버지께서 여러분의 은밀한 기도를 공개적으로 보상하시리라는 것을 확신하십시오. 그러면 그 확신이 실망으로 끝나지 않을 것입니다. 이 확신이 날마다 여러분의 힘이 되게 하십시오. 아버지께서 여러분이 구하는 것이 필요한 줄을 아신다는 사실을 알면, 여러분의 하나님께서 그리스도 예수 안에서 그 영광의 풍성함을 따라 공급하시리라고 확신하고서 모든 필요를 기꺼이 하나님 앞에 가져오게 될 것입니다.

주여, 우리에게 기도를 가르쳐 주옵소서

　복되신 구주시여, 주께서 골방을 당신이 당신의 제자와 단둘이만 만나고 아버지를 계시해 주시는 학교로 정해 주심을 인해서 감사드립니다. 내 주님이시여, 아버지의 따뜻한 사랑과 자비를 믿는 믿음을 굳게 하여 주시옵소서. 그래서 제가 죄를 지을 때, 곤경에 처할 때 아버지께서 나를 기다리시고 내 기도가 결코 응답받지 못하고 지나가는 법이 없는 그곳으로 달려갈 생각이 무엇보다 먼저 본능적으로 들게 하여 주옵소서. 아버지께서 내가 구하기 전에 내게 필요한 것을 아신다는 생각에 믿음의 큰 평안 가운데서 아버지께서 자기 자녀가 구하는 것을 주시리라는 것을 믿게 하여 주시옵소서. 은밀한 기도의 골방이 지상에서 나의 가장 사랑하는 장소가 되게 하여 주옵소서.

　주님, 주께서 어느 곳에서든지 당신의 믿는 백성들의 골방을 축복하시기를 내가 기도할 때 들으시옵소서. 주께서 아버지 하나님의 따뜻한 사랑을 놀랍게 나타내심으로 모든 어린 그리스도인들이 은밀한 기도를 의무나 짐으로 여기는 일체의 생각에서 벗어나 오히려 자기 삶의 최고의 특전이며 기쁨이고 복으로 생각하게 하여 주시옵소서. 기도할 때 아무것도 주 앞에 가져올 것이 없기 때문에 낙망하는 모든 자들의 생각을 돌이켜 주시옵소서. 모든 것을 주실 수 있고 또 즐거이 주려고 하시는 분에게 그저 빈손으로 오기만 하면 된다는 것을 그들로 알게 하여 주시옵소서. 그들이 아버지 앞에 무엇인가를 가져가야 된다고 생각지 않고 아버지께서 자기들에게 무엇인가를 주기 위해 기다리고 계신다는 것을 생각할 수 있게 하여 주옵소서.

특별히 당신의 모든 종들의 골방을 하나님의 진리와 은혜가 계시되고, 그 종들이 날마다 신선한 기름 부음을 받는 곳으로, 그들의 힘이 새로워지고 그들이 자기를 뒤따르는 자들에게 임하기를 구하는 그 복을 믿음으로 받는 곳이 되도록 복 주시옵소서. 주여, 저희 모두를 골방 안에서 주님과 아버지께로 더 가까이 이끄시옵소서. 아멘.

제 4 장

기도의 모범

그러므로 너희는 이렇게 기도하라. 하늘에 계신 우리 아버지여 — 마태복음 6:9

교사는 누구나 모범의 능력을 알고 있습니다. 교사는 자녀에게 무엇을 해야 하는지, 그리고 그 일을 어떻게 해야 하는지를 말해 줄 뿐만 아니라 실제로 그 일을 어떻게 할 수 있는지도 보여 줍니다. 하늘에 계신 우리의 선생께서는 우리의 연약함을 아시고 우리가 아버지께 가까이 나아갈 때 할 말을 일일이 가르쳐 주셨습니다. 우리는 주께서 가르쳐 주신 말씀에서 영원한 생명이 새롭고 충만하게 숨쉬는 기도를 보게 됩니다. 지극히 단순해서 아이라도 따라서 할 수 있고 지극히 거룩하고 풍성해서 하나님께서 주실 수 있는 모든 것을 담을 수 있습니다. 주님이 가르쳐 주신 이 기도는 다른 모든 기도의 모범이 되고 영감이 되면서도 언제나 하나님 앞에서 우리 영혼의 가장 깊은 부르짖음이 되도록 만듭니다.

"하늘에 계신 우리 아버지여!" 이 경배의 말뜻을 충분하게 이해하려면 성경에 나오는 어느 성도도 감히 하나님을 아버지라고 부른 적이 없다는 사실을 기억해야 합니다. 이 간구의 말은 우리를 또한 성자께서 당신의 아버지가 우리의 아버지도 되시도록 하기 위해 오셨다는 놀라운 계시의 중심에 서도록 만듭니다. 이 간구의 말에는 구속의 신비, 곧 그리스도께서 우리가 하나님의 자녀가 되도록 하기 위해 저주로부터 우리를 구원해

내신다는 진리가 담겨 있습니다. 또한 중생의 신비, 곧 성령께서 신생을 통해 우리에게 새 생명을 주신다는 진리가 담겨 있습니다. 그리고 믿음의 신비, 곧 구속이 성취되거나 이해되기 전에 제자들에게 이 말씀을 가르쳐 주심으로 제자들이 장차 올 복된 경험을 할 수 있도록 준비시키셨습니다.

이 호칭이 전체 기도, 곧 모든 기도의 열쇠입니다. 이 말씀을 공부하려면 시간이 걸립니다. 그 말씀을 온전히 이해하려면 영구한 시간이 걸릴 것입니다. 하나님의 아버지로서의 사랑에 대한 지식은 기도 학교에서 제일 처음 배우는 지극히 단순한 것이면서 또한 가장 나중에 배우는 지극히 고귀한 지식입니다. 기도가 시작되는 것은 바로 살아 계신 하나님과 갖는 친밀한 관계 속에서 그리고 하나님과 나누는 애정어린 사귐에 대한 의식 속에서 이루집니다. 기도의 능력이 뿌리를 박고 자라는 것은 성령께서 계시하신 하나님의 아버지 되심에 대한 지식에서 이루어집니다. 기도 생활이 기쁨을 갖는 것은 바로 무한하신 아버지, 무한한 사랑과 자비와 인내하심에 있으며, 언제나 사랑으로 우리의 기도를 들으시고 도우려 하심에 있습니다. 성령께서 이 말씀이 우리에게 영이 되고 진리가 되게 하며 마음과 생활을 가득 채우도록 하시는 시간을 갖도록 합시다. "하늘에 계신 우리 아버지여." 그러면 우리는 실로 휘장 속에, 곧 항상 기도가 응답되는 능력있는 은밀한 골방에 있는 것입니다.

"이름이 거룩히 여김을 받으시오며." 우리는 보통 기도할 때 맨 먼저 자신에게 필요한 것을 하나님께 가져가고 그 다음에 하나님과 하나님의 이익에 속하는 것을 생각하는 반면에, 주께서는 그 순서를 바꾸십니다. 먼저 아버지의 이름, 아버지의 나라, 아버지의 뜻을 구하고 나서 우리에게 일용할 양식을 주시고 우리 죄를 사하여 주시며 우리를 시험에 들게 하지 마시고 다만 악에서 구하여 주시기를 기도하십니다. 이 교훈은 우리가 생각하는 것보다 중요한 교훈입니다. 참된 예배에서는 아버지 하나님이 제일 먼저이고 또한 모든 것이 되셔야 합니다. 하나님이 영광을 받으시기를 바라는 소원에 몰두하는 것을 빨리 배우면 배울수록 기도가 우리에게 가져올 복은 그만큼 더 풍성해질 것입니다. 아무도 하나님을 위해 희생하는 것 때문에 손해 보는 사람은 없습니다.

이 사실이 우리의 모든 기도에 영향을 끼쳐야 합니다. 기도에는 두 가지가 있습니다. 즉 개인 기도와 중보기도가 있습니다. 대개 중보기도는 우리가 기도할 때 시간이나 정력을 쏟는 면에서 적은 부분을 차지합니다. 그러나 그리스도께서는 특별히 중보기도자들이 믿음과 기도로 온 세상에 주님의 사역과 사랑으로 말미암은 복을 내리도록 하는 큰 사역을 감당할 수 있도록 훈련할 기도 학교를 여셨습니다. 이것이 우리의 목표가 되지 않는 한 기도에서 깊은 성장이란 있을 수 없습니다. 어린아이가 "동생한테도 좀 주세요" 하고 말하는 법은 쉽게 배우면서도 실제로는 제게 필요한 것만 아버지에게 구할 수 있습니다. 그러나 아버지의 명예를 위해서만 살고 아버지의 사업에 깊은 관심을 갖는, 다 자란 아들은 더 큰 것을 구하고 구한 것은 모두 받습니다. 예수께서는 우리가 자신의 모든 관심사는 제쳐두고 먼저 아버지의 이름과 나라와 뜻을 구하는 헌신과 봉사의 복된 생활을 하도록 훈련하기를 원하십니다. 그러므로 "우리 아버지여!"라는 경배의 호칭을 부른 뒤에는 곧바로 "아버지의 이름, 아버지의 나라, 아버지의 뜻"을 구하도록 합시다.

"이름이 거룩히 여김을 받으시오며." 어떤 이름을 말하는 것입니까? 이것은 아버지 하나님의 새 이름입니다. 거룩하다는 말은 구약의 중심 단어이고 아버지라는 이름은 신약의 중심 단어입니다. 하나님의 거룩하심과 영광은 모두 이제 이 사랑스런 이름 안에서 계시되도록 되어 있습니다. 그러면 이 이름이 어떻게 거룩히 여김을 받을 수 있겠습니까? 하나님께서 친히 그 이름을 거룩하게 하십니다. "너희가 모독한 내 큰 이름을 내가 거룩하게 하리라." 우리의 기도는 하나님께서 친히 모든 일과 모든 곳에서 아버지 이름의 거룩함과 신적 능력, 감추어진 영광을 드러내시라고 구하는 것이 되어야 합니다. 아버지의 영은 곧 성령이십니다. 우리가 성령의 인도를 받을 때에만 우리 기도와 생활 가운데서 그 이름이 거룩히 여김을 받을 것입니다.

"나라가 임하시오며." 아버지 하나님은 왕이시며 왕국을 갖고 계십니다. 아들이자 왕의 상속자는 아버지의 나라의 영광을 구하는 것보다 더 귀한 야망이 없습니다. 전쟁시나 위기에 처했을 때는 이 야망이 그의 열정이 됩니다. 그는 다른 것은 아무것도 생각할 수 없습니다. 아버지 하나님의 자녀들은 왕국, 곧 하늘에 있는 나라가 아직 충만히 나타나지 않은 적국의 영토에 있습니다. 이들이 아버지의 이름이 거룩히 여김을 받도록 하는 법을 배울 때 그들이 깊은 열정을 가지고 "아버지의 나라가 임하옵소서"라고 부르짖으며 갈망하는 것만큼 자연스러운 일이 또 어디 있겠습니까? 아버지의 나라가 임하는 것은 아버지의 영광과 그 자녀들의 복됨이 나타나고 세상의 구원이 나타나는 크나큰 사건입니다. 나라가 임하는 것은 우리의 기도에 달려 있습니다. 구속받은 자들이 "나라가 임하옵소서"라고 간절한 고대 가운데 부르짖는 이 부르짖음에 함께하지 않겠습니까? 예수님의 학교에서 이 부르짖음을 배우도록 합시다.

"뜻이 하늘에서 이루어진 것 같이 땅에서도 이루어지이다." 너무도 흔히 이 간구가 하나님의 뜻이 수난을 겪는 일에만 적용됩니다. 하늘에서는 하나님의 뜻이 이루어집니다. 그래서 주께서는 아이에게 아버지의 뜻이 꼭 하늘에서처럼 땅에서도 이루어지기를 경외하는 복종과 즉각적인 순종의 정신으로 구하도록 가르치십니다. 하나님의 뜻은 하늘의 영광이기 때문에 하나님의 뜻을 행하는 것은 천국의 복입니다. 하나님의 뜻이 이루어질 때 하늘 나라가 마음속에 들어옵니다. 믿음으로 아버지의 사랑을 받아들인 곳에서는 어디서든지 순종은 아버지의 뜻을 받아들입니다. 천국과 같은 순종의 생활을 시작하고 그 같은 생활을 위한 기도가 어린아이 같은 기도의 정신입니다.

"오늘 우리에게 일용할 양식을 주시옵고." 자녀가 먼저 아버지에게 마음을 쏟고 아버지의 이름과 아버지의 나라, 아버지의 뜻에 관심을 가졌다면 그 자녀는 얼마든지 자유롭게 일용할 양식을 구할 수 있습니다. 주인이 종의 양식을 챙기며 장군이 병사의 양식을 책임지고 아버지가 자녀의 양식을 준비하는 법입니다. 하늘에 계신 아버지께서 아버지의 이익을 위해 간절히 기도하는 자녀를 돌보시지 않겠습니까? 우리는 굳은 확신으로 이렇게 말할 수 있습니다. "아버지여, 저는 아버지의 명예와 일을 위해 삽니다. 나는 아버지께서 나를 돌보신다는 것을 압니다." 하나님과 하나님의 뜻에 헌신하는 것은 세상 것들을 구하는 기도에서 놀라운 자유를 줍니다. 세상의 모든 생활을 아버지의 사랑하시는 손길에 전부 맡겼기 때문입니다.

"우리가 우리에게 죄 지은 자를 사하여 준 것 같이 우리 죄를 사하여 주옵시고." 빵이 몸에 가장 먼저 필요한 것이듯이 용서는 영혼에 가장 먼저 필요한 것입니다. 우리는 자녀이지만 또한 죄인입니다. 우리가 아버지의 어전에 나아갈 수 있는 것은 보배로운 피와 그 피가 우리에게 가져다준 사죄 덕분입니다. 사죄를 구하는 기도가 형식적인 일이 되지 않도록 조심합시다. 진심으로 고백하는 것만이 진정으로 용서받습니다. 우리는 하나님과 우리 사이에 존재하는 영적 현실과 실제적인 계약만큼이나 사죄가 약속된 것임을 믿음으로 받아들여야 합니다. 죄 용서함은 자녀가 갖는 모든 특전의 시작입니다. 생생한 경험으로서 그 같은 죄 용서함은 다른 사람을 용서하는 정신이 없이는 불가능합니다. 이것은 마치 죄 용서함을 받았다는 말이 하나님 자녀와 천국과의 관계를 나타내 주는 것과 같이 죄를 용서한다는 말은 하나님 자녀와 세상과의 관계를 나타냅니다. 기도할 때 나는 진심으로 사랑하지 않는 사람은 아무도 없다고 말할 수 있어야 합니다.

"우리를 시험에 들게 하지 마옵시고 다만 악에서 구하옵소서." 이 세 간구,

곧 일용할 양식을 구하고 우리의 죄 사함을 구하며, 모든 죄와 악한 자의 권세로부터 우리를 지켜 주시기를 구하는 이 간구들에 우리의 개인적인 모든 필요가 들어 있습니다. 양식과 죄 사함을 구하는 기도에는 아버지의 뜻에 거룩하게 순종하여 사는 전적인 복종이 수반되어야 하며, 모든 일에서 내주하시는 성령께서 능력으로 악한 자의 권세로부터 지켜 주시기를 구하는 믿음의 기도가 수반되어야 합니다.

예수께서는 하늘에 계신 아버지께 이렇게 기도하기를 바라십니다. 아버지의 이름과 아버지의 나라, 아버지의 뜻이 우리의 사랑 가운데서 가장 첫 번째 자리를 차지하게 하십시오. 그러면 아버지께서 일용할 양식을 공급하고 우리의 죄를 용서하시며 우리를 악한 자로부터 보호하시는 사랑이 우리의 몫이 될 것입니다. 이같이 기도는 우리를 하나님의 참된 자녀의 생활, 곧 아버지께서 그 자녀에게 모든 것이 되시며 또한 자녀를 위한 모든 것이 되시는 생활을 하도록 지도합니다. 우리는 어떻게 해서 아버지와 자녀가 되는지, 즉 어떻게 아버지의 것과 우리의 것이 모두 하나이며, 또 어떻게 아버지의 것을 위한 기도로 시작하는 마음이 우리의 것을 거리낌없이 말할 수 있는 믿음의 능력을 갖게 되는지를 알게 될 것입니다. 그런 기도는 언제나 우리로 하여금 돌이켜 처음과 끝이 되시는 분을 신뢰하고 예배하도록 만드는 사랑의 교제이자 교환이 될 것입니다. "나라와 권세와 영광이 아버지께 영원히 있사옵나이다. 아멘."

주여, 우리에게 기도를 가르쳐 주옵소서

하나님의 독생자이신 주께서는 우리에게 "우리의 아버지"께 기도하라고 가르치십니다. 주님, 저희에게 주신 이 살아 있는 복된 말씀을 인하여 감사합니다. 수많은 사람들이 이 말씀으로써 아버지를 알고 예배하도록 배운 것을 인해서 주께 감사드립니다. 이 말씀이 저희에게 더할 수 없이 보배로운 것이었음을 인해서 감사드립니다. 주님, 주의 이 말씀은 참으로 깊고 풍성한 것이어서 간구 하나하나를 배우려면 주님의 학교에서 여러 날 여러 달을 보내야 할 것 같습니다. 저희는 주께서 저희에게 이 말씀의 더 깊은 의미를 깨닫도록 인도해 주시기를 바랍니다. 주님의 이름을 위하여 저희를 그같이 인도해 주시기를 기도합니다. 주님은 거룩하신 아버지의 아들이십니다.

주님, 주께서는 일찍이 "아들과 아들의 소원대로 계시를 받는 자 외에는 아버지를 아는 자가 없느니라"고 말씀하셨습니다. 또 "내가 아버지의 이름을 저희에게 알게 하였고 또 알게 하리니 이는 나를 사랑하신 사랑이 저희 안에 있고 나도 저희 안에 있게 하려 함이니라." 주 예수님 저희에게 아버지를 계시하여 주옵소서. 아버지의 이름과 아버지의 무한하신 사랑, 곧 아버지께서 주님을 사랑하신 그 사랑이 주께서 구하신 대로 저희 안에 있게 하여 주옵소서. 그러면 저희가 정직하게 "우리 아버지시여" 하고 부를 수 있을 것입니다. 그러면 저희가 주님의 가르침에 복종할 수 있을 것이며, 우리의 심장에서 자연스럽게 나오는 호흡의 첫마디가 "우리 아버지여, 아버지의 이름과 아버지의 나라와 아버지의 뜻"이 될 것입니다. 저희는 아버지의 그런 사랑이 모든 사람을 돌보신다는 확신 가운데서 우리의 필요와 죄와 시험을 아버지께 가져올 것입니다.

복되신 주님, 저희는 주님의 학생들입니다. 우리는 주님을 신뢰합니다. 저희가 "우리 아버지"께 기도할 수 있도록 가르쳐 주옵소서. 아멘.

제 5 장

기도 응답의 확실성

구하라 그러면 너희에게 주실 것이요 찾으라 그러면 찾을 것이요 문을 두드리라 그러
면 너희에게 열릴 것이니 구하는 이마다 얻을 것이요 찾는 이가 찾을 것이요 두드리는
이에게 열릴 것이니라— 마태복음 7:7-8
구하여도 받지 못함은 정욕으로 쓰려고 잘못 구함이니라 — 야고보서 4:3

우리 주께서는 산상수훈의 이 부분에서 다시 돌이켜 기도에 대해 말씀
하십니다. 처음에는 은밀한 가운데 기도하면 공개적으로 우리에게 보상
을 하시는 아버지에 관해서 말씀하시고 우리에게 기도의 모범을 가르쳐
주셨습니다(마 6:5-15). 여기서 주님은 우리에게 성경 전체가 기도에서
가장 중요한 것으로 생각하는 것이 무엇인지를 가르쳐 줍니다. 즉 그것
은 기도가 들으심을 받고 응답을 받는다는 것입니다. 주께서는 거의 같
은 사실을 의미하는 말을 사용하십니다.

주님은 매번 아주 명확하게 말씀하십니다. "너희가 얻을 것이요 너희가
찾을 것이요 너희에게 열릴 것이니라." 그 다음에 그런 확신의 기초로서 하
나님 나라의 법을 주십니다. "구하는 이마다 얻을 것이요 찾는 이가 찾을
것이요 두드리는 이에게 열릴 것이니라." 이같이 반복하여 말씀하심으로써
주님은 우리 마음속에 우리가 기도의 응답을 확신있게 기대할 수 있고
또 기대해야 된다는 진리를 심어 주고 싶어하십니다. 기도 학교 전체에
서 아버지의 사랑에 대한 계시 다음으로 구하는 이마다 얻는다는 이 교

훈만큼 중요한 것은 없습니다.

그동안 우리는 구하라 찾으라 두드리라는 이 세 마디에서 의미상의 차이를 살펴보았습니다. 첫째로 구한다는 것은 우리가 기도로 구하는 선물을 가리킵니다. 그러나 나는 주시는 분이 없이도 어떤 선물을 구하고 받을 수 있습니다. 찾는다는 말은 성경에서 하나님께 대해 사용하는 말입니다. 그러나 곤경의 때에 하나님을 찾으면서 지속적인 사귐에 들어가지 않는 것은 충분치 않습니다. 두드린다는 것은 하나님과 함께 그리고 하나님 안에 거하도록 허락을 받는 것을 말합니다. 이같이 선물을 구하고 받는 것은 주시는 하나님을 찾고 발견하는 데로 나아갑니다. 이 단계는 또한 아버지의 집과 사랑을 두드리고 그 문을 여는 데로 이어집니다. 한 가지 사실이 확실합니다. 주께서는 우리가 구하고 찾고 두드리는 일이 결코 헛되지 않으리라는 것을 확실히 믿기를 바라신다는 것입니다. 응답을 받는 일, 하나님을 발견하는 일, 하나님께로 열린 마음과 가정이야말로 기도의 확실한 열매입니다.

주께서는 이 진리를 여러 형태로 반복하는 것이 필요하다고 생각하셨다는 사실이 중요합니다. 주님께서는 우리의 마음을 아십니다. 즉 하나님께 대한 의심과 불신이 우리에게 얼마나 자연스런 일인지, 우리가 얼마나 쉽게 기도를 종교적 의무로 생각하고 응답을 기대하지 않는 경향이 있는지를 잘 아신다는 것이 분명합니다. 주님은 또한 우리가 하나님은 기도를 들으시는 분임을 믿는 때에라도, 하나님의 응답의 약속을 지키시도록 요구하는 믿음의 기도가 마음이 냉담한 제자에게는 지나치게 높고 어려운 영적인 일로 여전히 느낄 수 있다는 것을 알고 계십니다. 그래서 주님은 기도에 대한 가르침의 첫머리에서 기도는 많은 것을 이룬다는 이 진리를 제자들의 마음에 깊이 심어 주려고 하십니다. "구하라 그러면 너희에게 주실 것이요 구하는 이마다 얻을 것이요." 이것은 하나님 나라의 확정된 영원한 법입니다. 따라서 여러분이 구하는데도 받지 못한다면 그것은 틀림없이 여러분의 기도에 무언가 잘못된 것이 있거나 부족한 것이 있기 때문입니다.

인내하라. 하나님의 말씀과 성령께서 바르게 기도하도록 여러분을 가르치시고 성령께서는 구하는 이마다 응답을 받는다는 사실을 각성시키기를 바라신다는 확신을 버리지 않도록 해 주시기를 바랍니다.

그리스도께는 당신의 기도 학교에서 이보다 더 강력하게 끈기있는 기도를 부추길 다른 것이 없습니다. 아이가 수학적 계산이 옳은 것을 증명해야 하듯이 우리가 바르게 기도하였다는 증거는 우리 기도에 대한 응답입니다. 구하는데도 받지 못한다면 그것은 우리가 바르게 기도하는 법을 배우지 못했기 때문입니다. 그러므로 그리스도의 학교에서 공부하는 모든 학생은 기도를 들어주시겠다는 주님의 약속을 아주 단순하게 믿도록 합시다. 주께서는 아주 무조건적으로 그렇게 말씀하실 수 있는 이유가 얼마든지 있습니다. 우리 인간의 지혜를 가지고 하나님의 말씀을 약화시키는 일을 하지 않도록 주의합시다. 주님께서 우리에게 하늘의 일들을 말씀하실 때 주님을 믿도록 합시다. 주님의 말씀 자체가 전심으로 믿는 자에게 스스로 설명해 주실 것입니다. 의문과 어려움이 발생한다면 하나님의 말씀을 받아들이기도 전에 그대로 확정하려고 하지 않도록 합시다. 그 모든 문제와 어려움을 주님께 맡기도록 합시다. 그런 문제들을 푸는 것이 주님의 일입니다. 우리의 할 일은 주님의 약속을 첫째로 충분히 받아들이고 굳게 붙잡는 것입니다.

주님의 가르침에 따르면, 기도에는 두 가지 면, 곧 사람의 할 일과 하나님께서 하실 일이 있습니다. 사람의 할 일은 구하는 것이고 하나님께서 하실 일은 주시는 것입니다. 혹은 인간적인 입장에서 두 가지를 보자면, 구하고 받는 일이 있습니다. 이 두 가지가 합쳐져 하나를 이룹니다. 주님께서는 우리가 응답을 받지 못하고서도 안주하는 일이 없도록 해야 한다고 말씀하십니다. 어린아이 같은 믿음으로 드리는 모든 간구가 응답을 받도록 하는 것이 하나님의 뜻, 곧 아버지의 권속 가운데 정하신 법칙이기 때문입니다. 응답이 오지 않는다면 우리는 체념을 하고서 응답하시지 않는 것이 하나님의 뜻이라고 생각하고 게으르게 앉아 있어서는 안 됩니다. 그러면 안 됩니다. 마치 하나님께서 기도에서 어떤 것, 곧 어린아이

같음과 믿음을 보시려고 하는 것같이 생각해서는 안 됩니다. 우리는 응답을 받을 수 있도록 기도하는 은혜를 구해야 합니다. 믿음의 기도를 드리는 법을 배울 때까지 성령께서 우리 마음을 감찰하고 정결케 하시도록 내맡기는 일보다 응답을 받지 않은 채 지나는 것이 육신에게는 훨씬 쉬운 일입니다.

오늘날 그리스도인 생활의 병적인 상태를 보여 주는 심각한 표시들 가운데 한 가지는 기도에 구체적인 응답을 받지 못하고도 만족한 채 지내는 사람들이 너무도 많다는 것입니다. 이들은 매일 기도하고 많은 것을 구하며 그 기도들 가운데 어떤 것은 하나님께서 들으신다는 것을 믿지만 기도에 대한 직접적이고 명확한 응답을 매일 생활의 원칙으로는 거의 알지 못합니다. 그러나 아버지께서는 우리 기도에 응답하기를 원하신다는 것이 진리입니다. 하나님께서는 자녀들의 간구를 듣고 응답하시는 가운데 매일 자녀들과 대화하시고자 합니다. 내가 매일 구체적인 요청을 들고 당신에게 나아오기를 하나님은 바라십니다. 매일 내가 구하는 것을 내게 행하시기를 기뻐하십니다. 기도에 대한 하나님의 응답을 경험하면서 옛적의 성도들은 하나님을 살아 계신 이로 알고 배웠고 마음에 감격하고 하나님을 찬송하고 사랑하였습니다(시 34; 66:19; 116:1). 우리 선생이신 예수께서는 기도와 그 응답, 곧 자녀가 구하고 아버지가 주시는 것은 분리할 수 없이 서로 연결되어 있다는 것을 우리 마음에 새기고자 하십니다.

때로 기도의 응답이 거절인 때가 있는데, 그것은 그 요청이 하나님의 말씀을 따라 구하지 못했기 때문입니다. 마치 모세가 가나안에 들어가기를 기도했을 때와 같은 경우입니다. 그러나 기도에 대한 답변은 있었습니다. 하나님께서는 당신의 종이 당신의 뜻에 대해 확실히 알지 못한 채로 있도록 두시지 않았습니다. 이방 신들은 벙어리이며 말을 하지 못합니다. 우리 아버지께서는 당신의 자녀가 구하는 것을 어떤 때 주시지 않는지를 알게 하십니다. 그런 때 하나님의 자녀는 예수께서 겟세마네 동산에서 하셨듯이 자신의 간구를 철회할 수 있습니다.

종인 모세나 아들이신 그리스도께서는 자기들이 구하는 것이 여호와께서 말씀하신 것에 맞지 않는다는 것을 알았습니다. 두 사람의 기도는 하나님의 결정이 변경될 수 있는지를 여쭙는 겸손한 탄원이었습니다. 하나님께서는 가르침을 받을 만한 자들을 말씀과 성령으로 가르치실 것입니다. 하나님께 시간을 드리고 기다리면 하나님께서는 그들의 간구가 하나님의 뜻을 따르는 것인지 아닌지를 보여 주실 것입니다. 하나님의 마음에 맞지 않는 것이라면 우리의 요청을 철회하도록 합시다. 우리의 요청이 하나님의 마음에 합하는 것이라면 응답이 올 때까지 인내로 기다립시다. 기도는 응답을 받도록 우리에게 약속되었습니다. 기도와 그 응답에서 아버지와 그 자녀 사이에 사랑의 교제가 이루어집니다.

우리의 마음이 하나님으로부터 아주 멀리 떨어져 있기 때문에 그 같은 약속을 붙잡는다는 것이 아주 어려운 일임을 발견합니다. 우리가 그 말씀을 받아들이고 그 말씀의 진리를 믿는다고 할지라도 그 말씀을 충분히 믿고 기뻐하는 마음의 믿음은 아주 더디게 옵니다. 우리의 영적 생활은 아주 연약하고 하나님께서 생각하시는 대로 생각하는 능력은 아주 희박하므로 주님이 아니시고는 우리를 아무도 가르칠 수 없으므로 예수님을 바라보도록 합시다. 하나님의 말씀을 단순하게 받아들이고 주님께서 그 말씀으로 우리 속에 생명과 능력이 되게 하실 것을 성령을 의지해서 믿는다면, 그 말씀이 우리 속에 들어와 그 말씀의 진리가 보이는 거룩한 영적 현실이 우리를 사로잡고 그래서 우리가 드리는 모든 간구가 예수께서 친히 하신 말씀, 곧 "구하라 그리하면 너희에게 주실 것이라"는 말씀에 의지해서 하늘로 보내질 때까지 만족하고 지내지 않을 것입니다.

이 교훈을 잘 배우도록 노력하며 주께서 말씀하신 그대로 이 말씀을 받아들이도록 합시다. 인간적인 이유를 앞세워 이 교훈의 힘을 약화시키지 않도록 합시다. 예수께서 이 말씀을 하시는 그대로 단순하게 받아들이고 믿도록 합시다. 때가 되면 주님께서 그 말씀을 충분히 이해하도록 가르쳐 주실 것입니다. 우선 주님의 말씀을 그냥 믿고 시작하도록 합시다. 불신앙의 연약한 경험을 가지고 우리가 믿음으로 기대할 수 있는 것을 헤아리는 일을 하지 않도록 합시다. 땅에서 사람의 기도와 하늘에서 하나님의 응답은 서로를 위하도록 되어 있다는 즐거운 확신을 항상 믿도록 합시다. 예수께서 응답이 올 수 있도록 우리에게 기도를 가르쳐 주실 것을 믿읍시다. 그러면 기도의 응답이 올 것입니다. "구하라 그리하면 너희에게 주실 것이라"는 주님의 말씀을 굳게 붙잡는다면 주께서는 그같이 가르쳐 주실 것입니다.

주여, 우리에게 기도를 가르쳐 주옵소서

주 예수님, 주께서 내게 약속하신 것을 이해하고 믿도록 가르쳐 주옵소서. 응답이 오지 않을 때 제 마음이 얼마나 만족을 구하는지 주님께서는 아십니다. 제 기도가 아버지의 비밀한 뜻과 합치됩니까? 주님께서는 제게 더 나은 것을 주시려고 합니까? 기도는 응답을 기대하지 않아도 충분히 복된 주님과의 교제입니까? 그러나 주님, 저는 기도에 대한 주님의 가르침에서 주께서 그렇게 말씀하시지 않으셨고, 너희는 답을 기대할 수 있고 또 기대해야 한다고 분명하게 말씀하셨다는 것을 발견합니다. 자녀가 구하면 아버지께서 주신다고 주님은 우리에게 확언하셨습니다.

주님, 주의 말씀은 신실하고 참됩니다. 제가 받지 못하는 것은 제가 잘못 기도하고 있기 때문임에 틀림없습니다. 그것은 제 기도가 성령을 따라 기도하는 법이 거의 없고 믿음의 기도를 드릴 수 있는 능력이 없기 때문인 것이 틀림없습니다. 다시 말해 제가 성령 안에서 사는 일이 거의 없기 때문입니다.

제 6 장

하나님의 무한한 부성애

더 나아가서 우리 주님은 기도가 반드시 응답 받으리라는 말씀을 확증하십니다. 모든 의심을 제거하기 위해 그리고 당신의 약속이 얼마만큼 확실한 근거에 세워져 있는지를 보여 주시기 위해 모든 사람이 세상에서 보고 경험한 진리를 들어 말씀하십니다. 우리는 모두 한 부모의 자녀들이므로 우리가 아버지에게 기대하는 바가 무엇인지를 알고 있습니다. 어디서든지 사람들은 아버지가 자기 자녀의 얘기에 귀를 기울이는 것을 지극히 자연스러운 일로 봅니다. 그리고 주님께서는 세상의 부모들, 그들 가운데 가장 나은 자들도 주께는 악한 자들에 지나지 않는데, 그들 부모를 생각할 때 하늘에 계신 아버지께서 자기에게 구하는 자녀들에게 얼마나 더 좋은 선물을 주시지 않겠는지 생각해 보라고 하십니다. 예수께서는 하나님이 죄인과는 비교할 수 없이 크신 분이듯이 어린아이 같은 우리의 간구를 세상의 아버지와는 비교할 수 없이 확실하게 주실 것이라는 우리의 확신 또한 더 할 수 없이 커야 한다고 가르치십니다.

이 비유는 간단하며 알기 쉽습니다. 이 비유에 담겨 있는 교훈 또한 깊으면서 영적입니다. 주께서는 자녀의 기도는 그가 부모와 맺고 있는 관계에 전적으로 좌우된다는 사실을 일깨워 줍니다. 기도는 자녀가 진정으로 가정에서 사랑 받는 관계 속에서, 하나님 아버지를 섬기며 활동할 때에만 그 영향력을 발휘할 수 있습니다. "구하라 그러면 너희에게 주실 것이요"라는 약속의 능력은 그와 같은 좋은 관계 속에 있습니다. 그 다음에 믿음의 기도와 그 응답은 자연스런 결과입니다. 오늘날 여기서 얻는 교훈은 이것입니다. 하나님의 자녀로 살라. 그러면 응답에 대해 완전한 확신을 가지고서 자녀로서 기도할 수 있다는 것입니다.

무엇이 참된 자녀의 표지입니까? 스스로 아버지의 집을 떠나고 아버지의 임재와 사랑과 순종을 전혀 즐거워하지 않으면서 여전히 자기가 바라는 것을 구하고 얻을 것으로 기대하는 자녀는 틀림없이 낙담할 것입니다. 반대로 아버지의 사랑과 뜻이 자기 인생의 기쁨이 되는 자녀는 자기의 원하는 바를 들어주는 것이 아버지의 기쁨이라는 사실을 발견할 것입니다. "무릇 하나님의 영으로 인도함을 받는 그들은 곧 하나님의 아들이라"고 성경은 말합니다. 모든 것을 구할 수 있는 자녀의 특권은 성령의 인도를 받으며 사는 어린아이 같은 생활과 분리될 수 없습니다. 생활에서 성령의 인도를 받는 사람은 기도에서도 성령의 인도를 받을 것입니다. 어린아이처럼 구하는 것에 대해 아버지처럼 주는 것이 하나님의 응답인 것을 깨닫게 될 것입니다.

어린아이처럼 구하고 받을 줄 믿는 것의 근거가 되는 어린아이처럼 산다는, 이것은 무엇입니까? 산상수훈에서 우리 주님은 하나님 아버지와 그 자녀에 대해 가르치십니다. 산상수훈에서 주님이 말씀하시는 기도 응답의 약속은 생활의 지침들과 뗄 수 없이 깊이 연결되어 있습니다. 이 둘은 합해서 하나의 전체를 이룹니다. 주께서 약속과 연결시키는 모든 것을 받아들이는 자들만이 약속의 성취를 기대할 수 있습니다.

"구하라 그러면 너희에게 주실 것이요"라는 말씀에서 주님은 이 같은 의미를 암시합니다. 내가 팔복에서 묘사한 어린아이 같은 가난과 청결함을 지닌 자들과 "하나님의 아들이라 일컬음을 받으리라"(마 5:3-9)고 말한 자들에게 이 약속을 준다. 또 '너희 빛을 사람에게 비추게 하여 너희 아버지께 영광을 돌리게 하라'고 하신 자녀들에게 그리고 '하늘에 계신 너희 아버지의 아들이 되도록' 사랑으로 행하며 '하늘에 계신 너희 아버지의 온전하심과 같이'(마 5:48) 온전하려고 하는 자들에게 이 약속을 준다. 금식이나 기도, 구제하는 것이 사람들에게 보이려 하지 않고(6:1–18) '은밀한 중에 보시는 아버지' 앞에서 행하는 자들에게 주며, '아버지께서 용서하시듯이'(6:15) 용서하는 자들에게, 하늘 아버지께서 땅에서 필요한 모든 것을 채워 주실 것을 믿고 먼저 하나님의 나라와 그의 의를 구하는 자들(6:26-32)에게, 주여 주여 하고 말만 하지 않고 하늘에 계신 내 아버지의 뜻대로 행하는 자들(7:21)에게 이 약속을 준다고 하시는 것입니다. 이러한 사람이 아버지 하나님의 자녀이며 이것이 아버지 하나님을 사랑하고 섬기는 생활입니다. 어린아이와 같은 이런 삶에 기도의 응답이 확실하고 풍성하게 옵니다.

이 교훈을 들으면 낙심이 됩니까? 우리가 먼저 그와 같은 자녀들임이 틀림없다면 기도에 대한 응답을 기대할 수 있습니까? 그렇습니다. 아버지와 자녀 사이의 위로가 되는 비교를 기억한다면 우리는 기대할 수 있습니다. 아이는 약합니다. 아이들은 나이와 재능에서 서로 많이 다릅니다. 그러나 주님께서는 율법의 완전한 성취를 요구하시지 않고 다만 어린아이처럼 순종과 진리 안에서 전심으로 하나님께 복종하기만을 바라십니다. 더도 덜도 아니고 꼭 그대로입니다. 아버지 하나님께서는 온 마음을 요구하십니다. 그러면 아버지께서 그 자녀가 정직하고 일관되게 자녀로 살고자 하는 것을 보면 그 기도를 당신의 자녀의 기도로 생각하실 것입니다. 누구든지 단순하고 정직하게 산상수훈을 공부하고 그것을 자신의 지침으로 삼기 시작한다면 그 사람은 자신의 약점과 실패에도 불구하고 기도에 대한 약속의 이행을 점점 더 자유롭게 주장하게 될 것입니다. "아버지"와 "자녀"의 관계에서 그는 자신의 탄원을 들어주시리라는 보증을 갖고 있는 것입니다.

이것이 산상수훈에 나타나는 예수님의 주요 사상입니다. 예수님은 우리가 응답 받는 기도의 비결을 알기 원하십니다. 그것은 아버지로서 사랑이 가득한 마음입니다. 하나님께서 아버지시라는 사실을 아는 것으로는 충분치 않습니다. 예수께서는 우리가 그 이름이 암시하고 있는 모든 것을 충분히 알기를 바라십니다. 우리가 알고 있는 세상에서 가장 훌륭한 아버지를 생각해 보십시오. 그런 아버지가 자기 자녀가 무엇인가를 요청할 때 보이는 친절과 사랑을, 그리고 자녀의 타당한 모든 요구를 들어줄 때 갖는 기쁨을 생각해 봅시다. 그리고 나서 하나님의 무한한 사랑과 부성애를 경배하는 심정으로 생각하며, 우리가 와서 구하는 것을 하나님께서 얼마나 더 친절과 기쁨으로 대하실 것인가를 생각해 봅시다.

이것은 우리가 알 수 없는 일입니까? 하나님께서는 언제든지 우리의 기도를 들으실 준비가 되어 있다는 것이 믿을 수 없는 일입니까? 그렇다면 성령께서 우리가 기도할 때 우리 마음속에 아버지로서 하나님의 사랑을 널리 뿌려 주실 뿐만 아니라 언제나 그 사랑 속에 거하는 생활과 순종하는 마음에도 그 사랑을 뿌려 주시도록 구하십시오. 구할 것이 있을 때 아버지의 사랑을 알기만 하는 자녀는 실망하게 될 것입니다. 그러나 하나님께서 언제나 모든 일에 아버지가 되시도록 하는 사람, 곧 아버지의 임재와 사랑 안에서 모든 삶을 영위하는 사람, 즉 하나님께서 지극히 큰 사랑으로 아버지의 역할을 하시도록 하는 사람, 그는 하나님의 무한한 부성애를 신뢰하고 기도에 대한 계속적인 응답을 확신하는 생활을 영광스럽게 경험할 것입니다.

우리는 어째서 기도에 대해 매일 응답 받는 일이 그렇게 적은지에 대해서, 그리고 주님이 우리에게 일차적으로 가르치시려고 하는 교훈이 무엇인지에 대해 보기 시작했습니다. 그리스도께서는 우리가 기대하는 대로 기도 세계의 신비에 대해 더 깊고 새로운 통찰을 제시하기보다는, 우리가 배워야 할 지극히 고귀한 교훈은 하나님을 "아바 아버지"라고 부르고 "하늘에 계신 우리 아버지여"라고 잘 부르는 법을 배우는 것이라고 이야기하십니다. 하나님을 이렇게 부를 수 있는 사람은 모든 기도의 비결을 쥐고 있는 것입니다. 아버지가 약하거나 병든 자녀의 말에 귀기울일 때 갖는 동정심이나 더듬거리는 자녀의 말을 들을 때 갖는 기쁨, 철없는 아이를 받아주는 너그러운 인내심을 생각해 보십시오. 그러면 우리는 많은 거울을 들여다보듯이 우리 아버지 하나님의 마음을 배우게 됩니다. 그러면 모든 기도가 이 같은 말로써 믿음으로 하늘로 향하게 될 것입니다. "하물며 하늘에 계신 너희 아버지께서 구하는 자에게 좋은 것으로 주시지 않겠느냐."

주여, 우리에게 기도를 가르쳐 주옵소서

복되신 주님, 저희는 아버지의 사랑을 너무도 모릅니다. 아버지의 사랑을 아는 것이 주님의 기도 학교에서 배우는 첫 번째이자 가장 단순하면서 가장 영광스런 교훈이지만 또한 배우기 가장 힘든 교훈이라는 것을 주님은 아십니다. 주님, 저희에게 아버지 하나님과 함께 사는 법을 가르치시어 하늘 아버지의 사랑이 세상 어느 아버지의 사랑보다 우리에게 더 가깝고 더 분명하며 더 소중하다는 것을 알게 하여 주옵소서. 그래서 아버지께서 우리의 기도를 들으신다는 확신이 하늘이 땅보다 높은 것처럼, 하나님께서 사람보다 무한히 크신 것처럼 육신의 부모에 대한 우리의 신뢰보다 더할 수 없이 크게 하여 주옵소서.

주님, 기도에 대한 응답이 방해를 받는 것과 하나님 자녀의 참된 생활에 이르지 못하는 것은 오로지 우리가 어린아이같지 않게 아버지 하나님에게서 멀리 떨어져 있기 때문임을 가르쳐 주옵소서. 주 예수님, 어린아이 같은 신뢰를 일깨우는 것이 아버지의 사랑임을 저희는 압니다. 아버지 하나님을 저희에게 계시하여 주옵소서. 우리에 대한 아버지의 부드럽고 동정어린 사랑을 보여 주옵소서. 그리하여 저희가 어린아이처럼 되고 어린아이 같은 생활 속에 있는 기도의 능력을 경험하게 하여 주옵소서.

복되신 성자 하나님, 성부께서는 당신을 사랑하여 당신께 모든 것을 주셨습니다. 그리고 당신께서도 아버지 하나님을 사랑하여 성부께서 당신에게 명하신 모든 것을 행하셨으므로 모든 것을 구할 권세를 받으셨습니다. 주님, 저희에게 당신의 신, 곧 아들의 신을 주옵소서. 주님께서 땅에 계실 때 그러하셨듯이 저희를 어린아이처럼 만들어 주옵소서. 그래서 기도를 드릴 때마다 하늘이 땅보다 높듯이 아버지로서 하나님의 사랑과 우리가 구하는 바를 기꺼이 주고자 하시는 그 마음이 우리의 생각을 초월한다는 믿음으로 기도하게 하여 주옵소서. 아멘.

제 7 장

모든 것을 포괄하는 선물

너희가 악할지라도 좋은 것을 자식에게 줄 줄 알거든 하물며 너희 하늘 아버지께서 구하는 자에게 성령을 주시지 않겠느냐? — 누가복음 11:13

주님께서는 "하물며"(마 7:11)라는 말씀을 이미 산상수훈에서 말씀하셨습니다. 여기 누가복음 11장에서도 "하물며"라고 말씀하시는데, 거기에는 차이가 있습니다. 마태복음(7:11)에서는 "하늘에 계신 너희 아버지께서 구하는 자에게 좋은 것(good gifts)으로 주시지 않겠느냐?"고 말씀하신 반면, 이곳 누가복음에서는 "성령을 주시지 않겠느냐?"고 말씀하십니다. 따라서 주님께서는, 이 좋은 것들 가운데 최고의 것은 성령이며, 다른 모든 좋은 것은 이 성령 안에 포함된다고 가르치시는 셈입니다. 성령은 하늘 아버지의 선물 가운데 첫 번째 것이며, 아버지께서 너무도 베풀고 싶어하시는 것입니다. 그러므로 성령은 우리가 가장 먼저 구해야 할 선물입니다.

우리는 이 선물의 가치가 말할 수 없이 크다는 것을 쉽게 이해할 수 있습니다. 예수께서는 성령을 "아버지의 약속"(행 1:4), 곧 하나님이 아버지이심을 드러내는 약속이라고 말씀하셨습니다. 선하고 지혜로운 지상의 아버지가 자녀에게 줄 수 있는 최상의 선물은 자신의 인격, 곧 영혼입니다. 아버지가 자신의 인격과 성품을 자식에게 재생시키는 것이야말로 자녀교육의 큰 목표입니다. 자식이 아버지를 알고 이해하며, 아버지의 뜻과 계획에 동참하려면, 또 자식이 아버지에게서, 아버지가 자식에게서 최고의 기쁨을 누리려면, 자식은 아버지와 한 마음 한 영혼이 되어야 합니다. 따라서 하나님께서 자기 자녀에게 주시는 선물 가운데 가장 좋은 것은 하나님 자신의 영입니다. 하나님께서는 자신의 영을 통해 그 성품을 드러내시며, 이 영은 바로 하나님의 생명입니다. 하나님께서 세상에 있는 자기 자녀들에게 자신의 영을 주신다는 것이 무슨 의미인지 생각해 보십시오.

하나님의 아들로서 지상에 오신 예수님의 영광은 아버지의 영이 자기 안에 계시다는 사실이었습니다. 예수께서 요단 강에서 세례를 받으실 때, 이는 내 사랑하는 아들이라고 선포하던 목소리와 예수님 위에 임하시던 성령은 밀접하게 연결되어 있습니다. 그래서 바울 사도는 우리에게 이렇게 말했습니다. "너희가 아들이므로 하나님이 그 아들의 영을 우리 마음 가운데 보내사 아빠 아버지라 부르게 하셨느니라"(갈 4:6). 왕은 아들의 전 교육 과정을 통해 아들이 왕의 정신(spirit)을 갖추기를 원합니다. 우리의 하늘 아버지는 자녀인 우리에게 천국의 거룩한 삶을 교육시키고 싶어하십니다. 이를 위해 하나님께서는 자신의 마음속 깊은 곳에 있는 성령을 우리에게 주십니다.

피 흘려 우리 죄를 대속(代贖)하신 예수께서는 하나님 앞에 가셔서 우리를 위해 성령을 구하시고, 그 성령을 보내시어 우리 안에 거하게 하십니다. 성령은 아버지와 아들의 영이시기 때문에, 성령 안에는 아버지와 아들의 전 생명과 사랑이 있습니다. 성령께서는 우리 안에 들어오셔서 우리를 아버지와 아들의 교제 안으로 이끄십니다. 아버지의 영으로서, 성령께서는 아버지의 사랑을 우리 마음에 채워 주시며, 그 사랑 안에서 살도록 우리를 가르치십니다. 아들의 영으로서 성령께서는, 아들이 세상에서 누리고 바쳤던 자녀로서의 자유와 헌신과 순종을 우리에게 불어넣어 주십니다. 하나님께서 주시는 선물 가운데 아버지의 거룩한 영이자 아들의 영인 성령보다 더 크고 훌륭한 선물은 없습니다.

이 진리를 통해 우리는 하나님의 제일 좋은 선물인 성령을 모든 기도의 첫째 목적이자 중심 목적으로 삼아야 한다고 생각할 수 있습니다. 성령은 영적 삶에 반드시 필요한 요소입니다. 예수님 안에는 은혜와 진리를 포함한 모든 충만함이 있습니다. 우리가 은혜 위에 은혜를 받는 것도 예수님의 충만함으로부터 받는 것입니다. 성령님은 이러한 예수님과 예수님 안에 있는 모든 것을 우리에게 전달해 주시는 분입니다. 그분은 그리스도 예수 안에 있는 생명의 영이십니다.

우리가 자신을 성령께 전적으로 맡기고, 그분이 하시고자 하는 대로 따른다면, 성령께서는 우리 안에 그리스도의 생명을 드러내십니다. 성령께서는 이 일을 신성한 능력으로 행하시며, 그리스도의 생명을 끊임없이 우리 안에 지속시키십니다. 아버지의 보좌 앞에 나아가고 그 보좌 앞에 계속 머물고자 한다면, 우리는 성령을 간구해야 할 것입니다.

성령께서는 신자에게 필요한 것들을 다양한 은사로 충족시켜 주십니다. 성령을 일컫는 이름들을 생각해 보십시오. 성령께서는 바로 이러한 영입니다.

* 은혜의 영: 예수님 안에 있는 모든 은혜를 드러내고 나누어 주는 영.
* 믿음의 영: 우리를 가르쳐 믿음을 갖게 하고 믿음 안에서 살며 자라게 하는 영.
* 양자 삼음과 확신의 영: 하나님의 자녀임을 증언하고, 하나님을 "아버지"라고 부를 수 있는 용기를 주는 영.
* 진리의 영: 하나님의 말씀 한 마디 한 마디를 진리로 받아들이도록 우리를 인도하는 영.
* 기도의 영: 우리 기도가 하나님께 상달되게 해 주는 영.
* 심판의 영: 마음을 감찰하고 죄를 깨닫게 해 주는 영.
* 거룩한 영: 하나님 아버지께서 우리 안에 거룩하게 임재하심을 드러내고 전하는 영.
* 능력의 영: 하나님 아버지를 섬길 때, 담대히 전하고 효과적으로 일할 수 있게 해 주는 영.

* 영광의 영: 우리의 유업을 보증하고, 다가올 영광을 준비시키는 영.

하나님의 자녀가 진정 하나님의 자녀로 살기 위해서는 이 영 곧 성령으로 채워져야 합니다.

예수께서 그의 기도학교에서 가르치시는 교훈은 이렇습니다. 우리가 예수님의 말씀, 곧 "너희가 좋은 것을 자식에게 줄 줄 알거든 하물며 너희 하늘 아버지께서 구하는 자에게 성령을 주시지 않겠느냐?"는 말씀을 어린아이처럼 믿고 구한다면, 아버지께서는 우리에게 성령을 주고 싶어 하신다는 것입니다. "내가 내 영을 [충만하게] 부어 주리라"(욜 2:28)는 하나님의 약속과, "성령으로 충만함을 받으라"(엡 5:18)는 하나님의 명령에서, 우리는 하나님께서 주려고 하시는 것이 무엇인지 알 수 있습니다. 하나님의 자녀로서, 우리는 이미 성령을 받았습니다. 그러나 성령의 특별한 은사들을 받기 위해, 그리고 성령께 사로잡혀서 끊임없이 성령의 인도를 받기 위해서는 더욱 기도할 필요가 있습니다. 포도나무 가지가 포도나무 수액으로 가득 찼을지라도 열매를 완전하게 맺기 위해서는 수액이 계속 흐르고 넘치기를 갈망하는 것처럼, 신자는 성령을 받아 기뻐하면서도 성령이 더욱 넘쳐 흐르기를 갈망합니다. 기도의 응답으로 우리가 기대해야 할 것은 바로 하나님의 약속과 하나님의 명령입니다. 위대한 스승이신 주님께서는 우리가 이것을 배우기를 원하십니다. 우리는 성령을 충만하게 받아야 합니다. 하물며에서 드러난 하나님 아버지의 놀라운 사랑을 보증 삼아, 구하면 반드시 받게 된다는 것을 확신하고서 아버지께 성령 충만을 구하십시오. 그리스도께서는 우리가 이렇게 하기를 원하십니다.

성령 충만을 위해 기도하면서, 그 응답을 감정에서 찾으려 해서는 안 됩니다. 모든 영적 축복은 믿음으로 받아야 합니다. 아버지께서는 기도하는 자녀에게 성령을 주신다는 것을 믿으십시오. 기도하는 그 순간, "구하는 것을 이미 받았으며, 성령 충만은 나의 것이다"라고 믿음을 갖고 말할 수 있어야 합니다. 흔들리지 말고 이 믿음을 굳게 지켜 나갑시다. 우리는 하나님의 말씀의 능력에 근거해서, 구하는 것을 이미 받은 줄로 압니다.

하나님께서 우리의 기도를 들으신 것과, 우리가 받아 지금 소유하고 있는 것에 대해 우리는 감사해야 합니다. 아울러 우리가 이미 받은 축복이 우리 안에 가득 채워질 것이라고 믿고 계속 기도해야 합니다. 이런 믿음의 감사와 기도를 드릴 때, 우리 영혼이 열리고, 성령께서는 아무런 방해도 받지 않고 우리의 영혼을 완전히 사로잡으십니다. 이런 기도는 충만한 축복을 구하고 소망하는 데서 그치지 않고, 그 축복을 붙잡아 결국 받습니다. 하나님 아버지는 우리가 성령으로 충만하여지기를 바라시며, 우리에게 성령 주시기를 기뻐하십니다. 이것은 구주 예수께서 가르쳐 주신 교훈으로 우리가 확신할 수 있는 것입니다. 기도할 때마다 이 사실을 기억합시다.

이 사실을 믿는 순간, 우리는 교회, 만민, 개인, 개인의 특정한 노력 위에 성령이 내리시기를 기도할 자유와 능력을 받습니다. 자신을 위한 기도에서 아버지 하나님을 아는 순간, 우리는 남을 위해서도 지극히 큰 확신을 가지고 기도할 수 있습니다. 하나님 아버지께서는, 남에게 성령이 내리시기를 구하는 사람에게 성령을 최대한 주십니다.

주여, 우리에게 기도를 가르쳐 주옵소서

하늘에 계신 아버지, 당신은 아들을 보내시어 우리에게 당신을 드러내셨습니다. 아버지의 사랑과, 그 사랑 안에 있는 모든 것을 드러내셨습니다. 기도의 응답으로 당신께서 우리에게 주고 싶어하시는 최고의 선물은 성령이라고, 그리스도께서는 우리에게 가르치셨습니다.

나의 아버지, 성령 충만을 원합니다. 이것이 제가 가장 바라는 것입니다. 성령께서 가져다주시는 축복은 이루 형용할 수 없는 것이며, 바로 제게 필요한 것입니다. 성령께서는 아버지와 아버지의 사랑으로 우리 마음을 채워 주십니다. 저는 이것을 갈구합니다! 성령께서는 그리스도의 마음과 생명을 제게 불어넣으시어, 그리스도께서 사신 것처럼 저도 아버지의 사랑 안에서 살고 아버지의 사랑을 위해 살 수 있게 해 주십니다. 저는 이렇게 살기를 갈망합니다! 성령께서는 저의 모든 삶과 사역을 위해 하늘로부터 오는 능력을 입혀 주십니다. 저는 이렇게 되기를 갈망합니다. 오! 아버지 하나님, 오늘 제게 당신의 성령을 충만히 부어 주소서.

하나님 아버지, "하물며 성령을 주시지 않겠느냐"고 하신 우리 주님의 말씀에 의지하여 간구합니다. 당신께서 저의 기도를 들으신 줄로, 또 제가 구하는 것을 지금 받은 줄로 믿습니다. 아버지, 성령 충만함을 제 것으로 여기고 받아들입니다. 오늘 이 선물을 믿음의 선물로서 받습니다. 내 아버지께서는 약속하신 모든 것을, 성령을 통해 이루신다는 것을 믿습니다. 아버지께서는 자신과 교제하며 성령을 기다리는 자녀에게 성령을 불어 넣어 주시기를 기뻐하십니다. 아멘.

제 8 장

하나님의 친구들의 담대함

또 이르시되, 너희 중에 누가 벗이 있는데, 밤중에 그에게 가서 말하기를 벗이여 떡 세 덩이를 내게 꾸어 달라 내 벗이 여행중에 내게 왔으나 내가 먹일 것이 없노라 하면 그가 안에서 대답하여 이르되 나를 괴롭게 하지 말라 문이 이미 닫혔고 아이들이 나와 함께 침실에 누웠으니 일어나 네게 줄 수가 없노라 하겠느냐 내가 너희에게 말하노니 비록 벗 됨으로 인하여서는 일어나서 주지 아니할지라도 그 간청함을 인하여 일어나 그 요구대로 주리라 — 누가복음 11:5-8

우리 주님께서 제자들에게 첫 번째 가르침을 베푸신 것은 산상수훈에서였습니다. 제자들이 예수님께 기도를 가르쳐 달라고 부탁한 것은 그로부터 거의 1년 후였습니다. 이 부탁에 응하여 무엇을 구해야 할 것인가에 대해 주님께서 두 번째로 가르치신 것이 주기도문입니다. 그리고 나서 주님께서는 어떻게 기도해야 하는가를 말씀하시고, 하나님이 아버지이심과 확실히 응답하심에 대해 이전에 말씀하셨던 것을 반복하십니다. 그런데 주님께서는 주기도문과 이 가르침 사이에 아름다운 비유, 곧 한밤중에 찾아온 친구의 비유를 들어 제자들에게 두 가지 교훈을 주십니다. 하나님께서는, 우리가 자신뿐만 아니라 주위의 딱한 사람들을 위해서도 기도하기를 바라십니다. 이것이 이 비유가 주는 첫째 교훈입니다. 그리고 이런 중보기도에는 종종 담대한 간구가 필요하고, 그런 간구는 언제나 정당한 동시에 심지어 하나님을 기쁘시게 해 드린다는 것이 이 비유의 두 번째 교훈입니다.

이 비유는 참된 중보기도에 관해 가르쳐 주는 완벽한 보고(寶庫)입니다. 이 비유에는 다음과 같은 내용이 담겨 있습니다.

* 주위의 궁핍한 사람을 돕고자 하는 사랑: "벗이 … 내게 왔으나."
* 간청의 원인이 된 궁핍함: "내가 먹일 것이 없노라."
* 도움을 받을 수 있으리라는 확신: "너희 중에 누가 벗이 있는데, 밤중에 그에게 가서 말하기를 벗이여 떡 세 덩이를 내게 꾸어 달라[고 하지 않겠느냐?]"
* 예기치 않은 거절: "일어나 네게 줄 수가 없노라."
* 거절에도 굴하지 않는 인내: "그 간청함을 인하여."
* 그러한 기도의 보상: "그 요구대로 주리라."

우리는 여기에서 하나님의 축복을 집요하게 구하여 얻는 기도와 믿음의 완벽한 본보기를 볼 수 있습니다.

이 비유의 중심 생각, 즉 '기도는 하나님의 우정에 호소하는 행위'라는 생각에 이야기를 집중해 봅시다. 우리가 하나님의 친구가 되고, 하나님의 친구로서 그분께 나아가려면, 먼저 궁핍한 사람들의 친구가 되어야 합니다. 우리에 대한 하나님의 우정은 다른 사람들에 대한 우리의 우정과 밀접하게 연관되어 있습니다. 우리가 이런 친구로서 하나님께 나아갈 때, 우리는 지극히 자유롭게 응답을 요구할 수 있습니다.

기도에는 두 가지 용도가 있습니다. 하나는 자신의 삶을 위해 능력과 축복을 구하는 것이고, 다른 하나는 이보다 더 고상하고 참된 기도로서 남을 위해 구하는 것입니다. 남을 위한 기도는 그리스도께서 우리를 부르시고 동행하시며 가르쳐 주신 것으로서, 남을 위해 심지어 하나님 나라를 위해 하나님의 자녀가 천국에 행사하는 절대적 권한입니다. 우리는 성경에서 아브라함, 모세, 사무엘, 엘리야 등이 남을 위해 기도함으로써 하나님의 능력을 나타낸 일들을 볼 수 있습니다. 자신을 남에게 축복으로 내어줄 때, 우리는 하나님의 축복을 기대할 수 있습니다. 가난한 사람과 딱한 사람의 친구로서 하나님께 나아갈 때, 우리는 하나님께서 우리의 친구가 되어 주시기를 기대할 수 있습니다. 가난한 사람의 친구가 되는 의로운 사람은 하나님의 각별한 친구가 됩니다. 이런 사람은 기도에서 놀라운 특권을 받게 됩니다.

"주님! 나에게는 도와야 하는 궁핍한 친구가 있습니다. 나는 친구로서 그를 돕기 시작했습니다. 주님은 무한히 친절하시고 풍요로우신 나의 친구이십니다. 구하는 것을 주실 줄로 확신합니다. 내가 죄인이어도 친구를 위해서라면 무슨 일이든 하는데, 하물며 하늘 친구이신 주님께서 내가 구하는 것을 주시지 않으시겠습니까?"

하나님이 아버지이심을 이미 알고 있는 마당에, 하나님을 친구로 생각한다는 것은 자신 있는 기도와 관련해서 별로 새로울 것이 없는 것처럼 보일 수 있습니다. 친구보다는 아버지가 가까운 존재이기 때문입니다. 그러나 하나님이 친구라는 주장을 깊이 생각해 보면 놀라운 사실들을 알 수 있습니다. 자녀가 아버지에게 무언가를 구하여 그것을 받는 것은 너무도 당연합니다. 그래서 우리는 아버지가 자녀의 요구를 들어주는 것을 거의 의무로 생각합니다. 그러나 친구의 친절은 당연한 것이 아니라 인정과 인격 때문에 베푸는 것으로 생각합니다. 더욱이 아버지와 자녀의 관계는 일방적으로 의존하는 관계인데 비해, 친구 관계는 동등한 자격에 기초를 둔 관계입니다. 우리 주님은 기도의 영적 신비를 가르치시면서, 우리가 (주님께서 인정하신) 주님의 친구로서, 그리고 우리의 마음과 삶이 주님과 하나되어 하나님께 나아가기를 원하십니다.

우리는 주님의 친구로서 살아야 합니다. 우리가 주님의 자녀라는 사실은 우리가 방황할 때조차도 변함이 없습니다. 하지만 친구관계는 우리의 행동에 달려 있습니다. "내가 명하는 대로 행하면 곧 나의 친구라"(요 15:14). "네가 보거니와 믿음이 그의 행함과 함께 일하고 행함으로 믿음이 온전하게 되었느니라. 이에 성경에 이른 바 아브라함이 하나님을 믿으니 ⋯ 그는 하나님의 벗이라 칭함을 받았느니라"(약 2:22-23). 우리를 인도하시는 성령께서는 하나님께서 우리를 [친구로] 받으신 것을 증언하십니다(롬 8:16).

같은 방법으로, 성령께서는 우리의 기도를 도우십니다. 하나님의 친구로 살면, "한밤중에라도 찾아갈 수 있는 친구가 있다"고 자신 있게 말할 수 있습니다. 내가 하나님께 원하는 것처럼 하나님의 우정과 친절한 마음을 가지고 친구를 대한다면, 내가 하나님의 도움을 원하듯 친구를 돕고자 한다면, 그것은 얼마나 아름다운 일이겠습니까! 기도를 통해 하나님께 나아갈 때마다, 하나님께서는 내 기도의 목적을 주시하십니다. 하나님의 은혜를 구하는 목적이 단지 나의 안락과 기쁨을 위한 것이라면, 응답을 받을 수 없습니다. 반면에, 하나님께서 영화로워지시기를 바라고 하나님의 축복을 남에게 베풀고자 하는 것이라면, 그 기도는 헛되지 않을 것입니다. 남을 위해 기도하면서도 남을 돕는 일은 미루고 싶어한다면, 다시 말해서 남을 돕는 일이 희생이나 믿음의 행위가 되지 않을 만큼 충분히 부유해질 때까지 미룬다면, 그 기도는 응답 받지 못할 것입니다. 그러나 나를 도와줄 친구가 있음을 알기에, 나 역시 궁핍함에도 불구하고, 궁핍한 친구를 위해 사랑의 일을 시작했다면, 그 기도는 응답을 받을 것입니다. 이런 기도가 얼마나 효과적인지 모릅니다. 지상 친구에게 필요한 것을 하늘 친구에게 구할 때, 우리의 하늘 친구이신 하나님께서는 그 요구대로 주실 것입니다.

그러나 구하는 것을 언제나 즉각 받는 것은 아닙니다. 사람은 믿음을 통해 하나님을 영화롭게 하고 기쁘시게 해 드립니다. 중보기도는 이 믿음을 훈련하는 수업의 일부입니다. 이 수업에서는 우리와 사람들과의 우정, 우리와 하나님과의 우정을 테스트합니다. 친구에게 필요한 것을 구하기 위해 한밤중에라도 일어나 나갈 정도로 우리의 우정이 실제적인지, 그리고 하나님께서 우리를 외면하시지 않는다는 것을 믿고, 그분이 응답하실 때까지 계속 기도할 만큼 하나님과의 우정이 확실한지를 측정합니다.

인내하는 기도에는 심오한 하늘의 비밀이 숨어 있습니다! 하나님께서는 축복을 약속하셨고 축복 주시기를 갈망하시지만 축복을 자제하십니다. 지상에 있는 친구들이 하늘 친구인 자신을 알고 온전히 믿는가 하는 것은 하나님께 대단히 중요한 문제입니다! 그렇기 때문에, 하나님은 지상의 친구들이 참으로 인내하는지를 알기 위해 응답을 속히 주지 않는 학교에서 그들을 훈련시키십니다. 흔들리지 않고 기도에 힘쓴다면, 그들은 하늘의 큰 능력을 발휘할 수 있습니다.

약속하신 것을 받지 못했어도, 그 약속을 버리지 않고 기대하는 믿음의 사람들이 있습니다(히 11:13, 39). 기도에 응답이 없고 굳게 믿은 약속이 이루어지지 않는 것처럼 보일 때, 바로 이때 금보다 더 귀한 믿음의 연단이 일어납니다. 약속을 버리지 않는 믿음의 사람들은 이 연단을 통해 정화되고, 강화되고, 살아 계신 하나님과 인격적이고 거룩한 교제를 하면서 하나님의 영광을 볼 준비를 갖추게 됩니다. 이런 믿음의 사람들은, 살아 계신 하나님의 생명의 진리가 실현될 때까지, 약속을 버리지 않고 간직합니다.

사랑을 실천함으로써 하나님을 섬기고자 하는 하나님의 자녀는 용기를 가져야 합니다. 자녀를 둔 부모, 학급 학생을 책임진 교사, 성경공부 인도자, 교인을 인도하는 목회자들은 굶주리고 딱한 영혼들의 짐을 나누어 집니다. 그들이 용기를 가질 수 있도록 합시다. 우리는 하나님께서 인내하는 기도를 요구하신다는 사실에 어리둥절해집니다. 그러나 끈질기게 간청하기를 원하시는 데에는 영적이고도 실제적인 이유가 있습니다. 우리에게 그것을 가르치시기 위해 주님께서는 이상스럽기조차한 이 비유를 드신 것입니다. 불친절하고 이기적인 지상 친구도 간청하면 설득할 수 있는데, 하물며 우리의 하늘 친구이신 하나님께서는 어떻겠습니까!

하나님께서는 우리가 구하는 것을 주고 싶어하십니다. 다만 우리가 영적으로 합당하지 않고 그분께서 주고자 하시는 것을 소유할 능력이 없기 때문에 응답을 미루시는 것입니다. 응답을 미루시는 하나님께 감사를 드립시다. 하나님께서는 응답을 미루심으로써 우리가 하나님과의 참된 관계에 이르고 우리 능력을 다 발휘할 수 있도록 준비시키십니다. 나아가 하나님을 믿고 신뢰하며 하나님과 동행하게 하시고, 참으로 하나님의 친구가 될 수 있도록 우리를 훈련시키십니다. 끊어지지 않는 세 겹줄, 즉 도움이 필요한 굶주린 친구, 도움을 구하는 기도하는 친구, 필요한 대로 우리에게 도움을 주려 하시는 능력 많으신 친구를 굳게 잡읍시다.

주여, 우리에게 기도를 가르쳐 주옵소서

나의 복된 스승이신 주님, 기도하며 당신께 나아갑니다. 당신의 가르침은 너무도 찬란합니다. 하지만 너무 심오해서 아직 잘 이해가 안 됩니다. 주님의 아버지를 저의 친구로 삼아도 좋다는 가르침은 제게 너무 어렵습니다. 주 예수님, 제게 당신의 말씀과 영을 주소서. 그 말씀이 제 마음에서 생동하게 하소서. 이렇게 해 주실 것을 믿습니다. "그 간청함을 인하여 … 그 요구대로 주리라"는 당신의 말씀에 의지하여 간청합니다.

주님, 인내하는 기도의 능력을 제게 더욱 가르쳐 주옵소서. 하나님의 은혜를 받으려면, 우리의 내적 삶이 성숙해야 한다는 것을 압니다. 그리고 내적 삶이 성숙하기 위해서는 시간이 필요하며, 그 시간을 하나님께서 허락하셨다는 것을 압니다. 하나님께서는 외관상 실망스러운 때에도 우리가 강한 믿음을 간직하여 하나님을 떠나지 않기를 원하시며, 이를 위해 인내하는 기도를 통해 우리를 훈련시키십니다. 하나님께서는 선물 주시는 것을 우리의 기도에 달려 있게 하셨으며, 우리에게 이 사실을 알려 주고 싶어하십니다. 주님, 저를 가르쳐 제가 신령과 진정으로 이것을 알게 하소서!

이제 하나님의 대리인, 곧 내 부유한 하늘 친구의 대리인이 되는 것을 제 삶의 기쁨이 되게 하소서! 한밤중에라도 모든 굶주리고 딱한 처지의 사람을 돌보게 하소서! 저는 이 일을 할 수 있을 것이라고 확신합니다. 인내하며 기도하는 자에게, 저의 하늘 친구께서, 그 요구대로 주신다는 것을 알기 때문입니다. 아멘.

제 9 장

기도하면 일꾼을 보내 주신다

이에 제자들에게 이르시되 추수할 것은 많되 일꾼이 적으니 그러므로 추수하는 주인
에게 청하여 추수할 일꾼들을 보내 주소서 하라 하시니라 — 마태복음 9:37-38

주님께서는 기도의 당위성과 방법을 여러 번 가르치셨습니다. 하지만 기도의 내용을 무엇으로 삼아야 할 것인가에 대해서는 좀처럼 말씀하시지 않았습니다. 제자들이 필요하다고 느끼는 것과 성령께서 인도하시는 것을 기도의 내용으로 삼도록 맡겨두셨습니다. 그런데 위의 성경 구절에서는 한 가지 사실을 명심하라고 분명하게 가르치십니다. 추수할 것이 많은 반면 일꾼이 적다는 견지에서, 추수의 주인이신 주님께 일꾼을 보내달라고 간청해야 한다는 것입니다. 한밤중에 간청하는 친구의 비유에서처럼, 기도는 이기적인 것이 아니라 다른 사람들에게 축복을 내리게 할 수 있는 능력이라는 것을 제자들이 깨달았으면 하고 주님께서는 원하십니다. 추수의 주인은 아버지 하나님이십니다. 우리는 성령을 위해 기도할 때, 그분께서 추수할 일꾼을 준비시키시고 보내 주시기를 기도해야 합니다.

주님께서는 제자들에게 왜 이렇게 기도하라고 요구하시는 걸까요? 주님께서 직접 그렇게 기도하실 수 있지 않겠습니까? 제자들의 수천 번 기도보다 주님의 단 한 번 기도가 더 많은 것을 이룰 수 있지 않습니까? 추수의 주인이신 하나님께서 일꾼이 필요하다는 것을 모른단 말입니까? 제

자들의 기도가 없으면, 하나님께서 일꾼들을 적절한 때에 보내시지 않는 단 말입니까? 이런 질문들은 기도와 기도의 능력이 지닌 심오한 신비 속으로 우리를 인도합니다. 이런 질문에 대한 대답을 통해, 우리는 기도가 능력이며, 이 기도의 능력에 추수와 하나님 나라의 도래가 달려 있다는 것을 확신하게 될 것입니다.

기도는 어떤 형식이나 쇼가 아닙니다. 주 예수님은 진리이시며, 그분께서 하신 말씀은 모두 진리였습니다. 제자들에게 일꾼을 보내달라는 기도를 드리라고 주님께서 말씀하신 때는, 목자 없는 양과 같이 고생하는 무리를 보시고 그들을 불쌍히 여기신 때였습니다(마 9:36). 주님께서 그렇게 하신 이유는 제자들의 기도가 필요하며 그 기도가 도움이 될 것이라고 참으로 믿으셨기 때문입니다.

우리의 눈을 가려 천국을 볼 수 없게 만드는 베일도 예수님의 거룩한 영혼 앞에서는 너무도 투명했습니다. 예수께서는 영적 세계의 숨겨져 있는 원인과 결과의 관련성을 깊이 인식하셨습니다. 그분은 하나님께서 아브라함, 모세, 여호수아, 사무엘, 다니엘 등을 부르시고 그들에게 하나님의 이름으로 권세를 주신 방식에 주의를 기울이셨습니다. 또한 하나님께서는 이 사람들에게, 필요할 때 하늘의 능력을 요청할 수 있는 권한도 주셨습니다. 하나님께서는 자신의 일을 이 사람들에게 맡기셨습니다. 그리고 예수께서 지상에 계시는 동안에는 예수께 맡기셨습니다. 그리고 이제는 제자들의 손에 맡기실 순간이었습니다. 이 일의 책임을 제자들이 맡게 될 때, 그 일은 단순히 형식이나 쇼에 그치지 않는다는 것을 예수께서는 아셨습니다. 이 일의 성공 여부는 사실상 제자들에게, 그리고 그들의 충실함에 달려 있었습니다.

예수께서는 인간의 몸과 수명의 한계를 지니셨기 때문에, 한 번의 짧은 방문으로는 이 방황하는 양들 가운데서 성취할 수 있는 것이 너무도 적다는 것을 아셨습니다. 예수께서는 양들이 적절한 보살핌을 받기를 바라셨습니다. 그래서 제자들에게 기도하기 시작하라고 당부하셨습니다. 주님께로부터 이 일을 인계 받은 제자들은 추수를 위해 일꾼을 보내달라고 추수의 주인께 간구해야 하며, 이것을 기도의 중심 내용으로 삼아야 합니다. 그런데 이 일은 주님께서 위임하신 것이고, 일의 성공은 대체로 제자들에게 달려 있기 때문에, 주님께서는 제자들에게 일꾼을 구할 권한을 주셨을 뿐 아니라, 일꾼의 공급 역시 제자들의 기도에 달려 있게 하셨습니다.

그리스도인들은 추수때가 된 들판인 세상에 일꾼이 필요하다는 것을 거의 느끼지도 못하고 슬퍼하지도 않습니다. 일꾼의 공급은 기도에 달려 있으며 기도하면 참으로 그 요구대로 주리라(눅 11:8)는 것도 거의 믿지 못합니다. 할 일이 없다고 생각하고 그러한 생각을 서로 얘기합니다. 때로는 필요한 것을 공급하기 위해 노력을 기울입니다. 그러나 목자 없이 헤매는 양들에 대한 책임은 거의 떠맡지 않습니다. 기도를 하면 그 응답으로 추수의 주인께서 일꾼을 보내 주신다는 것을 믿지 못하기 때문입니다. 기도가 없다면, 추수할 때가 된 들판은 썩을 것입니다. 실제로 상황이 그렇습니다. 주님께서는 자신의 일을 교회에 맡기셨습니다. 게다가 그리스도 자신을 교회에, 즉 그 일을 이룰 자신의 몸된 교회에 맡기셨습니다. 주님께서 자기 백성에게 주신 능력은 하늘에서도 땅에서도 사용할 수 있습니다. 일꾼의 수와 추수의 양은 정말로 교회의 기도에 달려 있습니다.

우리가 주님의 가르침을 좀 더 진실하게 따르지 않는 이유와 진지하게 일꾼을 요청하지 않는 이유는 무엇입니까? 거기에는 두 가지 이유가 있습니다. 하나는 불쌍히 여기는 마음, 즉 주님께서 기도하시게 된 원인인 불쌍히 여기는 마음을 우리가 잃어버렸기 때문입니다. 신자는 이웃을 제 몸과 같이 사랑하는 법과, 이웃과의 관계에서 오직 하나님의 영광을 위해 사는 법을 배워야 합니다. 하나님께서 구원받은 우리에게 주신 첫 번째 계명은 딱한 처지의 사람들을, 주님께서 우리에게 맡기신 사람들로 여기라는 것입니다. 그들을 추수할 들판으로만 여기지 말고, 사랑어린 보살핌과 관심을 쏟아야 할 대상으로 여기십시오. 딱하고 의지할 데 없는 사람들을 불쌍히 여기면, 당신은 곧 신실한 마음으로 기도하게 될 것입니다.

주님의 가르침을 소홀히 여기는 다른 이유는 반드시 결과를 가져오는 기도의 능력을 너무도 믿지 않기 때문입니다. 우리는 하나님께서 응답하신다는 것을 확신할 수 있을 만큼 하나님과 가까이 살지 않습니다. 우리는 하나님을 섬기는 일과 하나님의 나라에 전적으로 자신을 내놓지 않았습니다. 하지만 도와주시기를 구하면, 믿음이 없는 상태를 극복할 것입니다. 그리스도와 연합하는 삶을 살게 해 달라고 기도합시다. 그러면 주님의 불쌍히 여기는 마음이 우리 안에서 흐르고, 우리 기도가 상달된다는 것을 주님의 영께서 우리에게 확신시켜 줍니다.

이런 기도를 통해 우리는 2중의 축복을 얻게 됩니다. 첫째, 하나님을 섬기는 일에 전적으로 몰두하는 사람들이 늘어나기를 바라는 소망이 생깁니다. 목사, 선교사, 하나님의 말씀을 가르치는 교사 등 주님을 섬기는 사람들이 드물었던 때가 있었습니다. 이러한 사실은 그리스도의 교회에 있는 커다란 오점입니다. 이런 문제는 하나님의 자녀들이 교회나 모임에서 이 문제를 기도제목으로 삼을 때 해결됩니다. 주 예수님은 추수의 주인이십니다. 그분은 성령의 여러 선물을 주시는 분으로 찬양을 받아왔습니다. 주님께서는 성령 충만한 사람을 선물로 삼고 싶어하십니다. 그러나 이 선물의 공급과 배분은 주님과 동행하는 사람들의 협력에 달려 있습니다. 기도는 이러한 협력을 가져오며, 기도를 더욱 북돋아 하나님을 섬기는 일에 필요한 사람들과 수단들을 찾게 되리라는 것을 믿게 해 줍니다.

둘째 축복 역시 큰 축복이 될 것입니다. 모든 신자는 일꾼입니다. 우리는 하나님의 자녀로서 하나님을 섬기기 위해 구원되었으며, 해야 할 일이 있습니다. 우리는 주님께서 자기 백성에게 헌신의 영을 채워 주시고, 그리하여 포도원에 빈둥대는 사람이 없게 해 주시기를 기도해야 합니다. 기도에는 약속, 곧 하나님의 일을 도울 적절한 협력자가 없다고 불평하는 곳마다 일꾼을 보내 주겠다는, 약속이 있습니다. 하나님께서는 언제든 일꾼을 보내 주실 수 있으며 늘 준비가 되어 있으십니다. 시간이 걸릴 수도 있고 끈질기게 간구해야 할 수도 있지만, 추수의 주인께 간청하라는 그리스도의 명령은 기도가 반드시 상달된다는 맹세이기도 합니다. "내가 너희에게 말하노니 ... 그 간청함을 인하여 일어나 그 요구대로 주리라"
(눅 11:8).

세상이 필요로 하는 것들을 공급하고 하나님의 일꾼을 확보하는 이런 권세를, 우리는 기도를 통해 받아왔습니다. 추수의 주인께서는 우리의 기도를 들으십니다. 이렇게 기도하라고 가르쳐 주신 그리스도께서는 자신의 이름으로 드리는 기도와 자신과 같은 관심에서 드리는 기도를 지원하십니다. 우리의 이 중보 사역을 위해 시간을 내고, 그 일에 전력을 다합시다. 그러면 기도를 당부하신 주님의 마음, 곧 불쌍히 여기시는 주님의 마음을 가질 수 있습니다. 또한 이렇게 될 때, 우리는 왕이신 하나님의 자녀로서 왕족임을 깨달을 수 있습니다. 하나님의 자녀의 뜻은 하나님의 나라를 앞당기는 데 중요합니다. 우리는 자신을 지상에서 일하는 하나님의 동료로 느낄 뿐 아니라, 일정한 몫의 하나님의 일을 위임받았다고 느낄 것입니다. 우리는 영적인 일에 참여한 사람들이 될 것입니다. 하지만 기도의 응답을 통해 영혼의 만족도 얻게 될 것입니다. 기도하지 않았다면 오지 않았을 축복을, 기도를 통해 받는 법을 배우기 때문입니다.

주여, 우리에게 기도를 가르쳐 주옵소서

복되신 주님, 주님께서는 우리에게 다시 한 번 놀라운 가르침을 주셨습니다. 머리 숙여 기도하오니 이 영적 사실을 이해할 수 있게 하여 주옵소서. 자칫하면 썩어 버릴 숱한 곡식이 추수를 기다립니다. 그 곡식들은 잠에 취한 제자들이 일꾼을 보내 달라고 신호를 보내기만을 기다립니다. 주님, 우리를 가르쳐 우리도 불쌍히 여기는 마음으로 그 추수할 곡식을 바라보게 하소서. 주님, 일꾼이 너무도 없습니다. 일꾼을 보내 줄 수 있고 보내 줄 준비가 되어 있는 추수의 주인이 계시다는 것을 생각할 때, 기도와 믿음이 부족한 것이 얼마나 끔찍한 죄인지 알 수 있습니다. 우리가 이것을 깨닫게 하여 주소서. 응답을 약속하신 하나님께서 얼마나 기도를 기다리시는지를 알려 주소서. 우리는 기도할 임무를 부여받은 제자들입니다. 주님, 당신의 영을 우리에게 불어넣으시어, 당신의 불쌍히 여기는 마음과 약속을 믿는 믿음이 우리 안에서 솟아올라 기도를 멈추지 않게 하소서.

오 주님, 이토록 게으르고 믿음 없는 자들에게 어떻게 그런 일을 맡기시고 그런 능력을 주시는지 이해할 수 없습니다. 주님께서 가르치고 계시는 사람들을 인하여 감사드립니다. 주님께서는 그들에게 일꾼을 보내 주시기를 간구하라고 가르치십니다. 주님, 주님의 모든 자녀들에게 당신의 영을 불어넣어 주소서. 주님의 자녀들이 주님의 나라와 영광을 위해서만 살고, 온전히 믿음을 깨달아 기도를 성취하는 법을 배우게 하소서. 그리고 살아 계신 하나님을 믿는, 살아 있는 믿음으로 드린 기도는 확실하고 충분한 응답을 가져온다는 확신이 우리 마음에 가득하게 하소서. 아멘.

제 10 장

기도는 명확해야 한다

예수께서 말씀하여 이르시되 네게 무엇을 하여 주기를 원하느냐? – 마가복음 10:51

"다윗의 자손이여 나를 불쌍히 여기소서"(막 10:47, 48) 하고 소경은 반복해서 외쳤습니다. 그 외치는 소리가 주님의 귀에 들렸습니다. 주님은 그 소경이 원하는 것을 알고 계셨고, 그것을 주실 준비가 되어 있었습니다. 그러나 그렇게 하시기 전에, 그에게 "네게 무엇을 하여 주기를 원하느냐?" 하고 물으셨습니다. 주님께서는 단지 자비를 구하는 일반적인 간구가 아니라 그날 그 사람이 무엇을 바라는지 명확하게 표현하는 것을 듣고 싶으셨습니다. 자신의 소원을 말로 표현할 때까지, 소경은 치료를 받지 못했습니다.

주님께서는 지금도 똑같은 질문을 하십니다. 그러나 그 질문에 대답하지 않아 기도를 하면서도 필요한 도움을 받지 못하는 사람들이 있습니다. 우리의 기도는 막연히 주님의 자비나 축복을 구하는 호소나 외침이 되어서는 안 되며, 필요한 것을 명확하게 밝히는 간구가 되어야 합니다. 하지만 사랑 많으신 주님의 마음이 우리의 호소나 간구를 이해하지 못하거나 들을 준비가 되어 있지 않다는 얘기는 아닙니다. 다만, 예수께서 그런 구체적인 기도를 원하시는 이유는 그런 기도가 우리에게 필요한 것들을 더 잘 알 수 있도록 우리를 가르쳐 주기 때문입니다. 무엇이 우리에게 가장 필요한 것인지 알기 위해서는 시간, 생각, 자기 성찰이 요구됩니다.

우리의 소원은 그것이 정직한 것인지, 실제적인 것인지, 하나님의 말씀에 부합하는 것인지 확인하기 위해 시험에 놓입니다. 또한 우리는 구하는 것을 받을 것이라고 정말로 믿는지 깊이 생각합니다. 이렇게 깊이 성찰하는 기도는 특별한 응답을 기다리는 데 도움을 줄 뿐 아니라 응답이 이루어졌을 때 기도한 내용이 이루어졌음을 확인할 수 있게 도와줍니다.

우리의 기도 가운데 많은 것이 막연하고 초점이 없습니다. 어떤 사람들은 자비를 구하지만, 자신이 왜 그것을 구하는지 애써 알려고 하지 않습니다. 또 어떤 사람들은 죄에서 벗어나기를 구하지만, 그 죄가 무엇인지 밝히지 않습니다. 어떤 사람들은 자기 주변의 사람들에게 하나님의 축복이 내리기를 기도하고, 자기 나라나 세계에 하나님의 영이 내리기를 기도하지만, 그들이 응답을 기다리고 응답이 이루어지는 것을 확인할 특별한 장소나 분야를 말하지 않습니다. 주님께서는 모든 사람에게 말씀하십니다. "네가 참으로 원하는 것이 무엇이냐, 내가 무엇을 하여 주기를 원하느냐?"

모든 그리스도인은 저마다 제한된 능력을 가지고 있습니다. 하나님을 섬기는 일에서 특정한 자기만의 분야를 가져야 하듯, 기도 역시 특정하게 해야 합니다. 각 신자는 자신의 모임, 가족, 친구, 이웃을 가지고 있습니다. 신자에게 이러한 대상이 있다면, 그 신자는 하나님을 개인적으로 대하는 훈련을 받는 믿음의 학교에 자신이 들어선 것을 깨닫게 될 것입니다. 우리가 이처럼 특정한 문제들에서 신실하게 응답을 구하고 또 응답을 받아왔다면, 우리의 일반적인 기도들 역시 믿음이 가득하고 효과적인 기도가 될 것입니다. 응답을 기대하는지 확인하지 않고, 그저 숱한 간구를 쏟아내는 것이라면, 그러한 기도들은 효력을 발휘할 수 없습니다.

조용히 주님 앞에 엎드려 이렇게 질문해 보십시오.

* 참으로 나의 소원은 무엇인가?
* 나는 믿음 안에서, 즉 응답 받을 것이라고 기대하면서 그것을 소원하는가?

* 그 소원을 아버지 하나님께 자세히 말씀드리고 그분의 가슴에 맡겨 둘 준비가 되어 있는가?
* 응답을 받으리라는 것에 대해 하나님과 나 사이에 의견의 일치가 있는가?

우리는 정말로 기대하는 것을 하나님은 물론 우리도 알 수 있는 방식으로 기도하기를 배워야 합니다.

주님께서는 우리에게 이방인의 헛된 중언부언을 경고하십니다. 헛되이 중언부언하는 이방인들은 자신들이 많이 기도하기 때문에 자신의 기도를 하나님께서 들으실 것이라고 기대합니다. 우리는 수많은 간청을 쏟아내는 대단히 진지하고 열렬한 기도를 종종 듣습니다. 그런 기도에 대해 주님께서는 의심할 여지 없이 이렇게 물으실 것입니다. "너는 무엇을 원하느냐?"

내가 아버지의 사업을 위해 외국에 나갔다면, 나는 분명히 성격이 다른 두 통의 편지를 집에 쓸 것입니다. 한 통은 애정이 담긴 전형적인 가족 편지일 것이고, 다른 한 통은 내게 필요한 것들을 요구하는 사업상 편지일 것입니다. 물론 이 두 가지 성격이 혼합된 편지를 쓸 수도 있습니다. 어떤 답장이 오느냐 하는 것은 내가 쓴 편지에 따라 다를 것입니다. 나는 가족 소식을 담은 편지를 보낸 뒤에는 문장 하나하나마다 일일이 응답해 주기를 기대하지 않습니다. 하지만 내가 보낸 각 요구에 대해서는, 내가 소원하는 것들을 보내 주겠다는 내용의 응답을 확신합니다. 하나님께 기도할 때에도 이런 사업편지의 요소가 포함되어야 합니다. 필요한 것, 죄, 사랑, 믿음, 헌신을 표현할 때는 우리가 구하는 것과 받고 싶어하는 것도 표현해야 합니다. 그 대답으로 아버지 하나님께서는 수락하셨다는 표를 우리에게 주시기를 좋아하십니다.

그러나 주님의 말씀은 우리에게 더욱 많은 것을 가르쳐 주십니다. 주님께서는 "바라는 것이 무엇이냐?"(What do you wish?)고 묻지 않으시고, "참으로 원하는 것이 무엇이냐?"(What do you will?)고 물으십니다. 사람은 종종 어떤 것을 참으로 원하지 않으면서도 막연히 그것을 바라는 경우가 있습니다. 어떤 물건을 가지고 싶어하지만, 너무 비싸서 그것을 사지 않기로 결심합니다. 그것을 바라지만 가지려는 의지는 없습니다. 게으른 사람은 부유해지기를 바라지만, 그렇게 되려는 의지는 없습니다. 많은 사람이 구원을 바라지만, 구원받으려는 의지가 없기 때문에 죽습니다.

의지는 온 마음과 삶을 다스립니다. 내 능력 범위 안에 있는 어떤 것을 얻고자하는 의지가 참으로 있다면, 나는 그것을 얻을 때까지 쉬지 않습니다. 예수께서 우리에게 "참으로 원하는 것이 무엇이냐?"(What wilt thou?)고 물으실 때, 그분이 참으로 묻는 것은 희생이 아무리 크더라도 원하는 것을 얻으려는 의지가 있는가 하는 것입니다. 아무리 오래 걸리더라도 주님께서 당신의 기도를 들으실 때까지 끊임없이 기도할 만큼 참으로 그것을 얻으려는 의지가 있습니까? 잠시 기도했다가 곧 잊고 마는 그저 막연한 바람에 지나지 않는 기도가 얼마나 많습니까? 그리고 해가 거듭될수록 그저 습관적인 일이 되어 버린 기도가 얼마나 많으며, 응답을 기다리지 않은 채 그저 스스로 만족하는 기도는 또 얼마나 많습니까?

어떤 사람은 이렇게 물을지 모르겠습니다. 원하는 것을 하나님께 알리지 않고, 또 참으로 원하는 것을 단정하지 않은 채, 가장 좋은 것이 무엇인지 결정하는 일은 하나님께 맡기는 것이 더 좋지 않겠느냐고…. 결코 그렇지 않습니다. 예수께서 제자들에게 가르치려 하신 믿음의 기도는 단순히 소원을 말하고 그 결정은 하나님께 맡기는 것이 아닙니다. 믿음의 기도는 하나님의 뜻을 알 수 없는 경우에 드리는 순종의 기도와 다릅니다. 믿음의 기도는 하나님의 어떤 약속에 들어 있는 하나님의 뜻을 알고서 드리는 기도로서, 약속이 성취될 때까지 간구하는 기도입니다.

예수께서는 마태복음 9:28에서 "내가 능히 이 일 할 줄을 믿느냐?"고 맹인에게 말씀하셨습니다. 마가복음에서는 "무엇을 하여 주기를 원하느냐?"(What wilt thou that I should do)고 말씀하셨습니다. 두 곳 모두에서 믿음이 그들을 구원하였다고 말씀하셨습니다. 그리고 수로보니게 여인에게도 "여자여 네 믿음이 크도다. 네 소원대로 되리라"(마 15:28)고 말씀하셨습니다. 믿음은 하나님의 말씀에 근거를 두고 원하는 의지이며, "응답을 받아야만 합니다"고 말하는 것과 같습니다. 진실로 믿는 것은 원함을 확고한 의지로 굳히는 것입니다.

이러한 의지는 하나님께 의존하거나 순종하는 것과 다릅니다. 참된 순종은 하나님을 영화롭게 합니다. 하나님의 자녀가 자신의 의지를 아버지 하나님께 전적으로 굴복할 때만이, 그 자녀는 자신이 원하는 것을 확고한 의지로 굳힐 수 있는 자유와 권세를 아버지 하나님께로부터 받게 됩니다. 신자가 말씀과 성령을 통해 드러난 하나님의 뜻(의지)을 자신의 뜻으로 받아들였다면, 하나님께서는 그 자녀가 하나님을 섬기는 일에 이 새로워진 뜻(의지)을 사용하기를 바라십니다. 의지는 영혼의 가장 고귀한 능력입니다. 의지는 하나님의 형상 가운데 대단히 중요한 특징이기 때문에, 은혜는 의지를 성화시키고 회복시켜서 이 의지가 충분하고도 자유롭게 발휘되기를 원합니다. 하나님의 자녀는 자신의 관심사보다 아버지의 관심사를 위해 살고, 자신의 의지보다는 아버지의 의지를 구하며, 하는 일에서도 아버지의 신뢰를 받습니다. 하나님께서는 이런 자녀에게 말씀하십니다. "참으로 원하는 것이 무엇이냐?"

겉으로 보기에는 겸손한 모습이지만 실상은 아무런 의지도 없는 상태인 영적 나태함을 종종 볼 수 있습니다. 이러한 영적 나태함은 하나님의 뜻을 찾는 수고로움과, 하나님의 뜻을 찾았을지라도 그것을 믿음으로 구하는 몸부림을 두려워합니다. 진정한 겸손은 언제나 강한 믿음을 동반합니다. 오직 하나님의 뜻을 알고자 하는 믿음은 "무엇이든지 원하는 대로 구하라, 그리하면 이루리라"(요 15:7)는 약속이 실현되기를 과감히 요구합니다.

주여, 우리에게 기도를 가르쳐 주옵소서

주 예수님, 구한 것과 관련하여 의심을 품지 않도록, 마음과 힘을 다하여 기도하는 법을 가르쳐 주옵소서. 제가 원하는 것이 무엇인지 알고 싶습니다. 그리하여 하늘에서 저의 간청을 기록하듯, 저는 이곳 땅 위에서 그 간청을 기록하여, 그 간청이 하나하나 응답되는 것을 알아차리고 싶습니다. 주님께서 말씀을 통해 분명히 약속하신 것을 믿을 수 있게 하여 주셔서, 성령님이 제 안에서 자유롭게 역사(役事)하게 하소서. 주님, 유효한 기도가 될 수 있도록 저의 모든 의지를 새롭게 하시고, 강하게 하시며, 거룩하게 하소서.

복되신 주님, 주님께서 우리에게 보여 주신 놀라운 은혜를 제게 나타내 주옵소서. 원하는 것을 말하라고 말씀하시며, 말한 그것을 행하겠다고 약속하시는 그 은혜를 제게 나타내 주옵소서. 하나님의 아들이신 주님, 저는 잘 알지 못합니다. 다만 당신께서 우리를 구원하신 것은 전적으로 당신을 위한 것이며, 우리의 의지를 새로 만드시어 참으로 적절한 당신의 종으로 만드시기를 원하신다는 것을 믿을 뿐입니다. 주님, 주님의 영이 저의 온 존재를 다스리는 통로로 저의 의지를 주님께 기꺼이 바칩니다. 주님의 영이 저의 온 존재를 소유하시고, 저를 진리인 주님의 약속들로 인도하소서. 그리고 기도로써 저를 강하게 하시어서, "여자여 네 믿음이 크도다. 네 소원대로 되리라"(마 15:28)고 말씀하시는 주님의 목소리를 항상 들을 수 있게 하소서. 아멘.

제 11 장

받아들이는 믿음

그러므로 내가 너희에게 말하노니, 무엇이든지 기도하고 구하는 것은 받은 줄로 믿으라. 그리하면 너희에게 그대로 되리라 — 마가복음 11:24

얼마나 놀라운 약속입니까! 이 약속은 너무도 크고 신성해서 우리의 작은 마음으로는 이해할 수 없습니다. 우리는 가능한 모든 방법을 동원하여, 이 약속을 우리가 생각하기에 안전하거나 그럴듯한 것으로 한정하려고 합니다. 우리는 이 약속이 생동하는 힘과 능력을 지닌 채 다가오는 것을 용납하지 않습니다. 우리가 그것을 용납한다면, 우리의 마음이 넓어져서, 주님께서 사랑과 능력으로 우리에게 베풀고자 하시는 모든 것을 받을 수 있습니다.

믿음은 단순히 하나님의 말씀을 진리라고 확신하는 것이 아니며, 어떤 전제에서 도출된 결론도 아닙니다. 하나님께서 하시겠다고 말씀하시는 것을 귀로 들었고, 하나님께서 그것을 행하시는 것을 눈으로 보았습니다. 그러므로 참 믿음이 있는 곳에 응답이 오지 않는 일은 불가능합니다. "기도하고 구한 것은 받은 줄로" 믿어야 합니다. "그리하면 너희에게 그대로 되리라"는 약속을, 주님께서는 반드시 지킬 것입니다.

솔로몬의 기도에서 핵심이 되는 내용은 "왕이 이르되 이스라엘 하나님 여호와를 송축할지로다. 여호와께서 그의 입으로 내 아버지 다윗에게 말씀하신 것을 이제 그의 손으로 이루셨도다"(대하 6:4)는 기도입니다. 이

기도는 모든 참된 기도의 정수(精髓)이며, 입으로 말씀하신 것을 반드시 손으로 이루시는 하나님을 즐거이 찬양하는 것입니다. 예수께서 주신 이 약속을 영혼으로 들읍시다. 이 약속 한 마디 한 마디에는 신성한 메시지가 들어 있기 때문입니다.

"무엇이든지." 우리 인간의 머리는 이 첫마디부터 의심하며, "아마도 이 말씀은 문자 그대로의 의미는 아닐 것이다"고 말하기 시작합니다. 그러나 그렇지 않다면, 주님께서 그렇게 말씀하신 이유가 무엇이겠습니까? 주님은 찾아낼 수 있는 가장 강한 표현, 즉 "무엇이든지"라는 표현을 쓰셨습니다. 더욱이 같은 의미의 표현을 다음과 같은 구절에서도 사용하셨습니다. "믿는 자에게는 능히 하지 못할 일이 없느니라"(막 9:23); "만일 너희에게 믿음이 겨자씨 한 알 만큼만 있어도 … 너희가 못할 것이 없으리라"(마 17:20). 믿음은 전적으로 성령의 역사(役事)로서, 성령님은 제자의 준비된 마음 안에서 하나님의 말씀을 통해 역사하십니다. 믿음은 다가올 응답의 예고이자 보증이기 때문에, 약속된 응답이 이행되지 않는 일은 불가능합니다.

"무엇이든지 기도하고 구하는 것은 받은 줄로 믿으라." 인간의 이성은 여기에 어떤 한정사들을 덧붙이는 경향이 있습니다. 그 한정사들은 "합당하다면," "하나님의 뜻에 따른다면"과 같은 것으로서 위험하다고 생각되는 말씀의 위력을 파괴합니다. 주님의 말씀을 이런 식으로 다루는 일을 경계하십시오. 주님의 약속은 문자 그대로 유효합니다. 주님께서는 자주 반복하신 "무엇이든지"가 우리 마음에 들어와 믿음의 위력이 얼마나 큰지를 드러내기를 원하십니다. 머리이신 주님은 지체인 우리에게 주님의 능력을 공유하라고 요구하십니다. 우리의 성부께서는 자기를 온전히 믿는 자녀에게 자기 능력을 맡기십니다. 믿음은 그리스도께서 약속하신 "무엇이든지"로부터 음식과 양식을 얻습니다. 우리가 그리스도의 약속을 약화시킬 때, 우리의 믿음은 약해집니다.

"무엇이든지"는 조건이 없다는 말입니다. 유일한 조건은 믿음이라는 행위에 함축되어 있습니다. 우리는 하나님의 뜻이 무엇인지 찾아내고 알아야만 믿을 수 있습니다. 믿음은 말씀과 성령의 감화에 순복하는 영혼의 활동입니다. 일단 믿으면 무엇이든 불가능한 것이 없습니다. 그리스도의 "무엇이든지"를 우리가 가능하다고 생각하는 범위 안에 제한하지 않도록 기도합시다. 오히려 주님의 "무엇이든지"가 우리의 소망과 믿음의 테두리를 결정해야 합니다. 이 "무엇이든지"는 주님께서 말씀하신 그대로 받아서 우리 마음에 간직해야 하는 씨앗에 해당하는 말씀입니다. 이 씨앗은 싹이 나고 뿌리를 내려서 삶을 풍성히 해 주고 열매를 많이 맺게 해 줍니다.

"무엇이든지 기도하고 구하는 것." 이 "무엇이든지"를 하나님께 전할 수 있는 길은 기도입니다. 그리고 "무엇이든지" 하나님께 전한 그것을 받은 줄로 믿는 믿음은 기도의 열매입니다. 기도를 하려면 어느 정도의 믿음이 있어야 합니다. 하지만 더 큰 믿음은 기도의 결과입니다. 믿음은 구주 앞에서 그리고 그분과의 대화를 통해서 자라납니다. 처음엔 너무 높아 보였던 정도로까지 자라납니다. 우리는 기도를 통해 소원을 하나님의 거룩한 뜻에 비추어 보고, 그 소원의 동기를 시험하며, 실로 우리가 예수님의 이름으로 구하고 하나님의 영광을 위해서만 구하는지 그 증거를 받게 됩니다. 성령은 우리를 인도하시어 우리가 바른 것과 바른 영혼으로 구하는지를 보여 주십니다. 우리의 믿음이 연약하다는 것은 기도할 때 분명해집니다. 그러나 확신을 가지고 인내하며 기도함으로써, 우리가 믿는다는 것과 우리의 믿음이 사실임을 아버지께 말씀드릴 용기를 얻습니다. 예수께서는 기도로 믿음을 가르치고 싶어 주셨습니다. 응답이 필요없다고 느껴서 기도를 미루거나 기도할 마음이 없는 사람은 결코 이런 믿음을 배우지 못합니다. 기도하고 구하기 시작한 사람은 누구나 하나님의 보좌보다 더 확실하게 믿음의 영을 받을 수 있는 곳이 없다는 것을 깨닫게 됩니다.

"받은 줄로 믿으라." 우리는 구한 것을 받은 줄로 믿어야 합니다. 구주께서는 가장 좋은 것을 아시기 때문에 다른 것으로 주실 수도 있다고 말씀하시지 않았습니다. 믿음으로 제거하고자 하는 산, 바로 그 산이 바다에 던져질 것입니다.

우리의 모든 요구를 하나님께 전하고, 그 보상으로 하나님의 달콤한 평안을 가져다주는 기도가 있습니다. 그 기도는 하나님께 맡기는 기도입니다. 이런 기도는 일상의 수많은 소원들을 말하지만, 하나님께서 그 소원을 이루어 주실지 알 수 없는 기도입니다. 그 소원을 들어주고 안 들어주고의 여부는 하나님께 맡깁니다. 어떤 것이 최선인지를 하나님께서 아시기 때문입니다.

그러나 예수께서 말씀하시는 믿음의 기도는 그와 다른 좀 더 심오한 것입니다. 구하는 것을 주신다는 면에서 하나님께서는 말씀하신 것을 행하시며, 이것을 확신하는 믿음만큼 아버지 하나님을 영화롭게 하는 것도 없습니다. 그런 믿음은 성령께서 전해 주신 약속을 확고히 믿습니다. 그리고 주님의 활동에 대한 큰 관심에서든 일상 생활에 대한 작은 관심에서든, 우리가 요구한 것을 받게 된다는 사실을 너무도 확고하게 믿습니다. 주님께서 이에 대해 마가복음 11:23에서 어떻게 말씀하시는지 주목해 보십시오. "내가 진실로 너희에게 이르노니 누구든지 이 산더러 들리어 바다에 던져지라 하며 그 말하는 것이 이루어질 줄 믿고 마음에 의심하지 아니하면 그대로 되리라." 이것이 예수께서 말씀하시는 믿음의 기도에 있는 축복입니다.

"받은 줄로 믿으라." 이 핵심적인 말씀은 너무도 자주 오해를 받습니다. 구하는 것을, 지금 기도하는 동안에 받은 줄로 믿으십시오! 실제로는 시간이 지나서야 실현될지도 모릅니다. 그러나 그 실현을 보지 못한 지금, 하늘에 계신 아버지께서 당신에게 이미 주셨다고 믿을 수 있어야 합니다. 기도의 응답을 받거나 인정하는 것은 예수님을 받아들이거나 인정하는 것과 같습니다. 그것은 감정과는 전혀 다른 믿음의 행위이며 영적인 일입니다. 예수께 가서 죄 사함을 구할 때, 나는 그분께서 하늘에 계신 목적이 죄를 사해 주시는 것이라고 믿기에, 그분께서 나의 죄를 사해 주셨음을 받아들입니다. 같은 맥락에서, 내가 하나님께 가서 하나님의 말씀에 부합하는 어떤 선물을 구할 때, 나는 구하는 것이 이미 나의 것이라고 믿어야 합니다. 나는 내가 그것을 가지고 있다고 믿습니다. 나는 믿음 안에서 그것을 가지고 있으며, 그것이 나의 것이 된 사실 때문에 하나님께 감사드립니다. "우리가 무엇이든지 구하는 바를 들으시는 줄을 안즉 우리가 그에게 구한 그것을 얻은 줄을 또한 아느니라"(요일 5:15)

"그리하면 너희에게 그대로 되리라." 믿음으로 간직했지만 처음에는 하늘에 있었던 선물이 결국 구체적으로 경험할 수 있는 우리의 선물이 됩니다. 우리 기도를 하나님께서 들으시며, 구한 것을 받은 줄로 믿는다면, 더 기도할 필요가 있습니까? 축복이 진행되는 과정이라면 더 이상의 기도는 필요하지 않을 것입니다. 이런 경우에는 아직 축복을 경험하지 못했을지라도, 축복을 확신하면서 우리가 지금까지 받은 것에 대해 하나님을 찬양함으로써 우리의 믿음을 증명해야 합니다.

인내하며 기도함으로써 믿음이 더욱 연단되고 강화되어야 하는 경우들도 있습니다. 믿음에 내리신 축복이 실현될 정도로 모든 것이 무르익었는지는 하나님께서만 아십니다. 엘리야는 비가 오리라는 것을 확실히 알았습니다. 하나님께서 약속하셨기 때문입니다. 그러나 일곱 번이나 기도해야 했습니다. 그 일곱 번의 기도는 그저 쇼가 아니었습니다. 그것은 기도를 하는 엘리야의 마음에서나 기도의 효력이 발휘될 하늘에서나 강렬한 영적 현실이었습니다. 그 기도는 약속을 받을 수 있게 해 준 믿음과 오래 참음으로 드리는 기도였습니다(히 6:12). 믿음의 기도는 지극히 큰 확신에서 "그것을 받았다"고 말합니다. 오래 참음으로 드리는 기도는 하늘에서 주신 선물이 지상에 실현될 때까지 인내하며 기도하는 것입니다.

"받은 줄로 믿으라. 그리하면 너희에게 그대로 되리라." 하늘에 있는 그것들을 "받은 줄로"와 지상에서 "그대로 되리라" 사이에는 중요한 단어 "믿으라"가 있습니다. 믿음의 찬양과 기도는 연결되어 있습니다. 이렇게 말씀하신 분이 예수님이시라는 것을 기억하십시오. 하늘이 우리에게 열려 있고, 보좌에 계신 아버지께서 믿음으로 구한 모든 것을 우리에게 주신다고 생각할 때, 우리가 이 특권을 너무도 이용하지 못한 것은 부끄러워할 수밖에 없는 사실입니다. 분명히 힘 닿는 곳에 있는 것을 연약한 믿음 때문에 여전히 붙잡지 못하다니 두려움을 느낍니다. 우리를 견고하고 소망으로 가득하게 해 주는 사실이 있습니다. 아버지께로부터 우리에게 이 메시지를 전해 주신 분이 예수님이시라는 사실입니다. 예수께서는 지상에 계실 때 몸소 믿음과 기도의 삶을 사셨습니다. 무화과나무에 행하신 일을 보고 제자들이 놀랐을 때, 예수께서는 제자들도 예수님과 같은 삶을 살 수 있다고 말씀하셨습니다. 제자들은 무화과나무뿐 아니라 산에게도 명령할 수 있었습니다. 만일 그렇게 했다면 그대로 이루어졌을 것입니다.

예수님은 우리의 생명이십니다. 이 세상에 계셨던 모습 그대로 지금 우리 안에 계십니다. 우리에게 가르치신 모든 것을 실제로 주십니다. 그분은 우리 믿음의 주(主)요 믿음을 온전케 하시는 이십니다(히 12:2). 또 믿음의 영을 주십니다. 그런 믿음이 없다고 생각하며 두려워하지 마십시오. 스스로 어린아이와 같이 되고, 아버지의 뜻과 사랑에 자신을 맡기고, 아버지의 말씀과 능력을 신뢰하는 사람은 누구나, 아버지께서 모든 자녀를 위해 계획하신 이 믿음에 도달할 수 있습니다. 동료 그리스도인 여러분, 용기를 가지십시오! 이 말씀은 하나님의 아들이요 우리의 형제이신 예수께로부터 나온 말씀입니다. 우리 이렇게 대답합시다. "복되신 주님, 구하는 것은 무엇이든지 받는다는 당신의 말씀을 믿습니다."

주여, 우리에게 기도를 가르쳐 주옵소서

복되신 주님, 아버지께서는 당신을 보내시어 아버지의 사랑과, 그 사랑이 주고자 하는 모든 보배로운 축복을 우리에게 보여 주셨습니다. 주님, 당신께서는 기도에서의 자유와 관련하여 그런 풍족한 약속들을 우리에게 주셨습니다. 부끄럽게도 우리의 메마른 마음은 그 약속을 거의 받아들이지 못했습니다. 우리가 믿기엔 너무 엄청나 보였습니다.

주님, "무엇이든지 기도하고 구하는 것은 받은 줄로 믿으라"는 당신의 귀한 말씀을 우리가 받고 간직하고 이용하도록 가르쳐 주옵소서. 복되신 예수님, 우리의 믿음이 강해지려면 당신에게 뿌리를 내려야만 합니다. 당신의 사역은 죄의 권세로부터 우리를 완전히 해방시켰으며 아버지께로 가는 길을 열었습니다. 당신의 사랑은 당신의 영광과 권세를 완전히 누리는 상태까지 우리를 이끌고자 합니다. 당신의 영은 우리를 완벽한 믿음과 확신의 삶으로 끊임없이 이끄십니다. 우리는 당신의 가르침을 통해 믿음의 기도를 배울 것이라고 확신합니다. 당신께서는 우리에게 기도를 가르치셔서, 구하는 것은 실제로 받는다는 것을 믿게 하실 것입니다. 주님, 당신 안에서 살 듯, 당신을 알고 신뢰하고 사랑하도록 나를 가르치소서. 당신을 통해, 저의 모든 기도가 하나님 앞에까지 이르고, 하나님께서 저의 기도를 들으신다는 것을 제 영혼이 확신하게 하소서. 아멘.

제 12 장

믿음 있는 기도의 비밀

예수께서 그들에게 대답하여 이르시되 하나님을 믿으라. 내가 진실로 너희에게 이르
노니 누구든지 이 산더러 들리어 바다에 던져지라 하며 그 말하는 것이 이루어질 줄
믿고 마음에 의심하지 아니하면 그대로 되리라 — 마가복음 11:22-23

기도에 응답이 있다는 교훈은 성경 전체에서 가장 멋진 교훈입니다. 이
교훈을 들은 사람들은 마음 깊은 곳에서 이렇게 질문해야 합니다. "도대
체 어떻게 해야 구하는 모든 것을 받는다는 사실을 믿을 수 있을까?" 우
리 주님께서 오늘 대답하시는 것이 바로 이 질문입니다.

예수께서는 제자들에게 이 놀라운 약속을 주시기 전에, 기도의 응답을
믿는 믿음이 어디에서 생기고 어디에서 굳건해지는지 보여 주십니다. "하
나님을 믿으라"(또는 하나님을 믿는 믿음을 지녀라). 하나님을 믿는 믿음
은 기도의 응답을 믿는 믿음보다 앞섭니다. 약속을 믿는 힘은 전적으로
약속한 자를 믿는 믿음에 달려 있습니다. 한 사람에 대한 신뢰는 그 사람
의 말을 신뢰하게 합니다. 우리는 하나님과 인격적이고 사랑어린 관계를
이루며 살고 교제해야 합니다. 하나님이 우리의 전부가 되어야 합니다.
우리의 전 존재를 하나님의 강한 영향에 내맡기는 곳에, 하나님께서 거
룩하게 임하십니다. 하나님의 약속을 믿는 능력은 바로 거기에서 시작됩
니다.

정말로 믿음이 무엇인지 깊이 생각해 보면, 하나님을 믿는 믿음과 하나

님의 약속을 믿는 믿음 사이에 관련성이 분명해집니다. 종종 믿음은 어떤 것을 받고 그것을 이용하는 손이나 입에 비유됩니다. 하지만 약속을 듣는 귀이기도 하며, 받은 것을 보는 눈이기도 하다는 사실을 이해해야 합니다. 받는 능력은 이것을 이해하는 데 달려 있습니다. 나는 내게 약속을 주신 이의 말씀을 들어야 합니다. 그분의 목소리가 내게 믿을 수 있는 용기를 주기 때문입니다. 나는 그분을 보아야 합니다. 그분의 얼굴빛이 나의 받을 권리에 대한 모든 염려를 녹여 버리기 때문입니다. 약속의 가치는 약속한 이에게 달려 있습니다. 약속을 믿는 믿음은 약속한 이를 어떻게 인식하는가에 달려 있습니다.

이런 이유 때문에 예수께서는 그 굉장한 기도의 약속을 주시기 전에 "하나님을 믿으라"고 말씀하셨습니다. 살아 계신 하나님께 당신의 눈을 여십시오. 우리는 이 눈을 통해 하나님의 영향 아래 자신을 맡깁니다. 다만 눈을 열어 하나님의 영향을 받아들이고 그것이 우리 마음에 인상을 남기는 것을 허락하십시오. 하나님을 믿는 것은 그저 하나님을 바라보고, 하나님께서 자신을 우리에게 드러내시는 일을 허락하는 것입니다. 하나님의 사랑을 받아들이고 그 사랑 안에서 기뻐하면서, 하나님께 시간을 바치고 자신을 완전히 맡기십시오. 믿음은 하나님의 임재의 빛과 그분의 능력의 활력이 영혼에 흘러드는 통로입니다. 하나님께서는 이 통로인 믿음을 통해 내 안에서 사십니다.

또한 믿음은 하나님의 목소리를 듣는 귀입니다. 아버지께서는 성령을 통해 우리에게 말씀하십니다. 아들은 말씀, 곧 하나님께서 하신 말씀의 실체이시고, 성령은 살아 있는 목소리입니다. 이 목소리는 예수님께 무엇을 말하고 행해야 할지를 가르쳐 주었습니다. 이처럼 하나님의 자녀는 자신을 안내하고 가르칠 하늘로부터의 이 비밀스런 목소리가 필요합니다. 하나님을 향해 열려 있는 귀는 하나님께서 하시는 말씀을 들으려는 믿음의 마음입니다.

하나님의 말씀은 책에 기록된 말씀일 뿐 아니라 영이요, 진리요, 생명이며, 능력입니다. 말씀은 단순한 생각에 생명을 부여합니다. 사람의 영혼은 이 열린 귀를 통해 하나님의 생명과 능력에 영향을 받으며 살아갑니다. 하나님의 말씀이 마음에 들어와 그곳에서 사시고 활동하시듯, 하나님께서는 믿음을 통해 우리 속에 들어오셔서 그곳에서 사시고 활동하십니다.

믿음이 하나님을 보고 하나님의 말씀을 듣는 영혼의 눈과 귀로써 충분히 사용될 때, 하나님과 하나님의 축복을 받아들이는 손과 입으로서도 능력을 충분히 발휘할 수 있습니다. 받아들이는 능력은 전적으로 영적 인지력에 달려 있습니다. 이런 이유 때문에 예수께서는 하나님께서 믿음의 기도에 응답하신다는 약속을 주시기 전에, "하나님을 믿으라"고 말씀하셨습니다. 간단히 말해 믿음은 굴복하는 것입니다. 믿음에 의해 나는 살아 계신 하나님께 굴복합니다. 그러면 그분의 영광과 사랑이 내 마음을 채우고 내 삶을 지배합니다.

믿음은 친교입니다. 나는 내게 약속하시는 친구의 영향에 집중하고 그렇게 함으로써 그와 유대를 이룹니다. 하나님을 보고 그 말씀을 듣는 믿음 안에서 하나님과 살아 있는 친교를 시작할 때, 기도와 관련된 하나님의 약속을 믿기가 쉬워지고 자연스러워집니다. 약속을 믿는 믿음은 약속하신 이를 믿는 믿음의 결과입니다. 믿음의 기도는 믿음의 삶에 뿌리를 두고 있습니다. 이런 식으로, 효력을 발휘하는 기도를 드리는 믿음은 참으로 하나님의 선물입니다. 그것은 하나님께서 갑자기 넣어 주시는 것이 아니라 훨씬 더 심오하고 진실한 것입니다. 그것은 하나님과 친교하는 삶을 통해 우리 안에서 자라나는 복된 영혼의 성향 또는 습관입니다. 아버지 하나님을 잘 알고 하나님과 지속적으로 친밀한 교제를 이루며 사는 사람에게는, 자기 자녀가 원하는 것을 하시겠다고 하신 하나님의 약속을 믿는 일은 쉬운 일입니다.

많은 하나님의 자녀들이 이 믿음의 삶과 믿음의 기도의 연관성을 이해하지 못하기 때문에, 기도의 능력을 제한적으로만 경험합니다. 그들은 하나님으로부터 응답 받기를 진심으로 원하여, 그 약속에 온 마음을 기울이고 믿음으로 그 약속을 붙잡기 위해 최선을 다합니다. 하지만 성공하지 못하면 쉽게 그 소원을 포기합니다. 약속이 진실한 것임에도 불구하고, 믿음으로 그 약속을 받아들이는 능력이 부족하기 때문입니다.

'하나님, 곧 살아 계신 하나님을 믿으라'는 예수님의 가르침에 귀기울이십시오. 믿음의 초점을 약속하신 것에 두기보다는 하나님께 두십시오. 믿음을 일깨우고 불러일으키는 것은 하나님의 사랑, 하나님의 능력, 하나님의 생생한 임재이기 때문입니다. 손과 팔의 힘을 더 키워달라고 요구하는 사람에게, 의사는 전체 체력을 키워야 가능하다고 말할 것입니다. 이와 같이 연약한 믿음의 치료는 하나님과의 친교를 통해 우리의 영적 삶 전체를 고양시켜야만 가능합니다. 하나님을 믿는 법, 하나님을 붙드는 법, 하나님께서 당신의 삶을 소유하시게 하는 법을 배우십시오. 약속을 손에 쥐는 것이 쉬워질 것입니다. 하나님을 알고 신뢰하는 사람은 약속을 신뢰하는 것 역시 쉽다는 것을 깨닫습니다.

이 사실이 구약의 성도들에게서 얼마나 분명하게 나타나는지 주목해 보십시오. 믿음의 능력이 드러난 일은 모두 하나님께서 특별히 계시하신 결과입니다. 그것을 아브라함에게서 볼 수 있습니다. "여호와의 말씀이 환상 중에 아브람에게 임하여 이르시되 아브람아 두려워하지 말라 나는 네 방패요 … 그를 이끌고 밖으로 나가 이르시되 … 아브람이 여호와를 믿었더라"(창 15:1, 5-6). 그 후에 다시 "여호와께서 아브람에게 나타나서 그에게 이르시되 나는 전능한 하나님이라 … 아브람이 엎드렸더니 하나님이 또 그에게 말씀하여 이르시되 보라 내 언약이 너와 함께 있으니"(창 17:1, 3-4)라고 말씀하셨습니다. 이것은 약속으로, 마음속에 파고들어와 믿음을 키워 주는 살아 있는 능력을 주는 하나님으로부터의 계시였습니다. 이런 믿음의 사람들은 하나님을 알았기 때문에, 하나님의 약속을 신뢰할 수밖에 없었습니다. 우리에게 하나님의 약속은 곧 하나님 자신이 됩니다. 살아 계신 하나님께서 말씀하시는 동안, 그 말씀에 귀기울이기 위해 그 앞에 나아와 엎드리는 사람은 약속을 받습니다. 우리에게는 성경에 있는 하나님의 약속들이 있으며, 얼마든지 그것을 요구할 수 있습니다. 우리의 영적 능력은 그 약속들을 말씀하시는 하나님께 달려 있습니다. 하나님께서는 자신과 동행하며 사는 사람들에게 말씀하십니다.

그러므로 하나님을 믿는 믿음을 지니십시오. 믿음이 온전히 눈과 귀가 되게 하십시오. 하나님께 굴복하고, 하나님께서 당신에게 큰 인상을 남기게 하며, 더불어 자신을 충분히 계시하시게 하십시오. 하나님을 믿되 살아 계시고 능력 많으신 분으로 믿으십시오. 그리고 그렇게 믿을 수 있는 것을 기도의 축복으로 생각하십시오. 이 하나님께서는 우리에게 하나님을 기뻐하는 마음과 능력으로 이루는 믿음을 주고 싶어하십니다(살후 1:11). 하나님을 사랑의 하나님으로, 그 사랑을 흔쾌히 나누어 주시는 분으로 여기십시오. 이처럼 신실하게 하나님을 섬길 때, 그 약속도 신속히 믿을 수 있게 될 것입니다. "무엇이든지 기도하고 구하는 것은 받은 줄로 믿으라. 그리하면 너희에게 그대로 되리라"(막 11:24). 믿음을 통해 하나님을 당신의 하나님으로 삼으십시오. 그러면 그 약속도 당신의 것이 될 것입니다.

예수님은 오늘 우리에게 귀한 교훈을 가르쳐 주십니다. 우리는 하나님의 선물을 구하지만, 하나님께서는 먼저 하나님 자신을 우리에게 주고 싶어하십니다. 우리는 기도를 하늘로부터 좋은 선물을 끌어내는 수단으로 생각하며, 예수님을 생각할 때도 우리를 하나님께 데리고 가는 분으로 여깁니다. 우리는 문 앞에 서서 외치고 싶어하지만, 예수께서는 우리가 그 문으로 들어가 하나님의 자녀요 친구임을 깨닫기를 바라십니다. 그분의 가르침을 받아들이십시오. 기도에 대한 믿음이 연약함을 경험할 때마다 먼저 살아 계신 하나님에 대한 믿음을 더욱 갖게 되고 발휘하는 계기가 되게 하십시오. 그리고 그런 믿음에서 자신을 하나님께 더욱 굴복시키는 계기가 되게 하십시오. 하나님으로 가득한 마음은 믿음의 기도를 드릴 수 있습니다. 하나님을 믿는 믿음은 기도에 응답이 있으리라는 약속은 물론 제반 약속에 대한 믿음을 촉진합니다.

그러므로 하나님의 자녀여, 하나님 앞에 머리를 조아리는 시간을 가지십시오. 그리고 하나님께서 자신을 드러내시기를 기다리십시오. 당신의 영혼이 거룩한 섬김을 통해 영원하신 하나님을 믿는 믿음을 발휘하고 표현할 시간을 가지십시오. 하나님께서 자신을 나누어 주시고 또 당신을 소유하실 때, 믿음의 기도는 하나님을 믿는 당신의 믿음에 면류관을 씌워 줄 것입니다.

주여, 우리에게 기도를 가르쳐 주옵소서

오 나의 하나님, 저는 당신을 믿습니다. 사랑과 능력이 무한하신 아버지 하나님이심을 믿습니다. 성자로서, 당신은 나를 구원하신 분이시며 나의 생명이십니다. 성령으로서, 당신은 나의 위로자, 안내자, 힘이십니다. 당신의 모든 것을 제게 나누어 주실 것과 당신께서 약속하신 모든 것을 이루신다는 믿음을 가지고 있습니다.

주 예수여, 저의 믿음을 더하여 주옵소서! 하나님 안에 있는 것으로서 저를 위한 모든 것을 제 믿음이 흡수할 때까지, 하나님의 거룩한 임재를 기다리고 섬기는 시간을 갖도록 저를 가르쳐 주옵소서. 저의 믿음이 하나님을 모든 생명의 샘으로, 하나님 자신의 뜻을 세상과 제 안에서 성취하시기 위해 전능한 힘으로 일하시는 분으로 보게 해 주십시오. 저의 소원을 이루어 주시기를 갈망하시는 사랑의 하나님을 보게 해 주십시오. 하나님께서 머무르실 정도로 믿음이 제 마음과 삶을 차지하게 해 주십시오. 주 예수님, 저를 도와주소서! 전심으로 하나님을 믿고 싶습니다. 매순간 하나님을 믿는 믿음으로 저를 채워 주소서.

오 나의 복되신 구주여, 우리의 전체 삶이 하나님을 믿는 믿음으로 이루어져 있지 않다면, 주님의 교회가 어떻게 주님을 영화롭게 할 수 있으며, 주님의 나라를 임하게 할 중보사역을 어찌 감당할 수 있겠습니까? 복되신 주님, 우리 영혼 깊은 곳에 "하나님을 믿으라"는 주님의 말씀을 들려 주옵소서. 아멘.

제 13 장

믿지 못함의 치료

이때에 제자들이 조용히 예수께 나아와 이르되 우리는 어찌하여 쫓아내지 못하였나이까? 이르시되 너희 믿음이 작은 까닭이니라. 진실로 너희에게 이르노니 만일 너희에게 믿음이 겨자씨 한 알 만큼만 있어도 이 산을 명하여 여기서 저기로 옮겨지라 하면 옮겨질 것이요 또 너희가 못할 것이 없으리라. 이르시되 기도(와 금식) 외에 다른 것으로는 이런 종류가 나갈 수 없느니라 하시니라 — 마태복음 17:19-21

예수께서 사악한 영을 내쫓아 "자기들(제자들)이 능히 고치지 못하던"(마 17:16) 간질병자를 고치는 것을 보았을 때, 제자들은 주님께 자신들이 왜 실패했는지 물었습니다. 예수께서는 제자들에게 "모든 귀신을 제어하며 병을 고치는 능력과 권위를"(눅 9:1) 주셨습니다. 제자들은 가끔 그 능력을 발휘하고 또 귀신들이 자신들에게 어떻게 굴복했는지를 의기양양하게 말했습니다. 그러나 지금 주께서 산 위에 계실 때, 그들은 완전히 실패했습니다. 그리스도께서 사악한 영을 내쫓으신 일은 하나님의 뜻에서나 사건의 성격에서나 그 기적이 불가능할 이유가 전혀 없다는 것을 증명합니다. "우리는 어찌하여 쫓아내지 못하였나이까?"라는 제자들의 말을 통해 볼 때, 제자들도 그 사악한 영을 내쫓고 싶어했고 내쫓으려 노력했음이 분명합니다. 제자들은 예수님의 이름으로 명령했을 것입니다. 그러나 그들의 노력은 허사였습니다. 그들은 군중 앞에서 수치를 당했습니다.

그리스도의 대답은 간단명료했습니다. "너희 믿음이 작은 까닭이니라."

그리스도의 성공은 제자들이 접근할 수 없는 그분만의 특별한 권능이 있었기 때문이 아니었습니다. 그리스도께서는 제자들에게 하나님의 나라에서처럼 어둠의 나라에서도 모든 것이 굴복하는 하나의 권능, 곧 믿음의 권능이 있다는 것을 매우 자주 가르치셨습니다. 영의 세계에서 실패했다면, 그 원인은 단 하나, 믿음이 부족하기 때문입니다. 믿음은 하나님의 모든 능력이 사람 안에 들어가 그 사람을 통해 역사할 수 있는 단 하나의 조건입니다. 그것은 하나님의 뜻에 굴복하고 하나님의 뜻에 의해 형성된 사람의 뜻입니다.

제자들이 귀신을 내쫓기 위해 받은 능력은 영원히 소유하는 선물이나 소유물이 아니었습니다. 그 능력은 그리스도에게 있었던 것으로, 믿음 곧 그리스도를 믿는 살아 있는 믿음으로만 받고, 간직하고, 사용할 수 있는 것이었습니다. 그리스도를 영적 세계의 주인이요 정복자로 믿는 믿음이 충만했다면, 또 그리스도를 그리스도 그분의 이름으로 귀신을 쫓아내는 권한을 주신 분으로 믿는 믿음이 충만했다면, 제자들은 그 믿음에 의해 승리했을 것입니다. "너희 믿음이 작은 까닭이니라"는 말씀은 언제나 교회의 무능과 실패에 대한 주님의 설명이자 책망이었습니다.

그러한 믿음의 결핍에는 한 가지 원인이 분명히 있습니다. 제자들은 이렇게 물었을지 모릅니다. "왜 우리는 믿을 수 없었습니까? 전에는 우리 믿음으로 귀신을 내쫓았습니다. 이번에는 왜 우리가 믿는 데 실패했습니까?" 주님께서는 제자들이 묻기도 전에 이렇게 대답하십니다. "기도(와 금식) 외에 다른 것으로는 이런 종류가 나갈 수 없느니라."

믿음은 영적 삶에서 가장 간단한 활동이지만 또한 가장 심오한 활동이기도 합니다. 이런 활동을 위해서는 영을 하나님의 영에 완전히 맡겨서 강화되어야 합니다. 그러므로 믿음은 전적으로 영적 삶의 상태에 달려 있습니다. 영적 삶이 강하고 건강할 때, 또 하나님의 영이 우리 삶에 전적으로 영향을 미칠 때, 믿음이 강하게 발휘될 수 있습니다.

그러므로 예수께서는 이렇게 덧붙이십니다. "기도(와 금식) 외에 다른 것으로는 이런 종류가 나갈 수 없느니라." 기도와 금식으로 하나님과 아주 가깝게 친교하고, 눈에 띌 정도로 세상을 멀리하며 사는 사람들을 제외하고는, 완강히 저항하는 귀신을 이길 수 없다고, 즉 그런 귀신을 쫓아낼 믿음을 발휘할 수 없다고 말씀하십니다. 그래서 예수께서는 우리에게 기도와 관련하여 대단히 중요한 두 가지 교훈을 가르쳐 주십니다. 하나는 믿음이 자라고 강해지기 위해 기도 생활이 필요하다는 교훈이고, 다른 하나는 기도가 충분히 그리고 완벽하게 발전하기 위해 금식이 필요하다는 교훈입니다.

믿음이 충분히 성장하기 위해서는 기도 생활이 필요합니다. 영적 생활의 모든 분야들에는 끊임없는 작용과 반작용의 긴밀한 연관이 있습니다. 따라서 모든 것은 원인인 동시에 결과일 수 있습니다. 믿음도 마찬가지입니다. 믿음이 없는 참된 기도는 있을 수 없습니다. 믿음은 기도보다 앞서는 것입니다. 반면에 기도는 더 큰 믿음으로 가는 길입니다. 많이 기도하지 않고서는 더 높은 단계의 믿음에 이를 수 없습니다. 예수님이 여기에서 가르쳐 주시는 교훈이 바로 이것입니다.

우리의 믿음만큼 성장이 절실한 것도 없습니다. "너희의 믿음이 더욱 자라고"(살후 1:3)라는 말로 한 교회를 칭찬한 사도 바울의 말씀도 있습니다. 예수께서는 "너희 믿음대로 되라"(마 9:29)고 말씀하시면서, 각 사람은 서로 정도가 다른 믿음을 가지고 있으며, 믿음의 정도에 따라 항상 그 사람의 능력과 축복의 양이 결정된다는 하나님 나라의 법을 알리셨습니다. 우리 믿음이 어디에서 어떻게 자라는지 우리가 알고 싶어하면, 주님께서는 우리에게 하나님의 보좌를 가리키십니다. 살아 계신 하나님과 친교하면서 자신의 믿음을 발휘하는 기도가 바로 믿음이 자라는 곳입니다. 믿음은 신성한 분, 곧 하나님을 공급받아야만 살 수 있습니다.

하나님을 알고 믿는 능력은 하나님을 섬길 때, 즉 하나님께서 자신을 계시하시도록 우리 영혼을 고요히 하나님께 내어드리고, 하나님을 송축하며 기다릴 때, 계발됩니다. 우리가 성경으로부터 하나님의 말씀을 택하여, 하나님의 살아 있고 사랑어린 목소리로 말씀해 주시기를 요청하면, 그 성경 말씀을 하나님께서 우리에게 직접 하신 말씀으로 믿고 받아들이는 능력이 우리 안에 나타납니다. 우리 믿음이 강해지는 때는 살아 있는 믿음으로 하나님과 살아 있는 만남을 가질 때, 곧 기도할 때입니다. 하나님과 함께 시간을 보내야 할 필요를 느끼지도 이해하지도 못하는 그리스도인이 너무도 많습니다. 그러나 주님께서 말씀하시고 주님의 사람들이 경험으로 확증하는 사실은 믿음이 강한 사람은 기도를 많이 하는 사람이라는 것입니다.

이 사실은 앞에서 배운 교훈으로 우리를 다시 이끌어 갑니다. 앞에서 배운 교훈이란, 구하는 것은 무엇이든 받는다는 것을 믿으라고 말씀하시기 전에 "하나님을 믿으라"(막 11:22)고 예수께서 말씀하셨다는 사실에서 배운 교훈입니다. 우리 믿음은 하나님, 곧 살아 계신 하나님께 깊고도 넓게 뿌리를 내려야 합니다. 그러면 우리 믿음이 산을 옮기고 귀신을 내쫓을 만큼 강해집니다. "만일 너희에게 믿음이 … 있으면 … 너희가 못할 것이 없으리라"(마 17:20). 하나님께서 세상에 있는 우리에게 맡기신 일에 우리가 몰두할 수만 있다면! 옮겨야 할 산과 내쫓아야 할 귀신과 마주쳤을 때, 큰 믿음과 기도가 얼마나 많이 필요한지 우리는 곧 이해하게 됩니다. 믿음과 기도는 믿음을 키울 수 있는 토양입니다. 예수 그리스도는 우리의 생명이며 우리 믿음의 생명입니다. 우리를 강하게 하고 믿을 준비를 시키는 것은 우리 안에 있는 그분의 생명입니다. 기도를 많이 한다는 것, 곧 자신을 죽이는 일은 예수님과 친밀히 연합하는 일을 가능하게 해 줍니다. 이렇게 예수님과 친밀히 연합할 때 믿음의 영이 능력을 갖추게 됩니다. 믿음이 충분히 자라기 위해서는 기도가 필요합니다.

두 번째 교훈은 기도가 충분히 자라기 위해 금식이 필요하다는 것입니다. 기도가 보이지 않는 것을 붙잡는 손이라면, 금식은 보이는 것을 놓아 버리는 손입니다. 인간에게, 식욕과 식욕의 향락보다 더 밀접하게 감각세계와 연결되어 있는 것은 없습니다. 인간이 낙원에서 유혹을 받고 타락한 것도 열매에 의해서였습니다. 예수께서 광야에서 유혹을 받은 것도 빵에 의해서였습니다. 하지만 예수께서는 금식에 성공하셨습니다.

우리의 몸은 주께서 피로 사신 덕택에 성령의 성전이 되었습니다. 먹고 마시는 일을 통해, 영은 물론 몸으로도 하나님을 영화롭게 해야 한다고 성경은 말합니다. 이처럼 하나님을 위해 먹는 일이 아직 영적 현실이 되지 못한 그리스도인이 많습니다. 금식과 기도와 관련된 예수님의 말씀에서 엿볼 수 있는 첫 번째 생각은, 절제하고 자기를 부인하는 삶을 살 때에만 기도할 마음과 힘이 충분히 생긴다는 것입니다.

주님의 말씀에는 문자 그대로의 의미도 있습니다. 슬픔과 걱정이 있으면 먹을 수 없으나, 기쁨이 있으면 먹고 마시며 잔치를 기념합니다. 강한 욕망을 느끼는 순간들이 올 수 있습니다. 그럴 때는 어둠의 세력과의 싸움에서 육체와 육체의 욕망이 여전히 영혼을 방해한다고 느껴지고, 그 욕망을 잠재울 필요를 느낍니다. 우리는 감각이 있는 존재입니다. 우리의 정신은 구체적인 형태로 다가오는 것에 의해 도움을 받습니다. 금식은 하나님의 나라를 얻기 위해 모든 것을 심지어 자신까지도 기꺼이 희생하겠다는 결심을 표현하고, 심화하고, 확고히 하는 것을 도와줍니다. 그리고 스스로 금식하시고 희생이 되셨던 예수께서는 , 예수님과 예수님의 나라를 위해 모든 것을 기꺼이 포기하는 사람들을 높이 평가하시고, 받아주시고 영적 능력으로 보상해 주십니다.

그리스도의 말씀은 더 넓게 적용될 수 있습니다. 기도는 하나님, 곧 보이지 않는 분에게 손을 뻗치는 것입니다. 금식은 볼 수 있고 만질 수 있는 것을 모두 놓아 버리는 것입니다. 하나님께서 적극적으로 금지하시지 않았거나 죄라고 단정하시지 않은 것은 하나님께서 허락하신 것이라고 생각하는 그리스도인들이 있습니다. 그래서 그들은 이 세상의 것을 가능한 한 많이 가지려고 합니다. 그러나 참으로 성별(聖別)된 사람은 전투에 필요한 것만을 지니는 병사와 같습니다. 불필요한 무게를 모두 덜었기 때문에, 그 병사는 죄와 쉽게 싸울 수 있습니다. 세상사에 얽매이기를 두려워하는 이런 성별된 사람은 주님과 주님을 섬기는 일을 위해 특별히 구별된 나실인의 삶을 살려고 애씁니다(민 6:2-6 참조). 정당한 것조차 이렇게 자발적으로 성별하지 않으면, 누구라도 기도의 능력을 얻지 못합니다.

예수님의 제자인 여러분은 주님께 기도를 가르쳐 달라고 간구했습니다. 그러니 이제 나아와 그분의 가르침을 받아들이십시오! 주께서는 여러분에게 기도가 믿음, 곧 귀신을 쫓아낼 수 있는 강한 믿음에 이르는 길이라고 말씀하십니다. 또 "만일 너희에게 믿음이 … 있으면 … 너희가 못할 것이 없으리라"고 말씀하십니다. 이 찬란한 약속으로 인해 많이 기도할 용기를 얻으십시오. 희생을 치를 만한 가치가 있지 않습니까? 예수께서 우리에게 열어 놓으신 길을 따라, 예수님을 따르기 위해 모든 것을 포기하십시오! 필요하거든 금식하십시오! 기도를 통해 하나님께 말씀드리는 우리의 위대한 생의 활동을, 육신과 세상이 방해하지 못하도록, 또 세상을 구하는 일에 예수께서 사용하실 수 있는 믿음의 사람이 되기 위해, 필요한 일이라면 무엇이든 하십시오.

주여, 우리에게 기도를 가르쳐 주옵소서

오 주 예수님, 우리의 불신앙을 계속 꾸짖어 주소서. 아버지와 아버지의 약속을 믿지 못하는 우리의 불신앙이 주님께는 참으로 이상하게 보일 것입니다. 주님, "너희 믿음이 작은 까닭이니라"는 주님의 말씀이 우리 폐부를 깊이 찌르고, 너무도 많은 주변의 죄와 고통이 우리의 잘못 때문임을 알게 하소서. 복되신 주여, 기도와 금식은 우리를 당신과 아버지와의 살아 있는 친교 속으로 인도한다는 것과, 기도와 금식을 통해 믿음을 배우고 얻을 수 있다는 것을 가르쳐 주옵소서.

오 구주여, 당신은 우리 믿음을 지으신 자요 온전케 하시는 분이십니다(히 12:2). 당신께서 성령에 의해 우리 안에 사신다는 것이 무슨 뜻인지 우리에게 가르쳐 주옵소서. 믿기 위한 우리의 노력과 기도가 너무도 효력이 없었습니다. 그 이유는 능력을 우리 소유물로 받고 싶어했기 때문입니다. 거룩하신 예수님, 우리 안에 사시는 주님의 생명의 신비를 우리에게 가르쳐 주옵소서. 성령을 통해 우리 안에서 믿음의 삶을 사시고 우리의 믿음을 보증하시는 그 신비를 우리에게 가르쳐 주옵소서. 우리 믿음을 훌륭한 기도 생활의 일부로 만들어 주옵소서. 이런 기도 생활은 단순히 말과 생각뿐만 아니라 주님의 살아 있는 영으로부터 나오는 중보기도를 하기 위해 훈련받고자 하는 사람들에게 주님께서 주시는 것입니다. 끝으로 금식과 기도를 통해 불가능이 없는 믿음으로 성장하는 방법을 가르쳐 주옵소서. 아멘.

제 14 장

기도와 사랑

서서 기도할 때에 아무에게나 혐의가 있거든 용서하라 그리하여야 하늘에 계신 너희
아버지께서도 너희 허물을 사하여 주시리라 — 마가복음 11:25

이 말씀은 "무엇이든지 기도하고 구하는 것은 받은 줄로 믿으라. 그리하면 너희에게 그대로 되리라"(막 11:24)는 위대한 기도의 약속 바로 뒤에 오는 말씀입니다. 이 약속보다 앞에 오는 "하나님을 믿으라"(22절)는 말씀이 우리에게 가르치는 것, 곧 기도는 하나님과 얼마나 흠 없이 관계를 맺고 있는가에 달려 있다는 것을 우리는 이미 살펴보았습니다. 24절에 이어 나온 25절의 말씀은 이웃과의 관계도 흠이 없어야 한다는 것을 상기시켜 줍니다. 하나님을 사랑하는 것과 이웃을 사랑하는 것은 분리될 수 없는 것입니다. 하나님과 또는 이웃과 관계가 좋지 않은 상태에서 드리는 기도는 성공하지 못합니다.

믿음과 사랑은 서로 필수적입니다. 주님께서는 이런 생각을 빈번히 나타내셨습니다. 산상수훈에서 제6계명에 대해 말씀하실 때, 주님께서는 형제와 불편한 것이 하나라도 있으면 아버지께서 받으실 만한 예배가 될 수 없다고 제자들에게 가르치셨습니다.

그러므로 예물을 제단에 드리려다가 거기서 네 형제에게 원망들을 만한 일이 있는 것이 생각나거든 예물을 제단 앞에 두고 먼저 가서 형제와 화목하고 그 후에 와서 예물을 드리라(마 5:23-24).

"우리가 우리에게 죄 지은 자를 사하여 준 것 같이 우리 죄를 사하여 주옵시고"(마 6:12)라는 기도를 가르치신 후, 그리스도께서는 "너희가 사람의 잘못을 용서하지 아니하면 너희 아버지께서도 너희 잘못을 용서하지 아니하시리라"(마 6:15)는 말씀을 더하셨습니다. 용서할 줄 모르는 종의 비유 끝에서, 주님은 이 가르침을 다음과 같은 말씀으로 적용하십니다.

"너희가 각각 마음으로부터 형제를 용서하지 아니하면 나의 하늘 아버지께서도 너희에게 이와 같이 하시리라"(마 18:35).

여기 마가복음 11장에서 예수께서는 말라 버린 무화과나무 외에도 믿음의 기도와 능력에 대해서 말씀하시다가 갑자기 이러한 생각을 소개하십니다. "서서 기도할 때에 아무에게나 혐의가 있거든 용서하라 그리하여야 하늘에 계신 너희 아버지께서도 너희 허물을 사하여 주시리라." 기도하는 사람일지라도 이웃 사랑의 법을 어긴다면 그것은 큰 죄를 짓는 것이며, 그 사람의 기도가 효력을 발휘하지 못하는 원인이라는 것을, 아마도 주님께서는 아셨을 것입니다. 주님께서는 하나님께서 사랑하시는 사람들을 사랑하는 것과 그 사람들을 불쌍히 여기는 것만큼 믿음을 강하게 해 주는 것도 없다는 사실을 경험하시고서, 이 복된 경험으로 우리를 인도하시고 싶어하신 것 같습니다.

우리가 여기에서 배우는 첫째 교훈은 용서하려는 의도를 가져야 한다는 것입니다. "우리가 다른 사람을 용서한 것같이 우리를 용서해 주옵소서"라고 기도해야 합니다. 성경은 "피차 용서하되 주께서 너희를 용서하신 것 같이 너희도 그리하라"(골 3:13)고 말합니다. 완전하고 값 없이 주시는 하나님의 용서를 모범으로 삼아야 합니다. 마음이 실리지 않은 채 마지못해 하는 용서는 전혀 용서가 아닙니다. 우리가 진정한 용서를 베풀지 않으면, 하나님께서도 우리에게 그렇게 대하실 것입니다. 모든 기도는 하나님의 용서하시는 은총을 믿는 믿음에 근거를 두고 있습니다. 하나님께서 우리의 죄를 마음에 두신 채 우리를 대하신다면, 우리 기도는 하나님께 하나도 전달되지 않을 것입니다. 용서는 하나님의 모든 사랑과 축복으로 가는 문을 열어놓습니다. 하나님께서 우리의 모든 죄를 용서하셨기 때문에, 우리는 기도를 통해 우리에게 필요한 모든 것을 얻을 수 있습니다.

응답의 확고한 터전은 하나님의 용서하시는 사랑입니다. 그 사랑으로 우리 마음이 채워질 때, 우리는 믿음 안에서 기도합니다. 또 그 사랑으로 우리 마음이 채워질 때, 우리는 사랑 안에서 살아갑니다. 하나님의 사랑에서 드러난 하나님의 용서하시는 성품이 우리의 성품이 됩니다. 하나님의 용서하시는 사랑의 능력이 우리 안에 있을 때, 하나님께서 용서하시는 것같이 용서할 수 있습니다.

큰 손해나 부당한 일을 당했을 때에는 우선 하나님의 성품을 떠올리려고 노력하십시오. 명예가 손상되었다는 감정, 권리를 지키고 싶은 욕심, 상대를 벌 주고 싶은 마음을 버리십시오. 일상 생활에서 언짢은 일을 당했을 때, 불완전한 성품을 지닌 인간이 하나님과 그리스도와 같이 용서하는 것은 불가능하다고 생각하면서, 성급하게 화를 내거나 거친 말을 하거나 비난하지 마십시오. "주께서 너희를 용서하신 것 같이 너희도 그리하라"(골 3:13)는 명령을 문자 그대로 받아들이십시오. 주님의 피는 양심으로부터 이기심을 씻어냅니다. 그 피가 보어 주는 사랑은 우리를 채우고 다시 다른 사람에게 흘러 들어가는 용서하는 사랑입니다. 이웃을 향한 우리의 용서하는 사랑은 하나님의 용서하시는 사랑이 우리 안에 있다는 증거입니다. 그것은 믿음의 기도에 필요한 조건입니다.

더욱 일반적인 두 번째 교훈이 있습니다. 우리의 일상생활은 우리가 기도로 하나님과 교통하는가 하는 척도입니다. 그리스도인들은 기도하러 오면서 좋다고 생각하는 마음 상태를 만들려고 애쓸 때가 많습니다. 이런 사람은 삶이 임의로 선택하고 버릴 수 있는 여러 개의 단편이 아니라는 사실을 이해하지 못했거나 잊어버린 사람입니다. 삶은 통일체입니다. 기도하는 시간은 전체 일상 생활에서 작은 한 부분을 이루는 것입니다.

실제의 나와 내가 원하는 나에 대한 하나님의 견해는 내가 만들어 내는 감정에 따른 것이 아니라, 그날 내 삶에 따라 하나님께서 내리시는 판단입니다.

하나님과 나의 관계는 이웃과 나의 관계와 맞물려 있습니다. 어느 한쪽의 실패는 다른 한쪽의 실패를 몰고 옵니다. 이웃과 나 사이에 잘못된 것을 명확하게 인식하는 것은 불필요합니다. 평범한 생각과 판단도, 예를 들어 무심코 던진 말이나 생각도 사랑이 결핍되어 있다면, 기도를 방해할 수 있습니다. 효력을 발휘하는 믿음의 기도는 하나님의 뜻과 사랑에 자리를 내주는 삶에서 나옵니다. 하나님께서는 기도할 때의 모습 때문이 아니라 기도하지 않을 때의 내 모습 때문에 기도에 응답하십니다.

이런 생각들은 모두 세 번째 교훈으로 집약될 수 있습니다. 사람들과의 생활에서 모든 것을 좌우하는 것이 하나 있다면, 그것은 사랑입니다. 용서의 영은 사랑의 영입니다. 하나님은 사랑이시기 때문에 용서하십니다. 우리가 하나님처럼 용서할 수 있는 때는 사랑 안에서 살 때뿐입니다. 형제를 사랑할 때, 우리는 아버지를 사랑하는 증거(요일 4:20), 담대히 하나님 앞에 설 수 있는 근거, 우리 기도를 하나님께서 들으실 것이라는 확신을 갖게 됩니다. "자녀들아 우리가 말과 혀로만 사랑하지 말고 행함과 진실함으로 하자. 이로써 우리가 진리에 속한 줄을 알고 또 우리 마음을 주 앞에서 굳세게 하리니 … 만일 우리 마음이 우리를 책망할 것이 없으면 하나님 앞에서 담대함을 얻고, 무엇이든지 구하는 바를 그에게서 받느니라"(요일 3:18-19, 21-22). 사랑이 없으면 믿음도 행함도 아무 유익이 없습니다. 사랑은 우리를 하나님과 하나되게 하고, 믿음을 현실로 실현합니다. "하나님을 믿으라"(막 11:22)와 "서로 사랑하라"(요 13:35)는 둘 다 필수적인 명령입니다. 내 위에서 사시는 하나님과 내 주변에서 사는 이웃과의 올바른 관계는 기도가 효력을 발휘하는 조건입니다.

이 사랑은 우리가 이웃을 위해 기도할 때 특히 중요합니다. 때때로 우리는 그리스도의 목적이나 우리의 영적 건강을 위해 주의 일에 열정적으로 몰두하면서도, 우리가 영혼을 구하려고 하는 사람들을 위해 개인적이고도 희생적인 사랑에 헌신하지 않을 때가 많습니다. 우리의 믿음이 무능력하고 승리하지 못하는 것도 놀라운 일이 아닙니다! 아무리 초라하고 사랑스럽지 않은 사람이라도 잃어버린 양을 찾으시는 목자 예수님의 다정한 사랑의 눈으로 보십시오. 그 사람 안에서 예수 그리스도를 찾고, 예수님을 위해 참으로 사랑하는 마음으로 그 사람을 대하십시오. 이것이 믿음의 기도와 성공하는 노력의 비밀입니다. 예수께서는 사랑을 용서의 근원이라고 말씀하십니다. 또한 사랑은 믿음의 기도의 근원이기도 합니다.

　믿음의 기도나 심지어 믿음으로 기도하려는 솔직한 노력보다 더 자기 마음을 돌이켜보는 것도 없습니다. 하나님께서 당신의 기도를 듣지 않으신다는 생각 때문에 자신을 돌이켜보는 일을 회피하지 마십시오. "구하여도 받지 못함은 정욕으로 쓰려고 잘못 구하기 때문이라"(약 4:3). 하나님의 이 말씀에 당신을 비춰 보십시오. 우리 기도가 하나님의 뜻과 이웃 사랑에 전적으로 내어준 삶을 표현한 것인지 스스로 물어보십시오. 사랑은 믿음이 뿌리를 내리고 번성할 수 있는 유일한 토양입니다. 믿음은 뚜렷한 목적과 진실한 순종을 기반으로 하는 사랑 안에서만 축복을 받을 수 있습니다. 하나님의 사랑이 자기 안에서 살아 숨쉬게 하는 데 몰두하며, 일상 생활에서 하나님처럼 사랑하는 사람은 누구나, 그의 모든 기도를 들어주시는 사랑, 곧 주님을 믿는 능력을 갖게 될 것입니다. 그 전능하신 사랑은 보좌 가운데 계시는 어린양이십니다. 그 양은 고통받고 인내하는 사랑으로서 기도할 때 하나님 곁에 계시는 분입니다. 긍휼히 여기는 자는 긍휼히 여김을 받을 것이요, 온유한 자는 땅을 기업으로 받을 것입니다.

주여, 우리에게 기도를 가르쳐 주옵소서

복되신 아버지, 당신은 사랑이십니다. 사랑 안에 사는 사람만이 당신과 친교할 수 있습니다. 당신의 복되신 아들께서 이것을 다시 가르쳐 주셨습니다. 오 나의 하나님, 성령께서 아버지의 사랑으로 제 마음을 가득 채우게 하여 주소서. 그 사랑이 제 안의 사랑의 샘이 되어 주위의 모든 사람에게 흘러 넘치게 하여 주소서. 이러한 사랑의 삶에서 믿음으로 드리는 기도의 능력이 솟아나게 하소서. 오 나의 아버지, 이 사랑이 아버지의 사랑 안에 생명을 찾는 문이 된다는 것을 성령을 통해 알려 주소서. 저를 괴롭힌 사람이 누구든 날마다 용서함으로써 얻는 기쁨이, 아버지의 용서가 저의 능력이자 생명이라는 사실을 증명하는 증거가 되게 하여 주소서.

주 예수, 복되신 스승이시여, 제게 용서하고 사랑하는 법을 가르쳐 주옵소서. 당신의 피의 능력으로 저의 죄를 용서하시고, 당신께서 저를 용서하신 것과 제가 남을 용서한 것이 하늘의 기쁨이 되게 하소서. 하나님과 저의 친교를 방해할 수 있는, 저와 이웃과의 관계에서 보이는 결점을 지적하여 주옵소서. 저의 가정과 회사에서의 일상 생활이 믿음의 기도를 하기 위한 힘과 확신을 주는 학교가 되게 하여 주옵소서. 아멘.

제 15 장

합심하여 드리는 기도의 능력

진실로 다시 너희에게 이르노니 너희 중의 두 사람이 땅에서 합심하여 무엇이든지 구하면 하늘에 계신 내 아버지께서 그들을 위하여 이루게 하시리라. 두세 사람이 내 이름으로 모인 곳에는 나도 그들 중에 있느니라 — 마태복음 18:19-20

그리스도의 기도학교에서 우리 주님께서 주신 첫 번째 교훈은 사람들에게 보이려고 기도하지 말라는 것이었습니다. 골방에 들어가 홀로 아버지와 만나십시오. 주께서 우리에게 기도의 의미는 개인적이고도 인격적으로 하나님과 만나는 것이라고 가르치셨을 때, 주님께서는 우리에게 두 번째 교훈, 여럿이 합심하여 드리는 기도도 필요하다는 교훈을 주십니다. 구하는 것이 같은 두세 사람이 합심하여 드리는 기도에 대하여 주님께서는 아주 특별한 약속을 우리에게 주십니다. 나무가 땅 밑에 감추인 뿌리와 밖으로 나와 있는 줄기가 있는 것처럼, 기도 역시 홀로 하나님을 만나는 것과 여러 사람이 예수님의 이름으로 모여 함께 하나님을 만나는 것이 있습니다.

그래야 하는 이유는 명백합니다. 한 사람이 동료와 연합하는 것은 그 사람이 하나님과 연합하는 것만큼이나 실제적이고 친밀한 것입니다. 은혜는 하나님과의 관계뿐 아니라 동료 인간과의 관계도 새롭게 만듭니다. 우리는 "나의 아버지"라고 말할 뿐 아니라 "우리 아버지"라고 말하는 것도 배웁니다. 어떤 가정의 자녀들이 아버지께 자신들의 소원과 사랑을 함께 표현하지 않고 항상 개별적으로만 아버지를 만난다면 자연스럽지 못할 것입니다. 신자들은 한 가족의 구성원일 뿐 아니라 한 몸의 지체이기도 합니다. 몸의 각 지체는 서로 의존하고 있기 때문에, 성령께서 그 몸에 거주하실 수 있는가 하는 것은 모든 사람이 연합하고 협력하는 정도에 달려 있습니다. 그리스도인들은 서로 연합하여 축복을 구하고 그 축복을 받은 후에야 하나님께서 성령을 통해 주시고자 하시는 충만한 축복에 이를 수 있습니다. 120명의 성도가 같은 지붕 밑에서 온 마음을 합해 기도했을 때, 영광을 받으신 주님의 보좌로부터 성령이 내려오셨습니다. 마찬가지로 성령께서 그 능력을 온전히 발휘하시는 때는 신자들이 친교하고 연합할 때입니다.

주님의 이 말씀에는 진실한 합심 기도의 요소들이 나타나 있습니다. 첫째 요소는 구하는 것과 관련하여 합심하는 것입니다. 다른 사람이 구하는 것에 대체로 동의하는 것만으로는 충분하지 않습니다. 기도의 목적이 어떤 특별한 것, 마음을 합하여 분명히 원하는 어떤 것이 되어야 합니다. 모든 기도에는 영과 진리로 마음이 합쳐져야 합니다. 이렇게 합심할 때 우리가 원하는 것이 정확히 무엇인지 명확해집니다. 우리는 그것을 하나님의 뜻에 따라 자신 있게 구할 수 있는지, 그것을 받았다고 믿을 준비가 되어 있는지 알게 됩니다.

두 번째 요소는 예수님의 이름으로 모이는 것입니다. 예수님의 이름으로 기도드릴 필요와 그 이름이 발휘하는 능력에 관해서는 나중에 더 배울 것입니다. 여기에서 우리 주님이 가르치시는 것은 가정이 그 안의 모든 사람을 포함하고 결속시키는 것처럼, 예수님의 이름은 기도하는 사람들을 하나로 묶는 접착제이자 중심이라는 것입니다. "여호와의 이름은 견고한 망대라 의인은 그리로 달려가서 안전함을 얻느니라"(잠 18:10). 주님의 이름은 그것을 이해하고 믿는 사람들에게는 너무도 실제적인 것이어서 그 이름 안에서 만나는 것은 주님께서 함께 계시도록 만드는 것입니다. 예수께서는 제자들의 사랑과 단결에 강하게 끌리십니다. "두세 사람이 내 이름으로 모인 곳에는 나도 그들 중에 있느니라." 기도하는 제자들을 사랑하시고 그 제자들의 친교 속에 살아 계시는 예수께서는 그들 가운데 함께 계셔서 한 마음으로 드리는 기도에 능력을 주십니다.

셋째 요소는 확실한 응답입니다. "내 아버지께서 그들을 위하여 이루게 하시리라." 종교적 친교를 위한 기도 모임이나 자기 계발을 위한 기도 모임은 나름대로 쓸모가 있을지라도, 주님께서 추천하시는 이유가 아닙니다. 주님께서는 기도에 특별한 응답을 보증하시기 위한 수단으로서 기도회를 의도하셨습니다. 기도의 응답을 인식하지 못하는 기도회는 주님께서 의도하신 것이 아닙니다. 어떤 특별한 소원은 있지만 그것을 성취하는 데 필요한 믿음을 행사하기에는 너무 연약하다고 느끼면, 다른 사람의 도움을 받아 강건함을 구해야 합니다. 믿음, 사랑, 성령이 합쳐질 때, 예수님의 함께 계심과 예수님의 이름의 능력이 더욱 자유롭게 역사하고 응답이 더욱 확실히 이루어집니다. 진실하게 마음을 합하여 기도드렸다는 증거는 열매, 곧 구한 것을 받는 응답입니다. "너희에게 이르노니 … 하늘에 계신 내 아버지께서 그들을 위하여 이루게 하시리라." 합심하여 드리는 기도는 얼마나 놀라운 특권입니까! 그 기도엔 얼마나 큰 잠재력이 있습니까! 다음과 같은 상황이라면 어떤 축복을 얻을지 가늠이나 할 수 있겠습니까?

* 믿음의 남편과 아내가 예수님의 이름으로 서로 결합되었고, 그 결합은 예수님의 임재와 능력을 경험하기 위함이라는 것을 안다면(벧전 3장);
* 두세 사람이 합심하여 드리는 기도가 서로 큰 도움을 줄 수 있다는 것을 친구들이 깨닫는다면;
* 예수님의 이름으로 모이는 것, 예수님이 함께 계심을 믿는 것, 응답을 기대하는 것이 모든 기도회에서 가장 우선순위에 놓인다면;
* 모든 교회에서, 마음을 합하고 효력을 발휘하는 기도가 교인들이 모인 중요한 목적의 하나로 간주된다면;
* 교회 전반에서 하나님 나라의 도래와 그 나라 주인의 오심을 끊임없

이 합심하여 부르짖는 제목으로 삼는다면!

바울 사도는 합심 기도의 능력에 대해 큰 믿음을 가지고 있었습니다. 그는 로마인들에게 보낸 편지에서 이렇게 썼습니다. "형제들아 내가 우리 주 예수 그리스도와 성령의 사랑으로 말미암아 너희를 권하노니 너희기도에 나와 힘을 같이하여 나를 위하여 하나님께 빌라"(롬 15:30). 바울 사도는 그들의 합심 기도의 응답으로서 자신이 원수들에게서 벗어나기를, 또 자신의 사역이 번성하기를 기대했습니다. 고린도인들에게 보낸 편지에서는 "[하나님께서] 우리를 건지실 것이며; 너희도 우리를 위하여 간구함으로 도우라"(고후 1:10-11)고 했습니다.

바울 사도는 고린도인들의 기도가 그를 구하는 데 실제적인 역할을 할 것으로 기대했습니다. 에베소인들에게는 이렇게 썼습니다. "모든 기도와 간구를 하되 항상 성령 안에서 기도하고 이를 위하여 깨어 구하기를 항상 힘쓰며 여러 성도를 위하여 구하라. 또 나를 위하여 구할 것은 내게 말씀을 주사 나로 입을 열어 복음의 비밀을 담대히 알리게 하옵소서 할 것이니라"(엡 6:18-19). 바울 사도는 그 사역의 힘과 성공을 교인들의 기도에 맡깁니다.

그는 빌립보인들과 함께 자신의 시련이 자신의 구원이 될 것과 복음의 진행을 증가시킬 것으로 기대합니다. "이것이 너희의 간구와 예수 그리스도의 성령의 도우심으로 나를 구원에 이르게 할 줄 아는 고로"(빌 1:19). 골로새인들에게 계속해서 기도하라고 말하면서, "또한 우리를 위하여 기도하되 하나님이 전도할 문을 우리에게 열어 주사"(골 4:3)라고 덧붙입니다. 데살로니가인들에게는 이렇게 썼습니다. "끝으로 형제들아 너희는 우리를 위하여 기도하기를 주의 말씀이 너희 가운데서와 같이 퍼져 나가 영광스럽게 되고 또한 우리를 부당하고 악한 사람들에게서 건지시옵소서 하라 믿음은 모든 사람의 것이 아니니라"(살후 3:1-2).

바울 사도는 자신을 몸의 일원으로 여겼고, 그 몸의 사랑과 협력에 의존하고 있다고 생각했습니다. 그는 이 교회들의 기도에 의존했습니다. 그렇게 하지 않았으면 받지 못했을 것들을 얻기 위해 그렇게 했던 것입니다. 그에게 교회의 기도는 하나님 나라의 일을 하는 데에 하나님의 능력만큼이나 실제적인 요소였습니다.

하나님 나라의 도래, 하나님의 능력, 영혼 구원을 위해 밤낮으로 기도하는 일을 교회가 떠맡는다면, 교회가 어떤 능력을 계발하고 발휘할지 누가 알겠습니까? 대부분의 교회는 각 지체가 단순히 서로 돌보고 권면하기 위해 모인다고 생각합니다. 그들은 하나님께서 성도들의 기도에 따라 세상을 통치하신다는 것과, 기도는 사탄을 정복할 능력이라는 것, 그리고 기도를 통해 세상의 교회는 하늘의 능력에 접근할 수 있다는 것을 모릅니다. 그들은 예수께서 그 이름으로 모이는 모든 모임에 천국, 즉 예수님의 함께 계심을 맛볼 수 있는 곳으로 들어가는 문을 약속에 의해 만들어 주셨다는 것과, 교회의 소원을 이루어 주시는 하나님께서 그리스도의 능력을 경험하게 해 주셨다는 것을 기억하지 못합니다.

우리 시대에 해마다 그리스도의 나라를 열어 주는 복된 한 주간, 즉 합심하여 기도하는 한 주간에 대해 하나님께 아무리 감사드려도 지나치지 않습니다. 그 주간은 이루 말할 수 없는 가치를 지니고 있습니다. 그 한 주간은 우리가 연합하고 있다는 증거이자 합심기도의 능력을 믿고 있다는 증거로서, 또 교회의 모든 필요를 이해할 수 있도록 우리 마음을 넓히기 위한 훈련 학교로서, 합심하여 인내하며 드리는 기도에 도움을 주는 것으로서 가치가 있습니다. 그러나 작은 모임들로 하여금 끊임없이 합심기도를 드리게 하는 자극제로서 특별한 축복이 되어 왔습니다. 예수님의 이름으로 모이고, 성령 안에서 한 몸을 이루고, 그 한가운데 예수님을 모신다는 것이 무슨 의미인지 깨닫는다면, 합심하여 구하는 것을 하나님께서 이루어 주신다는 약속을 하나님의 백성들은, 담대히 요구할 것입니다.

주여, 우리에게 기도를 가르쳐 주옵소서

복되신 주님, 주님께서는 자기 백성이 하나되기를 너무도 진심으로 원하십니다. 합심 기도와 관련된 주님의 귀한 약속을 주심으로써 하나될 용기를 얻을 수 있는 방법을 가르쳐 주옵소서. 사랑과 소망 안에서 하나되는 법을 가르쳐 주소서. 그리하여 아버지의 응답을 믿는 우리의 믿음에 주께서 함께 계시옵소서.

오, 아버지 하나님, 하나되고자 하는 사람들이 모이는 작은 모임들을 위해 기도합니다. 그 모임이 하나되는 데 방해가 되는 모든 이기심, 편협함, 불화를 제거해 주소서. 아버지의 약속으로 하여금 완전히 능력을 잃게 만드는 세상 영혼과 육체를 내쫓으소서. 아버지의 임재와 아버지의 은혜를 생각함으로써 우리가 서로 더 가까워지게 하옵소서.

복되신 주님, 교회는 합심 기도의 능력에 의해 하늘에서도 매거나 풀수 있으며, 사탄을 쫓아내고, 영혼을 구원하고, 산을 옮기고, 하나님의 나라를 앞당길 수 있다는 것을, 주님의 교회가 믿을 수 있게 하옵소서. 선하신 주님, 저의 기도 모임이 주님의 이름과 말씀을 영화롭게 하는 능력을 가지고 기도하게 하옵소서. 아멘.

제 16 장

오래 참는 기도의 능력

예수께서 그들에게 항상 기도하고 낙심하지 말아야 할 것을 비유로 말씀하여 이르시되, 어떤 도시에 하나님을 두려워하지 않고 사람을 무시하는 한 재판장이 있는데, 그 도시에 한 과부가 있어 자주 그에게 가서 내 원수에 대한 나의 원한을 풀어 주소서 하되, 그가 얼마 동안 듣지 아니하다가 후에 속으로 생각하되, 내가 하나님을 두려워하지 않고 사람을 무시하나 이 과부가 나를 번거롭게 하니 내가 그 원한을 풀어 주리라. 그렇지 않으면 늘 와서 나를 괴롭게 하리라 하였느니라. 주께서 또 이르시되 불의한 재판장이 말한 것을 들으라. 하물며 하나님께서 그 밤낮 부르짖는 택하신 자들의 원한을 풀어 주지 아니하시겠느냐 그들에게 오래 참으시겠느냐 내가 너희에게 이르노니 속히 그 원한을 풀어 주시리라. 그러나 인자가 올 때에 세상에서 믿음을 보겠느냐 하시니라 — 누가복음 18:1-8

기도 세계에서 가장 신비로운 것은 오래 참는 기도가 필요하다는 것입니다. 우리에게 축복하시기를 그토록 좋아하시고 갈망하시는 주님께서 왜 응답을 주시기 전에 우리의 간구를 거듭해서, 때로는 수년에 걸쳐 들으셔야 하는지, 우리는 그 이유를 쉽게 이해할 수 없습니다. 믿음의 기도를 드리기 어려운 이유가 바로 여기에 있습니다. 응답을 받지 못한 채 반복해서 기도를 드릴 때, 겉으로 경건한 척하는 우리의 게으른 육체는 이렇게 생각하기 쉽습니다. 알 수는 없지만 하나님께서 응답하시지 않는 어떤 이유가 있으므로 기도를 멈추어야 한다고 말입니다. 믿음만이 어려움을 극복할 수 있습니다. 믿음이 하나님의 말씀과 예수님의 이름 위에 굳게 서 있다면, 또 기도할 때 성령의 인도에 자신을 맡기고 하나님의 뜻과 하나님의 영광만을 추구한다면, 믿음은 응답이 지체되는 것 때문에 실망할 필요가 없습니다. 믿음 있는 기도의 능력이 굉장하다는 것은 성경에서 알 수 있습니다. 참 믿음은 결코 실망하지 않습니다. 물이 모여서 시내를 이루어야만 힘차게 흘러내릴 수 있는 것처럼 믿음도 능력을 발휘하기 위해서는 모여야 합니다.

기도는 때때로 하나님께서 충분하다고 생각하실 때까지 축적되어야 합니다. 그래야 응답이 옵니다. 1만 개의 씨앗 하나하나가 마침내 추수의 일부가 되듯이, 원하는 축복을 성취하는 데에는 자주 반복하고 오래 참는 기도가 필요합니다. 믿음의 기도는 그 하나하나가 영향력을 행사합니다. 그 기도 하나하나는 끝까지 참는 사람에게 적당한 때 다가올 응답을 향해 쌓여갑니다. 인간의 생각과 가능성 여부는 전혀 상관이 없습니다. 오직 살아 계신 하나님의 말씀만이 중요합니다. 아브라함은 "바랄 수 없는 중에 바라고 믿었으며"(롬 4:18), "믿음과 오래 참음으로 말미암아 약속들을 기업으로 받았습니다"(히 6:12). 주님께서 약속을 이루실 때까지 기다리고 자주 기도합시다.

기도에 응답이 즉시 오지 않을 때, 우리는 조용한 인내와 즐거운 확신을 결합하여 오래 참는 기도를 드려야 합니다. 그렇게 할 수 있으려면, 주님께서 하나님 아버지의 성품과 행동을 묘사하신 두 마디 말씀을 이해해야 합니다. 그 두 마디 말씀은 밤낮 기도하는 사람들을 향한 하나님의 성품과 행동을 나타낸 것입니다. "그들에게 오래 참으시겠느냐; 내가 너희에게 이르노니 속히 그 원한을 풀어 주시리라."

주님께서는 속히라는 말을 쓰십니다. 축복이 완전히 준비되어 있습니다. 아버지께서는 구하는 것을 주실 의도가 있을 뿐 아니라 주시기를 몹시도 갈망하십니다. 아버지의 영원한 사랑은 사랑하는 자들에게 그 사랑을 충분히 드러내시고 그들의 필요를 만족시키고 싶으신 갈망으로 타오릅니다. 하나님께서는 절대적으로 필요하지 않으면 한순간이라도 지체

하시지 않습니다. 그분은 속히 응답하시기 위해 모든 능력을 동원하십니다.

이것이 사실이고 하나님의 능력이 무한하다면, 기도의 응답을 받는 데 왜 그토록 오래 걸리는 경우가 많습니까? 하나님께서 직접 선택하신 사람들이 왜 그토록 자주 고통과 갈등 속에서 밤낮으로 부르짖어야 합니까? "하나님께서 그들에게 오래 참으시겠느냐?" 농부는 당연히 추수를 기다립니다. 그러나 일정 기간 충분한 햇빛과 비가 있어야 한다는 것을 알기 때문에, 농부는 오래 참습니다(약 5:7). 어린아이는 종종 익지 않은 과일을 따고 싶어하지만, 농부는 적당한 때까지 기다릴 줄 압니다.

인간의 영적 본성 역시, 모든 피조물에 적용되는, 점진적인 성장의 법칙에 지배됩니다. 발전선상에 있을 때만 인간은 신성한 운명에 도달할 수 있습니다. 때와 계절을 정하신 하나님께서만이, 사람과 교회가 축복을 받아 간직할 수 있을 만큼 믿음이 충분히 자랐는지를 아십니다. 세상의 아버지가, 하나밖에 없는 어린 자녀가 학교에서 돌아오기를 몹시 바라면서도 공부가 끝날 때까지 참고 기다리는 것처럼, 하나님과 하나님의 자녀들도 이와 같습니다.

이 사실을 깨달으면, 이에 상응하는 자세인 인내, 믿음, 기다림, 찬양을 기를 수 있습니다. 이것이 하나님께서 참고 기다리시는 숨은 이유입니다. 우리는 하나님의 약속을 믿는 믿음에 의해, 하나님께 간청해 왔다는 것을 압니다. 믿음은 약속하신 응답을, 보이지 않는 영적 소유물로서, 가지고 있습니다. 믿음은 이 영적 소유물로 인해 기뻐하며 하나님을 찬양합니다. 그러나 이런 종류의 믿음과 더 명확하고 충실하고 성숙한 믿음, 곧 약속을 현재 경험하는 믿음 사이에는 차이가 있습니다. 사람은 인내하고, 확신하고, 찬양하는 기도를 통해 주님과 완전히 연합하는 상태로 자랍니다. 그리고 이런 상태에서라야 주님 안에 있는 축복을 소유할 수 있습니다.

응답이 완전히 이루어지기 전에 기도를 통해 수정되어야 할 것들이 우리에게 있을 수 있습니다. 응답을 받았다고 믿는 믿음은 하나님의 시간

계획을 수용합니다. 이런 믿음은 반드시 성공하리라는 것을 압니다. 이런 믿음은 조용히 지속적으로 굳세게 인내하면서 축복이 올 때까지 기도하고 감사합니다. 그래서 우리는 언뜻 보기에 너무도 모순되는 것의 결합을 보게 됩니다. 다시 말해서, 하나님의 응답을 지금 소유한 것으로 여기고 기뻐하는 동시에 그 응답이 올 때까지 밤낮으로 부르짖으며 인내하는 믿음을 봅니다. 기다리는 자녀는 인내하는 믿음을 가지고 편안히 하나님을 만납니다.

이 단계에서 겪는 큰 위험은 원하는 것을 주시지 않는 것이 하나님의 뜻일지 모른다고 생각하는 유혹입니다. 우리 기도가 하나님의 뜻과 일치한다면, 이런 위험에 굴복하지 말아야 합니다.

하나님께 시간을 드리십시오. 하나님께서는 우리의 시간이 필요합니다. 날마다 하나님과 친교하면서, 우리 안에 하나님이 임재하시어 충분히 영향을 미칠 수 있도록 시간을 드려야 합니다. 하루하루 계속 기다리는 가운데, 믿음이 현실로 증명되고 우리의 전 존재가 믿음으로 채워질 시간이 필요합니다. 하나님께서는 우리를 믿음으로부터 비전(vision)으로 인도하실 것입니다. 우리는 하나님의 영광을 볼 것입니다.

응답이 지체된다고 해서 믿음이 흔들려서는 안 됩니다. 응답이 와야 할 때에 오게 하는 것이 믿음이기 때문입니다. 믿음의 기도 하나하나는 최후 승리에 점점 가까이 다가가는 발걸음입니다. 그 기도는 열매를 맺으며, 보이지 않는 세계에서의 방해를 정복하고, 최후 승리를 앞당깁니다. 하나님의 자녀들이여, 아버지 하나님께 시간을 드리십시오! 아버지께서는 당신을 오래 참으십니다. 당신의 복이 풍성하고 가득하고 확실해지기를 원하십니다. 아버지께 시간을 드리면서도, 밤낮 기도하는 일을 멈추지 마십시오. 그리고 무엇보다도, "내가 너희에게 이르노니 속히 그 원한을 풀어 주시리라"는 약속을 잊지 마십시오.

이렇게 오래 참는 기도의 축복은 이루 형언할 수 없습니다. 믿음의 기도는 마음을 가장 자세히 살펴보게 합니다. 믿음의 기도는 복의 실현을 방해하는 모든 것, 곧 아버지의 뜻과 일치하지 않는 모든 것을 찾아내고 고백하고 포기하도록 가르칩니다. 또 기도를 가르칠 수 있는 오직 한 분 주님과 더 깊이 친교하게 해 줍니다. 보혈과 성령 아래에서는 완전한 굴복이 가능합니다. 그리스도인들이여, 하나님께 시간을 드리십시오! 하나님께서는 여러분과 관계 있는 것이면 무엇이든 온전케 하십니다!(시 138:8)

자신을 위해 기도하든 남을 위해 기도하든 태도를 똑같이 하십시오. 육체 노동이든 정신 노동이든 모든 노동은 시간과 노력이 필요합니다. 그것에 몰두해야 합니다. 자연은 근면하고 사려 깊은 노동에 대해서만 그 비밀을 드러내고 그 보화를 줍니다. 우리가 거의 이해하지 못하지만 영적 농업도 마찬가지입니다. 하늘 밭에 씨앗을 뿌리려면, 온갖 노력을 기울이려면, 무엇보다도 세상에 영향을 끼치려면, 완전히 몰두해야 합니다. 포기하지 않으면 때가 이르렀을 때, 풍족히 거두리라는 확신을 잃지 마십시오(갈 6:9).

주님의 교회를 위해 기도할 때, 특히 이 교훈을 배웁시다. 교회는 남편 없는 가난한 과부와 같아서, 역경에 좌우되고 상황을 타개할 힘도 의지할 곳도 없습니다. 우리가 교회, 곧 어느 정도 세상 권세에 매여 있는 교회를 위해 기도할 때, 교회가 주님의 오심을 준비하도록 주께서 교회를 방문해 주시기를 간청합시다. 확고한 믿음을 가지고 기도하십시오. 끊임없이 기도하면 응답이 올 것입니다. 다만 하나님께 시간 여유를 드리십시오. 밤이나 낮이나 이것을 기억하십시오. "불의한 재판장이 말한 것을 들으라. 하물며 하나님께서 그 밤낮 부르짖는 택하신 자들의 원한을 풀어 주지 아니하시겠느냐 그들에게 오래 참으시겠느냐 내가 너희에게 이르노니 속히 그 원한을 풀어 주시리라."

주여, 우리에게 기도를 가르쳐 주옵소서

오 주 나의 하나님, 당신의 방식을 알려 주소서. 당신의 사랑하시는 아들이 가르쳐 주신 말씀, "그가 속히 그 원한을 풀어 주시리라"는 말씀을 믿음으로 배울 수 있게 하여 주소서. 자녀의 기도를 들으시고 축복하시는 데서 기쁨을 찾으시는 아버지, 당신의 부드러운 사랑으로 저를 인도해 주셔서, 구하는 것은 무엇이든 받을 것이며, 알맞은 때에 응답이 나타날 것이라는 약속을 절대적으로 받아들이게 하소서. 아버지, 저희는 계절을 이해하기에, 바라는 열매가 맺기를 기다릴 줄 압니다. 아버지께서는 단 한순간도 필요 이상 지체하시지 않으신다는 확신과, 우리 믿음이 응답을 앞당긴다는 확신으로 우리를 채워 주소서.

복되신 주님, 하나님의 선택받은 자들은 하나님께 밤낮으로 기도한다고 주님께서 말씀하셨습니다. 저희를 가르쳐 이것을 이해하게 하옵소서. 저희가 얼마나 빨리 지치는지 주님께서는 아십니다. 아버지의 거룩한 위엄은 너무도 큰 것이어서 아무리 기도해도 도달하지 못할 것같이 느껴집니다. 오 주님, 기도의 수고가 얼마나 실제적인 것인지 제게 가르쳐 주옵소서! 이곳 지상에서 제가 어떤 것에 실패할 때, 새롭고 더욱 지속적인 노력을 기울임으로써 그리고 더 많이 생각하고 시간을 들임으로써 성공할 수 있다는 것을 압니다. 더욱 철저히 기도함으로써, 실제로 기도 생활을 함으로써, 구한 것을 얻을 수 있다는 것을 가르쳐 주소서.

오 믿음의 주요 또 온전하게 하시는 이(히 12:2), 복되신 스승이시여, 무엇보다도 저의 모든 삶이 나를 사랑하사 나를 위하여 자신을 버리신(갈 2:20) 하나님의 아들을 믿는 믿음의 삶이 되게 하여 주소서!

저의 기도는 주님 안에서 받아들여지며 저는 응답의 확신을 갖고 있습니다. 주 예수님, 저는 그런 믿음으로 항상 기도할 것이며, 절대로 기도를 멈추지 않을 것입니다. 아멘.

저자의 보충 설명

오래 참는 기도가 필요하다고 생각하는 것은 구하는 것을 받았다고 생각하는 믿음(막 11:24)과 모순되는 것처럼 보입니다. 즉각적이고 완전한 소유와 느리고 불완전한 소유 사이의 조화는 거룩한 삶의 신비입니다. 여기에서 오래 참는 기도는 믿음의 담대함을 강화시키는 학교처럼 보입니다. 성령의 다양한 역사를 고려해볼 때, 어떤 이들에게는 믿음이 끈질기게 기다리는 형태를 취할 수 있습니다. 또 어떤 이들에게는 당당한 감사가, 기도를 들어주시리라는 확신을 적절히 표현하는 것일 수 있습니다.

제 17 장

하나님과 조화를 이루는 기도

아버지여 내 말을 들으신 것을 감사하나이다. 항상 내 말을 들으시는 줄을 내가 알았
나이다 — 요한복음 11:41-42

너는 내 아들이라. 오늘 내가 너를 낳았도다. 내게 구하라. 내가 주리라 — 시편 2:7-8

신약성경에서 우리는 믿음과 지식 사이에 차이를 두는 것을 보게 됩니
다. "어떤 사람에게는 성령으로 말미암아 지혜의 말씀을, 어떤 사람에게
는 같은 성령을 따라 지식의 말씀을, 다른 사람에게는 같은 성령으로 믿
음을 … 주시니라"(고전 12:8-9). 어린아이나 학식이 없는 그리스도인은
지식은 별로 없어도 믿음은 많을 수 있습니다. 어린아이와 같은 순진함
은 어렵지 않게 진리를 받아들이고, 하나님께서 말씀하셨다는 이유만으
로도 그 진리를 믿는 경우가 많습니다. 그러나 하나님께서 의도하시는
것은 온 마음과 온 머리로 하나님을 사랑하고 섬기는 것입니다(마
22:37). 하나님께서는 우리가 통찰력을 길러 하나님의 지혜를 깨닫고, 하
나님께서 하시는 모든 일과 그 방식과 말씀이 아름다운 것을 깨닫기를
원하십니다. 오직 이렇게 함으로써 신자는 하나님의 은혜의 영광에 다가
갈 수 있고 그것을 올바로 찬미할 수 있습니다. 그리고 그렇게 함으로써
만 우리 마음은 구속(救贖) 안에 있는 보배로운 지혜와 지식을 잘 이해할
수 있고, 보좌 앞에서 "깊도다 하나님의 지혜와 지식의 풍성함이여!"(롬
11:33)라고 울려 퍼지는 찬양에 참여할 준비를 비로소 할 수 있습니다.

이 진리는 우리의 기도 생활에 충분히 적용될 수 있습니다. 기도와 믿음은 너무도 단순해서 새로 믿게된 사람이라도 힘있게 기도할 수 있는 반면에, 상대적으로 성숙한 그리스도인은 기도와 관련해서 깊은 의문을 가질 수 있습니다. 기도의 능력은 얼마나 클까? 하나님께서는 어떻게 그렇게 큰 능력을 기도에 주실 수 있는 것일까? 기도는 하나님의 뜻과 어떻게 조화를 이룰 수 있을까? 하나님의 주권과 우리의 뜻, 즉 하나님의 자유와 우리의 자유는 어떻게 화해할 수 있을까? 이런 질문들은 그리스도인이 명상하고 탐구하기에 적절한 주제들입니다. 이런 신비로운 주제에 더 진지하고 더 경건히 다가갈수록, 우리는 더욱 하나님을 경배하는 마음에 빠져서, 기도하는 자에게 그런 능력을 주신 하나님을 찬양하게 됩니다.

기도와 관련된 어려운 문제들 가운데 하나는 하나님의 완전하심을 잘못 이해한 결과입니다. 하나님은 자기 이외의 어떤 것에도 의존하시지 않습니다. 하나님은 무한한 분으로서 그분이 하나님이신 것은 오직 그분 덕택입니다. 하나님은 자신의 지혜롭고 거룩한 뜻에 따라 존재하는 모든 것과 자신을 결정해 오셨습니다. 어떻게 우리 기도가 그분에게 영향을 미칠 수 있겠습니까? 하시지 않을 일을 하시도록, 기도가 어떻게 그분을 감동시킬 수 있겠습니까? 기도에 응답하신다는 약속은 우리의 연약함에 대해 그저 은혜를 베푸시겠다는 것은 아닙니까? 신성(神性)은 어떤 외부의 작용에도 좌우되지 않습니다. 따라서 기도의 능력도 우리의 사고방식을 적용하는 것 이상이어야 하지 않습니까? 기도의 실제 축복 역시 단순히 그 기도가 우리에게 영향을 미치는 것은 아닙니까?

이런 질문에 답을 찾다 보면, 성 삼위일체의 신비 속에 계시는 하나님, 그 하나님께 다가가는 열쇠를 얻게 됩니다. 하나님이 오직 한 위격(位格)이시며, 자신 이외의 모든 것에 닫혀 계시다면, 하나님께 가까이 가거나 영향을 미친다는 생각은 있을 수 없습니다. 그러나 하나님 안에는 세 위격이 있습니다. 성령 안에서 연합하고 교제하는 성부와 성자가 계십니다. 성부께서 성자에게 자기 옆자리를 내어주시어 자신과 동등하게 하시고 의견을 나누는 분이 되게 하셨을 때, 성부께서는 기도, 즉 하나님의 가장 깊은 내면의 삶에 이를 수 있고 그 삶에 영향을 미칠 수 있는 길을 여셨습니다.

성부와 성자의 모든 관계는 천국에서와 마찬가지로 지상에서도 주고받는 관계입니다. 받는 것이 주는 것만큼이나 자발적이고 스스로 결정하는 것이려면, 성자는 구하고 또 받아야 합니다. "너는 내 아들이라. 오늘 내가 너를 낳았도다. 내게 구하라. 내가 주리라." 성부께서는 자신에게 영향을 미칠 수 있는 지위와 능력을 성자에게 주셨습니다. 성자의 간구는 그저 보여 주기 위한 것이 아니었습니다. 그것은 성부와 성자의 사랑을 서로 충족시키고 완성시키는 생명 활동의 하나였습니다. 성부께서는 홀로 생각하고 행하시기보다는 성자의 간구를 듣고 그것을 이행하시기로 결정하셨습니다. 그러므로 간구는 바로 하나님의 존재와 삶 속에 있었습니다. 지상에서의 기도는 이것을 반영한 것이어야 하며 이것에서 비롯된 것이어야 합니다.

예수께서 이렇게 말씀하셨습니다. "항상 내 말을 들으시는 줄을 내가 알았나이다"(요 11:42). 지상에서의 아들되심이 하늘에서의 아들되심과 분리될 수 없는 것처럼, 지상에서의 예수님의 기도는 하늘에서의 간구와 같은 것입니다. 예수님의 기도는 성부의 독생자의 영원한 간구와 우리 인간의 기도를 결합한 것입니다. 기도의 가장 깊은 근원은 바로 하나님의 존재입니다. 하나님의 가슴 속에서는 그 어떤 것도 기도 없이, 즉 성자의 구함과 성부의 주심 없이 이루어지지 않습니다.

이러한 사실을 통해 우리는 성자에게서 비롯된 사람의 기도가 어떻게 하나님께 영향을 미칠 수 있는지 이해할 수 있습니다. 성자, 성자의 간구, 또는 성자를 통해 드린 간구와 관련되지 않은 하나님의 명령은 없습니다. 주 예수님은 첫 독생자이시며 만물의 머리요 상속자이십니다. 모든 피조물의 대리인으로서, 아버지 하나님께서 결정하실 때마다 목소리를 내십니다. 영원한 목적을 위한 하나님의 명령들에서도, 중보자이신 성자께서 활동하실 여지는 언제나 남아 있었습니다. 이것은 성자를 통해 성부께 가까이 나아가는 모든 사람의 간구에도 똑같이 적용됩니다.

성부께 영향을 미칠 수 있는 그리스도의 자유와 능력이 하나님의 명령의 불변성과 모순되는 것처럼 보이거든, 하나님께는 인간처럼 고정된 과거가 없다는 것을 명심하십시오. 영원히 사시는 하나님께 시간의 차이는 아무 의미가 없습니다. 영원은 늘 존재하는 지금으로서, 거기에서는 과거도 지나가 버리지 않고 미래도 항상 존재합니다. 우리 인간의 시간 이해를 충족시키기 위해, 성경은 과거의 섭리와 다가오는 미래를 언급해야 했습니다.

실제로 하나님의 계획의 변하지 않는 본성과, 뜻하시는 것은 무엇이든 하실 수 있는 하나님의 자유는 완벽하게 조화를 이룹니다. 성자와 그를 따르는 사람들의 기도는 단지 쇼로 영원한 섭리에 포함된 것이 아닙니다. 성부께서는 성자를 통해 드리는 모든 기도를 귀기울여 듣습니다. 하나님께서는 기도가 아니면 하시지 않았을 일들을 하시기 위해 스스로 기도에 감동하실 길을 열어 두셨습니다.

하나님의 주권과 인간 자유의 이 완전하고 조화로운 연합은 우리가 이해할 수 없는 심오한 신비입니다. 영원한 분이신 하나님은 우리의 모든 생각을 뛰어넘으시기 때문입니다. 그러나 기도의 능력은 아버지와 아들의 영원한 친교 안에 그 근원을 두고 있다는 사실을 알고 그것을 우리의 위로이자 힘으로 삼으십시오. 우리는 아들과 연합함으로써 우리 기도를 하나님께 전하고, 복되신 삼위일체의 내적 삶에 영향을 미칠 수 있습니다. 하나님의 섭리는 인간에게 아무 여지도 주지 않는 강철 같은 틀이 아닙니다. 하나님은 육신이 되신 아들 안에서 모든 인간과 지극히 애정어린 관계를 시작하신 살아 계신 사랑이십니다. 성령을 통해, 인간의 모든 것을 하나님의 사랑의 삶 안으로 들이시고, 세상을 다스리시는 일에서 인간의 기도가 저마다 역할을 할 수 있게 하셨습니다.

이렇게 생각해 볼 때, 복되신 삼위일체의 교리는 추상적인 사색이 아니라, 인간이 어떻게 하나님의 교제 안에 들어갈 수 있는지, 인간의 기도가 어떻게 하나님의 세계 통치의 실제 요인이 되는지를 생생히 설명해 주는 것입니다. "이는 그로 말미암아 우리 둘이 한 성령 안에서 아버지께 나아감을 얻게 하려 하심이라"(엡 2:18). 이 말씀을 통해 우리는 영원한 세계에서 나오는 밝은 빛을 가늠할 수 있습니다.

주여, 우리에게 기도를 가르쳐 주옵소서

영원하신 하나님, 하나님의 존재에 숨겨진 거룩한 신비 앞에 깊은 경외로 예배를 드립니다. 지극히 영화로우신 하나님, 당신께서 그 신비를 조금이라도 제게 보여 주시기를 기뻐하신다면, 당신의 영화로움을 추측하면서 죄를 짓느니 차라리 두려워 떨며 엎드리겠나이다.

아버지여, 이곳 지상에서 당신 자녀들의 아버지가 되실 뿐만 아니라 영원히 예수 그리스도의 아버지가 되심에 감사드립니다. 우리의 기도를 들으신 것과, 그리스도의 간구하심이 아버지의 영원한 계획 속에서 일정한 자리를 차지할 수 있게 하신 것에 대해 감사드립니다. 이 땅에 그리스도를 보내신 것과 그리스도께서 아버지와 천국에서 갖는 그 복된 관계에 대해 감사드립니다. 아버지의 계획과 섭리에는 그리스도의 기도와 그 기도에 대한 응답이 활동할 여지가 늘 있었습니다. 위에서는 보좌에 계신 그리스도의 참 인간 본성을 통해, 이곳 아래에서는 우리 인간 본성에 내재하시는 성령님을 통해, 우리에게 한 길을 열어 주신 것을 감사드립니다. 모든 인간의 부르짖음은 그 길을 통해 하나님의 생명과 사랑에 들 수 있고 항상 응답을 받을 수 있습니다.

복되신 성자 예수님, 당신은 이 기도의 길을 여셨고 우리에게 응답의 확신을 주셨습니다. 우리에게 기도하는 법을 가르쳐 주옵소서. 우리 기도가 우리의 아들됨의 표시가 되게 하옵소서. 그리하여 아버지께서 우리 기도를 항상 들으신다는 것을 우리도 당신처럼 알게 하소서. 아멘.

제 18 장

인간의 운명과 조화를 이루는 기도

예수께서 말씀하시되 이 형상과 이 글이 누구의 것이냐? — 마태복음 22:20
하나님이 이르시되 우리의 형상을 따라 우리의 모양대로 우리가 사람을 만들자 — 창
세기 1:26

"이 형상이 누구의 것이냐?" 이 질문으로 예수께서는 자신을 계략에 빠
뜨리려는 사람들을 물리치시고 세금을 내는 것과 관련된 책임의 문제를
해결하셨습니다. 이 질문에 포함된 문제와 원칙은 보편적으로 특히 인간
에게 적용할 수 있는 것입니다. 하나님의 형상을 갖고 있다는 것이 인간
의 운명을 결정합니다. 인간은 하나님의 것이고, 하나님께 기도드리는 것
이 인간이 창조된 이유입니다. 기도는 인간이 지닌 것 가운데 놀랍도록
하나님과 닮은 모습입니다. 기도는 성삼위께서 나누시는 신비로운 사랑
의 교제와 유사한 것입니다.

기도가 무엇인가와 기도가 갖고 있는 놀라운 능력에 대해 깊이 생각하
면 할수록, 우리는 인간이 무엇이기에 하나님의 계획과 섭리에 참여할
수 있는지 물어봐야 합니다. 죄는 인간을 너무도 타락시켜서 현재의 인
간에게서는 본래 의도했던 모습을 찾아볼 수 없을 정도입니다. 우리는
하나님의 목적이 무엇이었는지, 그리고 그 목적을 이행하기 위해 인간이
받은 능력이 무엇이었는지 알기 위해, 인간을 창조하신 하나님의 기록으
로 돌아가야 합니다.

인간의 운명은 창조 때 하나님께서 하신 말씀에서 분명히 드러납니다. 그 운명은 번성하여 땅에 충만하고, 땅과 땅에 있는 모든 것을 정복하고 다스리는 것이었습니다. 이 세 마디 표현은 인간이 하나님의 대리자로서 여기 지상에서 다스릴 운명이었음을 보여 줍니다. 하나님의 대리자로서 인간은 하나님을 대신해 모든 것을 하나님께 복종시켜야 했습니다. 지상에서 행해지는 모든 것은 인간을 통해 이루어져야 했습니다. 다시 말해서 지상의 역사는 완전히 인간의 수중에 있어야 했습니다.

인간은 이런 위치를 차지하고 능력을 발휘할 운명이었습니다. 지상의 어떤 군주가 먼 지방에 대리자를 보낼 때, 그 대리자는 그곳에서 채택할 정책에 관해 군주에게 조언을 합니다. 그러면 군주는 그 조언에 따라 정책을 정하고 제국의 위엄을 지키는 데 필요한 모든 일을 행합니다. 한편 군주가 그 조언이 적절하지 않다고 생각하면, 군주는 제국을 위해 자기가 원하는 것을 더 잘 이해하는 사람으로 그 대리자를 대체합니다. 하지만 그 대리자가 신뢰를 받는 한, 그의 조언은 실행에 옮겨집니다.

하나님의 대리자로서, 인간은 다스려야 했습니다. 모든 것은 인간의 뜻에 따라 행해져야 했습니다. 하늘은 인간의 조언과 요구에 따라 땅에 축복을 내려야 했습니다. 인간의 기도는 하늘에 계신 주님과 지상의 주인인 인간이 서로 교통하는 자연스러운 통로였습니다. 세계의 운명은 인간의 소망, 뜻, 기도의 능력에 좌우되게 되었습니다.

죄를 지음으로 이 모든 것은 끔찍한 변화를 겪었습니다. 인간의 타락은 모든 피조물을 저주 아래 놓이게 했습니다. 구속(救贖)은 영광스런 회복의 시초를 가져왔습니다. 하나님께서는 아브라함을 한 민족이 되게 하셨고, 그 민족에서 왕은 물론 위대하신 왕이 나올 예정이었습니다. 우리는 아브라함의 기도가 그와 접촉하는 사람들의 운명에 어떻게 영향을 미쳤는지 알고 있습니다. 기도는 자신이 축복받는 수단일 뿐 아니라 인간을 지배하시는 하나님의 뜻과 인간의 운명에 영향을 미치는 고귀한 권리의 행사라는 사실을 아브라함의 경우에서 알 수 있습니다. 우리는 아브라함이 자신을 위해 기도하는 것을 한 번도 찾아볼 수 없습니다. 소돔과 롯,

아비멜렉, 이스마엘을 위한 아브라함의 기도는 하나님의 친구인 한 인간에게는 자기 주변의 역사를 좌우하는 능력이 있음을 증명합니다.

이것이 태초부터 인간의 운명이었습니다. 그러나 성경은 그 이상을 우리에게 말해 줍니다. 어떻게 하나님께서 그와 같이 고귀한 소명을 인간에게 맡기실 수 있었는지를 말해 주는데, 그 이유는 인간을 자신의 형상과 모양대로 창조하셨기 때문입니다. 내적 자격이 없으면 외적 책임이 인간에게 맡겨지지 않았습니다. 하나님과의 내적 유사성의 뿌리는 모든 것을 지배하고 모든 것의 주인이 되는 인간의 본성 안에 있었습니다. 하나님과 인간 사이에는 내적 일치와 조화, 즉 원초적인 하나님의 모습이 있었습니다. 그리고 그것이 하나님과 세상 사이의 참된 중재자의 자격을 인간에게 부여했습니다.

인간은 하나님의 뜻을 살피고, 자연에 필요한 것을 대신 말씀드리고, 하나님의 하사품을 받아 분배하는 예언자, 제사장, 왕이어야 했습니다. 인간이 하나님의 통치를 대리할 수 있었던 것은 하나님의 형상을 간직하고 있었기 때문입니다. 참으로 인간은 하나님과 너무도 닮아서, 즉 하나님의 목적에 참여하고 그분의 계획을 실행할 수 있어서, 하나님께서는 인간에게 세상에 필요한 것을 구하고 얻는 놀라운 특권을 주실 수 있었습니다.

죄가 잠시 하나님의 계획을 좌절시켰을지라도, 기도는 타락 이전의 모습을 여전히 유지하고 있습니다. 기도는 인간이 하나님을 닮은 증서이며, 아버지 하나님과 교제하는 수단이며, 우주의 운명을 쥐고 있는 하나님의 손을 잡는 능력입니다. 인간은 신적 기원을 가지고 있으며, 왕 같은 자유를 소유할 수 있고 그것을 위해 창조되었습니다. 인간의 기도는 단지 자비를 구하는 부르짖음이 아닙니다. 그것은 자신의 의지를 가장 훌륭하게 실행하는 일입니다.

죄가 파괴한 것을 은혜는 회복했습니다. 첫 아담이 잃어버린 것을 둘째 아담이 되찾았습니다. 인간은 그리스도 안에서 자신의 본연의 위치를 회복하고, 그리스도 안에 거하는 교회는 "무엇이든지 원하는 대로 구하라, 그리하면 이루리라"(요 15:7)는 약속을 유업으로 받습니다. 먼저 그러한 약속은 결코 자신을 위해 필요한 은혜나 축복과 관련된 것이 아닙니다. 그 약속은 우리가 열매맺는 천국의 포도나무 가지임을 말해 줍니다. 이 포도나무 가지들은 그리스도처럼 오직 아버지의 영광과 아버지의 일을 위해 삽니다. 그 약속은 그리스도 안에서 살고, 그리스도 안에서 순종하고 자기를 희생하는 삶을 통해 자기를 버리며, 아버지와 아버지의 나라를 위해 완전히 굴복하는 사람들을 위한 것입니다. 이런 사람들은 그리스도를 통해 받은 구원이 어떻게 자신을 원래의 운명으로 되돌려 놓고, 하나님의 형상과 지배하는 능력을 회복하는지 알고 있습니다.

그런 사람들은 각자의 영역에서 하늘의 능력을 받아 이곳 지상에서 행사하는 권세가 있습니다. 원하는 바를 담대히 아뢸 수 있습니다. 하나님 앞에서 제사장으로 살아갑니다. 다가올 세상의 능력을 소유한 왕입니다. "무엇이든지 원하는 대로 구하라, 그리하면 이루리라"는 약속을 성취합니다.

살아 계신 하나님의 교회여! 그대의 소명은 그대가 아는 것보다 더욱 숭고하고 거룩합니다! 하나님께서는 그대에게 속한 사람들을 통해 세상을 다스리기 원하십니다. 그분은 그대가 하나님의 제사장, 하나님의 왕이기를 원하십니다. 그대의 기도는 하늘의 축복을 내릴 수도 막을 수도 있습니다. 아버지 하나님께서는 성자 예수님을 통해 자신의 영광스러운 계획을 실행하시는 것처럼, 단지 구원받은 것에 만족하지 않고 자신을 온전히 헌신하는 하나님의 선택받은 사람들을 통해 그 계획을 실행하십니다. 하나님께서는 인간의 원래 운명이 얼마나 놀라운 것이었는지를, 밤낮 부르짖는 선택받은 사람들을 통해 증명하기를 원하십니다. 인간은 지상에서 하나님의 형상을 지닌 자들이었습니다. 그 형상은 하나님께서 인간에게 다스리라고 주신 것이었습니다. 인간이 타락했을 때, 만물은 그와 함께 타락했습니다. 이제 모든 피조물은 함께 탄식하며 함께 고통을 겪습니다(롬 8:22).

그러나 인간은 이제 구속(救贖)되었습니다. 원래의 위엄을 회복하기 시작했습니다. 하나님의 영원한 목적의 성취와 하나님 나라의 도래가 하나님의 백성에 의해 좌우되는 것, 이것이 하나님의 목적입니다. 하나님의 백성은 그리스도 안에서 살며, 그리스도를 자신들의 머리로, 위대한 제사장-왕으로 기꺼이 인정합니다. 이런 사람들은 원하는 것을 하나님께, 기도를 통해 담대히 말합니다. 구속받은 인간은 하나님의 형상을 지닌 자요 지상에 있는 하나님의 대리자로서, 기도를 통해 이 지상의 역사를 결정할 능력이 있습니다. 인간은 기도하도록 그리고 기도에 의해 지배하도록 창조되고 구속되었습니다.

주여, 우리에게 기도를 가르쳐 주옵소서

사람이 무엇이기에 주께서 그를 생각하시며 인자가 무엇이기에 주께서 그를 돌보시나이까? 그를 하나님보다 조금 못하게 하시고 영화와 존귀로 관을 씌우셨나이다. 주의 손으로 만드신 것을 다스리게 하시고 만물을 그의 발 아래 두셨으니 여호와 우리 주여 주의 이름이 온 땅에 어찌 그리 아름다운지요! — 시 8:4-6, 9

주 하나님, 인간은 죄 때문에 깊은 웅덩이에 빠졌습니다. 죄는 인간의 마음을 끔찍할 정도로 어둡게 만들었습니다. 인간은 하나님의 종이요 대리자라는 신성한 운명을 알지도 못합니다. 눈을 떴을 때조차도 부르심을 받을 준비가 되어 있지 않으니 너무도 슬픈 일입니다! 부르심을 받아들이면 하나님께도 사람들에게도 능력을 발휘할 수 있을 것입니다.

주 예수님, 아버지께서는 당신을 통해 인간에게 다시 영화와 존귀로 관을 씌우시고, 하나님께서 원하시는 모습으로 될 수 있는 길을 열어 주셨습니다. 오 주님, 당신의 백성에게 자비를 베푸소서! 당신의 교회 안에서 우리와 함께 강하게 역사하소서! 당신의 믿음의 제자들이 부르심을 받아들이고 왕의 제사장으로서 당신께 나아갈 수 있도록 가르치소서. 당신의 놀라운 약속을 지닌 기도의 능력을 사용할 줄 알게 가르쳐 주옵소서. 당신의 나라를 위해 일하고, 세상의 나라를 통치하며, 지상에서 하나님의 이름을 영화롭게 할 수 있도록 가르쳐 주옵소서. 아멘.

제 19 장

기도와 사역을 위한 능력

내가 진실로 진실로 너희에게 이르노니, 나를 믿는 자는 내가 하는 일을 그도 할 것이요, 또한 그보다 큰 일도 하리니, 이는 내가 아버지께로 감이라. 너희가 내 이름으로 무엇을 구하든지 내가 행하리니, 이는 아버지로 하여금 아들로 말미암아 영광을 받으시게 하려 함이라. 내 이름으로 무엇이든지 내게 구하면 내가 행하리라 ― 요한복음 14:12-14

구세주께서 공적 사역을 시작하신 것은 산상 설교에서였는데, 그 주제는 여기 요한복음의 고별 강화(講話)에서 사용한 주제와 똑같았습니다. 하지만 차이가 있습니다. 산상 설교는 그리스도의 학교에 갓 들어와 하나님이 자신들의 아버지임을 거의 알지 못했던 제자들에게 하신 것이었습니다. 그리고 그들의 기도는 주로 개인적 필요와 관련된 것이었습니다. 그런데 고별 강화에서는 훈련기간이 끝나가고, 그리스도의 사자(使者)로서 그리스도의 자리와 사역을 떠맡을 준비가 된 제자들에게 하신 것입니다.

그리스도의 첫 가르침은 어린아이와 같이 되라, 믿음으로 기도하라, 아버지께서 모든 좋은 것을 주신다는 것을 믿으라는 것이었습니다. 여기 고별 강화에서는 좀 더 고차원적인 것을 지적하십니다. 제자들은 이제 예수님의 친구입니다. 예수님은 아버지에 대해 알고 있는 모든 것을 제자들에게 말씀해 주셨습니다. 제자들은 예수님의 사자로서, 그들의 손에는 지상에서의 예수님의 사역과 나라를 돌보는 일이 맡겨졌습니다. 이제 그들은 그 역할을 맡아야 하고, 그리스도께서 곧 들림을 받는 것에 힘입어 그리스도보다 더 큰 일들을 행해야 합니다. 기도는 능력을 받는 통로가 되어야 합니다. 그리스도께서 아버지께로 가심으로써 제자들의 사역과 기도에는 새로운 시대가 펼쳐집니다.

이 기도와 사역의 관계는 지금 본문으로 삼고 있는 요한복음 14장에서 뚜렷이 나타납니다. 여기 지상에서는 그리스도의 지체로서, 하늘에서는 그리스도와 하나된 자로서, 제자들은 이제 그리스도께서 하신 것보다 더 큰 일들을 할 수 있습니다. 제자들의 성공과 승리는 그리스도의 것보다 더 클 수 있습니다. 그리스도께서는 그 이유로 두 가지를 말씀하십니다. 하나는 그리스도께서 모든 능력을 받기 위해 아버지께로 가시기 때문이고, 다른 하나는 제자들이 그리스도의 이름으로 그 능력을 구하고 기대할 수 있기 때문입니다.

"이는 내가 아버지께로 감이라. 너희가 내 이름으로 무엇을 구하든지 내가 행하리라." 그리스도께서 아버지께로 가시면 두 가지 축복이 옵니다. 제자들이 그리스도의 이름으로 무엇이든 구할 수 있고 받을 수 있으며, 그 결과로 더 큰 일을 하게 된다는 것입니다. 우리 주님의 고별 설교 중 기도에 관한 이 첫 번째 언급은 우리에게 두 가지 중요한 가르침을 줍니다. 예수님의 일을 하고 싶어하는 사람은 누구나 예수님의 이름으로 기도해야 합니다. 예수님의 이름으로 기도하는 사람은 누구나 그분의 이름으로 일해야 합니다.

예수님의 일을 하기 위한 능력은 기도에서 얻습니다. 예수께서는 지상에 계실 때, 친히 가장 위대한 일을 하셨습니다. 제자들이 쫓아내지 못했던 귀신들도 예수님의 말씀을 듣고는 도망쳤습니다. 예수께서 아버지께로 가신 후로는 더 이상 이곳에서 육체를 지니고 친히 일하시지 않게 되었습니다. 이제 제자들이 그분의 몸이 되었습니다. 하늘 보좌에 계신 그분의 모든 사역은 제자들을 통해 이곳 지상에서 행해져야 하고 행해질 수 있습니다.

그리스도께서 현장을 떠나시고 대리자를 통해서만 일하실 수 있기 때문에, 사역이 위축되고 약화될 것이라고 사람들은 생각했을지 모릅니다. 그러나 그리스도께서는 우리에게 정반대의 것을 확신시켜 주십니다. "내가 진실로 진실로 너희에게 이르노니, 나를 믿는 자는 내가 하는 일을 그도 할 것이요, 또한 그보다 큰 일도 하리니, 이는 내가 아버지께로 감이라." 그분의 다가오는 죽음은 죄의 권세를 무너뜨리는 것이었습니다. 부활과 함께 영생의 권세가 인간의 육체를 손에 넣고, 인간의 생명에 대한 주권을 획득했습니다. 승천과 함께, 그리스도께서는 자신의 지체들에게 성령을 완전히 전해 줄 권세를 받을 수 있었습니다. 보좌에 계신 그리스도와 지상에 있는 지체들의 하나됨은 매우 강하고 완전한 것이어서, 그리스도께서는 "그보다 큰 일도 하리니, 이는 내가 아버지께로 감이라"는 말씀을 문자 그대로의 의미로 말씀하셨습니다.

이 말씀은 참으로 사실이었습니다. 지상에서 몸소 수고하셨던 3년 동안 예수께서는 5백 명이 겨우 넘는 제자를 모으셨으나 그나마 대부분 무력해서 주님의 목적에 별로 도움이 못되었습니다. 그러나 베드로와 바울 같은 사람들은 예수께서 하신 일보다 훨씬 큰 일들을 했습니다. 예수께서는 굴욕 가운데서 하실 수 없었던 것을 보좌에 앉으셔서 그들을 통해 하실 수 있었습니다. 그분은 아버지께 구하여 더 큰 일들을 위한 새로운 능력을 받아 보낼 수 있었습니다. 그리고 제자들에게 적용되었던 것은 우리에게도 적용됩니다. 우리가 믿고 주님의 이름으로 구할 때, 그 능력은 우리에게도 와서 더 큰 일을 할 수 있도록 우리를 사로잡습니다.

아! 더 큰 일은 고사하고 그리스도께서 하신 정도의 일이라도 행할 능력을 볼 수 없으니 얼마나 슬픈 일입니까? 그 이유는 오직 하나입니다. 그리스도를 믿는 믿음과, 그분의 이름으로 드리는 믿음의 기도가 결여되었기 때문입니다. 하나님의 모든 자녀는 다음의 교훈을 배워야 합니다. '예수님의 이름으로 드리는 기도는, 예수께서 자기 사람들을 위해 아버지께로부터 받은 강한 능력에 동참하는 유일한 길이다.' 신자가 더 큰 일을 할 수 있는 길은 오직 이 능력 안에서 뿐입니다. 어렵다, 실패만 한다

등의 모든 불평에 대해, 예수께서는 다음의 한 가지 대답을 주십니다. "나를 믿는 자는…그보다 큰 일도 하리니, 이는 내가 아버지께로 감이라. 너희가 내 이름으로 무엇을 구하든지 내가 행하리라." 예수님의 일을 하고 싶으면, 전능하신 그분을 믿고 그분과 연합하십시오. 그 다음 그분의 이름으로 믿음의 기도를 드리십시오. 이 기도 없이는 우리의 일은 단지 인간의 일이고 육의 일입니다. 죄를 삼가거나 축복의 길을 예비하는 데는 도움이 될지 모르나 진정한 능력은 얻지 못합니다. 효과적인 사역에는 먼저 효과적인 기도가 필요합니다.

두 번째 교훈은, '기도하는 사람은 누구나 주님의 일을 해야 한다'는 것입니다. 기도에 그토록 큰 약속을 주신 이유는 주님의 일을 할 능력을 주시기 위함입니다. 효력을 발휘하는 기도의 능력은 주님의 일을 함으로써 얻을 수 있습니다. 우리의 복되신 주님께서는 기도에 부여한 무제한의 약속을 "무엇을 구하든지," "무엇이든지," "무엇이든지 원하는 대로," "구하라 그리하면 받으리니"(요 14:13, 14; 15:7, 16; 16:23, 24) 등의 표현으로 여섯 번이나 반복하셨습니다. 그 진정한 의미에 대해 걱정스런 의문을 갖는 사람도 많지만, 많은 신자들은 이 말씀을 읽고 기쁨과 소망을 느꼈습니다. 동시에 이 말씀들을 근거로 자신에게 필요한 것을 얻으려고 대단히 진지하게 노력했지만 실망하고 말았습니다. 그 이유는 간단합니다. 그 약속을 약속의 배경에서 분리했기 때문입니다.

주님께서는 주님의 일을 하는 것과 관련하여 자신의 이름을 아버지께 자유롭게 사용해도 좋다는 놀라운 약속을 주셨습니다. 예수님의 일과 나라를 위해, 그리고 그분의 뜻과 영광을 위해서만 사는 제자는 그 약속을 실현하는 능력을 받습니다. 자신을 위해 특별한 어떤 것을 원할 때만 약속을 붙드는 자는 실망하게 될 것입니다. 예수님을 자신의 안락함을 위한 종으로 전락시켰기 때문입니다. 그러나 주님의 일에 필요하기 때문에 효력을 발휘하는 믿음의 기도를 드리고 싶어하는 사람은 누구나 능력을 받을 것입니다. 자신을 주님의 이익을 위한 종으로 만들었기 때문입니다. 기도는 주님의 일을 위해, 주님의 일은 기도를 위해 사람을 가르치고 강하게 합니다.

이것은 자연 세계나 영의 세계 모두에서 통용됩니다. "무릇 있는 자는 [더] 받으리라"(눅 19:26). "적은 일에 충성하는" 자에게 "내가 많은 것을 … 맡기리라"(마 25:21). 이미 받은 적은 분량의 은혜를 가지고라도, 주님의 일을 위해 주님께 우리 자신을 바칩시다! 우리에게는 그것이 곧 참된 기도학교일 것입니다. 패역한 백성을 전적으로 책임져야 했을 때, 모세는 하나님께 담대히 말씀드리고 하나님의 큰 일을 구할 필요성과 용기를 느꼈습니다(참조. 출 33:12, 15, 18). 하나님의 일을 위해 하나님께 자신을 온전히 바칠 때, 당신에게 필요한 것은 바로 이 위대한 약속이며, 큰 확신을 가지고 그 약속을 기대해도 좋다고 느낄 것입니다.

예수님을 믿는 자여! 그대는 예수님의 일을 하기 위해, 심지어 예수님보다 더 큰 일을 하기 위해 부름받고 임명되었습니다. 예수님은 당신 안에서 또 당신을 통해 그 일들을 하시기 위해 능력을 구하러 아버지께 가셨습니다. "내 이름으로 무엇이든지 내게 구하면 내가 행하리라"는 그분의 약속을 명심하십시오. 그리스도의 일에 헌신하는 삶을 사십시오. 그러면 기도에 놀라운 응답을 받는 법을 알게 될 것입니다. 그리고 그분이 하신 일뿐만 아니라 훨씬 더 많은 일을 할 줄 알게 될 것입니다. 그리스도를 믿는 믿음으로 충만하고, 큰 일들을 기도로 담대히 구하는 제자들을 통해, 그리스도께서는 세상을 정복하실 수 있습니다.

주여, 우리에게 기도를 가르쳐 주옵소서

오 주님, 제가 이해하기 힘든 주님의 말씀을 또 다시 듣습니다. 어린아이와 같은 단순한 믿음으로, 저는 그 말씀을 주님께서 제게 주시는 선물로 받아들이고 간직할 수밖에 없습니다. 주님께서 아버지께로 가시는 덕분에, 주님을 믿는 사람은 누구나 주님께서 하신 일뿐 아니라 더 큰 일도 할 수 있다고 말씀하셨습니다.

주님, 저는 당신을 영화로우신 분으로 예배하며, 주님의 약속이 성취되기를 너무도 기다립니다. 저의 온 생애가 끊임없이 주님을 믿는 생애가 되게 하소서. 저의 마음을 깨끗케 하시며 성결케 하소서. 제 마음이 주님과 주님의 사랑에 민감하게 반응하도록 만드시어, 주님을 믿는 믿음이 저의 호흡이 되게 하소서.

주님께서는 아버지께로 가시기 때문에, 우리가 구하는 것은 무엇이든지 시행할 것이라고 말씀하셨습니다. 주님께서는 주님의 백성이 주님의 능력에 동참하기를 원하십니다. 또한 보좌에 계시면서, 주님의 지체인 그들이 주님의 이름으로 드리는 믿음의 기도에 응답하심으로써, 그들을 통해 일하시기를 원하십니다. 주님께서는 우리의 기도와 주님을 위한 우리의 일에 능력을 주시겠다고 약속하셨습니다.

복되신 주님, 주님과 주님의 약속에 대한 우리의 믿음이 적은 것을 용서해 주옵소서. 우리는 믿음이 부족하여, 주님께서 그 약속을 충실히 이행하시는 법을 드러내지 못했습니다. 하늘과 땅의 모든 이름 중 가장 뛰어난 주님의 이름을 너무도 높이지 못한 우리를 용서해 주옵소서.

주님, 저에게 기도를 가르치시어 주님의 이름이 하나님과 인간과 마귀에 대해 모든 것을 가능하게 한다는 것을 입증할 수 있게 하여 주옵소서. 주님을 영화롭게 하는 방식으로 기도하고 일하도록 저를 가르치시고, 저를 통해 주님의 크신 일들을 하옵소서. 아멘.

제 20 장

기도의 주 목적

내가 진실로 진실로 너희에게 이르노니 나를 믿는 자는 내가 하는 일을 그도 할 것이
요 또한 그보다 큰 일도 하리니 이는 내가 아버지께로 감이라. 너희가 내 이름으로 무
엇을 구하든지 내가 행하리니 이는 아버지로 하여금 아들로 말미암아 영광을 받으시
게 하려 함이라 — 요한복음 14:12-13

"아버지로 하여금 아들로 말미암아 영광을 받으시게 하려 함이라." 영광의
보좌에 앉으신 예수께서, 우리가 그분의 이름으로 구하는 모든 것을 행
하시는 이유는 바로 이 목적 때문입니다. 예수께서 주시는 모든 기도의
응답은 이것을 그 목적으로 삼고 있습니다. 이 목적이 성취될 전망이 없
을 때, 예수께서는 응답하시지 않습니다. 이 목적은 예수께 그러했듯 우
리의 간구에서도 필수적인 요소가 되어야 합니다. 아버지의 영광은 우리
기도의 목적, 곧 우리 기도의 핵심이자 생명이 되어야 합니다.

지상에 계실 때 예수님의 목적은 "나는 나의 영광을 구하지 않고 나를
보내신 이의 영광을 구한다"는 것이었습니다. 이 말씀에서 우리는 그분
의 삶의 기본 방침을 볼 수 있습니다. 대제사장으로서 예수님의 첫 번째
기도는 이렇습니다. "아버지여 아들을 영화롭게 하사 아들로 아버지를
영화롭게 하게 하옵소서 … 내가 아버지를 이 세상에서 영화롭게 하였사
오니 … 아버지와 함께 나를 영화롭게 하옵소서"(요 17:1, 4-5). 예수께서
아버지와 함께 영화롭게 되기를 구하신 이유는 두 가지입니다. 하나는

지상에서 하나님을 영화롭게 했기 때문이며, 또 하나는 지금도 하늘에서 하나님을 영화롭게 하시기 때문입니다. 예수께서 구하시는 것은 오직 아버지를 더욱 영화롭게 하는 것입니다.

이 점에서 우리가 예수님과 동감하여, 아버지의 영광을 우리 기도의 주목적으로 삼아 예수님을 기쁘시게 해 드릴 때, 우리의 기도는 반드시 응답을 받습니다. 예수께서는 우리가 구하는 것을 이루어 주시는 것보다 아버지를 더 영화롭게 하는 것은 없다고 말씀하셨습니다. 그러므로 예수께서는 우리의 요구를 들어주실 기회를 놓치는 법이 없습니다. 그분의 목적을 우리의 목적으로 삼읍시다! 아버지의 영광을, 우리가 요구하는 것과 예수께서 이루어 주시는 것 사이의 연결고리가 되게 하십시오!

예수님의 말씀은 좌우에 날선 어떤 검보다도 예리하여 혼과 영을 쪼개기까지 하며, 마음의 생각과 뜻을 판단합니다(히 4:12). 예수께서는 지상에 계실 때의 기도, 하늘에 계시면서 드리는 중보기도, 또 우리 기도에 응답하시겠다는 약속에서, 아버지의 영광을 첫째 목적으로 삼으셨습니다. 우리의 목적도 이것입니까? 기도하는 가장 강한 동기가 자기 이익과 자기 뜻은 아닙니까? 우리 기도에 생기를 불어넣는 것은 의도적으로 아버지의 영광을 갈망하는 것입니다.

신자는 때때로 아버지의 영광을 갈망합니다. 그러나 충분히 원하지는 않습니다. 그 이유는 살아갈 때의 자세와 기도할 때의 자세가 너무도 큰 거리를 보이기 때문입니다. 아버지의 영광에 대한 갈망은 기도하려고 할 때 그 마음을 불러일으켜서 주님께 바칠 수 있는 것이 아닙니다. 어느 한 부분 할 것 없이 삶의 모든 부분을 하나님의 영광을 위해 바칠 때에만, 그리스도의 영광을 위해서도 기도할 수 있습니다. "무엇을 하든지 다 하나님의 영광을 위하여"(고전 10:31) 하십시오. 그리고 "무엇을 [구]하든지 다 하나님의 영광을 위하여" 구하십시오. 이 한 쌍의 명령은 따로 떼어낼 수 없습니다. 앞의 명령에 순종하면 뒤의 명령에 순종할 수 있습니다. 예수께서 기도에 응답하실 수 있는 전제 조건은 하나님의 영광을 위해 사는 것입니다.

기도가 하나님의 영광을 위한 것이어야 한다는 이 요구는 지극히 옳고도 당연한 요구입니다. 주님만이 영화로우십니다. 주님의 영광과 주님께서 피조물에게 허락하신 영광밖에는 어떠한 영광도 없습니다. 피조물은 주님의 영광을 드러내기 위해 존재합니다. 주님을 영화롭게 하지 않는 것은 모두 죄이며, 죽음입니다. 피조물은 하나님을 영화롭게 하는 데서만 영광을 찾을 수 있습니다. 인자(人子)가 행하신 일, 곧 아버지를 영화롭게 하기 위해 자신을 온전히 내어드린 일은 모든 구원받은 자의 지극히 당연한 의무입니다. 이 의무를 행하는 자는 그리스도의 상급을 받게 될 것입니다.

아버지의 영광만을 목표로 삼는 삶은 우리의 노력만으로는 이룰 수 없습니다. 그런 삶은 오직 그리스도 예수에게서만 발견할 수 있습니다. 그리스도께서는 우리를 위해 자신을 내어주셨습니다. 그분은 이제 우리의 삶이요 생명입니다. 우리에게 반드시 필요한 것은 하나님의 자리를 차지해 버린 우리 자신을 발견하고, 고백하고, 그러한 자신을 부인하는 것입니다. 자기를 영화롭게 하려는 마음을 버리고 하나님을 영화롭게 하려는 그리스도의 생명과 영으로 충만하려면, 주 예수께서 우리 마음에 내재하시며 다스리셔야만 합니다. 예수께서는 우리에게 하나님의 영광을 위해 살고 기도하라고 가르치시고, 우리 기도를 들으심으로써 아버지를 영화롭게 하기를 갈망하십니다.

이런 일이 우리 안에서 일어나도록, 우리의 나태한 마음을 주님께 굴복시키는 힘은 무엇이겠습니까? 확신하건대, 우리에게 필요한 것은, 아버지께서는 영광을 받으시기에 지극히 합당한 분이라는 것을 깨닫는 것입니다. 우리의 믿음은 아버지를 송축하고, 나라와 권세와 영광을 아버지께만 돌리고(마 6:13), 아버지의 빛 안에서 사는 삶에 자신을 바치면서 아버지께 머리 숙이기를 배워야 합니다. 확실히 우리는 감동해서 "영광이 아버지께만 있습니다"라고 말할 것입니다. 그리고 하나님의 영광만 인정하는 삶을 강렬히 열망하며 주 예수님을 바라볼 것입니다. 응답 받을 만한 기도가 없으면, 아버지께서 영광을 받지 못하십니다. 우리의 의무는 기도가 응답 받을 수 있도록 생활하고, 응답 받는 기도를 드리는 것입니다. 하나님의 영광을 위해, 제대로 기도하기를 배웁시다.

하나님의 영광이 아니라 자신의 기쁨이나 즐거움을 갈망하는 기도를 드리다니 이 얼마나 비천한 생각입니까? 응답 없는 기도가 그토록 많은 것도 당연합니다. 기도의 목적이 하나님의 영광이 아닐 때, 하나님께서는 영광을 받을 수 없습니다. 믿음의 기도를 드리고 싶은 사람은 문자 그대로 자신의 모든 일을 통해 하나님께서 영광을 받으실 수 있도록 살아야 합니다. 이것이 그 사람의 목적이 되어야 합니다. 그렇지 않고는 믿음의 기도가 있을 수 없습니다.

예수께서 말씀하셨습니다. "너희가 서로 영광을 취하고 유일하신 하나님께로부터 오는 영광은 구하지 아니하니 어찌 나를 믿을 수 있느냐?"(요 5:44). 자신의 영광을 구하면 믿음은 불가능합니다. 자신의 영광을 포기하고 하나님의 영광을 구하는 깊고 강렬한 자기 희생만이 우리 영혼에 신성한 믿음을 일으킵니다. 하나님께 복종하는 것과, 하나님께서 우리 기도에 응답하시어 그 영광을 보여 주시기를 기대하는 것은 둘 다 꼭 필요합니다. 하나님의 영광을 구하는 사람만이 기도의 응답을 통해 이것을 이해할 수 있습니다. 어떻게 해야 이렇게 될 수 있겠습니까? 고백해 봅시다. 사실 우리의 삶과 기도는 하나님의 영광을 바라는 열정으로 채워져 있지 않습니다. 우리는 아버지와 아버지의 영광만을 위해 아들의 모습으로 살거나 아들과 연합하여 살지 못했습니다. 우리는 이 일에 너무나 부족했습니다. 이 사실을 성령께서 드러내실 수 있도록 시간을 내십시오. 죄를 참으로 알고 고백하는 것이 구원에 이르는 확실한 길입니다.

그 다음 예수님을 바라봅시다. 예수님은 죽음으로써 하나님을 영화롭게 하셨습니다. 그분은 죽음을 통해 하나님과 함께 영화롭게 되었습니다. 우리가 하나님을 영화롭게 할 수 있는 것은 죽음으로써, 즉 자신에 대해서는 죽고 하나님을 위해 사는 삶으로써 가능합니다. 이렇게 자신에 대해서는 죽고 하나님의 영광을 위해서는 사는 삶이 예수께서 주신 삶이고, 예수께서 자기를 믿는 각 사람 안에서 사시는 삶입니다. 그리스도처

럼 아버지의 영광만을 위해 살겠다는 결심, 우리 안에서 역사하는 그리
스도의 생명과 힘을 그리스도와 함께 받아들임, 그리스도께서 우리 안에
서 사시기 때문에 우리가 하나님의 영광을 위해 살 수 있다는 기쁜 확신
이 우리의 삶의 자세를 이루도록 합시다. 예수님은 우리가 이런 식으로
살 수 있게 도와주십니다. 우리가 예수님을 신뢰하기만 한다면, 성령께서
우리에게 이런 삶을 체험시켜 주실 것입니다. 신뢰하지 못하여서 물러나
지 마십시오! 모든 일을 하나님의 영광을 위해 확신을 갖고 하십시오! 우
리의 순종이 아버지 하나님을 기쁘시게 해 드릴 것입니다. 성령께서는
우리가 하나님과 하나님의 영광을 위해 살고 있다는 것을 아시고 우리를
인정해 주실 것입니다.

"아버지로 하여금 아들로 말미암아 영광을 받으시게" 하시기 위해, 우
리가 구하는 것을 시행하겠다고 약속하신 분 그리스도와 우리가 완전한
조화를 이룬 줄 알 때, 우리의 기도에는 참으로 고요한 평화와 능력이 있
게 될 것입니다. 우리의 전 존재를 말씀과 성령의 감화에 의도적으로 내
어 맡길 때, 우리가 원하는 것은 더 이상 우리의 것이 아니고 그분의 것이
되며, 그것의 주된 목적은 하나님의 영광일 것입니다. 우리는 점점 더 자
유로워져서 이렇게 기도할 수 있을 것입니다.

"아버지여! 우리가 그것을 구하는 것은 오직 아버지의 영광을 위함인
줄 당신께서는 아시나이다."

기도의 응답은 우리가 오를 수 없는 산이 되는 대신에 우리에게 더 큰
확신, 즉 아버지께서 우리 기도를 들으신다는 확신을 줄 것입니다. 그리
고 기도의 특권은 갑절로 귀중해질 것입니다. 왜냐하면 기도의 특권은
우리를 복되신 아들과의 완전한 화합으로 인도하기 때문입니다. 그 완전
한 화합은 그분이 제안하신 다음과 같은 말씀에서 이루어집니다. "구하
라, 내가 시행하리니 이는 아버지로 하여금 아들로 말미암아 영광을 받
으시게 하려 함이라."

주여, 우리에게 기도를 가르쳐 주옵소서

복되신 주 예수님, 당신께 다시 나아갑니다. 주께서 제게 주신 모든 가르침은 제가 올바로 기도할 줄 모른다는 것을 절실히 느끼게 해 줍니다. 하지만 기도가 어떠해야 하는지를 가르쳐 주려 하신다는 희망도 불어넣어 줍니다. 오 나의 주님, 용기를 갖고 주님을 바라봅니다. 주님은 대 중보자이십니다. 주님께서는 홀로 기도하시며 아버지를 영화롭게 할 목적으로 기도하는 사람의 소리를 들으십니다. 저도 주님처럼 기도할 수 있도록 제게 기도를 가르쳐 주옵소서.

구세주시여, 저를 온전히 주님께 바쳐서 저는 아무것도 아니기를 원합니다. 주님과 함께 십자가에 못 박히고자 저를 온전히 내어놓습니다. 성령을 통해 육의 일은 죽을 것입니다. 주님의 생명과 주님의 아버지에 대한 사랑으로 저를 사로잡으소서. 아버지의 영광을 위한 매일 매순간의 기도가 제게 가장 중요한 일이 되기를 바라며, 그 새로운 열망이 제 영혼을 채우고 있습니다. 오 나의 주님, 제게 이것을 가르쳐 주옵소서!

나의 하나님, 나의 아버지, 아버지의 영광만이 삶의 목표가 될 만하다는 것을 이해한 주님 자녀의 소원을 들어주소서. 제게 아버지의 영광을 보여 주소서. 그 영광이 저를 압도하고 제 마음에 충만하게 하소서! 그리스도처럼 저도 그 영광 안에서 살게 하소서. 아버지를 기쁘시게 해 드리는 것이 무엇인지 말씀해 주시고, 제 안에서 아버지의 선한 기쁨을 실현하소서. 그리하여 제가 아버지의 영광을 추구하는 데서 저의 영광을 찾을 수 있게 하여 주소서. 아멘.

제 21 장

총괄적인 조건

너희가 내 안에 거하고 내 말이 너희 안에 거하면 무엇이든지 원하는 대로 구하라 그리하면 이루리라 — 요한복음 15:7

하나님과 우리의 모든 관계에서, 약속과 약속의 조건은 분리되지 않습니다. 우리가 그 조건을 이행하면, 하나님께서는 그 약속을 이행하십니다. 하나님께서 우리에게 어떤 분이신가는 우리가 하나님께 어떤 존재이고자 하는가에 달려 있습니다. "하나님을 가까이하라 그리하면 너희를 가까이하시리라"(약 4:8). 그러므로 기도에서 "무엇이든지 원하는 대로 구하라"는 무제한적 약속에는 "너희가 내 안에 거하면"이라는 한 가지 간단하고 당연한 조건이 있습니다.

아버지께서는 항상 그리스도의 기도를 들으시고 그리스도 안에 계십니다. 하나님께 가까이 가기 위해서는 우리도 그리스도 안에 있어야 합니다. 그리스도 안에 온전히 거할 때, 무엇이든지 원하는 대로 구할 권리와 응답 받으리라는 약속을 지닐 수 있습니다.

이 약속과 신자들 대부분의 경험 사이에는 엄청난 불일치가 있습니다. 응답 받지 못하는 기도가 얼마나 많습니까? 그 원인은 우리가 조건을 이행하지 않았거나 하나님께서 약속을 이행하시지 않았기 때문일 것입니다. 신자들은 어느 쪽도 인정하려 하지 않습니다. 그래서 그 딜레마를 피할 방안을 마련했습니다. 그들은 약속에 제한을 가하는 말, 즉 "하나님의 뜻이라면"이라는 말을 더합니다. 주님께서 하시지 않은 이 말을 더함으로써, 그들은 하나님은 물론 자신들에게도 결점이 없음을 주장합니다.

만일 약속을 받아들이고, 그 약속을 있는 그대로 붙잡을 수만 있다면, 그리스도를 신뢰하는 그 믿음이 그 약속을 실현하지 않겠습니까! 조건을 이행하지 않은 것이 기도에 응답이 없는 이유라고 고백하면 얼마나 좋겠습니까! 그러면 하나님의 영이 그들을 인도하여, 그리스도께서 의도하신 대로 믿는 사람들에게는, 그 약속이 너무도 적절하다는 것을 이해하게 될 것입니다. 그때 성령께서는 우리 기도에 있는 약점을, 오히려 이 약속의 비밀을 깨닫고 그리스도 안에 온전히 거하는 축복의 계기로 만들어 주실 것입니다.

"너희가 내 안에 거하면." 그리스도인은 주 예수의 은혜와 주 예수를 아는 지식 안에서 자람에 따라, 하나님의 말씀 역시 새롭고 더 심오한 의미로 다가오는 것을 알고 놀랄 때가 많습니다. 그런 그리스도인은 어떤 특정한 하나님의 말씀이 자신에게 열리고, 그 말씀에서 발견한 축복 때문에 기뻐했던 날을 떠올릴 수 있습니다.

그런데 얼마 후 더 깊은 경험을 한 뒤에는 그 말씀이 새로운 의미로 다가와서, 전에는 그 말씀에 담긴 뜻을 전혀 이해하지 못했던 것 같아집니다. 하지만 또 다시 그리스도인의 삶에 진보가 있으면, 똑같은 말씀이 또 다시 그 사람 앞에 커다란 신비로 서 있게 됩니다. 이런 일은 성령께서 그 사람을 훨씬 더 깊이 인도하여 그 말씀의 충만한 의미를 깨달을 때까지 지속될 것입니다.

이와 같이 계속해서 심오한 의미로 다가오는 말씀 가운데 하나가 "내 안에 거하라"는 말씀입니다. 이 말씀은 우리에게 신성한 생명의 충만함을 한 단계 한 단계 열어 줄 것입니다. 가지가 포도나무에 붙어 있어야 계속 성장하듯, 우리는 그리스도 안에 거해야 삶이 점점 더 거룩해지는 과정을 겪을 것입니다. 초신자는 제한된 정도로만 그리스도 안에 거하고 있을지 모릅니다. 그러나 그리스도께서 의미한 그대로 온전히 그분 안에 거하는 데까지 나아간다면, 이 말씀에 이어진 모든 약속을 물려받을 것입니다.

그리스도 안에 거하며 성장하는 삶의 첫 단계는 믿음의 단계입니다. 그리스도의 명령이 정말로 자신에게 해당되는 것임을 이해할 때, 신자의 큰 목표는 그리스도 안에 거하는 것이 당장 해야 할 의무이며 도달할 수 있는 축복임을 단순히 믿는 것입니다. 이 단계의 신자는 특히 구주의 사랑, 능력, 신실하심에 사로잡혀 있습니다. 그는 믿는 것이 자신에게 가장 기본적으로 필요한 것이라고 느낍니다.

머지 않아 이 신자는 그 이상의 것이 필요하다는 것을 깨닫습니다. 믿음에 순종이 병행되어야 합니다. 그러나 믿음은 순종에 간단히 더할 수 있는 것이 아니고, 순종을 통해 드러나야 하는 것입니다. 믿음은 순종의 원천이며 주님을 바라는 것이고, 순종은 주님의 뜻을 행하려는 믿음의 발현입니다.

주님 안에 거하는 의무와 그 열매보다 주님 안에 거할 때의 특권과 축복이 더 관심을 끌 때가 많습니다. 자신도 모르게 자기 위주의 생각이 지배합니다. 믿음의 단계에서 즐기던 평화가 사라집니다. 주님 안에 거하는 일은 실제 순종하는 일로 나타나야 합니다. "너희도 내 계명을 지키면 내 사랑 안에 거하리라(요 15:10). 이전에 머리로 믿은 진리는 그리스도와 그리스도의 약속을 진심으로 의지하게 하기에는 충분치 않습니다. 이 단계에서 주로 노력해야 할 것은 자기 뜻을 주님의 뜻에 일치시킬 뿐 아니라, 마음과 생명을 완전히 그리스도의 지배하에 두는 것입니다.

하지만 여전히 부족한 점이 있는 것 같습니다. 마음과 뜻이 그리스도를 향하고 있고, 그리스도를 사랑하고 그분께 순종하는데도 왜 육체의 본성이 그토록 많은 권세를 발휘할까요? 우리의 행동과 감정은 왜 바르지 못할까요? 성결의 미덕, 사랑의 열정, 자기를 죽이고 예수님과 예수님의 죽음을 본받는 일을 과연 볼 수 있을까요? 이제까지 경험하지 못한 어떤 일이, 그리스도 안에 거함으로써 반드시 있어야 합니다.

믿음과 순종은 축복에 이르는 통로에 불과합니다. 예수께서는 포도나무와 가지의 비유를 말씀하시기 전에, 그 충만한 축복이 어떤 것인지 매우 분명하게 말씀하셨습니다. 예수께서는 세 번씩이나 "너희가 나를 사랑하면 나의 계명을 지키리라"(요 14:15)고 말씀하시면서, 이렇게 예수님을 사랑하여 순종하는 사람에게는 세 가지 축복으로 보상해 주겠다고 약속하셨습니다. 성령이 우리 안에 거하심, 아들이 자신을 나타내심, 아버지와 아들이 우리 안에 거하시기 위해 오심이 그 세 가지 축복입니다.

우리 믿음이 순종하는 단계로 성장하고, 우리 전 존재가 순종과 사랑 안에서 그리스도께 다가가 그분께 매달릴 때, 우리의 내적 삶은 열립니다. 그리스도와, 또 아버지와 분명하고도 의식적으로 연합함으로써, 영화로우신 예수님의 생명과 영을 받는 능력이 우리 안에 형성됩니다. 이렇게 될 때 "내가 아버지 안에, 너희가 내 안에, 내가 너희 안에 있는 것을 너희가 알리라"(요 14:20)는 말씀이 우리 안에서 성취됩니다.

하나님과 그리스도께서는 뜻과 사랑에서 뿐 아니라 본성과 생명에서도 서로의 안에 계십니다. 아버지와 아들의 이 연합 때문에, 우리도 똑같은 방식으로 그리스도가 내 안에, 내가 그리스도 안에 있다는 것을 깨닫게 됩니다.

이와 같은 말씀을 하신 후, 예수께서는 "내 안에 거하라 나도 너희 안에 거하리라"(요 15:4). 나와 연합한 신성한 삶을 받아들이는 데 동의하고 수락하라. 이를 힘입어 너희가 내 안에 거하면, 나도 아버지 안에 거하듯이 너희 안에 거하리라. 그러면 너희 생명이 나의 것이 되고, 나의 생명이 너희 것이 되리라"고 말씀하셨습니다. 진실로 그리스도 안에 거하는 것은 두 부분으로 이루어져 있습니다. 하나는 그리스도께서 들어와 거하실 수 있는 태도를 취하는 것이고, 또 하나는 우리를 대신해 그리스도께서 사시도록 그분 안에 거하는 것입니다. 아무 걱정도 없는 어린이처럼, 모든 일을 우리를 위해 하시는 주님의 사랑을 신뢰하고 그 사랑에 순종하는 데서 행복을 찾는 것입니다.

이렇게 주님 안에 거하는 사람들에게는, "무엇이든지 원하는 대로 구하라"는 약속이 정당한 유산으로 다가옵니다. 다른 방식으로는 이렇게 될 수 없습니다. 그리스도께서는 이런 사람들을 완전히 사로잡으십니다.

주님께서는 이들의 사랑과 뜻과 삶에 거하십니다. 성령에 의해 그 안에 들어가 머무시며 호흡하십니다. 이런 사람들은 그리스도 안에서 기도하고, 그리스도께서는 이런 사람들 안에서 기도하십니다. 아버지께서는 그리스도의 기도를 언제나 들어주시기 때문에, 이들이 구하는 것은 이루어집니다.

사랑하는 동료 신자 여러분, 우리가 그리스도께서 원하시는 대로 그분 안에 거하지 않기 때문에, 교회가 부정과 세속과 이단 앞에서 무력하다는 것을 고백합시다. 주님께서는 이런 세상의 원수들 앞에서도 교회가 승리할 수 있게 하십니다(롬 8:37). 주님께서는 약속하신 바를 진정 이루려 하신다는 것을 믿어야 합니다. 더불어 우리가 고백하고자 한 내용이 죄임을 인정해야 합니다.

그러나 용기를 잃지는 마십시오. 가지가 포도나무에 거하는 것은 멈추지 않고 성장하는 삶입니다. 우리는 주님께서 의도하신 대로 주님 안에 거할 수 있습니다. 주님께서 살아 계셔서 우리에게 그 능력을 주시기 때문입니다. 모든 것을 해로 여긴다(빌 3:8)고 말할 준비와, "지금까지 내가 얻은 것은 의미 없는 것이며, 주께서 나를 아시듯 나도 그리스도를 알기 원한다"고 말할 준비를 합시다. 주님 안에 거하는 것에만 마음을 뺏기지 말고 그 안에 거함으로써 연합되는 주님께 마음을 쏟도록 합시다. 순종하여 낮아지시고 올라가 능력을 받으신 그리스도께서 우리 영혼에서 활동하시게 합시다. 그러면 그리스도께서 자신의 약속을 우리 안에서 친히 이행하실 것입니다.

우리가 그리스도 안에 점점 더 완전히 거하게 됨에 따라, 우리의 권리, 즉 하나님의 뜻에 참여한 우리의 뜻을 펼칩시다. 그 뜻이 명령하는 대로 순종하면서, 하나님께서 약속하신 것을 요구합시다. 성령의 가르침에 굴복합시다. 성령께서는 하나님의 뜻이 무엇인지 우리 각 사람에게 보여주시어서 우리가 기도를 통해 하나님의 뜻을 요청할 수 있게 해 주십니다. "너희가 내 안에 ⋯ 거하면, 무엇이든지 원하는 대로 구하라, 그리하면 이루리라"는 예수님의 말씀을 직접 체험할 때까지 만족하지 맙시다.

주여, 우리에게 기도를 가르쳐 주옵소서

사랑의 주님, 주님의 지극히 간단한 약속을 사람들에게 새롭게 하소서. 제가 자진해서 구할 때에만 주님께서 거룩하게 해 주신다는 것을 인정할 줄 알도록 저를 가르치소서. 주님, 주님의 약속 한 마디 한 마디가 제 영혼 속에서 다시금 생기 있고 능력 있게 하소서.

주님께서는 "내 안에 거하라"고 말씀하셨습니다. 나의 생명, 나의 모든 것이 되시는 주님, 제가 주님 안에 거합니다. 주님의 충만함 안에서 제가 성장하도록 허락하소서. 저를 만족시킬 수 있는 것은 주님을 붙들려는 노력도, 주께서 저를 보호하실 것이라고 믿으려는 노력도 아닙니다. 또 주님께 순종하고 주님의 계명을 지키려는 의지도 아닙니다. 저를 만족시킬 수 있는 것은, 아버지 안에 거하시듯 제 안에 거하시는, 오직 주님 한 분뿐이십니다. 제게 필요한 분은 더 이상 제 앞이나 제 위에 계시지 않고 저와 하나가 되신 나의 주 당신이십니다. 이 때문에 저는 주님을 신뢰합니다.

주님께서는 말씀하십니다. "무엇이든지 원하는 대로 구하라." 주님, 주님 안에 온전히 거하면 저의 의지가 새롭고 거룩하고 강하게 되리라는 것을 압니다. 주님의 죽음 안에서 죽고, 주님의 생명 안에서 사는 저의 의지를 크고 강하게 하여 주셔서 주님께 간구할 때 담대하게 하소서.

주님께서는 또 이렇게 말씀하셨습니다. "그리하면 이루리라." 오 예수님, 주님은 "아멘이시요 충성되고 참된 증인"(계 3:14)이십니다. 주님, 참된 증인이신 주님께서 하신 이 약속이 제게 이전보다 더욱 진리가 되게 하여 주옵소서. 주님께서 이렇게 해 주시리라는 것을 믿을 수 있게 하여 주옵소서. 그렇게 해 주셔야 하는 이유는, 하나님께서 자기를 사랑하는 자들을 위하여 예비하신 것을 사람의 마음으로는 상상도 하지 못하기 때문입니다(고전 2:9). 아멘.

저자의 보충 설명

기도에 관한 책과 설교들 가운데 많은 것이 설령 응답이 없을지라도 기도는 영적 운동이기에 좋은 것이라고 강조합니다. 하나님과의 교제는 우리가 구하는 선물보다 우리에게 더 중요해야 합니다. 하지만 기도에 대해 그리스도께서 말씀하신 것을 주의 깊게 조사해 보건대, 그리스도께서는 기도를 목적에 이르는 수단으로 우리가 생각하기를 원하셨습니다. 응답은, 우리와 우리 기도가 하늘에 계신 아버지께 흡족하다는 증거여야 합니다. 아버지의 선물을 아버지의 사랑과 아버지와의 교제보다 더 귀하게 여겨서는 안 된다는 것이 그리스도의 생각이었습니다. 그러나 아버지께서는 응답을, 아버지께서 사랑하신다는 증표와 아버지와 실제로 교제한다는 증표가 되게 하셨습니다.

기도에 대한 매일의 응답은 영적으로 성숙했다는 증거입니다. 그것은 우리가 그리스도 안에 참으로 거하고 있다는 것과, 우리의 뜻이 아버지의 뜻과 진실로 하나라는 것을 보여 줍니다. 또한 하나님께서 우리를 위해 예비하신 것을 보고 붙잡을 만큼 우리 믿음이 충분히 강하다는 것과, 그리스도의 이름과 본성이 우리를 완전히 사로잡고 있다는 것, 그리고 하나님께서 하나님의 계획에 동참해도 좋다고 허락하신 사람들 사이에 우리가 들었다는 것을 보여 줍니다. 기도는 매우 복되지만, 응답은 더욱 복됩니다. 응답은 우리 기도, 우리 믿음, 우리의 뜻이 실로 아버지께서 원하시는 상태라는 것을 아버지께서 인정하시는 반응입니다.

기도에 관해 그리스도께서 하신 모든 말씀을, 독자 스스로 종합하여 생각하도록 이끌려는 의도에서 말합니다. 기도가 올바른 것이라면, 또는 우리가 올바른 사람이라면, 응답을 기대해야 한다는 진리를 받아들이십시오. 그러면 응답 없는 기도에 대해 스스로 위로하던 도피처로부터 나올 수 있습니다. 그리스도께서 자신의 교회에 부여하신 능력의 자리와, 교회가 그 자리를 거의 차지하지 못했다는 사실을 알 수 있습니다. 그리스도의 이름으로 담대히 기도하지 못하는 원인, 즉 영적 삶의 병약함을 알 수 있습니다. 효과적인 기도의 비결인 그리스도와의 온전한 연합을 이루고 성령 충만한 삶을 살도록 강한 격려를 받을 수 있습니다. 우리의 운명을 깨달을 수 있습니다. 그 운명은 "그날에 … 내가 진실로 진실로 너희에게 이르노니, 너희가 무엇이든지 아버지께 구하는 것을 내 이름으로 주시리라 … 구하라, 그리하면 받으리니 너희 기쁨이 충만하리라"(요 16:23-24) 는 것입니다. 진정 예수님과 영적으로 연합한 기도는 항상 응답을 받습니다.

제 22 장

말씀과 기도

너희가 내 안에 거하고 내 말이 너희 안에 거하면 무엇이든지 원하는 대로 구하라 그리하면 이루리라 — 요한복음 15:7

말씀과 기도가 반드시 결합되어야 한다는 것은 그리스도인의 삶과 관련된 가르침 가운데 지극히 간단하고 초보적인 것입니다. 새로 개종한 어떤 사람은 이것을 다음과 같이 표현했습니다. "나는 기도한다, 곧 아버지께 말씀드린다. 나는 읽는다, 곧 아버지께서 내게 말씀하신다." 기도하기 전, 하나님의 말씀은 내 믿음에 칭의와 간구를 주심으로써 나를 강하게 해 줍니다. 기도한 후, 하나님의 말씀은 내가 구했으면 하고 아버지께서 바라시는 것을 알려 줌으로써 나를 준비시킵니다. 기도할 때, 하나님의 말씀은 내게 응답을 갖다 주십니다. 기도할 때, 내가 아버지의 음성을 듣는 것을 성령께서 허락하시기 때문입니다.

기도는 독백이 아니라 대화입니다. 기도에서 가장 본질적인 부분은 내 목소리에 답하시는 하나님의 음성입니다. 하나님의 음성에 귀기울이는 것은 하나님께서 내 음성에 귀기울이신다는 확신에 이르는 비결입니다. "나의 하나님이여 귀를 기울여 들으소서"(단 9:18)라는 말씀과 "내게 귀를 기울이라"(사 51:4)와 "내게 주의하라"(사 51:4)는 말씀은 인간이 하나님께 말하는 것은 물론 하나님께서도 인간에게 말씀하신다는 것을 보여 주는 구절들입니다.

하나님의 말씀을 내가 기꺼이 받아들이느냐에 따라 그분께 드리는 내 말의 능력이 결정됩니다. '내가 하나님의 말씀을 어떻게 여기는가'가 '내가 하나님을 어떤 분으로 여기는가'의 척도가 됩니다. 이 척도에 의해, 기도에서 하나님을 만나고 싶어하는 나의 열망이 올바른가를 알 수 있습니다.

예수께서 "너희가 내 안에 거하고 내 말이 너희 안에 거하면 무엇이든지 원하는 대로 구하라 그리하면 이루리라"고 말씀하시면서 지적하시는 것이, 바로 그분의 말씀과 우리의 기도가 결합되어야 한다는 것입니다. 이 말씀을 대신할 수 있는 다른 표현을 주목해 보면, 이 진리가 매우 중요하다는 것이 분명해집니다. 예수께서는 한 번 이상 "내 안에 거하라 나도 너희 안에 거하리라"(요 15:4)고 말씀하셨습니다. 예수께서 우리 안에 거하시는 것, 이것이 우리가 그분 안에 거하는 것을 완전케 하고 영광되게 합니다. 그러나 여기에서 "너희가 내 안에, 내가 너희 안에"(요 14:20)라고 말씀하시지 않고 "너희가 내 안에 … 내 말이 너희 안에"라고 말씀하셨습니다. 예수님의 말씀이 우리 안에 거하는 것과 예수님 자신이 우리 안에 거하시는 것은 동일합니다.

이 사실은, 그리스도 안에 있는 하나님의 말씀이 우리의 영적 생활, 특히 우리의 기도에서 차지해야 할 위치와 관련해서, 우리에게 놀라운 관점을 제시해 줍니다. 사람은 말을 통해 자신을 드러냅니다. 약속을 통해 자신을 내어놓음으로써, 그 약속을 받아들이는 사람에게 매입니다. 명령을 통해 자기의 뜻을 선포함으로써 명령에 복종해야 하는 사람들의 주인이 되려 하고, 그들이 자신의 일부인 것처럼 그들을 인도하고 사용하려 합니다. 영과 영은 우리의 말을 통해 서로 교통합니다. 한 사람이 말로써 다른 사람에게 자신을 전한다는 것은 상대가 자신의 말을 듣고 인정하고 굳게 붙잡고 순종한다는 것을 의미합니다. 그러나 인간에게 이것은 제한된 의미에서만 일어날 수 있습니다.

그러나 하나님은 무한하신 분입니다. 그분의 모든 것은 진정한 의미의 생명이요 능력이며 영이요 진리입니다. 하나님께서 말씀으로 자신을 드러내실 때, 이 말씀을 진정으로 받아들이는 자에게는 하나님의 사랑과 생명, 뜻과 능력, 곧 하나님 자신을 주십니다. 하나님께서는 모든 약속을 통해 우리에게 하나님을 붙잡고 소유할 능력을 주십니다. 모든 명령을 통해서 우리에게 하나님의 뜻, 하나님의 거룩하심, 하나님의 온전하심을 나누어 주십니다. 하나님의 말씀은 우리에게 하나님 자신을 줍니다. 그 말씀은 곧 영원하신 아들 그리스도 예수이십니다. 그러므로 그리스도의 모든 말씀은 생명을 소생시키고 능력이 충만한 하나님의 말씀입니다. "내가 너희에게 이른 말은 영이요 생명이라"(요 6:63).

　청각 장애인과 언어 장애인을 연구한 사람들은 말을 하는 능력은 대체로 듣는 능력에 달려 있으며, 어린 시절에 청각을 상실하면 말하는 능력도 잃는다고 합니다. 이 말은 더 넓은 의미로도 적용됩니다. 우리의 말은 우리가 무엇을 듣는가에 의존합니다. 하나님과의 대화라는 가장 높은 차원의 의미에도 적용할 수 있습니다. 기도를 드리는 것, 즉 어떤 소원을 말하고 어떤 약속에 호소하는 것은 배우기 쉬운 것입니다. 그러나 성령으로 기도하는 것, 즉 하나님께서 들으시고 감동하시는 말을 하여 보이지 않는 세계의 능력을 좌우하는 것은 전적으로 하나님의 음성을 듣는 데 달려 있습니다. 우리는 하나님께서 쓰시는 음성과 언어를 들어야 하며, 하나님의 말씀을 통해 하나님의 생각, 하나님의 마음, 하나님의 생명을 우리 가슴에 받아들여야 합니다. 하나님께서 들으시는 음성과 언어로 말하는 것은 우리의 듣는 정도에 따라 배울 수 있습니다. 아침마다 깨우치는, 배우는 자의 귀는 하나님께서 들으시는 음성과 언어로 말할 준비를 시켜 줍니다(사 50:4).

　이렇게 하나님의 음성을 듣는 것은 말씀을 깊이 생각하고 연구하는 것보다 낫습니다. 살아 계신 하나님과 실제적인 교제가 거의 없으면서도 말씀을 연구하고 말씀에 대한 지식을 얻을 수 있습니다. 하지만 아버지 앞에서, 성령의 인도 아래 말씀을 읽는 일도 있습니다. 이렇게 읽을 때, 하나님의 말씀이 우리에게 살아 있는 능력으로 다가옵니다. 이것이 바로 아버지의 음성이며, 아버지와의 실제적이고 개인적인 교제입니다. 하나님의 이 생생한 음성은 마음에 들어와 축복과 힘을 가져다주고, 살아 있는 믿음에 반응을 불러일으킵니다. 그리고 이 반응은 다시 하나님의 마음에 가 닿습니다.

순종하는 능력과 믿는 능력은 둘 다 이렇게 하나님의 음성을 듣는 것에 달려 있습니다. 중요한 것은 하나님께서 말씀하신 바 우리가 행해야 할 것을 아는 것이 아니라, 하나님께서 친히 말씀하신다는 것입니다. 순종을 일으키는 것은 율법도 책도 옳은 것을 아는 지식도 아닙니다. 순종은 하나님과의 생생한 교제를 통해 하나님으로부터 개인적인 감화를 받았을 때만 성취될 수 있습니다. 기도에서 믿음과 신뢰를 불러일으키는 것은 약속하신 것을 아는 지식이 아니라 약속하신 하나님께서 임재하시는 것입니다. 불순종과 불신앙이 불가능해지는 것은 오직 하나님께서 충분히 임재하실 때뿐입니다.

"너희가 내 안에 거하고 내 말이 너희 안에 거하면, 무엇이든지 원하는 대로 구하라, 그리하면 이루리라." 주님께서는 이 말씀을 통해 자신을 내어 주십니다. 우리는 이 말씀을 간직해야 합니다. 다시 말해서, 우리의 뜻과 삶에 받아들여서 우리의 본성과 행실에서 말씀이 되살아나게 해야 합니다. 말씀이 우리 안에 거해야 합니다. 우리의 삶은 우리 안에 충만한 말씀이 연속해서 나타나는 것이어야 합니다. 말씀은 우리 안에서 그리스도를 드러내며, 우리의 삶은 그리스도를 밖으로 드러냅니다. 그리스도의 말씀이 바로 우리의 마음에 들어와 우리의 생명이 되고 우리의 삶에 영향을 미치는 것처럼, 우리의 말도 그리스도의 마음에 들어가 그분께 영향을 미칩니다. 나의 기도는 나의 삶에 달려 있습니다. 다시 말해서 내가 하나님의 말씀을 어떻게 여기는가에 따라 하나님께서 나의 말을 어떻게 여기실지가 결정됩니다. 하나님께서 말씀하시는 것을 내가 행하면, 하나님께서도 내가 말씀드리는 것을 행하실 것입니다.

구약의 성도들은 하나님의 말씀과 우리의 말이 이렇게 연계되어 있다는 것을 매우 잘 알았습니다. 실제로 그들의 기도는, 하나님께서 하시는 말씀을 듣고 그것에 사랑으로 반응하는 것이었습니다. 그 말씀이 약속이었다면, 그들은 하나님께서 말씀하신 대로 이루어 주실 것을 믿었습니다. "주 여호와께서 말씀하셨사오니"(삼하 7:29); 주의 약속대로; 주의 말씀대로; "말씀하신 대로 행하소서"(삼하 7:25; 대상 17:23). 이 표현들에서 우리는, 하나님께서 약속으로 말씀하신 것이 그들 기도의 근원이자 생명이었음을 알 수 있습니다. 그 말씀이 명령이었다면, 구약의 성도들은 하나님께서 말씀하신 그대로 행했습니다. "이에 아브람이 여호와의 말씀을 따라갔더라"(창 12:4). 그들의 삶은 하나님과의 교제, 곧 말과 생각의 교환이었습니다. 그들은 하나님께서 말씀하신 것을 듣고 행했으며, 하나님께서는 그들이 말하는 것을 듣고 행하셨습니다. 그리스도께서는 우리에게 말씀하시며, 그 말씀 한 마디 한 마디를 이루시기 위해 혼신을 다하십니다. 또 그 말씀을 간직하고 그 말씀의 성취를 받기 위해 혼신을 다하라고 우리에게 요구하십니다.

"내 말이 너희 안에 거하면." 조건은 간단하고 명료합니다. 주님의 뜻은 주님의 말씀에 나타나 있습니다. 말씀이 내 안에 거하시면, 주님의 뜻이 나를 다스립니다. 나의 뜻은 주님의 뜻을 담는 빈 그릇이며, 주님의 뜻대로 쓰이는 도구가 됩니다. 주님께서는 나의 내적 존재를 채우십니다. 나의 뜻은 순종하고 믿음을 발휘할 때, 더 강해지고 주님과 내적으로 더 깊은 내적 조화를 이루게 됩니다. 주님께서는 나의 뜻이 주님께서 뜻하시는 것만을 의도할 것이라고 믿으시기 때문에, "내 말이 너희 안에 거하면 무엇이든지 원하는 대로 구하라, 그리하면 이루리라"고 약속하시기를 두려워하지 않습니다. 이 약속을 믿고 그대로 행하는 모든 사람에게, 주님은 문자 그대로 이루어 주실 것입니다.

그리스도의 제자들이여, 우리가 응답 없는 기도의 변명으로 짐짓 하나님의 지혜와 뜻에 맡긴다고 말해 왔지만, 그 실제 이유는 우리의 연약한 기도, 바꾸어 말하면 우리의 연약한 삶 때문이 아닙니까? 하나님의 입에서 나오는 말씀 외에는 어느 것도 사람을 강하게 할 수 없습니다. 우리는 그 말씀으로 살아야 합니다. 그리스도의 말씀은 우리를 그리스도와 하나 되게 하며, 하나님을 감동시키고 하나님을 붙들기에 적합하게 우리의 영을 변화시켜 줍니다. 우리는 그 말씀 안에서 사랑하고 살아야 합니다. 그 말씀이 우리 안에 거하고 우리의 일부가 되게 하여야 합니다.

세상의 모든 것은 사라집니다. 하나님의 뜻을 행하는 사람은 누구나 영원히 삽니다. 그리스도의 말씀에, 그리스도께서 자신을 드러내시는 말씀에 우리 마음과 삶을 복종시킵시다. 그러면 그리스도의 약속을 풍성히 체험할 것입니다. "너희가 내 안에 거하고 내 말이 너희 안에 거하면, 무엇이든지 원하는 대로 구하라, 그리하면 이루리라."

주여, 우리에게 기도를 가르쳐 주옵소서

복되신 주님, 나의 기도가 믿음의 기도, 효과적인 기도가 되지 못한 이유를 깨달았습니다. 저는 주님께서 제게 말씀하시는 것보다 제가 주님께 말씀드리는 것에 더 마음이 뺏겼습니다. 믿음은 살아 있는 말씀이 우리 안에 거하는 만큼만 있을 수 있다는 것, 이것이 믿음의 비결임을 이해하지 못했습니다.

당신의 말씀은 아주 명료하게 "듣기는 속히 하고 말하기는 더디 하라"(약 1:19)고 제게 가르치셨습니다. 그리고 하나님께 어떤 것을 말씀드리는 것에만 급급하지 말라고 가르치셨습니다. 주님, 저의 말이 주님의 마음에 받아들여질 수 있는 때는 주님의 말씀을 제 삶에 받아들일 때뿐이라는 것을 가르쳐 주옵소서. 주님의 말씀이 제 안에서 살아 있는 능력이라면, 주님께도 살아 있는 능력이라는 것을 제게 가르쳐 주옵소서. 주님의 입이 말씀하신 것을 주님의 손이 이루신다는 것을 가르쳐 주옵소서.

주 예수님, 저를 할례 받지 못한 귀로부터 구해 주옵소서! 아침마다 아버지의 음성을 들어 깨우치는, 배우는 자의 열린 귀를 제게 주옵소서. 주님께서 아버지께로부터 들은 것만을 말씀하신 것처럼, 저도 주님께서 제게 말씀하시는 것만을 말하게 하소서. "모세가 회막에 들어가서 여호와께 말하려 할 때에 증거궤 위 속죄소 위의 두 그룹 사이에서 자기에게 말씀하시는 목소리를 들었더라"(민 7:89). 주님, 저도 이럴 수 있게 하여 주옵소서. 주님의 말씀이 내 안에 거하신다는 것을, 저의 삶과 인격을 통해 드러내게 하소서. 이렇게 하여 "무엇이든지 원하는 대로 구하라, 그리하면 이루리라"는 온전한 축복을 제가 준비하게 하옵소서. 아멘.

제 23 장

순종: 기도의 능력에 이르는 길

너희가 나를 택한 것이 아니요 내가 너희를 택하여 세웠나니 이는 너희로 가서 열매를
맺게 하고 또 너희 열매가 항상 있게 하여 내 이름으로 아버지께 무엇을 구하든지 다
받게 하려 함이라 — 요한복음 15:16
의인의 간구는 역사하는 힘이 큼이니라 — 야고보서 5:16

지성소에서 그토록 놀라운 영향력을 행사할 수 있는 우리에게, 주님께서는, 무엇을 구하든지 아버지께서 주신다는 약속을 여기에서 다시 한번 반복하십니다. 주님께서는 또 "내가 너희를 택하여 세웠나니 이는 너희로 가서 열매를 맺게 하고 또 너희 열매가 항상 있게 하여"라고 말씀하셨습니다. 이어 마지막에 "[열매 맺는 너희가] 내 이름으로 아버지께 무엇을 구하든지 다 받게 하려 함이라"는 말씀을 더하십니다. 이것은 "너희가 내 안에 거하면"(요 15:7)이라는 말씀에 담긴 의미를 좀 더 충분히 표현한 것에 지나지 않습니다.

주님께서는 주님 안에 거하는 것의 목적을 "열매"(2절) 맺는 것, "더 열매를" 맺는 것(2절), "열매를 많이"(5, 8절) 맺는 것이라고 말씀하셨습니다. 이렇게 우리가 열매를 맺을 때, 하나님께서 영광을 받으시며, 우리는 제자된 증거를 보여 줄 것입니다. 주님 안에 거하는 것의 실체는 열매를 풍성히 맺는 것이며, 구하는 것을 얻기 위한 기도의 자격 조건입니다. 우리의 소명을 수행하기 위해 온전히 헌신하는 것이 효과적인 기도를 하는

열쇠이며, 기도에 대한 그리스도의 놀라운 약속에 담긴 무제한의 축복을 여는 열쇠입니다.

이런 말은 값없이 주시는 은혜의 교리와 모순된다고 우려하는 그리스도인들이 있습니다. 그러나 값없이 주시는 은혜를 바르게 이해하면 모순되지 않습니다. 하나님의 복된 말씀을 보면 이를 잘 알 수 있습니다. 사도 요한의 말을 들어봅시다.

"자녀들아 우리가 말과 혀로만 사랑하지 말고 행함과 진실함으로 하자. 이로써 우리가 진리에 속한 줄을 알고 또 우리 마음을 주 앞에서 굳세게 하리니 … 무엇이든지 구하는 바를 그에게서 받나니, 이는 우리가 그의 계명을 지키고 그 앞에서 기뻐하시는 것을 행함이라(요일 3:18-19, 22).

또, 종종 인용되는 야고보의 말을 봅시다. "의인의 간구는 역사하는 힘이 큼이니라." 성령께서 밝혀 주시는 대로 이 말씀을 보면, "의를 행하는 자는 그의 의로우심과 같이 의로운"(요일 3:7) 사람이라고 말할 수 있습니다. 간구하는 자의 고결함과 의로움에 의지해 호소하는, 수많은 시편을 주목해 보십시오. 시편 18편에서 다윗은 이렇게 말했습니다.

여호와께서 내 의를 따라 상 주시며 내 손의 깨끗함을 따라 내게 갚으셨으니 … 또한 나는 그의 앞에 완전하여 나의 죄악에서 스스로 자신을 지켰나니 그러므로 여호와께서 내 의를 따라 갚으시되 그의 목전에서 내 손이 깨끗한 만큼 내게 갚으셨도다(시 18:20, 23-24; 참조. 시 7:3-5; 15:1-2; 17:3, 6; 26:1-6; 119:121, 153).

이 구절들을 신약의 관점에서 주의 깊게 생각해 보면, 고별 강화에서 주신 주님의 뚜렷한 가르침과 완벽히 조화를 이룬다는 것을 알게 됩니다. "내가 아버지의 계명을 지켜 그의 사랑 안에 거하는 것 같이 너희도 내 계명을 지키면 내 사랑 안에 거하리라"(요 15:10); "너희는 내가 명하는 대로 행하면 곧 나의 친구라"(요 15:14). 실로 이 말씀들은 문자 그대로 다음과 같은 말씀을 의미합니다. "내가 너희를 … 세웠나니 이는 너희로 가서 열매를 맺게 하고" "내 이름으로 아버지께 무엇을 구하든지 다 받게 하려 함이라."

주님께서 여기에서 우리에게 가르치시는 것을 이해하려고 노력합시다. 우리 복음주의 신앙에는, 기도와 믿음으로 얻는 체험 등 신앙의 어느 한 측면만을 지나치게 바라는 위험이 있습니다. 하지만 하나님의 말씀은 다른 측면도 매우 강조합니다. 그것은 축복에 이르는 유일한 길인 순종입니다. 우리가 깨달아야 할 필요가 있는 것은 하나님과 우리의 관계에서 하나님은 우리를 창조하시고 구원하신 무한하신 분이라는 것입니다. 우리에게 일어나야 하는 첫 번째 감정은 굴복하는 감정입니다. 하나님의 주권, 영광, 뜻, 기쁨에 굴복하는 것이 우리 삶에서 첫 번째로 일어나는 생각이어야 합니다.

그러나 문제는 어떻게 하나님의 총애를 얻고 그것을 즐거워하느냐가 아닙니다. 왜냐하면 이 점에서는 자신이 여전히 중심일 수 있기 때문입니다. 하나님께서 당연하고도 정당하게 요구하시는 것이며, 이루 말할 수 없을 만큼 무한히 가치가 있는 것은, 하나님의 영광과 기쁨을 나의 유일한 목적으로 삼는 것입니다. 하나님의 완전하고도 복된 뜻에 굴복하는 것, 곧 섬기고 순종하는 삶은 천상의 아름다움이요 매력입니다. 섬김과 순종은 아들이 지상에 계실 때 가장 마음에 두셨던 생각이었습니다. 섬김과 순종은 안식, 광명, 기쁨, 능력보다 훨씬 더 중요한 우리의 소망의 목표이자 목적이 되어야 합니다. 이 섬김과 순종을 통해, 우리는 더 차원 높은 축복에 이르는 길을 찾게 됩니다.

주님께서 이 점을 얼마나 중요한 것으로 생각하시는지 주목해 보십시오. 주님께서는 이곳 요한복음 15장에서 주님 안에 거하는 것과 관련해 말씀하시면서, 그리고 요한복음 14장에서 삼위일체 하나님이 우리 안에 거하시는 것에 관해 말씀하시면서 이 점을 뚜렷이 나타내십니다. 요한복음 14:15은 이렇게 말합니다. "너희가 나를 사랑하면 나의 계명을 지키라." 그러면 아버지께서 성령을 너희에게 주리라. 그 다음 21절에는 이렇게 적혀 있습니다. "나의 계명을 지키는 자라야 나를 사랑하는 자니라" (요 14:21). 이런 사람은 아버지께 특별한 사랑을 받을 것이요, 그리스도께서도 자신을 이런 사람에게 나타내실 것입니다. 23절은 모든 크고 귀한 약속 가운데 최고의 것으로서 이렇게 기록되어 있습니다. "사람이 나를 사랑하면 내 말을 지키리니 내 아버지께서 [그리고 나도] 그를 사랑하실 것이요 우리가 그에게 가서 거처를 그와 함께 하리라." 성령께서 우리 안에 거하시게 하는 길이요, 성령께서 아들을 우리 안에 드러내시게 하는 길이며, 성령께서 우리를 아버지의 거처와 집으로 준비시키시게 하는 길은 순종이라는 것을, 이 말씀들보다 더 명료하게 설명하는 말이 있겠습니까? 삼위일체 하나님께서 우리 안에 거하시는 것은 순종하는 사람이 받는 선물입니다.

순종과 믿음은 하나님과 하나님의 뜻에 굴복하는 한 가지 행동의 양면입니다. 믿음은 순종을 강화하고 순종은 믿음을 강화합니다. 믿음은 행위에 의해 완전해집니다. 믿으려고 애쓰지만 성공하지 못하는 경우가 종종 있습니다. 그 이유는 큰 믿음을 지닐 수 있고 큰 믿음을 지니게 하는 자세, 다시 말해서 하나님의 영광과 뜻에 완전히 굴복하는 자세를 취하지 않기 때문입니다. 하나님과 하나님의 뜻에 완전히 헌신한 사람은 하나님께서 약속하신 모든 것을 요구할 능력을 얻습니다.

이것을 기도학교에서 적용하는 것은 매우 간단하지만 매우 중대합니다. 주님께서는 이렇게 말씀하십니다. "내가 너희를 택하여 세웠나니 이는 너희로 가서 열매를," "열매를 많이," "맺게 하고, 또 너희 열매가 항상 있게 하여"(요 15:5, 8), 너희 삶이 열매를 풍족히 맺는 삶이 되게 하여, 내 안에 거하는 열매 맺는 가지로서, "내 이름으로 아버지께 무엇을 구하든지 다 받게 하려 함이라."

열매를 맺기 위해 효력을 발휘하는 기도를 드리려고 애썼지만, 응답이 오지 않는 이유를 몰라 의아하게 생각한 적이 얼마나 많습니까? 그 이유는 우리가 주님의 명령을 거역하고 있었기 때문입니다. 우리는 먼저 안락함, 기쁨, 힘을 갖고 싶어합니다. 그래서 힘들다는 느낌이나 자기 희생 없이 안이하게 일했습니다. 그러나 주님께서는 우리가 약하다고 느끼든 강하다고 느끼든, 또 그 일이 힘들든 쉽든 염려하지 말고 믿음으로 순종하여, 주께서 말씀하신 것을 우리가 하기를 원하셨습니다. 열매 맺는 길을 가면, 성공하는 기도를 할 수 있고 기도의 능력을 얻게 됩니다.

순종은 하나님의 영광에 이르는 유일한 길입니다. 순종은 믿음을 대신하거나 믿음의 단점을 보완하지 않습니다. 하지만 믿음의 순종은 하나님께서 우리를 위해 준비하신 모든 축복에 이르게 해 줍니다. 요한복음을 보면, 성령의 세례(요 14:16), 아들이 자기를 나타내심(14:21), 아버지의 내재(14:23), 그리스도의 사랑 안에 거함(15:10), 그리스도의 친구가 되는 특권(15:14), 효력을 발휘하는 기도의 능력(15:16) 등 이 모든 것이 순종하는 자를 기다립니다.

이제 우리는, 성공적으로 기도하는 믿음의 능력을 갖지 못한 큰 이유를 알았습니다. 우리의 삶은 올바른 것이 아니었습니다. 끊임없이 열매를 맺는 순종이 우리 삶의 특징이 아니었습니다. 하나님께서는 세상을 다스리는 능력을 사람들에게 주십니다. 우리는 이런 사람들에 대한 거룩한 약속을 진심으로 인정해야 합니다. 하나님께서는 이들이 요구하지 않았다면 일어나지 않았을 일을 이들의 요구에 따라 행하십니다. 그들의 뜻은 하나님의 뜻이 역사할 수 있는 길을 알려 줍니다. 이 사람들은 스스로 순종하기를 배웠습니다. 이들이 하나님께 충성하고 하나님의 위엄에 복종하였음은 의심할 여지가 없습니다. 순종과 열매 맺음이 효과적인 기도로 가는 길임을 인정한다면, 우리는 우리의 삶이 이 길에서 너무도 벗어나 있다는 것을 부끄럽지만 인정해야 합니다.

구주께서 맡기시는 임무에 전념합시다. 우리의 주인이신 그분과의 관계에 몰두하려면, 우리는 더 이상 안락함, 기쁨, 축복 등의 생각으로 하루하루를 시작해서는 안 됩니다. 우리가 첫 번째로 생각해야 할 것은 "나는 주님의 것이다"라는 생각이어야 합니다. 매 순간 그분의 소유물로서, 그분의 일부로서, 그분의 뜻을 알고 행하려고 하는 사람으로서 행동해야 합니다. 나는 예수 그리스도의 종이요 노예입니다. 이 사실에서 활기를 찾으십시오. 만약 그분께서 "이제부터는 너희를 종이라 부르지 아니하리니, 나는 너희를 친구라 하였노라"(요 15:15) 말씀하시면, 친구의 지위를 받읍시다. "너희는 내가 명하는 대로 행하면 곧 나의 친구라"(14절)고 말씀하셨기 때문입니다.

주님의 가지인 우리에게, 주님께서 명하시는 한 가지는 열매를 맺는 것입니다. 다른 사람을 축복하는 삶과, 예수님 안에 사랑과 생명이 있다는 것을 증명하는 삶을 사십시오. 예수께서 우리를 택하신 목적이자 우리에게 맡기신 일, 즉 열매 맺는 일에 믿음과 순종으로 모든 삶을 바치십시오. 주께서 이 일에 우리를 택하셨다는 것을 생각하고, 그분께서 맡기신 주님의 임무를 받아들이십시오. 주님께서는 우리에게 요구하시는 것을 언제나 우리에게 주십니다. 열매 맺는 삶과 주님 안에 거하는 삶은 우리가 이룰 수 있는 삶이라는 것을 확신하십시오. 이 확신 속에서 우리는 강건해질 것입니다. 그리고 열매를 맺을 때만이 기도가 효력을 발휘할 수 있는 이유를 이해하게 될 것입니다. 그리스도께 순종하여 주님의 뜻을 행한다는 것을 입증하는 사람은 무엇을 구하든지 아버지께 받을 것입니다. "무엇이든지 구하는 바를 그에게서 받나니 이는 우리가 그의 계명을 지키고 그 앞에서 기뻐하시는 것을 행함이라"(요일 3:22).

주여, 우리에게 기도를 가르쳐 주옵소서

복되신 주님, 제가 부분적으로만 깨달은 것을 완전히 이해할 수 있도록 저를 가르쳐 주옵소서. 하나님의 뜻에 순종함으로써만 하나님의 약속을 얻고, 그 약속을 기도에서 효과적으로 이용할 수 있다는 것을 완전히 깨우쳐 주옵소서. 가지인 우리가 포도나무이신 주님 속으로 더욱 깊이 성장하여 완전한 성장을 이루는 길은 열매 맺는 일임을 알려 주옵소서. 하나님과의 이 완전한 하나됨을 경험하게 해 주시고, 이 하나됨 속에서 무엇이든 원하는 것을 구할 수 있게 하소서.

오 주님, 하늘의 모든 천사와 땅 위의 모든 성도, 그리고 지상에 계실 때 주님께서 보여 주신 하나님에 대한 그 순종이 우리의 최고 특권임을 가르쳐 주소서. 순종이 특권이 되는 이유는 하나님의 지극히 높은 영광, 즉 하나님의 완전한 뜻과 하나된다는 면에서 아버지 하나님과 하나가 되기 때문입니다. 주님의 뜻대로 주님의 계명을 지키고 열매를 맺으면, 우리의 영적 본성이 완전한 인간의 상태로까지 성장해서, 무엇이든 구하고 받는 능력을 지니게 된다는 것을 알려 주옵소서.

오 주 예수님, 주님을 우리에게 나타내소서! 주님과 주님의 말씀에 온전히 복종하는 모든 사람들이 주님의 섭리와 능력을 통해, 날마다 주님의 놀라운 약속을 체험하게 하소서. 아멘.

제 24 장

무엇이든 가능케 하는 간구

너희가 내 이름으로 무엇을 구하든지 내가 행하리니. … 내 이름으로 무엇이든지 내게 구하면 내가 행하리라 … 내 이름으로 아버지께 무엇을 구하든지 다 받게 하려 함이라 … 내가 진실로 진실로 너희에게 이르노니 너희가 무엇이든지 아버지께 구하는 것을 내 이름으로 주시리라. 지금까지는 너희가 내 이름으로 아무것도 구하지 아니하였으나, 구하라 그리하면 받으리니 … 그 날에 너희가 내 이름으로 구할 것이요"

요한복음 14:13-14; 15:16; 16:23-24, 26

이때까지 제자들은 그리스도의 이름으로 구하지 않았으며, 그리스도께서도 이 표현을 쓰시지 않았습니다. 예수께서는 고별 강화(講話)인 이곳에서 "무엇을 구하든지," "무엇이든지" 등 무제한의 약속과 자기 이름을 반복해서 연관시키십니다. 주님은 자기 이름만이 우리의 유일하고도 충분한 간구라는 것을 제자들과 우리에게 가르치기를 원하셨습니다. 기도의 능력과 기도의 응답은 그 이름을 올바로 사용하느냐에 달렸습니다.

사람의 이름은 무엇입니까? 이름은 어떤 사람을 나타내는 말이나 표현입니다. 어떤 이름을 부르거나 들으면, 내가 그 사람에 대해 알고 있는 것은 물론 그가 내게 준 인상 등 그 사람의 모든 것이 머리에 떠오릅니다. 왕의 이름에는 왕의 명예, 왕의 권세, 왕의 나라가 포함되어 있습니다. 왕의 이름은 왕의 권세를 상징하는 것입니다. 따라서 하나님의 각 이름은 보이지 않는 하나님의 영광의 어떤 부분을 구체화하고 나타냅니다. 그리스도의 이름은 그리스도께서 하신 모든 일과 그리스도의 전 인격, 우리의 중재자로서 행하시는 모든 삶을 나타내는 것입니다.

타인의 이름으로 일을 한다는 것은 무엇을 의미합니까? 대리인으로서 그 사람의 권세와 권위를 사용한다는 것을 의미합니다. 타인의 이름을 사용하는 데에는 항상 그 사람과 이해관계가 일치해야 합니다. 대리인에게 맡겨도 자신의 명예와 이익이 안전하다는 것을 확신하지 못하면, 자기 이름을 마음대로 사용할 권한을 대리인에게 주지 않을 것입니다. 자기 이름으로 구하는 것은 무엇이든지 주시겠다고 확증하시면서, 그 이름에 대한 권한, 즉 예수님의 이름을 마음껏 사용할 수 있는 권한을 우리에게 주신 의미는 무엇입니까? 이것은 어떤 사람이 특별한 경우에 자기 명의의 청구권을 다른 사람에게 양도하는 것과는 비교가 되지 않습니다. 예수께서는 모든 제자에게 언제라도 무엇을 원하든지 자신의 이름으로 구할 수 있는 포괄적이고 무제한적인 권세를 엄숙히 주십니다. 그리스도의 이익과 관련해서 우리를 신뢰할 수 없거나 그리스도의 명예가 우리에게서 안전하지 못할 것으로 아셨다면, 그리스도께서는 이러한 일을 하시지 못했을 것입니다.

다른 사람에게 자기 이름을 자유롭게 사용하게 하는 것은 언제나 그 사람을 크게 신뢰하고 그 사람과 밀접하게 연합되어 있다는 표시입니다. 다른 사람에게 자기 이름을 양도하는 사람은 타인이 자신을 대신해 행동할 수 있도록 자신은 물러섭니다. 다른 사람의 이름을 양도받는 사람은 자신의 이름을 무용한 것으로서 포기합니다. 내가 다른 사람의 이름으로 행동한다면, 나는 나 자신을 부인합니다. 나의 이름과 신분, 인격 대신에 그 사람의 이름과 신분과 인격을 취합니다.

다른 사람의 이름 사용은 법적 연합의 결과일 수 있습니다. 가정과 사업을 두고 떠나는 상인은 비서나 집사에게 전반적인 권한을 위임합니다. 그러면 비서나 집사는 상인의 이름으로 수백만 원이라도 인출할 수 있습니다. 하지만 자신을 위해 돈을 인출하는 것이 아니라 오직 사업상의 이익을 위해 인출하는 것입니다. 상인은 비서나 집사가 자신의 이익과 사업에 전적으로 헌신하는 사람이라는 것을 알고 신뢰하기 때문에, 과감하게 자신의 이름과 재산을 그에게 맡깁니다.

주 예수께서는 승천하실 때, 자신의 사역 즉 지상에 있는 주님의 왕국 관리를 주님의 종들에게 맡기셨습니다. 더불어 주님의 이름을 그들에게 주시어 주님의 사업을 적절하게 운영하는 데 필요한 것을 모두 인출할 수 있게 해 주셨습니다. 그리스도의 종들은 오직 주님의 이익과 사업을 위해 사는 한, 예수님의 이름을 사용할 수 있는 영적 권한을 가지고 있습니다. 그 이름의 사용은 언제나 그분을 위해 자기 이익을 포기하는 것을 전제합니다.

다른 사람의 이름 사용이 생명의 연합 때문일 수도 있습니다. 상인과 비서의 경우, 그 연합은 일시적입니다. 지상에서 생명의 일치는 이름의 일치를 줍니다. 아이는 아버지의 생명을 지니고 있기 때문에 아버지의 이름을 지닙니다. 훌륭한 아버지의 자녀는 자신이 지닌 이름 때문에 다른 사람들의 도움을 받거나 그들로부터 존경을 받습니다. 하지만 아버지의 이름만 가졌을 뿐 아버지의 성품을 지니지 못했다면, 이런 상황은 오래가지 못할 것입니다. 이름과 성품과 정신은 조화를 이루어야 합니다. 그렇게 되면 자식은 아버지의 친구들에게 이중의 자격을 갖게 됩니다. 이름 때문에 받은 사랑과 존대가 성품 때문에 확고해지고 증대됩니다.

예수님과 신자도 그렇습니다. 우리는 하나이며 한 생명, 한 영을 가지고 있습니다. 이런 이유 때문에 우리는 예수님의 이름으로 행동할 수 있습니다. 하나님과 인간에 대해서든, 귀신에 대해서든 예수님의 이름을 사용하는 우리의 권세는 우리의 영적 생명과 삶이 그리스도와 어느 정도로 연합되어 있는가에 달려 있습니다. 그 이름의 사용은 우리의 생명과 삶이 그리스도와 하나가 되는 것에 달려 있습니다.

예수님의 이름과 영은 하나입니다. "너희가 내 이름으로"는 "나의 본성으로"를 의미합니다. 하나님께서는 만물을 그 본성에 따라 요구하십니다. 그리스도의 이름으로 구한다는 것은 우리가 어떤 것을 구하면서 마지막에 "예수 그리스도의 이름으로 이것을 구합니다"라고 말하는 것을 의미하지 않습니다. 그 의미는 우리가 그리스도의 본성에 따라 기도하고 있다는 것을 뜻합니다. 이 그리스도의 본성은 자기 뜻을 구하지 않고 하나님의 뜻과 모든 피조물의 이익을 구하는 사랑입니다. 이렇게 드리는 기도는 우리 마음에서 그리스도의 영이 부르짖는 것입니다.

이름을 사용할 권한을 주는 연합이 사랑의 연합일 수도 있습니다. (서양의 경우) 생활이 빈곤했던 신부가 신랑과 결혼하게 되었을 때, 신부는 자기 성(姓)을 버리고 남편의 성으로 불리며, 남편 이름을 사용할 권리를 갖습니다. 그녀는 남편 이름으로(예를 들어, Mrs Smith라는 이름으로) 물건을 구입하고, 그 이름은 그녀의 이름으로 인정되어 거부되지 않습니다. 이런 일이 가능한 것은 남편이 부인을 직접 선택했고, 이제 그들이 하나가 되었으며, 남편이 아내에게 자기 일을 맡겼기 때문입니다.

하늘에 계신 신랑도 이와 같은 일을 하십니다. 우리를 사랑하셨고 우리를 자신과 하나되게 하셨습니다. 신랑의 이름을 가진 사람들에게는 아버지께 그 이름을 제시할 권한과, 필요한 모든 것을 얻기 위해 그 이름을 가지고 신랑에게 나아갈 권한을 주십니다. 예수님의 이름으로 살기 위해 진정 자신을 버리는 사람은 누구나 원하는 것을 그 이름으로 구하고 또 그것을 받는 영적 능력을 반드시 받습니다. 다른 사람의 이름을 갖는 것은 내 이름을 포기하고 그리하여 나의 독립된 삶을 포기했다는 것을 의미합니다. 그러나 이것은 내가 취한 이름에 속해 있는 모든 것이 내 것이 된다는 것을 뜻하기도 합니다.

예수님의 이름으로 구하는 사람을, 타인 명의의 것을 대신 요구하기 위해 보냄을 받은 심부름꾼이나, 항소하기 위해 후견인의 이름을 대신 쓰는 범죄자에 비유하는 것은 문제가 있습니다. 우리는 부재자의 이름으로 기도하는 것이 아닙니다. 예수께서는 아버지와 함께 계십니다. 아버지께 기도할 때, 우리는 예수님의 이름으로 기도해야 합니다. 이름은 그 사람을 대표합니다. 예수님의 이름으로 구하는 것은, 예수님과, 이해와 생명과 사랑의 연합을 충분히 이룬 상태에서, 주님 안에 살고 주님을 위해 사는 사람으로서 구하는 것입니다.

예수님의 이름이 내 마음과 삶 속에서 완전한 주권을 행사하게 하십시오! 그러면 그 이름으로 구하는 것은 거절되지 않는다는 것을 확신할 정도로 믿음이 자라날 것입니다. 구하는 능력은 그 이름과 상관이 있습니다. 예수님의 이름이 나의 삶을 지배하는 능력이 되었을 때, 하나님께 드리는 기도의 능력도 나타날 것입니다.

모든 것은 예수님의 이름과 나의 관계에 달려 있습니다. 예수님의 이름이 내 기도에서 어느 정도의 능력을 발휘하는가는 예수님의 이름이 내 삶에서 어느 정도의 능력을 발휘하는가에 달려 있습니다. 이것을 명료하게 해 줄 수 있는 표현이 성경에 몇 개 있습니다. "다 주 예수의 이름으로 하고"(골 3:17)와 "다 주 예수의 이름으로 구하라"는 짝을 이루는 말입니다. 모든 것을 그 이름으로 하는 것과 모든 것을 그 이름으로 구하는 것은 서로 짝을 이룹니다. "우리는 우리 하나님 여호와의 이름을 의지하여 영원히 행하리로다"(미 4:5)라는 말씀은 그 이름의 능력이 우리의 전 생애를 지배해야 한다는 것을 의미합니다. 그래야만 그 이름이 기도에서 능력을 발휘합니다. 하나님께서는, 그 이름이 우리에게 어떤 것인가를 아시기 위해, 우리의 입술을 보시지 아니하시고 우리의 삶을 보십니다. 성경에서 "우리 주 예수 그리스도의 이름을 위하여 생명을 아끼지 아니하는"(행 15:26) 사람들이나 "주 예수의 이름을 위하여 … 죽을 것도 각오"(행 21:13)한 사람에 대해 말할 때, 그 이름과 우리의 관계가 어떠해야 하는지를 알 수 있습니다. 그 이름이 나의 모든 것이 될 때, 그 이름은 나를 위해 모든 것을 획득할 것입니다. 내게 있는 모든 것을 그 이름에 내어주면, 그 이름도 가진 모든 것을 내게 줄 것입니다.

"너희가 내 이름으로 무엇을 구하든지 내가 행하리라." 예수께서는 이 약속을 문자 그대로의 의미로 말씀하셨습니다. 기독교인들은 이 말씀이 너무 무제한적인 것 같아서 의미를 한정하려고 했습니다. 인간을 그렇게 무조건 신뢰한다는 사실을 믿을 수가 없었습니다. 그들은 "내 이름으로"라는 어구가 안전 장치임을 이해하지 못했습니다. 예수님의 이름으로 살고 행하는 이상으로 영적 능력을 사용할 수 있는 사람은 없습니다.

사람들 앞에서 그 이름을 간직할 때, 우리는 하나님 앞에서 그 이름을 사용할 권한을 갖습니다. 그 이름이 무엇을 의미하는지, 또 그 이름을 올바로 사용하는 것은 어떤 것인지, 성령께 가르쳐 달라고 간구합시다. 하늘의 어떤 이름보다 뛰어난 그 이름은(빌 2:9), 성령을 통해 우리의 마음과 삶에서도 지극히 높은 자리를 차지합니다. 예수님의 제자들이여, 오늘의 교훈을 마음 깊이 새기십시오. "오직 내 이름으로 기도하라. 무엇을 구하든지 베풀리라"고 주님께서는 말씀하셨습니다. 하늘이 여러분에게 열려 있습니다! 영적 세계의 보화와 권한이 여러분에게 맡겨져 있습니다. 그 보화와 권한으로 주위 사람들을 도울 수 있습니다.

예수님의 이름으로 기도하기를 배우십시오. 예수님께서는 제자들에게 말씀하셨던 것처럼, 우리에게 말씀하십니다. "지금까지는 너희가 내 이름으로 아무것도 구하지 아니하였으나, 구하라, 그리하면 받으리니 너희 기쁨이 충만하리라"(요 16:24). 예수님의 제자들이여, 저마다 제사장으로서의 권리를 이용합시다. 주님의 일을 위해 자신에게 맡겨진 권한을 사용합시다. 그리스도인들이여, 깨어 이 메시지를 들으십시오. 여러분의 기도는 기도하지 않으면 얻지 못할 것을 얻을 수 있습니다! 또 기도하지 않으면 성취하지 못할 것을 성취할 수 있습니다! 이 죽어가는 세상에 하늘의 보화를 열기 위해, 깨어나 예수님의 이름을 활용하십시오!

주여, 우리에게 기도를 가르쳐 주옵소서

복되신 주님, 주님께서 제게 주시는 교훈 하나하나가 심오한 의미를 지니고 있어서, 제가 그 의미를 배울 수만 있다면, 올바로 기도할 수 있을 것 같습니다. 주님의 이름으로 기도하는 것이 어떤 것인지 가르쳐 주옵소서. 지금 제가 간구할 필요를 느끼는 것은 오직 이 한 가지 뿐입니다. 예수님의 이름으로 살고 행동하고 걷고 말하며, 모든 것을 그 이름으로 하도록 저를 가르쳐 주옵소서. 그리하여 오직 그 복된 이름으로만 기도하게 하옵소서.

주님, 제가 주님의 이름으로 무엇을 구하든지 주님께서 시행하시며, 아버지께서는 주시리라는 이 귀한 약속을 굳게 붙잡게 하옵소서. 주님께서 "내 이름으로"라고 말씀하실 때 의도하신 그 놀라운 연합을 제가 완전히 이해하지도, 거기에 충분히 도달하지도 못했음을 깨닫습니다. 무엇이든 예수님의 이름으로 구할 수 있다는 것을 의심 없이 확신할 때까지, 제가 그 약속을 붙잡게 하옵소서.

오, 나의 주님, 성령께서 제게 이것을 가르쳐 주게 하옵소서! 주님께서는 성령을 "아버지께서 내 이름으로 보내실" "보혜사"(요 14:26)라고 하셨습니다. 성령께서는 주님의 이름으로 보냄을 받는 것, 그 이름의 능력을 주님의 종들 안에서 드러내고 존귀케 하는 것, 오직 그 이름만을 사용하여 주님을 영화롭게 하는 것이 어떤 것인지 아십니다. 주 예수님, 성령께서 제 안에 거하시며 충만하게 하옵소서! 성령의 인도와 다스리심에 저의 온 존재를 맡깁니다. 주님의 이름과 성령은 하나이십니다. 성령을 통해 주님의 이름은 제 삶과 기도의 힘이 될 것입니다. 그러면 저는 주님의 이름을 위하여 모든 것을 버리고, 사람들과 하나님께 주님의 이름으로 말할 수 있으며, 그 이름이 모든 이름 위에 뛰어난 이름이라는 것을 참으로 증명할 수 있을 것입니다.

주 예수님, 제가 주님의 이름으로 기도하도록 성령을 통해 저를 가르쳐 주옵소서. 아멘.

제 25 장

성령과 기도

그날에는 너희가 아무것도 내게 묻지 아니하리라 내가 진실로 진실로 너희에게 이르노니 너희가 무엇이든지 아버지께 구하는 것을 내 이름으로 주시리라. 지금까지는 너희가 내 이름으로 아무것도 구하지 아니하였으나 구하라 그리하면 받으리니 너희 기쁨이 충만하리라 — 요한복음 16:23-24

그날에 너희가 내 이름으로 구할 것이요 내가 너희를 위하여 아버지께 구하겠다 하는 말이 아니니 이는 … 아버지께서 친히 너희를 사랑하심이라 — 요한복음 16:26-27

성령으로 기도하며 하나님의 사랑 안에서 자신을 지키며 — 유다서 1:20-21

요한이 자녀들과 청년들과 아비들에게 쓴 편지(요일 2:12-14)는 그리스도인의 삶에 커다란 3단계의 경험이 있다는 것을 암시해 줍니다. 첫째, 확신과 죄 용서의 기쁨으로 가득한 새로 태어난 어린아이의 단계입니다. 둘째, 갈등하고 지식과 힘이 자라는 과도기적 단계로서, 강건해지는 청년에 비유할 수 있습니다. 하나님의 말씀은 청년기의 그리스도인 안에서 역사하며 사탄을 이길 힘을 주십니다. 끝으로, 성숙과 완성의 단계로서 영원하신 분을 깊이 알고 그분과 깊은 교제에 들어간 아비의 단계입니다.

기도에 대한 그리스도의 가르침에도 이와 유사한 기도 생활의 3단계가 명확히 나타나 있습니다. 산상수훈은 첫째 단계를 묘사합니다. 그리스도의 모든 가르침은 아버지라는 한 단어로 집약됩니다. "네 아버지께 기도하라; 네 아버지께서 보시고, 들으시고, 아시며, 보상하실 것이다. 세상 아버지도 그러하거든 하물며 하늘 아버지께서야 오죽하겠는가! 오직 어린아이와 같이 그분을 믿으라."

다음으로 투쟁과 정복의 과도기적 단계가 옵니다. 다음의 말씀들은 이 단계를 설명합니다. "기도와 금식이 아니면 이런 유가 나가지 아니하느니라"(마 17:21); "하물며 하나님께서 그 밤낮 부르짖는 택하신 자들의 원한을 풀어 주지 아니하시겠느냐? 그들에게 오래 참으시겠느냐?"(눅 18:7).

마지막으로, 어린아이가 성인이 된 더 높은 단계를 주님의 고별 강화(講話)에서 볼 수 있습니다. 이제 이 단계에 속한 사람들은 주님의 친구입니다. 주님께서는 그들에게 아무것도 숨기지 않으십니다. "너희를 친구라 하였노니 내가 내 아버지께 들은 것을 다 너희에게 알게 하였음이라"(요 15:15). 빈번히 반복하신 "너희가 무엇을 구하든지"라는 말씀으로, 주님께서는 하늘 나라의 열쇠를 주십니다. 이제 주님의 이름으로 드리는 기도의 능력을 입증할 시간이 되었습니다.

주님께서는 이 마지막 단계와 그전의 예비적 단계 사이의 차이를 매우 분명하게 구분지으셨습니다. "지금까지는 너희가 내 이름으로 아무것도 구하지 아니하였으나"; "그날에는 너희가 내 이름으로 구할 것이라." "그날에"라는 말은 성령이 강림하시는 날입니다. 그리스도께서 십자가에서 이루신 위대한 일 — 부활과 승천에서 명백해진 강한 능력과 완전한 승리 — 덕분에, 전례 없이 하늘로부터 하나님의 영광이 내려와 인간 안에 거할 수 있게 되었습니다. 영광을 받으신 예수님의 영은 오셔서 제자들의 삶이 되었습니다. 성령께서 오신 그 놀랍고 새로운 표시 하나는 그때까지는 몰랐던 기도의 능력이었습니다. 예수님의 이름으로 드리는 기도 — 무엇이든 구해서 얻는 기도 — 는 성령께서 내재하신다는 증거일 수 있습니다.

성령의 오심은 실로 기도의 세계에 새 시대를 열었습니다. 이것을 이해하기 위해서는 성령이 누구이며, 성령의 사역은 무엇인지, 그리고 주님께서 영광을 받으시기 전에는 왜 오시지 않았는지를 기억하는 것이 중요합니다. 하나님은 영이시기 때문에 영으로 존재하십니다. 하나님 아버지는 아들을 영으로 낳으셨습니다. 아버지와 아들은 영의 교제 속에서 하나이기 때문입니다. 아버지의 특권은 아들에게 영원히 쉬지 않고 주시는 것입니다. 아들의 권리와 복은 영원히 구하고 받는 것입니다. 이 생명과 사랑의 교제는 성령을 통해 유지됩니다. 영원 전부터 이랬습니다.

아들이 중보자로서 사시면서 기도하시는 지금은 더욱 그렇습니다. 예수께서는 하나님과 사람을 화해시키기 위해 지상에서 몸소 시작하신 위대한 사역을 하늘에서도 수행하십니다. 이 일을 성취하시기 위해, 예수님은 하나님의 공의와 우리의 죄 사이의 갈등을 친히 짊어지셨습니다. 예수님은 십자가에서 그 갈등을 단번에 끝내셨습니다. 그후 하늘에 올라가 자신이 성취하신 구원을 수행하시며, 자신의 승리를 각 지체 안에서 나타내십니다. 이것이 그분께서 살아 계시며 기도하시는 이유입니다. 주님께서는 끊임없이 중보기도를 하심으로써 끊임없이 기도하는 자와 살아 있는 교제를 나누십니다. 아니, 그보다는 주님의 끊임없는 중보가 구속받은 자들의 기도에 나타나서, 이전에는 몰랐던 능력을 그들에게 주십니다.

주님께서는 이런 일을 성령을 통해 하십니다. 영광을 받으신 예수님의 이 성령은 예수께서 영광을 받으실 때까지는 나타나지 않았으며 함께 임하실 수도 없었습니다(요 7:39). 아버지의 이 선물은 구약의 성도들이 알았던 것과는 완전히 다르고, 현저하게 새로운 것이었습니다. 그리스도께서 승천하신 후 하늘에서 그 보혈로 이루신 사역은 전적으로 참되고 새로운 것이었습니다. 부활의 능력과 영광에 참여할 수 있게 해 주는, 인간본성의 구속은 참으로 진정한 것이었습니다. 그리스도를 통해 삼위일체 하나님의 삶 속으로 우리 인간을 수용하신 것은 상상할 수도 없이 중요한 사건이었습니다. 따라서 성령께서는 더 이상 구약의 모습일 수만은 없었습니다.

"예수께서 아직 영광을 받지 않으셨으므로 성령이 아직 그들에게 계시지 아니하시더라"(요 7:39)는 말씀은 문자 그대로 사실이었습니다. 성령께서는 그리스도께서 성취하신 것을 우리 마음속에서 증거하시기 위해 그리스도께서 들리신 후에 오셨습니다. 예수께서 인간으로 이 땅에 오신 후에 이전에는 없었던 능력을 가지고 하늘로 올라가신 것처럼, 성령께서도 이전에 없었던 새 생명을 가지고 우리에게 오셨습니다. 성령께서는 영광을 받으신 예수님의 영으로서 새 생명을 가지고 우리에게 오셨습니다. 구약에서 성령은 하나님의 영으로 불렸습니다. 성령께서는 오순절에 오셔서, 성취된 구속의 충만한 열매와 능력을 우리에게 전해 주셨습니다.

그리스도의 구속이 계속해서 효력을 지니고 적용될 수 있는 이유는 그리스도께서 끊임없이 중보기도를 하시기 때문입니다. 그리스도로부터 우리에게 오신 성령께서는 그리스도께서 드리시는 기도의 큰 물결에 우리를 끌어들이십니다. 성령께서는, 가끔 생각마저도 불확실한 우리의 마음 깊은 곳에서, 우리를 위해 무언(無言)으로 기도하십니다. 그리고 삼위일체 하나님의 놀라운 생명의 물결 속으로 우리를 끌어들이십니다. 성령을 통해, 그리스도의 기도가 우리의 기도가 되며, 우리 기도가 그리스도의 기도가 됩니다. 원하는 것을 구하고 구한 것을 받습니다. 그때 우리는 "지금까지는 너희가 내 이름으로 아무것도 구하지 아니하였으나 … 그날에 너희가 내 이름으로 구할 것이요"라는 말씀을 체험을 통해 이해하게 됩니다.

그리스도의 이름으로 기도하는 데 필요한 것, 즉 우리 기쁨이 충만하도록 구하고 받는 데 필요한 것은 이 성령의 세례입니다. 이 성령은 구약에 나오는 하나님의 영 이상의 분이십니다. 제자들이 오순절 전에 경험한 회심과 중생의 영 이상의 분이십니다. 그리스도의 감화력과 능력을 일부 지닌 영 이상의 분이십니다. 이분은 우리 안에 거하시는 예수님의 영으로서 우리에게 오셔서, 아버지와 아들을 우리 안에 드러내시는 성령(요 14:16-23), 다시 말해서 승천하시어 영광을 받으신 예수님의 영이십니다. 이 성령은 단순히 기도하는 시간만의 영이 될 수 없습니다. 오히려 우리의 행동과 삶 전체의 영이셔야 합니다. 예수님의 사역이 완전하다는 것을 드러내고, 우리를 온전히 그리스도처럼 그리고 그리스도와 하나로 만듦으로써 우리 안에서 예수님을 영화롭게 하는 영이셔야 합니다. 그때에야 우리는 아버지께 직접 고(告)할 수 있습니다. 예수께서는 이렇게 말씀하셨습니다. "그날에 너희가 내 이름으로 구할 것이요 내가 너희를 위하여 아버지께 구하겠다 하는 말이 아니니"(요 16:26).

오, 하나님을 믿는 백성에게 한 가지 필요한 것은 영광을 받으신 이의 영으로 충만해지는 것입니다. 그러면 우리는 "모든 기도와 간구를 하되 항상 성령 안에서 기도하고"(엡 6:18), "성령으로 기도하며 하나님의 사랑 안에서 자신을 지킬" 수 있게 될 것입니다. 이렇게 될 때("그날에") 우리는 그리스도의 이름으로 구할 것입니다("너희가 내 이름으로 구할 것이요).

다시 한 번, 우리는 다음의 교훈을 배웁니다. 우리 기도가 성취하는 것은 우리의 인격과 우리의 삶에 달려 있다는 것을 … 그리스도의 이름으로 사는 것이 그리스도의 이름으로 기도하는 비결입니다. 성령으로 기도하는 데에는 성령으로 사는 것이 필요합니다. 그리스도 안에 거하면 원하는 것을 구할 권리와 능력을 얻습니다. 우리의 기도 능력은 우리가 그리스도 안에 거하는 정도에 비례합니다. 우리 안에 거하시는 성령께서는 언제나 말과 생각으로 기도하시는 것이 아니라 말보다 더 심오한 성령의 숨결 등으로 기도하십니다(롬 8:26). 우리 안에 그리스도의 영이 계신 분량만큼 우리 안에 참된 기도가 있습니다. 그리스도와 그리스도의 영으로 우리의 삶을 채웁시다. 그렇게 되면 기도에 주신 그 놀랍고도 무제한적인 약속이 더 이상 어색해 보이지 않을 것입니다.

지금까지는 너희가 내 이름으로 아무것도 구하지 아니하였으나 구하라 그리하면 받으리니 너희 기쁨이 충만하리라 … 그날에 너희가 내 이름으로 구할 것이요 … 내가 진실로 진실로 너희에게 이르노니 너희가 무엇이든지 아버지께 구하는 것을 내 이름으로 주시리라.

주여, 우리에게 기도를 가르쳐 주옵소서

오 나의 하나님, 삼위일체이신 하나님을 경외하며 당신 앞에 엎드립니다. 기도의 신비는 거룩한 삼위일체의 신비라는 것을 다시금 깨닫습니다. 기도를 항상 들으시는 아버지를 찬양합니다. 영원히 살아 기도하시는 아들을 찬양합니다. 아버지와 아들로부터 오시어서, 끊임없이 구하고 받는 그 복된 교제 안으로 우리를 불러들이시는 성령님을 사랑합니다. 성령님을 통해, 우리와 우리의 기도를 하나님 당신의 거룩한 삶과 사랑의 교제 속으로 끌어들이시는 하나님의 그 무한한 능력을 찬양합니다.

오 복되신 주 예수님, 당신에게서 흘러나와 우리를 당신께 연합시키는 성령은 기도의 영이시라는 것을 이해할 수 있도록 저를 가르치소서. 온전히 성화된 빈 그릇으로서 제 삶을 성령께 바치도록 저를 가르치소서. 저의 삶과 기도를 인도하시는 성령님을 존귀케 하고 그분을 한 인격체로서 신뢰하게 하소서. 특히 기도에서 거룩한 침묵으로 기다리며, 성령께서 무언의 중보기도를 내 안에서 드릴 수 있도록 그분께 시간을 드리게 하소서. 쉬지 않고 기도하고(살전 5:17) 실패 없이 기도하는 것은 성령을 통해 가능하다는 것을 제게 가르치소서. 성령께서는 저를, 쉬지도 않고 실패도 없는 주님의 중보기도의 동역자로 삼으시기 때문입니다.

오 주님, 제 안에서 주님의 약속을 이루소서. "그날에 너희가 내 이름으로 구할 것이요 … 내가 진실로 진실로 너희에게 이르노니 너희가 무엇이든지 아버지께 구하는 것을 내 이름으로 주시리라." 아멘.

저자의 보충 설명

기도는 종종 호흡에 비유되었습니다. 우리는 성령이 차지하는 위치가 얼마나 놀라운 것인가를 충분히 이해하기 위해 이 비유를 숙고해 보아야 합니다. 우리는 호흡할 때마다 곧 죽음을 초래할 더러운 공기를 내뱉고,

생명을 유지시켜 주는 신선한 공기를 들이쉽니다. 이처럼 우리는 고백으로 우리 죄를 내뱉는 동시에, 기도로 우리 마음이 원하는 것과 필요한 것을 내뱉습니다. 또 그리스도 안에 있는 하나님의 약속, 사랑, 생명이라는 신선한 공기를 들이쉽니다. 우리는 이것을 생명의 호흡이신 성령을 통해 합니다.

성령은 또한 하나님의 호흡이십니다. 아버지께서는 자신과 우리의 생명을 연합시키기 위해 우리에게 성령을 불어넣어 주십니다. 모든 내쉼 뒤엔 들이쉼이 뒤따르듯, 하나님께서도 성령을 내쉰 뒤에 다시 들이쉽니다. 그때 성령께서는 우리 마음의 원함과 필요를 안고 하나님께로 돌아갑니다.

따라서 성령은 하나님의 생명의 호흡이시며 우리 안에 있는 새 생명의 호흡이십니다. 하나님께서 성령을 내쉴 때, 우리는 기도의 응답으로 성령을 받습니다. 우리가 다시 성령을 내쉴 때, 성령께서는 우리의 간구를 안고 하나님께 올라갑니다. 이 성령을 통해 아버지와 아들이 하나가 되시며, 아들의 중보기도가 아버지께 상달됩니다. 그분은 우리의 기도의 영이십니다. 참된 기도는 거룩한 삼위일체의 진리를 생생히 체험하는 것입니다. 성령의 호흡, 아들의 중보기도, 아버지의 뜻은 우리 안에서 하나가 됩니다.

제 26 장

중보자 그리스도

그러나 내가 너를 위하여 네 믿음이 떨어지지 않기를 기도하였노라 - 누가복음 22:32
그날에 너희가 내 이름으로 구할 것이요 내가 너희를 위하여 아버지께 구하겠다 하는
말이 아니니 — 요한복음 16:26
그가 항상 살아 계셔서 그들을 위하여 간구하심이라 — 히브리서 7:25

모든 영적 삶의 성장은 예수님이 우리에게 어떤 분이신가를 좀 더 명확히 직시하는 것과 연결되어 있습니다. 그리스도가 내게 그리고 내 안에서 모든 것이 되시고, 그리스도 안의 모든 것이 참으로 나를 위한 것임을 깨달을수록, 더욱 믿음의 참된 삶을 살아갈 수 있습니다. 이런 삶이 자기에 대해서는 죽고 온전히 그리스도 안에서 사는 삶입니다. 그리스도인의 삶은 옳게 살려고 노력하지만 그렇게 살지 못하는 헛된 노력이 아니라, 생명이신 그리스도 안에서 힘을 얻기 위해 그리스도 안에서 쉬는 것입니다. 그리스도께서는 우리의 싸움을 도와 믿음의 승리를 거둘 수 있게 도와주십니다!

기도 생활과 관련해서는 특히 그렇습니다. 기도 생활은 믿음의 법칙에만 좌우되며, 예수님 안에 있는 충만함과 온전함이라는 각도에서 볼 수 있습니다. 기도는 더 이상 긴장이나 근심의 문제가 아니라, 그리스도께서 신자를 위해 그리고 신자 안에서 하시는 일을 체험하는 것입니다. 기도는 그리스도의 삶, 곧 지상에서와 마찬가지로 하늘에서도 항상 기도로

아버지께 나아가는 그리스도의 삶에 동참하는 것입니다. 따라서 신자는 기도를 시작합니다. 이런 신자는 우리의 무가치한 기도마저 하나님께서 받으실 수 있게 해 주는 예수님의 공로나 중보기도를 신뢰할 뿐 아니라, 예수님이 우리 안에서 그리고 우리가 예수님 안에서 기도할 수 있게 해 주는 그 친밀한 연합을 믿습니다. 예수님을 우리 안에 모실 때, 우리와 예수님의 연합을 완전케 하시는 성령을 통해, 우리는 예수님 안에, 예수님은 우리 안에 거하십니다. 그러면 우리는 예수님의 이름으로 아버지께 직접 나아갈 수 있습니다.

그리스도는 구원의 전부이십니다. 그분은 자신을 우리에게 주셨습니다. 그리고 친히 우리 안에 사십니다. 그분께서 기도하시기 때문에 우리도 기도합니다. 예수께서 기도하시는 것을 보고 자신들도 예수님처럼 기도에 대해 알게 해 달라고 요청했던 제자들처럼, 우리는 예수께서 우리를 기도 생활에 동참시키리라는 것을 알고 있습니다. 예수님은 이제 보좌에 계신 우리의 중보자이십니다.

이런 사실은 그분의 생애 마지막 밤에 아주 분명하게 드러납니다. 대제사장으로서의 기도에서(요 17장), 그리스도께서는 아버지께 어떻게 무엇을 기도해야 하는지, 그리고 하늘에 오르시면 무엇을 기도하실 것인지를 우리에게 보여 주십니다. 승천하시기 전에 하신 말씀에서 주님께서는 자신이 아버지께 가시는 것과 제자들의 새로운 기도 생활을 반복해서 연관시키셨습니다. 이 둘은 결국 연관될 것이었습니다. 그리스도께서 영원한 중보사역에 들어가심은 제자들이 그리스도의 이름으로 드리는 새로운 기도생활의 시작이자 그렇게 할 능력을 주는 일이었습니다. 중보기도를 하시는 예수님을 바라볼 때, 예수님의 이름으로 기도할 능력을 얻습니다. 기도의 모든 권리와 능력은 그리스도의 것입니다. 그리스도께서는 자신의 중보기도에 우리를 동참시키십니다.

이것을 이해하려면, 먼저 그분의 중보기도에 대해 생각해야 합니다. 그분은 살아 계셔서 중보기도를 하십니다. 그리스도께서 제사장으로서 지상에서 하신 일은 시작에 불과합니다. 피의 제사를 드린 아론으로서, 예수께서는 자신의 피를 흘리셨습니다. 멜기세덱으로서, 이제 저세상에 사시면서 영생의 능력을 주시기 위한 사역을 계속하십니다.

"다시 살아나신 이는 그리스도 예수시니 그는 하나님 우편에 계신 자요 우리를 위하여 간구하시는 자시니라"(롬 8:34). 우리를 위하여 간구하심, 즉 그리스도의 중보기도는 엄연한 사실이며, 절대 필요한 사역입니다. 그것 없이는 지속적인 구속의 사건이 일어나지 못합니다. 예수님의 성육신과 부활을 통해, 놀라운 화해가 일어났고, 사람은 신성한 생명과 축복을 공유하는 자가 되었습니다.

그러나 이 화해를 실제로 이용하는 일은, 하늘에 계신 머리되신 그리스도께서 끊임없이 자신의 신성한 능력을 행사하시지 않으면 일어날 수 없습니다. 모든 회심과 성화, 그리고 죄와 세상을 이긴 모든 승리는 그리스도께서 능력을 실제로 행사하신 결과입니다. 그리스도께서 능력을 행사하시는 일은 그리스도의 기도를 통해서만 일어납니다. 다시 말해서, 주님께서는 아버지께 구하시고 아버지께로부터 받습니다. "그러므로 자기를 힘입어 하나님께 나아가는 자들을 온전히 구원하실 수 있으니 이는 그가 항상 살아 계셔서 그들을 위하여 간구하심이라"(히 7:25). 그리스도께서는 자기 백성에게 필요한 모든 것을 중보기도를 통해 하나님께로부터 받아 그것을 자기 백성들에게 베푸십니다. 십자가에서 하셨던 생각만큼이나 보좌에서 하시는 생각 역시 사실적이고 필수불가결한 것입니다. 그리스도의 중보기도 없이는 어느 것도 일어나지 않습니다. 주님께서는 이 일에 시간과 능력을 모두 쏟으십니다. 아버지의 우편에 계시면서 끊임없이 하시는 일이 바로 이 일입니다.

우리는 그리스도의 이 중보사역에 따른 이익에 동참할 뿐 아니라, 그 사역 자체에도 동참합니다. 그 이유는 우리가 그분의 지체이기 때문입니다. 머리와 지체는 하나입니다. "눈이 손더러 내가 너를 쓸 데가 없다 하거나 또한 머리가 발더러 내가 너를 쓸 데가 없다 하지 못하리라"(고전 12:21). 우리는 예수님의 모든 속성과 소유를 공유합니다. "내게 주신 영광을 내가 그들에게 주었사오니"(요 17:22). 우리는 예수님의 생명, 의, 예수님의 사역에 동참한 자들입니다. 그분의 중보기도에도 동참한 자들입니다. 그분은 우리 없이 그 일을 하실 수 없습니다.

"우리 생명이신 그리스도"(골 3:4); "이제는 내가 사는 것이 아니요 오직 내 안에 그리스도께서 사시는 것이라"(갈 2:20). 그리스도 안에 있는 생명과 우리 안에 있는 생명은 동일합니다. 그 생명은 하나이며 동일합니다. 그리스도의 천국에서의 삶은 끊임없이 기도하는 삶입니다. 그 삶이 내려와 우리의 삶을 지배할 때에도, 그 특성은 사라지지 않습니다. 그 삶은 우리 안에서도 끊임없이 기도하는 삶이 됩니다. 그것은 끊임없이 하나님께 구하고 받는 삶입니다.

그리스도의 기도와 그 백성의 기도는 서로 다르지 않습니다. 삶의 연합은 본질적으로 기도의 연합이기도 합니다. 그리스도의 기도는 우리의 인정을 받고, 우리의 기도는 그분의 인정을 받습니다. 그분은 금 향로를 가진 천사에 해당합니다. "또 다른 천사가 와서 제단 곁에 서서 금 향로를 가지고 많은 향을 받았으니"(하나님께서 받으실 만한 기도의 비결), "이는 모든 성도의 기도와 합하여 보좌 앞 금 제단에 드리고자 함이라"(계 8:3). 우리는 중보자이신 그리스도 안에서 살며 거합니다.

독생자 예수 그리스도는 기도할 권리를 가지신 유일한 분이십니다. 하나님께서는 그분께만 "구하라 그리하면 너에게 주리라"는 말씀을 하셨습니다. 만물의 충만이 그분 안에 있듯이, 기도의 진정한 충만함도 그분 안에 있습니다. 그분만이 기도의 능력을 갖고 계십니다. 영적 삶의 성장은, 모든 보화가 그분 안에 있으며, 우리도 그분 안에 있다는 것을 믿는 더 심오한 믿음으로 이루어져 있습니다. 우리는, 우리가 그분 안에서 소유하고 있는 것들을, 매순간 받습니다. 기도 생활은 동일합니다. 예수님의 중보기도에 대한 우리의 믿음은, 단지 우리가 기도하지 않거나 기도할 수 없을 때 주님께서 우리를 위해 기도해 주신다고 믿는 것이어서는 안 됩니다. 우리의 삶과 믿음을 지으시는 자로서, 주님은 자신과 연합하여 기도하도록 우리를 이끄십니다. 이런 의미에서 우리의 기도는 믿음의 역사(役事)여야 합니다. 예수께서 자신의 전 삶을 우리 안에 전해 주신다는 것을 우리가 알 때, 주님께서는 기도 역시 우리 안에 불어넣어 주십니다.

그리스도가 참으로, 전적으로 신자 자신의 생명이라는 것을 알게 된 때, 또 자신의 신실함과 순종도 그리스도께서 책임지고 있다는 것을 알게 된 때, 바로 그때가 많은 신자들에게 영적 삶의 신기원이었습니다. 신자들이 실제로 믿음의 삶을 살기 시작한 때는 이때였습니다. 우리의 기도생활도 그리스도께서 책임지고 계시다는 사실을 깨닫는 것보다 더 복된 일은 없을 것입니다. 모든 기도의 중심이자 실체로서, 주님께서는 성령을 통해 자기 백성들에게 이런 사실을 전하십니다.

각 지체의 머리이신 주님께서는 "항상 살아 계셔서 그들을 위하여 간구하십니다"(히 7:25). 주님께서는 믿음의 주요 또 온전하게 하시는 이로서(히 12:2) 새롭고 생명이 있는 길을 여셨고 그 길의 인도자이십니다. 주님께서는 구속받은 자들 안에 주님의 생명을 주심으로써 모든 것을 공급하십니다. 그들을 하늘의 기도 생활로 끌어들이고, 그들 안에 주님의 기도하는 삶을 주시고 유지시킴으로써, 그들의 기도 생활을 돌보십니다. "내가 너를 위하여 네 믿음이" 무익하게 되지 않고, "떨어지지 않기를 기도하였노라." 우리의 믿음과 믿음의 기도는 주님의 것에 뿌리를 두고 있습니다. 우리가 영원한 중보자 안에서 중보자와 함께 기도하고, 또 그분 안에 거한다면, 무엇이든지 원하는 대로 구할 수 있고 그대로 이루어질 것입니다(요 15:7).

예수님의 중보사역에 우리가 동참한다는 생각은, 예수께서 앞에서 우리에게 수 차례 가르쳐 주셨던 것을 생각나게 해 줍니다. 기도에 주신 이 놀라운 모든 약속은 그 목표가 하나님의 영광이며, 하나님의 영광은 하나님의 나라를 드러내고 죄인을 구원함으로써 나타납니다. 우리가 주로 자신을 위해 기도하는 한, 주님께서 마지막 밤에 주신 약속들은 우리에게 봉인된 책으로 남아있을 수밖에 없습니다. 그 약속들은 열매 맺는 가지들에게, 또 아버지께서 아들을 보내신 이유처럼 죽어 가는 사람들을 위해 살도록 세상에 보냄을 받은 제자들에게, 주님께서 맡기신 일을 떠맡는 충실한 종과 친밀한 친구들에게 주신 것입니다. 이들은 주님처럼,

많은 열매를 맺기 위해 자기 목숨을 버리는 밀알이 됩니다(요 12:24 참조).

우리의 일이 무엇인지, 어떤 영혼들이 우리의 기도에 맡겨졌는지 각자 알아봅시다. 그 영혼들을 위해 간구하는 것을 하나님과 교제하는 삶으로 삼읍시다. 그러면 기도의 능력에 대한 약속이 진실하다는 것을 깨달을 것입니다. 그리고 우리가 그리스도 안에 거하고 그리스도께서 우리 안에 거하심으로써, 사람들을 구원하고 축복하는 데서 느끼시는 주님의 기쁨에 동참할 수 있다는 것을 깨닫기 시작할 것입니다.

오, 복되신 주 예수님의 지극히 놀라운 중보기도여! 우리의 모든 것은 그 기도 덕택이며, 우리가 주님의 동반자로, 동료 일꾼으로 선택된 것도 그 기도 덕택입니다. 이제 우리는 예수님의 이름으로 기도하는 것이 무엇인지, 그 이름에 왜 그토록 큰 능력이 있는지 압니다. 그리스도의 이름으로, 그리스도의 영으로, 그리스도 안에서, 그리스도와 완전히 하나가 되어 기도드리는 것은 그리스도 예수님의 활기차고 성공하는 중보기도와 같은 것입니다. 우리는 언제 이러한 기도에 완전히 들어갈 수 있을까요?

주여, 우리에게 기도를 가르쳐 주옵소서

복되신 주님, 겸손히 경외하며 주님 앞에 다시금 머리를 숙입니다. 주님의 모든 구속 사업은 이제 기도하시는 일로 옮겨졌습니다. 피로 사신 것을 유지하고 시행하시기 위해 주님께서는 온전히 기도에 몰두하십니다. 주님께서는 기도하시면서 사십니다. 우리는 주님 안에 거하기 때문에 아버지께 직접 나아갈 수 있습니다. 우리의 삶은 끊임없이 기도하는 삶이 될 수 있으며, 우리 기도엔 반드시 응답이 있습니다.

복되신 주님, 주님께서는 주님의 백성을 기도 생활의 동역자로 초청하셨습니다. 또 주님 스스로 주님의 백성과 하나가 되셨습니다. 그 백성들은 주님의 지체로서 주님의 중보 사역에 동참합니다. 이 사역을 통해서만 세상은 주님께서 이루신 구속의 열매와 아버지의 영광으로 충만할 수 있습니다. 저는 이전의 어느 때보다 자유롭게 나의 주님, 당신께 나아가 간구합니다. 제게 기도를 가르쳐 주옵소서. 기도는 주님의 삶이고, 주님의 삶은 저의 삶입니다. 주님, 제게 기도를 가르쳐 주님 안에서, 주님처럼 기도하게 하소서.

오 주님, 제자들에게 약속하셨듯이, 아버지 안에 주님이, 주님 안에 제가, 제 안에 주님이 계시다는 것을 알게 하소서. 하나되게 하는 성령의 능력에 의해 저의 온 생애를 주님과 주님의 중보기도 안에 거하는 삶이 되게 하소서. 아버지께서 주님 안에 거하는 저의 기도를, 제 안에 거하시는 주님의 기도를 들으시도록, 저의 기도가 주님의 기도의 메아리이기를 바랍니다. 주 예수님, 모든 일에서 주님의 마음이 제 안에, 저의 삶이 주님 안에 있게 하소서! 그러면 저는 세상에 주님의 중보기도의 축복을 쏟아 붓는 통로가 될 준비를 갖추게 될 것입니다. 아멘.

제 27 장

대제사장이신 그리스도

아버지여 내께 주신 자도 나 있는 곳에 나와 함께 있게 하시기를 원하옵나이다

요한복음 17:24

고별강화에서 예수께서는 하나님 나라가 능력으로 임했을 때 시작될 새 생활이 어떤 것인지를 제자들에게 완전히 계시하여 주셨습니다. 제자들은 자신들의 소명과 축복이 성령의 내주(內住)하심, 하늘의 포도나무이신 예수님과 하나됨, 예수님을 위해 증거하고 고난을 겪는 것임을 알 수 있었습니다. 주님께서는 제자들의 미래의 삶을 묘사하신 것처럼, 그들의 기도가 갖게 될 능력에 관하여 지극히 무제한적인 약속을 반복해서 해 주셨습니다. 이제 마지막으로 주님께서 친히 기도하십니다. 대제사장이신 주님께서 하늘에서 제자들을 위해 간구하시는 것이 어떤 것인지를 알려 주시기 위해, 주님께서는 아버지께 친히 기도하심으로써 이 귀한 유산, 즉 기도를 제자들에게 물려주십니다. 주님께서 이렇게 하시는 이유는 제자들도 제사장으로서 주님의 중보기도의 사역에 동참해야 하고, 이 거룩한 사역을 수행하는 방법을 알아야 하기 때문입니다.

요한복음 17장에서 볼 수 있는 주님의 이 마지막 밤의 가르침에서, 우리는 다음 사실을 깨닫습니다. 주님께서 우리에게 이 놀라운 기도의 약속을 주신 것은 우리의 이익을 위함이 아니라, 주님과 주님의 나라를 위함이라는 사실입니다. 우리는 오직 주님을 통해서만 주님의 이름으로 드리는 기도가 무엇이며, 그 기도로 얻을 수 있는 것이 무엇인지 알 수 있습니다. 주님의 이름으로 기도하는 것은 주님과 완전히 하나되어 기도하는 것입니다. 예수님의 이름으로 기도하는 것은 모든 것을 구하고 기대하는 것입니다. 이것을 모든 이들에게 가르쳐 줍니다. 이 기도는 보통 세 부분으로 나뉩니다. 우리 주님께서는 먼저 자신을 위해 기도하셨습니다(1-5절). 다음에는 제자들을 위해(6-19절), 그 다음에는 모든 시대의 모든 신자들을 위해 기도하셨습니다(20-26절). 중보 사역에 헌신하고, 자신이 속한 모임에 많은 축복을 내리고 싶어하는 예수님의 추종자는 겸손히 성령의 인도를 따라, 기도학교의 가르침 가운데 가장 중요한 이 놀라운 기도를 배워야 합니다.

예수께서는 무엇보다도 먼저 자신을 위해, 자신을 영화롭게 해 주시기를 기도했는데, 이는 아버지를 영화롭게 하기 위함이었습니다. "아버지여! 아들을 영화롭게 하소서. 이제 때가 이르렀사오니 나를 영화롭게 하소서"(1절 참조). 예수께서는 이렇게 기도하신 이유를 설명하셨습니다. 하늘의 아버지와 아들 사이에 거룩한 계약이 맺어졌는데, 아버지께서는 아들에게 그 사역의 보상으로 만민을 다스리는 권세를 약속하셨습니다. 이제 예수께서는 그 사역을 이루셨고, 아버지를 영화롭게 하셨습니다. 예수님의 한 가지 목적은 아버지를 더욱 영화롭게 하는 것이었습니다. 예수께서는 지극히 담대하게 자신을 영화롭게 해 달라고 아버지께 요청했습니다. 자기 백성을 위해 시작하신 모든 것을 이제 이루시기 위함이었습니다.

예수님의 제자여, 당신이 제사장으로서의 사역에서 배워야 할 첫 번째 가르침이 여기에 있습니다. 그 가르침은 대제사장의 본을 통해 배울 수 있습니다. 예수님의 이름으로 기도하는 것은 예수님과 연합하고 한마음으로 기도하는 것입니다. 아들께서는 자신과 아버지의 관계를 명확히 하심으로써, 자신의 사역과 순종 그리고 아버지가 영화로워지시는 것을 보고 싶어하는 소망에 관해 말씀하심으로써 기도를 시작했습니다. 당신도 이렇게 기도해야 합니다. 그리스도 안에서 아버지께 가까이 나아가십시오. 그리스도께서 이미 이루신 사역에 의지해서 그렇게 하십시오. 당신이 그 사역과 하나이고, 그 사역을 신뢰하며, 그 안에 산다고 말하십시오. 당신 역시 아버지께서 맡기신 일을 완수하기 위해, 또 오직 아버지의 영광을 위해 헌신하고 있다고 말하십시오. 그 다음, 당신 안에서 아들이 영화로워지시기를 담대히 구하십시오.

이것이 말 그대로 예수님의 이름으로, 예수님의 영으로, 예수님과 하나 되어 기도하는 것입니다. 이런 기도는 능력이 있습니다. 당신이 예수님과 함께 아버지를 영화롭게 한다면, 아버지께서는 당신이 그 이름으로 구하는 것을 하심으로써 예수님을 영화롭게 하실 것입니다. 당신이 그리스도처럼 주변 사람들을 위해 간구할 능력을 갖는 때는 당신이 하나님과 맺은 관계가 그리스도께서 하나님과 맺은 관계처럼 명백할 때, 즉 당신이 하나님을 영화롭게 하고 모든 것을 하나님의 영광을 위해 구할 때뿐입니다.

그 다음, 우리 주님께서는 제자들을 위해 기도하셨습니다. 주님께서는 제자들을 일컬어 아버지께서 자신에게 주신 사람들이라고 말씀하셨습니다. 이들의 뚜렷한 특징은 그리스도의 말씀을 받아들였다는 것입니다. 아버지께서 자기를 보내신 것처럼, 그리스도께서는 제자들을 세상에 보내신다고 말씀하셨습니다. 주님께서는 그들을 위해 두 가지를 구하셨습니다. 하나는, 아버지께서 그들을 악으로부터 지키시는 것이고, 또 하나는 아버지의 말씀을 통해 그들을 성화시키는 것입니다.

주님처럼, 중보 사역을 감당하는 각 신자는 먼저 가까운 사람들을 위해 기도해야 합니다.

부모에게는 자녀, 스승에게는 제자, 목사에게는 신도가 있듯이, 모든 신자에게는 마음을 쏟아 돌볼 사람들이 있습니다. 중보기도는 개인적이고 핵심이 있고 명확해야 합니다. 우리가 마음을 쏟아 돌보는 사람들이 주님의 말씀을 받아들이는 것, 이것이 우리가 항상 첫 번째로 기도해야 할 사항입니다.

그러나 "제가 그들에게 주님의 말씀을 전했습니다"라고 말할 수 없는 한, 그 기도는 아무 소용이 없습니다. 그렇게 말할 수 있을 때, 우리는 다른 사람들을 위해 기도하는 자유와 권세를 갖게 됩니다. 기도만 하지 말고 그들에게 말씀을 전하십시오. 그들이 말씀을 받으면, 그들을 악으로부터 지키시기를 기도하고, 더불어 그 말씀을 통해 성화되기를 기도하십시오. 타락한 자를 심판하거나 포기하지 말고, "아버지, 당신의 이름으로 저들을 지키소서! 당신의 진리로 저들을 거룩하게 하옵소서!"라고 기도합시다. 예수님의 이름으로 드리는 기도는 많은 것을 성취합니다. "무엇이든지 원하는 대로 구하라 그리하면 이루리라"(요 15:7)

그리고 나서 주님께서는 훨씬 더 광범위한 사람들을 위해 기도했습니다. "내가 비옵는 것은 이 사람들만 위함이 아니요 또 그들의 말로 말미암아 나를 믿는 사람들도 위함이니"(요 17:20). 주님께서는 대제사장으로서 마음을 넓히시어 모든 장소와 모든 시간을 감싸셨습니다. 주님께서는 자신에게 속한 모든 사람이 하나가 되기를 기도하셨습니다. 그리고 주님의 영광 안에서 주님과 항상 함께 있기를 기도하셨습니다. 그때까지, 주님께서는 이렇게 기도하셨습니다. "나를 사랑하신 사랑이 그들 안에 있고 나도 그들 안에 있게 하려 함이니이다"(요 17:26).

가까운 사람들 사이에서 기도의 능력을 처음으로 증명한 예수님의 제자는 이 가까운 사람들 안에만 머물러 있을 수 없습니다. 주님께서는 전체 교회와 그 교회의 각 지체를 위해 기도하셨습니다. 특히 성령과 사랑의 연합을 위해 기도하셨습니다. 사랑으로 하여금 이기심과 분열을 이기게 하신 그리스도는 실로 하나님께서 보내신 하나님의 아들이시라는 것을 세상에 전하는 증인인 교회가, 그리스도 안에서 하나가 되기를 원하셨고 이를 위해 기도하셨습니다. 모든 신자는, 교회가 조직에서가 아니라 영과 진리에서 하나가 되기를 기도해야 합니다.

예수께서는 "아버지여, [내가] 원하옵나이다"라고 말씀하셨습니다. 아들로서의 권리, 아버지께서 자신에게 하신 약속, 자신이 성취하신 일에 근거해서 이렇게 기도하실 수 있었습니다. 아버지께서는 이렇게 말씀하셨습니다. "내게 구하라, 내가 … 주리라"(시 2:8). 주님께서는 단순히 아버지의 약속을 이용하셨습니다. 예수께서는 비슷한 약속을 우리에게 주셨습니다. "무엇이든지 원하는 대로 구하라 그리하면 이루리라"(요 15:7). 주님께서는 원하는 것을 자신의 이름으로 말하라고 내게 요구하십니다. 주님 안에 거할 때, 즉 인간은 무가 되고 그리스도가 전부가 되는 주님과의 살아 있는 연합을 이룰 때, 신자는 대제사장의 이 말씀을 받아들일 자유를 얻게 됩니다. "무엇을 원하느냐?"(마 20:21; 막 10:51; 눅 18:41)는 질문에 "'아버지여', 아버지께서 약속하신 모든 것을 내가 '원하나이다'" 하고 대답할 수 있습니다.

이것이 바로 참된 믿음입니다. 내가 원하는 것은 참으로 하나님께서 받으실 만한 것이라고 자신 있게 말할 때 하나님께서 존귀함을 얻으십니다. 처음에는 마음이 위축되어 그렇게 말하지 못합니다. 그렇게 말할 수 있는 자유도 권한도 없다고 느낍니다. 그러나 자기 뜻을 버리고 주님의 뜻을 따르는 사람은 반드시 은혜를 받습니다. 자기 뜻을 완전히 포기하는 사람은 누구나 그것이 다시 새롭게 되고 신성한 능력으로 강건해지는 것을 알게 될 것입니다.

"아버지여, [내가] 원하옵나이다." 이 말씀은 하늘에 계신 우리 주님의 영원하고 언제나 활동하며 모든 것에 능력을 발휘하는 중보기도에서 핵심이 되는 말입니다. 우리 기도는 주님과 연합할 때만 능력을 발휘하고 많은 것을 성취합니다. 우리가 주님 안에 거하고, 주님의 이름으로 모든 것을 행하면, 또 주님의 말씀과 영에 감화되고 연단된 하나하나의 간구를 가지고 나아와 주님의 중보기도의 강한 물줄기에 그 간구를 던져 넣는다면, 구하는 것을 받는다는 완전한 확신을 얻게 될 것입니다. "아버지여, [내가] 원하옵나이다"라는 외침을, 성령께서 우리에게 불어 넣어주실 것입니다. 주님 안에서 자신을 버려 무(無)가 될 때, 우리는 무능하지만 성공할 수 있는 능력이 있음을 알게 될 것입니다.

예수님의 제자들이여, 여러분은 주님과 같이 제사장적 중보기도에서 부름을 받았습니다! 죽어가는 사람들을 위해 기도하고 그 기도에 응답받는 영광스런 우리의 운명을 언제 깨달을 것입니까? 어느 때에야 겸손으로 위장한 나태함을 던져 버리고, 온전히 하나님의 영에 자신을 맡길 것입니까? 그리하여 우리 하나님께서 주시고자 하시는 모든 것을 알고, 받고, 소유하는 능력과 빛으로 가득해질 때는 언제가 되겠습니까?

주여, 우리에게 기도를 가르쳐 주옵소서

복되신 나의 대제사장이시여, 제가 누구이기에 이렇게 저를 초청하시어 당신의 중보기도의 능력에 동참하게 하시는지요? 나의 주님, 주님의 백성을 구속하신 목적인 이 놀라운 특권을 이해하고 믿고 행사하는 데, 저의 마음이 왜 이토록 더딘지요? 주님, 제게 은혜를 베푸셔서, 주위 모든 사람에게 하늘의 축복을 내리고자 평생 끊임없이 기도하게 하옵소서.

복되신 주님, 이제 제 소명을 받아들이러 나아옵니다. 그 소명을 위해 모든 것을 버리고 주님을 따르겠습니다. 저의 전존재를 주님의 손에 믿음으로 맡깁니다. 저를 형성시키고 훈련시키고 격려하시어 주님의 기도 군단의 일원이 되게 하옵소서. 그리하여 깨어 기도하고 분투하여 능력과 승리를 얻는 사람이 되게 하소서. 저의 마음을 사로잡으시고, 아버지께서 주님께 주신 사람들과 모이고, 성화되고, 연합함으로써 하나님을 영화롭게 하려는 열망으로 가득 채우소서. 기도가 언제 축복을 가져다주는지 아는 지혜를 주옵소서. 저를 온전히 취하시고 준비시키시어, 항상 하나님 앞에 서서 그 이름으로 축복하는 제사장이 되게 하옵소서.

복되신 주님, 지금은 물론 저의 영적 생애 내내, 모든 것을 주님을 위해 구하고 아무것도 저를 위해 구하지 않게 하소서. 자신을 위해서는 아무것도 소유하지도 구하지도 않는 사람이 오히려 모든 것을 받는다는 것을 제가 경험할 수 있게 하여 주소서. 나아가 주님의 영원한 중보기도의 사역에 동참하는, 놀라운 은혜를 체험하게 하소서. 아멘.

제 28 장

희생 제물이신 그리스도

이르시되 아빠 아버지여 아버지께는 모든 것이 가능하오니 이 잔을 내게서 옮기시옵
소서 그러나 나의 원대로 마시옵고 아버지의 원대로 하옵소서 — 마가복음 14:36

몇 시간 사이에 얼마나 큰 대조를 이룹니까! "눈을 들어 하늘을 우러러
이르시되 아버지여, [내가] 원하옵나이다"(요 17:1, 24)라고 조용히 기도를
드리던 상태에서 땅에 엎드려 괴로워하며 "아버지여! 나의 원대로 마시
옵고"라고 부르짖는 상태가 되다니 얼마나 큰 변화입니까? 우리는 앞의
기도에서, 휘장 안에서 전능한 중보기도를 드리는 대제사장을 보며, 뒤의
기도에서는 찢어진 휘장을 통해 길을 여는 제단 위의 희생제물을 봅니
다. 대제사장으로서의 기도 "아버지여, [내가] 원하옵나이다"(24절)가 희
생제물로서의 기도 "아버지여! 나의 원대로 마시옵고"보다 앞에 있지만,
이것은 일단 희생이 드려지면 중보기도가 어떻게 될 것인지를 보여 주기
위함일 뿐입니다. 보좌 앞에서 "아버지여, [내가] 원하옵나이다" 하고 드
리는 기도의 근원과 능력은 제단에서 "아버지여! 나의 원대로 마시옵고"
라고 기도드리는 데 있습니다. 보좌에 계신 대제사장께서는 겟세마네에
서 자기 뜻을 완전히 굽힘으로써, 자신이 원하는 것을 구할 능력과 그 능
력을 자기 백성에게 나누어 주어 그들이 원하는 것을 구할 권한을 얻으
셨습니다.

이 겟세마네 교훈은 예수님의 학교에서 기도를 배우고 싶어하는 모든

사람에게 가장 신성하고 귀중한 교훈입니다. 깊이가 없는 학자에게는 이 교훈이 믿음으로 기도할 용기를 빼앗아 가는 것처럼 보일지도 모릅니다. 아들의 진지한 탄원에조차 응답이 없었고, 아들마저 "나의 원대로 마시옵고"라고 기도해야 했다면, 우리는 더욱 그렇게 말해야 할 필요가 있다고 생각하는 것입니다. 그래서 주님께서 불과 몇 시간 전에 하셨던 약속인 "무엇을 구하든지"(요 14:13)와 "무엇이든지 원하는 대로"(요 15:7)는 문자 그대로의 의미일 수 없는 것처럼 보입니다.

겟세마네 기도의 의미를 좀 더 깊이 생각해 보면, 기도에 응답이 있으리라는 확신에 이르는 길을 알게 될 것입니다. 하나님의 아들께서 눈물로 기도하고, 그 구하는 것을 얻지 못하는 상황, 이 특이한 상황을 경외와 찬탄의 눈으로 지켜보십시오. 그분은 우리의 스승이시며, 이 놀라운 기도에서 나타난 바 곧 그분이 바로 거룩한 희생제물이라는 신비를 밝혀 줄 것입니다.

이 기도를 이해하기 위해, 왕 같은 대제사장으로서 기도하셨던 것과, 겟세마네에서 연약한 가운데 기도하신 것 사이에 보이는 엄청난 차이를 주목합시다. 앞의 기도에서, 주님께서는 아버지께서 영화롭게 되시기를, 또 아버지께서 주님께 주신 약속의 성취로서 주님과 주님의 백성이 영화롭게 되기를 기도하셨습니다. 아버지의 뜻과 말씀에 부합하는 것이라고 생각하시는 것을 구하셨습니다. 담대하게 "아버지여, [내가] 원하옵나이다"(요 17:24)라고 말씀하실 수 있었습니다.

반면에 여기 겟세마네 기도는 아버지의 뜻을 아직 명확하게 알 수 없는 상태에서 드린 기도였습니다. 주님께서 아시는 한에서는 자신이 그 잔을 마시는 것이 아버지의 뜻이었습니다. 주님께서는 자신이 마셔야 하는 잔에 대하여 제자들에게 말씀하신 적이 있습니다. 이 기도가 끝난 지 얼마 안 있어 "아버지께서 주신 잔을 내가 마시지 아니하겠느냐?"(요 18:11)고 말씀하시게 됩니다. 주님께서 이 세상에 오신 것은 이 잔을 마시기 위함이었습니다. 어둠의 권세가 주님께 엄습했을 때, 주님께서는 형언할 수 없는 영혼의 고통을 겪으며 죄에 대한 하나님의 진노, 즉 죽음을 한 모금 맛보셨습니다. 주님의 인간 본성은 저주가 실현되는 무서운 현실에 전율하면서 고통스럽게 부르짖었습니다. 그 잔을 마시지 않고서도 하나님의 목적이 실현될 수 있다면, 그 무서운 잔을 면하게 해 달라는 것이 주님의 인간 본성이 원하는 바였습니다. "이 잔을 내게서 지나가게 하옵소서"(마 26:39). 이 소원은 주님의 인성(人性)이 진정 실재임을 나타내는 증거였습니다.

"나의 원대로 마시옵고"(39절)는 그 소원이 죄가 되지 않게 지켰습니다. 주님께서는 "아버지께는 모든 것이 가능하오니"라는 호소하는 듯한 기도를 하신 뒤, 그 잔을 면할 수 있게 해 달라고 훨씬 더 진지하게 기도하십니다. 세 번 반복하신 "나의 원대로 마시옵고"는 주님의 희생의 본질과 가치를 이룹니다. 주님께서는 "아버지의 뜻인 줄 알고 있습니다"고 말할 수 없는 내용의 것을 구하셨습니다. 하나님의 능력과 사랑에 호소하신 뒤, 끝에 가서는 "아버지의 원대로 되기를 원하나이다"(마 26:42) 기도를 드리며 자신의 호소를 철회하셨습니다. 그 잔이 지나가게 해 달라는 기도는 응답을 받을 수 없었습니다. 하나님의 뜻이 이루어지기를 구하는 기도는 하나님께 상달되었고, 두려움에 대한 승리와 죽음의 권세에 대한 승리로서 영화로운 응답을 받았습니다.

이렇게 자기 뜻을 부인함으로써, 아버지의 뜻에 자기 뜻을 온전히 굴복함으로써, 그리스도께서는 가장 완전한 수준의 순종에 이르셨습니다. 골고다 산 위에서의 희생이 그 가치를 갖는 것은 이미 겟세마네에서 자신의 뜻을 희생하셨기 때문입니다. 성경이 말하듯, 주님께서 순종을 배우고, 또 자신에게 순종하는 모든 사람에게 영원한 구원의 근원이 되신 곳은 바로 이곳입니다. 그 기도에서 십자가에 죽기까지 복종하셨기 때문에(빌 2:8), 하나님께서 주님을 지극히 높이고 원하는 것을 구할 권한을 주님께 주셨습니다(빌 2:8-9). 주님께서 "아버지여, [내가] 원하옵나이다"(요 17:24)고 기도할 수 있는 권한을 얻으신 것은 "나의 원대로 마시옵고"라는 기도에서였습니다. 그리스도께서는 겟세마네에서 복종하심으로써 자신의 백성들에게 "무엇이든지 원하는 대로 구하라"(요 15:7)고 말할 권리를 확보하셨습니다.

겟세마네가 제공해 주는 심오한 신비를 살펴봅시다. 먼저, 아버지께서는 사랑하는 아들에게 진노의 잔을 내미십니다. 둘째, 항상 그토록 순종하는 아들이 움츠러들며, 그 잔을 마시지 않게 해 주시기를 간청합니다. 셋째, 아버지께서는 아들의 요구를 들어주시지 않고, 계속해서 잔을 내미십니다. 마침내, 아들은 자기 뜻을 포기하고, 자기 뜻이 이루어지지 않았음에도 불구하고 만족하며, 그 잔을 마시러 골고다로 갑니다. 오 겟세마네여! 나는 네게서, 주님께서 내게 주시는 그 무한한 확신을, 내 기도에 응답이 있으리라는 것을 어떻게 확신시켜 주시는지를 이해하노라. 주님께서는 자신의 간구에 응답이 없으신 것을 수락하심으로써 내 기도에 응답이 있게 하셨습니다.

이것은 구속의 전 계획과 조화를 이룹니다. 우리의 주님께서는 항상 우리를 위해 당신이 겪으신 것과 정반대의 것을 얻어내십니다. 우리의 자유를 위해 매이셨고, 우리가 하나님의 의가 되도록 당신은 죄가 되셨습니다(고후 5:21). 우리를 살리려 죽으셨고, 하나님의 축복이 우리의 것이 되도록 하나님의 저주를 짊어지셨습니다. 우리의 기도가 응답을 얻을 수 있도록, 자신의 기도에 하나님께서 응답하시지 않는 것을 감당하셨습니다. 우리에게 "너희가 내 안에 거하 … 면, 무엇이든지 원하는 대로 구하라, 그리하면 이루리라"(요 15:7)고 말씀하시기 위해, "나의 원대로 마시옵고"라고 말씀하셨습니다.

"너희가 내 안에 거하면." 이 말씀은 여기 겟세마네에서 새로운 힘과 깊이를 얻었습니다. 그리스도께서는 우리의 머리로서, 우리가 영원히 감당해야 할 것을 우리를 대신해 감당하십니다. 우리는, 하나님께서 우리 기도를 듣지 않으시고 귀기울이지 않으셔도 마땅한 존재들입니다. 그런데 우리가 겪어야 할 것을 그리스도께서 겪으셨습니다. 우리 죄 때문에, 기도에 응답을 받지 못하는 일을 겪으셨습니다. 그러나 이제 그분께서 겪으신 고통은 우리에게 승리를 줍니다. 그분께서 겪으심으로써, 우리는 그것에서 벗어났습니다. 내가 그분 안에 거하기만 하면, 그분의 공로로 말미암아 기도할 때마다 응답을 받게 되었습니다.

그렇습니다. 그분께서 겟세마네에서 복종하셨듯이 나는 그분 안에 거해야 합니다. 그리스도께서는 나의 머리로서 나를 위해 한 번만 고통을 겪으신 것이 아니라, 항상 내 안에 거하시면서 자신의 성품을 내게 불어넣으시고 내 안에서 역사하십니다. 그리스도께서는 성령을 통해 자신을 하나님께 바치셨는데, 이 성령은 내 안에도 거하십니다. 성령께서는 내가 그리스도와 똑같은 순종을 하게 하시며, 나의 뜻을 하나님께 희생제물로 바치게 하십니다. 성령께서는 아버지의 뜻에 나의 뜻을 전적으로 굴복하여, 죽음까지도 불사하라고 가르치십니다. 나의 마음, 생각, 뜻이 직접적인 죄가 되지 않을지라도 그것을 믿지 말라고 가르치십니다. 내 귀를 열어 차분히 잘 알아들을 수 있는 상태에서, 날마다 아버지께서 말씀하시고 가르치시는 것을 기다릴 수 있게 해 주십니다. 하나님의 뜻을 사랑하고 그 뜻에 연합하는 것이 어떻게 하나님과 연합하는 것이 되는지를 우리에게 가르쳐 주십니다. 하나님께서 요구하시는 것은 하나님의 뜻에 전적으로 굴복하는 것입니다. 아들께서는 그것을 몸소 실천해 보이셨고, 그렇게 하심으로써 영혼에 참 축복을 내리셨습니다.

성령께서는 그리스도의 죽음과 부활에 동참하도록 나의 뜻을 인도하십니다. 나의 뜻은 그리스도 안에서 죽고, 그리스도 안에서 다시 삽니다. 그리스도께서는 내게 하나님의 완전한 뜻을 파악하는 거룩한 통찰력과, 내 뜻을 아버지의 뜻의 도구로서 내어드리는 거룩한 기쁨, 그리고 기도에 응답하시는 하나님의 뜻을 붙잡는, 거룩한 자유와 능력을 불어넣어 주십니다. 나는 온 뜻을 다해 하나님과 하나님의 나라를 위해 살며; 그리스도 안에서 죽고 그리스도 안에서 다시 산 나의 뜻을, 성품에서나 기도에서나, 땅에서나 하늘에서나, 사람에 대해서나 하나님께 대해, 행사하기를 배웁니다.

겟세마네의 "아버지여 … 나의 원대로 마시옵고"라는 기도와 그렇게 기도하신 주님께 더욱 깊이 들어갈수록, "아버지여, [내가] 원하옵나이다"(요 17:24)는 기도의 능력에 영적으로 더욱 접근하게 됩니다. 하나님의 뜻이 전부가 되기 위해, 자신의 뜻은 아무것도 아니게 되는 일을 우리 영혼은 경험할 것입니다. 이제 우리 영혼은 하나님께서 원하시는 것을 참으로 원하고, 약속하신 것을 그리스도의 이름으로 요구하는 신성한 능력으로 채워집니다.

"너희가 내 안에 거하 … 면, 무엇이든지 원하는 대로 구하라, 그리하면 이루리라"(요 15:7)는 말씀을 들을 때, 겟세마네에서 그리스도께서 하신 말씀을 떠올리십시오. 하나님의 뜻을 위해 모든 것을 포기하시는 그리스도와 한 마음 한 영혼이 되십시오. 그리스도와 같이 아버지께 굴복하고 순종하는 삶을 사십시오. 이것이 그리스도 안에 거하는 것이며, 기도가 능력을 발휘하는 비결입니다.

주여, 우리에게 기도를 가르쳐 주옵소서

복되신 주님, 겟세마네는 주님께서 기도와 순종을 배우신 학교였습니다. 그곳은 지금도 주님께서 제자들을 가르치시는 학교입니다. 주님께서는 주님처럼 기도와 순종을 배우고 싶어하는 그곳의 모든 제자들을 가르치십니다. 주님, 이 학교에서 제게도 기도를 가르쳐 주옵소서. 주님께서 저를 속죄하시고 제 뜻을 정복하셨으며, 주님처럼 기도할 수 있는 은혜를 주신다는 것을 믿는, 믿음의 기도를 가르쳐 주옵소서.

오 하나님의 어린양이시여, 겟세마네까지 주님을 따라가기를 원합니다! 죽음에 이르도록 자기 뜻을 아버지께 바친 주님처럼, 저도 그곳에서 주님과 하나가 되며 주님 안에 거하고 싶습니다. 제 뜻을 주님과 함께, 주님을 통해, 주님 안에서, 아버지의 뜻에 온전히 바칩니다. 저의 연약함과, 제 뜻을 굽히지 못하게 하는 은밀한 권세를 의식하면서, 승리하신 주님의 능력을 믿음으로 요구합니다. 주님께서는 자기 뜻을 극복하시고 그것에서 저를 구하셨습니다. 저는 주님의 죽음 안에서 날마다 살겠습니다. 날마다 주님의 생명 안에서 죽겠습니다. 주님 안에 거함으로써, 또 주님의 영원한 영의 능력을 통해, 제 뜻이 하나님의 뜻대로 소리를 내는 잘 조율된 악기가 되게 하소서. 주님과 더불어 주님 안에서 제 온 영혼이 말합니다. "아버지여 … 나의 원대로 마시옵고, 아버지의 원대로 하옵소서" (마 26:39).

복되신 주님, 저의 마음과 주님의 백성의 마음을 여시어서, 하나님께 굴복한 뜻(의지)은 하나님을 섬기는 일에 사용되도록 하나님께서 허락하시는 뜻(의지)이며, 그러한 의지는 하나님의 뜻에 부합하는 일들을 바라고 원한다는 영광된 진리를 온전히 받아들이게 하옵소서. 제 의지가 성령의 능력에 의해 기도의 특권을 행사하는 의지가 되게 하옵소서. 하늘과 땅에서, 풀기도 하고 매기도 하는 의지가 되어 원하는 것은 무엇이든지 구하고, 구하는 것은 무엇이든 이루어지게 하소서. 아멘.

주 예수님, 제게 기도를 가르쳐 주옵소서.

제 29 장

기도에서의 담대함

그를 향하여 우리가 가진 바 담대함이 이것이니 그의 뜻대로 무엇을 구하면 들으심이
라. 우리가 무엇이든지 구하는 바를 들으시는 줄을 안즉 우리가 그에게 구한 그것을
얻은 줄을 또한 아느니라 — 요한일서 5:14-15

　아마도 믿음의 기도에 가장 큰 장애는, 자기가 구하는 것이 하나님의
뜻에 부합하는지를 잘 모른다는 사실일 것입니다. 이 점에서 의심이 있
는 한, 반드시 응답을 받으리라는 확신을 가지고 담대히 구할 수 없습니
다. 필요한 것을 구했으나 한 번 응답을 받지 못하면, 하나님께서 기뻐하
시는 뜻에(엡 1:9) 맡기는 것이 최선이라고 생각하기 시작합니다. 이렇게
생각하는 사람들에게는 "그의 뜻대로 무엇을 구하면 들으심이라"는 요한
일서의 말씀도 기도의 응답과 관련하여 확신을 줄 수 없습니다. 이들은
하나님의 뜻이 참으로 무엇인지 확신할 수 없기 때문입니다. 이들은 하
나님의 뜻을 하나님의 숨겨진 섭리로 생각합니다. 어떻게 인간이 모든
일에 지혜로우신 하나님의 섭리를 헤아릴 수 있겠습니까?
　이것은 이 말씀을 쓴 요한의 의도와 정반대입니다. 요한은, 우리가 기
도에서 믿음의 확신을 가질 때까지 우리 안에 담대함과 자신감을 일깨우
기를 원했습니다. 우리가 아버지의 뜻대로 구한다는 것과, 아버지께서 우
리 기도를 들으신다는 것을 우리가 알고 있다고 아버지께 담대히 말할
수 있어야 한다고 요한은 말했습니다. 이렇게 담대할 때, 우리가 무엇을

구하든 그것이 하나님의 뜻에 부합되기만 하면, 하나님께서 그 기도를 들으십니다. 응답이 있다는 것을 우리는 믿음 안에서 알아야 합니다. 기도하고 있는 중에라도 구한 것을 받을 수 있어야 합니다.

기도할 때, 우리 기도가 하나님의 뜻에 맞는 것인지 먼저 알아내야 한다고 요한은 생각했습니다. 기도가 하나님의 뜻에 맞는 것이지만 응답이 즉시 오지 않거나 오랜 기간 인내하며 믿음의 기도를 드린 후에야 응답이 오는 경우가 있습니다. 인내하는 믿음의 기도는 우리에게 용기를 주어 믿음 안에서 인내하고 강건해지게 할 수 있습니다. 무엇이든지 하나님의 뜻에 따라 구하면, 하나님께서 그 기도를 들으시기 때문에, 기도에서 담대함과 자신감을 가져도 좋다고, 하나님께서는 우리에게 말씀하십니다. 우리 간구가 하나님의 뜻에 맞는지 확신하지 못하면, "우리가 그에게 구한 그것을 얻은 줄을 또한 아느니라"는 약속에서 위로를 받을 수 없습니다.

그러나 바로 이것이 어려운 점입니다. 많은 신자들이 이렇게 말합니다. "내가 원하는 것이 하나님의 뜻에 맞는 것인지 모르겠어. 하나님의 뜻은 하나님의 무한한 지혜에서 비롯된 섭리야. 내가 원하는 것보다 더 좋은 것을 하나님께서 생각하고 계시는지 그렇지 않은지 내가 어떻게 알 수 있겠어? 내가 구하는 것을 보류하시는 데에는 어떤 이유가 있을지 몰라." 이런 생각을 가지고 있으면 믿음의 기도를 드릴 수 없다는 것을 깨달아야 합니다. 여기에는 하나님께 굴복하고 하나님의 지혜를 신뢰하는 기도는 있을 수 있으나, 믿음의 기도는 있을 수 없습니다.

여기에서 발견되는 큰 잘못은, 하나님의 자녀는 하나님의 뜻을 알 수 있는데, 이것을 실제로 믿지 못한다는 점입니다. 이 사실을 믿을지라도 시간과 수고를 들여 그것을 알려고 하지 않습니다. 기다리며 배우려는 자녀는 아버지의 인도하심에 의해, 자신의 기도가 아버지의 뜻에 맞는다는 것을 분명히 깨닫습니다. 우리에게 필요한 것이 바로 이러한 깨달음입니다. 우리의 마음과 삶과 뜻에 간직된 하나님의 거룩한 말씀을 통해, 그리고 우리 안에 내재하시어서 우리를 인도하시도록 허락한 하나님의 거룩한 영을 통해, 우리는 우리 간구가 하나님의 뜻에 맞다는 것을 알게 될 것입니다.

먼저, 하나님의 말씀을 숙고합시다. 하나님의 뜻에는 비밀스런 것이 있으며, 종종 우리는 우리 기도가 하나님의 이 비밀스런 뜻과 어긋나지 않을까 염려합니다. 그러나 기도에서 우리와 관련이 있는 하나님의 뜻은 이러한 비밀스런 뜻이 아닙니다. 하나님의 말씀에서 볼 수 있는 하나님의 뜻이 우리와 관련된 것입니다. 하나님의 섭리와 관련된 비밀스런 뜻 때문에 우리 기도에 응답이 올 수 없다고 생각하는 것은 어리석습니다. 하나님께서 자기 자녀를 위해 기꺼이 행하신다는 것을 어린아이처럼 믿으면, 기도를 들으시는 것과, 말씀을 믿는 믿음의 사람이 원하고 받아들이는 것을 행하시는 것, 이것들이 하나님의 뜻이라는 아버지의 보증을 쉽게 받아들입니다. 아버지께서는 말씀 안에 있는 일반적인 약속을 통해 자기 백성과 관련된 아버지의 뜻의 큰 원칙을 밝히셨습니다. 자녀는 약속을 받아들여야 하고, 관련된 특별 상황에 그 약속을 적용해야 합니다. 그 밝히신 아버지의 뜻 범위 내에서 구하는 것은 모두 아버지의 뜻에 맞는 것임을, 자녀는 알 수 있고 또 확신을 가지고 기대할 수 있습니다.

하나님께서는 말씀을 통해 자신의 뜻을 우리에게 계시해 주셨습니다. 하나님의 계획, 즉 우리를 위한, 하나님의 사람들을 위한, 세상을 위한 하나님의 계획도 알려 주십니다. 은혜와 능력의 가장 값진 약속들을 주신 하나님께서는 이러한 계획들을 하나님의 사람들을 통해 수행하십니다. 일반적인 약속이 특수한 상황에서 이루어지기를 요구할 만큼 믿음이 강해지고 담대해짐에 따라, 우리는 하나님께서 우리 기도를 들으신다는 것을 확신해도 좋습니다. 우리 기도가 하나님의 뜻에 맞기 때문입니다. 본문 다음 구절에서 요한이 한 말을 예로 들어봅시다. "누구든지 형제가 사망에 이르지 아니하는 죄 범하는 것을 보거든, 구하라 그리하면 사망에 이르지 아니하는 범죄자들을 위하여 그에게 생명을 주시리라"(요일 5:16). 이것이 일반적인 약속입니다. 이 약속을 근거로 간구하는 신자는 하나님의 뜻에 맞게 기도합니다. 요한은 이런 신자가 담대함을 느끼기를, 즉 구하는 것을 받을 줄로 아는 담대함을 갖기를 원합니다.

하나님의 뜻은 영적인 것이며, 영적으로 인식해야 합니다. 그것은 논리적으로 따질 수 있는 것이 아닙니다. 모든 그리스도인이 다 똑같은 은사와 소명을 가진 것은 아닙니다. 약속에서 드러난 일반적인 뜻은 모든 사람에게 동일하지만, 각 사람은 하나님의 섭리 안에서 이행해야 할 특별하고 개별적인 역할이 있습니다. 성도의 지혜는, 주어진 은혜의 분량에 따라 각 사람마다 다른 이 특별한 하나님의 뜻을 알아, 하나님께서 각 성도를 위해 준비하시고 가능하게 하신 것을 기도로 구하는 것입니다. 성령께서 우리 안에 거하시는 것도 이 지혜를 전해 주시기 위함입니다. 성령께서는 우리를 인도하셔서 말씀의 일반적인 약속을 우리의 특별한 개인적 필요에 개별적으로 적용하게 해 주십니다.

많은 사람들은 이러한 말씀과 성령의 가르침의 연합을 이해하지 못합니다. 그래서 하나님의 뜻이 무엇인지를 아는 데 이중의 어려움이 생깁니다. 어떤 사람들은 하나님의 뜻을 내적 감정이나 신념에서 찾으며, 말씀은 도외시한 채 성령께서 자신들을 인도해 주시기를 바랍니다. 또 어떤 사람들은 성령의 생생한 인도를 외면한 채 말씀에서만 하나님의 뜻을 찾습니다. 말씀과 성령은 연합되어야 합니다. 말씀과 성령 안에서만 하나님의 뜻을 알 수 있으며, 하나님의 뜻에 맞게 기도할 수 있습니다. 말씀과 성령이 마음속에서 만나야 합니다. 말씀과 성령이 우리 안에 내재할 때에만, 우리는 말씀과 성령의 가르침을 경험할 수 있습니다. 말씀이 우리 안에 거해야 하며, 우리의 마음과 삶은 날마다 말씀의 영향 아래 있어야 합니다.

성령에 의한 말씀의 생동함은 외부에서가 아니라, 내부에서 옵니다. 전체 삶에서, 하나님의 뜻과 말씀의 주권에 자신을 온전히 바치는 사람만이, 하나님의 뜻과 말씀이 허용하는 것이 무엇인지, 즉 특별한 상황에서 담대히 구해도 좋은 것이 무엇인지 분별하기를 기대할 수 있습니다. 똑같은 것이 성령에도 적용됩니다. 기도할 때 성령께서 인도하시어 하나님의 뜻이 무엇인지 확신시켜 주시기를 바란다면, 모든 삶을 성령의 인도에 맡겨야 합니다. 이렇게 해야만 정신과 마음이 영성을 회복하고 하나님의 거룩한 뜻을 알 수 있게 됩니다. 말씀과 성령을 통해 하나님의 뜻 안에서 사는 사람은 하나님께서 들으신다는 것을 확신하며 하나님의 뜻에 맞게 기도할 줄 알게 될 것입니다.

자신의 기도가 하나님의 뜻에 맞지 않을지도 모르기 때문에 응답이 없더라도 만족해야 한다고 생각함으로써 스스로 엄청난 해를 입고 있다는 것을 그리스도인들이 깨달을 수 있으면 얼마나 좋겠습니까? 기도에 응답이 없는 큰 이유는 올바로 기도하지 않기 때문이라고 하나님의 말씀은 우리에게 말합니다. "구하여도 받지 못함은 정욕으로 쓰려고 잘못 구하기 때문이라"(약 4:3). 아버지께서는 응답하지 않으심으로써, 우리 기도에 무언가 잘못이 있다는 것을 말해 주십니다. 아버지께서는 우리가 이 사실을 깨닫고 고백하기를 원하십니다. 그래서 우리에게 참 믿음의 기도와 성공하는 기도를 가르치십니다. 아버지께서 이 목적을 달성하실 수 있는 때는 응답이 없는 것이 우리 탓이라는 것을 우리가 깨달았을 때뿐입니다. 우리의 목표, 믿음, 삶은 올바른 상태가 아닙니다. "하나님께서 내게 귀기울이지 않으시는 것은 아마도 나의 기도가 그분의 뜻에 맞지 않기 때문일 거야" 하고 말하는 데 만족하는 한, 하나님께서는 좌절하십니다.

기도에 응답이 없는 이유는 하나님의 숨은 뜻 때문이라고 탓하지 말고, 자신의 잘못된 기도를 탓합시다! "받지 못함은 정욕으로 쓰려고 잘못 구하기 때문이라"는 말씀을, 마음과 삶을 비추는 주님의 등불로 삼읍시다! 이 등불로 우리가 주님의 약속을 받은 사람, 즉 확실한 응답을 약속받은 사람임을 증명합시다! 우리 기도가 하나님의 뜻에 맞는지 알 수 있다는 사실을 믿읍시다! 아버지의 말씀이 내재하시도록, 그리스도의 말씀이 우리 안에 거하시도록, 우리 마음을 복종시킵시다. 우리는 만물을 가르치는 기름 부음으로 날마다 살아가야 합니다. 성령께서는 우리에게 그리스도 안에 거하고 아버지 앞에 머물라고 가르치십니다. 이러한 성령께 우리가 기꺼이 굴복한다면, 우리는 아버지께서 원하시는 것을 곧 이해하게 될 것입니다. 사랑으로 말미암아 아버지께서는 자녀가 아버지의 뜻을 알기를 너무도 원하십니다. 우리는, 하나님께서 능력과 사랑으로 행하시겠다고 약속한 모든 것이 하나님의 뜻에 포함되어 있다는 것을 확신하는 동시에, 하나님께서 우리의 기도를 전부 들으신다는 것도 알아야 합니다. "그를 향하여 우리가 가진 바 담대함이 이것이니 그의 뜻대로 무엇을 구하면 들으심이라."

주여, 우리에게 기도를 가르쳐 주옵소서

복되신 주님, 기도의 응답으로 충만한 삶은 하나님의 뜻이라는 길을 통해 도달할 수 있다는 주님의 복된 가르침에 진심으로 감사드립니다. 주님, 제가 이 복된 하나님의 뜻을 사랑하고 행하고 항상 품고 살아감으로써 그 뜻을 알 수 있도록 가르쳐 주옵소서. 그리하시면, 제가 그 뜻대로 기도할 줄 알게 되겠나이다. 하나님의 복된 뜻에 맞게, 담대히 기도하고 응답을 받는 데 확신을 가질 것입니다.

아버지, 아버지의 뜻은 자녀가 아버지의 임재와 축복을 즐기는 것입니다. 자녀의 삶이 모두 아버지의 뜻과 일치하고, 성령께서 이 일을 이루시는 것이 아버지의 뜻입니다. 자녀가 삶을 즐거워하고 아버지와 직접적인 교제를 누리기 위해, 날마다 기도의 응답을 분명히 체험하며 사는 것이 아버지의 뜻입니다. 자녀 안에서 그리고 자녀를 통해 아버지의 이름이 영화롭게 되는 것과, 아버지의 이름이 아버지를 신뢰하는 사람들 안에 있는 것이 아버지의 뜻입니다. 오 나의 아버지, 제가 구할 때마다 아버지의 이러한 뜻을 확신하게 하소서.

복되신 구주여, 저를 가르쳐 아버지의 이 뜻이 영화로움을 믿게 하소서. 아버지의 뜻은 복종하는 인간의 뜻 안에서 신성한 능력으로 그 목적을 달성하는 영원한 사랑입니다. 주님, 제게 이것을 가르쳐 주옵소서! 주님께서는, 말씀에 있는 모든 약속과 명령이 실로 하나님의 뜻이라는 것과, 그것을 하나님께서 친히 제게 이루어 주신다는 것을, 깨우쳐 주실 수 있습니다. 하나님의 뜻이, 제 기도와 기도에 대한 저의 확신을 받쳐 주는, 견고한 반석이 되게 하소서. 아멘,

저자의 보충 설명

우리는 자주 하나님의 뜻에 대해 크게 혼동합니다. 사람들은 하나님께서 뜻하시는 것은 필연적으로 일어난다고 생각합니다. 결코 그렇지 않습니다. 하나님께서는 축복으로 나아오지 않는 백성들에게도 많은 축복을 내리고 싶어하십니다. 하나님께서는 매우 간절히 원하시지만, 그 백성은 그것을 원하지 않습니다. 그렇기 때문에 축복이 그들에게 임하지 않는 것입니다. 이것이 자유 의지를 지닌 인간의 창조와 인간의 의지를 새롭게 하신 구속의 큰 신비입니다. 하나님의 약속에서 드러난 하나님의 뜻은 우리의 믿음의 정도에 따라 성취됩니다. 기도는 기도하지 않았다면 일어나지 않았을 일을 일어나게 하는 능력입니다. 그리고 믿음은 하나님의 뜻이 우리 안에서 얼마나 많이 성취될지를 결정하는 능력입니다. 일단 하나님께서 하시고자 하시는 것을 사람에게 드러내시고 나면, 그 뜻을 실행하는 책임은 우리에게 있습니다.

이렇게 되면 너무 많은 능력이 인간에게 맡겨지는 것이라고 생각하고 두려워하는 사람들도 있습니다. 그러나 모든 능력은 그리스도 예수를 통해 인간에게 맡겨지는 것입니다(눅 10:19 참조). 모든 기도와 능력의 열쇠는 그리스도 예수의 것입니다. 그리스도와 아버지가 하나이시듯 그리스도와 우리도 하나라는 것을 이해할 때, 그런 능력을 받는 것이 얼마나 당연하고 옳고 안전한가를 알게 됩니다. 아들 그리스도께서는 무엇이든 원하는 것을 구할 수 있는 권한을 가지고 계십니다. 우리가 그분 안에 거하고 그분이 우리 안에 거하심으로써, 그리스도의 영은 우리를 통해 구하고 얻고자 하시는 것을 우리에게 불어넣으십니다. 우리는 그분의 이름으

로 기도합니다. 기도는 그분의 것이자 우리의 것입니다.

기도에 그런 능력이 있다고 믿는 일은 하나님의 자유와 사랑을 제한한다고 생각하여 두려워하는 사람들도 있습니다. 하나님께서는 우리를 택하셔서 자신과 교제하도록 허락하셨습니다. 따라서 우리는 하나님께서 하시고 싶으신 대로 행하시는 것을 허락하지 않음으로써 하나님의 자유와 사랑을 제한할 수 있는데, 그 이치를 이해할 수 있기 바랍니다. 우리의 기도는 큰 산의 시내로부터 멀리 떨어진 마을까지 연결된 수도관과 같습니다. 물을 산 위에서 아래로 흐르게 하는 것은 수도관이 아닙니다. 더욱이 물이 지닌 생명수 역할이나 청량제 역할도 수도관에서 얻은 것이 아닙니다. 그것은 물의 본성입니다. 수도관이 하는 일은 오로지 물의 방향을 결정하는 것입니다.

마찬가지로, 하나님의 본성은 사랑하고 축복하는 것입니다. 하나님의 사랑은 생명을 주고 상쾌함을 주는 시내를 따라 우리에게 흘러 내려오고 싶어합니다. 하지만 그 축복이 어디로 내려올지는 기도에 맡기셨습니다. 하나님께서는 생명수를 사막에 끌어오는 일을 믿음의 사람들에게 맡기셨습니다. 축복하고자 하시는 하나님의 뜻은 축복이 어디로 가야 할지를 말하는 사람의 뜻에 따라 행해집니다.

제 30 장

중보기도의 사역

예수 그리스도로 말미암아 하나님이 기쁘게 받으실 신령한 제사를 드릴 거룩한 제사
장 – 베드로전서 2:5
오직 너희는 여호와의 제사장이라 일컬음을 받을 것이라 – 이사야 61:6

"주 여호와의 영이 내게 내리셨으니 이는 여호와께서 내게 기름을 부
으셨기 때문이라"(사 61:1). 이 말씀은 예수님과 관련된 것입니다. 예수님
의 사역의 열매로서, 모든 구속받은 사람은 제사장, 곧 성령으로 기름 부
음을 받아 대제사장이 되신 예수님의 동역자입니다. 이 기름 부음은 "머
리에 있는 보배로운 기름이 수염 곧 아론의 수염에 흘러서 그의 옷깃까
지 내림"(시 133:2)과 같습니다. 아론의 모든 아들처럼, 몸된 예수님의 각
지체는 제사장이 될 권한이 있습니다. 그러나 모두가 그 권한을 행사하
는 것은 아닙니다. 많은 사람들이 아직 그 권한에 대해 전혀 모르고 있습
니다. 그러나 그것은 하나님의 자녀의 최고 특권이며, "항상 살아 계셔서
… 간구하"(히 7:25)시는 주님과 지극히 가깝고 닮았다는 것을 보여 주는
표시입니다. 이것을 의심하십니까? 제사장직을 구성하는 것이 무엇인지
생각해 보십시오.

첫째, 제사장의 업무입니다. 여기에는 하나님께 대한 면과 사람에 대한
면이 있습니다. "대제사장마다 사람 가운데서 택한 자이므로 하나님께
속한 일에 사람을 위하여 예물과 속죄하는 제사를 드리게 하나니"(히

5:1); 한편 모세는 이렇게 말했습니다. "여호와께서 레위 지파를 구별하여 … 여호와 앞에 서서 그를 섬기며 또 여호와의 이름으로 축복하게 하셨으니 그 일은 오늘까지 이르느니라"(신 10:8 또한 신 21:5; 33:10; 말 2:6 참조). 제사장은 하나님께 가까이 나아가고, 하나님의 집에서 하나님과 함께 거하며, 희생제물의 피와 번제의 향을 하나님께 바칠 권한이 있었습니다. 이것이 제사장 직무의 일면이었습니다. 그러나 이 일은 제사장 자신을 위해서 한 것이 아니라, 그가 대리하는 사람들을 위해 한 일이었습니다. 제사장 직무의 또 다른 면이 이것입니다. 제사장은 사람들로부터 희생제물을 받아 하나님께 바치고 나서, 성전에서 나와 하나님의 이름으로 축복하고 그분의 은혜를 확신시켜 주고 율법을 가르쳤습니다.

그러므로 제사장은 자신을 위해 사는 사람이 아닙니다. 그는 하나님과 함께, 하나님을 위해 사는 사람입니다. 하나님의 종으로서 제사장의 직무는 하나님의 집을 보살피고, 하나님을 존귀하게 하고, 하나님을 섬기는 것이며, 하나님의 사랑과 뜻을 사람들에게 알리는 것입니다. 제사장은 사람들과 함께, 사람들을 위해 삽니다(히 5:2). 그의 직무는 사람들의 죄와 요구를 알아내어, 그것을 하나님 앞에 가지고 와서, 각 사람의 이름으로 제물과 향을 드려, 그들에게 필요한 죄 용서와 축복을 얻어 가지고, 하나님 앞에서 나와 하나님의 이름으로 사람들에게 축복을 주는 것입니다.

모든 신자의 소명도 이런 것입니다. 모든 신자는 주변의 죽어 가는 수백만의 사람들 중에서 하나님의 제사장이 되는 한 가지 목적을 위해 구속된 사람들입니다. 신자는 대제사장이신 예수님을 따라 하나님의 은혜의 사역자와 청지기가 되어야 합니다.

둘째, 제사장의 직무와 조화를 이루는 제사장의 행실입니다. 하나님께서 거룩하듯이, 제사장은 특별히 거룩해야 했습니다. 이 말은 부정한 모든 것과 구별되었음을 의미할 뿐 아니라, 하나님께 거룩한, 곧 하나님께서 쓰시도록 구별되고 하나님께 바쳐진 것을 의미합니다. 세상과 구별되었고, 하나님께 드려졌다는 것은 여러 면에서 알 수 있었습니다.

옷에서 알 수 있었습니다. 하나님의 명령에 따라 만들어진 거룩한 옷은 제사장이 하나님의 사람이라는 표시였습니다(출 28장 참조). 사체(死體)와 부정한 것을 일체 접촉하지 말고 특별히 정결한 상태를 유지하라는 명령에서 알 수 있습니다. 일반적인 이스라엘 사람들에게는 허락되었지만 제사장에게는 금지된 것들이 많았습니다. 제사장은 신체적 결함이나 흠이 있어서는 안 되었습니다. 신체적으로 결점이 없다는 사실은 하나님을 섬기는 일이 거룩하고 완전함을 상징하는 것일 수 있었습니다. 제사장 지파는 다른 지파와 달리 유업을 받지 못했습니다. 하나님이 저희의 유업이어야 했습니다. 저희의 삶은 하나님께 성별된 믿음의 삶이 되어야 했습니다. 저희는 하나님을 위해, 하나님을 의존해 살아야 했습니다. 이 모든 것은 신약의 제사장의 특징이어야 할 것들의 상징입니다. 하나님께 대한 우리의 제사장으로서의 능력은 우리의 삶과 행실에 달려 있습니다. 우리의 행실은, 예수께서 "[그들은] 옷을 더럽히지 아니하였다"(계 3:4)고 말씀하실 수 있는 정도가 되어야 합니다.

세상과 구별된 우리는, 주님께 거룩하고자 하는 우리의 소망이 마음 깊은 곳에서 우러난 온전한 것임을 증명해야 합니다. 제사장의 신체적 완전함은 우리도 흠이나 티가 없어야 한다는 것을 나타냅니다(엡 5:27; 벧전 1:19). 우리는 온전하며 모든 선한 일을 행할 능력을 갖춘 하나님의 사람이 되어야 합니다(딤후 3:17). 그리고 "온전하고 구비하여 조금도 부족함이 없게" 되어야 합니다(약 1:4 또한 레 21:17-21; 엡 5:27 참조.) 우리는 무엇보다도 지상의 모든 유업을 포기하는 데 동의해야 합니다. 그리스도처럼, 모든 것을 버리고 오직 하나님만을 원하며, 하나님만을 위해 모든 것을 지켜야 합니다. 이것이 참 제사장, 곧 하나님과 하나님의 백성을 위해 사는 사람의 표시입니다.

셋째, 제사장이 되는 길입니다. 하나님께서는 아론의 모든 아들이 제사장이 되도록 그들을 선택하셨습니다. 아론의 아들은 모두 제사장으로 태어났습니다. 그러나 특별한 의식, 곧 위임식 이전에는 그 직무를 시작할 수 없었습니다. 하나님의 모든 자녀는 제사장으로 태어났습니다. 위대한 대제사장의 피로 맺어진 관계 덕분에 제사장으로 태어났습니다. 그러나 자신의 위임식을 깨닫고 받아들여야만 능력을 발휘할 수 있습니다.

출애굽기 29장에 따르면, 아론과 그 아들들의 위임식은 다음과 같이 행해졌습니다. 몸을 씻기고 옷을 입힌 뒤에 거룩한 기름으로 부었습니다. 그 다음 희생 제물을 드리고, 오른 귀, 오른 손, 오른 발에 피를 발랐습니다. 그리고 나서 피와 기름을 그들과 그들의 옷에 뿌렸습니다. 마찬가지로 피와 성령이 하나님의 자녀 안에서 더욱 충만히 역사할 때, 거룩한 제사장의 능력이 하나님의 자녀 안에서 역사합니다. 그 피는 모든 가치 없는 느낌을 제거해 주고, 성령께서는 모든 적합하지 않은 느낌을 제거해 줍니다.

제사장에게 피를 바르는 것에서 새롭게 주목해야 할 것이 무엇인지 생각해 보십시오. 제사장이 참회자로서 자기 죄를 용서받기 위해 희생 제물을 가져왔다면, 피를 제단에 뿌리지 자신에게 뿌리지 않았을 것입니다. 그러나 지금, 제사장직 위임을 위해서는 피와 좀 더 밀접한 접촉이 있어야 했습니다. 귀, 손, 발이 특별한 행동에 의해 피의 능력 아래 놓였으며, 전 존재가 하나님을 위해 성화(聖化)되었습니다. 신자가 제사장으로서 하나님께 완전히 나아가기를 추구할 때는, 피의 능력을 좀 더 충만히 그리고 좀 더 지속적으로 체험할 필요를 느낍니다. 이전에는 죄사함에 필요한 피 뿌림, 즉 자비의 보좌에 피가 뿌려지는 것에 만족했지만, 이제는 피가 더욱 직접적으로 자신에게 뿌려지는 것이 필요하며, 악한 양심으로부터 마음이 씻길 필요가 있습니다. 이를 통해 신자는 "다시 죄를 깨닫는 일이 없게"(히 10:2) 됩니다. 그는 모든 죄에서 씻음을 받습니다. 신자가 이것을 즐기게 될 때, 그의 양심은 하나님께 가까이 나아갈 놀라운 권한을 자각하고, 중보기도를 하면 기뻐 받으신다는 확신으로 가득 찹니다.

피가 권한을 주는 것처럼, 성령은 믿음의 중보기도에 능력을 줍니다. 성령께서는 우리에게 제사장의 영과 하나님의 영광과 영혼 구원을 향한 불타는 사랑을 불어넣으십니다. 우리를 예수님과 하나로 만드셔서 예수님의 이름으로 드리는 기도가 현실적인 것이 되게 하십니다. 참으로 그리스도의 영으로 채워지면 채워질수록, 그리스도인은 더욱 자발적으로 제사장의 중보기도 생활에 헌신할 것입니다.

사랑하는 동료 그리스도인들이여, 하나님께서는 자신에게 가까이 나아오고, 하나님 앞에서 살고, 중보기도를 통해 하나님의 은혜의 축복을 다른 사람들에게 내릴 수 있는 제사장이 필요하십니다. 그리고 세계 역시 죽어가는 사람들의 짐을 대신 지고 그들을 위해 중보기도해 줄 제사장이 필요합니다.

이 거룩한 일을 위해 기꺼이 당신을 바치지 않으시렵니까? 당신은 이 일에 요구되는 굴복을 알고 있습니다. 하나님의 사랑의 구원이 사람들 가운데서 성취되도록, 그리스도처럼 모든 것을 포기하는 것입니다. 구원받은 것에 만족하여서, 오로지 자신만을 유익하게 하는 일에 몰두하는 사람이 되지 마십시오! 지극히 높으신 하나님의 제사장이 되기 위해 자신을 전적으로 바치십시오! 아무것도 이 일을 방해하지 못하게 하십시오!

가치 없거나 적합하지 않은 생각 때문에 움츠러들 필요가 없습니다. 보혈의 완전한 구속의 능력이 당신 안에서 역사합니다. 성령을 통해, 신령한 삶을 직접 충분히 경험하는 일이 보장됩니다. 보혈은 당신의 기도에 무한한 가치를 부여해, 그 기도가 받아들여지게 합니다. 성령께서는 신성한 자격을 부여하셔서, 당신이 하나님의 뜻에 따라 기도하도록 가르치십니다.

모든 제사장은, 성소의 법에 따라 제물을 바치면 하나님께서 받으신다는 것을 알았습니다. 예수님의 이름으로 드리는 기도에 주신 모든 놀라운 약속이 보혈과 성령의 보호 아래, 당신 안에서 성취된다는 보장을 당신은 가지고 있습니다. 대제사장과 하나되어, "무엇이든지 원하는 대로" 구하십시오. 그리하면 당신에게 이루어질 것입니다(요 15:7). 당신은 역사하는 힘이 큰 의인의 기도를 드릴 수 있게 될 것입니다(약 5:16). 세상을 위한 교회의 일반적인 기도에 가담할 뿐 아니라, 당신의 활동 영역에서 당신만의 특별한 기도 사역을 맡을 수 있게 될 것입니다. 제사장으로서 당신은 이 사역을 수행하여, 응답 받고 응답 받은 것을 알며, 그리하여 주님의 이름으로 축복하게 될 것입니다.

오라, 형제여! 와서 제사장, 오직 제사장, 전적으로 제사장이 되십시오! 당신은 거룩한 중보기도의 사역을 위해 따로 구별되었음을 깊이 인식하고 주님 앞에서 행하십시오. 이것이 하나님 아들의 형상을 닮는 진정한 축복입니다.

주여. 우리에게 기도를 가르쳐 주옵소서

오 나의 복되신 대제사장이시여, 제 영혼이 주님의 말씀에 응하는 위임식을 받으소서! 주님의 성도들이 거룩한 제사장인 것을 믿습니다. 제가 제사장임을, 곧 주변의 죽어가는 영혼들에게 많은 축복을 내릴 기도를 드려 아버지께 호소할 능력이 있는 제사장임을 믿습니다. 저의 모든 죄를 씻어 주는 주님의 귀한 피의 능력을 믿습니다. 그 피는 하나님을 완전히 확신하게 해 주며, 하나님께서 저의 중보기도를 들으신다는 믿음을 보증해 주어 아버지께 가까이 이끌어 줍니다.

저는 성령의 기름 부음을 믿습니다. 성령께서는 저를 거룩하게 하시기 위해 대제사장이신 주님께로부터 날마다 제게 내려오십니다. 성령께서는 제게 제사장으로서의 소명 의식과 사람들에 대한 사랑을 채워 주십니다. 또한 무엇이 하나님의 뜻에 맞는 것인지, 믿음의 기도를 어떻게 드려야 할지를 제게 가르쳐 주십니다.

주님께서 제 인생의 모든 일에 함께 계신 것처럼, 저의 기도에도 함께 계셔서 주님의 놀라운 중보기도의 사역에 저를 동참시키신다는 것을 믿습니다.

이런 믿음에서, 저는 오늘 하나님의 기름 부음 받은 제사장으로서 저 자신을 하나님께 바칩니다. 죄인들을 대신해 주님 앞에 나아가 간구드리고, 다시 돌아와 주님의 이름으로 그들을 축복합니다.

거룩하신 주 예수님, 저의 위임식을 받으시고 인정하여 주소서! 주님의 손으로 제게 안수하시어, 저를 이 거룩한 사역에 친히 위임하여 주소서. 제가 지극히 높으신 하나님의 제사장임을 자각하고, 또 그러한 제사장의 성품을 지니고 사람들 앞에서 행하게 하옵소서.

우리를 사랑하시는 주님께, 피로 우리 죄를 씻으시고 우리를 아버지 하나님 앞에서 왕이요 제사장으로 삼으신 주님께, 영광과 권세가 영원무궁하기를 기도합니다! 아멘.

제 31 장

기도 생활

항상 기뻐하라 쉬지 말고 기도하라 범사에 감사하라 — 데살로니가전서 5:16-18

우리 주님께서는 끊임없이 기도해야 함을 가르치시기 위해 과부와 불의한 재판관의 비유를 말씀하셨습니다. 과부는 한 가지 분명한 요구사항을 집요하게 구했습니다. 이 비유는 하나님께서 어떤 특별한 축복을 지체하시거나 거절하시는 것처럼 보일 때, 끊임없이 기도해야 한다고 말합니다. 끊임없이 기도하고, 응답을 기다리고, 항상 성령 안에서 기도하라고 말하는 서신서들은, 삶 전체가 기도하는 생활이라고 말합니다. 우리에게, 우리 안에, 우리를 통해, 우리 주변에 하나님의 영광이 나타나기를 우리 영혼이 갈망할 때, 우리의 내적 삶은 하나님을 의지하는 마음, 믿음, 간절한 소망, 믿음에 찬 기대로 끊임없이 고양됩니다.

이렇게 기도하는 삶을 사는 데 필요한 것은 무엇입니까? 무엇보다도 삶 전체를 하나님의 나라와 하나님의 영광에 희생 제물로 바치는 것입니다. 경건하고 선해지기를 원하여 끊임없이 기도하려고 노력하면, 성공하지 못할 것입니다. 하나님과 하나님의 존귀하심을 위해 살고자 자신을 바치면, 마음이 넓어지고 모든 것을 하나님과 하나님의 뜻에 비추어 보게 됩니다. 우리는 본능적으로 주변의 모든 것에서 하나님의 도움과 축복이 필요함을, 그리고 하나님을 영화롭게 할 기회를 알아차립니다.

모든 것을 하나님의 영광에 의해서만 측정하고 판단합니다. 하나님과 관련된 것만이 실제로 하나님을 영화롭게 할 수 있다는 것을 배웠습니다. 우리의 전체 삶은, 하나님께서 능력과 사랑을 증명하시고 자신의 영광을 드러내시기를 진정으로 바라고 구하는 삶이 됩니다. 신자는 자신이 시온성의 파수꾼임을 깊이 인식합니다. 그의 외침은 참으로 하늘에 계신 왕의 마음을 감동시켜서, 외치지 않았으면 하시지 않았을 일을 하시게 만듭니다. 신자는 "모든 기도와 간구를 하되 항상 성령 안에서 기도하고 … 여러 성도를 위하여 … 또 나를 위하여"(엡 6:18-19) "기도를 계속하고 … 또한 우리를 위하여 기도하라"(골 4:2-3)는 바울의 권고가 얼마나 실제적인지를 이해합니다. 자기를 버리는 것, 곧 사람들 가운데서 하나님과 하나님의 나라를 위해 사는 것은 끊임없이 기도하기를 배우는 길입니다.

하나님께 바친 이런 삶은, 우리 기도에 응답이 있다는 깊은 확신이 수반되어야 합니다. 우리의 복되신 주님께서는 기도와 관련된 가르침에서 하나님을, 우리가 구하는 것을 반드시 이루어 주시는, 아버지로 믿는 믿음을 강조하셨습니다. "구하라, 그리하면 받으리니 너희 기쁨이 충만하리라"(요 16:24). 우리 주님의 가르침의 시작과 끝은 확신을 가지고 응답을 기대하라는 것입니다(마태복음 7:8과 요한복음 16:24을 비교해 보시오).

기도에 응답이 있다는 것과 구하는 것을 하나님께서 이루어 주신다는 확신을 가질 때, 우리는 감히 이 놀라운 기도의 능력을 쓰지 않거나 소홀히 여기지 않을 것입니다. 우리 영혼은 전적으로 하나님을 향해야 하며, 우리 삶은 기도가 되어야 합니다. 우리를 비롯해 주변의 모든 사람은 시간의 창조물이고 성장의 법칙에 예속되어 있기 때문에, 주님께서는 시간이 필요하십니다. 그러나 믿음의 기도는 단 하나라도 버려지지 않는다는 것과 때로는 기도가 누적될 필요도 있다는 것을 아십시오. 불굴의 기도는 하나님을 기쁘시게 한다는 것을 아십시오. 그러면 우리 하나님 앞에서 소망과 믿음의 삶을 조용히 지속적으로 사는, 기도하는 삶이 될 것입니다.

살아 계신 하나님의 무한하고 확실한 약속을 더 이상 당신의 이성으로 제한하지 마십시오! 하나님의 약속에서 능력을, 약속이 불어넣어 주려는 놀라운 확신을 우리 자신에게서 빼앗지 마십시오! 방해물은 하나님 안에, 하나님의 숨기운 뜻 안에, 하나님의 약속이 지닌 한계 안에 있지 않습니다. 그것은 우리 안에 있습니다. 우리는 약속을 받을 만한 사람이 아닙니다. 하나님의 약속의 말씀에 온 마음을 여십시오. 그 말씀이 우리를 살피고 겸손하게 할 것입니다. 또 우리의 기운을 돋우고 우리를 기쁘고 강하게 할 것입니다. 구하면 얻는다는 것을 아는 믿음이 있으면, 기도는 고역이나 짐이 아니라, 기쁨이요 승리입니다. 기도는 꼭 필요한 것이요 제2의 천성이 됩니다.

  이러한 강한 소망과 확고한 믿음의 결합은 성령께서 우리 안에 거하시는 결과입니다. 성령께서는 우리 안에 거하시며, 우리의 깊은 곳에 자신을 숨기시고, 보이지 않는 거룩한 하나님을 갈망하게 하십니다. 우리 마음이 하나님을 애타게 찾게 하고, 하나님이 알려지고 영화로워지시기를 갈망하게 하시는 분은 언제나 성령이십니다. 때때로 성령님은 말할 수 없는 탄식으로(롬 8:26), 때로는 분명하고 확실한 확신으로, 또 때로는 우리에게 그리스도의 좀 더 심오한 계시를 바라는 특별한 간구로, 어떤 영혼, 어떤 일, 교회, 세계를 위한 간청으로 우리를 통해 말씀하십니다. 하나님의 자녀가 참으로 성령 안에서 살고 행하는 곳에, 육신에 매여 사는데 만족하지 않고 그리스도의 삶과 그리스도를 드러내기 위해 성령에 합당한 영적 인간이 되려고 하는 곳에, 그곳에는 결코 멈추지 않는 복되신 주님의 중보기도의 삶이 반드시 나타나고 재현됩니다. 우리 안에서 기도하시는 분은 그리스도의 영이시기 때문에, 하나님께서는 우리의 기도를 반드시 들으십니다. 그리스도의 영 안에서 기도하는 것이 우리이기 때문에, 모든 방해가 정복되고 하나님의 영과 우리의 영이 완전히 조화를 이루는 데에는 시간, 인내, 끊임없이 기도하는 것이 필요합니다.

  끊임없는 기도 생활에 가장 필요한 것은 예수께서 우리에게 기도를 가르쳐 주신다는 것을 아는 것입니다. 우리는 예수님의 가르침이 무엇인지 조금이나마 이해하기 시작했습니다. 예수님의 가르침은 새로운 사상이

나 견해의 전달, 실패나 잘못의 깨우침, 소망과 믿음의 자극이 아닙니다. 이것들은 모두 대단히 중요한 것이지만 예수님의 가르침은 이런 것이 아닙니다. 예수님의 가르침은 아버지 앞에서 기도하시는 예수님 자신의 기도 생활에 우리를 동참시키는 것입니다. 이것이 예수께서 가르치시는 방법입니다. 제자들이 기도를 가르쳐 달라고 요청하게 된 이유는 바로 예수께서 기도하시는 모습을 보았기 때문입니다. 예수께서 끊임없이 기도하신다는 것을 믿을 때 참으로 기도를 배우게 됩니다.

우리는 기도하시는 주님이 우리의 머리요 우리의 생명이신 이유를 압니다. 주님의 것은 모두 우리의 것이며, 우리 자신을 온전히 그분께 드릴 때 그 모든 것을 받습니다. 주님께서는 주님의 피로써 우리를 하나님 바로 앞으로 인도하십니다. 우리의 집은 지성소이며, 우리는 그곳에 삽니다. 그토록 하나님과 가까이 살고, 그렇게 가까이 살게 된 이유는 하나님과 멀리 떨어져 사는 사람들을 축복하기 위함이라는 것을 알기 때문에, 우리는 기도할 수밖에 없습니다. 그리스도께서는 우리를 자신의 기도 생활과 기도의 능력에 동참한 사람으로 삼으십니다. 우리의 진정한 목표는 많은 일을 하고 일을 바르게 하기 위해서만 기도하는 것이 아닙니다. 우리는 많이 기도해야 하고, 기도로 얻는 능력과 축복이 우리를 통해 사람들에게 전해지도록 많이 일해야 합니다. 그리스도께서는 살아 계셔서 영원토록 기도하시며, 구원하시고 다스리십니다.

우리에게 자신의 기도하는 삶을 전해 주시며, 자신을 신뢰하기만 하면 기도하는 삶을 우리 안에 유지시켜 주십니다. 주님께서는 우리의 끊임없는 기도를 책임지십니다. 어떻게 기도하시는지를 우리에게 보여 주심으로써, 우리 안에서 기도를 하심으로써, 주님 안에서 주님처럼 기도하도록 우리를 인도하심으로써, 우리에게 기도를 가르쳐 주십니다. 그리스도는 끊임없이 기도하는 삶에 필요한 생명이요 능력이며 전부입니다. 우리의 모범이신 그리스도께서 쉬지 않고 기도하시는 것을 볼 때, 우리도 쉬지 않고 기도할 수 있습니다. 그리스도의 제사장직은 영원한 생명의 능력, 결코 시들지도 약해지지도 않는 부활의 생명의 능력이기 때문에, 그리고 그리스도의 생명은 우리의 생명이기 때문에, 쉬지 않고 기도하는 것은 이곳 지상에서 맛보는 하늘의 기쁨이 될 수 있습니다. 그래서 바울 사도는 이렇게 말했습니다. "항상 기뻐하라, 쉬지 말고 기도하라, 범사에 감사하라." 항상 기뻐하고 범사에 감사하는 것과 더불어 쉬지 않고 기도하는 것은 예수님의 영원한 생명의 능력을 나타내는 것입니다.

포도나무와 가지 사이의 연합은 실로 기도의 연합입니다. 그리스도와 하나가 되는 것, 곧 그리스도의 천국 생활의 영광에 참여하는 것은 그리스도의 중보기도의 사역에 동참하는 것입니다. 그리스도와 우리는 영원히 살며 기도할 것입니다. 그리스도와 연합하여 끊임없이 기도하는 것은 하나의 가능성이자 실제, 즉 하나님과의 교제 가운데 가장 거룩하고 복된 부분입니다. 우리는 아버지가 계시는 장막 안쪽에 거합니다. 우리는 아버지께서 말씀하시는 것을 행하고, 아버지께서는 아들이 구하는 것을 행하십니다. 끊임없이 기도하는 것은 지상에 천국을 드러내는 것이며, 밤낮으로 쉬지 않고 예배와 찬양의 노래를 부르는 천국 생활을 미리 맛보는 것입니다.

주여, 우리에게 기도를 가르쳐 주옵소서

오 나의 아버지, 끊임없는 기도, 끊임없는 교제, 끊임없는 응답, 살아 계셔서 영원히 기도하시는 그리스도와의 끊임없는 하나됨, 이런 놀라운 삶으로 인하여 온 마음을 다해 아버지를 찬양합니다! 오, 나의 하나님, 저로 하여금 아버지의 영광 안에 거하게 하시며 그 안에서 행하게 하소서. 그리하여 저의 기도가, 아버지와 동행하는 삶을 자발적으로 표현하는 것이 되게 하소서.

복되신 주님, 주님께서 저의 필요와 간구에 동참하시기 위해 하늘로부터 내려오시고, 이제 주님의 전능한 중보기도의 사역에 저를 동참시키시니, 온 마음으로 주님을 찬양합니다. 저를 당신의 기도학교에 데려가셔서, 완전히 기도로 이루어진 삶의 기쁨과 능력을 가르쳐 주시니 감사합니다. 무엇보다도, 주님의 중보기도의 삶에 동참케 하여 주시니 감사합니다. 이제는 저를 통해서도, 주님의 축복이 제 주변 사람들에게 베풀어질 수 있습니다.

성령님, 제 안에서 활동하신 당신의 사역으로 인하여 당신을 깊이 경외하며 감사를 드립니다. 당신을 통해, 저는 아버지와의 교제와 아들과의 교제에 들어가고, 성 삼위일체의 생명과 사랑의 교제에 들어갑니다.

하나님의 영이시여, 당신의 일을 제 안에서 완성하소서! 제가 저의 중보자이신 그리스도와 완전한 연합을 이루게 하소서! 끊임없이 제 안에 거하셔서, 제 삶이 끊임없는 중보기도의 삶이 되게 하소서. 끝으로 제 삶이 아버지를 끊임없이 영화롭게 하며 주위 사람들을 축복하게 하소서. 아멘.

제2권

기도 생활

The Prayer Life

머리말

이 책을 쓰게 된 계기와 목적에 대해 몇 마디 적음으로써, 내용을 이해하는 데 도움을 주고자 합니다.

이 책은 1912년 4월 11–14일, 남아프리카 스텔렌보쉬에서 열린 목회자 회의의 결과물입니다. 이 회의가 열리게 된 계기는 다음과 같습니다. 우리 교단(네덜란드 개혁교회) 신학대학원의 데보스 교수는 교단 내 목회자들에게 [교단을 불문하고] 교회의 영적 생활이 전반적으로 낮은 상태이며, 따라서 우리 교단의 영적 상태도 조사해 봐야 한다는 내용의 편지를 썼습니다. 그는 이미 「교회의 상태」(*The State of the Church*)라는 책을 통해 우리 내면을 깊이 들여다볼 필요성을 제기했습니다. 데보스 교수는 우리에게 영적 능력이 없다는 것은 의심할 여지가 없으므로 우리가 하나님 앞에 모여 그 원인을 밝혀내야 할 때가 아니냐고 물었습니다. 그의 편지에는 이렇게 적혀 있었습니다. "우리 상태를 참으로 진지하게 조사한다면, 우리에게 영적 능력이 없다는 것과, 그 원인은 우리의 믿음 없음과 죄 때문이라는 것을 인정할 수밖에 없습니다. 그리고 영적 능력이 없는 상태는 하나님께 죄이고, 성령께서 진정 슬퍼하시는 일임을 인정할 수밖에 없습니다."

그의 초대는 진심어린 반응을 불러일으켰습니다. 4명의 신학 교수들을 포함하여 2백 명 이상의 목사, 선교사, 신학생들이 데보스 교수의 말을 회의의 기조연설로 삼고 모였습니다. 처음부터, 회개와 회심에 이르는 유일한 길인 고백이 이어졌습니다. 뒤이은 회의에서는 교회의 삶을 그토록 연약하게 만든 죄들이 무엇인지에 관해 증언이 이어졌습니다. 어떤 사람들은 다른 목사들의 행동, 교리, 예배에서 발견되는 잘못들을 언급했습니다. 그러나 곧 이것은 옳지 않은 방법이라고 느꼈습니다. 죄를 고백해야 하는 것은 죄를 지은 당사자여야 하기 때문이었습니다.

은혜롭게도 주님께서는, 기도하지 않는 죄를 가장 깊은 악의 뿌리로, 인식할 수 있게 해 주셨습니다. 기도하지 않는 죄로부터 자유롭다고 주장할 수 있는 사람은 없었습니다. 믿음의 기도를 끊임없이 드리지 않는다는 것은 목사와 교인의 영적 삶에 문제가 있다는 것을 보여 주는 지표입니다. 실로 기도는 영적 삶의 맥박입니다. 기도는 목사와 교인들에게 하늘의 축복과 능력을 가져다주는 위대한 수단입니다. 꾸준히 믿음의 기도를 드린다는 것은 강하고 풍성한 삶을 살고 있음을 의미합니다.

일단 고백하는 정신이 퍼지기 시작하자, 우리의 기도 생활을 방해하는 모든 것을 과연 물리칠 수 있을까 하는 우려 섞인 기대가 일어났습니다. 이전에 열렸던 소규모 회의들에서도, 많은 사람들이 기도생활을 새롭게 시작하려고 했습니다. 그러나 그들은 기도 생활을 하나님의 말씀에 부합하는 것으로 생각하면서도, 기도 생활을 유지할 수 있을 것이라고 기대할 용기가 없었습니다. 그들은 종종 시도했으나 실패했습니다. 주님께서 명하신 대로 살고 기도하겠다는 약속도 할 수 없었습니다. 불가능하다고 느꼈기 때문입니다. 점점 큰 진리를 고백하게 되었으니, 새로운 기도 생활을 할 수 있게 해 주는 유일한 능력은, 축복을 받으신 우리 구주와 전적으로 새로운 관계를 맺을 때만 얻을 수 있다는 진리였습니다. 이렇게 볼 때, 우리를 죄, 곧 기도하지 않는 죄에서 구원하시는 분은 바로 주님이십니다. 우리가 믿음의 힘으로 주님과 더욱 친밀히 교제하는 삶에 몰두하다 보면 자연스레 영적 삶에서 우러나는 기도를 드리게 됩니다. 회의를 마치고 헤어지면서, 많은 참석자가 새로운 빛과 소망 ─ 기도 생활에 필요한 힘을 예수 그리스도 안에서 새롭게 찾겠다는 소망 ─ 을 가지고 돌아간다고 간증했습니다.

많은 사람들은 이것이 시작일 뿐이라고 느꼈습니다. 그토록 오랫동안 골방에서 우위를 지켰던 사탄은 우리를 육체와 세상의 권세에 다시 한 번 굴복시키기 위해 최선을 다해 유혹할 것입니다. 신실함을 지킬 수 있는 능력은 그리스도의 가르침과 그리스도와의 친교 이외에 어디에서도 얻을 수 없습니다.

나는 회의에 참석했던 사람들에게 배운 것을 상기시켜 주고, 목사로서 성공하는데 너무도 필수적인 기도 생활에 도움을 주기 위해, 회의에서 다루었던 진리들을 글로 남길 필요가 있다고 생각했습니다. 많은 경우 장로들은 그들의 목사가 무슨 목적에서 교회를 비웠는지 듣고 싶어하기 때문에, 글로 남기는 일은 회의에 참석하지 못한 목사들과 장로들을 위해서도 필요했습니다.

이 책은 교회의 지도자인 목사와 장로들을 위해 출판되었습니다. 목사와 장로들이, 영적인 모든 일은 기도에 달려 있다는 것을 이해하기 시작한다면, 그리고 하나님은 하나님을 모시는 사람들을 돕는 분이라는 것을 이해하기 시작한다면, 실로 그날은 우리 교회에 소망의 날이 될 것입니다. 동시에 주님께 삶을 온전히 구별하여 드리고 싶어하는 모든 신자들을 위한 것이기도 했습니다. 다시 말해서 이 책의 목적은 더 많이 기도하고 더 잘 기도하기를 원하는 모든 이들에게, 골방에 있는 하나님의 영광과, 그 영광이 영혼에 머물 수 있는 방법을 가르쳐 주는 것이었습니다.

처음에 이 책을 영어로 번역하자는 요청을 받았을 때, 나는 책을 너무 서둘러 썼으며, 문체도 앞서 열렸던 회의들과 밀접하게 연관되어 있어서 지나치게 구어체이고 고치기도 어렵다고 느꼈습니다. 그리고 내 기력이 한계에 달해서 다시 고쳐 쓸 생각은 엄두도 내지 못했습니다. 그러나 내 친구 W. M. 더글러스 목사가 번역을 맡겠다는 말을 듣는 순간, 나는 이 책의 번역에 동의했습니다. 하나님께서 이 책을 통해 자기 종들 가운데 어느 한 사람에게라도 메시지를 전하신다면, 나는 이 책을 쓴 일을 큰 명예로 여길 것입니다. 나는 하나님께서 우리 교단 이 회의에서 하신 일을 다른 교단에서도 똑같이 하실 수 있다고 생각합니다.

끝으로 복음을 전하는 모든 목사들과 이 책을 읽을 모든 교회 성원들에게 소망을 전합니다. 하나님의 은혜가 우리 안에서 역사하여 죄를 깨달게 하고, 큰 어려움에 빠져 의지할 데 없음을 고백하게 하며, 믿는 자들을 위해 예수 그리스도께서 해 주실 일을 꿈꾸고 믿게 하기를 진심으로 기도합니다. 우리 주님께서 이 책을 읽는 사람들에게 용기 — 그리스도인의 삶의 본질인 기도를 통해, 하나님과 충만한 교제를 얻고자 하고 형제를 권면(勸勉)하고자 하는 용기 — 를 주시기를 기도합니다. "오직 기도하지 않는 사람만이 자신이 기도하지 않는다는 것을 고백하지 못한다"는 말이 있습니다. 하나님께 돌아가고 하나님의 사랑을 회복하는 유일하고 확실한 길은 죄를 전심으로 고백하는 것입니다. 그러므로 죄를 회개하라는 하나님의 초대를 기다리고, 또 하나님의 기도 응답을 경험하고 싶어 하는 사람이 많다는 것을 믿기 바랍니다.

우리 교단에서 두루 열리는 "오순절 기도회"에 대해 한마디 덧붙이고 싶습니다. 이 기도회는 우리 사역에서 대단히 흥미롭고 중요한 자리를 차지해 왔습니다. 1858년과 그 다음 몇 해 동안 미국과 아일랜드에서 일어났던 대부흥 기간에, 우리의 선배 목사들은 회보를 발행하여 하나님이 우리에게도 찾아와 주시기를 기도하자고 교회에 촉구했습니다. 1860년, 여러 교구에서 부흥이 일어났습니다. 1861년 4월, 우리 교단에서 가장 오래된 교회인 파를(Paarl) 교회에서 매우 흥미로운 일이 있었습니다. 원래 주일에 한 번만 설교했던 담임 목사는 오순절을 앞두고 오후에 교회에서 기도회를 열 것이라고 공고했습니다.

기도회는 특별한 관심을 끌었으며, 많은 사람들이 깊은 감동을 받았습니다. 기도회가 끝난 후, 목사는 주님이 승천하신 날과 오순절 사이 열흘 동안 매일 기도회를 열겠다고 말했습니다. 다음 해에도 기도회를 열었습니다. 그런데 주위의 모든 교회들이 여기에 동참하는 축복이 일어났습니다. 그리고 지금까지 50년 동안 교단 전체가 이 열흘간의 기도회를 열어 왔습니다. 해마다 강연과 기도의 주제들이 문서로 발행되었고, 그 결과 교단의 전 교인들은 하나님의 말씀이 성령에 관하여 가르치는 것을 배웠고, 성령의 인도를 구하고 성령의 인도에 자신을 맡기려는 자극을 받았습니다. 이 열흘은 회심하지 않은 사람들에게 특별한 노력을 기울이는 기간으로 자리잡았으며, 부분적으로나마 부흥을 일으키는 기간으로도 자리잡았습니다. 이 열흘은 성령, 곧 믿는 자들의 마음에서 행동하시며, 영혼을 다스려 하나님 나라를 섬기게 하시는 성령님을, 목사와 교인들에게 올바로 인식시키는 축복의 수단이 되어왔습니다.

우리는 아직 성령에 대한 지식과 능력이 너무도 부족하지만, 우리를 인도하시어서 이 열흘 동안 성령의 역사(役事)를 위해 특별히 기도하게 하신 우리 하나님께 아무리 감사해도 지나치지 않다고 생각합니다.

내가 이 오순절 기도회에 대해 언급한 이유는, 이런 내용을 알 경우, 기뻐하며 이 기도회에 참석할 사람이 있을 것이라고 생각했기 때문이다.

제 1 장

기도하지 않는 죄

살아 숨쉬는 양심과 철저히 회개하는 마음을 지니기 위해서는, 자기 죄를 낱낱이 아뢸 필요가 있습니다. 고백은 철저히 자신과 관련된 것이어야 합니다. 목회자 모임에서 우리 목회자 각자가 부끄럽게, 아니 "죄스럽고도 참으로 죄스럽게" 고백해야 할 죄는 아마도 기도하지 않는 죄일 것입니다.

기도하지 않는 것이 왜 그토록 큰 죄이겠습니까? 처음에는 기도하지 않는 것이 단지 결점으로만 생각됩니다. 시간이 부족하고 잡다한 일이 산재해 있다고 말할 뿐 기도하지 않는 상황이 심각한 죄임을 깨닫지 못합니다. 앞으로는 기도하지 않는 죄가 진정 죄로 느껴지기를 바라십시오. 다음의 사실들을 생각해 봅시다.

1. 기도하지 않는 것은 하나님을 너무도 욕되게 하는 일이다. 우리를 초대하시는 거룩하시고 지극히 영화로우신 하나님이 계십니다. 그 하나님의 초대는 하나님과 대화하고, 필요한 것을 구하고, 하나님과 친교하는 데 따르는 축복을 맛보게 합니다. 하나님께서는 우리를 자신의 형상대로 만드시고, 자신의 외아들을 통해 우리를 구원하셨습니다. 따라서 하나님께 기도할 때에 우리는 최고의 영광과 구원을 발견할 수 있습니다.

우리는 이 하늘의 특권을 얼마나 누립니까? 기도에 겨우 5분을 할애하는 사람이 얼마나 많습니까! 그들은 시간이 없다고, 또는 기도하고픈 마음이 별로 없다고 말합니다. 그들은 단 30분도 하나님과 어떻게 보내야 할지 모릅니다! 이렇게 된 원인은 그들이 전혀 기도하지 않았기 때문이 아닙니다. 그들도 날마다 기도합니다. 그러나 그들은, 하나님과 교제하는 증거이자 하나님이 자신에게 가장 중요한 존재라는 것을 보여 주는 기도에서, 기쁨을 얻지 못합니다.

친구가 방문했을 때, 그들은 친구와 대화할 시간을 내며, 그 대화를 즐기기 위해 희생을 치르고라도 애써 시간을 냅니다. 그렇습니다. 그들은 정말로 흥미를 가진 일에는 시간이 있습니다. 그러나 하나님과 친교를 나누고, 하나님 안에서 기뻐할 시간은 없습니다! 그들은 자신에게 도움이 되는 피조물에게는 시간을 내지만, 날이 가고 해가 가면서 점점 하나님과 지낼 시간은 단 한 시간도 내지 못합니다. 하나님과 친교를 나눌 시간이 없다고 말한다면, 그것은 하나님께 큰 치욕을 안겨드리는 것입니다. 이 죄를 뚜렷이 알게 되면, 우리는 대단히 부끄러워하며 이렇게 외치지 않겠습니까? "화있을진저 나여, 망하게 되었도다. 오 하나님, 자비를 베푸시어, 기도하지 않는 이 끔찍한 죄를 사하여 주옵소서." 좀 더 생각해 봅시다.

2. 기도하지 않는 것은 영적 삶이 병드는 원인이다. 기도하지 않는 것은 대체로 우리 삶이 여전히 "육체"의 권세 아래 있다는 증거입니다. 기도는 생명의 맥박입니다. 의사는 맥박을 검사함으로써 심장의 상태를 진단할 수 있습니다. 목사나 교인이 기도하지 않는다면, 그것은 그 영혼 안에 있는 하나님의 생명이 치명적인 병에 걸렸다는 증거입니다.

교회가 본연의 소명을 잘 수행하지 못한다는 불평이 있습니다. 교인들에게 별로 영향을 미치지 못하고, 세상의 권세로부터 교인들을 구하지 못한다는 불평, 또 하나님께 헌신하는 거룩한 삶으로 교인들을 인도하지 못한다는 불평이 많습니다. 믿음 없는 자들에게 그리스도의 사랑과 구원을 전하라고 말씀하셨건만, 교회는 수백만의 믿음 없는 자들에게 무관심하다는 비판도 많습니다. 세상에서 일하는 수천의 그리스도인 일꾼들이 더 큰 영향을 발휘하지 못하는 이유는 무엇입니까? 자신의 사역에 기도를 더하지 않았기 때문입니다. 그 밖에 다른 어떤 이유도 없습니다. 연구와 교회 일에 쏟는 그들의 열정 한가운데에, 설교와 대화에 임하는 그들의 모든 성실함 한가운데에 끊임없는 기도가 있어야 하건만 그렇지 못합니다. 그들의 기도에는 성령의 약속과 하늘의 능력이 없습니다. 그들의 영적 삶에 능력이 없는 이유는 오직 기도하지 않았기 때문입니다! 좀 더 생각해 봅시다.

3. 목사가 기도하지 않음으로써 교회는 엄청난 손실을 겪는다. 신자에게 기도하는 삶을 훈련시키는 것은 목사의 임무입니다. 그러나 목사 자신이 하나님과 대화하는 일에 거의 무지하고, 날마다 성령으로부터 (자신과 자신의 사역에 필요한) 은혜를 충분히 받지 못한다면, 어떻게 그 임무를 수행할 수 있겠습니까? 목사는 자기 수준 이상으로 교인을 인도할 수 없습니다. 목사 자신이 가는 길이 아닌 이상, 열정적으로 어떤 길을 제시하거나 어떤 일을 설명할 수 없습니다.

너무도 많은 그리스도인들이 하나님과의 친교인 기도에 대해, 기도의 축복에 대해 거의 아무것도 모릅니다! 기도의 축복에 대해 어느 정도 알고 있고, 더 많이 알고 싶어하는 사람들도 많지만, 그들은 기도의 축복을 얻을 때까지 계속 기도하라는 자극을 설교에서 지속적으로는 받지 못합니다! 그 이유는 간단합니다. 목사가 능력 있는 기도의 비밀에 대해 거의 알지 못하고, 목회 현장에 기도를 두지 않기 때문입니다. 목회는 본질적으로 반드시 기도가 필요합니다. 또 그것이 하나님의 뜻입니다. 기도하지 않는 죄를 목사가 직시하고 그 죄에서 해방된다면, 우리 교인들에게 얼마나 큰 변화가 있겠습니까! 다시 한 번 생각해 봅시다.

4. 이 죄를 극복하고 버리지 않는 한 그리스도께서 명령하신 바 모든 사람에게 복음을 전파하는 것은 불가능하다.

많은 사람들은 선교에서 가장 필요한 일이 주님께 헌신하여 영혼 구원을 위해 힘써 기도할 사람들을 확보하는 것이라고 생각합니다. 또한 하나님의 백성이 밤낮으로 부르짖고 구한다면, 하나님은 세상을 구하고 축복하기를 원하시며, 또 그렇게 하신다고 말합니다. 그러나 먼저 목회자들 안에서 완전한 변화가 일어나지 않는데 어떻게 교인들이 그런 경지에 이를 수 있겠습니까? 반드시 필요한 것은 설교, 심방, 교회 업무가 아니라, 기도로 하나님과 교제하여 마침내 높은 곳으로부터 오는 능력을 입는 것입니다. 목사가 이러한 사실을 이해하지 못하는데, 어떻게 교인들이 밤낮으로 기도하는 일이 일어날 수 있겠습니까?

하나님의 나라와 관련하여 생각하고 일하고 바랄 때, 우리는 기도하지 않는 죄를 인정할 수밖에 없습니다! 하나님께서는 우리가 그 죄를 뽑아 버릴 수 있도록 도와주십니다! 하나님께서는 그리스도 예수의 피와 능력을 통해 그 죄에서 우리를 구해 주십니다! 목사가 이 악의 뿌리에서 벗어나면 참으로 영광스런 자리를 얻게 된다는 것을 이해시키기 위해, 하나님께서는 모든 목사에게 말씀을 가르치십니다. 이것을 이해한 목사는 용기와 기쁨, 믿음과 인내를 가지고 하나님과 동행할 수 있습니다!

기도하지 않는 죄! 이 죄를 지으면, 주님, 감당할 수 없는 무게로 우리 마음을 누르소서. 예수님의 이름과 능력으로 우리가 이 죄에서 벗어날 때까지, 우리 마음에 평안이 없게 하소서. 주님께서는 우리를 위해 이렇게 하실 것입니다.

미국에서의 한 증거

1898년, 뉴욕 장로회 소속 목사 두 사람이 영적 삶을 고양하기 위한 노스필드 회의에 참석했습니다. 두 사람은 새로운 열정을 품고 돌아가 자신의 업무에 임했습니다. 그들은 장로교 전체에 부흥을 일으키고자 노력했습니다. 그들이 주최한 회의에서, 의장은 참석자들의 기도 생활과 관련하여 질문을 했습니다. "형제들이여, 우리 오늘 하나님과 서로에게 고백합시다. 그렇게 하는 것이 우리에게 유익할 것입니다. 날마다 자기 일과 관련하여 하나님과 30분씩 대화하는 사람은 모두 손을 들어주십시오." 한 사람만 손을 들었습니다. 의장은 또 물었습니다. "15분씩 하나님과 대화하는 사람은 모두 손을 들어주십시오." 반이 채 못되는 사람들이 손을 들었습니다. 그때 의장은 이렇게 말했습니다. "기도는 그리스도의 몸된 교회가 역사하는 능력입니다. 그런데 우리 일꾼들의 반 이상은 이 능력을 거의 이용하지 않고 있습니다! 5분씩 하나님과 대화하는 사람은 모두 손을 들어주십시오." 모든 사람이 손을 들었습니다. 그러나 나중에 한 사람이 다가와 자기가 날마다 5분씩이라도 하나님께 기도를 하는지 확신할 수 없다고 고백했습니다. "내가 하나님과 얼마나 시간을 보내지 않는지 확실히 알았습니다."

기도하지 않는 원인

어떤 장로들의 모임에서, 한 사람이 물었습니다. "그토록 기도하지 않는 원인은 무엇일까요? 믿음이 없기 때문이 아니겠습니까?"

대답은 이랬습니다. "물론입니다. 하지만 '그 믿음 없음의 원인이 무엇인가' 하는 의문이 뒤따릅니다." "우리는 어찌하여 [귀신을] 쫓아내지 못하였나이까?"(마 17:19)하고 제자들이 물었을 때, 예수님은 "너희 믿음이 적은 연고니라"(20절)고 대답하셨습니다. 조금 더 가시다가 주님은 이렇게 말씀하셨습니다. "기도[와 금식] 외에 다른 것으로는 이런 유가 나갈 수 없느니라"(21절). 세상을 버리는 자기 부정(즉, 금식)과 천국을 붙잡는 기도의 삶이 아니면, 믿음은 발휘될 수 없습니다. 우리는 기도하지 않음의 근원이 성령을 따라 살지 않고 육체를 따라 사는 삶에 있음을 알게 됩니다. 우리가 회의에서 나왔을 때, 한 형제가 내게 말했습니다. "그것은 너무도 어려운 일입니다. 우리는 성령 안에서 기도하기를 원하는 동시에 육체를 따라 살기도 합니다. 따라서 이것은 불가능합니다."

어떤 사람이 병들어서 치료를 원한다면, 병의 진짜 원인을 발견하는 것이 무엇보다 중요합니다. 이것이 병에서 낫기 위한 첫 번째 조치입니다. 병의 중대한 원인을 알지 못하고, 병의 실제 원인이 아닌 엉뚱한 원인이나 부차적인 원인에 주의를 집중하면, 치료는 불가능합니다. 마찬가지로, 우리에게 축복의 장소가 되어야 할 골방에서의 기도가 무감각하고 생기 없는 상태가 된 원인을 정확하게 통찰하는 것이 무엇보다도 중요합니다. 이 악의 뿌리가 무엇인지 완전히 깨닫기 위해 시도해 봅시다.

그리스도인에게는 두 가지 상태만 가능하다고 성경은 우리에게 가르칩니다. 하나는 성령을 따라 사는 것이고, 다른 하나는 "육체"를 따라 사는 것입니다. 이 두 권세는 서로 화해할 수 없는 싸움을 합니다. 따라서 대다수 그리스도인의 경우, 성령으로 거듭난 것과 하나님의 생명을 받은 것에 대해 하나님께 감사하는 반면에, 그들의 일상 생활은 성령을 따라 살지 않고, "육체"를 따라 사는 삶입니다. 바울은 갈라디아 교인들에게 이렇게 썼습니다. "너희가 이같이 어리석으냐? 성령으로 시작하였다가 이제는 육체로 마치겠느냐?"(갈 3:3). 갈라디아 교인들의 예배는 육체적이고 외적으로 실행하는 데 치중했습니다. 하나님께 드리는 예배에 "육체"의 영향을 허용하면, 곧 공공연한 죄를 초래한다는 것을 그들은 이해하지 못했습니다.

그래서 바울은 음행, 살인, 술 취함 등 심각한 "육체"의 역사(役事)뿐 아니라, 분노, 다툼, 갈등 같은 좀 더 일상적인 죄를 언급하면서, 이렇게 권고합니다. "너희는 성령을 좇아 행하라. 그리하면 육체의 욕심을 이루지 아니하리라 … 만일 우리가 성령으로 살면 또한 성령으로 행할지니라"(갈 5:16, 25). 우리는 성령을 새로운 삶의 창조자로서 뿐 아니라, 우리 전 삶의 인도자와 안내자로 여겨야 합니다. 그렇지 않으면, 우리는 바울 사도가 말한 바 "육신에 속한" 사람이 됩니다.

대다수 그리스도인은 이 문제를 거의 이해하지 못합니다. 그들은 자기 안에 있는 그리고 자신도 모르게 양보하고 마는 육체의 본성에 대해, 그 육체의 본성에 깊이 뿌리내린 죄와 불신앙에 대해 실제로 아는 것이 전혀 없습니다. "하나님은 …" 그리스도의 십자가로 "육신에 죄를 정하셨다"(롬 8:3). "그리스도 예수의 사람들은 육체와 함께 그 정과 욕심을 십자가에 못 박았느니라"(갈 5:24). "육체"는 개선되거나 성화(聖化)되지 않습니다. "육신의 생각은 하나님과 원수가 되나니 이는 하나님의 법에 굴복하지 아니할 뿐 아니라 할 수도 없음이라"(롬 8:7). 그리스도께서 "육체"를 다루신 방법 이외에 육체를 다룰 방법은 없습니다. "우리 옛 사람이 예수와 함께 십자가에 못 박혔다"(롬 6:6). 따라서 우리도 믿음으로 옛 사람을 십자가에 못박고, 날마다 그것이 저주받은 십자가에 달려 있는 것으로 생각하고 대해야 합니다.

너무도 많은 그리스도인이 뿌리 깊고 가늠하기 어려운 "육체"의 죄성, 즉 "내 속 곧 내 육신에 선한 것이 거하지 아니한다"(롬 7:18)는 사실에 대해 좀처럼 진지하게 생각하거나 말하지 않는 것은 매우 슬픈 일입니다. 자기 육신에 선한 것이 없다고 생각하는 사람은 당연히 이렇게 부르짖을 것입니다. "내 지체 속에서 한 다른 법이 내 마음의 법과 싸워 내 지체 속에 있는 죄의 법 아래로 나를 사로잡아 오는 것을 보는도다. 오호라 나는 곤고한 사람이로다 이 사망의 몸에서 누가 나를 건져내랴?"(롬 7:23, 24). 더 나아가 다음과 같이 말할 수 있는 사람은 행복한 사람입니다. "우리 주 예수 그리스도로 말미암아 하나님께 감사하리로다 … 이는 그리스도 예수 안에 있는 생명의 성령의 법이 죄와 사망의 법에서 나를 해방하였음이라"(롬 7:25; 8:2).

우리를 위한 하나님의 은혜로운 권고를 우리가 이해할 수 있으면 좋으련만! 육체가 십자가에 달려야만, 성령께서 우리의 마음에 내재하시며 삶을 통제하실 것입니다.

이러한 영적 삶이 거의 이해되지도 추구되지도 않고 있지만, 하나님께서는 그러한 삶을 약속하셨습니다. 그리고 그러한 영적 삶은 하나님께 자신을 무조건 바치는 사람 안에서 성취됩니다.

이제 우리는 기도하지 않는 삶이 뿌리 깊은 악의 원인이라는 것을 알았습니다. "육체"도 기도를 유창하게 할 수 있습니다. 그렇기 때문에 스스로 만족하며 경건하다고 자부합니다. 그러나 "육체"는 기도하고픈 소망과 힘이 없습니다. 하나님을 친밀하게 알려고 하지도, 하나님과의 친교에서 기뻐하지도, 하나님의 힘을 붙잡으려고 하지도 않습니다. 그러므로, "육체"를 부정하고 십자가에 못 박아야 한다는 결론에 이르게 됩니다.

여전히 육신에 속한 그리스도인은 하나님을 따르려는 소망도 힘도 없습니다. 그런 사람은 습관적이고 관습적인 기도에 만족합니다. 그러나 언젠가 그 사람의 눈이 열려서, "육체"는 본질상 하나님으로부터 멀어지려 하며, 능력 있는 기도를 할 수 없게 만드는 대단히 큰 적이라는 것을 이해하고 나면, 그 사람은 은밀한 기도의 영광과 축복을 알게 됩니다.

언젠가 나는 한 회의에서 기도를 주제로 설교를 했습니다. 거기에서 나는, 기도하지 않는 원인은 "육체"가 지닌 기도에 대한 적대감 때문이라고 말했습니다. 설교가 끝난 후, 한 목사의 부인은 내가 너무 극단적으로 말한 것 같다고 얘기했습니다. 그 부인은 기도하고픈 소망을 거의 갖고 있지 않으면서도, 자기 마음은 진심으로 하나님을 찾고 있다고 믿었습니다. 나는 하나님의 말씀이 "육체"에 대해 어떻게 말해 주고 있는지, 그리고 성령을 받지 못하게 하는 것은 순전히 "육체"의 은밀한 활동임을 그녀에게 일러 주었습니다. 아담은 하나님과 친교를 갖도록 창조되었으며, 타락하기 전까지 아담은 그 친교를 즐거워했습니다. 그러나 타락하자마자 아담의 마음에는 하나님을 싫어하는 마음이 깊게 뿌리를 내려서, 아담은 하나님으로부터 도망쳤습니다. 이 치료할 수 없는 반감은 거듭나지 않은 본성의 특징이며, 기꺼이 자신을 부인하지도 하나님과 기도로 친교하지도 못하게 만드는 주된 원인입니다. 다음 날, 그 부인은 하나님께서 자기 눈을 열어 주셨다고 말했습니다. 자신이 기도하는 삶을 살지 못한 원인은 "육체"의 적대감과 반감이 숨어 있었기 때문이라고 고백했습니다.

오 형제여, 이 기도하지 않는 죄의 원인을, 주변에서 찾지 마십시오. 하나님의 말씀이 일러 주는 곳, 곧 거룩하신 하나님을 싫어하는 자기 마음에서 찾으십시오.

성령의 인도에 자신을 맡기는 것은 하나님의 뜻이며, 하나님의 은혜의 역사입니다. 그럼에도 불구하고 그리스도인이 성령의 인도에 자신을 완전히 맡기지 않으면, 미처 깨닫지 못할지라도 그 사람은 "육체"의 권세에 매여 살게 됩니다. 이런 "육체"의 삶은 여러 면에서 드러납니다. 당신 안에서 예기치 않게 일어나는 분노, 당신이 스스로 자책하는 원인인 사랑의 결핍, 당신 영혼의 조급함 등에서 드러납니다. 또한 양심의 가책을 받으면서도 먹고 마시는 데에서 즐거움을 찾는 것, 자신의 뜻과 명예를 추구하는 것, 자신의 지혜와 능력에 대한 자신감, 하나님 앞에서 부끄럽게 여기는 세상의 쾌락 등에서도 육체의 삶이 드러납니다. 이 모든 것이 육체를 따라 사는 삶입니다. "너희가 아직도 육신에 속한 자로다"(고전 3:3). 이 성경구절 때문에 때로는 괴로울 것입니다. 하나님 안에 있는 평화와 기쁨을 얻지 못할 것입니다.

여유를 갖고 다음 질문에 대답해 보십시오. "나는 나의 기도하지 않음의 원인과, 그 상황을 변화시켜 줄 능력이 없는 원인을 아는가?" 우리는 성령 안에서 살고, 성령으로 거듭났습니다. 하지만 성령을 따라 살지 못하고, 오히려 육체가 나의 주인 노릇을 합니다. 육신에 속한 삶은 영적이고 능력 있는 기도를 하지 못합니다. 슬프고도 부끄러운 사실이지만, 우리가 기도하지 않는 원인도 분명 우리가 육신에 속한 삶을 살기 때문입니다.

전쟁터에서 기습공격의 중심지

하늘 나라와 어둠의 세력 사이의 큰 전투를 언급할 때, 자주 사용하는 "전략적 지점"이라는 표현이 있습니다.

적을 공격할 지점을 선정하는 장군은 전투에서 가장 중요하다고 생각되는 지점에 온통 주의를 집중합니다. 워털루 전투에서, 웰링턴 장군은 전투 상황에 열쇠가 되는 지점으로 한 농장을 지목했습니다. 그는 그 지점을 점령하기 위해 병력을 총동원했습니다. 승리가 거기에 달려 있다고 생각했기 때문입니다. 실제로 그가 생각한 대로 되었습니다. 믿는 자들과 어둠의 세력 사이의 싸움도 똑같습니다. 골방은 결정적인 승리를 얻는 장소입니다.

원수는 그리스도인 중에서도 특히 목사가 기도를 경시하도록 만들기 위해 모든 힘을 동원합니다. 기도를 경시하는 한, 설교가 아무리 훌륭하고, 예배가 아무리 매력적일지라도, 또 심방을 아무리 성실히하여도, 이것들은 원수와 원수의 왕국에 전혀 해가 되지 않습니다. 원수는 이것을 알고 있습니다. 교회가 골방의 능력에 자신을 맡길 때, 주님의 병사가 무릎을 꿇고 "높은 곳으로부터 오는 능력"을 받을 때, 어둠의 세력은 무서워 떨고 영혼은 해방됩니다. 교회에서든, 선교 현장에서든, 목사와 관련된 것이든, 교인과 관련된 것이든, 모든 것은 기도의 능력이 성실하게 발휘되느냐에 달려 있습니다.

목회자 회의가 있던 주간에, 나는 「더 크리스천」 지(紙)에서 다음의 글을 읽었습니다.

"두 사람이 어떤 지점에서 싸운다. 둘의 이름은 크리스천과 아볼루온이다. 아볼루온은 승리를 결정지을 무기가 크리스천에게 있다는 사실에 주목한다. 아볼루온과 크리스천은 치열한 전투를 벌인다. 아볼루온은 크리스천에게서 그 무기를 빼앗아 파괴하기로 결심한다. 그 순간 전투의 주 목적은 부차적인 것이 되었다. 이제 중요한 점은 모든 것이 달려 있는 그 무기를 누가 소유하느냐 하는 것이다. 그 무기를 손에 넣는 것이 절대적으로 중요하다."

사탄과 믿는 자의 전투도 이와 같습니다. 하나님의 자녀는 기도로 모든 것을 정복할 수 있습니다. 사탄은 크리스천에게서 그 무기를 빼앗거나 크리스천이 그 무기를 사용하지 못하도록 방해하기 위해 최선을 다합니다. 이 사실에 무슨 의심의 여지가 있겠습니까?

그러면 사탄은 어떻게 기도를 방해할까요? 기도를 미루거나 기도를 줄이도록 유혹함으로써, 분주한 생각과 잡다한 일을 일으킴으로써, 믿음과 소망을 잃게 함으로써 기도를 방해합니다. 이 모든 방해에도 불구하고, 이 무기를 굳게 잡고 사용하는 기도의 영웅은 행복한 사람입니다. 이런 사람은 겟세마네 동산의 우리 주님처럼, 원수가 더 맹렬히 공격할수록, 승리를 얻을 때까지 더 열심히 기도하고 기도를 멈추지 않습니다. 바울은 모든 전신갑주를 다 언급한 후에 이렇게 덧붙입니다. "모든 기도와 간구로 하되 무시로 성령 안에서 기도하라"(엡 6:18). 기도가 없으면, 구원의 투구와, 믿음의 방패와, 성령의 검 곧 하나님의 말씀은 능력을 잃어버립니다. 모든 것은 기도에 달려 있습니다. 이 사실을 믿고 굳게 붙잡을 수 있도록 하나님께서 이끌어 주시기를 바랍니다!

제 2 장

기도하지 않는 죄와의 싸움

기도하지 않는 죄를 짓고 있다고 확신하는 순간, 그 그리스도인은 이 죄에서 벗어나기 위해 노력해야겠다고 생각합니다. 그러나 곧 자신의 노력이 거의 쓸모 없다는 경험을 하게 됩니다. 그리고 기도 생활이 너무 힘들어서, 더 이상 기도를 계속할 수 없다는 무력한 생각이 파도처럼 밀려옵니다. 기도 문제를 의논하기 위해 열렸던 과거의 여러 회의들에서, 수많은 목사들이 엄격한 삶, 곧 기도하는 삶을 영위하는 것이 불가능해 보인다고 고백했습니다.

최근에 나는 능력도 많고 헌신적인 분으로 알려진 목사님으로부터 편지를 한 통 받았습니다. 그 목사님은 편지에서 이렇게 썼습니다. "기도 생활에 대해, 기도생활에 쏟아야 할 시간과 어려움과 수고에 대해 많이 들었지만, 제게는 도움이 되지 않는 것 같습니다. 오히려 낙심이 될 뿐입니다. 기도 생활과 관련해 숙고하고 또 숙고하지만, 결과는 항상 매우 실망스러웠습니다. '더욱 기도해야 한다. 더욱 자신을 깊이 살펴보아야 한다. 더욱 진지한 그리스도인이 되어야 한다'는 말을 듣는 것만으로는 도움이 되지 않습니다."

나는 이렇게 답장을 썼습니다. "저는 회의에서나 그 밖에 어디에서도 노력이나 수고에 대해 말하지 않습니다. 먼저 단순한 믿음에 의해 그리스도 안에 거하는 법을 배우지 않으면, 우리의 노력은 아무 쓸모가 없기 때문입니다."

편지에서 나는 이렇게 덧붙였습니다. "'살아 계신 구주와 당신의 관계가 바른지 살피십시오. 그분과 함께 살고, 그분의 사랑 때문에 기뻐하고, 그분 안에서 쉬십시오.' 이것이 제가 말하고 싶은 메시지입니다." 이것을 올바로 이해하지 못하는 한, 더 나은 메시란 있을 수 없습니다. "살아 계신 구주와의 관계가 바른지 살피십시오." 그러나 이것은 기도 생활을 가능하게 만드는 것일 뿐입니다.

기도하지 않는 죄에 눌려 있으면서도, 자신과 교회와 선교를 위해 기도해야 함에도 불구하고 그렇게 하지 못하는 연약한 삶을 살면서도, 주 예수님과 올바른 관계에 있다고 생각하면서 자신을 위로해서는 안 됩니다. 주 예수님과의 올바른 관계엔 기도가 포함되어 있습니다. 그 기도는 하나님의 뜻에 따라 기도하려는 열망과 능력을 지닌 기도입니다. 이런 사실을 깨달으면, 우리는 주님 안에서 기뻐하고 쉴 권리를 얻게 됩니다.

자신의 노력에만 의지하면 낙심할 수밖에 없으며, 발전이나 승리를 전혀 기대할 수 없습니다. 나 역시 이런 일을 겪었습니다. 많은 그리스도인들이 중보기도의 사역자로서 부름 받았을 때 이런 일을 겪습니다. 그들은 이런 상태를 자신들도 어쩔 수 없는 것으로 여깁니다. 그들은 자기 희생을 위한 능력과, 중보기도에 필요한 헌신이 없습니다. 자신을 불행하게 할 것으로 생각되는 수고와 투쟁을 겁냅니다. 완전히 불가능한 일, 곧 육(肉)의 능력으로 육을 정복하려고 노력합니다. 바알세불로 바알세불을 쫓아내려 합니다. 그러나 이런 일은 일어날 수 없습니다. 육과 마귀를 정복할 수 있는 것은 예수님뿐입니다.

우리는 지금까지 실망과 낙심을 초래하는 싸움에 대해 말했습니다. 이런 싸움은 우리의 힘만으로 하는 노력입니다. 반면에 승리로 이끄는 또 다른 싸움이 있습니다. 성경은 "믿음의 선한 싸움"(딤전 6:12), 곧 믿음에서 비롯되고 믿음으로 수행하는 싸움에 대해 말합니다. 우리는 믿음의 개념을 바르게 정립해야 하며, 우리의 믿음 위에 굳게 서야 합니다. 예수 그리스도는 우리의 믿음을 지으시는 분이시며 온전하게 하시는 분이십니다(히 12:2). 그분과 올바른 관계를 맺을 때, 그분께서 주시는 도움과 능력을 확신할 수 있습니다. 우선 우리는 이렇게 말해야 합니다. "당신의 힘만으로 싸우지 마십시오. 주 예수께 나아와 그 발 앞에 엎드리십시오. 그분이 당신과 함께 있으며 당신 안에서 역사하신다는 것을 굳게 믿고서 그분을 섬기십시오." 그 다음 "기도로 싸우십시오. 당신의 마음을 믿음으로 채우십시오. 그러면 당신은 주님 안에서, 주님의 강한 능력 안에서 강해질 것입니다"라고 말해야 합니다.

다음의 예는 이것을 이해하는 데 도움이 될 것입니다. 큰 성경공부반을 열성적으로, 그리고 성공적으로 인도하는 한 헌신적인 여성이 근심스러운 표정을 하고 목사님을 뵈러 왔습니다. 이전에 그녀는 골방에서, 주님과의 교제에서, 또 주님의 말씀과의 교제에서 많은 축복을 누렸습니다. 그러나 점차 이 축복을 잃어버리고 주님과 바른 관계를 맺지 못했습니다. 주님께서는 그녀의 일을 여전히 축복하셨지만 그녀의 삶에서는 기쁨이 사라졌습니다. 목사님이 그녀에게, 잃어버린 복을 다시 찾기 위해 어떤 일들을 했는지 물었습니다. "생각할 수 있는 일은 모두 다했습니다. 하지만 소용없었습니다."

이 말을 듣고, 목사님은 그녀에게 처음 회심했을 때 어떤 경험을 했는지 물었습니다. 그녀는 즉각 확실하게 대답했습니다. "처음에 회심했을 때는 선해지거나 죄에서 벗어나려는 수고를 하지 않았습니다. 그런 수고는 모두 쓸모없었지요. 저는 저의 모든 노력을 접고, 제게 생명과 평화를 주시는 주 예수님을 그저 믿기만 하면 된다고 생각했습니다. 그러자 주님께서 그렇게 해 주셨습니다."

목사님은 이렇게 말했습니다. "이번에도 그렇게 해 보시지요? 당신의 마음이 아무리 차갑고 어두울지라도, 골방에 들어갔을 때에는 억지로 바른 태도를 취하려고 하지 마십시오. 주님 앞에 엎드려, 당신이 얼마나 비참한지, 그리고 그분 안에 거하는 것만이 당신의 소망이라는 것을 말씀드리십시오. 당신에게 자비를 베푸시는 주님을 어린아이와 같이 신뢰하고, 그분을 섬기십시오. 그렇게 신뢰함으로써 그분과 바른 관계를 맺을 수 있습니다. 당신은 아무것도 없지만, 주님은 모든 것을 갖고 계십니다." 얼마 후, 이 여자는 충고가 도움이 되었다고 목사님에게 말했습니다. 하나님과 기도로 교제하는 유일한 방법은 주 예수님의 사랑을 믿는 믿음임을 그녀는 배웠습니다.

기도하지 않는 죄를 정복하려고 할 때, 두 가지 종류의 싸움이 있다는 것을 이해하십니까? 그 가운데 하나가 우리의 힘만으로 그 죄를 정복하려는 싸움입니다. 당신이 이런 싸움을 하고 있다면, 이렇게 충고하고 싶습니다. "그만 수고하고, 그냥 주 예수님의 발 앞에 엎드리십시오. 주님께서 말씀하실 것이고, 당신의 영혼은 살 것입니다." 이렇게 할 때, 다음의 메시지가 다가옵니다. "이렇게 주 예수님의 발 앞에 엎드리는 것이 모든 것의 시작입니다. 그리고 나서야 진지함이 요구되고, 지극히 작은 잘못이라도 찾아내려는 의도에서 마음을 샅샅이 살피고 온 힘을 기울이는 것이 요구됩니다. 나아가 자기 희생의 삶을 기꺼이 받아들이는 것도 요구됩니다. 이 자기 희생의 삶은 하나님께서 우리 안에서 진정 보고 싶어 하시는 것이며, 우리를 위해 이루어 주실 삶입니다."

제 3 장

기도하지 않는 죄에서 벗어나는 길

기도하지 않는 죄를 이기는 길에서 가장 큰 장애물은 그 죄에서 벗어나는 은혜를 받지 못할 것이라는 숨은 느낌입니다. 우리는 종종 이 장애물이 있는 방향으로 노력을 기울이지만 그것은 헛된 일입니다. 옛 습관과 육체의 권세, 우리를 유혹하는 환경들은 너무 강합니다. 아무리 좋은 시도라고 하더라도, 이룰 수 없는 일이라면 그것이 무슨 소용이겠습니까? 전체 삶에서 요구되는 변화는 너무 크고 어렵습니다. "변화가 가능합니까?" 하고 물으면, 우리 마음은 한숨지으며 "제게 변화는 완전히 불가능합니다!" 하고 말합니다. 왜 그런 대답이 나오는지 아십니까? 기도하라는 소명을 모세의 목소리로, 율법의 명령으로 받아들이기 때문입니다. 모세와 그의 율법은 그것에 순종할 수 있는 능력을 아무에게도 주지 않았습니다.

기도하지 않는 삶에서 벗어나는 것이 가능하다는 것과, 그것이 현실이 될 수 있다는 것을 진실로 믿고 싶으십니까? 그렇다면 당신은, 기도하지 않는 죄로부터의 구원이, 그리스도 예수 안에 있는 구속에 포함되어 있다는 것을 배워야 합니다. 또 기도하지 않는 죄로부터의 구원은 새 언약의 축복들 중의 하나로서, 하나님께서 그리스도 예수를 통해 당신에게 주시고자 하는 축복임을 배워야 합니다. 이것을 이해하기 시작했을 때, "쉬지 말고 기도하라"(살전 5:17)는 권고가 새로운 의미로 다가올 것입니다. 아버지께서 보내신 성령, 끊임없이 "아빠, 아버지"(갈 4:6)라고 부르게 하시는 성령께서, 당신을 도와 참된 기도 생활을 하게 하시리라는 소망이 당신 마음에서 샘솟기 시작할 것입니다. 그때 당신은 낙심한 마음에서가 아니라 소망을 품은 기쁜 마음에서, 당신에게 회개하라고 촉구하는 목소리에 귀기울일 것입니다.

너무나 기도를 하지 않았다고 자책하면서, 앞으로는 달리 살겠다고 결심하며 골방으로 간 사람이 많습니다. 그러나 아무 축복도 오지 않았습니다. 계속해서 충실히 기도할 힘도 없었으며, 회개하라는 촉구 역시 힘을 발휘하지 못했습니다. 주 예수께 눈이 고정되지 않았기 때문입니다. 그들이 깨달았다면, "주님, 주님께서는 저의 마음이 얼마나 차갑고 어두운지 아십니다. 저는 기도해야 한다는 것을 알고 있습니다. 하지만 기도할 수 있다는 생각이 들지 않습니다. 기도해야 한다는 긴박한 마음과 기도하고픈 열망이 없습니다" 하고 말했을 것입니다.

그 순간 주 예수께서 부드러운 사랑의 눈으로 그들을 굽어보시며 이렇게 말씀하시는 것을 그들은 들었을 것입니다. "그렇다. 너는 기도할 수 없다. 네 모든 것이 차갑고 어둡다고 느끼면서, 왜 너 자신을 내 손에 맡기지 않느냐? 나는 너의 기도를 기꺼이 돕는다. 이것을 믿어라. 자신의 결점을 아는 네가 기도의 은혜를 내려주는 나를 자신 있게 의지할 수 있도록, 나는 네 마음에 나의 사랑을 너무도 부어 주고 싶어한다. 다른 모든 죄로부터 너를 씻어내는 것처럼, 기도하지 않는 죄로부터도 너를 씻어낼 것이다. 다만 네 힘으로 승리를 얻으려고 하지 마라. 모든 것을 구주께 기대하는 사람으로서, 내 앞에 엎드리라. 네 상태가 아무리 슬프게 느껴질지라도, 네 영혼으로 하여금 내 앞에서 침묵을 지키도록 하라. 내가 네게 기도를 가르치리라. 이것을 믿으라."

많은 사람이 다음과 같이 인정합니다. "내 실수를 압니다. 이 죄에서도 주 예수께서 나를 구원하시고 씻어내신다는 것을 생각하지 못했습니다. 내가 아무리 죄의식에 사로잡혀 있어도, 주님께서 날마다 골방에 나와 함께 계시며 그 크신 사랑으로 나를 지키시고 축복하신다는 것을 이해하지 못했습니다. 주님께서 모든 은혜를 기도의 응답으로 주시는 것처럼, 기도하는 마음도 은혜로 주신다는 것을 알지 못했습니다. 다른 모든 축복이 주님으로부터 온다고 생각하면서도, 그 모든 것이 달려 있는 기도를 개인의 노력으로 얻는다고 생각하다니 얼마나 어리석습니까? 하나님 감사합니다. 주 예수님은 골방에서 나를 지켜보시는 분이시며, 아버지께 다가가는 법을 가르치시는 책임을 스스로 짊어지신 분이심을 내가 깨닫기 시작했습니다. 주님께서는 내가 어린아이와 같은 믿음으로 주님을 섬기고 영화롭게 하기를 요구하십니다."

형제 자매 여러분, 우리가 이 진리를 심각하게 잊어버린 것은 아닙니까? 결함이 있는 영적 생활에서는 결함이 있는 기도 생활밖에 기대할 것이 없습니다. 영적으로 결함이 있는 생활을 하면서 기도를 더 많이 더 잘하려고 노력하는 것은 헛된 일입니다. 그것은 불가능한 일입니다. "누구든지 그리스도 안에 있으면 새로운 피조물이라 이전 것은 지나갔으니 보라 새 것이 되었도다"(고후 5:17)는 사실을 경험하는 것보다 우리에게 더 필요한 것은 없습니다. 이 말씀은, 예수 그리스도 안에 있는 것이 어떤 것인지를 이해하고 경험하는 사람에게는 문자 그대로 진실합니다.

주 예수님과 우리의 전 관계는 새로운 것이어야 합니다. 나는 그분의 무한한 사랑을 믿어야 합니다. 그 사랑은 매 순간 나와 교제하기를 원하며, 내가 그분과 교제하기를 즐거워하게 하는 사랑입니다. 나는 그분의 신적인 능력을 믿어야 합니다. 그 능력은 죄를 정복했고 그 죄로부터 나를 지키는 능력입니다. 나는 그분을 믿어야 합니다. 그분은 대 중보자로서 기도로 하나님과 교통하는 즐거움과 능력을 자신의 각 지체에게 성령을 통해 부어 주십니다. 나의 기도 생활은 그리스도와 그리스도의 사랑의 통제 아래 완전히 놓여야 합니다. 그렇게 되면 처음으로 기도가 자연스럽고 즐거운 영적 삶의 호흡, 천국의 공기를 들이마시고 다시 내쉬는 호흡이 될 것입니다.

이런 믿음이 우리 안에 가득 찼을 때, 하나님을 기쁘시게 해 드리는 기도 생활로의 부름이 기쁜 부름이 된다는 것을 모르겠습니까? 무기력한 한숨이나 육체의 자발적이지 못한 태도를 지니고서는 "기도하지 않는 죄를 회개합니다"라고 외쳐봐야 응답이 오지 않을 것입니다. 아버지의 목소리가 들리는 때는, 아버지께서 우리에게 문을 활짝 여시고 우리를 아버지와의 복된 교제에 받아 주실 때입니다. 우리가 성령의 도움을 받고자 기도할 때, 기도는 너무도 수고스러운 것이라는 두려움을 더 이상 갖지 않게 됩니다. 오히려 약한 모습 그대로 주님의 발 앞에 엎드릴 것입니다. 바로 거기에서 우리는 주님의 사랑으로부터 오는 승리와 능력을 찾을 것입니다.

"이것이 지속될까?" 하는 의문이 우리 마음에서 생길 수도 있습니다. 이런 의문과 함께 "얼마나 자주 노력하고 실망했는지 너도 잘 알고 있잖아?" 라는 두려움이 밀려옵니다. 그러나 믿음은 당신이 무엇을 할 것이고 하는가에 대해 생각할 때가 아니라, 그리스도의 변하지 않는 사랑과 신실함에 대해 생각할 때 강해집니다.

두려움과 주저함이 여전히 남아 있다면, 예수 그리스도 안에 계신 하나님의 자비로움과, 말할 수 없이 신실하신 주님의 부드러운 사랑을 의지하고, 감히 그분의 발 앞에 자신을 던지십시오. 기도하지 않는 죄로부터 구원받을 수 있다는 것을 전심으로 믿으십시오. "만일 우리가 우리 죄를 자백하면 그는 미쁘시고 의로우사 우리 죄를 사하시며 우리를 모든 불의에서 깨끗하게 하실 것이요"(요일 1:9). 그리스도의 피와 은혜 안에 모든 불의와 기도하지 않는 죄로부터의 완전한 구원이 있습니다. 그의 이름을 영원히 찬양합시다!

기도하지 않는 죄로부터의 구원이 지속되는 방법

기도하지 않는 죄로부터의 구원에 대해 우리가 말한 것들 역시 "그 구원의 경험이 어떻게 지속되는가?" 하는 질문에 적용됩니다. 구속은 우리에게 조금씩 주어진 것이 아니며, 수시로 이용할 수 있는 것이 아닙니다. 그것은 주 예수 안에서 충만한 은혜로 받은 것으로서, 그분과 날마다 새롭게 교제하면서 즐거워할 수 있는 것입니다. 이 위대한 진리를 이해하고 명심하는 것은 너무도 중요해서 다시 한 번 말할 필요가 있습니다. 우리 주 예수님과 날마다 친교하는 것 외에, 부주의로부터 당신을 보호하거나, 당신으로 하여금 생동하고 능력 있는 기도를 늘 드리게 해 주는 것은 없습니다.

주님께서는 제자들에게 말씀하셨습니다. "하나님을 믿으니 또 나를 믿으라 … 내가 아버지 안에 거하고 아버지께서 내 안에 계심을 믿으라 … 나를 믿는 자는 내가 하는 일을 그도 할 것이요 또한 그보다 큰 일도 하리라"(요 14:1, 11-12). 주님께서는, 하나님의 능력, 거룩하심, 사랑과 관련된 구약의 말씀들이 이제 주님께로 옮겨져야 한다는 것을 제자들에게 가르치고 싶었습니다. 제자들은 단지 기록된 어떤 문서를 믿는 것이 아니라 주님을 인격적으로 믿어야 했습니다. 그들은 주님께서 아버지 안에, 아버지께서 주님 안에 계시다는 것을, 아버지와 아들에게는 같은 생명, 같은 영광이 있다는 의미임을 믿어야 했습니다. 제자들은 그리스도에 대해 알았던 모든 것을 하나님에게서 보게 될 것이었습니다. 주님께서는 이러한 사실을 많이 강조하셨습니다. 그 이유는 제자들이 그리스도와 그리스도의 신적 영광을 믿는 믿음을 통해서만, 그리스도께서 하신 일과 그보다 더 큰 일도 할 수 있기 때문이었습니다. 이 믿음 덕택에 제자들은, 그리스도와 아버지께서 하나이시듯, 제자들도 그리스도 안에 있고 그리스도도 제자들 안에 있다는 사실을 알게 되었습니다.

주 예수님과의 이 친밀하고, 영적이고, 인격적이고, 방해받지 않는 관계는 우리 삶에서, 특히 우리의 기도 생활에서 그 모습을 강하게 드러낼 것입니다. 이 관계를 깊이 생각하고 그것이 의미하는 바, 곧 하나님의 모든 영화로운 속성이 우리 주 예수 그리스도 안에 있다는 것을 직시합시다. 다음의 사실들을 숙고하십시오.

1. 하나님의 무소부재(無所不在). 하나님께서는 온 세계에 계시며 모든 것에는 각 순간이 있습니다. 아버지께서 그러하시듯, 지금 우리 주 예수께서도 온 세계에 계시며, 특히 자기가 구속하신 각 사람과 함께 계십니

다. 이것은 우리가 믿음으로 배워야 할 가장 크고 중요한 교훈입니다. 우리는 이 교훈을 우리 주님의 제자들이 보여 준 모범으로부터 확실히 이해할 수 있습니다. 주님과 항상 함께 있었던 이 제자들의 특권은 무엇이었습니까? 그것은 주 예수님을 직접 만나고, 그 만남을 아무 제한 없이 즐거워할 수 있었다는 것이었습니다. 제자들이 주님의 죽음을 예상하고 그토록 슬퍼한 것도 이런 이유 때문이었습니다. 그들은 예수님을 빼앗길 것이었습니다. 주님께서는 더 이상 그들과 함께 있지 않을 것이었습니다. 이런 상황에서 주 예수께서는 그들을 어떻게 위로하셨습니까? 주님께서는, 하늘의 성령이 그들 안에서 역사하여, 주님께서 지상에 계시는 동안에 그들이 경험했던 것보다 더욱 친밀하고 변함없는 친교를 갖게 될 것이라고 약속하셨습니다.

이 크신 약속은 이제 모든 신자의 유산입니다. 하지만 그들 가운데 많은 사람이 그 약속에 대해 거의 알지 못합니다. 하나님의 품성을 지니시고 죽기까지 우리를 사랑하는 그 무한한 사랑을 지니신 예수 그리스도께서는 매 순간 우리와 친교하시기를 원하시며, 우리가 그 친교를 즐거워하기를 원하십니다. 이것은 모든 초신자들에게 이렇게 설명되어야 합니다. "주님께서는 당신을 너무도 사랑하셔서 한순간도 빠짐없이 주님 곁에 있게 하시며, 주님의 사랑을 경험하게 하십니다." 이것이 자신은 전혀 무능하여 기도하는 삶, 순종하는 삶, 거룩한 삶을 살 수 없다고 느끼는 모든 초신자가 배워야 할 사항입니다. 우리 주님을 위해 세상을 정복하고 세상으로부터 사람들을 구하는 중보기도자로서의 능력을, 우리에게 주는 것은 오직 이것뿐입니다.

2. 하나님의 전능하심. 하나님의 능력은 너무도 놀랍습니다! 우리는 그 능력을 창조에서, 구약성경에 기록된 구속의 사건들에서 봅니다. 그리스도의 놀라운 기적들에서, 무엇보다도 부활 사건에서 그 능력을 봅니다. 우리는 아버지를 믿듯이 아들을 믿으라는 명령을 받습니다. 우리를 사랑하셔서 말할 수 없이 우리와 가깝게 계시는 주 예수님은 불가능한 것이

없는 전능하신 분이십니다. 우리가 어쩔 수 없는 우리 마음이나 육체의 어느 것이라도, 주님께서는 정복하실 수 있고 정복하십니다. 전능하신 주 예수께서는 하나님의 말씀에 약속된 모든 것, 새 언약의 자녀가 받을 모든 유산을 우리에게 주실 수 있습니다. 내가 골방에서 주님께 엎드리면, 나는 영원하고 불변하는 하나님의 능력을 접하게 됩니다. 나 자신을 주 예수께 맡기면, 주님의 영원하고 전능하신 능력이 나를 보호하시고, 나를 위해 모든 것을 성취하시리라는 것을 확신하면서 쉼을 얻을 수 있습니다.

우리가 골방에 머무는 시간을 낸다면, 그래서 이 전능하신 예수님과 실제로 함께 머무는 경험을 할 수 있다면 얼마나 좋겠습니까! 너무도 큰 축복이 믿음에 의해 우리의 것이 될 것입니다. 전능하신 주님과 영원한 친교를 나누게 될 것입니다.

3. 하나님의 거룩한 사랑. 이 말은 우리의 섬김에 대해 하나님께서 자신의 모든 신적인 속성을 우리에게 주시며, 또한 자신을 나누어 주실 준비가 되어 있다는 것을 의미합니다. 그리스도는, 하나님의 사랑이 나타난 존재입니다. 그분은 하나님의 사랑의 아들이며, 하나님의 사랑의 선물이고, 하나님의 사랑의 능력입니다. 이분 예수께서는, 우리가 그 사랑을 믿지 못하는 일이 없도록 하시기 위해, 십자가에서 피 흘리시고 죽으심으로써 하나님의 사랑에 대해 확실한 증거를 주셨습니다. 우리를 만나러 골방에 오시는 분이 바로 이분 예수님이십니다. 그분은 자신과의 변치 않는 교제가 우리의 유산이며, 우리가 그분을 통해 그러한 교제를 경험하게 될 것이라고 보증해 주십니다. 죄를 정복하여 무(無)로 만들기 위해 모든 것을 희생하신 하나님의 거룩한 사랑은 모든 죄에서 우리를 구하시기 위해 그리스도를 통해 우리에게 오십니다.

형제 자매 여러분, 우리 주님께서 하신 말씀을 곰곰이 생각해 봅시다. "하나님을 믿으니 또 나를 믿으라"(요 14:1). "내가 아버지 안에 있고 … 너희가 내 안에, 내가 너희 안에 있음을 믿으라"(요 14:11, 20). 이것이 기도 생활의 비밀입니다. 골방에 들어가 주님께 머리를 숙이고 그분을 섬기십시오. 주님께서는 마침내 자신을 드러내시고 당신을 사로잡으실 것이며, 사람이 보이지 않는 주님과 어떻게 깊이 교제하며 살 수 있는지를 보여 주시기 위해 당신과 함께 나오실 것입니다.

기도하지 않는 죄로부터의 구원을 항상 경험하는 방법을 알고 싶습니까? 그 비밀이 여기에 있습니다. 하나님의 아들을 믿고, 골방에서 그분께 시간을 내어 드리십시오. 그리하면 주님께서는 언제나 친밀하게 자신을 드러내실 것입니다. 영원하고 전능하신 분이심을, 또 당신을 지켜보는 영원한 사랑이심을 드러내실 것입니다. 당신은 지금까지 몰랐던 것, 사람들이 미처 생각하지 못했던 것, 즉 하나님께서 자기를 사랑하는 자들을 위하여 해 주시는 것(고전 2:9)을 경험하게 될 것입니다.

제 4 장

승리의 축복

우리가 기도하지 않는 죄로부터 구원되고, 이 구원을 계속해서 경험할 수 있는 방법을 이해한다면, 그 자유의 열매는 무엇이 되겠습니까? 이 열매를 정확하게 이해하는 사람은 새로운 열의와 인내를 가지고 이 자유를 추구합니다. 이런 사람의 삶과 경험은, 그가 형언할 수 없을 만큼 귀한 것을 얻었다는 증거가 될 것입니다. 그는 승리가 가져온 축복을 생생하게 증언하는 사람이 될 것입니다. 다음의 사실들을 숙고해 보십시오.

1. 하나님과의 변치 않는 교제의 축복. 이전에 우리 삶의 특징이었던 비난과 자책, 이것을 대신할 아버지에 대한 신뢰를 생각해 보십시오. 우리가 참으로 하나님의 형상을 가지고 있으며, 하나님과 교제하는 삶에 적합하다는 것, 그리고 하나님을 영화롭게 할 준비가 되어 있다는 것을 증명하기 위해, 하나님의 전능하신 은혜가 우리 안의 어떤 것에 영향을 미쳤다는 사실을 깊이 인식하려고 해 보십시오. 스스로 하찮은 존재임을 확신하면서도 어떻게 하면 왕의 참 자녀로서 아버지와 교통하면서 살 수 있을지, 그리고 지상에 계실 때 아버지와 거룩한 교제를 가졌던 우리 주 예수님의 성품을 드러낼 수 있을지 생각해 보십시오. 어떻게 하면 골방에서 기도하는 시간이 하루 중 가장 행복한 시간이 될 수 있을지, 하나님께서 자기 계획을 수행하시면서 어떻게 우리를 쓰실지, 그리고 어떻게 우리를 주위 세상에 대한 축복의 샘으로 만드실지에 대해 생각해 보십시오.

2. 우리의 소명을 위해 갖게 될 능력. 성령의 능력을 통해, 설교자는 하나님께로부터 메시지를 직접 받아, 그 메시지를 회중에게 전하는 법을 배우게 될 것입니다. 그는 어디에서 사랑과 열성을 채울 수 있는지 알게 될 것입니다. 이 사랑과 열성 덕분에 온화한 마음으로 각 사람을 심방하고 도움을 줄 수 있을 것입니다. 그는 바울과 같이 말할 수 있을 것입니다. "내게 능력 주시는 자 안에서 내가 모든 것을 할 수 있느니라"(빌 4:13). "우리를 사랑하시는 이로 말미암아 우리가 넉넉히 이기느니라"(롬 8:37). "우리가 그리스도를 대신하여 사신이 되어 … 그리스도를 대신하여 간청하노니 너희는 하나님과 화목하라"(고후 5:20). 이렇게 말하는 것은 헛된 꿈이나 어리석은 상상이 아닙니다. 하나님께서는 우리에게 바울을 실례로 주셨습니다. 우리의 은사나 소명이 바울과 다를지라도, 우리도 바울과 마찬가지로 모든 일을 할 수 있게 하는 은혜의 충만함을 내적 체험을 통해 알 수 있습니다.

3. 우리 앞에 펼쳐진 미래 — 전 교회와 세계의 필요에 마음 쓰는 중보기도자로서 참여할 미래 — 에 대한 전망. 바울은 사람들에게 모든 성도를 위해 기도하라고 격려했습니다. 그리고 얼굴도 모르는 사람들을 위해 자신이 어떤 싸움을 했는지도 우리에게 말해 줍니다. 그는 시간과 공간의 제약을 받았지만, 아직 구주에 대해 듣지 못한 사람들에게 성령 안에서 그리스도의 이름으로 축복 기도하는 능력을 가지고 있었습니다. 바울은 원근각지의 사람들과 교제하는 이곳 지상의 삶과 더불어, 천국의 삶 곧 그가 끊임없이 행사했던 사랑의 삶과 놀라운 능력을 지녔던 기도의 삶을 살았습니다. 우리가 기도하지 않는 죄를 털어 버리고 감히 하늘에 가서 전능한 그리스도의 이름으로 축복을 가져오는 기도를 드리기만 한다면, 하나님께서 어떤 능력을 주실지 우리는 가늠할 수도 없습니다.

하나님의 은혜로 기도하게 된 목사와 선교사들이여, 이전보다 두 배의 믿음과 기쁨을 가지고 두 배나 많이 기도드립시다. 그러면 설교에, 기도회에, 친교에 엄청난 차이가 생길 것입니다! 그리스도 안에 있는 하나님의 사랑과 하나님과의 교제에 의해 성별(聖別)된 골방에, 온유한 능력이 내릴 것입니다! 교인들이 큰 영향을 받아 중보기도의 사역을 감당할 것입니다! 이 영향은 너무 커서 교회 안에서도 이방인 사이에서도 느낄 것입니다! 너무도 큰 능력이 각 교파의 목회자들에게 미쳐서, 하나님께서 전 세계의 교회를 위해 우리를 어떻게 쓰실지 아무도 알 수 없습니다! 우리를 그토록 수치스럽게 하는 기도하지 않는 죄로부터 실제적이고도 완전한 승리를 얻게 해 달라고 하나님께 끊임없이 간청하며, 모든 것을 희생하는 것은 가치 있는 일이 아니겠습니까?

내가 지금 이 글을 쓰는 이유가 무엇이겠습니까? 하나님께서 우리에게 주시기로 작정하신 능력을 그토록 지독하게 빼앗아 가고 그토록 쉽게 우리를 옭아매는 죄(히 12:1), 그 죄에 대해 승리를 거두게 하신 축복을, 내가 그토록 찬양하는 이유가 무엇이겠습니까? 나는 이 질문에 답할 수 있습니다. 하나님의 약속과 능력에 대해 우리가 얼마나 낮게 평가하고 있는지, 그리고 언제나 원상태로 돌아가 하나님의 능력을 제한하고, 이제까지 본 것 이상의 큰 일들을 하나님께서 하실 수 있다는 것을 우리가 얼마나 인정하지 못하는지를, 나는 너무도 잘 알고 있습니다. 골방에서 하나님을 새롭게 아는 것은 영광스러운 일입니다. 그러나 그것은 단지 시작일 뿐입니다. 하나님을 부족함이 없는 분으로 아는 것과, 하나님의 성령을 섬기는 일은 더욱 크고 영광스러운 일입니다. 하나님을 기다리는 자들에게는 하나님께서 진심으로 주고 싶어하시는 참으로 좋고 새로운 것들이 있습니다. 하나님께서는 우리가 이것을 받아들이도록, 성령을 통해 우리의 마음과 생각을 활짝 열어 주십니다.

하나님의 목적은 자기 자녀와 종들에게 믿음을 격려하고, 하나님의 위대하심과 전능하심을 깨닫고 의지해야 함을 이해시키는 것입니다. 그렇게 될 때, 그들은 "우리 가운데서 역사하시는 능력대로 우리가 구하거나 생각하는 모든 것에 더 넘치도록 능히 하실 이에게 … 영광이 대대로 영원무궁하기를 원하노라 …"(엡 3:20-21)는 말씀을 문자 그대로 그리고 어린아이와 같은 심령으로 간직하게 될 것입니다. 오, 우리는 너무도 위대하고 영화로우신 하나님을 모시고 있습니다!

　어떤 사람은 이렇게 물을 것입니다. "승리가 확실하다고 말하는 것은 우리에게 함정이 되고 경솔함과 자만심으로 이끌지 않겠습니까?" 확실히 그렇습니다. 세상에서 최고로 좋은 것은 항상 남용되기 쉽습니다. 그렇다면 이것을 어떻게 피할 수 있습니까? 하나님과 실제로 접촉하는 참된 기도를 통해서만 확실히 피할 수 있습니다. 우리가 끊임없이 기도하며 구하는 하나님의 거룩하심은 죄로 가득한 우리를 감싸줍니다. 하나님의 전능하심과 위대하심은 우리가 아무것도 아니라는 것을 느끼게 해 줍니다. 예수 그리스도 안에서 하나님과 교제함으로써, 우리는 우리 안에 선한 것이 전혀 없다는 것과, 그리스도께서 자신을 낮추신 것처럼 우리 믿음도 우리 자신을 낮추는 믿음이 되고, 그리스도께서 아버지 안에 계시는 것처럼 우리도 참으로 그리스도 안에서 살 때만 하나님과 교제할 수 있다는 것을 경험하게 될 것입니다.

　기도는 그저 무언가를 구하기 위해 하나님께 나오는 것이 아닙니다. 다른 존재가 아닌 바로 하나님과 나누는 교제이며, 하나님께서 우리를 사로잡으시고 우리의 본성을 그리스도의 겸손으로 인(印)치실 때까지 하나님의 거룩하심과 사랑의 능력 아래 놓이는 것입니다. 기도는 모든 참된 섬김의 비결입니다.

　날마다 그리스도와 함께 죽고 그리스도와 함께 생을 마친 사람들처럼, 그리고 그리스도께서 그 안에 사시어서 "내 안에 그리스도께서 사신다"(갈 2:20)고 말할 수 있었던 사람들처럼, 우리는 그리스도 예수 안에서 아버지께 가까이 다가갑니다. 기도하지 않는 죄에서 우리를 구원하시기 위해, 주 예수께서 우리 안에서 행하시는 일에 관하여 지금까지 우리가 말한 것들은, 기도 생활을 시작하는 데뿐만 아니라, 기도하는 능력을 새롭게 경험함으로써 느끼는 기쁨에도 적용됩니다. 그리고 전체 기도 생활, 곧 하루 전체의 삶에도 적용됩니다. 우리는 "그리스도로 말미암아"(엡 2:18) 아버지께 나아감을 얻습니다. 전체 영적 생활에서와 마찬가지로 이 일에서도 그리스도는 항상 전부이십니다(골 3:11). "제자들이 눈을 들고 보매 오직 예수 외에는 아무도 보이지 아니하더라"(마 17:8).

우리에게는 확실한 승리가 예비되어 있다는 것과, 사람의 마음으로는 상상도 못한 축복이 있으리라는 것을 믿을 수 있도록 하나님께서 우리를 강건케 하시기를 기도합니다! 하나님께서는 자기를 사랑하는 사람들을 위해 이렇게 하실 것입니다.

이런 일이 우리에게 갑자기 다가오는 것은 아닙니다. 하나님께서는 자기 자녀를 크게 참으십니다. 아버지의 인내심은 우리의 느린 진보에도 불구하고 우리를 참으십니다. 하나님의 자녀들이여, 하나님의 말씀이 약속하는 모든 것을 향유하십시오. 우리의 믿음이 강해질수록, 우리는 더욱 진지하게 끝까지 인내할 것입니다.

더욱 풍성한 생명

우리 주님께서는 자기 양들에게 생명을 주시기 위해 오셨다고 말씀하시면서, 더욱 풍성한 생명에 관해 이렇게 언급하셨습니다. "내가 온 것은 양으로 생명을 얻게 하고 더 풍성히 얻게 하려는 것이라"(요 10:10). 어떤 사람이 살아 있기는 해도, 영양 결핍과 질병 때문에 힘과 생기가 풍성하지 못할 수 있습니다. 이것이 구약과 신약의 차이였습니다. 구약에서도 생명은 있었지만 신약에 있는 은혜의 풍성함은 없었습니다. 그리스도께서는 제자들에게 생명을 주셨습니다. 하지만 제자들은 그리스도의 부활을 통해서만 풍성한 생명과 성령의 은사를 받을 수 있었습니다.

모든 참 그리스도인들은 그리스도로부터 생명을 받았습니다. 그러나 그들 대부분은 그리스도께서 기꺼이 주고자 하시는 더 풍성한 생명에 대해서는 아무것도 모릅니다. 바울은 이에 대해 끊임없이 말합니다. 그는 자신에 대해 말하면서 하나님의 은혜가 "넘치도록 풍성하였도다"(딤전 1:14)고 했습니다. "내게 능력 주시는 자 안에서 내가 모든 것을 할 수 있느니라"(빌 4:13). "항상 우리를 그리스도 안에서 이기게 하시고 우리로 말미암아 각처에서 그리스도를 아는 냄새를 나타내시는 하나님께 감사하노라"(고후 2:14). "그러나 이 모든 일에 우리를 사랑하시는 이로 말미암아 우리가 넉넉히 이기느니라"(롬 8:37).

우리는 지금까지 기도하지 않는 죄와 그 죄에서 벗어나는 수단, 그리고 그 죄를 멀리하는 방법에 대해 말했습니다. "내가 온 것은 양으로 생명을 얻게 하고 더 풍성히 얻게 하려는 것이라"는 그리스도의 말씀은 이런 점에 대해 우리가 말한 모든 내용을 포함하고 있습니다. 이 더 풍성한 생명을 이해하기 위해서는 확실히 깨달아야 하는 것이 있습니다. 그것은, 참된 기도 생활에는 그 넘치는 생명을 항상 경험하며 사는 일이 필요하다는 것입니다.

우리는 그리스도를 의지하고 그분의 도움을 받기 위해 그분을 바라보지만, 기도하지 않는 죄와 싸움을 시작하면서 실망할 때가 있습니다. 이런 일이 일어나는 이유는 기도하지 않는 죄를, 노력해서 극복해야 하는 것으로 여기기 때문입니다. 기도하지 않는 죄는 육의 생활의 일부이며, 근원이 같은 다른 죄들과 밀접히 연관되어 있다는 것을 인식해야 합니다. 육은 아무리 매력이 있을지라도 십자가에 못 박힌 것입니다. 그리고 그 매력이 육체적으로 나타났든 정신적으로 나타났든, 죽음에 넘겨져야 합니다. 그럼에도 불구하고 우리는 이것을 자꾸 잊어버립니다. 우리는 연약한 생활에 만족해서는 안 되며 풍성한 생활을 추구해야 합니다. 성령께서 우리를 완전히 지배하실 수 있도록 그분께 전적으로 굴복해야 합니다. 온전히 풍성한 생활을 해야만 영혼에 완전한 변화가 올 수 있습니다. 그렇게 될 때에야 그리스도와 성령을 온전히 깨닫게 됩니다.

그렇다면 이 풍성한 생활이란 무엇이겠습니까? 아무리 반복해도 지나치지 않은 얘기지만, 풍성한 생활이란 바로 충만하신 예수님께서 성령의 능력을 통해 우리의 전 존재를 전적으로 지배하시는 삶입니다. 성령께서 우리에게 그리스도의 충만하심과 그리스도께서 주시는 풍성한 생명(또는 생활)을 알려 주실 때, 거기에는 주로 세 가지 면이 있습니다.

1. 십자가에 못 박히신 분. 우리를 위해, 우리 죄를 대속하시기 위해 돌아가신 분일 뿐 아니라, 자신과 함께 십자가에서 죽도록 우리와 교제해오신 분, 그리고 지금 자신의 십자가와 죽음의 능력을 우리 안에 이루어 놓으시는 분. " '내가 그리스도와 함께 십자가에 못 박혔나니'(갈 2:20); 십자가에 못 박히신 그분이 내 안에 사십니다"고 말할 수 있을 때, 당신은 그리스도와 참된 교제를 이루고 있는 것입니다. 그리스도 안에 있었던 감정과 기질, 십자가에 죽기까지 자신을 낮추시고 복종하심, 이것들은 그리스도께서 성령에 관해 "그가 내 것을 가지고 너희에게 알리시리라"(요 16:15)고 말씀하시면서 언급하신 것들입니다. 그리고 그 알리심은 단지 알려 주는 것이 아니라 그리스도 안에 있었던 것과 똑같은 생명에 어린 아이처럼 참여하게 하시는 것입니다.

십자가에 못 박히신 그리스도가 당신 안에 거하시기를 원하십니까? 그렇게 되기 위해 성령께서 당신을 완전히 사로잡으시기를 원하십니까? 만일 그렇다면 이것이 바로 그리스도께서 자신을 내어주신 이유임을 깨달으십시오. 그리스도께서는 자신을 맡기는 모든 사람에게 이것을 확실히 이루어 주십니다.

2. 다시 사신 분. 성경은 종종 기적을 행하시는 하나님의 능력과 연관지어 부활을 언급합니다. 이 능력에 의해 그리스도께서는 죽은 자 가운데서 다시 살아나셨으며, 하나님의 능력이 지극히 크심에 대한 확신도 이 능력으로부터 옵니다. "그의 힘의 위력으로 역사하심을 따라 믿는 우리에게 베푸신 능력의 지극히 크심이 어떠한 것을 너희로 알게 하시기를 구하노라. 그의 능력이 그리스도 안에서 역사하사 죽은 자들 가운데서 다시 살리시고"(엡 1:19-20). 이 말씀을 그냥 넘겨 버리지 마십시오. 다시 한 번 이 말씀을 읽고 그 큰 교훈을 깨달으십시오. 당신이 아무리 능력이 없고 연약하다고 느낄지라도, 하나님의 전능하심이 당신 안에서 역사합니다. 당신이 믿기만 하면, 하나님께서는 당신의 일상생활 속에서 아들의 부활에 참여할 분깃을 주실 것입니다.

그렇습니다. 성령께서는 이 세상의 시련과 유혹 한가운데 살아가는 당신에게 그리스도의 부활의 기쁨과 승리를 채워 주실 수 있습니다. 십자가 앞에서 겸손해지십시오. 하나님께서는 성령을 통하여 당신 안에 하늘의 생명을 이루실 것입니다. 그리스도의 삶과 죽음을 따르는 것은 전적으로 성령의 사역입니다. 우리는 이것을 너무도 이해하지 못했습니다.

3. 영광을 받으신 분. 영광을 받으신 그리스도는 성령으로 세례를 베푸시는 분이십니다. 주 예수께서 성령으로 세례를 받으실 수 있었던 것은 자신을 낮추시어 요한의 세례를 받으셨기 때문입니다. 요한이 요단 강에서 베푼 세례는 죄인에게 주는 세례였습니다. 그렇지만 그 세례를 받으셨을 때, 구속의 사역을 짊어지신 바로 그때에, 그리스도께서는 성령을 받아 그후로 십자가에서 "흠 없는 자기를 하나님께 드릴"(히 9:14) 때까지 그 사역에 적합해지셨습니다. 이 영광을 받으신 그리스도께서 당신에게 성령으로 세례 주시기를 갈망하십니까? 그렇다면 그분을 섬기기 위해, 그리고 죄인들에게 아버지의 사랑을 알리는 그분의 위대한 일을 발전시키기 위해, 당신을 그분께 드리십시오.

영광을 받으신 예수님으로부터 능력의 성령을 받는 것은 너무도 좋은 일입니다. 우리가 이것을 깨달을 수 있도록 하나님께서 도와주시기를 빕니다! 우리 영혼은 예수님을 위해 일하고, 필요하다면 예수님을 위해 기꺼이 고난받기를 원합니다. 당신은 당신의 주님을 알았고 사랑했으며 그분을 위해 일했고 그 일에서 축복을 받았습니다. 하지만 주님께서는 주실 것이 더 있습니다. 하나님께서는 우리 안에서, 우리 주변의 형제자매 안에서, 교회의 교역자들 안에서 성령의 능력으로 일하시어서, 우리의 마음을 놀라운 기적으로 채우실 수 있습니다.

이러한 사실을 그동안 마음에 간직했습니까? 풍성한 생명은 십자가에 못 박히고, 다시 사시고, 영광을 받으신, 그리고 성령으로 세례를 주시며 우리 마음에 자신을 나타내시고 만유의 주로서 우리 안에서 사시는 그리스도의 풍성한 생명입니다.

얼마 전에 나는 "마땅히 되어야 할 모습으로 살라"는 표현을 보았습니다. 당신의 인간적인 상상력이 가능하다고 생각하는 것 안에서만 살지 마십시오. 말씀 안에서, 곧 주 예수의 사랑과 무한한 신실함 안에서 사십시오. 주님께 항상 감사하는 믿음은, 즉 경험해서가 아니라 그 믿음의 근거인 약속 때문에 감사하는 믿음은, 하나님께서 자신의 일을 우리 안에서 완성하시리라는 복된 확신에 이를 때까지 점점 더 강해질 것입니다.

제 5 장

우리 주님의 모범

기도 생활과 영적 생활은 밀접히 연결되어 있어서 분리될 수 없습니다. 우리는 기도를 통해 성령을 받습니다. 동시에 영적 생활은 지속적인 기도 생활을 요구합니다. 끊임없이 기도에 몰두할 때만 성령의 인도를 지속적으로 받을 수 있습니다.

이러한 사실은 우리 주님의 삶에서 매우 명백하게 드러납니다. 주님의 삶을 연구하다보면 기도의 능력과 거룩함에 대해 놀라운 견해를 얻게 됩니다.

주님의 세례를 숙고해 보십시오. 하늘이 열리고 주님께 성령이 내려온 때는 주님께서 세례를 받으시고 기도하신 때였습니다(눅 3:21-22). 그리스도께서는 요단 강에서 죄인의 세례에 자신을 맡기셨습니다. 이것은 죄인의 죽음에 자신을 맡기신 것이기도 합니다. 하나님께서는 이런 그리스도께 성령을 선물로 주시기를 원하셨는데, 이것은 그리스도께서 성취하셔야 하는 사역을 위함이었습니다. 그러나 그리스도께서 기도하시지 않았다면, 이와 같은 일은 일어나지 않았을 것입니다. 하나님과 교제하며 섬길 때, 성령이 그리스도께 오셔서 그리스도를 광야로 이끌어 40일을 기도하고 금식하며 지내게 했습니다. 마가복음 1:32-33과 35절을 보십시오.

저물어 해 질 때에 모든 병자와 귀신 들린 자를 예수께 데려오니 온 동네가 그 문 앞에 모였더라 … 새벽 아직도 밝기 전에 예수께서 일어나 나가 한적한 곳으로 가사 거기서 기도하시더라.

하루 종일 일하셨기 때문에 주님께서는 많이 지치셨습니다. 병자를 고치고 귀신을 쫓아내시느라 힘이 드셨습니다. 다른 이들이 아직 자는 동안에, 주님께서는 일어나 나가 기도하시고, 아버지와 교제하시면서 새로 힘을 얻었습니다. 주님께서는 이것이 필요했습니다. 그렇지 않으면 다시 하루를 살 준비가 되지 않았을 것입니다. 영혼을 구하는 거룩한 일은 하나님과의 교제를 통해 끊임없이 새로워질 것을 요구합니다.

누가복음 6:12-13에서 제자들을 부르시는 내용을 다시 생각해 보십시오.

　　이때에 예수께서 기도하시러 산으로 가사 밤이 새도록 하나님께 기도하시고 밝으매 그 제자들을 부르사 그 중에서 열둘을 택하여 사도라 칭하셨으니.

하나님의 일을 하고 싶어하는 사람이 있다면, 그 사람은 하나님의 지혜와 능력을 받기 위해 하나님과 교제하는 시간을 가져야 합니다. 하나님과 교제하는 시간을 갖는 것은 하나님을 의지하고 하나님밖에 의지할 데가 없음을 보여 주는 증거이며, 하나님께는 그 능력을 보이실 기회를 드리는 것입니다. 그리스도께서 사도를 선택하시는 것은 그분의 일을 위해, 초대 교회를 위해, 모든 시대를 위해, 너무도 중요한 일이었습니다! 거기에는 하나님의 축복과 승인이 있었으며, 기도라는 도장이 찍혀 있었습니다.

누가복음 9:18과 20절을 읽어보십시오. "예수께서 따로 기도하실 때에 제자들이 주와 함께 있더니 물어 이르시되 무리가 나를 누구라고 하느냐? … 베드로가 대답하여 이르되 하나님의 그리스도시니이다." 주님께서는 자기가 누구인지를, 아버지께서 그들에게 알려 주시도록 할 작정이었습니다. 그리고 이 목적을 위해 12사도를 택하셨습니다(요한복음 17:6-8 참조하시오). 예수께서는 밤이 새도록 하나님께 기도하신 뒤에 "제자들을 부르사 그 중에서 열둘을 택하여 사도라 칭하셨습니다"(눅 6:13). 이들 중 하나인 베드로가 "주는 그리스도시요 살아 계신 하나님의 아들이시니이다"(마 16:16)라고 말했습니다. 그때 주님께서는 "이를 네게 알게 한 이는 혈육이 아니요 하늘에 계신 내 아버지시니라"(마 16:17)고 말씀하셨습니다. 베드로의 이 훌륭한 고백은 기도의 결과였습니다.

다음 말씀을 더 읽어 보십시오.

> 예수께서 베드로와 요한과 야고보를 데리고 기도하시러 산에 올라가사 기도하실 때에 용모가 변화되고 그 옷이 희어져 광채가 나더라 … 구름 속에서 소리가 나서 이르되 이는 나의 아들 곧 택함을 받은 자니 너희는 그의 말을 들으라(눅 9:28-29, 35).

그리스도께서는 제자들의 믿음을 강화하기 위해 자신이 하나님의 아들이시라는 하늘로부터의 보증을, 하나님께서 제자들에게 주시기를 바라셨습니다. 기도는 제자들뿐 아니라 주님을 위해서도, 변화산에서의 일이 일어나게 했습니다. 하나님께서 작정하신 것이 지상에서 성취되기 위해서는 기도가 필요하다는 것이 훨씬 더 명확해지지 않습니까? 그리스도와 신자들에게는 오직 하나의 길만 있습니다. 하늘을 향해 마음과 입을 열고 믿음의 기도를 드리는 것입니다. 그리고 그렇게 하면 결단코 수치를 당하지 않을 것입니다.

누가복음 11:1을 읽어 보십시오. "예수께서 한 곳에서 기도하시고 마치시매 제자 중 하나가 여짜오되 주여 요한이 자기 제자들에게 기도를 가르친 것과 같이 우리에게도 가르쳐 주옵소서." 이때 예수께서 제자들에게 "하늘에 계신 우리 아버지"(2절)로 시작되는 영원무궁한 기도를 주셨습니다. 예수님께서는 하나님의 이름이 거룩히 여김을 받고, 하나님의 나라가 임하며, 하나님의 뜻이 이루어지기를, 그리고 이 모든 것이 "하늘에서 이룬 것같이 땅에서도"(2절) 이루어지기를 기도하라고 가르치셨습니다. 그리고 그 순간에 드는 모든 생각을 "하늘에 계신 우리 아버지"라는 말 한마디에 모두 실으셨습니다. 도대체 이런 일들이 어떻게 일어나겠습니까? 기도를 통해 일어납니다. 이 기도는 세월을 지나면서 수없이 많은 사람들이 암송하고 큰 위로를 받은 것입니다. 그러나 그 기도는 우리 주 예수님의 기도에서 나온 것임을 잊지 마십시오. 예수님은 늘 기도하시던 분이었기 때문에, 그와 같이 은혜로운 답을 주실 수 있었던 것입니다.

요한복음 14:16을 읽어 보십시오. "내가 아버지께 구하겠으니 그가 또 다른 보혜사를 너희에게 주시리라." 성령을 부어 주심으로 시작된 신약의 완전한 시행은 주님께서 기도하신 결과입니다. 주님의 기도에 대한 응답으로 그리고 그후 주님을 따르는 자들의 기도에 대한 응답으로 성령께서 확실히 오실 것입니다. 그러나 그것은 우리 주님의 기도처럼, 홀로 머물며 하나님과 교제하는 시간을 갖고, 그 시간에 자신을 온전히 하나님께 바치는 기도에만 그 응답이 올 것입니다.

요한복음 17장에 나오는 지극히 거룩한 대제사장의 기도를 읽어 보십시오! 거기에서 주님은 먼저 자신을 위해 기도하십니다. 십자가를 감당할 힘을 주시고, 죽은 자 가운데서 다시 살리시며, 아버지의 우편에 자신을 앉히심으로써, 아버지께서 자신을 영화롭게 해 달라고 기도하십니다. 이렇게 엄청난 일들은 기도를 통하지 않고는 일어날 수 없습니다. 이런 일들을 성취할 능력은 기도만이 갖고 있습니다.

그 다음 주님께서는 제자들을 위해 기도하셨습니다. 아버지께서 그들을 악으로부터 보호하시고, 세상으로부터 지키시며, 거룩하게 하시기를 기도하셨습니다. 그 다음 주님께서는 제자들의 말을 통해 주님을 믿게 된 모든 사람들을 위해 기도하셨습니다. 아버지와 아들이 하나이듯, 모든 이가 사랑 안에서 하나가 되기를 기도하셨습니다. 이 기도는 아버지와 아들 사이의 놀라운 관계를 언뜻 보여 주는 동시에, 하늘의 모든 축복은 하나님의 우편에 계시면서 영원히 우리를 위해 기도하시는 주님의 기도를 통해 끊임없이 온다는 것을 가르쳐 줍니다. 그러나 주님과 똑같은 방식으로 원하고 구해야만 이 모든 축복이 온다는 것을, 이 기도는 우리에게 가르쳐 줍니다. 하나님의 축복은 하나님께 완전히 굴복한 사람과 기도의 능력을 믿는 사람이 얻는 것으로 그것은 기도의 응답입니다. 이것이 하나님의 축복의 본성이요 영광입니다.

이제 우리는 모든 것 가운데 가장 뛰어난 모범에 이르렀습니다. 우리 주님께서는 주님의 영원한 습관에 따라, 세상에서 하셔야 할 일들을 아버지께 고하고 상의하셨습니다. 우리는 이것을 겟세마네에서 봅니다. 처음에 주님께서는 고뇌하고 피 같은 땀을 흘리시면서 그 잔을 면하게 해 달라고 간청하셨습니다. 그러나 그럴 수 없다는 것을 아셨을 때는 그 잔을 마실 수 있는 힘을 달라고 간청하셨습니다. 그리고는 "아버지의 원대로 되기를 원하나이다"(마 26:42)라는 말과 함께 하나님께 굴복하셨습니다. 주님께서는 용기가 충만하여 원수를 맞을 수 있었고, 하나님의 힘을 입어 십자가에서 돌아가셨습니다. 주님께서는 기도하셨습니다.

몹시 연약함에도 불구하고 하나님의 일을 자신 있게 수행하게 해 주고, 또 하나님의 뜻에 우리의 뜻을 복종하게 해 주는, 위대한 능력인 기도에 대한 믿음이 하나님의 자녀에게 그토록 적은 까닭은 무엇입니까? 영원히 영적 생활과 능력의 샘이신 하나님과 친밀하고도 변함없는 교제가 없고서는, 하나님과 동행하는 것, 하나님의 축복이나 인도를 받는 것, 하나님의 일을 즐겁고 보람차게 하는 것이 절대로 불가능하다는 것을 우리 주님께로부터 배울 수 있다면 더할 나위 없이 좋겠습니다!

모든 그리스도인들이여, 우리가 여기에서 주님의 기도생활에 대해 간단히 살펴본 것들을 깊이 생각하고, 주 예수 그리스도께서 주시고 지원하시는 삶이란 어떤 것인지 하나님의 말씀에서 배우려고 노력합시다. 이런 삶은 바로 날마다 기도하는 삶입니다. 특히 목사들이여, 주님의 일을 주님과 다른 방식으로 하는 것은 전혀 헛되다는 것을 깨달으십시오. 일꾼인 우리가 세상의 일상사에서 해방된 것은, 우리 주님의 이름으로, 성령과 더불어, 주님과 하나되어, 세상을 위해 간구하고 축복을 얻어내는 시간을 갖기 위함입니다.

제 6 장

성령과 기도

성령에 대한 우리의 생각이 종종 비탄과 결부되고 자책과 짝을 이루다니 슬프지 않습니까? 그러나 성령은 보혜사라는 이름을 지니신 분으로서, 우리를 인도하여 그리스도 안에서 큰 기쁨과 즐거움을 찾을 수 있도록 하나님께서 우리에게 주신 분입니다. 그러나 더욱 슬픈 일이 있습니다. 우리를 위로하고 보호하시기 위해 우리 안에 거하시는 성령께서 우리 때문에 슬퍼하시는 일이 많다는 것입니다. 그 이유는 성령의 일 곧 사랑의 사역을 성취할 수 있도록 우리가 허락하지 않기 때문입니다. 성령께서 이루 말할 수 없이 큰 고통을 겪는 원인은 교회의 이 기도하지 않는 죄 때문입니다. 기도하지 않는 죄는 우리에게서 빈번히 발견되는 생기 없음과 무능력의 원인이기도 합니다. 그렇게 되는 원인 역시 우리가 성령께 우리를 인도하시도록 허락하지 않기 때문입니다.

성령의 역사를 깊이 숙고하는 것은 기쁨을 얻는 일이자 믿음을 강화하는 일일 수 있습니다.

성령은 기도의 영이십니다. 스가랴 12:10에서는 "은총과 간구하는 심령"이라고 불립니다. 바울서신에서는 기도와 관련해서 성령을 언급하는 훌륭한 구절이 두 군데 있습니다. "양자의 영을 받았으므로 우리가 아빠(Abba) 아버지라고 부르짖느니라"(롬 8:15). "하나님이 그 아들의 영을 우리 마음 가운데 보내사 아빠 아버지라 부르게 하셨느니라"(갈 4:6). 당신은 "아빠 아버지"라는 말을 깊이 생각해 본 적이 있습니까? 우리 구주께서는 그 이름으로 아버지께 가장 위대한 기도를 드리고, 아버지께 전적으로 굴복하였으며, 자신의 생명과 사랑을 희생하셨습니다. 우리를 가르치시려는 뚜렷한 목적을 위해, 즉 그리스도인으로서의 삶을 시작할 때부터 어린아이와 같은 믿음과 순종 안에서 "아빠 아버지"라고 부르도록 가르치시기 위해, 아버지께서는 우리에게 성령을 주셨습니다. 앞의 구절에서는 "우리가 부르짖느니라", 뒷 구절에서는 "하나님이 … 부르게 하셨느니라"고 되어 있습니다. 기도에서 하나님과 인간이 협력하고 있음을 이 얼마나 잘 드러냅니까! 하나님께서 "아빠 아버지"라고 부르게 하셨다는 것은 기도를 자연스럽고도 효력을 발휘하는 것으로 만들기 위해 하나님께서 최선을 다하셨다는 증거가 아니겠습니까?

하나님께서는 기도를 위해 이렇게 부르도록 하셨는데, 교회가 기도를 짐이요 부담으로 간주한다면, 그것은 성령이 교회에서 무척 낯선 존재로 여겨진다는 증거가 아니겠습니까? 하나님께서는 기도를 가르치시기 위해 우리에게 성령을 보내셨습니다. 그런데 우리는 성령을 모르고, 그분께 순종하지 않습니다. 기도하지 않는 죄의 근원이 여기에 있지 않습니까?

이 사실을 더욱 명확히 알고 싶으면, 로마서 8:26-27을 주목해야 합니다.

> 이와 같이 성령도 우리의 연약함을 도우시나니 우리는 마땅히 기도할 바를 알지 못하나 오직 성령이 말할 수 없는 탄식으로 우리를 위하여 친히 간구하시느니라. 마음을 살피시는 이가 성령의 생각을 아시나니 이는 성령이 하나님의 뜻대로 성도를 위하여 간구하심이니라.

홀로 내버려 두면 그리스도인은 마땅히 기도할 바를 모른다는 것이 이 구절에서 명확히 드러나지 않습니까? 하나님께서는 우리를 위해 기도하시는 성령을 주심으로써, 어찌할 바를 모르는 우리를 만나셨습니다. 성령의 작용은 우리가 생각하는 것이나 느끼는 것보다 훨씬 더 심오하여서 하나님께서만이 그것을 아시고 그것에 응답하십니다.

그러므로 우리가 할 첫 번째 일은 하나님 앞에 나아가는 것입니다. 기도할 바를 알지 못한 채 나아가는 것입니다. 또 많은 말이나 생각을 가지고 나아가는 것이 아니라, 성령의 신성한 활동이 우리 안에서 이루어지고 있다는 확신을 가지고 나아가는 것입니다. 이 확신은 경의와 평온함을 북돋울 뿐 아니라, 성령께서 주시는 도움에 의지하여 우리의 소망과 마음에 필요한 것들을 하나님 앞에 내어놓을 수 있게 해 줍니다.

기도를 위한 훌륭한 교훈은 무엇보다도 성령의 인도하심에 자신을 맡기고, 전적으로 성령을 의지하여 그분께 첫 번째 자리를 내어드리라는 것입니다. 성령을 통해 기도를 드려야만 당신의 기도가 상상할 수 없을 정도의 가치를 지니기 때문입니다. 또한 성령을 통해서만 당신이 그리스도의 이름으로 소원을 말하게 될 것이기 때문입니다. 이런 믿음이 바로 생명 없는 상태를 막는 믿음이며, 골방에서 하나님을 의지하는 믿음입니다. 오직 이것만을 생각하십시오! 모든 기도엔 각 삼위일체 하나님의 역할이 있습니다. 성부 하나님은 들으시고, 성자 하나님은 우리에게 그 이름으로 기도하게 하시며, 성령 하나님은 우리를 위해 그리고 우리 안에서 기도하십니다. 우리가 성령과 바른 관계를 맺고, 성령의 일을 이해하는 것은 너무도 중요합니다!

다음 사항들을 진지하게 생각해 보십시오.

1. 하나님의 아들의 영이신 성령이 우리 안에 계시다는 것을 신성한 사실로서 확고하게 믿읍시다. 이것은 이미 알고 있는 사실이기 때문에 숙고할 필요가 없다고 생각하지 마십시오. 이런 믿음은 훌륭하고 신성한 것으로서 성령에 의해서만 우리 마음에 들어와 자리 잡을 수 있습니다. "성령이 친히 우리의 영과 더불어 우리가 하나님의 자녀인 것을 증언하시니라"(롬 8:16). 우리 마음은 성령의 전(殿)이라는 것과, 성령께서 우리 안에 거하시며 영혼과 육신을 다스리신다는 것을 확고히 믿어야 합니다. 하나님께 진심으로 감사드리고, 성령께서 우리 안에 거하시면서 기도를 가르쳐 주시기를 기도합시다. 감사를 통해 우리 마음은 하나님께로 나아가 하나님

과 교제합니다. 감사는 우리의 주의를 자신으로부터 하나님께로 돌리게 하고, 성령께서 우리 마음에 자리잡을 수 있도록 자리를 내어드립니다.

아버지와 아들을 드러내시는 성령을 외면한 채, 영원하신 하나님과 교제하려 했다면, 당신은 결국 기도하지 않는 죄에 빠지고 기도를 너무 무거운 짐으로 느끼게 될 것입니다.

2. 성령께서 우리 안에 거하시며 일하신다는 확신에는, 성령께서 우리 안에서 성취하시고자 하시는 것에 대한 이해가 있어야 합니다. 기도에서 성령의 일은 성령의 다른 일들과 밀접하게 연관되어 있습니다. 앞 장(章)에서 본 바와 같이, 성령의 가장 중요한 일은 성령의 사랑과 능력으로 그리스도를 드러내시는 것입니다. 따라서 성령께서는 우리가 기도할 때에 그리스도, 그리스도의 피, 그리스도의 이름을 끊임없이 상기시켜 주십니다. 그리고 이것들을, 하나님께서 우리의 기도를 들으신다는 확고한 근거로 알려 주십니다.

나아가 성령께서는 "성결의 영"(롬 1:4)으로서 우리에게 죄를 깨닫고, 미워하고, 끝내도록 가르치십니다. 성령께서는 지혜와 계시의 영(엡 1:17)으로서 우리를 하늘의 비밀, 곧 하나님의 넘쳐흐르는 은혜로 인도하십니다. 성령께서는 사랑과 능력의 영(딤후 1:7)으로서 우리에게 그리스도를 증언하라고 가르치시며, 불쌍히 여기는 마음을 지녀 사람들을 위해 수고하라고 가르치십니다. 이 모든 축복을 성령과 밀접하게 연관시킬수록, 나는 더욱더 성령의 하나님 되심을 확신하며, 기도할 때 성령의 인도에 기꺼이 나를 맡깁니다. 성령을 기도의 영으로 안다면 나의 삶이 얼마나 달라지겠습니까! 계속해서 새롭게 배워야 할 것이 또 있습니다.

3. 성령께서는 나의 삶을 완전히 소유하시기를 원하십니다. 우리는 성령을 더욱 많이 요구합니다. 그러나 성령께서도 우리에게 더욱 많은 것을 원하십니다. 이 사실을 염두에 둔다면 우리는 제대로 기도하는 것입니다. 성령께서는 나를 완전히 소유하시려 합니다. 내 영혼이 내 육체를 완전

히 소유하여 그 거처로 삼고 육체의 봉사를 받는 것처럼, 성령께서도 내 육체와 영혼을 그 거처로 삼으시고 완전히 성령의 통제 아래 두고 싶어 하십니다. 성령께서는 우리를 이전과 전혀 다른 상태, 곧 "전심으로 여호와를 구하는"(시 119:2) 상태로 인도하고 계시다는 것을 깨닫지 못하고서는, 누구도 계속해서 진지하게 기도드릴 수 없습니다. 성령께서는 이 말씀을 더욱더 우리의 좌우명으로 삼게 하실 것입니다. 우리의 마음이 단호하지 못한 것도 참으로 죄라는 것을, 성령께서는 우리에게 인식시킬 것입니다. 성령께서는 그리스도를, 모든 죄에서 구원하신 전능한 구원자로서, 늘 우리 곁에 계시면서 우리를 보호하시는 분으로 드러내십니다. 우리가 기도할 때에, 성령께서는 우리를 인도하시어, 우리가 자신을 잊어버리고 중보기도자로서 훈련받기 위해 기꺼이 헌신하게 만드십니다. 하나님께서는 이 중보기도하는 사람들에게, 밤낮으로 하나님께 부르짖으며 교회의 원수를 물리쳐 달라고 기도하는 사람들에게, 하나님의 계획을 수행하도록 맡기십니다.

하나님께서는 우리에게 성령을 알게 하시며, 성령을 기도의 영으로 존경하게 하십니다!

제 7 장

죄 그리고 하나님의 거룩하심

은혜를 이해하기 위해서는, 그리스도를 바로 이해하기 위해서는, 죄가 무엇인지 이해해야 합니다. 하나님과 하나님의 말씀을 통하지 않고는 이것을 이해할 수 없습니다. 성경 맨 앞을 봅시다. 하나님께서 자기 형상을 따라 사람을 만드셨고, 보시기에 매우 좋았다고 말씀하셨습니다. 그런데 하나님을 배반하는 죄가 들어왔습니다. 아담은 낙원에서 쫓겨났고, 아담은 물론 그의 자손이 대대로 저주와 파멸에 놓였습니다. 이것이 죄가 한 일이었습니다. 우리는 여기에서 죄의 본성과 힘을 알게 됩니다.

계속해서 아라랏 산에 있는 노아의 방주를 보십시오. 사람들 사이에 하나님을 알지 못함이 극심해져서, 하나님께서는 땅 위에서 사람을 쓸어버릴 수밖에 없었습니다. 이것이 죄의 결과였습니다.

다시 시내 산을 봅시다. 하나님께서는 이스라엘이라는 새로운 민족과 계약을 세우고 싶어하셨습니다. 그러나 이 일을 하실 때, 하나님께서는 사람의 죄 때문에 빽빽한 구름과 번개가 치는 너무도 무서운 상태에서 강림하셨습니다. "그 보이는 바가 이렇듯 무섭기로 모세도 이르되 내가 심히 두렵고 떨린다"(히 12:21)고 하였습니다. 그리고 율법을 주시는 일을 마치기 전에, "누구든지 율법 책에 기록된 대로 모든 일을 항상 행하지 아니하는 자는 저주 아래 있느니라"(갈 3:10)는 두려운 말씀을 하셨습니다. 이렇게 말씀하실 필요가 있었던 것은 죄 때문이었습니다.

이번에는 골고다로 가 봅시다. 여기에서 죄가 무엇인지, 그리고 하나님의 아들을 쫓아내고 십자가에 못 박아 죽인 증오와 악의(惡意)가 무엇인지를 보십시오. 골고다에서 죄는 극치에 이르렀습니다. 거기에서 하나님이신 그리스도는 홀로 죄가 되셨고 저주가 되셨습니다. 그것이 죄를 멸하는 유일한 길이었기 때문이었습니다. 겟세마네에서 그 끔찍한 잔을 마시지 않게 해 달라고 기도하시며 괴로워하시던 주님 속에서, 또 십자가에서 "나의 하나님, 나의 하나님, 어찌하여 나를 버리셨나이까?"(마 27:46) 라고 외치며 암흑과도 같은 버림받은 상태에서 괴로워하시던 주님 속에서, 우리는 죄가 가져오는 저주와 이루 표현하기 힘든 고통을 어렴풋하게나마 알 수 있습니다. 죄를 싫어하고 미워하게 할 수 있는 것이 있다면, 그것은 바로 십자가에 달리신 그리스도이십니다.

이번에는 최후 심판날로 가서, 끝이 보이지 않는 어두운 웅덩이를 봅시다. 거기에서는 수많은 영혼이 "저주를 받은 자들아 나를 떠나 마귀와 그 사자들을 위하여 예비된 영원한 불에 들어가라"(마 25:41)는 심판을 받습니다. 이런 말씀을 들으면 마음이 약해지고 잊을 수 없는 공포로 가득 차서 죄를 지극히 미워하게 되지 않습니까?

죄가 무엇인지 이해하는 데 도움될 만한 것이 또 있습니까? 예, 또 있습니다. 눈을 안으로 돌려 당신의 마음을 주목하고, 거기에서 죄를 보십시오. 죄의 가증스러움과 불경스러움에 대해 이미 살펴보았기 때문에 당신 마음의 죄라는 것이 무엇인지 알 것입니다. 하나님에 대한 모든 나쁜 마음, 인간의 모든 타락, 가증한 모든 내적 본성이, 당신이 저지른 죄에 숨어 있습니다. 당신은 하나님의 자녀이지만 때때로 정욕에 빠져서 죄를 저지릅니다. 죄지은 것을 알았을 때, 당신은 부끄러워 다음과 같이 소리쳐야 하지 않겠습니까? "나의 이 죄를 어이할꼬?" "주여 나를 떠나소서 나는 죄인이로소이다"(눅 5:8).

죄의 큰 힘 하나는 사람의 눈을 가려 죄의 실제 속성을 인식하지 못하게 하는 것입니다. 그리스도인들조차 자기가 완전할 수는 없으며 일상적인 죄는 필요한 것이기도 하다는 생각을 갖고 있습니다. 죄에 대한 이러한 생각에 익숙해져서, 그들은 죄를 슬퍼하는 능력과 힘을 거의 잃어버렸습니다. 하나님을 배반하는 모든 죄를 더욱 자각하지 않고서는 진정한 은혜의 진보란 있을 수 없습니다. "어찌해야 잃어버린 민감한 양심을 되찾고, 하나님께 마음을 찢는 희생을 드릴 수 있겠습니까?" 이보다 더 중요한 질문은 있을 수 없습니다.

성경에서 그 답을 찾을 수 있습니다. 하나님께서 죄를 어떻게 생각하시는지, 하나님의 거룩하심이 죄를 얼마나 미워하시는지 명심합시다. 죄를 정복하시기 위해, 죄에서 우리를 구원하시기 위해, 주님께서 치르신 그 큰 희생을 명심합시다. 하나님의 거룩하심이 머리 위에 비칠 때까지, 그래서 이사야처럼 "화로다 나여 망하게 되었도다 … 만군의 여호와이신 왕을 뵈었음이로다"(사 6:5)라고 외칠 때까지, 하나님 앞에 머무릅시다.

십자가를 명심합시다. 사랑이신 그리스도께서 죄로 인한 이루 형언하기 어려운 고통을 겪으신 일을 명심합시다. 그러고 나면 "내가 미워하는 이 가증한 일을 행하지 말라"(렘 44:4)는 목소리에 귀기울여지지 않겠습니까? 십자가의 피와 사랑이 우리에게 충분히 영향력을 행사할 수 있도록, 기도할 시간을 냅시다. 죄는 사탄과 사탄의 힘에 손을 내미는 것이라고 생각합시다. 기도하지 않은 결과 그리고 하나님 앞에서 오래 참고 기다리지 않은 결과 우리는 죄에 대한 참된 인식을 거의 상실하고 말았습니다.

우리를 구속하시기 위해 그리스도께서 치르셔야 했던 것과, 이루 형언할 수 없는 은혜로운 선물이신 성령, 곧 죄 사함, 성결, 중생을 주시는 성령께서 우리에게 그리스도를 주셨다는 사실을 숙고합시다. 그 사랑에 감사하여 무엇을 돌려드려야 할지 스스로 물어봅시다. 하나님 앞에서 기다리며 스스로 그런 질문을 한다면, 하나님의 성령께서 우리에게 죄를 자각시켜 주시고, 완전히 새로운 관점을 갖도록 가르치시며, 죄를 바라보는 새로운 시각을 주실 것입니다. 나아가 우리가 참으로 구속(救贖)되었다는 생각이 우리의 마음으로부터 생겨나, 우리는 그리스도의 능력으로, 그리스도의 위대한 승리 — 십자가에서 죄를 누르고 이기신 승리 — 에 날마다 참여하고 그 승리를 삶에서 드러낼 것입니다.

당신의 생각은 어떻습니까? 기도하지 않는 죄가 생각보다 훨씬 더 끔찍한 결과를 초래했다는 사실을 이해하기 시작했습니까? 죄에 대한 인식이 그토록 약하고 죄를 미워하지도 죄에서 도망치지도 못하는 이유는 하나님과 피상적으로만 대화하고 그나마 서둘러 대화를 끝내기 때문입니다. 하나님의 자녀인 당신이, 하나님께서 원하시는 것만큼 죄를 미워하는 길은, 남몰래, 겸손히, 지속적으로 하나님과 교제하는 것뿐입니다. 죄가 무엇인지 올바로 이해하고 그 죄를 몹시 싫어하게 해 줄 수 있는 것은, 살아 계신 그리스도의 변함없는 친밀함과 끝없는 능력밖에 없습니다. 죄에 대한 이런 심오한 이해가 없이는 그리스도 안에서 거둘 수 있는 승리, 성령께서 가져다주실 승리를 기대할 수 없습니다.

오 나의 하나님, 내 죄를 알게 해 주시고 당신 앞에서 기다리며 섬기는 법을 가르쳐 주옵소서! 그리하여 당신의 거룩한 것을 성령을 통해 내게 내려 주옵소서! 오 나의 하나님, 내 죄를 알게 해 주옵소서! 그리하여 "그 안에 거하는 자마다 범죄하지 아니하나니"(요일 3:6)라는 약속에 귀기울이고, 당신께서 이 약속을 실현해 주시기를 기대하게 하소서!

하나님의 거룩하심

죄의 개념과 하나님의 거룩하심의 개념이 교회에서 사라졌다고들 말합니다. 하나님의 거룩하심이 우리의 믿음과 삶에서 마땅히 차지해야 할 자리를 어떻게 내어드릴 수 있는지를, 다시금 배울 수 있는 곳이 우리의 골방입니다. 30분도 기도할 줄 모른다면, 하나님의 거룩하심이라는 주제에 마음을 집중하십시오. 하나님 앞에 무릎을 꿇으십시오. 하나님과 당신이 서로 만나기 위해, 자신과 하나님께 시간을 내어드리십시오. 그것은 큰 축복이 넘쳐흐르는 대단히 중요한 일입니다.

이렇게 거룩하신 하나님 앞에서 행하는 일에 강해지고 싶거든 하나님의 거룩한 말씀에 마음을 집중하십시오. 예를 들어, 레위기를 편 뒤, "내가 거룩하니 너희도 … 거룩하라"(레 11:44)는 명령을 하나님께서 다양한 형태로 일곱 번이나 하시는 데 주목하십시오(레 11:44, 45; 19:2; 20:7, 26; 21:8; 22:32 참조). "나는 너희를 거룩하게 하는 여호와니라"(출 31:13)는 표현은 훨씬 더 빈번히 나옵니다. 신약은 이런 메시지를 그대로 이어받았습니다. 베드로는 "오직 너희를 부르신 거룩한 이처럼 너희도 모든 행실에 거룩한 자가 되라. 기록되었으되 내가 거룩하니 너희도 거룩할지어다 하셨느니라"(벧전 1:15-16)고 말했고, 바울은 그의 편지에서 "너희 마음을 굳건하게 하시고 우리 주 예수께서 그의 모든 성도와 함께 강림하실 때에 하나님 우리 아버지 앞에서 거룩함에 흠이 없게 하시기를 원하노라 … 하나님이 우리를 부르심은 부정하게 하심이 아니요 거룩하게 하심이니 … 너희를 부르시는 이는 미쁘시니 그가 또한 이루시리라"(살전 3:13; 4:7; 5:24)고 썼습니다.

거룩하신 하나님을 아는 지식 외에는 우리를 거룩하게 할 것이 없습니다. 각자 기도하는 장소인 골방이 아니면, 우리가 어떻게 이 지식을 얻을 수 있겠습니까? 우리가 하나님께 시간을 내어드리지 않으면, 하나님의 거룩하심이 우리에게 비추도록 허락하지 않으면, 그 지식을 얻는 일은 완전히 불가능합니다. 굉장히 지혜로운 사람에게 배우고자 그 문하에 들어가거나 그 사람과 친해지지 않은 채, 도대체 어느 누가 그 사람에 대해 상세히 알 수 있겠습니까? 마찬가지로 우리가 하나님께 시간을 내어드려서 하나님의 거룩하심의 영화로운 능력 아래 놓이지 않는다면, 어떻게 하나님께서 우리를 거룩하게 하실 수 있겠습니까? 골방이 아닌 그 어디에서도 우리는 하나님의 거룩하심을 알 수 없으며, 그 거룩하심의 능력과 영향을 받을 수 없습니다. "하나님과 홀로, 그리고 빈번히 오랫동안 함께 있지 않는 사람은 누구라도 거룩해지기를 기대할 수 없습니다."

그런데 하나님의 이 거룩하심이란 무엇입니까? 그것은 하나님의 모든 속성 가운데 지극히 높고 영화로우며 가장 포괄적인 것입니다. 거룩함이라는 단어는 성경에서 가장 심오한 단어입니다. 그것은 하늘에 속한 단어입니다. 신구약 성경 모두 우리에게 거룩함에 대해 말해 줍니다. 이사야는 베일로 얼굴을 가린 스랍이 "거룩하다 거룩하다 거룩하다 만군의 여호와여"(사 6:3)라고 외치는 소리를 들었습니다. 요한은 네 생물이 "거룩하다 거룩하다 거룩하다 주 하나님 곧 전능하신 이여"(계 4:8)라고 말하는 소리를 들었습니다. 이 두 표현은, 하나님 가까이 살면서 하나님 앞에 절하여 섬기는 하늘의 존재들이 하늘에 계신 하나님의 영광을 표현한 것들입니다. 생각하고 읽고 듣는 행위를 통해 하나님의 거룩함을 이해할 수 있고 그 거룩함에 참여할 수 있다고 감히 상상이라도 할 수 있습니까? 너무도 어리석은 생각입니다! 우리에게는 홀로 하나님 앞에 머물며, "오 하나님, 하나님의 거룩하심을 우리 마음에 비추시어, 우리 마음을 거룩하게 하옵소서"라고 기도할 수 있는 골방이 있습니다. 이 사실 때문에 하나님께 감사해야 할 것입니다.

기도하지 않는 죄를 몹시 부끄럽게 여깁시다. 이 죄 때문에 하나님께서는 우리에게 하나님의 거룩하심을 부어 주시지 못하십니다. 우리의 이 기도하지 않는 죄를 용서해 주시고, 하늘의 은혜로 우리를 인도하시며, 우리를 강건하게 하시어 거룩하신 하나님과 교제할 수 있게 해 주시기를 열심히 간청합시다.

하나님의 거룩하심이라는 말은 그 의미를 쉽게 설명하기 어렵습니다. 그러나 그 말은 하나님께서 형언하기 어려울 정도로 죄를 싫어하시고 미워하신다는 것을 암시한다고 말할 수 있습니다. 이 말의 의미를 이해하려면, 하나님께서는 죄가 통치하는 쪽보다는 차라리 아들이 죽는 쪽을 택하셨음을 기억하십시오. 또 하나님의 아들께서는 아버지의 뜻을 조금이라도 거스르느니 차라리 생명을 포기하셨다는 사실을 기억하십시오. 나아가 아들께서는 죄를 너무도 미워하셔서 사람들이 죄의 권세에 붙잡히는 것보다는 차라리 자신이 죽는 쪽을 택하셨습니다. 이것은 하나님의 거룩하심의 일부로서, 하나님께서는 당신과 나, 우리를 죄에서 구하시기 위해 무슨 일이든 하신다는 표시입니다. 거룩하심은 우리 안에 있는 죄를 불태우고 우리를 하나님 앞에서 순전하고 받으실 만한 거룩한 산 제물(롬 12:1)로 만드는 하나님의 불입니다. 성령께서 불로 내려오신 것도 바로 이런 이유 때문입니다. 그분은 하나님의 거룩하신 영이요, 우리를 거룩하게 하는 영입니다.

오, 하나님의 거룩하심을 생각하며 그분 앞에 엎드리십시오. 당신의 마음은 확신, 곧 거룩하신 분께서 당신에게 해 주실 일에 대한 확신으로 가득 찰 것입니다. 당신의 마음이 골방의 영광을 확신하게 될 때까지, 필요하다면 일주일이라도 이 큰 진리에 관한 하나님의 말씀을 읽고 또 읽으십시오. 그리고 거룩하신 하나님과 부단히 대화하십시오. 그리고 마음속 깊이 부끄러워하며 하나님 앞에 엎드리십시오. 기도하지 않음으로써 우리가 하나님과 하나님의 사랑을 몹시 경시했기 때문입니다. 그럴 때 하나님께서 우리와 다시 교제하시겠다는 보증을 얻게 됩니다. 하나님과 홀로, 그리고 빈번히 오랫동안 함께 있지 않는 사람은 누구라도 거룩해지기를 기대할 수 없습니다.

하나님의 거룩하심은 공의로우신 하나님과 우리 사이의 한없이 먼 거리를 나타내는 동시에, 사랑 많으신 하나님께서 우리와 교제하기를 원하시고 우리 안에 거하기를 원하시는 것, 즉 한없이 가까이 하시고자 하심의 표현이라고, 어떤 사람은 말했습니다. 하나님과 당신 사이의 측량할 수 없는 거리를 생각할 때마다 겸손히 하나님 앞에 엎드리십시오. 당신과 지극히 친밀하게 연합하려는 하나님의 사랑을 어린아이처럼 믿으며 그분 앞에 엎드리십시오. 하나님을 갈망하고 섬기며 그 앞에 조용히 머무는 영혼에게, 자신의 거룩함을 드러내고 싶어하시는 하나님을 담대히 의지하십시오.

하나님의 거룩하심의 양면이 십자가에서 어떻게 연합되는지를 주목하십시오. 죄에 대한 하나님의 분노와 혐오는 너무도 지독해서 그리스도는 깊은 어둠에 던져지셨습니다. 죄가 예수님께 돌려졌을 때, 하나님께서는 예수님으로부터 얼굴을 돌리셔야 했기 때문입니다. 그러나 우리를 향한 하나님의 사랑과 우리와 연합하시려는 하나님의 원하심이 너무도 커서, 하나님께서는 아들에게 이루 말할 수 없는 고난을 면해 주시지 않고 그 고난을 받게 하셨습니다. 이렇게 하신 이유는 우리를 그리스도와 연합시키고, 하나님의 거룩하심에 참여하게 하여, 하나님의 마음에 맞는 사랑하는 자녀로 받으시기 위함이었습니다. 우리 주 예수께서는 이 고난과 관련하여, "내가 나를 거룩하게 하오니 이는 그들도 진리로 거룩함을 얻게 하려 함이니이다"(요 17:19)라고 말씀하셨습니다. 주님은 그렇게 고난을 받으심으로써 우리를 거룩하게 하시는 하나님이 되셨고, 우리는 그분 안에서 거룩합니다.

여러분께 간절히 원합니다. 당신을 거룩하게 만들고 싶어하시는 거룩하신 하나님을 당신이 모시고 있다는 사실을, 아니 그 은혜를 소홀히 여기지 마십시오. 하나님께서 자신의 거룩함을 넣어 주실 수 있도록, 시간을 내어 고요히 골방에 머물라는 하나님의 목소리를, 소홀히 여기지 마십시오. 남몰래 골방에 머물며 거룩하신 하나님을 만나는 일을 일상적인 일로 삼으십시오. 그 수고의 보상을 확실하고도 충분히 받을 것입니다. 당신은 죄를 미워할 줄 알게 되고, 저주받고 정복된 것으로 간주할 줄 알게 될 것입니다. 새로운 본성이 죄를 두려워하게 할 것입니다. 살아 계신 예수님, 거룩하신 하나님이 죄의 정복자로서 당신의 능력이요 힘이 될 것입니다. 당신은 데살로니가전서 5:23-24에 있는 중요한 약속을 믿기 시작할 것입니다. "평강의 하나님이 친히 너희를 온전히 거룩하게 하시고 … 너희를 부르시는 이는 미쁘시니 그가 또한 이루시리라."

제 8 장

순종과 승리하는 삶

죄 반대편에 순종이 있습니다. "한 사람이 순종하지 아니함으로 많은 사람이 죄인 된 것 같이 한 사람이 순종하심으로 많은 사람이 의인이 되리라 … 너희가 죄로부터 해방되어 의에게 종이 되었느니라"(롬 5:19; 6:18). 죄, 새 생명, 성령 받음에 관하여 지금까지 말한 모든 것과 관련하여, 우리는 하나님께서 정하신 마땅한 자리를 항상 순종에 부여해야 할 것입니다.

하나님께서 그리스도를 지극히 높이신 것은 그리스도께서 자기를 낮추시고 십자가에 죽기까지 순종하셨기 때문입니다(빌 2:8-9). 이와 관련하여 사도 바울은 이렇게 권고합니다. "너희 안에 이 마음 곧 그리스도 예수의 마음을 품으라"(빌 2:5). 다른 어떤 것보다, 하나님을 그토록 기쁘게 해 드린 그리스도의 순종이 참으로 우리의 본성과 행실의 특징이 되어야 합니다. 종은 모든 일에서 주인께 순종해야 함을 알듯이, 확실하고 절대적인 순종이 우리 삶의 본질적 특징이 되어야 합니다.

그리스도인들은 이것을 너무도 이해하지 못하고 있습니다! 너무도 많은 사람들이 이것을 이해하지 못한 채, 죄는 필요한 것이며 사람은 날마다 죄를 지을 수밖에 없다고 생각하면서 만족합니다. 이런 잘못 때문에 빚어지는 해는 너무 커서 이루 말하기 어려울 정도입니다. 불순종이라는 죄를 그토록 간과하는 주된 이유도 바로 이런 잘못 때문입니다. 나는 그리스도인들이 무지함과 연약함의 원인에 대해 말하면서 반쯤은 농담조로 "그것은 또 하나의 불순종일 뿐이지요" 하고 말하는 것을 들었습니다.

불순종하는 하인은 재빨리 해고하면서도, 하나님의 자녀인 우리가 날마다 불순종하는 것은 대수롭지 않게 여깁니다. 불순종을 날마다 깨달으면서도 돌아서지는 못합니다.

성령의 능력을 받으려고 아무리 기도를 드려도 거의 응답 받지 못하는 것도 이 때문이 아니겠습니까? 하나님께서 순종하는 사람들에게 성령을 주셨다(행 5:32)는 말씀이 있지 않습니까? 하나님의 자녀는 모두 성령을 받았습니다. 그런데 하나님의 자녀가 최대한 순종하기 위해 분명한 목적에서, 받은 바 성령을 사용한다면, 하나님께서는 그에게 성령의 능력을 더욱 나타내 보이실 것입니다. 그러나 그가 날마다 불순종을 허락한다면, 성령을 구하는 그의 기도가 응답을 받지 못하리라는 것은 의심할 여지도 없습니다.

성령께서 우리를 더 많이 소유하고 싶어하신다는 것을 잊어서는 안 됩니다. 순종이 아닌 그 무엇으로 하나님께 온전히 굴복할 수 있겠습니까? 성경은 우리가 성령의 인도를 받아야 하며 성령과 동행해야 한다고 말합니다. 나와 성령의 올바른 관계는 성령의 안내와 지배에 나 자신을 맡기는 것입니다. 순종은 우리와 하나님의 전(全)관계에서 대단히 중요한 요소입니다. "내 목소리를 들으라 그리하면 나는 너희 하나님이 되리라"(렘 7:23).

주 예수께서 승천하시기 전 마지막 날 밤에 성령에 대한 중대한 약속을 주시면서, 이 점을 강조하시는 방법을 주목해 보십시오. "너희가 나를 사랑하면 나의 계명을 지키리라. 내가 아버지께 구하겠으니 그가 또 다른 보혜사를 너희에게 주시리라"(요 14:15-16). 순종은 성령을 받을 준비로서 필수적인 것입니다. 주님께서도 이런 생각을 자주 밝히셨습니다. "나의 계명을 지키는 자라야 나를 사랑하는 자니 나를 사랑하는 자는 내 아버지께 사랑을 받을 것이요 나도 그를 사랑하여 그에게 나를 나타내리라"(요 14:21). 23절에도 비슷한 말씀이 있습니다. "예수께서 대답하여 이르시되 사람이 나를 사랑하면 내 말을 지키리니 내 아버지께서 그를 사랑하실 것이요 우리가 그에게 가서 거처를 그와 함께 하리라." "너희가 내 안에 거하고 내 말이 너희 안에 거하면 무엇이든지 원하는 대로 구하라 그리하면 이루리라"(요 15:7). "내가 아버지의 계명을 지켜 그의 사랑 안에 거하는 것 같이 너희도 내 계명을 지키면 내 사랑 안에 거하리라"(요 15:10). "너희는 내가 명하는 대로 행하면 곧 나의 친구라"(요 15:14).

그리스도의 부활 이후의 모든 삶은 순종에 달려 있다는 것을, 이보다 더 쉽고 강렬하게 선포할 수 있겠습니까? 순종은 그리스도의 영입니다. 그분은 자기 뜻대로 살지 아니하시고, 하나님의 뜻대로 사셨습니다. 그리고 철저히 순종하지 않는 사람의 마음에는 거하실 수 없습니다.

이 불순종 때문에, 그리스도와 진실로 관계를 맺는 사람이 거의 없습니다. 그리스도께서는 우리를 순종하게 하는 책임을 맡으셨습니다. 그렇기 때문에 그분은 우리에게 순종을 요구하시고 기대하십니다. 하지만 우리는 이것을 거의 믿지 않습니다. 우리가 모든 면에서 주님을 기쁘시게 해 드리기 위해 노력한다는 것을, 기도에서, 행실에서, 깊은 영적 생활에서 얼마나 표현합니까? 불순종에 대하여 우리는 너무 가볍게, "죄를 지어 미안합니다"라는 식으로 말합니다.

그런데 순종이 정말로 가능합니까? 그리스도 예수를, 자신을 성화시키는 분으로 믿고 그분을 의지하는 사람에게는 정말로 가능합니다. 자신의 죄를 그리스도께서 즉시 용서하실 수 있다는 것을 믿을 수 있는 것처럼, 자기 자녀에 대한 원하심을 이루는 능력, 이 능력을 주시겠다는 약속이 그리스도 안에 있다는 것을 믿을 수 있습니다. 믿음을 통해 죄사함을 얻는 것처럼, 새로운 믿음의 행위를 통해, 그토록 쉽게 우리를 괴롭혔던 죄의 지배로부터 실질적인 구원을 얻습니다. 그렇게 되면 그리스도의 능력을 간직하는 축복이 우리의 것이 됩니다. 이 믿음으로 인해 이전에는 그 의미를 몰랐던 약속들을 꿰뚫어 볼 수 있게 됩니다. 의미를 몰랐던 약속들이란 다음과 같습니다. "평강의 하나님이 모든 선한 일에 너희를 온전하게 하사 자기 뜻을 행하게 하시고 그 앞에 즐거운 것을 예수 그리스도로 말미암아 우리 가운데서 이루시기를 원하노라"(히 13:20-21). "능히 너희를 보호하사 거침이 없게 하실 … 하나님께 우리 주 예수 그리스도로 말미암아 영광과 위엄과 권력과 권세가 영원 전부터 이제와 영원토록 있을지어다"(유 1:24-25). "그러므로 형제들아 더욱 힘써 너희 부르심과 택하심을 굳게 하라 너희가 이것을 행한즉 언제든지 실족하지 아니하리라"(벧후 1:10). "너희 마음을 굳건하게 하시고 우리 주 예수께서 그의 모든 성도와 함께 강림하실 때에 하나님 우리 아버지 앞에서 거룩함에 흠이 없게 하시기를 원하노라"(살전 3:13). "주는 미쁘사 너희를 굳건하게 하시고 악한 자에게서 지키시리라"(살후 3:3).

이 약속들은 물론이고 모든 약속의 성취가 그리스도 안에서 우리에게 보장되어 있다는 것을 믿어야 합니다. 그리고 죄사함이 그리스도 안에서 우리에게 확실히 보증된 것과 마찬가지로 새로운 죄의 공격에 대항하는 능력도 우리에게 보증되었다는 것을 믿어야 합니다. 그러면 믿음이 그리스도와 그리스도의 영원한 보호에 달려 있다는 교훈을 처음으로 정확하게 배우게 됩니다.

이 믿음은 순종하는 삶에 온전히 새로운 빛을 비춥니다. 그리스도께서는 내가 그분을 신뢰하기만 하면, 매순간 내 안에서 이렇게 하십니다. 그분을 신뢰하는 순간 나는 바울 사도가 로마서를 시작하고 끝맺는 중요한 어구 "믿어 순종하게 하나니"(롬 1:5; 16:26 참조)라는 말을 이해하기 시작합니다. 믿음은 죄 사함을 얻게 해 줄 뿐만 아니라, 나를 주 예수께 데려다 주어 하나님의 자녀로서 주 예수 안에 거하고 하나님의 순종하는 자녀가 되게 해 줍니다. 순종하는 자녀들을 부르신 이가 거룩하신 것처럼, 순종하는 자녀들 역시 모든 행실에 거룩해지라고 성경은 말합니다(벧전 1:15).

모든 것은 내가 그리스도를 믿는가에, 또 그분이 이따금씩이 아니라 항상 충만한 은혜로 내 삶의 힘이 되신다는 것을 믿는가에 달려 있습니다. 그런 믿음은 순종을 가져오고, 순종은 나로 하여금 "주께 합당하게 행하여 범사에 기쁘시게 하고 모든 선한 일에 열매를 맺게 하시며 … 그의 영광의 힘을 따라 모든 능력으로 능하게 하시며 기쁨으로 모든 견딤과 오래 참음에 이르게"(골 1:10-11) 해 줍니다.

이런 약속들을 먹고 사는 영혼은 자신의 노력만 의지함으로써 저지르는 불순종 대신에 믿음으로써 이루는 순종을 경험하게 될 것입니다. 이런 모든 약속의 범위와 확실성과 힘은 살아 계신 그리스도 안에 있는 것입니다.

승리의 삶

우리는 이 주제를 주로 우리 주 예수의 삶에서 살펴보았습니다. 풍성한 은혜의 삶에 필요한 모든 것을, 십자가에서 죽으시고, 다시 사시고, 영광을 받으신 주 예수, 곧 성령으로 세례를 주시는 주님 안에서 찾을 수 있다는 것을, 우리는 살펴보았습니다. 이제는 다른 관점에서 이 문제를 볼 것입니다. 각 그리스도인이 실제 삶에서 승리자로 살 수 있는 방법을 알고자 합니다. 기도 생활은 기도만으로 개선될 수 있는 것이 아님을 우리는 이미 보았습니다. 기도 생활은 전체 영적 생활과 밀접하게 연관되어 있어서, 기도가 그 합당한 능력의 자리를 차지하려면 기도하지 않던 이전의 삶 전체가 새로워지고 거룩해져야 합니다. 하나님께서 그 자녀들에게 초대하시는 승리의 삶이 아니라면 절대로 만족해서는 안 됩니다.

요한계시록의 일곱 교회에 보내는 편지에서, 우리 주님은 이기는 자에게 주시는 약속으로 결말을 맺습니다. 수고스럽겠지만 일곱 번이나 반복한 "이기는 자"라는 어구를 찾아(계 2:7, 11, 17, 26; 3:5, 12, 21 참조) 그곳에 제시된 이루 말할 수 없이 영광스러운 약속들을 주목해 보십시오. 그 약속들은 처음 사랑을 잃어버린 에베소 교회(계 2:4), "살았다 하는 이름은 가졌으나 죽은"(계 3:1) 사데 교회, 차지도 덥지도 않고 자기 만족에 빠진 라오디게아 교회(계 3:13-16) 등에 주신 것입니다. 회개하기만 하면 그들은 승리의 면류관을 받을 것입니다. 주님께서는 그 면류관을 얻으려고 애쓰는 모든 그리스도인들을 초대하십니다. 이 승리를 얻기 위해 모든 것을 희생하지 않고서는 건강한 그리스도인이 될 수 없습니다. 더구나 하나님의 능력을 지닌 목사가 되기는 더욱 불가능합니다.

어떻게 승리를 얻을까 하는 질문의 답은 간단합니다. 모든 것이 그리스도 안에 있습니다. "항상 우리를 그리스도 안에서 이기게 하시는 하나님께 감사하노라"(고후 2:14). "이 모든 일에 우리를 사랑하시는 이로 말미암아 우리가 넉넉히 이기느니라"(롬 8:37). 모든 것은 우리와 그리스도의 올바른 관계, 우리의 전적인 복종, 완벽한 믿음, 그리스도와의 변함없는 교제에 달려 있습니다. 그러나 당신은 어떻게 이 모든 것을 얻을 수 있는지 알고 싶어합니다. 당신을 위해 그리스도 안에 예비된 모든 것을 온전히 누리게 해 주는 간단한 지시에 다시 한 번 귀기울이십시오. 그 지시는 죄를 새롭게 깨닫고, 그리스도께 새로이 복종하고, 인내할 수 있게 해 주는 능력을 새로이 믿으라는 것입니다.

1. 죄를 새롭게 깨달음. 로마서 3장에는 죄 사함을 위한 회개, 그 회개에 필요한 죄의 인식이 설명되어 있습니다. "이는 모든 입을 막고 온 세상으로 하나님의 심판 아래에 있게 하려 함이라"(롬 3:19). 당신은 이 말씀에서 당신의 처지를 알았고, 당신의 죄를 다소나마 자각하고 고백했으며, 용서를 얻었습니다. 그러나 승리의 삶을 영위하려면, 필요한 것이 더 있습니다. 그것은 당신 안에, 즉 당신의 육체 안에 "선한 것이 거하지 아니하는 줄을"(롬 7:18) 경험할 때 옵니다. 당신 내면은 하나님의 율법에서 기쁨을 얻습니다. 그러나 육체의 각 기관은 죄의 법에 사로잡혀, 당신은 "오호라 나는 곤고한 사람이로다 이 사망의 몸에서 누가 나를 건져내랴"(롬 7:24)고 소리칠 수밖에 없습니다. 당신의 죄가 많든 적든 그 죄를 생각한 때는 처음 신자가 되었을 때가 아닙니다. 죄를 생각하는 일은 점점 깊어지는 일입니다. 그리스도인으로서 당신은 선한 일을 하고 싶어하지만 그것을 할 능력이 없다는 것을 깨닫습니다. 당신은 본성의 죄와 당신의 완전한 약함을 볼 수 있는 새롭고도 심오한 통찰력을 가져야 합니다. 당신은 이렇게 외치기를 배우게 될 것입니다. "오호라 나는 곤고한 사람이라. 죄의 법에 매인 나를 누가 건져내랴?"

이 질문의 답은 이렇습니다. "우리 주 예수 그리스도로 말미암아 하나님께 감사하리로다"(롬 7:25). 이어 그리스도 안에 있는 것을 보여 줍니다. 그것은 로마서 3장의 설명보다 굉장한 것입니다. 나는 그리스도 예수 안에 있으며, "그리스도 예수 안에 있는 생명의 성령의 법이 죄와 사망의 법에서" 나를 해방합니다(롬 8:2). 이것은 그리스도 안에 있는 생명의 성령의 법이, 또는 그 능력이 나를 해방하는 경험이며, 승리를 주시는 그리스도께 새로운 느낌으로 그리고 새롭게 복종함으로써, 감사하라는 요청의 경험입니다.

2. 그리스도께 새롭게 복종함. 당신은 복종과 봉헌이라는 단어를 여러번 사용하면서도 그 의미를 올바로 이해하지 못할 수 있습니다. 당신은 자기 노력으로는 참 그리스도의 삶이나 참 기도 생활을 영위하기 어렵다는 로마서 7장의 가르침을 받았습니다. 같은 방식으로, 당신은 주 예수께서 그분만의 힘으로, 또 완전히 새로운 방법으로 당신의 마음을 차지하시고, 그분의 성령으로, 또 완전히 새로운 수단으로 당신을 사로잡아야 한다고 느낍니다. 이것만이 계속해서 새로운 죄를 짓는 일에서 당신을 도울 수 있습니다. 이것만이 당신으로 하여금 실제로 승리하게 만들 수 있습니다. 이것은 당신으로 하여금 자신을 객관적으로 보게 해 주며, 자신에게서 실제로 자유롭게 해 주며, 모든 것을 주 예수께 기대하게 해 줍니다.

이것을 이해하기 시작하면, 우리는 우리 본성에 선한 것이 없다는 것과, 그 선하지 않은 우리 본성이 저주 아래 놓여 그리스도와 함께 십자가에 못 박혔다는 것을 인정할 준비가 됩니다. 그리스도께서 죽으심으로 인해 우리도 사망에 대해 죽었다는 말의 의미를 이해하게 됩니다. 그때 우리는 그리스도 안에 있는 영광스런 부활의 생명에 참여하게 됩니다. 이런 사실을 이해함으로써 우리는 그리스도께서 우리 안에 있는 자기 생명을 통해, 또 계속 우리 안에 거하심으로써 우리를 지킬 용기를 갖게 됩니다. 기독교에 처음 발을 들여놓을 때, 그리스도께서 우리를 받으셨다는 것을 알고 나서야 마음이 평안을 얻었던 것처럼, 지금 우리는 주님께서 부활의 생명의 능력으로 우리를 실제로 지키기 시작하셨다는 보증을 얻기 위해 주님께 다가갈 필요를 느낍니다. 그리고 처음 믿을 때 주님께서 우리를 받으셨던 것처럼, 지금은 우리에게 승리를 보장해 주셔야 한다고 느낍니다. 그것이 너무 엄청난 것처럼 보일지라도, 무조건 자신을 그리스도의 품에 내던지는 사람은 우리로 하여금 넉넉히 이기게 하시는 주님과의 교제에 받아들여질 것입니다(롬 8:37).

3. 인내하며 복종할 수 있게 해 주는 능력에 대한 새로운 믿음. 그리스도께서는 날마다, 하루 온종일 우리 삶을 보살피고 보호하실 준비가 되어 있습니다. 그리스도께서 그렇게 하실 것이라고 우리가 믿는 한 그렇습니다. 이러한 생각은 많은 사람들의 간증에 강조되어 있습니다. 그들은 그리스도께 새롭게 복종하고 삶을 온전히 바치라는 부름을 받았지만, 실패에 대한 두려움이 이것을 방해한다고 말했습니다. 거룩함에 대한 갈망, 예수님과의 끊임없는 교제를 바람, 인내하며 어린아이처럼 순종하기를 바라는 마음 때문에 그들은 한 방향으로 나아갔습니다. 그러나 "내가 계속해서 신실할 수 있을까?"라는 의문이 일었습니다. 하지만 복종이 자신의 힘에 의해서가 아니라, 영광을 받으신 주님께서 주신 능력에 의해 이루어져야 한다는 것을 믿을 때까지는 아무 응답도 오지 않았습니다. 주님께서는 미래를 위해 그들을 지키실 뿐 아니라, 그들이 그 미래의 은총을 바라며 먼저 믿음의 복종을 할 수 있게 하십니다. 그들은 그리스도의 능력을 통해서만 자신을 그리스도께 드릴 수 있었습니다.

오 그리스도인이여, 승리의 삶이 있음을 믿으십시오! 승리하신 그리스도는 당신의 주이시며, 모든 일에서 당신을 책임지시고, 하나님께서 당신에게 바라시는 모든 것을 당신이 할 수 있게 해 주시는 분이십니다. 선한 용기를 지니십시오. 그리스도께서 당신을 위해 이 귀한 일을 해 주시리라는 것을 믿지 않으렵니까? 그분께서는 당신을 위해 자기 생명을 내어 주셔서 당신의 죄를 용서하셨습니다. 이제 용기를 내어 당신의 삶을 바치십시오. 하나님의 능력을 통해 죄를 멀리한 사람들의 삶처럼, 그리스도의 능력을 통해 복종하는 삶을 사십시오. 당신 안에는 선한 것이 전혀 없다는 것을 깊이 확신하는 동시에, 하나님의 자녀로서 당신이 살아가는 데 필요한 모든 선한 것이 주 예수 안에 있다는 것을 고백하고, "나를 사랑하사 나를 위하여 자기 자신을 버리신 하나님의 아들을 믿는 믿음 안에서"(갈 2:20) 살아가기 시작하십시오.

겸손하고 경건한 사람이었던 마울 주교(Bishop Moule)의 간증을, 당신을 격려하기 위해 말씀드리겠습니다. 마울이 케직(Keswick: 부흥이 일어났던 영국의 소도시)에 대해 처음 들었을 때, 그는 완전주의를 꺼려 케직과 아무 관련도 맺지 않으려 했습니다. 그런데 스코틀랜드에서 휴가를 보내던 중 예기치 않게 친구 몇 사람을 작은 회의에서 만나게 되었습니다. 거기에서 한 강연을 들었는데, 그 가르침이 성경에 완전히 부합한다는 것을 확신했습니다. 육체 곧 사람 안에 죄가 없다고 하는 말은 한 마디도 없었습니다. 그 강연은 죄의 본성을 지닌 사람으로 하여금 예수께서 어떻게 죄를 멀리하게 하시는지 설명하는 것이었습니다. 한줄기 빛이 마울의 마음을 비추었습니다. 항상 다정한 그리스도인으로 여겨졌던 마울은, 그리스도께 온전히 집중하는 사람을 위해 그리스도께서 기꺼이 해 주시는 것을 새롭게 경험했습니다.

"내게 능력 주시는 자 안에서 내가 모든 것을 할 수 있느니라"는 빌립보서 4:13의 말씀과 관련하여 마울이 한 말을 들어보십시오.

나는 감히 말합니다. 보호하시는 주님의 능력을 참으로 의지하려고 하는 사람들은 주님의 약속을 붙잡고, 그 약속이 진실하다는 것을 깨닫는 삶을 영위할 수 있습니다. 모든 근심을 날마다 주님께 맡겨 버리고, 깊은 평화를 누릴 수 있습니다. 믿음에 의해 정화된 생각을 가질 수 있습니다. 모든 것에서 하나님의 뜻을 깨닫고, 그 뜻을 받되 한숨지으며 받는 것이 아니라 노래 부르며 받을 수 있습니다. 비통함과 분노, 화냄과 악한 말을 멀리하며 매일 매순간을 살 수 있습니다.

하나님의 능력 안에서 완벽한 피난처를 얻음으로써 철저히 강해질 수 있습니다. 이전에 우리의 순수하고 겸손하고 인내심 있는 결심을 망쳐 놓았던 것들이 이제는 우리에게 기회를 주는 것을 알게 됩니다. 우리를 사랑하시고, 하나님의 뜻이 우리 뜻이 되고 하나님의 능력이 우리 능력이 되게 하시는 주님을 통해, 죄를 무력하게 할 기회 말입니다. 이런 일은 가능하고도 신성한 일들입니다. 그리고 그것은 주님께서 하시는 일이기 때문에, 참으로 이런 일을 경험하면 주님 발 앞에 엎드려 더욱 바라고 갈망하게 됩니다. 아마도 우리는 그리스도 안에서, 성령의 능력을 통해, 매일 매 순간 하나님과 동행하는 것 이외에 어떤 것에도 만족하지 못할 것입니다.

자기 내면이 황폐하다는 것을 알기에 자신에게 소망을 두지 않는 사람, 절망 중에서도 확신하며 예수님을 의지하는 사람에게는 승리의 삶이 확실히 있습니다. 이런 사람은 순종할 수 있게 해 주는 주님의 능력을 믿는 믿음으로, 또 주님의 능력으로 순종하며 매일 매 순간 주님만을 의지합니다.

제 9 장

골방을 위한 제언

기도를 소홀히 했다고 그 회의에서 진지하게 고백한 형제가 있었습니다. 나중에 그 형제는 눈이 열려, 필요한 모든 은혜를 주님께서 주신다는 것을 깨달았다고 말할 수 있었습니다. 그는 골방에서 적절하게 시간을 보내는 가장 좋은 방법에 관해 몇 가지 조언을 줄 수 없느냐고 진심으로 물었습니다. 그때는 이 물음에 답할 기회가 없었습니다. 다음과 같은 생각들이 아마도 도움이 될 것입니다.

1. 당신이 골방에 들어갔을 때, 하나님께 감사하는 것을 첫 번째 일로 삼으십시오. 당신을 불러 자기에게 나아오게 하시고 자기와 자유롭게 대화하게 하신 그 크신 사랑에 감사하십시오. 당신의 마음이 냉랭하고 죽은 상태라면, 기독교는 감정의 문제가 아니라 무엇보다도 의지와 관련된 것임을 명심하십시오. 당신의 마음을 하나님께 바치고, 당신이 지닌 확신, 즉 하나님께서 당신을 지켜보시며 당신을 축복하시리라는 확신으로 인해 하나님께 감사하십시오. 그런 믿음의 행위를 통해 하나님을 공경하고, 자기 감정에 빠지지 마십시오. 당신에게 기도를 가르치시고, 기도할 의향을 주시는 주 예수의 영화로운 은혜를 또한 생각하십시오. 당신 마음에서 "아빠(Abba) 아버지"(갈 4:6)라고 외치게 하시고 기도할 때 당신의 약함을 도우시는 성령에 대해서도 생각하십시오. 그렇게 5분을 보내다보면 당신의 믿음이 강해져, 골방에서 당신이 할 일을 잘 감당할 것입니다. 다시 한 번 말하건대, 골방과 골방을 축복하는 약속을 주신 하나님께 감사와 찬송으로 시

작하십시오.

2. 당신은 진실한 성경 공부로 기도를 준비해야 합니다. 골방이 매혹적이지 않은 큰 이유는 기도하는 법을 모르기 때문입니다. 이럴 경우 할 말이 곧 바닥나고 더 이상 무엇을 말해야 할지 모릅니다. 이런 일이 일어나는 이유는, 기도가 일방적으로 말하는 독백이 아니라, 하나님께서 하시는 말씀을 듣고 그 말씀에 응답하고 아울러 필요한 것을 간청하는 대화라는 사실을 잊기 때문입니다.

성경 말씀 몇 구절을 읽으십시오. 그 말씀에 포함되어 있는 어려운 점들에는 신경 쓰지 마십시오. 그것들은 나중에 깊이 생각해 볼 수 있으므로, 다만 이해할 수 있는 것만 취해, 그것을 자신에게 적용하고, 하나님의 말씀이 당신의 마음에서 빛과 능력을 발하게 해 달라고 하나님께 구하십시오. 그러면 아버지께서 당신에게 주시는 말씀으로부터 기도에 필요한 충분한 자료를 갖게 될 것이며, 당신에게 필요한 것을 아버지께 구할 자유도 얻게 됩니다. 이 방식을 유지하면, 골방은 한숨짓고 괴로워하기만 하는 곳이 아니라, 하늘에 계신 아버지와 살아 있는 교제를 나누는 곳이 될 것입니다. 신실한 성경 공부는 힘있는 기도에 없어서는 안 됩니다.

3. 이렇게 해서 하나님의 말씀을 마음속에 받아들이게 되었을 때, 기도하기 시작하십시오. 그렇다고 해서 기도를 어떻게 하는지 잘 아는 듯이 서둘러 또는 아무 생각 없이 기도하지 마십시오. 우리 자신의 힘만으로 하는 기도는 축복을 전혀 가져오지 못합니다. 하나님 앞에 자신을 겸손히 그리고 조용히 드리는 시간을 가지십시오. 하나님의 위대하심과 거룩하심과 사랑을 기억하십시오. 당신이 하나님께 간청하고 싶은 것이 무엇인지 생각하십시오. 날마다 같은 것을 되풀이하면서 만족하지 마십시오. 어떤 아이도 자기 아버지에게 매일 똑같은 것을 말하지 않습니다.

하늘 아버지와의 대화는 그날 필요한 것들로 특징이 결정됩니다. 당신의 기도를, 당신이 읽은 말씀에서 비롯된 기도이거나 간절히 원하고 영혼에 필요한 것을 구하는 분명한 기도가 되게 하십시오. 당신이 골방에서 나갈 때 "나는 아버지께 요구한 것을 알고 있으며, 응답을 기다립니다"라고 말할 수 있을 정도로 기도를 명확하게 하십시오. 때로는 당신이 기도하고 싶은 것들을 종이에 적어 두는 것도 좋은 계획입니다. 그 종이를 일주일이나 그 이상 간직하고 있으면서 어떤 새로운 필요가 생길 때까지 그 기도를 반복할 수 있습니다.

4. 우리는 다른 사람들의 필요를 돕기 위해 기도하는 것을 허락 받았습니다. 지금까지는 당신의 필요와 관련해서 이야기했습니다. 골방 기도가 기쁨과 축복을 가져오지 못하는 큰 이유는 그 기도가 너무 이기적이고 그래서 죽은 기도이기 때문입니다.

당신의 가족, 교인, 이웃, 교회를 기억하십시오. 당신의 마음을 넓혀 선교와 전세계 교회의 일에 관심을 기울이십시오. 중보기도하는 사람이 되십시오. 그러면 기도의 축복을 처음으로 경험하게 될 것입니다. 그때에 당신은 하나님께서 당신을 사용하시어 다른 사람들과 하나님의 축복을 공유하게 하신다는 것을 깨닫게 될 것입니다. 하나님께 말씀드릴 것이 있음을 알게 될 때, 살 만한 가치 있는 무엇인가가 있으며, 당신이 기도하지 않았으면 이루어지지 않았을 것을 하나님께서 당신의 기도에 대한 응답으로 이루어 주신다는 것을 느끼기 시작할 것입니다.

어린 자녀는 자기 아버지께 빵을 구할 수 있습니다. 다 자란 아들은 자신의 모든 일과 새로운 목적들에 관하여 아버지와 대화할 수 있습니다. 하나님의 연약한 자녀는 자신을 위해서만 기도하지만, 충분히 성장한 그리스도인은 하나님의 나라에서 무슨 일이 일어나야 하는지에 대해 하나님과 대화할 줄 압니다. 당신의 기도 제목에 당신이 기도해 주어야 할 사람들의 이름을 넣으십시오. 당신의 목사님을 비롯하여 목사님들과 당신이 관련을 맺고 있는 여러 선교 사역들도 기도 제목에 넣으십시오. 이렇게 하면 골방은 하나님의 선하심이 정말로 나타나는 곳이 되고 큰 기쁨의 샘이 됩니다. 그곳은 세상에서 가장 복된 장소가 될 것입니다. 하나님께서는 골방을 벧엘, 곧 천사들이 오르내리고 당신이 "여호와여, 나의 하나님이 되시옵소서"(창 28:21)라고 외치는 곳으로 만들어 주실 것입니다. 그것은 엄청난 일이지만, 간단한 진리입니다. 또한 하나님께서는 골방을 브니엘, 곧 당신이 하나님의 왕자로서, 천사와 싸워 이긴 사람으로서, 하나님의 얼굴을 보게 될 장소로 만드실 것입니다(창 32:30).

5. 골방과 바깥 세계와의 긴밀한 접착제를 잊지 마십시오. 우리는 골방에서의 자세를 온종일 유지해야 합니다. 골방의 목표는 우리가 하나님과 연합하여서 하나님으로 하여금 항상 우리와 함께 거하시게 하는 것입니다. 죄, 무분별, 그리고 육체나 세상에 굴복하는 일은 우리를 골방에 부적합하게 만들며 영혼에 구름을 가져옵니다. 죄를 지었거나 잘못을 저질렀다면, 골방으로 돌아가서, 우선 예수님의 피에 호소해 그 피로 씻기를 구하십시오. 당신의 죄를 회개하고 그 죄를 멀리할 때까지 쉬지 마십시오. 그 귀한 피로부터 하나님께 나아갈 자유를 참으로 다시 얻으십시오. 당신의 골방 생활은 영혼과 육체에 깊이 뿌리내려서 그 영향력이 실생활에서 드러난다는 것을 명심하십시오. 당신은 "믿어 순종하여"(롬 16:26) 은밀히 기도합니다. 이 믿음의 순종이 계속해서 당신을 지배하게 하십시오. 골방은 하나님만을 바라보게 하고, 하나님으로부터 능력을 받게 하고, 하나님만을 위해 살도록 작정된 곳입니다. 골방으로 인해, 또 그곳에서 경험하고 성장하는 복된 삶을 인해 하나님께 감사하십시오.

시간

창조 이전에는 시간이 없었습니다. 하나님께서는 우리가 거의 이해하지 못하는 방식으로 영원 안에 사셨습니다. 창조와 더불어 시간이 시작되었고, 모든 것이 창조의 능력 아래 놓였습니다. 하나님께서는 모든 생물을 조금씩 성장하는 법칙에 놓이게 하셨습니다. 몸과 정신 양면에서 어린이가 어른이 되는 데 걸리는 시간을 생각해 보십시오. 지식, 지혜, 직업, 기술, 정치 등 모든 것은 인내와 끈기가 필요합니다. 모든 것에는 시간이 필요합니다.

종교도 마찬가지입니다. 거룩하신 하나님과의 교제도, 하늘과 땅 사이의 친교도, 다른 사람의 영혼을 구하는 능력도, 그것을 위해 많은 시간을 할애하지 않으면 있을 수 없습니다. 어린아이는 날마다 먹고 배우는 일이 오랜 세월 필요한 것처럼, 은혜로운 삶 역시 날마다 그 삶에 아낌없이 투자하는 시간에 전적으로 달려 있습니다.

목사는 하나님께서 임명하시는 직분으로, 일반적인 직업에 종사하는 사람들이 영적 삶을 보존하기 위해 시간을 내고 또 시간을 적절히 사용하도록 가르치고 돕는 사람입니다. 목사가 기도하는 삶을 살지 못하면 이런 일을 할 수 없습니다. 목사에게 최고로 중요한 일은 설교나 강연 또는 심방이 아니라 하나님의 생명을 날마다 구하는 것입니다. 그리고 주님께서 그에게 가르치시고 그 안에서 성취하시는 일을 증언하는 것입니다.

주 예수께서도 그러하시지 않았습니까? 고백할 죄가 없으신 주님께서 왜 밤새도록 하나님께 자주 기도하셔야만 했습니까? 아버지 하나님과 교제함으로써 신성한 생명이 강화되어야 했기 때문입니다. 예수께서는 하나님과 교제하면서 생명을 경험하셨고, 이 경험을 통해 그 생명을 우리에게 나누어 주실 수 있었습니다.

목사는 하나님을 섬기기 위해 하나님으로부터 시간을 받았습니다. 모든 목사가 다 이것을 이해하면 좋겠습니다. 당신의 시간 가운데 첫 번째로 그리고 가장 좋은 시간을 하나님과 교제하는 데 바쳐야 합니다. 그렇지 않으면, 당신의 설교와 일과는 거의 능력을 발휘하지 못합니다. 나는 이곳 지상에서 시간을 쓴 대가로 돈이나 배움을 얻을 수 있습니다. 목사는 하늘로부터 얻는 신성한 능력과 영적 축복을 자신의 시간으로 바꿀 수 있습니다. 이밖에 어떤 방법으로도 하나님의 사람이 될 수 없으며, 그의 설교는 성령과 능력을 드러내는 설교가 될 수 없습니다.

제 10 장

본보기가 되는 바울

내가 그리스도를 본받는 자가 된 것 같이 너희는 나를 본받는 자가 되라 — 고전 11:1

바울은 자기 교인들을 위해 많이 기도한 목사였습니다. 성령의 목소리를 듣기 위해 조용히 기도하는 마음으로 그의 말을 읽어 봅시다. 명상에 좋은 양식이 될 것입니다!

> 주야로 심히 간구함은 … 너희 믿음이 부족한 것을 보충하게 하려 함이라 … 또 주께서 … 너희 마음을 굳건하게 하시고 … 거룩함에 흠이 없게 하시기를 원하노라(살전 3:10, 12-13).
>
> 평강의 하나님이 친히 너희를 온전히 거룩하게 하시기를 원하노라 (살전 5:23).
>
> 우리 주 예수 그리스도께서 … 너희 마음을 위로하시고 모든 선한 일과 말에 굳건하게 하시기를 원하노라(살후 2:16-17).
>
> 내가 … 항상 내 기도에 쉬지 않고 너희를 말하며 … 너희 보기를 간절히 원하는 것은 어떤 신령한 은사를 너희에게 나누어 주어 너희를 견고하게 하려 함이니라(롬 1:9-11).
>
> 형제들아 내 마음에 원하는 바와 하나님께 구하는 바는 이스라엘을 위함이니 곧 그들로 구원을 받게 함이라(롬 10:1).
>
> 내가 기도할 때에 기억하며 너희로 말미암아 감사하기를 그치지

아니하고 우리 주 예수 그리스도의 하나님, 영광의 아버지께서 지혜와 계시의 영을 너희에게 주사 하나님을 알게 하시고 그의 힘의 위력으로 역사하심을 따라 믿는 우리에게 베푸신 능력의 지극히 크심이 어떠한 것을 너희로 알게 하시기를 구하노라(엡 1:15-19)

이러므로 … 그의 성령으로 말미암아 너희 속사람을 능력으로 강건하게 하시오며 믿음으로 말미암아 그리스도께서 너희 마음에 계시게 하시옵고 너희가 사랑 가운데서 뿌리가 박히고 터가 굳어져서 … 하나님의 모든 충만하신 것으로 너희에게 충만하게 하시기를 구하노라(엡 3:14, 16-17, 19).

간구할 때마다 너희 무리를 위하여 기쁨으로 항상 간구함은 … 내가 기도하노라 너희 사랑을 지식과 모든 총명으로 점점 더 풍성하게 하사 너희로 지극히 선한 것을 분별하며 또 진실하여 … 의의 열매가 가득하기를 원하노라(빌 1:4, 9-11).

나의 하나님이 그리스도 예수 안에서 영광 가운데 그 풍성한 대로 너희 모든 쓸 것을 채우시리라(빌 4:19).

이로써 우리도 … 너희를 위하여 기도하기를 그치지 아니하고 구하노니 너희로 하여금 … 하나님의 뜻을 아는 것으로 채우게 하시고 … 주께 합당하게 행하여 … 그의 영광의 힘을 따라 모든 능력으로 능하게 하시기를 원하노라(골 1:9-11).

내가 너희와 … 무릇 내 육신의 얼굴을 보지 못한 자들을 위하여 얼마나 힘쓰는지를 너희가 알기를 원하노니 이는 그들로 마음에 위안을 받고 사랑 안에서 연합하게 하려 함이니라(골 2:1-2).

참으로 깊이 살펴 볼 만한 골방입니다. 우리는 이 구절들을 통해, 끊임없는 기도가 바울의 섬김에서 큰 부분을 이루고 있었다는 것을 알 수 있습니다. 신자들을 위해 세운 높은 영적 목표와 다정하고도 희생적인 사랑을 볼 수 있습니다. 그는 이러한 사랑을 품고 계속해서 교회와 교회에 필요한 것들을 생각했습니다. 바울의 기도는 이런 삶에서 비롯된 건강하고도 당연한 결과였습니다. 하나님께서 우리 각자와 하나님의 말씀을 전하는 모든 목회자를, 이런 삶으로 이끌어 주시기를 하나님께 간구합시다. 하나님께서 본보기로 주신 사도적 삶을 우리가 실제로 살려면, 이 구절들을 반복해서 읽을 필요가 있습니다.

바울은 자기 교인들에게 많이 기도하라고 요구한 목사였습니다. 기도하는 마음으로 다시 읽어 보십시오.

형제들아 내가 우리 주 예수 그리스도와 성령의 사랑으로 말미암아 너희를 권하노니 너희 기도에 나와 힘을 같이하여 나를 위하여 하나님께 빌어 나로 유대에서 순종하지 아니하는 자들로부터 건짐을 받게 하고 또 예루살렘에 대하여 내가 섬기는 일을 성도들이 받을 만하게 하고(롬 15:30-31).

우리는 … 오직 죽은 자를 다시 살리시는 하나님만 의지하노라. 그가 … 우리를 … 건지실 것이며 이후에도 건지시기를 그에게 바라노라. 너희도 우리를 위하여 간구함으로 도우라(고후 1:9-11).

모든 기도와 간구를 하되 항상 성령 안에서 기도하고 이를 위하여 깨어 구하기를 항상 힘쓰며 여러 성도를 위하여 구하라. 또 나를 위하여 구할 것은 내게 말씀을 주사 나로 입을 열어 복음의 비밀을 담대히 알리게 하옵소서 할 것이니 이 일을 위하여 내가 쇠사슬에 매인 사신이 된 것은 나로 이 일에 당연히 할 말을 담대히 하게 하려 하심이라(엡 6:18-20).

이것이 너희의 간구와 예수 그리스도의 성령의 도우심으로 나를 구원에 이르게 할 줄 아는 고로(빌 1:19).

기도를 계속하고 기도에 감사함으로 깨어 있으라 또한 우리를 위하여 기도하되 하나님이 전도할 문을 우리에게 열어 주사 그리스도의 비밀을 말하게 하시기를 구하라 … 그리하면 내가 마땅히 할 말로써 이 비밀을 나타내리라(골 4:2-4).

끝으로 형제들아 너희는 우리를 위하여 기도하기를 주의 말씀이 너희 가운데서와 같이 퍼져 나가 영광스럽게 되게 하옵소서 하라(살후 3:1).

바울은 그리스도의 몸의 연합과 그 지체들간의 관계에 대해 참으로 깊은 통찰력을 갖고 있었습니다. 우리도 성령께, 우리 안에서 강하게 역사하실 수 있도록 허락한다면, 이러한 통찰력을 가질 수 있습니다. 바울은 로마, 고린도, 에베소, 골로새, 빌립보 교회에 그가 기도를 부탁할 만한 사람들이 있다고 생각했습니다. 그리고 그들의 기도는 하나님께 상달되어 하나님을 움직일 만한 힘이 있다고 생각했습니다. 그리고 이들에게 있었던 영적 생명의 능력을, 오늘 우리에게 보여 줍니다. 이 교훈은 모든 목회자들로 하여금 자신이 몸의 연합을 올바로 이해하는지, 교인들을 중보기도하는 사람으로 훈련시키려고 애쓰는지, 또 바울은 교인들을 위해 열심히 기도했기 때문에 그에게는 확신이 있었다는 것을 이해하는지 스스로 묻게 합니다. 이 얼마나 훌륭한 교훈입니까!

이 교훈을 배웁시다. 목사와 교인이 기도의 은혜 안에서 함께 자라게 해 달라고, 그리하여 그들이 기도의 영에 지배된다는 것을 전체 삶과 예배를 통해 증언하게 해 달라고 하나님께 간청합시다. 그러면 하나님께서 그 밤낮 부르짖는 택하신 자들의 원한을 풀어 주신다는 것을 확신할 수 있을 것입니다(눅 18:7).

성령의 목사

"복음의 목사는 성령의 목사다"(고후 3:6-8 참조)라는 말은 무슨 뜻입니까? 그 의미는 다음과 같습니다.

1. 설교자는 전적으로 성령의 능력과 통제 아래 있다. 이는 성령께서 원하시는 대로 설교자를 인도하고 사용하시기 위함입니다.

2. 당신은 항상, 모든 일에서, 전적으로 성령의 능력 아래 있어야 한다. 많은 사람들이 개인 용도로 이용하기 위해 성령과 성령의 능력을 구합니다. 이것은 완전히 잘못된 것입니다. 오히려 성령께서 당신을 이용하셔야 합니다. 당신과 성령의 관계는 당신이 그분께 깊이 의존하고 전적으로 순종하는 관계여야 합니다.

3. 하나님의 말씀을 사람의 마음에 전해 주는 것은 설교자 안에 계시는, 또 설교자를 통해 역사하시는 성령이시다. 하나님의 말씀을 전하기만 하면 성령께서 그 말씀의 열매를 맺으실 것이라고 생각하는 사람이 많습니다. 이런 사람들은 자기에게 성령이 필요하다는 것을 이해하지 못합니다. 하나님께서 성령의 역사를 통해 복을 내려 주시기를 기도하는 데에 만족해서는 안 됩니다. 하나님께서는 우리가 성령으로 채워지기를 원하십니다. 성령이 충만하면 우리는 적절한 말을 할 것이며, 우리의 설교는 성령과 성령의 능력을 드러낼 것입니다.

우리는 이런 일을 오순절에서 봅니다. 오순절의 성도들은 성령으로 충만해지자 말하기 시작했습니다. 그리고 그들의 말에는 그들 안에 있는 성령으로 말미암아 능력이 있었습니다.

여기에서 우리는 목사와 성령의 관계가 어떠해야 하는지 배웁니다. 목사는, 성령께서 자기 안에 계시며, 일상 생활에서 자신을 가르치시고, 설교와 심방에서 목사 자신이 주 예수님에 대한 증거가 되게 하신다는 강한 믿음이 있어야 합니다. 목사는 끊임없이 기도하여 성령에 의해 보호받고 강해져야 합니다.

성령이 오시면 능력을 받을 것이라고 주님께서는 제자들에게 약속하셨습니다. 그러므로 성령을 기다리라고 명령하셨습니다. 그런데 그 분위기는 마치 이렇게 말씀하시는 것 같았습니다. "이 능력 없이는 감히 설교하지 말라. 그 능력은 너희 사역에 반드시 있어야 할 준비사항이니라. 그것에 모든 것이 달려 있느니라."

"성령의 목사"라는 말에서 그 다음으로 배워야 할 교훈은 무엇입니까?

우리는 이것을 너무나 모릅니다! 우리는 너무도 그 교훈에 따라 살지 못했습니다! 성령의 능력을 너무도 경험하지 못했습니다! 그렇다면 우리는 무엇을 해야 합니까? 성령의 목사로 살지 않음으로써 끊임없이 성령을 슬프게 해 드린 죄를 깊이 고백해야 합니다. 주님께서 우리 안에 변화를 일으키실 것을 확신하고서 어린아이처럼 주님의 인도에 자신을 전적으로 맡겨야 합니다. 끝으로, 쉬지 않고 기도함으로써 주 예수님과 날마다 교제해야 합니다. 주님께서는 우리에게, "생수의 강"(요 7:38)이 넘치듯 성령을 부어 주실 것입니다.

제 11 장

말씀과 기도

말씀도 없고 기도도 없다면 그러한 영적 삶은 죽은 것이나 다름없습니다. 기도는 없고 말씀만 있는 삶은 병이 듭니다. 말씀은 없고 기도만 있는 삶은 활기차지만 확고함이 없습니다. 말씀과 기도가 충분해야 날마다 건강하고 능력 있는 삶을 살 수 있습니다. 주 예수님을 생각해 보십시오. 주님은 어려서도 성인이 되어서도 하나님의 말씀을 마음에 깊이 간직하셨습니다. 광야에서 시험을 받으실 때, 또 기회 있을 때마다, 다시 말해서 십자가에서 "나의 하나님, 나의 하나님, 어찌하여 나를 버리셨나이까?" (마 27:46)라고 외치시며 돌아가실 때까지, 하나님의 말씀이 마음에 가득함을 보여 주셨습니다. 그리고 기도를 통해 두 가지 사실을 표명하셨습니다. 하나님의 말씀은 우리에게 기도할 거리를 주고, 하나님께 모든 것을 바랄 용기를 준다는 것이 하나이고, 또 하나는, 하나님의 모든 말씀이 우리 안에서 실현되는 삶을 살 수 있는 길은, 오직 기도뿐이라는 것입니다.

말씀과 기도가 우리에게 그 권리를 완전히 행사하는 상태에, 우리는 어떻게 이를 수 있습니까? 오직 하나의 답변이 있습니다. 우리 삶이 전적으로 변화되어야 한다는 것입니다. 우리는 새롭고 건강한 하늘의 삶을 얻어야 합니다. 이러한 삶에서는, 우리가 지상의 삶에 필요한 것을 기도를 통해 말씀드리는 것과 마찬가지로, 하나님의 말씀에 굶주리고 하나님을 갈급해 하는 마음을 기도를 통해 나타냅니다. 우리가 육의 권세에 짓눌려 있고 영의 생명이 허약함을 고백할 때마다, 우리는 하나님께서 성령의 강한 역사를 통해 우리 안에 새롭고 강한 생명을 이루어 주시리라는 확신에 이르게 됩니다.

오, 성령은 본질적으로 말씀의 영이며 기도의 영이라는 것을 우리가 깨달을 수만 있다면! 성령께서는 말씀이 우리 영혼의 기쁨이요 빛이 되게 하십니다. 또한 기도할 때 하나님의 마음과 뜻을 알고 그 안에서 기쁨을 찾도록 거의 확실하게 우리를 도우십니다. 만일 목사가 이러한 내용을 설명하기를 원한다면, 또 하나님의 백성을 훈련하여 예비된 것을 받게 하고자 한다면, 목사는 이 순간부터 성령의 인도에 맡겨야 합니다. 목사는 성령께서 목사 안에서 하실 일을 믿음으로써 그리스도의 하늘에서의 삶, 즉 그리스도께서 이곳 지상에서 사셨던 삶과 똑같은 하늘의 삶을 소유해야 합니다. 예수님께 말씀과 기도를 채워 주었던 성령께서는 목사들 안에서도 같은 일을 이루실 것입니다. 목사는 이런 기대가 반드시 있어야 합니다.

우리 안에 계시는 성령은 주 예수의 영이시며, 우리로 하여금 주 예수의 생명에 참여하게 해 주시는 분임을 믿읍시다. 이것을 확실히 믿고 흔들리지 않으면, 말씀을 대하고 기도에 임하는 데에 상상하지 못했던 변화가 올 것입니다. 이것을 확실히 믿고, 반드시 바라십시오.

당신은 마른 뼈들로 넘치는 계곡의 환상을 잘 알고 있을 것입니다. 주님께서는 에스겔 예언자에게 "너는 이 모든 뼈에게 대언하여 이르기를 너희 마른 뼈들아 여호와의 말씀을 들을지어다 주 여호와께서 이 뼈들에게 이같이 말씀하시기를 내가 생기를 너희에게 들어가게 하리니 너희가 살아나리라"(겔 37:4-5)고 말씀하셨습니다. 예언자가 이 말씀을 대언했을 때, 뼈와 뼈가 서로 붙고, 살이 생기고, 그 위에 피부가 덮였습니다. 그러나 아직 생기가 없었습니다. 이 뼈들에게 행한 예언, 곧 하나님의 말씀을 전함은 강한 영향력을 지니고 있었습니다. 그 예언은 막 일어날 큰 기적, 많은 사람이 새로 만들어지는 큰 기적의 시초였습니다. 그들 안에 생명의 역사가 일어나기 시작했지만, 거기에는 생기가 없었습니다.

그때 하나님께서 예언자에게 말씀하셨습니다. "인자야 너는 생기를 향

하여 대언하라 생기에게 대언하여 이르기를 주 여호와께서 이같이 말씀
하시기를 생기야 사방에서부터 와서 이 죽음을 당한 자에게 불어서 살아
나게 하라"(겔 37:9). 예언자가 이렇게 대언하자, 생기가 그들에게 왔고,
그들은 살아 일어나 매우 큰 군대를 이루었습니다. 뼈들에게 대언하는
일은, 즉 말씀을 전하는 일은 큰 일을 성취했습니다. 아름답고 새로운 몸
들이 생겼습니다. 그러나 "생기야 오라"한 대언, 즉 기도는 훨씬 더 훌륭
한 일을 이루었습니다. 생기의 능력이 기도를 통해 드러났습니다.

이와 같이 마른 뼈들에게 대언하여 하나님의 약속을 알리는 것이 우리
목사들의 일이 아니겠습니까? 이 일에는 때로 위대한 결과가 따릅니다.
경건한 모든 것이 온전해졌고, 조심성 없는 교인이 균형을 얻고 독실해
집니다. 그러나 "거기에 생명이 없다"는 사실이 대체로 지속됩니다. 설교
엔 반드시 기도가 따라야 합니다. 기도에 시간을 내고, 말씀이 가르치는
대로 기도하고, 끊임없이 기도하기 시작할 때까지는, 그리고 하나님도 쉬
실 수 없을 정도로 쉬지 않고 기도하여, 하나님께서 성령과 성령의 능력
을 쏟아 부어 주실 때까지는, 자신의 설교가 새 생명을 가져오지 못한다
는 것을 설교자는 직시해야 합니다.

우리 일에 변화가 있어야 한다고 느껴지지 않습니까? 우리는 말씀을
전하는 일을 하면서 동시에 끊임없이 기도하는 것을 베드로로부터 배워
야 합니다. 우리는 설교에 열성이듯, 기도에 열성이어야 합니다. 우리는
우리의 능력을 믿지 말고 바울처럼 끊임없이 기도해야 합니다. "와서 이
죽음을 당한 자에게 불어서 살아나게 하라"는 기도에는 반드시 응답이
있습니다.

온 마음을 기울임

어떤 일에 종사하면서 온 마음을 기울이지 않는다면, 좀처럼 성공할 수
없다는 것을 우리는 경험을 통해 알고 있습니다. 학생, 교사, 사업가, 군

인 등을 생각해 보십시오. 자기 직업에 전폭적으로 마음을 쏟지 않으면, 그 사람은 성공하기 어렵습니다. 이런 사실은 신앙에도 적용됩니다. 특히 거룩하신 하나님과 기도로 교제하여 하나님을 항상 기쁘시게 해 드리는 고귀하고도 거룩한 일에서는 더욱 그렇습니다. 하나님께서 다음과 같이 인상적인 말씀을 주신 것도 그런 이유 때문입니다. "너희가 온 마음으로 나를 구하면 나를 찾을 것이요 나를 만나리라"(렘 29:13)

수많은 하나님의 종들이 "내가 온 마음으로 주님을 찾습니다"고 말했습니다. 하나님을 전심으로 찾지 않는 기독교인이 얼마나 많은지 생각해 본적이 있습니까? 그들은 자신의 죄 때문에 곤란에 빠졌을 때는 전심으로 하나님을 찾는 것 같습니다. 그때 그들은 자신이 용서받은 것을 알게 되고, 사람들은 그들이 신앙심이 깊다고 생각합니다. 그러나 "이 사람이 평생 하나님을 따르고 섬기기 위해 온 마음으로 하나님께 굴복했다"고 생각하는 사람은 아무도 없을 것입니다.

당신은 어떻습니까? 당신의 마음은 뭐라고 말합니까? 가령 목사인 당신이 직무를 충실히 그리고 열심히 수행하기 위해 온 마음을 기울인다면, 당신은 다음과 같이 인정하지 않겠습니까? "나의 만족스럽지 못한 기도 생활의 원인은 하나님과의 교제를 방해하는 세상의 모든 것을 전심으로 포기하지 않았기 때문입니다. 그 밖에 다른 원인이 있을 수 없습니다. 나는 이 사실이 두렵지만 인정할 수밖에 없습니다." 이 질문은 너무도 중요해서 골방에서 깊이 생각하고 하나님께 대답해 드려야 할 질문입니다. 솔직한 결론에 이르고 그것을 모두 하나님께 말씀드리는 것이 매우 중요합니다. 기도하지 않는 죄는 마음의 상태와 긴밀하게 연관되어 있습니다. 진정한 기도는 마음을 집중하는 것에 달려 있습니다.

당신은 이렇게 말할지 모릅니다. "나는 '온 마음으로 하나님을 찾습니다'라고 말할 수 없을 만큼 마음을 집중하지 못합니다." 당연한 얘기입니다. 당신은 그렇게 할 수 없으며, 그것은 하나님께서 하실 일입니다. "내가 … 나를 경외함을 그들의 마음에 두리라"(렘 32:40 참조). "내가 … 나의 법을 그들의 속에 두며 그들의 마음에 기록하리라"(렘 31:33). 이 약속들은 소원을 일깨웁니다. 소원이 아무리 약할지라도, 하나님께서 우리에게 내미시는 것을 얻기 위해 노력하기로 결심했다면, 하나님께서는 우리 마음에 역사하실 것입니다. 온 마음으로 하나님을 찾게 하고 찾을 수 있게 해 주는 것은 성령님의 위대한 역사(役事)입니다.

제 12 장

"나를 따르라"

주님께서는 주님을 믿거나 주님께 축복을 받고 싶어한 사람들 모두에게 "나를 따르라"(마 4:19)고 말씀하신 것이 아니라, 사람 낚는 어부로 만드실 사람들에게만 하셨습니다. 주님께서는 처음 사도들을 부르실 때는 "나를 따르라"고 말씀하시고, 그 후 베드로를 부르실 때는 "이제 후로는 네가 사람을 취하리라"(눅 5:10)고 말씀하셨습니다. 사람을 취하는 기술, 곧 사람을 사랑하고 구원하는 거룩한 기술은 그리스도와의 친밀하고 지속적인 교제를 통해서만 배울 수 있습니다. 이것은 목사들과 기타 그리스도인 사역자들에게 교훈이 되는 사항입니다. 이 교제는 주님의 제자들의 크고도 특별한 특권입니다. 주님께서는 항상 곁에 두시려고 그들을 택하셨습니다. 우리는 마가복음 3:14에서 12사도를 택하시는 기사를 볼 수 있습니다. "이에 열둘을 세우셨으니 이는 자기와 함께 있게 하시고 또 보내사 전도도 하게 하려 하심이라"(막 3:14). 또한 주님께서는 마지막 날에도 이렇게 말씀하셨습니다. "너희도 처음부터 나와 함께 있었으므로 증언하느니라"(요 15:27).

제자들이 예수님과 함께 있었다는 사실은 외부인들도 알았습니다. 예를 들어 베드로에게 "이 사람도 그와 함께 있었느니라"(눅 22:56)고 말한 여종과 같은 경우가 그렇습니다. 또 산헤드린에 속한 사람들 역시 "베드로와 요한이 담대하게 말함을 보고 그들을 본래 학문 없는 범인으로 알았다가 이상히 여기며 또 전에 예수와 함께 있던 줄도"(행 4:13) 알았습니다. 그리스도를 증언할 사람의 중요한 특징과 필수 자격은 그리스도와 함께 있어 왔는가 하는 여부입니다. 그리스도와의 지속적인 교제는 성령을 믿는 사람들을 훈련시키는 유일한 학교입니다. 이것은 모든 그리스도인들에게 교훈이 됩니다. 갈렙처럼(민 14:24 참조) 주님을 온전히 따르는 사람만이 다른 영혼들에게 예수님을 따르는 기술을 가르칠 능력을 지니게 됩니다. 주 예수께서는 우리를 자신의 모습대로 훈련시키셔서, 다른 사람들이 우리를 보고 배울 수 있게 하려 하십니다. 이 얼마나 놀라운 은혜입니까! 주님의 뜻대로 되었을 때 우리는 우리 때문에 신앙을 지니게 된 사람들에게 바울의 말을 빌어 이렇게 말할 것입니다. "너희는 … 우리와 주를 본받은 자가 되었으니"(살전 1:6), "내가 그리스도를 본받는 자가 된 것 같이 너희는 나를 본받는 자가 되라"(고전 11:1).

예수 그리스도만큼 자기 학생에게 수고를 쏟은 선생은 없었습니다. 주님은 수고도 시간도 아끼지 않으십니다. 십자가에 달리시는 것도 감수하신 사랑에서, 우리와 친밀히 대화하려 하시며, 우리를 거룩하게 하고, 그리스도의 거룩한 섬김에 적합하게 만들려 하십니다. 그런데도 우리가 기도에 시간을 너무 많이 쓴다고 감히 불평할 수 있겠습니까? 우리를 위해 모든 것을 포기하신 그 사랑에 우리 자신을 전적으로 바치고, 그분과 날마다 교제하는 것을 지금 우리의 가장 큰 행복으로 여기지 않으렵니까? 당신의 목회에 축복이 있기를 갈망하는 분들이여, 주님께서는 함께 지내자고 하시며 당신을 부르십니다! 주님과 함께 지내는 것을 당신 삶에서 가장 큰 기쁨으로 여기십시오. 그것은 당신의 목회에 축복이 있게 하는 가장 확실한 준비가 될 것입니다. 오 주님, 나를 이끄시고, 나를 도우시며, 나를 꼭 붙드시옵소서. 그리고 날마다 믿음으로 주님과 교제하며 사는 방법을 내게 가르쳐 주옵소서.

성 삼위일체

1. 하나님은 순전한 사랑과 복이 끝없이 넘쳐흐르는 샘이시다.

2. 그리스도는 하나님의 충만하심을 은혜로 보여 주시고 펼쳐 주신 저수지이시다.

3. 성령은 하나님과 어린양의 보좌에서 흘러나오는 생수의 시내이시다.

4. 구속(救贖)받은 하나님의 믿음의 자녀들은 아버지의 사랑, 그리스도의 은혜, 성령의 강한 역사를 세상에 가져오고 다른 사람들에게 나누어 주는 수로(水路)이시다.

우리는 여기에서 놀라운 협력관계를 보고 큰 인상을 받습니다. 하나님께서는 우리를, 하나님의 은혜를 나누어 주는 사람으로 삼으셨습니다. 우리가 주로 자신을 위해 기도할 때, 그 기도는 기도 생활의 초보 단계에 불과합니다. 기도의 최고 단계는 아직 어둠에 거하는 사람들에게 그리스도의 은혜와 성령의 능력을 가져다주는 중보기도자로서의 능력을 지니는 단계입니다.

수로가 저수지와 확실하게 연결되어 있을수록 물은 더욱 확실하게 그 수로를 따라 막힘 없이 흐를 것입니다. 우리가 기도를 통해 그리스도의 충만하심과 그리스도에게서 나오는 성령에 사로잡힐수록, 또 그리스도와 더욱 확고히 교제할수록, 우리 삶은 더욱 행복하고 강해질 것입니다. 그러나 이것은 여전히 현실에 대한 준비일 뿐입니다. 우리가 그리스도와의 교제에 몰두하고 삼위일체 하나님과 대화할수록, 우리 주변의 사람들과 목사들, 교회에 축복이 내리기를 기도하는 용기와 능력을 더욱 빨리 받게 될 것입니다.

당신은 사막에 있는 갈증이 심한 사람에게 물을 보낼 수 있도록, 항상 열려 있는 수로입니까? 성령의 역사를 초래하는 사람이 되기 위해 하나님께 주저 없이 당신을 바쳐 왔습니까?

당신이 기도의 능력을 거의 경험하지 못한 이유가 기도할 때 자신만을 생각하기 때문이 아닙니까? 당신이 주 예수 안에서 새로 시작한 기도 생활은 주위 사람들에게 주님을 알리는 노력인 중보기도에 의해서만 지탱되고 강화될 수 있다는 것을 이해합니까? 영원히 넘쳐흐르는 사랑과 복의 샘이신 하나님, 그리고 그분의 자녀로서 날마다 성령과 생명이 이 세상에 오시는 수로인 나에 대해 깊이 숙고하십시오!

삶과 기도

우리의 삶은 기도에 큰 영향력을 가지고 있습니다. 우리 기도가 삶에 영향을 미치는 것과 같습니다. 사람의 삶 전체는 필요한 것을 얻고 행복해지기 위해 자연과 세상을 향해 계속해서 드리는 기도입니다. 이 자연적인 기도와 마음의 소원은 입으로 말씀드리는 기도보다 훨씬 강합니다. 때때로 하나님께서는 당신이 입으로 드리는 기도를 들으실 수 없습니다. 그 이유는 세상을 향한 당신 마음의 소원이 훨씬 더 크고 요란하게 외치기 때문입니다.

삶은 기도에 강한 영향력을 행사합니다. 세속적인 삶, 자신을 추구하는 삶은 기도를 무력하고 응답이 없게 만듭니다. 수많은 기독교인들에게 이 삶과 기도 사이의 갈등이 있으며, 삶이 유리한 위치에 있습니다. 그러나 기도 역시 삶에 강한 영향력을 행사합니다. 기도를 통해 하나님께 자신을 온전히 바친다면, 기도가 육과 죄의 생활을 정복할 수 있습니다. 삶 전체가 기도의 통제하에 놓이게 될 것입니다. 기도는 삶 전체를 변화시키고 새롭게 만들 수 있습니다. 그 이유는 기도가 주 예수님과 성령을 모셔들여서 삶을 정화하고 성결케 하기 때문입니다.

영적 생활에 결함이 있을 때, 더욱 기도하고자 힘써야 한다고 생각하는 사람이 많습니다. 그들은 영적 생활이 강해지는 정도에 비례해서만 기도 생활이 증가할 수 있다는 것을 이해하지 못한 사람들입니다. 기도와 삶은 분리할 수 없을 정도로 연관되어 있습니다. 당신은 어떻게 생각합니까? 5분 내지 10분 정도의 기도와 세상 욕망으로 온종일을 보내는 생활 중에서 어느 것이 당신에게 더 큰 영향을 미치겠습니까? 당신의 기도에 응답이 없더라도 놀라지 마십시오. 그 원인이 여기에 있기 때문입니다.

당신의 삶과 기도는 서로 사이가 나쁩니다. 당신의 마음은 기도보다 생활에 훨씬 더 쏠려 있습니다. 기도가 내 삶 전체를 좌우해야 한다는 큰 가르침을 배우십시오. 내가 기도로 하나님께 요청한 것이 5분 내지 10분 안에 결정되지 않습니다. "내가 전심으로 기도드렸습니다"라고 말하기를 배워야 합니다. 하나님께 구하는 것을 온종일 마음에 담아 두어야 합니다. 그럴 때에 확실한 응답에 이르는 길이 열립니다.

기도가 마음과 삶 전체를 지배하면 기도는 신성해지고 능력을 발하게 됩니다! 그때 우리는 문자 그대로 "주님, 제가 온종일 주님을 섬깁니다"라고 말할 수 있습니다. 기도로 하나님과 지내는 시간이 긴가 짧은가 하는 문제뿐 아니라 기도의 능력이 우리의 삶 전체를 지배하는가 하는 문제 역시 세심히 살핍시다.

기도에 전념함

"우리가 하나님의 말씀을 제쳐 놓고 접대를 일삼는 것이 마땅하지 아니하니"(행 6:2)라고 베드로는 말했습니다. 그 후 집사들을 뽑아 이런 일을 처리하게 했습니다. 그리고 베드로의 이 말은 목사로 구별된 모든 사람에게 항상 적용되는 말이 되었습니다. "우리는 오로지 기도하는 일과 말씀 사역에 힘쓰리라"(행 6:4). 알렉산더 화이트 목사는 한 연설에서 이렇게 말했습니다. "내가 월급을 정확한 날짜에 받게 될 때마다, 그리고 집사들이 자신의 일을 신실하게 수행했을 때마다, 과연 나는 나의 일을 신실하게 하고 있는가? 곧 쉼 없이 기도하는 일과 말씀을 전하는 일을 그들만큼 잘 감당하고 있는가?" 또 다른 목사는 이렇게 말했습니다. "내 시간을 정확히 둘로 나눠 반은 기도에, 나머지 반은 말씀 사역에 쏟겠다고 말하면, 사람들이 얼마나 놀라며 기뻐하겠습니까!"

기도에 전념하는 것이 무엇을 의미하는지 알기 위해 사도행전 10장을 주목하여 보십시오. 베드로는 기도하러 지붕에 올라갔습니다. 그는 그곳에서 기도하다가 하늘의 지시를 받았습니다. 그 지시는 그가 어떤 이방인들에게 행할 일과 관련된 것이었습니다. 그때 고넬료가 보낸 사람들이 왔습니다. 성령께서는 "일어나 … 저들과 함께 가라"고 말씀하셨습니다 (20절). 베드로는 그들과 함께 가이사랴로 갔습니다. 의외의 일, 곧 그곳의 이방인들이 성령을 받는 일이 일어났습니다. 여기에서 우리는 다음과 같은 가르침을 얻을 수 있습니다. 하나님께서는 자기 뜻을 우리에게 가르치시기 위해, 우리가 누구와 이야기해야 할지 알려 주시기 위해, 그리고 성령께서 우리를 통해 하나님의 말씀에 능력을 더하신다는 것을 확신시키시기 위해, 성령의 지시를 주십니다. 그런데 이 성령의 지시는 기도를 통해 온다는 것이 사도행전 10장의 가르침입니다.

목사가 월급을 받고 사택을 받으며 세상의 직업을 가지지 않아도 되는 이유를 진지하게 생각해 본 적이 있습니까? 기도와 말씀 사역에 끊임없이 전념해야 하기 때문입니다. 그 밖에 다른 이유는 없습니다. 그리고 그렇게 하는 것이 목사의 지혜요 능력이며, 복된 복음 사역의 비결입니다.

기도에 전념하는 것은 가장 중요한 일이며, 따라서 가장 중시해야 할 일입니다. 그런데도 그 일을 중시하지 않을 때, 목사와 교인의 영적 삶은 무능해지고 그런 영적 삶을 불평하게 되는 것은 너무도 당연한 일입니다.

베드로가 사도행전에서처럼 말하고 행동할 수 있었던 것은 성령이 충만했기 때문입니다. 성령께서는 우리 삶의 인도자요 주인이십니다. 우리를 전적으로 사용하실 수 있도록 그분께 온전히 굴복합시다. 이렇게 하는 일 이외의 그 어떤 것도 우리를 도울 수 없습니다. 그분께 온전히 굴복하면, 우리는 처음으로 이렇게 말할 수 있을 것입니다. "하나님께서 우리를 성령의 목사가 되게 하셨습니다"(고후 3:6 참조).

육에 속했는가, 영에 속했는가?

육에 속한 상태와 영에 속한 상태 사이에는 우리가 거의 이해하지도 못하고 깊이 생각하지도 못한 큰 차이가 있습니다. 성령 안에서 살고 육체를 십자가에 못박은 그리스도인은 영적인 사람입니다(갈 5:24). 육체를 따라 살고 육체를 즐겁게 하기를 원하는 그리스도인은 육적인 사람입니다(롬 13:14). 갈라디아 교인들은 성령으로 시작하였다가 육체로 마치려고 했습니다. 하지만 그들 가운데 영적인 사람이 몇 있어서 육체에 끌려 다니는 그들의 방황을 끝낼 수 있었습니다.

육에 속한 그리스도인과 영에 속한 그리스도인은 얼마나 차이가 큽니까! (고전 3:1-3 참조) 육에 속한 그리스도인에게도 종교성과 하나님을 향한 열성, 그리고 하나님을 섬기는 일에 대한 열성이 많을 수 있습니다. 그러나 그것은 대부분 인간의 능력에 제한될 뿐입니다. 반면에 영에 속한 그리스도인은 성령의 인도에 온전히 자신을 맡깁니다. 이러한 태도는 자신의 나약함을 깊이 인식하고 그리스도의 역사(役事)에 전적으로 의존하는 것입니다. 이러한 삶은 그리스도와 동행하고 성령에 의해 인도되는 삶입니다.

영에 속했는지 육에 속했는지 아는 것, 그것을 하나님 앞에서 분명히 인정받는 것은 너무도 중요합니다! 어떤 목사가 정통교리에 충실하고 자신의 사역에 대단히 열성적일 수 있지만, 주로 인간의 지혜와 열성에 국한된 것일 수 있습니다. 그것을 나타내는 증거 하나는 그가 기도를 통해 그리스도와 교제하는 일에 전념하지 못하거나 그 일에서 거의 기쁨을 누리지 못하는 것입니다. 기도를 사랑하는 것은 성령의 특징 가운데 하나입니다.

육에 속한 그리스도인이 참으로 영에 속한 사람이 되기 위해서는 큰 변화가 필요합니다! 그는 무슨 일이 일어나야 하는지, 그 일이 어떻게 일어날 수 있는지 이해하지 못합니다. 그는 그 사실을 이해할수록 하나님께서 그 일을 하시지 않으시면 그 일이 불가능하다는 것을 확신하게 됩니다. 그러나 하나님께서 그 일을 하실 것임을 참으로 믿는 데에는 진지한 기도가 필요합니다. 자신을 믿는 마음이 죽고, 조용히 머물며 묵상하는 것이 반드시 필요합니다. 그러나 이 길을 따라가다 보면 그 일을 하나님께서 하실 수 있고, 하시고자 하시며, 하시리라는 믿음이 다가옵니다. 주 예수께 진지하게 매달리는 영혼은 성령에 의해 이 믿음에 이르게 됩니다.

당신은 다음과 같은 말을 듣지 않기 위해 어떻게 하겠습니까? "형제들아 내가 신령한(영에 속한) 자들을 대함과 같이 너희에게 말할 수 없어서 육신에 속한 자 곧 그리스도 안에서 어린 아이들을 대함과 같이 하노라"(고전 3:1). 이런 말을 듣지 않기 위해서는 육에 속한 상태에서 영에 속한 상태로 변해야 합니다. 하나님께서 당신을 가르치실 것입니다. 기도와 믿음에 전념하십시오.

제 13 장

조지 뮬러와 허드슨 테일러

사도 바울을 모든 시대의 그리스도인들에게 기도생활의 본보기로 주신 것처럼, 하나님께서는 지금도 항상 기도를 들으신다는 것을 교회에 보여 주는 증거로서 조지 뮬러를 주셨습니다. 하나님께서는 뮬러 생전에 그의 고아원을 확고히 지원하시기 위해 백만 파운드 이상의 돈을 주셨습니다. 뮬러는 주님께서 3만 명 이상의 영혼을 기도의 응답으로 자신에게 주셨다고 믿었습니다. 그 영혼들 가운데는 고아뿐 아니라, 그가 날마다 (어떤 경우에는 40년 동안이나) 열심히 기도한 사람들이 있었습니다. 뮬러는 그들이 구원될 것을 확고히 믿고서 날마다 그들을 위해 기도했습니다. 그들이 구원될 것을 그토록 확고히 믿는 근거가 무엇이냐고 묻는 말에, 그는 이렇게 대답했습니다.

"내가 항상 수행하려고 노력하는 다섯 가지 사항이 있습니다. 나는 이 것을 지킴으로써 내 기도에 응답이 있을 것을 확신합니다.

1. 나는 전혀 의심하지 않습니다. 그들을 구원하는 것이 하나님의 뜻이라고 확신하기 때문입니다. 그리고 그것을 확신하는 근거는 하나님은 모든 사람이 구원을 받으며 진리를 아는 데에 이르기를 원하신다는 것입니다(딤전 2:4). 또한 우리에게는 '그의 뜻대로 무엇을 구하면 [하나님께서] 들으신다' (요일 5:14)는 확신이 있습니다.

2. 나는 그들의 구원을 결코 내 이름으로 구하지 않고, 나의 귀하신 주 예수의 복된 이름과 그분의 공로를 의지하여 구했습니다(요 1:14).

3. 나는 항상 하나님께서 나의 기도를 기꺼이 들으신다는 것을 확고히 믿었습니다(막 11:24).

4. '내가 나의 마음에 죄악을 품었더라면 주께서 듣지 아니하실 것'(시 66:18)이기 때문에, 나는 어떤 죄에도 굴복하지 않았다고 생각합니다.

5. 나는 어떤 사람을 위해 52년 이상 믿음의 기도에 전념했습니다. 그리고 응답이 올 때까지 계속 기도할 것입니다: 하나님께서 그 밤낮 부르짖는 택하신 자들의 원한을 풀어 주지 아니하시겠습니까?'(눅 18:7)"

이런 생각을 당신의 마음에 담고, 또 이 원칙에 따라 기도하십시오. 기도가, 당신의 소원을 말하는 것일 뿐 아니라, 하나님과의 교제가 되게 하십시오. 하나님께서 우리의 기도를 들으신다는 것을 알게 될 것입니다. 조지 뮬러가 간 길은 은혜의 보좌 앞에 나아가는 새롭고도 살아 있는 길이었으며, 우리 모두에게 열려 있는 길입니다.

허드슨 테일러

허드슨 테일러는 젊은 시절에 주님께 전적으로 헌신했을 때, 하나님께서 그를 중국에 보내실 거라는 강한 확신이 왔습니다. 테일러는 조지 뮬러에 대한 글을 읽었습니다. 뮬러 자신과 고아들을 도와달라는 뮬러의 기도에 하나님께서 어떻게 응답하셨는지를 읽었습니다. 그는 어떻게 하면 뮬러처럼 주님을 신뢰할 수 있는지 자신에게도 가르쳐 달라고 주님께 간구하기 시작했습니다. 그런 믿음을 가지고 중국에 가려면, 먼저 영국에서 그런 믿음으로 살기 시작해야 한다고 느꼈습니다. 테일러는 자신이 이렇게 살 수 있게 해 달라고 주님께 구했습니다. 그는 어떤 의사의 약제사였는데, 하나님께 구하기를 그가 의사에게 월급을 달라고 말하지 않고 하나님께서 의사의 마음을 움직여 제때에 월급을 주게 해 달라고 기도했습니다. 그 의사는 좋은 성품을 가졌으나 월급을 매우 불규칙하게 지불

했습니다. 이로 인해 테일러는 많은 어려움을 겪었습니다. 테일러는 조지 뮬러처럼 "아무에게든지 아무 빚도 지지 말라"(롬 13:8)는 말씀을 문자 그대로 받아들여야 하며, 따라서 절대로 빚을 져서는 안 된다고 믿었기 때문에 이 문제를 두고 열심히 기도했습니다.

이리하여 그는 하나님을 통해 사람을 움직이는 큰 교훈을 얻었습니다. 그리고 그 교훈은 나중에 그가 중국에서 일할 때 이루 말할 수 없이 큰 축복이 되었습니다. 중국인들을 회심시키는 일에서, 이 일을 지원하기 위해 돈을 기부하는 그리스도인들을 감동시키는 일에서, 믿음의 원칙을 지키려는 적절한 선교사들을 찾는 일에서, 그는 우리의 소망을 하나님께 기도로 알려야 한다는 진리를 의지했습니다. 그리고 하나님께서는 자신이 이루실 일을 사람들을 움직여 이루신다는 진리를 의지했습니다.

중국에서 몇 년간 지낸 후에, 테일러는 24명의 선교사를 보내달라고 하나님께 기도했습니다. 중국의 11개 성(城)과 몽고에는 각각 수백, 수천만의 영혼이 있었으나 선교사가 전혀 없었습니다. 테일러는 이곳에 각 2명씩 보낼 24명의 선교사를 구한 것입니다. 하나님께서는 선교사를 보내주셨습니다. 그러나 그들을 파송할 선교회가 없었습니다.

테일러는 하나님께서 참으로 자신을 도우신다는 것을 믿게 되었지만, 그 선교사들의 믿음이 충분하지 못할 경우, 그들을 자신이 책임져야 한다는 사실이 버거웠습니다. 이로 인해 그는 심히 갈등하고 매우 쇠약해졌습니다. 그러나 결국 그는 하나님께서 자기 하나를 돌보시듯이 24명의 선교사들도 쉽게 돌보실 수 있다는 것을 깨닫게 되었습니다.

그는 믿음 안에서 즐거이 그 일을 시작했습니다. 그리하여 하나님께서는 많은 믿음의 시련을 통하여 그가 하나님을 온전히 믿도록 인도하셨습니다. 이 24명의 선교사는 시간이 지남에 따라 하나님의 도우심을 온전히 의지하는 천여 명의 선교사로 늘었습니다. 다른 선교회들은 그들이 허드슨 테일러로부터 너무도 많은 것을 배웠음을 인정했습니다. 그들은 테일러를 다음과 같은 원칙을 말하고 지킨 사람으로 여겼습니다: 믿음은 하나님의 자녀들이 기도로 구한 것을 사람들로 하여금 이루게 하시도록 하나님을 의지하는 것이다.

골방으로부터 나오는 빛

> 너는 기도할 때에 네 골방에 들어가 문을 닫고 은밀한 중에 계신 네 아버지께 기도하라 은밀한 중에 보시는 네 아버지께서 갚으시리라(마 6:6).

우리 주님께서는 사람들에게 보이려는 위선자의 기도와 말을 많이 해야 할 줄로 생각하는 이방인의 기도에 대해 말씀하셨습니다. 그들은 하나님께 전달되지 않으면 기도가 아무 소용이 없다는 것을 이해하지 못합니다. 주님께서는 마태복음 6:6에서, 그리스도인이 골방에서 받을 엄청난 축복과 관련하여 놀라운 가르침을 주십니다. 그 가르침을 잘 이해하기 위해서는 골방이 비춰 주는 다음의 빛을 주목해야 합니다.

1. 하나님의 놀라운 사랑. 하나님, 하나님의 위대하심, 하나님의 거룩하심, 말로 형언할 수 없는 하나님의 영광을 생각해 보십시오. 그리고 하나님께서 그 자녀들에게 주시고자 하시는 그 큰 특권을 생각해 보십시오. 하나님의 자녀는 아무리 죄가 많고 연약할지라도 원하기만 하면 언제든 하나님께 나아가 하나님과 대화할 수 있습니다. 그가 골방에 들어가면, 하나님께서는 기꺼이 그를 만나주시고, 그와 교제하시며, 그에게 기쁨과 힘을 주십니다. 하나님께서 그와 함께 계시며 모든 일에서 그를 책임져 주신다는 살아 있는 믿음을 갖기 위해서는 이 기쁨과 힘이 필요합니다. 아울러 하나님께서는 그 자녀의 생활을 풍족하게 해 주실 것과, 그 자녀가 은밀히 하나님께 요구한 것들도 해결해 주실 것을 약속하십니다. 기뻐서 소리칠 만하지 않습니까? 얼마나 큰 영광입니까! 얼마나 놀라운 구원입니까! 모든 요구를 채워 주시니 얼마나 넘치는 도우심입니까!

사람은 지극히 큰 고통 속에 있거나, 깊은 죄에 빠지거나, 일상의 삶을 살면서, 현세적이거나 영적인 복을 바랄 수 있습니다. 자신이나 자기에게 속한 사람들, 교인들이나 교회를 위해 기도하고 싶어할 수 있습니다. 온 세계를 위해 중보기도하는 사람이 될 수도 있습니다. 골방에 대한 약속은 모든 것을 포함합니다. "은밀한 중에 계신 네 아버지께 기도하라 …네 아버지께서 갚으시리라."

하나님의 자녀에게 골방만큼 매력적인 장소는 이 세상에 없습니다. 골방은 하나님께서 계시겠다고 약속하신 곳이기에 그것은 당연합니다. 그곳은 하나님의 자녀가 방해받지 않고 하나님과 교제할 수 있는 곳입니다. 세상 아버지의 사랑을 누리는 자녀의 행복, 소중한 친구를 만나는 사람의 행복, 자유롭게 왕에게 나아가 원하는 대로 왕 곁에 머무를 수 있는 백성의 행복, 이러한 행복들로도 이 천상의 약속, 즉 골방에 내리신 하나님의 약속과 비교할 수 없습니다. 골방에서 당신은 원하는 만큼 오래 그리고 친밀하게 당신의 하나님과 대화할 수 있으며, 하나님의 임재와 교제를 기대할 수 있습니다.

이러한 약속으로 골방을 성별(聖別)하시고 선물로 주신 하나님의 사랑은 너무도 큽니다! 이 놀라운 하나님의 사랑의 선물인 골방으로 인해 날마다 하나님께 감사합시다. 이 형언할 수 없는 축복의 샘은 하나님께서 이 죄 많은 세상에 마련해 주신 것 가운데 가장 필요하고 적절한 것입니다.

2. 인간의 뿌리깊은 죄성(罪性). 하나님의 자녀라면 모두 이런 초대를 기꺼이 받아들였을 것이라고 우리는 생각했습니다. 하지만 보십시오! 그 반응이 어떠합니까? 신자라고 자처하는 사람들이 골방에서의 기도를 대체로 무시한다는 한탄이 어디에나 있습니다. 너무나 많은 사람들이 골방에서 기도하지 않습니다. 그들은 교회에 가서 예배드리고, 그리스도께 고백하지만, 하나님과의 인격적인 교제에 대해서는 거의 모릅니다. 골방에서 기도하지만, 쫓기듯 서두르거나, 습관적으로만 기도하고, 양심을 달래기

위해 기도하는 사람도 많습니다. 이들은 기도의 기쁨이나 축복에 대해 전혀 말할 수 없습니다. 더욱 슬픈 것은 기도의 축복에 대해 조금 알지만, 신실하고 규칙적이고 행복한 하나님과의 교제를 일용할 양식만큼이나 필요한 것으로 아는 사람은 거의 없다는 사실입니다.

도대체 골방을 그토록 무력하게 만드는 것은 무엇일까요? 인간의 뿌리 깊은 죄성과 인간의 타락한 본성인 하나님을 싫어하는 마음이 아니겠습니까? 이 인간의 죄성과 하나님을 싫어하는 마음이 홀로 하나님과 머물 기보다는 세상과 어울리는 것을 더 매력적인 것으로 만들지 않습니까?

그리스도인들이 하나님의 말씀, 곧 육신의 생각은 하나님과 원수가 된다(롬 8:7)는 말씀을 믿지 않기 때문이 아니겠습니까? 그리스도인들이 너무도 육신을 따라 행하여서, 성령께서 그들이 기도하도록 견고하게 하실 수 없기 때문이 아니겠습니까? 기도라는 무기를 사탄이 빼앗아 가는 것을 그리스도인들이 용납하여, 그 결과 사탄을 이길 수 없게 되었기 때문이 아니겠습니까? 오, 이 뿌리 깊은 인간의 죄성을 어이할꼬! 우리에게 골방을 주신 형언할 수 없는 사랑에 우리가 행한 이 수치스러운 행동보다 우리의 죄성을 더 잘 보여 주는 증거는 없습니다.

그리고 더욱 슬픈 것은 그리스도의 목사들조차 너무나 기도를 안 하고 있으며 이런 사실을 그냥 받아들이고 있다는 것입니다. 하나님의 말씀은 목사들에게 이렇게 말합니다. 목사의 유일한 능력은 기도에 있으며, 기도를 통해서만, 그리고 기도를 통해 확실히, 하늘로부터 오는 능력, 곧 목사의 사역을 위한 능력을 옷 입을 수 있다고 말입니다. 그러나 세상과 육체의 능력이 그들을 현혹시킨 것 같습니다. 그들은 자신의 일에 시간과 열정을 쏟지만, 가장 중요한 것을 소홀히 하고 있습니다. 그들의 일을 열매 맺게 하는, 성령의 필수불가결한 선물을 얻기 위한, 기도의 욕망과 의지가 없습니다. 하나님께서는 우리에게 은혜를 주셔서 우리의 뿌리깊은 죄성을 골방이라는 각도에서 깨닫게 하십니다.

3. 그리스도 예수의 빛나는 은혜. 변화할 소망이 전혀 없습니까? 항상 이

런 식으로 있을 것입니까? 아니면 회복할 수단이 있습니까? 고맙게도 있습니다!

우리에게 골방의 메시지를 알려 준 사람은 다름 아닌 우리의 주 예수 그리스도이십니다. 그분은 우리를 우리의 죄에서 구하십니다. 주님께서는 이 죄로부터 우리를 구하실 수 있고, 구하실 의향이 있으며, 구하실 것입니다. 우리를 다른 모든 죄로부터는 구하시고, 기도하지 않는 죄로부터는 우리 자신의 힘으로 해결하도록 내버려 두지 않으셨습니다. 그렇습니다. 다른 경우와 마찬가지로 이 경우에서도 우리는 주님께 나아와 부르짖을 수 있습니다. "주여 원하시면 저를 깨끗하게 하실 수 있나이다"(마 8:2). "내가 믿나이다 나의 믿음 없는 것을 도와주소서"(막 9:24).

이 기도하지 않는 죄로부터의 구원을 어떻게 경험하는지 알고 싶습니까? 그 방법은 잘 알려진 것으로서 오직 하나밖에 없습니다. 모든 죄인은 그 길을 따라 주님께 나아와야 합니다. 골방을 무시하고 모욕한 죄를 주님께 꾸밈없이 인정하고 고백하는 일로 시작하십시오. 수치와 슬픔을 깊이 느끼면서 주님 앞에 엎드리십시오. 스스로 기도할 수 있다고 생각함으로써 자신을 기만했음을 주님께 고백하십시오. 육신의 연약함과 세상의 힘, 그리고 부질없는 자신감 때문에 길을 잃었다는 것과, 당신에게는 상황을 개선할 힘이 없다는 것을 고백하십시오. 이런 고백을 진심으로 하십시오. 당신의 결심과 노력으로는 상황을 정상으로 돌려놓을 수 없습니다.

골방에 대한 당신의 죄와 연약함에서 시작하여, 이제 하나님께 감사하십시오. 주 예수의 은혜로 말미암아 당신이 하나님의 자녀로서 아버지 하나님과 반드시 대화할 수 있게 되리라는 것을 감사하십시오. 당신의 삶 전체와 의지는 물론 당신의 모든 죄와 고통을 다시금 주 예수께 맡기십시오. 이는 주 예수께서 당신을 깨끗이 씻고 당신을 소유하며 당신을 주님의 백성으로 다스리시도록 하기 위함입니다.

당신의 마음이 차갑고 죽었을지라도, 그리스도께서는 권능이 크시고 신실하신 구주이심을 믿고 인내하십시오. 구원이 올 것이라고 확신할 수 있을 것입니다. 이 구원을 기대하십시오. 그러면 골방이 주 예수의 찬란한 은혜를 보여 주는 것임을 이해하기 시작할 것입니다. 이 은혜는 우리가 스스로 할 수 없었던 것을 할 수 있게 해 줍니다. 다시 말해서 하나님과 교제할 수 있게 해 주며, 그 친밀한 교제 안에 머물기를 바라는 마음과 그러한 교제 안에 머물 때의 능력을 경험할 수 있게 해 줍니다. 그리하여 우리는 하나님과 동행할 수 있습니다.

제 14 장

십자가의 마음

우리는 때때로 일을 할 능력, 삶에 대한 사랑, 마음의 거룩함, 성경이나 우리의 길을 비춰 주는 빛을 더 많이 얻을 목적에서, 성령의 역사(役事)를 구합니다. 그러나 이 선물들은 모두 오직 하나님의 크신 목적에 달려 있습니다. 아버지께서는 성령을 아들에게 주셨고, 아들께서는 그 성령을 우리에게 주셨습니다. 그렇게 하신 단 하나의 목적은 우리 안에 예수 그리스도 자신을 드러내시고 영화롭게 하시기 위함입니다.

천상의 그리스도께서는 항상 우리와 함께, 우리 안에 실제로 살아 계시는 존재가 되셔야 합니다. 지상에서의 우리 삶은 천상에 계시는 우리 주 예수님과 거룩하고 변함없는 교제를 날마다 이루며 사는 삶이어야 합니다. 이것이 바로 성령께서 믿는 자 안에서 하시는 가장 중요한 일입니다. 신자는 그리스도를 자기 삶의 생명으로 알고 경험해야 합니다. 우리 안에 계시는 성령의 능력으로 우리가 강건해지기를 하나님께서는 원하십니다. 그리고 믿음으로 말미암아 그리스도께서 우리 마음에 거하시고, 그리스도의 사랑이 하나님의 모든 충만하신 정도로까지 우리에게 충만해지기를 원하십니다(엡 3:16-19). 이것이 처음 제자들이 가졌던 기쁨의 비결이었습니다. 그들은 주 예수를, 그들 마음에 오신 천상의 그리스도로 받아들였으며, 그분을 잃어버릴까봐 두려워했습니다.

제자들은 온전히 그리스도와 교제하는 일로 오순절을 준비했습니다. 문자 그대로 그리스도는 제자들의 전부였습니다. 그들의 마음은 비어 있었습니다. 그리하여 성령께서 그들의 마음을 그리스도로 채울 수 있었습니다. 제자들은 성령이 충만해서 주님께서 바라신 삶과 예배의 능력을 지니고 있었습니다. 지금 우리의 소원, 기도, 체험의 목적도 이와 같습니까? 우리가 그토록 진지하게 기도한 축복은, 날마다 골방에서 행하는 그리스도와의 친밀한 교제를 통해서만 보존되고 증가할 수 있다는 것을, 주님께서 우리에게 가르쳐 주시기 바랍니다.

그러나 내게는 발견해야 할 더 깊은 오순절의 비밀이 있는 것 같습니다. 하늘에 계신 주 예수에 대한 우리의 개념이 어쩌면 제한된 것일지 모른다는 생각이 들었습니다. 우리는 그분을 하나님의 보좌의 광채와 영광 중에 계시는 분으로 생각합니다. 또한 우리를 위해 하나님을 감동시켜 자신을 주신 헤아리기 어려운 사랑으로 생각합니다. 그러나 무엇보다도 그분은 이곳 지상에서 십자가에 못 박히시고 하나님의 보좌에서도 십자가에 못 박히신 분으로 계신다는 사실을, 우리는 너무나 자주 잊어버립니다. "내가 또 보니 보좌 … 사이에 한 어린양이 서 있는데 일찍이 죽임을 당한 것 같더라"(계 5:6). 그렇습니다. 십자가에 못 박히신 그분은 아버지께서 영원히 기뻐하시는 분이시며 만물이 예배할 대상이십니다. 그러므로 여기 지상에 있는 우리가 그분을 십자가에 못 박히신 분으로 알고 그렇게 경험하는 것은 가장 중요한 일입니다. 그리고 우리가 그렇게 알고 경험해야 사람들로 하여금 그리스도의 본성과 우리의 본성이 어떠한 것인지, 또 우리의 본성을 구원에 동참한 자로 만들 수 있는 능력은 어떠한 것인지 깨닫게 할 수 있습니다.

십자가는 그리스도의 가장 높은 영광입니다. 성령께서 하신 일 또는 하실 수 있는 일 가운데, 가장 크거나 영광스러운 일은 십자가를 지실 수 있도록 예수님께 능력을 부여하신 일입니다. 그리스도는 "성령으로 말미암아 흠 없는 자기를 하나님께 드리셨습니다"(히 9:14). 마찬가지로 성령께서 우리에게 해 주실 수 있는 가장 크고 영광스러운 일은 우리를 그 십자가와의 교제로 이끄시는 것이며, 우리 주 예수 그리스도에게서 나타난 십자가의 정신이 우리 안에 역사(役事)하도록 하시는 것입니다. 그렇다면 성령의 강한 역사(役事)를 원하는 우리의 기도가, 응답을 받지 못하는 실제 이유는 무엇일까라는 의문이 생깁니다. 그 이유는 자기 십자가를 지심으로써 영광을 받으신 그리스도를 알기 위해, 그리고 그러한 그리스도와 같이 되기 위해, 우리가 성령 받기를 거의 구하지 않았기 때문입니다.

이것이 오순절의 가장 큰 비밀이 아니겠습니까? 성령께서는 그리스도를 강하게 하시어 십자가에서 자기를 바칠 수 있게 하셨습니다. 성령은 이 십자가로부터 우리에게 옵니다. 아버지께서는 그리스도의 지극히 굴복하심의 증거인 그리스도의 낮아지심과 순종과 희생을 말할 수 없이 기뻐하셨습니다. 성령은 이 아버지께로부터 옵니다. 그리스도께서는 아버지께로부터 성령을 충만히 받아 세상에 나누어 주시기 위해, 십자가를 통해 준비를 하셨습니다. 성령은 이 그리스도로부터 옵니다. 성령은 그리스도를, 보좌에 계신 죽임을 당한 어린양으로 드러내시기 위해 사람들에게 오십니다. 그리고 그 목적은 천국에서와 마찬가지로 지상에서도 그리스도를 예배하게 하기 위함입니다. 성령께서는 십자가에 못 박히신 그리스도의 생명을 우리에게 주셔서, "내가 그리스도와 함께 십자가에 못 박혔나니 그런즉 이제는 내가 사는 것이 아니요 오직 내 안에 그리스도께서 사시는 것이라"(갈 2:20)고 말할 수 있게 하십니다. 그리고 이것이 성령께서 오시는 주된 목적입니다. 어떤 식으로든 이 비밀을 이해하기 위해서는 우선 십자가의 의미와 가치가 어떤 것인지 숙고해야 합니다.

십자가에 못 박히신 그리스도 안에 있었던 마음

십자가는 반드시 두개의 관점에서 보아야 합니다. 첫째 관점은 십자가가 성취한 업적, 곧 죄의 정복과 용서라는 관점입니다. 이것은 십자가가 죄인에게 올 때 거기에 담긴 첫째 메시지입니다. 이 메시지는 그 사람에게 죄의 권능으로부터 값없이 완전히 구원됨을 선언합니다. 두 번째 관점은 십자가에서 명시된 마음 곧 내적 본성이라는 관점입니다. 이것을 빌립보서 2:8은 이렇게 표현했습니다: "자기를 낮추시고 죽기까지 복종하셨으니 곧 십자가에 죽으심이라." 우리는 여기에서 우리의 죄와 저주로 인한 가장 낮은 자리에까지 자기를 낮추심과, 하나님의 모든 뜻에 극도로 순종하심, 십자가에서 죽으시기까지 자기를 희생하심을 봅니다. 이세 단어는 그리스도의 인격과 업적이 거룩하고 완전함을 보여 줍니다. 그리하여 하나님께서는 그리스도를 지극히 높이셨습니다. 그리스도께서 아버지께서 기뻐하시는 분이 된 것도, 천사들의 예배 대상이 된 것도, 구원받은 모든 이가 사랑하고 의지할 대상이 된 것도 이 십자가의 마음 때문입니다. 자기를 낮추심, 죽음일지라도 하나님의 뜻에 순종하심, 십자가에 죽기까지 자기를 희생하심, 이렇게 하심으로써 주님은 '일찍이 죽임을 당한 후 보좌에 계시는 어린 양' (계 5:6)이 되셨습니다.

우리 안에 있는 십자가의 마음

그리스도의 삶과 인격은 우리를 위한 것이었으며, 그리스도는 지금도 우리 안에서 그러한 분이 되시기를 원하십니다. 십자가의 마음은 그리스도의 복되심과 영광이었습니다. 우리에게는 더욱 그러합니다. 그리스도께서는 자신을 닮은 모습이 우리 안에서 드러나기를 원하시며, 자신의 삶과 인격을 온전히 우리에게 나누어 주시기를 원하십니다. 그래서 바울 사도는 우리가 너무도 자주 인용하는 빌립보서 2:5에서 이렇게 말했습니다. "너희 안에 이 마음을 품으라 곧 그리스도 예수의 마음이니." 또 이렇게 말했습니다. "우리가 그리스도의 마음을 가졌느니라"(고전 2:16). 십자가와 교제하는 것은 거룩한 의무일 뿐 아니라 말할 수 없이 복된 특권입니다. 성령께서는 이 특권을 약속에 따라 우리의 것으로 만드실 것입니다. 그 약속은 이렇습니다. "그가 내 것을 가지고 너희에게 알리시리라" (요 16:15); "그가 내 영광을 나타내리니 내 것을 가지고 너희에게 알리시겠음이라"(요 16:14). 성령께서는 십자가의 마음을 그리스도 안에 이루셨고, 우리 안에서도 이루실 것입니다.

제 15 장

십자가를 짊어짐

주님께서 제자들에게 십자가를 지고 자기를 따라야 한다고 말씀하셨을 때, 그들은 주님의 의도를 거의 이해할 수 없었습니다. 주님께서는 제자들이 진지하게 생각하도록 자극하시어, 주님께서 십자가를 지실 때를 대비하게 하고자 하셨습니다. 주님께서는 자신을 죄인과 마찬가지로 간주하시어 요단강에서 세례를 받으신 때로부터, 십자가를 늘 마음에 지니고 계셨습니다. 다시 말해서, 죄로 인한 죽음의 선고가 자기 머리에 놓여 있다는 것과 온 힘을 다해 그것을 감수해야 한다는 것을 주님께서는 항상 인식하고 계셨습니다. 제자들은 이에 대해 생각해 봤지만 주님의 의도를 잘 알지 못했기 때문에, 그들이 분명히 알 수 있었던 것은 오직 하나뿐이었습니다. 사형선고를 받은 어떤 사람이 십자가를 지고 지정된 장소로 간다는 것이었습니다.

그리스도께서는 또 말씀하셨습니다. "자기 목숨을 잃는 자는 [그것을] 얻으리라"(마 10:39). 주님께서는 제자들에게 자신들의 목숨을 미워해야 한다고 가르치셨습니다. 그들의 본성은 너무 죄가 많아서 죽음으로만 그 욕심을 채울 수 있습니다. 그들은 죽어 마땅했습니다.

그래서 십자가를 진다는 것은 "내 목숨은 사형선고를 받았다는 것을 인식하고, 그 인식 아래 끝없이 내 육체, 내 죄 많은 본성을 죽여야 한다"는 의미임을 제자들이 점차 확신하게 되었습니다. 그리하여 이윽고 그리스도께서 지신 십자가는 참으로 죄에서 구원하는 단 하나의 능력이며, 자신들이야말로 그리스도로부터 십자가의 마음을 첫 번째로 받아야 하는 사람들임을 차츰 깨닫게 되었습니다. 연약하고 하찮은 자신을 낮춘다는 것이 무엇을 뜻하는지; 크고 작은 모든 일에서 자신의 뜻을 십자가에 못 박는 순종이 무엇을 뜻하는지; 육체나 세상을 기쁘게 하려 하지 않는 자기부정이 무엇을 뜻하는지 주님께로부터 배워야 했습니다. "나를 따라오려거든 자기를 부인하고 자기 십자가를 지고 나를 따를 것이니라"(마 16:24). 이 말씀은 제자들이 중대한 생각을 품도록 준비시키시기 위해 예수께서 하신 말씀입니다. 그 중대한 생각이란 제자들의 본성이 예수님의 마음과 내적 본성이 되려면, 예수님의 십자가가 그들의 십자가가 되어야 한다는 것이었습니다.

그리스도와 함께 십자가에 못 박힘

십자가를 지는 것과 자기 목숨을 잃는 것, 이에 대한 주님의 가르침은 바울의 말에서도 발견됩니다. 당연히 그 말은, 그리스도께서 십자가에서 돌아가시고 승천하신 후, 그리고 성령이 오신 후에 바울이 말한 것들입니다. "내가 그리스도와 함께 십자가에 못 박혔나니"(갈 2:20); "내게는 우리 주 예수 그리스도의 십자가 외에 결코 자랑할 것이 없으니 그리스도로 말미암아 세상이 나를 대하여 십자가에 못 박히고 내가 또한 세상을 대하여 그러하니라"(갈 6:14).

바울은 모든 신자가 그리스도와 함께 십자가에 못 박힌 것을 증명하는 태도로 살기를 원했습니다. 또한 우리 마음에 내주(內住)하시기 위해 오시는 그리스도는 우리에게 참된 십자가의 마음을 나누어 주시기 위해 십자가에 못 박히신 분이심을, 우리가 이해하기를 원했습니다. 바울은 우리에게 말합니다. "우리의 옛 사람이 예수와 함께 십자가에 못 박혔느니라"(롬 6:6). "그리스도 예수의 사람들은 육체와 함께 그 정욕과 탐심을 십자가에 못 박았느니라"(갈 5:24). 그리스도의 사람들이 십자가에 못 박히신 그리스도를 믿음으로 받아들였을 때, 그들은 골고다에서 집행된 사형선고에 육체를 완전히 내어준 것입니다. "우리가 그의 죽으심과 같은 모양으로 연합한 자가 되었노라"(롬 6:5). 그러므로 우리는 그리스도 예수 안에서 죄에 대해 죽은 것으로 생각해야 합니다.

바울을 통해 하신 이 성령의 말씀들은, 십자가와 또 십자가에 못 박히시고 지금도 살아 계신 주 예수와 끊임없이 교제해야 한다는 것을 가르쳐 줍니다. 그리스도 예수를 끊임없이 기뻐하고 또 그분의 내주하심을 끊임없이 기뻐할 수 있는 사람은 십자가라는 피난처와 안식처에서 끊임없이 사는 영혼뿐입니다.

십자가와의 교제

구원받을 소망을 십자가의 구속(救贖)에 두면서도, 십자가와의 교제에 대해 거의 모르는 사람이 많습니다. 그들은 십자가가 그들을 위해 획득한 것, 즉 죄사함과 하나님과의 화목을 의지합니다. 그러나 그들은 일정 기간 주님과 교제하지 않으면서 살기도 합니다. 그들은 하늘 '보좌에 계신 어린양'(계 5:6), 십자가에 못 박히신 주님과 날마다 진심으로 교제하는 것이 어떤 의미인지 모릅니다. 계시록 5:6의 환상은 우리에게 그 영적 능력을 발휘할 수 있습니다. 그때에 우리는 주님의 임재와 그 능력을 날마다 실제로 경험할 것입니다. 마치 보좌에 계신 어린양을 실제로 보듯이 말입니다.

가능한 일이냐고요? 의심할 여지 없이 가능합니다. 일찍이 죽임을 당하시고 보좌에 계신 어린양, 즉 영광을 받으신 예수님을 이곳 지상에서 우리와 함께 계시게 할 작정이 아니라면, 그 큰 기적이 왜 일어났으며, 성령께서 하늘로부터 오신 이유가 무엇이겠습니까?

제 16 장

성령과 십자가

성령께서는 항상 우리를 십자가로 인도하십니다. 그리스도께도 그렇게 하셨습니다. 성령께서는 그리스도를 가르치시고, 그리스도께서 흠 없는 자신을 하나님께 바칠 수 있게 하셨습니다(히 9:14). 제자들에게도 그렇게 하셨습니다. 제자들에게 충만하였던 성령께서는, 그리스도를 십자가에 못 박히신 분으로 설교하도록, 제자들을 인도하셨습니다. 나중에 제자들이 그리스도를 위해 고난받는 것이 합당하다고 생각하셨을 때는 그들이 십자가의 교제를 자랑으로 여기도록 인도하셨습니다.

그리고 십자가는 다시 그들을 성령께로 인도했습니다. 그리스도께서는 십자가를 지시면서, 성령을 부어 주시기 위해 아버지께로부터 성령을 받으셨습니다. 십자가에 못 박히신 주님께 3천 명의 사람이 엎드렸을 때(행 2:41), 그들은 성령을 약속받았습니다. 십자가와 교제하는 경험을 기뻐했을 때, 제자들은 새롭게 성령을 받았습니다. 성령과 십자가의 연합은 분리할 수 없는 것입니다. 그 둘은 서로에게 속한 것이어서 나눌 수 없습니다. 우리는 이런 사실을 특히 바울의 편지에서 보게 됩니다.

> 예수 그리스도께서 십자가에 못 박히신 것이 너희 눈 앞에 밝히 보이거늘 … 너희가 성령을 받은 것이 율법의 행위로냐 혹은 듣고 믿음으로냐?(갈 3:1-2)
>
> 그리스도께서 … 율법의 저주에서 우리를 속량하셨으니 … 우리로 하여금 믿음으로 말미암아 성령의 약속을 받게 하려 함이라(갈

3:13-14).

하나님이 그 아들을 보내사 … 율법 아래에 있는 자들을 속량하시고 … 그 아들의 영을 우리 마음 가운데 보내셨느니라(갈 4:4–6).

그리스도 예수의 사람들은 육체와 함께 그 정욕과 탐심을 십자가에 못 박았느니라 만일 우리가 성령으로 살면 또한 성령으로 행할지니(갈 5:24-25).

그러므로 내 형제들아 너희도 그리스도의 몸으로 말미암아 율법에 대하여 죽임을 당하였으니 … 이러므로 우리가 영의 새로운 것으로 섬길 것이요(롬 7:4, 6).

이는 그리스도 예수 안에 있는 생명의 성령의 법이 죄와 사망의 법에서 너를 해방하였음이라 … 하나님은 … 육신에 죄를 정하사, 육신을 따르지 않고 그 영을 따라 행하는 우리에게 율법의 요구가 이루어지게 하려 하심이니라(롬 8:2-4).

성령과 십자가는 언제나 무슨 일에서나 분리될 수 없습니다. 하늘에서도 그렇습니다. 일찍이 죽임을 당하고 보좌에 계신 어린양은 "일곱 뿔과 일곱 눈이 있으니 이 눈들은 온 땅에 보내심을 받은 하나님의 일곱 영이더라"(계 5:6). "또 그가 수정 같이 맑은 생명수의 강(이것은 바로 성령일 것입니다)을 내게 보이니 하나님과 및 어린양의 보좌로부터 나와서 … 흐르더라"(계 22:1). 모세가 바위를 치자 물이 흘러나와 이스라엘이 마셨습니다. 반석(바위)이신 그리스도 역시 실제로 맞았고 죽임을 당한 어린양으로서 하나님의 보좌에 자리를 잡으시자, 그 보좌 아래서 충만한 성령이 온 세계를 위해 흘러나왔습니다.

먼저 십자가의 충만한 능력 아래 놓이지 않은 채, 성령이 충만하기를 기도한다면 얼마나 어리석은 일입니까? 오순절 다락방의 120명의 성도들을 생각해 보십시오. 그들의 온 마음은 그리스도의 십자가 고난에 감화되고 부서지고 사로잡혔습니다. 십자가 이외의 어떤 것도 생각하거나 말할 수 없었습니다. 그때 십자가에 못 박히신 분께서 그들에게 손과 발을 보여 주시면서, "성령을 받으라"(요 20:22)고 말씀하셨습니다. 그들의 마음은 십자가에 못 박히시고 이제는 하늘로 올라가신 그리스도로 가득 찼기 때문에, 그들은 성령으로 채워질 준비가 되었습니다. 그들은 사람들에게 "회개하고, 십자가에 못 박히신 분을 믿으라"고 감히 외쳤으며, 또한 성령을 받았습니다.

그리스도께서는 온전히 십자가에 몰두했습니다. 이 성도들 역시 그랬습니다. 십자가는 우리에게도 이렇게 하기를 요구합니다. 우리가 그렇게 하면 십자가가 우리의 삶 전체에 깃들 것입니다. 이 요구에 순응하는 데에는 우리에게 어울리지 않는 강한 의지작용이 필요합니다. 하나님의 강력한 조치도 필요합니다. 주저하지 않고 하나님을 의지하는 사람들에게는 하나님의 이 강한 조치가 반드시 다가올 것입니다.

성령

하나님의 영에 사로잡혔고 그래서 하나님을 증언할 새 힘을 얻었다고, 진심으로 기뻐하며 증언할 수 있는 사람이 왜 지금보다 많지 않을까요? 오히려 '방해하는 것이 무엇일까?' 라는 자성적이면서도 응답이 꼭 필요한 질문이 더 긴박하게 일어나는 이유는 무엇일까요? 하늘 아버지께서는 지상의 어느 아버지보다도 자녀에게 빵을 주고 싶어하십니다. 하지만, "성령이 제한되어 있습니까? 그분께서 하시는 일이 이렇습니까?"라는 외침이 일어납니다.

방해가 일어나는 이유는 교회가 육체와 세상에 너무 많이 지배되기 때문이라는 것을 많은 사람들이 인정하게 될 것입니다. 그들은 마음을 꿰뚫는 그리스도의 십자가의 능력에 대해 아는 것이 거의 없습니다. 그리하여 성령께서 자기를 충만히 부어 주실 수 있는 그릇을 찾지 못하는 일이 일어납니다.

이런 내용은 이해하기엔 너무도 어렵거나 심오하다고 불평하는 사람들이 많습니다. 이런 사실은 십자가에 대한 그리스도와 바울의 가르침을 우리가 얼마나 이해하지 못하는지 그리고 얼마나 실천하지 못하는지를 보여 주는 증거입니다. 당신에게 기쁜 메시지를 하나 전해 드리겠습니다. 당신 안에 계신 성령께서는 당신을 그리스도의 가르침 아래로 데려오시고, 십자가로 인도하실 준비가 되어 있습니다. 그리고 십자가에 못 박히신 그리스도께서 당신을 위해 당신 안에서 하시고자 하시는 것을, 신령한 가르침을 통해 당신에게 알려 주실 준비도 되어 있습니다.

그러나 성령께서는 당신이 그리스도와 함께 시간을 보내기를 원하십니다. 이는 당신에게 하늘 비밀을 보여 주시기 위함입니다. 성령께서는 우리가 골방을 소홀히 함으로써 그리스도와의 교제, 십자가에 대한 지식, 성령의 강한 역사(役事)가 방해받아왔다는 것을 이해시키고 싶어하십니다. 자기부정, 자기 십자가를 지는 것, 자기 목숨을 버리는 것, 그리스도를 따르는 것이 어떤 의미인지 가르쳐 주십니다.

당신이 무지함과 영적 통찰력의 부족을 느낄지라도, 성령께서는 당신을 그리스도의 가르침 아래로 인도하실 수 있으며 기꺼이 그렇게 하시고자 하십니다. 당신이 기대하는 이상으로 영적 생활의 비결을 당신에게 알리시기를 원하십니다.

처음부터 다시 시작하십시오. 골방에 충실하십시오. 그곳에서 당신을 만나 주시고, 당신이 의지할 수 있는 주님께 감사하십시오. 모든 것이 차갑고 어둡고 뒤틀린 것처럼 보일지라도, 당신을 애타게 기다리시는 사랑 많으신 주 예수 앞에 조용히 엎드리십시오. 당신에게 성령을 주신 아버지께 감사하십시오. 당신이 아직 모르는 모든 것 ─ 육체, 세상, 십자가, 당신 안에 계시는 그리스도의 영 ─ 을 반드시 알게 되리라는 것을 확신하십시오. 오 영혼이여, 이 축복이 당신의 것임을 믿으십시오! 그리스도는 온전히 당신의 것입니다. 그분은 성령을 통해 당신을 소유하실 수 있으며 소유하실 것입니다. 그러나 이렇게 되는 데에는 시간이 필요합니다. 날마다 그분께 골방의 시간을 드리십시오. 그분께서 약속을 이루실 것을 확신하고서 안심하십시오. "나의 계명을 지키는 자라야 나를 사랑하는 자니 나를 사랑하는 자는 내 아버지께 사랑을 받을 것이요 나도 그를 사랑하여 그에게 나를 나타내리라"(요 14:21). 당신을 위해 간구할 뿐 아니라, 당신의 교인들, 교회, 목사, 모든 신자, 하나님의 전 교회를 위해 끊임없이 기도하십시오. 하나님께서 그의 성령으로 말미암아 그 모두를 능력으로 강건하게 하시며, 그리스도께서 믿음으로 말미암아 그들 마음에 계실 것입니다(엡 3:16-17). 응답이 오는 복된 시간! 쉬지 말고 기도하십시오. 성령께서 그리스도를, 일찍이 죽임을 당하고 보좌에 계신 어린양(계 5:6)을, 또 그분의 사랑과 십자가를 드러내시고 영화롭게 하실 것입니다.

십자가와 육체

십자가와 육체는 지독한 원수 사이입니다. 십자가는 육체를 저주하고 죽이기를 원합니다. 십자가에 대해 듣는 일은 성령 충만을 위해 반드시 필요한 준비로서, 십자가에 대해 듣다가 십자가에 못 박혀야 할 자기 내면의 것을 알게 되는 사람이 많습니다. 우리의 본성 전체는 십자가에 의해 죽음에 처해졌으며 죽게 되어 있습니다. 이는 그리스도 안의 새 생명이 우리 내면을 지배하기 위함입니다. 우리는 이것을 이해해야 합니다. 또 우리 본성의 타락한 상태와 하나님을 향한 적의(敵意)를 직시할 수 있어야 합니다. 그래서 그 본성으로부터 온전히 자유로워져야 합니다.

우리는 바울처럼 말하기를 배워야 합니다. "내 속 곧 내 육신에 선한 것이 거하지 아니하노라"(롬 7:18). "육신의 생각은 하나님과 원수가 되나니 이는 하나님의 법에 굴복하지 아니할 뿐 아니라 할 수도 없음이라"(롬 8:7). 하나님과 하나님의 거룩한 법을 싫어하는 것이 육체의 본질입니다. 그리스도께서는 육체에 대한 심판과 저주를 십자가에서 감당하셨으며, 그것을 그 저주받은 나무에 영원히 못 박았습니다. 이것이 구원의 놀라운 점입니다. 어떤 사람이 이 저주받은 육체에 대한 하나님의 말씀을 믿는다면, 그리고 육체의 생각에서 벗어나기를 갈망한다면, 그 사람은 십자가를, 원수의 힘으로부터 자기를 구원하는 것으로서 사랑하게 될 것입니다.

우리의 옛 사람은 예수와 함께 십자가에 못 박혔습니다(롬 6:6). 우리의 소망 하나는 이 사실을 믿음으로 받아들이고 단단히 붙잡는 것입니다. "그리스도 예수의 사람들은 육체를 십자가에 못 박았느니라"(갈 5:24). 지금까지 그리스도 예수의 사람들은 자기 안에 있는 육체를 하나님의 원수, 그리스도의 원수, 자기 영혼의 구원의 원수로 날마다 여길 것이며, 마땅히 십자가에 못 박힌 것으로 대할 것이라고 선포했습니다.

이것은 그리스도께서 우리에게 가져오신 영원한 구속(救贖)의 일부입니다. 그것은 우리의 이해력으로 파악할 수 있거나 우리 힘으로 성취할 수 있는 것이 아닙니다. 날마다 주님과 교제하는 삶을 살고 모든 것을 그분으로부터 받으려 할 때, 주 예수께서 직접 우리에게 주시는 것입니다. 그것은 성령께서 우리에게 가르쳐 주시는 것입니다. 성령께서는 그것을 어떤 체험의 형태로 우리에게 나누어 주시며, 십자가의 권능으로 육체의 모든 것을 이기는 법을 보여 줍니다.

십자가와 세상

육체가 가장 작은 단위인 개인 안에 있는 것이라면, 세상은 가장 큰 단위인 인류 안에 있는 것입니다. 육체와 세상은 이 둘의 섬김을 받는 이 세상 신의 다른 두 형태입니다. 십자가가 육체를 저주받은 것으로 취급할 때, 우리는 세상의 본성과 권세가 무엇인지 깨닫습니다. "그들이 나와 내 아버지를 … 미워하였도다"(요 15:24). 그들이 그리스도를 십자가에 못 박은 것이 그 증거입니다. 그러나 그리스도께서는 십자가에서 승리를 거두시고 우리를 세상의 권세에서 풀어 주셨습니다. 그래서 이제 우리는 이렇게 말할 수 있습니다. "내게는 우리 주 예수 그리스도의 십자가 외에 결코 자랑할 것이 없으니 그리스도로 말미암아 세상이 나를 대하여 십자가에 못 박히고 내가 또한 세상을 대하여 그러하니라"(갈 6:14).

십자가는 바울에게 날마다 거룩한 현실, 곧 세상 때문에 겪어야 하는 고통의 현실인 동시에 십자가가 끊임없이 준 승리의 현실이었습니다. 요한은 이렇게 썼습니다. "온 세상은 악한 자 안에 처한 것이며"(요일 5:19). "예수께서 하나님의 아들이심을 믿는 자가 아니면 세상을 이기는 자가 누구냐? 이는 물과 피로 임하신 이시니 곧 예수 그리스도시라. 물로만 아니요 물과 피로 임하셨고 증언하는 이는 성령이시니 성령은 진리니라"(요일 5:5-6). 이 세상 신의 두 큰 권세에 대항하도록, 하나님께서는 우리에게 하늘의 두 큰 권세, 곧 십자가와 성령을 주셨습니다.

끝맺는 말

작가의 생각을 이해하고 적용하는 것만으로는, 또 지식을 갖게 된 기쁨과 새로 얻은 통찰력 때문에 기뻐하는 것만으로는 충분하지 않습니다. 더 중요한 것이 있습니다. 알게 된 하나님의 뜻 전부를 온전한 마음으로 즉시 수행하기 위해서는 그 진리에 굴복해야 합니다.

기도생활과 하나님과의 비밀스런 교제를 다룬 이와 같은 책을 대할 때는, 하나님의 말씀과 하나님의 뜻에 일치된다고 생각되는 모든 내용을 받아들이고 그것에 따를 준비가 되어 있어야 합니다. 이런 내적 열망이 부족하면, 새로 얻은 지식도, 풍성한 삶을 받아들이는 데 방해가 될 뿐입니다. 기도가 성실하지 않으면, 그 그리스도인은 사탄의 왕국에 거의 손실을 주지 못합니다. 사탄은 이것을 알기 때문에 그리스도인의 골방의 주인이 되려고 합니다. 사탄이 골방의 주인이 된 상황에서는, 구원받지 못한 사람을 주께로 인도하거나 하나님의 자녀가 되게 하는 영적 능력을 경험할 수 없습니다. 그런데 이런 영적 능력이 오는 유일한 통로인 불굴의 기도가 점점 부족해지고 있습니다.

그래서 '사탄이 우리로부터 어느 정도 빼앗아 가 버린 무기, 곧 믿음의 기도를 되찾기 위해, 우리가 정말로 모진 노력을 기울일 것인가?' 하는 큰 의문이 있어 왔습니다. 믿음의 기도를 되찾기 위한 싸움, 이 싸움이 정말로 중요하다는 것을 직시하고 모진 노력을 기울입시다. 목사의 모든 일은 그가 기도의 사람인가 아닌가에 달려 있습니다. 날마다 골방에서, 높은 곳으로부터 오는 능력을 옷 입는 사람인가에 달려 있다는 말입니다. 하나님을 섬기는 일에서 기도가 차지해야 할 자리, 곧 하나님의 뜻과 약속에 따라, 목사, 교인, 교회의 필요에 따라 기도가 차지해야 할 자리를 잃어버렸다는 사실은 우리가 그리고 전세계의 교회가 따져 보아야 할 문제입니다.

회중(會衆) 앞에서 신자를 성별(聖別)하여, 어려운 일에 헌신하게 하는 의식이 있습니다. 그러나 그런 의식을 거행하더라도 육체의 옛 습관과 권세가 그것을 허사로 만들기 일쑤입니다. 믿음의 힘은 아직 활기가 없습니다. 그리스도의 이름으로 마귀를 정복하는 데는 투쟁과 희생이 따릅니다. 교회는 사탄과 싸우는 전쟁터입니다. 사탄은 우리가 기도의 사람이 되는 것과, 주 안에서 강건하여져서 하늘과 땅에서 승리하는 것을 막기 위해, 그의 모든 힘을 교회에 집중합니다. 우리 자신, 교회, 하나님 나라의 너무도 많은 것이, 우리가 기도의 사람이 되는가에 달려 있습니다.

내가 두렵고 떨리는 마음으로 그리고 수없이 기도하며 이 글을 썼다고 말할지라도 놀라지 마십시오. 나는 이 글이 신자들의 싸움을 격려할 것이라고 믿습니다. 나는 거룩함과 하나님과의 교제로 나아가는 통로인 골방으로 인도하는 안내자라고 조심스럽게 자처합니다.

이 책이 일부 골방들에서 일정한 자리를 차지하게 해 달라고, 주님께 간청한 사실로 인해 놀라지 마십시오. 그 궁극적인 목표는 독자가 하나님의 뜻이 무엇인지 이해하게 되었을 때, 즉시 그 뜻을 행하게 하기 위함입니다. 전쟁의 모든 것은 각 병사가 지휘관의 명령에 복종하느냐에 달려 있습니다. 그 명령 때문에 목숨을 잃을지라도 말입니다. 사탄과의 싸움에서, 우리 각자가 "하나님께서 말씀하시는 것을 내가 행하리라. 그리고 어떤 것이 하나님의 뜻에 일치한다는 것을 깨달으면, 즉시 그것을 받아들이고 행하리라"고 말할 자세가 아니면, 우리는 승리할 수 없습니다. 내가 이 메시지를 쓴 이유는, 모든 것이 하나님의 말씀에 즉각 순종하는 영혼에게 달려 있다는 것을 신자들에게 상기시키기 위함이었습니다.

하나님의 크신 은총으로, 이 책이 서로 생각해 주고 도와주는 교제를 견고하게 해 주기를 바랍니다. 원수를 이기고 하나님의 생명이 찬란하게 드러나도록, 기도로 서로를 강건하게 해 주기를 기도합니다.

중보기도의 비밀

The Secret of Intercession

머리말

　이 작은 책은 그리스도인의 중대한 의무이자 특권인 중보기도와, 그 중보기도의 놀라운 능력을 올바로 일깨우기 위해 마련되었습니다. 이 책은 하나님의 계획 — 하나님의 나라를 확장하고 그 자녀의 삶을 강화하려는 계획 — 에서, 중보기도가 어떤 위치에 있는지를 밝히려고 합니다. 그리하여 하나님의 자녀들이 하나님께로부터 하늘의 복을 받게 하려고 합니다. 하나님께서는 자기의 자녀들에게 하늘의 복을 주고 싶어하시며, 나아가 그것을 전 세계에 나누어 주고 싶어하십니다.

　이 책의 네덜란드어 원서는 그리스도인들로 하여금 자신의 소명을 깨닫고, 밤낮으로 주님을 찾는 자의 자리에 서도록 도왔습니다. 이 번역서는 성경공부모임과 기도모임에서 사용하게 할 목적으로 출간되었습니다. 그리스도인의 삶에 꼭 필요한 헌신의 영과 기도의 영을 기르는 데, 이 책이 도움이 되기를 기도합니다.

제 1 장

중보기도

서로 기도하라 — 야고보서 5:16

기도에는 하나님의 영광을 드러내는 신비가 하나 있습니다! 그 신비 한쪽엔, 거룩하신 하나님, 사랑과 능력의 하나님이 인간에게 복 주시기를 갈망하며 기다리고 계십니다. 다른 한쪽에는 죄 많은 인간, 벌레 같은 인간이 기도를 통해 하늘의 생명과 사랑을 하나님께로부터 받고자 합니다.

한편, 다른 사람을 위해 담대히 구하는 중보기도에는 그 영광이 훨씬 더 크게 나타납니다. 중보기도를 하는 사람은 한 영혼, 또는 수백 수천의 영혼에게 영생의 능력과 그것에 결부된 모든 축복을 하늘로부터 가져다 주고자 합니다.

중보기도! 이것이야말로 하나님의 자녀로서 우리가 담대히 행해야 할 가장 거룩한 일입니다. 중보기도는 하나님과 교제하는 지고의 특권이자 즐거움입니다. 하나님의 크신 일 — 사람들을 하나님 나라의 백성으로 만들고, 하나님의 영광을 드러내는 일 — 을 위한 도구로, 하나님께서 사용하시는 능력입니다.

중보기도를 중요한 은혜의 수단으로 간주하지 않을 교회가 있겠습니까? 교회는 하나님의 자녀에게, 죽어 가는 세상을 위해 끊임없이 기도하는 능력을 심어 주어야 합니다.

이 신비에 어느 정도 익숙해진 신자라면 이제, 모든 힘과 확신이 하나님과 하나가 되는 데 있음을 알기 바랍니다. 하나님께서는 밤낮으로 부르짖는 그의 택하신 이들의 원수를 반드시 갚아 주십니다. 그러나 이것을 확신하는 것은 하나님과 하나되는 데 달려 있습니다. 그리스도인들이 외적인 연합에서 도움을 구하지 않고 예수 그리스도께 끊임없이 헌신하고 하나님의 영의 능력을 끊임없이 구함으로써 모두 함께 하나님의 보좌에 나아가고자 할 때, 바로 이때에야 교회는 아름다운 옷을 입을 것이며, 또한 힘을 얻어 세상을 이길 것입니다.

은혜로우신 아버지, 우리의 기도를 들어주옵시고, 축복이 어떤 것인지, 지극히 힘있는 중보기도의 능력이 어떤 것인지 우리에게 또 우리의 교회에 가르쳐 주옵소서. 아버지의 복된 목적을 이루시는 데 꼭 필요한 중보기도가 아버지께는 어떤 의미인지 알려 주옵소서. 우리의 왕의 제사장직을 실행하는 중보기도가 우리에게는 어떤 의미인지 알려 주옵소서. 또 능력의 성령이 오시게 하는 일에서 중보기도는 당신의 교회에, 죽어 가는 사람들에게 어떤 의미인지 알려 주옵소서. 아멘.

제 2 장

눈을 열어 주심

기도하여 이르되 여호와여 원하건대 그의 눈을 열어서 보게 하옵소서 하니 여호와께서 그 청년의 눈을 여시매 그가 보니 … 엘리사가 이르되 여호와여 이 무리의 눈을 열어서 보게 하옵소서 하니 여호와께서 그들의 눈을 여시매 그들이 보니라 — 열왕기하 6:17, 20

자기 사환을 위해 드린 엘리사의 기도는 굉장히 놀라운 응답을 받았습니다! 그 젊은 사환은 불말과 불병거가 산에 가득하여 엘리사 주변에 있는 것을 보았습니다. 하나님께서는 자기 종을 보호하시기 위해 하늘 군대를 보내셨습니다.

다시 엘리사는 기도했습니다. 시리아 군대는 눈이 멀어 사마리아까지 들어왔습니다. 거기에서 엘리사가 그들의 눈이 열리기를 기도하자, 그들은 자신들이 적의 수중에 놓였고 아무 희망도 없는 포로가 되었음을 알게 되었습니다.

이 기도들처럼 영의 영역을 볼 수 있는 눈을 열어 달라고 기도하시기 바랍니다. 무엇보다도, 하나님께서 교회에 성령 세례를 주시고자 예비하신 놀라운 섭리를, 우리의 눈이 볼 수 있기를 원합니다. 하늘 나라를 섬기는 일에서는 하늘 나라의 모든 능력이 우리에게 맡겨져 있습니다. 그럼에도 불구하고 극히 적은 하나님의 자녀만이 하늘의 눈을 믿으며 삽니다. 이 하늘의 눈은 그들 위에, 그들과 함께, 그들 안에 있는 성령의 능력으로서 그들의 영적 삶을 위한 능력인 동시에 주님과 주님의 일을 즐겁게 증언하는 능력인데도 말입니다.

하나님의 자녀들 가운데는, 하나님의 백성들에게 영향을 미치는 세상과 죄의 능력을, 아직 깨닫지 못한 자녀들이 있습니다. 우리는 이들의 눈을 열어 달라고 기도할 필요가 있습니다. 이들은, 그리스도를 위해 영혼을 구하는 일과 거룩하고 열매 맺는 삶을 불가능하게 하는, 교회의 연약함을 아직 깨닫지 못했습니다. 하나님께서 모든 눈을 여시어 교회에 가장 근본적으로 필요한 것이 무엇인지 볼 수 있게 해 달라고 기도합시다. 하나님의 은총을 가져오는 중보기도를 함으로써, 성령의 능력이 신성한 효력을 발휘하며 계속해서 퍼져나가기를 기도합시다.

하늘에 계신 우리 아버지, 성령을 너무도 주고 싶어하시는 아버지, 우리의 겸손한 기도를 들어주소서. 아버지의 백성과 교회의 상태가 형편없다는 것을, 우리로 하여금 잘 깨닫게 하옵소서. 한마음으로 열렬히 드리는 교회의 기도, 그 기도에 대한 응답으로, 주님께서 어떤 보배로운 은혜와 능력을 주시고자 하시는지 잘 알게 하옵소서. 아멘.

제 3 장

하나님의 계획에서 인간의 위치

하늘은 여호와의 하늘이라도 땅은 사람에게 주셨도다 — 시편 115:16

하나님께서는 하늘을 창조하시되, 완벽하고 영화로우며 지극히 거룩하신 하나님께서 거하실 곳으로 만드셨습니다. 인간에게는 땅을 그 거처로 주셨습니다. 땅은 보존하고 경작할 필요가 있었다는 점 말고는 모든 것이 아주 좋았습니다. 하나님께서 시작하신 일을 인간은 계속하고 완성할 수 있었습니다.

땅 속에 묻혀 있는 철과 석탄 그리고 물 속에 숨어 있는 수증기를 생각해 보십시오. 이것들을 찾아내서 사용하는 것은 인간에게 맡겨졌습니다. 우리는 그 예를 세계에 뻗어 있는 철도망과 바다를 오가는 증기선들에서 볼 수 있습니다. 하나님께서는 모든 것을 사용할 수 있도록 창조하셨습니다. 찾아내서 사용하는 것은 인간의 지혜와 부지런함에 맡기셨습니다. 도시와 시골, 논밭과 과수원 등이 있는 오늘의 지구 모습은 인간에 의해 이루어졌습니다. 하나님께서 시작하시고 예비하신 일을 인간은 하나님의 목적을 따라 완수할 수 있습니다. 하나님께서는 창조를 완수하도록 인간을 부르십니다. 따라서 자연은 하나님과 인간 사이의 이런 놀라운 협력관계를 우리에게 가르쳐 줍니다.

이런 법칙은 은혜의 왕국에서도 똑같이 유효합니다. 하나님께서는 천국에 가득한 하늘의 생명과 영적 축복의 능력을 구속사역에서 드러내셨습니다. 그러나 이런 축복을 알리고 받게 하는 일은 자기 백성들에게 맡기셨습니다.

하나님께서 땅에 숨겨두신 보배들을 찾아내기 위해, 이 세상 자녀들은 너무도 부지런합니다! 하나님의 자녀들도 하늘에 숨겨두신 보배들을 찾아내서 이 땅에 가져오는 일에 똑같이 부지런해야 하지 않겠습니까? 하나님의 나라가 임하고, 하나님의 뜻이 하늘에서 이룬 것 같이 땅에서도 이루어지는 것은 하나님의 백성들이 끊임없이 중보기도할 때뿐입니다 (마 6:10).

영원히 복되신 주 하나님, 당신께서 사람에게 맡기신 자리가 어찌 그리 아름다운지요. 주님께서는 당신이 시작하신 일을 우리에게 맡겨 그 일을 계속하게 하셨습니다. 기도하오니 우리의 마음을 열어, 당신의 백성은 복음 선포와 중보기도 사역을 통해 당신의 뜻을 완수해야 한다는 그 큰 생각에 눈뜨게 하소서. 주 하나님, 우리의 눈을 열어 주소서. 아멘.

제 4 장

구속(救贖) 계획에서의 중보기도

기도를 들으시는 주여 모든 육체가 주께 나아오리이다 — 시편 65:2

하나님께서 인간을 자기 형상대로 지으시고, 인간 곧 하나님을 대리하여 세상을 다스리는 자에게 세상을 맡기셨을 때, 하나님께 속한 것 외에는 아담이 어떤 일도 하지 말아야 한다는 것이 하나님의 계획이었습니다. 하나님께서는 세상의 모든 일을 아담을 통해 하려고 하셨습니다. 아담은 땅의 주인이요 땅을 다스리는 자가 될 수 있었습니다. 죄가 세상에 들어왔을 때, 아담의 권세는 비참한 것이 되고 말았습니다. 아담으로 말미암아 모든 인류와 땅은 죄의 저주 아래 놓였습니다.

하나님께서 구속을 계획하셨을 때, 그 목적은 인간을 본래의 자리로 회복시키는 것이었습니다. 하나님께서는 자기의 종, 즉 중보기도의 능력을 통해 무엇이든 구할 수 있었던 구약의 종들을 선택하시고, 그들이 구하는 것을 주셨습니다. 그리스도께서 인간이 되신 목적은 땅에서나 하늘에서나 인간으로서, 또 인간을 위해 중보기도하시기 위함이었습니다. 그리스도께서는 승천하시기 전에 제자들에게 고별설교를 하시면서(요 15~17), 무엇을 구하든지 행하시겠다고 약속하시며, 이 중보기도의 권한을 제자들에게 주셨습니다.

축복하고 싶어하시는 하나님의 강렬한 열망을 지상에서 올라오는 중보기도에 의존하게 하심으로써 어떤 의미에서는 하나님의 열망이 제한을 받는 것처럼 보입니다. 하나님께서는 인간에게 복을 주시기 위해 중보기도의 영을 일으키려고 하십니다. 하나님께서는 중보기도를, 그의 백성이 하나님의 전능한 능력에 온전히 자신을 내어 맡기는 것으로, 그리고 그 능력을 기꺼이 받아들이려는 최고의 표현으로 간주하십니다.

그리스도인들은 중보기도를 참으로 고결한 것이며 하나님께 행사할 수 있는 유일한 힘, 즉 기도를 들어달라고 하나님께 요구하고 기대할 수 있는 권리로 인식할 필요가 있습니다. 중보기도가 하나님의 나라와 관련하여 어떤 의미를 갖고 있는지 이해할 때에야 비로소, 하나님의 자녀들은 자신의 책임이 얼마나 중요한 것인지를 깨달을 것입니다.

각 신자는 자기가 이 일에 가담하므로써 하나님께서 기다리신다는 것을 깨닫게 될 것입니다. "하늘에서 이룬 것 같이, 땅에서도"(눅 11:2)라는 간구를 이루기 위한 인간의 모든 수단 가운데, 가장 고귀하고 복되며 강력한 것은 밤낮으로 드리는 중보기도입니다. 그리스도의 용사들은 하늘의 능력을 사람의 마음에 보내어 달라고 하나님께 간구합니다. 무엇이든 이룰 수 있는 중보기도는 하나님의 뜻에 합당한 것이며 지극히 응답이 확실하다는 생각, 이 생각으로 우리 마음이 불붙게 하옵소서!

제 5 장

하나님께서는 중보기도하는 사람을 찾으신다

사람이 없음을 보시며 중재자가 없음을 이상히 여기셨도다 — 이사야 59:16

하나님께서는 처음부터 그의 백성들 가운데 중보기도하는 자들을 두시고, 그들의 소리에 귀를 기울이셨으며, 그들의 소리를 듣고 구원을 베푸셨습니다. 이 본문을 보면 하나님께서 중보기도하는 자를 찾으셨으나 찾지 못하신 때가 있었음을 알 수 있습니다. 그리고 하나님께서는 이것을 이상히 여기셨습니다! 백성을 충분히 사랑하는 사람, 백성을 구원하는 하나님의 능력을 믿는 사람, 백성을 위해 중보기도하는 사람이 없음을 아시고 하나님께서는 놀라셨습니다. 이 사실이 의미하는 바를 생각해 보십시오. 중보기도하는 사람이 있었다면, 하나님께서 구원을 베푸셨을 테지만; 그렇지 않았기에, 하나님의 심판이 내려왔습니다(사 64:7; 겔 22:30-31 참조).

중보기도하는 사람이 하나님의 나라에서 차지하는 자리는 너무도 중요한 자리입니다! 하나님께서 사람에게 이런 자리를 주시다니 참으로 놀라운 일이 아닙니까? 그러나 하나님의 힘을 붙잡고, 기도로 하나님의 복을 세상에 가져온다는 것이 어떤 것인지 아는 사람은 거의 없습니다.

그 자리를 한 번 살펴봅시다. 하나님께서 아들 안에서 새 창조를 완성하시고 그리스도께서 보좌에 자리를 잡으셨을 때, 하나님의 나라를 확장하는 일은 사람의 손에 맡겨졌습니다. 그리스도는 지금도 기도하는 삶을 사십니다. 기도는 보좌에 앉으신 그리스도께서 제사장이요 왕으로서의 특권을 가장 훌륭하게 행사하시는 것입니다. 그리스도께서 하늘에서 하실 수 있었던 일은 오로지 지상에 있는 자기 백성들과 교제하는 것이었습니다. 하나님께서는 성령으로 하여금 자기 백성의 기도에 따라 역사(役事)하시게 하셨습니다. 하나님께서는 자기 백성의 중보기도를 기다리시며, 또한 자기 백성이 성령의 통제에 기꺼이 굴복하는 정도로 마음의 준비가 되어 있기를 기다리십니다.

하나님께서는 자기 백성의 기도를 통해 세상과 하나님의 교회를 다스리십니다. 하나님께서는 하나님 나라의 확장을 자기 백성이 기도에 충실한가에 크게 좌우되게 하셨습니다. 이것은 굉장한 비밀이자 너무도 분명한 사실입니다. 하나님께서는 중보기도하는 자를 부르시고, 은혜롭게도 자기 일을 중보기도하는 자에게 달려 있게 하셨습니다. 하나님께서는 중보기도하는 자들을 기다리십니다.

아버지시여, 아버지께서는 자기 자녀들의 기도와 중보기도의 신실함에 의해 아버지의 나라를 확장하시며, 이 일에 동참하라고 아버지의 자녀들을 초대하십니다. 아버지, 우리 눈을 열어 주셔서 이것을 깨닫게 하소서. 이 거룩한 초대의 영광을 직시할 수 있는 통찰력을 주셔서, 그 복된 일에 온 마음을 기울이게 하소서. 아멘.

제 6 장

중보기도하는 분이신 그리스도

그러므로 자기를 힘입어 하나님께 나아가는 자들을 온전히 구원하실 수 있으니 이는
그가 항상 살아 계셔서 그들을 위하여 간구하심이라 — 히브리서 7:25

 이사야서에서 중보기도하는 자가 없음을 하나님께서 이상히 여기셨다
는 말씀 바로 뒤에 다음과 같은 말씀이 나옵니다. "자기 팔로 스스로 구
원을 베푸시며"(사 59:16). "여호와의 말씀이니라 구속자가 시온에 임하
리라"(사 59:20). 하나님께서는 그 아들을, 참으로 중보기도하는 분이신
그리스도를 우리에게 주실 작정이셨습니다. 그리고 그에 대해서는 이미
이사야서 53장에서 이렇게 말씀하셨습니다. "그가 많은 사람의 죄를 담
당하며 범죄자를 위하여 기도하였느니라"(사 53:12)
 그리스도께서는 중보기도 사역을 지상에서 시작하셨습니다. 제자들을
위해 그리스도께서 드리신 기도와 제자들을 통해 그리스도의 이름을 믿
을 모든 사람들을 위해 드리신 대제사장으로서의 기도에 대해 생각해 보
십시오. 베드로에게 "내가 너를 위하여 네 믿음이 떨어지지 않기를 기도
하였노라"(눅 22:32)고 말씀하신 것을 생각해 보십시오. 이 말씀은 주님
의 중보기도가 얼마나 개개인을 위한 것인지를 드러내는 증거입니다. 그
리고 주님은 십자가에서 중보자로서 "아버지 저들을 사하여 주옵소서"
(눅 23:34)라고 말씀하셨습니다.
 이제 하나님의 우편에 앉으신 주님은 우리의 위대하신 대제사장으로

서 지금도 끊임없이 중보기도의 사역을 감당하십니다. 그러나 그리스도 인들에게 중보기도에 참여할 수 있는 권세를 주셨다는 점에서 이전과 차이가 있습니다. 승천하시기 전에 하신 고별설교에서, 주님께서는 제자들에게 그들이 무엇을 구하든지 주실 것이라고 일곱 번이나 확언하셨습니다.

하늘의 권세가 그들에게 맡겨졌습니다. 하나님의 은혜와 권세가 사람의 명령을 기다렸습니다. 그들은 성령의 인도를 통해 하나님의 뜻이 무엇인지 알게 되었습니다. 믿음 안에서 그리스도의 이름으로 기도하는 법을 알게 될 것이었습니다. 그리스도께서는 그들의 간구를 아버지께 알리셨으며, 교회는 그리스도와 연합하여 중보기도를 드림으로써 성령의 능력으로 옷 입게 되었습니다.

복되신 구주여, 우리를 불러 당신의 중보기도에 동참시키시니 그 은혜 참으로 크옵니다! 구속받은 당신의 사람들이 이 부르심의 영광을 깨닫게 하옵소서. 무능한 교회가 당신의 이름으로 중보기도함으로써 이 세상에 가져올 수 있는 모든 충만한 복을 깨달아 알게 하옵소서. 기도하지 않는 죄와 그 원인인 게으름, 불신, 이기심을 당신의 백성이 깊이 인식하도록 성령께서 역사(役事)하여 주옵소서. 중보기도의 응답으로, 기도의 영을 부어 주시고 싶어하시는 당신의 사랑을 인식시켜 주옵소서. 아멘.

제 7 장

하나님께서 찾으시는 중보기도하는 자들

예루살렘이여 내가 너의 성벽 위에 파수꾼을 세우고 그들로 하여금 주야로 계속 잠잠
하지 않게 하였느니라. 너희 여호와를 기억하시게 하는 자들아 너희는 쉬지 말며 ―
이사야 62:6

파수꾼은 다가오는 위험을 지도자들에게 알리기 위해 보통 성벽 위에
있습니다. 하나님께서 파수꾼을 임명하시는 목적은 사람들에게 경고하
기 위해서 뿐만 아니라, 궁핍함이나 원수가 닥쳤을 때 하나님께 도움을
요청하도록 하시기 위함입니다. 중보기도하는 사람인지를 보여 주는 중
요한 표시는 하나님께로부터 도움이 오기 전에는 평안도 휴식도 얻지 못
한다는 것과, 끊임없이 간구하여 하나님을 귀찮게 한다는 것입니다. 이런
사람들은 그들의 기도에 응답하시겠다는 하나님의 보증을 의지합니다.

"하물며 하나님께서 그 밤낮 부르짖는 택하신 자들의 원한을 풀어 주
지 아니하시겠느냐?"(눅 18:7)는 주님의 말씀도 이와 관련된 것입니다.
그러나 그리스도의 교회가 세상의 권세와 그것이 초래한 세속적 경향에
지배를 받아 그 구성원에게 영향력을 발휘하지 못하고 있다는 소리가 세
계 곳곳에서 들립니다. 죄인을 회심시키고 하나님의 백성을 성결(聖潔)케
하였다는 소식이 거의 없습니다. 대부분의 기독교인은 하나님의 나라 확
장에 가담하라는 그리스도의 초청을 완전히 무시합니다. 성령의 능력은
거의 경험하지 못합니다.

하나님의 말씀 연구에 관심을 끌도록 하기 위해, 또는 하나님의 집에서 드리는 예배를 사랑하도록 하기 위해 무슨 일을 할 수 있을까 하고 의논하는 자리에서도, 목회와 교회 공동체 생활에는 성령의 능력이 필수불가결하다고 말하는 소리를 거의 들을 수 없습니다. 성령의 활동이 그토록 미약한 이유는 기도가 부족하기 때문이라는 고백도, 뜨겁고 마음을 합한 기도만이 변화를 가져올 수 있다는 확신도 거의 볼 수 없습니다. 하나님의 선택을 받은 자들이 밤이고 낮이고 하나님께 부르짖어야 하는 때가 있다면, 지금이 바로 그때입니다. 사랑하는 독자여, 이 복된 중보기도 사역에 헌신하지 않으렵니까? 중보기도 사역을 당신의 삶에서 가장 큰 특권으로 간주하지 않으렵니까? 중보기도라는 통로를 통해 세상에 하나님의 축복을 내리지 않으렵니까?

영원히 복되신 아버지, 우리의 기도를 들어주소서. 아버지께서 원하시는 대로 중보기도하는 자들을 세우소서. 구하옵나니 당신의 교회가 다시 칭찬 받는 존재가 될 때까지, 끊임없이 기도하여 아버지를 쉬시지 못하게 하는 자들을 우리에게 주옵소서. 복되신 아버지여, 당신의 성령을 통해 우리에게 기도하는 법을 가르쳐 주옵소서. 아멘.

제 8 장

중보기도를 배우는 학교

그는 육체에 계실 때에 … 심한 통곡과 눈물로 간구와 소원을 올렸고 그의 경건하심으로 말미암아 들으심을 얻었느니라 — 히브리서 5:7

머리이신 그리스도는 하늘에서 중보기도하시는 분이십니다. 그 몸의 지체인 우리는 지상에서 그 일에 동참한 사람들입니다. 어떤 사람들은 그리스도가 아무 희생도 치르지 않고 중보자가 되셨다고 생각합니다. 그러나 희생이 없었다면 그리스도는 우리의 모범이 되실 수 없습니다. 우리는 그분에 대해 어떻게 읽었습니까?

> 그의 영혼을 속죄제물로 드리기에 이르면 그가 씨를 보게 되며 … 자기 영혼의 수고한 것을 보리로다 … 그러므로 내가 그에게 존귀한 자와 함께 몫을 받게 하리니 이는 그가 자기 영혼을 버려 사망에 이르게 하였기 때문이라(사 53:10-12).

그의 영혼을 드리신 것과 관련하여 세 번 반복된 표현에 주목하십시오.

영혼을 드리는 것 — 이것이 중보기도의 신성한 의미입니다. 그리스도의 희생과 기도가 하나님께 힘을 갖기 위해서는 바로 이것이 필요했습니다. 살든지 죽든지 죽어 가는 사람들을 구원하시기 위해 이렇게 자기 영혼을 드리심으로써 이후 우리가 하나님을 설득할 힘을 갖게 되었습니다.

우리가 주 예수를 돕는 자요 동료 일꾼으로서 주님의 중보기도의 능력을 공유하려면, 주님께서 치르신 영혼의 수고, 생명과 즐거움의 포기가 우리에게도 있어야 합니다. 중보기도가 스쳐 지나가는 관심사가 되어서는 안 됩니다. 어느 것보다도 갈망하고 삶의 목적으로 삼을 것으로서 점점 더 강렬히 원하는 목표가 되어야 합니다. 실로 중보기도에 능력을 더해 주는 것은 헌신하고 희생하는 삶입니다(행 15:25-26; 20:24; 빌 2:17; 계 12:11 참조).

이 복된 진리를 연구하면 할수록, 하나님의 영광과 사람의 구원을 위해 이 능력을 행사한다는 것이 어떤 의미인지 생각할수록, 우리의 신념 ― 그리스도의 중보기도 사역에 동참하는 것은 모든 것을 포기할 만한 가치가 있는 일이라는 신념 ― 은 더욱 깊어질 것입니다.

복되신 주 예수여, 당신께서 피로 사신 영혼들을 위해 당신과 연합하여 하나님께 간청하는 법을 가르쳐 주옵소서. 당신의 사랑을 모든 성도들과 우리에게 채워 주셔서, 성령의 능력을 간구하고 알리게 하옵소서. 아멘.

제 9 장

예수님의 이름 안에 있는 능력

지금까지는 **너희**가 내 이름으로 아무것도 구하지 아니하였으나 구하라 그리하면 받으리니 **너희** 기쁨이 충만하리라 ··· 그날에 **너희**가 내 이름으로 구할 것이요 ― 요한복음 16:24, 26

그리스도께서 지상에 사시는 동안에, 제자들은 기도의 능력에 대해 거의 아는 것이 없었습니다. 겟세마네에서, 베드로를 비롯해 제자들은 완전히 실패했습니다. 그들은 예수님의 이름으로 구하고 받는 것에 대해 아무 개념도 없었습니다. 주님께서는 그들에게 다가올 그날에는 주의 이름의 능력으로 기도할 수 있으며, 구하는 것을 받을 것이라고 약속하십니다.

"지금까지는 너희가 내 이름으로 아무것도 구하지 아니하였으나 구하라 그리하면 받으리니 너희 기쁨이 충만하리라 ··· 그날에 너희가 내 이름으로 구할 것이요." 그러므로 당신은 받을 것입니다. 이 두 조건은 지금도 교회에서 적용됩니다. 대다수 그리스도인은 그리스도와의 하나됨에 대해, 그리고 기도의 영으로서의 성령에 대해 모르고 있습니다. 그래서 그리스도께서 이 구절에서 주시는 약속에 대해 요구할 엄두도 못냅니다. 그러나 그리스도와 연합하고 그 안에 거하는 것이 어떤 것인지, 그리고 성령의 가르침에 굴복하는 것이 어떤 것인지 아는 하나님의 자녀는, 자신의 중보기도가 매우 가치 있다는 것을 압니다. 하나님께서는 그들의 기도에 응답하시어 성령의 능력을 주실 것입니다.

하나님께서 우리를 중보기도의 거룩한 직책으로 초대하실 때, 그 초대에 따를 용기는, 예수님의 이름의 능력을 믿는 믿음과 그 능력을 사용할 권한이 우리에게 있음을 믿는 믿음에서 생깁니다. 주 예수께서는 승천하시기 전의 고별사에서 기도에 무제한의 약속을 하시면서, 제자들을 세상으로 보내셨습니다. 제자들은 다음과 같은 생각을 가지고 세상으로 나갔습니다. "보좌에 앉으신 이, 내 안에 살아 계시는 이가 약속하셨다. 그의 이름으로 구하면 내가 받을 것이요, 그분은 행할 것이다."

그리스도인들이, 예수 그리스도와 그분의 사역에 온전히 헌신하는 것이 어떤 것인지 안다면, 그리스도인들의 눈이 열릴 텐데. 그렇게 되면, 간절히 끊임없이 기도하는 것이 건강한 영적 생활의 본질임을 알 텐데. 모든 중보기도의 능력은 오직 주님 안에, 오직 주님을 위해 사는 사람들만의 몫입니다!

복되신 구주여, 우리에게 성령의 은혜를 주셔서, 주님 안에, 주님과 함께, 주님을 위해 살게 하소서. 담대히 주님을 의지하여, 주님께서 우리 기도를 들으신다는 것을 확신하게 하옵소서. 아멘.

제 10 장

기도, 성령의 역사

너희가 아들이므로 하나님이 그 아들의 영을 우리 마음 가운데 보내사 아빠 아버지라
부르게 하셨느니라 ─ 갈라디아서 4:6

우리는 그리스도께서 겟세마네에서 외치신 "아빠, 아버지"가 무엇을 의
미하는지 압니다. 그것은 하나님의 거룩한 뜻 ─ 죄인들을 구속하시려는
사랑 ─ 을 성취하기 위해 주님 자신을 온전히 죽음에 내어놓는 것이었
습니다. 그리스도께서는 어떤 희생이라도, 심지어 생명을 내어주는 일까
지도, 그 기도에서 준비하셨습니다. 우리는 하나님 우편에 계신 그리스
도, 성령을 부어 주시는 능력과 중보기도의 놀라운 능력을 지니신 그리
스도의 마음을 그 기도에서 봅니다.

아버지께서는 성령을 주셔서 우리의 마음에 아들의 영을 불어넣어 주
셨습니다. 주님께서는 우리도 주님처럼 온전히 하나님께 굴복하고 기도
하게 하십니다. 그렇게 하시는 이유는 우리가 어떤 희생을 치르고라도
사랑이신 하나님의 뜻을 이 땅에서 실현하도록 하시기 위함입니다. 하나
님의 사랑은 인간을 구원하고 싶어하시는 하나님의 마음에서 드러나듯
이, 예수님의 사랑은 인간을 위해 예수님 자신을 내어주셨을 때 분명히
드러났습니다. 그리고 이제 예수께서는 자기 백성들에게도 똑같은 사랑
이 충만하여, 중보기도의 사역에 온전히 전념하고, 어떤 희생이 따르든,
죽어 가는 사람들에게 하나님의 사랑이 내리기를 기도하라고 요구하십

니다.

　이것을 너무 어려운 일이라고 생각하는 사람에게는, 정말로 성령을 주셔서 우리도 예수님처럼 그의 능력과 이름으로 기도하게 해 주십니다. 성령의 인도에 온전히 자신을 맡기는 사람은 자기 안에서 역사하시는 분이 하나님이심을 알기 때문에, 하나님의 강권적인 사랑에 의해 끊임없이 중보기도하는 삶에 자신을 바쳐야겠다고 느낍니다.

　그리스도께서 기도에 대해 그토록 무제한적인 응답을 약속하실 수 있었던 이유는 제자들이 먼저 성령을 충만히 받을 예정이었기 때문입니다. 하나님께서 중보기도에 어떻게 그토록 높은 자리를 부여하실 수 있는지 이제 우리는 이해할 수 있습니다. 성령은 하나님께서 원하시는 것을 우리 안에 불어넣어 주고, 우리로 하여금 사람들을 위해 중보기도할 수 있게 해 주십니다.

　아빠 아버지시여! 그리스도께서는 사람들을 위해 죽기까지 하셨습니다. 우리에게도 이 사랑을 주셔서 그들을 위해 끊임없이 중보기도를 드리게 하옵소서. 이 고귀한 일에 헌신하는 사람들에게 주시는 복과 능력을, 아버지의 자녀들이 볼 줄 알게 하옵소서. 아멘.

제 11 장

그리스도, 중보기도의 본(本)

그러므로 내가 그에게 존귀한 자와 함께 몫을 받게 하며 강한 자와 함께 탈취한 것을
나누게 하리니 이는 그가 … 많은 사람의 죄를 담당하며 범죄자를 위하여 기도하였느
니라 — 이사야 53:12

"그가 범죄자를 위하여 기도하였느니라." 이 말은 그리스도에게 무엇을
의미했겠습니까? 그런 기도를 드리려면 어떤 대가를 치르셔야 했는지 생
각해 보십시오. 그리스도께서는 속죄제물로 자기 영혼을 내어주셔야 했
으며, 겟세마네에서 "아버지여 … 아버지의 원대로 되기를 원하나이다"
(마 26:42)라고 외치셔야 했습니다.

그리스도를 움직여 극도의 희생마저 감수하게 한 것이 무엇인지 생각
해 보십시오! 그것은 아버지를 향한 그분의 사랑이었습니다. 그분이 거룩
하신 것은 당연하지 않습니까? 또한 사람을 향한 그분의 사랑이었습니
다. 사람이 그분의 거룩함에 동참할 수 있지 않습니까?

그리스도께서 받은 상을 생각해 보십시오! 모든 원수를 정복하신 분으
로서, 주님은 무한하고 확실한 중보기도의 능력을 지닌 채 하나님 우편
에 앉아 계십니다. 그리고 자기의 씨, 곧 자기와 같은 마음을 가진 사람들
을 만날 것이며, 그들을 그리스도의 위대한 중보기도 사역에 동참시키기
위해 훈련시킬 것입니다.

우리가 범죄자들을 위해 실제로 기도한다고 할 때, 이것은 우리에게 어

떤 의미입니까? 그것은 우리가 아버지의 사랑과 거룩함에 온전히 자신을 맡긴다는 것을 의미합니다. 그렇게 되면, 우리도 "아버지의 원대로 되기를 원하나이다. 어떤 희생이 따를지라도, 심지어 우리 영혼을 죽음에 내어줄지라도, 아버지의 뜻을 위해 나를 희생제물로 바치겠나이다"라고 말할 수 있습니다.

주 예수께서는 이 위대한 중보기도의 사역을 우리와 연합하여 수행하십니다. 지상에 있는 우리는 하늘에 계신 예수님과 한마음이 되어야 합니다. 우리는 인생에서 오직 하나의 목표만을 가져야 합니다. 그 목표는 하나님의 축복을 내리기 위해 우리의 삶을 중보기도에 바침으로써 아버지와 잃어버린 자들을 사랑하는 것입니다. 영혼을 구원하시려는 아버지와 아들의 불타는 마음처럼, 우리의 마음도 그렇게 되어야 합니다.

이 얼마나 큰 영광입니까! 이 얼마나 큰 복입니까! 그리스도께서 살아 계셔서, 성령을 통해 우리의 마음에 사랑을 부어 주시고, 이로 인해 우리가 그 일을 할 수 있다니 이 얼마나 큰 권세입니까!

영원하신 사랑의 하나님, 우리의 눈을 열어 주옵소서. 그리하여 지금도 살아 계시고 기도하시는 아들의 영광을 보게 하여 주옵소서. 그리스도처럼 살게 해 주시는 은혜에 눈뜨게 하여 주셔서, 우리도 범죄자들을 위해 기도하게 하옵소서. 아멘.

제 12 장

하나님의 뜻과 우리의 뜻

아버지의 원대로 되기를 원하나이다 — 마태복음 26:42

하늘과 땅의 모든 것을 하나님 자신의 뜻과 원함에 따라 이루시는 것은 하나님의 큰 특권입니다. 하나님께서 인간을 자기 형상대로 만드셨을 때, 인간의 원함은 하나님의 원함과 완벽히 일치할 수 있었습니다. 이것은 하나님과 유사한 존재로서 인간의 큰 영광입니다. 우리는 하나님이 느끼시고 원하시는 대로 느끼고 원할 수 있습니다. 육체를 가진 인간은 하나님의 원함이 구체적으로 실현된 존재일 수 있었습니다.

인간이 어떤 존재여야 할지를 결정하고 선택하는 권능을 지니신 하나님께서는, 인간을 창조하셨을 때 자신의 뜻을 제한적으로만 행사하셨습니다. 그리고 사랑이 무한하신 하나님께서는, 인간이 타락하여 원수의 뜻을 따랐을 때, 자기의 원함을 이루시기 위해 사람을 다시 찾아오시는 큰 일을 시작하셨습니다. 하나님에게서처럼 인간에게도 원함은 큰 동력입니다. 인간이 세상과 육체의 것을 원하는 삶에 빠졌기 때문에, 하나님께서는 인간을 구해내시고 그들에게 하나님 자신과 조화를 이루는 삶을 가르치셔야 했습니다. 하나님의 한 가지 목적은 인간의 원함이 하나님의 원함과 완벽히 일치하는 것이었습니다.

이 방향으로 크게 발걸음을 내디딘 것이 하나님의 아들이 이 세상에 오신 것이었습니다. 아들이 세상에 오신 이유는, 하나님께서 아들의 인성

(人性)과 기도에 하나님의 원함을 다시 일으키기 위함이었습니다. 그리고 아들의 기도는 하나님께서 원하시고 뜻하신 모든 것을 완벽히 실현하기 위해 자신을 바치는 것이었습니다. 인간으로서 아들은 심한 고통 가운데 "아버지의 원대로 되기를 원하나이다"라고 말하면서 아버지께 굴복하였습니다. 심지어 아버지께 버림을 받을 정도로까지 굴복했습니다. 아들이 이렇게 하신 것은 인간을 속인 권세를 정복하고 구원을 가져오기 위함이었습니다. 숭고한 구속(救贖)이 일어난 때는 아들이 "아버지의 원대로 되기를 원하나이다"라고 말씀하셨을 때입니다. 그리고 바로 그때에 아버지와 아들은 훌륭하고 완벽한 조화를 이루셨습니다.

지금 그 구속을 적용하는 큰 일은, 믿는 자들이 "뜻이 하늘에서 이루어진 것 같이, 땅에서도 이루어지이다"(마 6:10)라고 말하면서, 다른 사람을 위한 중보기도에 헌신하는 것입니다. 교회 — 목사, 선교사, 견고한 교인이나 갓 입교한 신자 — 를 위해 기도할 때나, 비신자이든 명목상의 기독교인이든 구원받지 못한 사람들을 위해 기도할 때, 우리는 자신이 지금 하나님께서 원하시는 것을 간구하고 있다는 사실과 하나님의 뜻이 우리의 기도를 통해 하늘에서처럼 땅에서도 이루어질 수 있다는 것을 알게 될 것입니다. 그리고 이것은 우리의 큰 특권입니다.

제 13 장

중보기도하는 삶의 축복

주는 하늘에서 그들의 기도와 간구를 들으시고 그들의 일을 돌보시옵소서 — 역대하 6:35

다른 이의 어려움을 해결해 달라고 하나님께 간구하는 중보기도를 통해, 하나님과의 교제를 허락 받은 것은 이루 말할 수 없는 은혜입니다! 그리스도의 중보기도 사역에 동참할 수 있는 것은 그토록 큰 축복입니다. 그리스도와 친밀한 연합을 이루고 그분의 기도에 내 기도를 합하는 것은 굉장한 일입니다. 하늘에 계신 하나님께 간구하여, 사람들이 미처 알지도 생각하지도 못하는 것을 그들을 위해 얻어내는 것, 이 얼마나 영광스러운 일입니까!

하나님의 은혜를 관리하는 청지기로서 교회, 각 영혼, 말씀을 전하는 목사, 이교도 지역에 나간 선교사 등의 형편을 하나님께 아뢰고, 응답을 주실 때까지 그들을 위해 간구하는 것은 참으로 큰 특권입니다!

이곳 지상에서의 어려움과 높은 곳의 어둠의 권세를 이길 때까지, 다른 하나님의 자녀와 연합하여 기도에 힘쓰는 것은 참으로 큰 축복입니다!

하나님께서 나를 중보기도하는 자 — 하늘의 축복과 성령의 능력을 받아서 이곳 땅 위에 나누어 주는 자 — 로 쓰려고 하신다는 것을 아는 일은 참으로 가치 있는 일입니다.

이것이 진실로 하늘의 삶이며, 자기를 돌보지 않는 사랑의 주 예수의 삶입니다. 주 예수께서는 나를 사로잡으시고, 주 앞에 있는 영혼들의 짐을 지라고 촉구하시며, 그들을 살리기 위해 중보기도하라고 재촉하십니다.

너무나 오랫동안 우리는 기도를, 단지 우리의 생활과 섬김에 필요한 것들을 공급받는 수단으로 여겼습니다. 이제는 중보기도가 하나님의 섭리와 사역에서 어느 위치에 있는지를 하나님께서 알려 주시기 바랍니다. 하나님을 섬기고, 하나님께서 주고 싶어하시는 축복을 하늘로부터 가져오고, 그 축복에 이르는 문을 지상에 여는 특권; 형언하기 힘든 이 특권보다 더 큰 축복이나 명예가 없다는 것을 우리의 마음이 진심으로 터득하면 좋겠습니다.

오, 나의 아버지, 아버지의 생명을 이 땅에 흘러 넘치게 하사, 당신의 자녀들의 마음을 채워 주옵소서! 주 예수께서 하늘에서 끊임없이 중보기도하시며 그 사랑을 부어 주심같이, 우리도 사랑이 넘쳐흐르고 중보기도가 멈추지 않는 삶을 살게 하소서. 아멘.

제 14 장

기도의 위치

제자들이 … 더불어 마음을 같이하여 오로지 기도에 힘쓰더라 — 사도행전 1:14

그리스도께서 승천하시기 전에 하신 마지막 말씀은 교회가 주목할 4가지 사항을 우리에게 알려 줍니다. "아버지께서 약속하신 것을 기다리라"(행 1:4). "오직 성령이 너희에게 임하시면, 너희가 권능을 받고, 예루살렘과 … 땅 끝까지 이르러 내 증인이 되리라"(행 1:8).

마음을 합하고 그치지 않는 기도, 성령의 권능, 살아 계신 그리스도를 예루살렘으로부터 땅 끝까지 전하는 증인 — 이것들은 참복음, 참된 목회, 참된 교회의 증거입니다.

마음을 합하고 오로지 기도에 힘쓰는 교회, 성령 충만한 목회, 세상 모든 사람에게 살아 계신 그리스도를 전하는 교인들 — 이것이 그리스도께서 세우신 교회와 세상을 정복하러 나간 교회의 모습이었습니다.

그리스도께서 하늘로 올라가셨을 때, 제자들은 자신들이 무엇을 해야 할지 즉시 알았습니다. 더불어 마음을 같이하여 오로지 기도에 힘쓰는 것이 그들이 해야 할 일이었습니다. 그들은 사랑과 성령으로 한 몸이 되어야 했습니다. 이렇게 됨으로써 그들은 하늘로는 하나님께, 땅으로는 사람들에게 행사할 수 있는 놀라운 권능을 받았습니다.

그들의 의무 하나는 마음을 합하여 오로지 기도에 힘쓰면서 성령의 권능을 기다리는 것이었습니다. 성령의 권능을 받는 일은 땅 끝까지 그리스도를 전하는 증인으로, 높은 곳으로부터 임명받는 것과 동일한 일이었습니다. 기도하는 교회, 성령 충만한 교회, 활동 범위이자 목표인 온 세상에 그리스도를 전하는 교회, 예수 그리스도의 교회는 이런 교회입니다.

교회가 이런 특징을 유지하는 동안에는 세상을 이길 권능이 있었습니다. 그러나 세상의 영향에 좌우되기 시작했을 때, 교회는 하늘의 초자연적인 힘과 아름다움을 너무도 많이 잃어버렸습니다. 기도가 신실하지 못하고, 성령의 역사는 너무도 미약하며, 그리스도를 전하는 일은 너무도 형식적이고, 선교는 부실하기 짝이 없습니다!

복되신 주 예수님, 주님의 교회에 자비를 베푸소서. 기도의 영, 간구의 영을 초대교회에 주셨던 것처럼 지금의 교회에도 주옵소서. 그리하여 주님께로부터 오는 모든 능력이 주님의 교회와 그 교회의 증언에 달려 있음을 증명하게 하옵소서. 더불어 온 세상을 얻어 주님의 발 아래 엎드리게 하옵소서. 아멘.

제 15 장

중보기도하는 자 바울

내가 … 아버지 앞에 무릎을 꿇고 비노니 … 그의 성령으로 말미암아 너희 속사람을
능력으로 강건하게 하시기를 구하노라 ─ 에베소서 3:14, 16

우리는 바울을 "수고를 넘치도록 한"(고후 11:23) 위대한 선교사, 위대한 설교자, 위대한 저술가, 위대한 사도로 생각합니다. 하지만 중보기도하는 사람, 다시 말해서 그의 모든 활동의 바탕이 되었던 능력을 기도로 구하여 얻고, 그가 섬긴 교회들을 지탱해 준 축복을 가져오게 한 중보기도의 사람으로는 별로 생각하지 않습니다.

우리는 위의 사실을 그가 에베소 교인들에게 쓴 편지에서 볼 수 있습니다. 그가 다음 교인들에게 한 말을 생각해 봅시다. 데살로니가 교인들에게 한 말, "주야로 심히 간구함은 … 너희 믿음이 부족한 것을 보충하게 하려 함이라 … 너희 마음을 굳건하게 하시고 … 거룩함에 흠이 없게 하시기를 원하노라"(살전 3:10, 13). 로마에 있는 교인들에게 한 말, "내가 항상 내 기도에 쉬지 않고 너희를 말하며"(롬 1:9); 빌립보 교인들에게 한 말, "너희 무리를 위하여 기쁨으로 항상 간구하노라"(빌 1:4); 골로새 교인들에게 한 말, "이로써 우리도 듣던 날부터 너희를 위하여 기도하기를 그치지 아니하고 구하노라"(골 1:9); "내가 너희들을 위하여 얼마나 힘쓰는지를 너희가 알기를 원하노라"(골 2:1).

바울은 위의 교인들을 위해 중보기도하면서 성령의 빛과 능력이 그들

에게 있기를 밤낮으로 하나님께 부르짖었습니다. 바울은 교인들을 위한 자신의 중보기도의 능력을 믿었던 것처럼, 교인들의 중보기도가 바울 자신에게 가져올 축복도 믿었습니다.

"형제들아 내가 … 너희를 권하노니 너희 기도에 나와 힘을 같이하여 나를 위하여 하나님께 빌라"(롬 15:30). "그가 … 우리를 건지셨고 또 건지실 것이며 이후에도 건지시기를 그에게 바라노라. 너희도 우리를 위하여 간구함으로 도우라"(고후 1:10-11). "나를 위하여 구할 것은 내게 말씀을 주사 나로 입을 열어 복음의 비밀을 담대히 알리게 하옵소서 할 것이니라"(엡 6:18-19). "이것이 너희의 간구와 예수 그리스도의 성령의 도우심으로 나를 구원에 이르게 할 줄 아노라"(빌 1:19).

목사와 교인의 전 관계는 마음을 같이 하고 끊임없이 기도하는 일에 달려 있습니다. 그 관계 전체는 영적이고 신성한 하늘의 것이며, 끊임없는 기도에 의해서만 유지될 수 있습니다. 목사와 교인이 마음을 같이하여 끊임없이 기도할 때, 성령의 능력과 축복은 이때를 기다린다는 사실에 목사와 교인이 눈뜰 때, 교회는 사도적 기독교가 어떤 것인지 알기 시작할 것입니다.

영원히 복되신 아버지, 겸손히 아버지께 구하오니, 중보기도의 영을 아버지의 교회에 다시 회복시켜 주옵소서. 아멘.

제 16 장

일꾼을 구하는 중보기도

이에 제자들에게 이르시되 추수할 것은 많되 일꾼이 적으니 그러므로 추수하는 주인
에게 청하여 추수할 일꾼들을 보내 주소서 하라 하시니라 — 마태복음 9:37-38

제자들은 이 말씀이 무슨 의미인지 거의 이해하지 못했습니다. 그리스
도께서는 이 말씀을 나중을 위해 제자들의 마음에 심어 놓는 씨앗으로
주셨습니다. 오순절에 새로 주님을 믿게 된 수많은 사람들이 성령의 능
력으로 그리스도를 증언할 준비가 된 것을 보았을 때, 제자들은 열흘간
의 지속적이고 마음을 합한 기도가 이런 축복을 가져왔다고 믿었습니다.
이것은 성령의 능력이 맺는 열매, 즉 추수할 일꾼의 한 실례였습니다.

들판이 아무리 넓고 일꾼이 아무리 적어도, 필요한 것을 해결해 줄 가
장 좋고 확실하고 유일한 수단은 기도라고 그리스도께서는 우리에게 가
르치실 작정이셨습니다.

기도를 드려야 하고 모든 일을 기도의 영으로 수행해야 하는 때는 오로
지 어려운 때만이 아니라는 사실을 우리는 깨달아야 합니다. 이런 의미
에서 일꾼을 구하는 기도는 우리의 삶 전체와 완벽하게 조화를 이룰 것
입니다.

중국 내륙에 200명의 선교사가 있었습니다. 이 선교사들은 중국에서
열린 어떤 회의에서, 선교사가 없는 지역에 보낼 일꾼이 더 필요하다고
느꼈습니다. 그들은 기도를 많이 한 후, 일년 안에 100명의 일꾼과 1만 파

운드의 돈을 보내 달라고 하나님께 구해야겠다고 느꼈습니다. 그들은 일 년 내내 날마다 계속해서 기도하기로 의견을 모았습니다. 그렇게 기도한 지 일년 만에, 적절한 사람 100명과 1만1천 파운드의 돈이 생겼습니다.

교회마다 세상의 필요와 그곳에서 기다리는 영혼들을 위한 일꾼과 자금이 부족하다고 불평합니다. 초대 교회의 제자들처럼 마음을 같이하여 기도에 전혀 힘쓰라는 그리스도의 목소리가 들리지 않습니까? 하나님께서는 필요한 모든 것을 성령의 능력으로 성실히 공급하십니다. 교회로 하여금 마음을 같이하여 기도하는 자세를 취하게 하십시오. 하나님께서는 기도를 들으십니다.

복되신 주 예수여, 끊임없이 기도하는 영 안에서 주님을 위해 살고 일한다는 것이 무슨 의미인지 당신의 교회에 가르쳐 주옵소서. 그리하여 우리의 믿음이 자라, 주님께서는 죽어 가는 세상의 불쌍한 자들의 요구를 전혀 기대하지 못한 방식으로 들어주신다는 것을 확신하게 하옵소서. 아멘.

제 17 장

각 사람을 위한 중보기도

너희 이스라엘 자손들아 … 너희를 하나하나 모으시리라 — 이사야 27:12

우리 몸의 각 지체는 각기 지정된 자리가 있습니다. 이것은 사회와 교회에서도 적용됩니다. 사회나 교회의 활동은 각 구성원의 협력을 통해 사회나 교회 전체의 복지와 이상을 목표로 삼아야 합니다.

사람을 구원하는 일은 목사의 일인데, 목사는 일반적으로 대중만을 대하기 때문에 좀처럼 각 사람의 마음을 움직이지 못한다고 생각하는 사람들이 교회에 더러 있습니다. 이런 생각은 2가지 악의 원인입니다. 신자 개인은 자신의 영적 생활을 풍요롭고 강하게 하기 위해 그리고 영혼을 교회에 불러들이기 위해, 주위 사람들에게 증언할 필요가 있습니다. 아직 믿지 않는 영혼들은 그들이 만나는 신자들이 개인적으로 그리스도를 전하지 않기 때문에 엄청난 손실을 겪습니다. 주위 사람들을 위해 중보기도해야 한다는 생각을 좀처럼 발견하기 어렵습니다. 그리스도인의 삶에서 중보기도를 제자리에 회복시키는 것은 교회와 교회의 선교에 너무도 중요한 일입니다!

하나님께서 하고 싶어하셔도 땅에서의 기도가 반드시 필요하다는 진리를, 그리스도인들이 어느 때에나 깨닫겠습니까! 이 진리를 깨달을 때에야, 영혼을 구하는 일에서 중보기도가 가장 중요한 요소라는 것을 이해하게 될 것입니다. 우리의 모든 노력은 기도에 대한 응답으로 주시는 성령의 능력이 없으면 헛것이 됩니다. 교회가 번창하고 모든 신자가 제 역할을 이해하는 때는 목사와 교인이 한마음으로 기도와 증언에 충실할 때입니다.

중보기도의 영을 불러일으키기 위해서는 무엇을 해야 하겠습니까? 중요한 대답이 있습니다. 중보기도의 필요성과 능력을 통찰하는 순간, 곧바로 각 개인을 위해 중보기도를 시작하라는 것입니다. 당신의 자녀를 위해, 친척과 친구를 위해, 만나는 모든 사람을 위해 기도하십시오. 자신에게 중보기도하는 능력이 없다고 생각될지라도 그 생각을 고집하지 마십시오. 하나님께서는 모든 구속받은 하나님의 자녀가 죽어 가는 사람들을 위해 중보기도하기를 원하십니다. 그리고 중보기도는 그리스도인의 삶에 꼭 필요한 호흡이며, 동시에 위로부터 온 생명을 간직하고 있다는 증거입니다.

그러므로 하나님께서 당신과 당신 주위의 하나님의 자녀들에게 성령의 능력을 주시도록, 또 중보기도의 능력이 하나님께서 명예롭게 하신 자리를 차지할 수 있도록, 간절히 끊임없이 기도하십시오.

제 18 장

선교사들을 위한 중보기도

또 나를 위하여 — 에베소서 6:19
또한 우리를 위하여 기도하되 — 골로새서 4:3
끝으로 형제들아 너희는 우리를 위하여 기도하기를 — 데살로니가후서 3:1

바울의 이와 같은 표현들을 보면, 이들 교회의 신자들이 하나님께 어떤 권한을 가지고 있으며, 그들의 기도는 바울 자신과 일에 새로운 힘을 가져다준다고 그가 확신했음을 알 수 있습니다. 그는 그리스도의 몸이 실제로 하나가 되는 것을 생각하고 있었습니다. 그는 각 지체가 상호의존하는 데서, 그리고 삶이 몸 전체에서 흘러나오는 데서 하나됨을 보았습니다. 이로부터 바울은 교인들에게 자신들을 위해, 바울 자신을 위해, 하나님의 나라를 위해 깨어 있으라고 말할 용기를 얻었습니다. "기도를 계속하고 기도에 감사함으로 깨어 있으라. 또한 우리를 위하여 기도하되"(골 4:2-3)라는 말로, 바울은 그리스도인들을 각성시켰습니다.

교회는 우리가 상상할 수 없을 정도로 목회자에게 달려 있습니다. 목회자는 하나님의 비밀을 관리하는 청지기로서, 사람들에게 그리스도의 이름으로 하나님과 화해하라고 청하는 하나님의 특사로서, 그 위치가 매우 높은 사람이기 때문에, 목회자가 신실하지 않거나 무능하면 그가 섬기는 교회는 끔찍할 정도로 황폐해집니다. 하나님의 능력으로 20년간이나 말씀을 전한 바울에게도 교회의 기도가 필요했다면, 우리 시대의 목회자들이야 이루 말해 무엇하겠습니까?

목사는 교인들의 기도가 필요합니다. 교인들에게 기도를 요구할 권리가 있습니다. 목사는 참으로 교인들의 기도에 달려 있습니다. 목사의 직무는 교인들이 교회와 세상을 위해 중보기도하도록 훈련시키는 것입니다. 목사는 교인들이 목사를 위해 기도하도록 훈련시키는 일로, 이 직무를 시작해야 합니다. 이보다 훨씬 전에 목사는 자신과 교인들을 위해 기도하기를 배우고 시작했어야 합니다. 이 복된 일에 더 깊이 들어가고 싶어하는 모든 중보기도하는 사람들이여, 내 교회 남의 교회 가릴 것 없이 모든 목회자에게 기도의 자리를 마련해 드립시다.

목사를 위해, 특별한 모임들을 위해 하나님께 간구하십시오. 목사를 능력의 사람, 기도의 사람, 성령충만한 사람이 되게 해 달라고 계속 기도하고 지켜보는 사람이 되십시오. 오 형제여, 목회자들을 위해 기도하십시오!

하늘에 계신 우리 아버지, 겸손히 기도하오니 목회자들을 위해 기도하라는 소명을 모든 신자에게 일깨워 주옵소서. 아멘.

제 19 장

모든 성도를 위한 기도

모든 기도와 간구를 하되 항상 성령 안에서 기도하고 이를 위하여 깨어 구하기를 항상
힘쓰며 여러 성도를 위하여 구하라 — 에베소서 6:18

바울이 자신의 편지를 읽는 사람들의 마음을 움직이기 위해, 이 말씀을
반복하는 방식을 주목해 보십시오. "모든 기도와 간구를 하되 항상 성령
안에서 기도하고 이를 위하여 깨어 구하기를 항상 힘쓰며 여러 성도를
위하여 구하라." "모든 기도와 … 구하기를 항상 힘쓰며 … 위하여 [간]구
하라." 이 말이 필요한 반응을 얻기 위해서는 생각할 사항이 있습니다.
바울은 그리스도의 몸이 하나됨을 강렬히 느꼈고, 그 하나됨은 사랑과
기도를 행할 때에만 느낄 수 있다는 것을 확신했습니다. 그래서 바울은
에베소 교인들에게 그들의 교회뿐 아니라 그들이 들어 알고 있는 모든
그리스도의 교회에 있는 성도들을 위해 항상 간절히 기도하라고 부탁했
습니다. 하나됨은 힘입니다. 이 중보기도의 능력을 항상 행사할 때, 우리
는 연약한 기도를 드리는 자신에게서 벗어나 그리스도의 사랑이 우리 안
에서 자유롭게 넘쳐흐르는 마음 상태로 나아갈 것입니다.

자신과 관련된 것, 자신이 받을 것에만 기도를 집중하는 태도는 참된
신자에게서도 자주 발견되는 커다란 결점입니다. 사랑과 기도에 끊임없
이 헌신하라는 소명은 우리 모든 신자에게 해당되는 것임을 직시합시다.
하나님께서 우리를 책임지신다는 것을 믿고 자신을 잊어버릴 때, 오로지

교우들에게 하나님의 축복을 내려 달라고 기도하는 선하고 복된 기도에 집중할 때, 바로 이때 교회는 세상 모든 사람에게 그리스도를 전하는 일에 적합하게 될 것입니다. 그리스도 예수께 온전히 헌신하는 하나님의 자녀의 건강하고 복된 삶은 바로 이런 삶입니다.

하나님의 자녀들과 당신 주위의 교회를 위해 기도하십시오. 그들이 행하거나 행해야 하는 모든 일을 위해 기도하십시오. 성령이 흥할 때나 그렇지 않을 때나 하나님의 모든 성도를 위해 기도하십시오. 하나님과 교제하며 사는 삶보다 더 큰 복은 없습니다. 이 복을 가장 확실하게 누리도록 인도하는 길은, 바로 바울이 간절히 부탁하는 중보기도의 삶입니다.

제 20 장

선교사의 중보기도

이에 금식하며 기도하고 두 사람에게 안수하여 보내니라 — 사도행전 13:3

해외선교에서 가장 중요한 문제는 사람들을 변화시키고 믿게 만들기 위해, 개인적으로든 집단적으로든 이 중보기도의 능력을 발휘할 그리스도인의 수를 어떻게 늘리는가 하는 것입니다. 다른 모든 생각과 계획은 기도의 능력을 행사하는 중보기도에 비하면 부차적인 것입니다.

이 일을 사랑하고 마음에 둔 사람들은 성경의 명령, 곧 승리를 위해 끊임없이 기도하라는 명령에 따를 것입니다. 새벽이나 정해진 예배시간은 물론 어느 때 어느 계절에나, 이들에게서는, 하나님께서 자기 일꾼들에게 승리의 면류관을 씌워 주시기 전에는 하나님을 놓아 주지 않는 중보기도의 태도를 볼 수 있습니다.

선교는 십자가에서 증명된 그리고 지금 우리 마음에서 생동하는 그리스도의 사랑에 뿌리를 두고 있습니다. 사람들이 자연에 대한 하나님의 계획을 진지하게 수행하려는 것처럼, 하나님의 자녀들은 인류에게 그리스도의 사랑을 전해 주는 일에 온 마음을 기울여야 합니다. 중보기도는 사람마다 마음만 먹으면 누구나 닿을 수 있는 곳에 구원을 가져다 놓는 중요한 수단으로서 하나님께서 지정하신 것입니다.

그리스도의 생명이 뚜렷이 드러나도록 선교사들을 위해 기도하십시오. 그들이 영적 생명의 능력을 잘 드러내는 기도의 사람, 사랑이 충만한 사람이 되기를 기도하십시오.

자기 나라의 그리스도인들을 위해 기도하십시오. 이교도들에게는 비밀이 되는 영광을, 그들이 알도록 기도하십시오.

세례자 교육 등 교회 교육을 받는 모든 이들을 위해 기도하여, 말씀의 가르침이 능력을 발하도록 하십시오. 특히 자국의 목회자들과 전도자들을 위해 기도하여, 그들이 성령으로 충만하여 자국민들에게 그리스도를 증언하게 하십시오.

무엇보다도, 그리스도의 교회를 위해 기도하여, 교회가 무관심에서 벗어나고, 모든 교인이 자기 삶의 목적은 그리스도를 지상에서 왕으로 만드는 것임을 이해하게 하십시오.

영화로우신 하나님, 우리의 눈이 당신을 바라봅니다. 우리를 긍휼히 여기시어 우리의 기도를 들으시고, 당신의 종들의 일에서 성령을 통해 그리스도의 능력과 존재를 드러내시옵소서. 아멘.

제 21 장

중보기도의 은혜

기도를 계속하고 기도에 감사함으로 깨어 있으라 … 또한 우리를 위하여 기도하라
— 골로새서 4:2-3

중보기도 사역보다 하나님께 더 가까이 데려다주고 하나님의 사랑에 더 깊이 인도해 주는 것은 없습니다. 주위 사람들을 위해 기도함으로써 하나님의 가슴에 우리의 마음을 쏟아내는 것보다 우리가 하나님과 닮았음을 더 느끼게 해 주는 경험은 없습니다. 그리스도의 구속(救贖)을 갖다 주는 일에 헌신하는 것보다 위대한 중보자이신 예수 그리스도께 더 가까이 연결해 주고, 그리스도의 능력과 성령을 더 경험하게 해 주는 것은 없습니다. 성령께서 우리 마음에 불어넣어 주시는 기도보다 성령의 강한 역사에 대해 더 많이 알려 주는 것은 없습니다. 중보기도를 통해 교회 안의 사람에게나 어두운 이교 지역에 있는 사람에게 가까이 가는 것만큼 하나님의 능력과 하나님의 신실하심을 증명해 주는 것은 없습니다. 우리는 우리 영혼을 하나님 앞에 산 제물로 내어놓습니다. 우리가 끊임없이 구하는 간구 하나는 하나님께서 우리 기도에 응답하시어 하늘 문을 여시고 하나님의 풍성한 복을 보내어 달라는 것입니다. 하나님께서 영광을 받으시고, 우리 영혼이 최상의 운명에 이르며, 하나님의 나라가 임하게 해 달라는 것입니다.

하나님의 자녀들과 날마다 지속적으로 교제하는 것만큼 각 지체의 하

나됨과 그 하나됨의 힘을 이해하고 경험하게 해 주는 것은 없습니다. 하나님의 자녀들은 하나님께서 일어나셔서 시온에 자비를 베푸시며 시온이 어둠 가운데 있는 자들에게 빛과 생명이 되게 해 주시기를 한마음으로 끊임없이 간구합니다. 오 형제들이여, 열심히 중보기도하는 삶을 살지 않음으로써, 우리가 얼마나 많은 것을 잃어버리고 있는지 알고 있습니까? 은혜와 간구의 영이신 하나님의 성령께 우리의 전존재를 주장하시도록 허락한다면, 자신을 위한 것이든 세상을 위한 것이든 그 무엇을 우리가 잃어버릴 수 있겠습니까?

그리스도께서는 천국에서 기도하시는 삶을 사십니다. 그리스도와 아버지의 교제는 전적으로 기도입니다. 그리스도께서는 그 기도에서 자기 백성을 위해 성령을 넘치도록 요구하시고 받으십니다. 기도만큼 하나님께서 기뻐하시는 것은 없습니다. 우리가 더욱 기도할 때 하늘의 최고 축복이 우리에게 펼쳐진다는 것을 믿지 않으시렵니까?

복되신 아버지, 아버지의 백성에게 간구와 중보기도의 영을 부어 주소서. 아멘.

제 22 장

마음을 같이한 중보기도

몸이 하나요 성령도 한 분이시니 — 에베소서 4:4

　몸의 각 지체가 몸 전체의 행복을 추구하기 위해 각자의 몫을 감당하는 것은 몸의 건강에 필수적입니다. 우리는 이것을 우리 몸으로부터 배웁니다. 이것은 그리스도의 몸에서도 똑같습니다. 자신의 행복과 관련해서만 구원을 모색하는 사람이 너무 많습니다. 한편, 자신만을 위해 살지 않는 사람들도 있습니다. 이런 사람들은 참으로 기도하기를 힘쓰고 다른 사람을 자신의 행복에 동참시키기 위해 애씁니다. 그러나 그들은 자신의 개인적인 모임이나 교회는 물론, 그리스도 예수의 몸 전체를 그들의 사랑과 중보기도에 포함시켜야 한다는 소명에 대해서는 아직 모릅니다.

　하지만 성령과 그리스도의 사랑이 그들로 하여금 이것을 알게 해 주실 것입니다. 교회 전체를 위한 교회 전체의 중보기도가 하나님의 보좌에 상달될 때에만, 성령의 하나됨과 능력이 교회를 지배할 수 있습니다. 각 교파가 더욱 긴밀히 연합해야겠다고 자각할 때, 그 자각은 감사의 근거가 됩니다. 그러나 국적이 다를 경우에는 어려움이 너무 많아서 하나의 연합된 교회라는 생각을 하기 힘들어 보입니다.

　눈으로 보이는 그 어떤 것보다도 더 깊고 강한 하나됨이 그리스도 예수 안에 있습니다. 이것을 허락하신 하나님을 찬양합시다. 지금 교단이 여럿인 상태에서도 하나됨을 실제로 이룰 수 있고, 그 하나됨은 하나님 나라의 일을 할 때 신성한 힘과 축복에 이르는 수단으로 쓰일 수 있습니다. 참된 하나됨은, 교회가 성령으로 채워지고 중보기도를 실행할 때에 실현됩니다. 신자들이 왕의 제사장으로 부름 받은 것이 무슨 의미인지를 알게 될 때, 하나님의 사랑이나 약속은 신자들이 일하는 영역에 제한되지 않는다는 것을 깨닫게 됩니다. 하나님께서는 신자들에게 그리스도처럼, 바울처럼 기도의 범위를 넓히라고 하십니다. 이 세상과 교회가 중보기도에 의해 이전과 전혀 다른 모습으로 하늘의 보좌에 매이게 될 것이라고 믿는 모든 이들, 또는 믿게 될 모든 이들을 위해 기도하라고 하십니다.

그리스도인들이여, 목사들이여, 이 전세계적인 중보기도를 위해 서로 마음을 합하고 하나가 됩시다. 그러면 하나님께서 기도를 들으시리라는 확신과 하나님의 나라가 오기 위해서도 그대들의 기도가 필수불가결하다는 확신이 강하게 들 것입니다.

제 23 장

쉬지 않는 중보기도

쉬지 말고 기도하라 — 데살로니가전서 5:17

　하나님을 섬기는 삶에 대한 보통 기독교인의 기준과, 성경이 우리에게 일러 주는 기준 사이에는 엄청난 차이가 있습니다. 보통 기독교인은 개인적인 안위, 다시 말해서 우리 죄를 용서해 주는 은혜와 천국에 들어가는 삶을 살게 해 주는 은혜를 주로 생각합니다. 성경의 기준은 이보다 훨씬 높습니다. 성경의 그리스도인은 자기의 모든 능력과 시간과 생각과 사랑을 자기를 구원하신 영화로우신 하나님께 바쳤습니다. 그리고 하나님을 섬기는 데서 기쁨을 찾고 하나님과 교제하는 데서 천국생활을 시작했습니다.

　보통 기독교인에게 "쉬지 말고 기도하라"는 명령은 그저 불가능하고 필요 없는 완전한 삶일 뿐입니다. 누가 그렇게 할 수 있겠습니까? 그렇게 하지 않고서도 천국에 갈 수 있습니다. 반대로 참된 신자에게, 이 명령은 축복 — 중보기도를 통해 사람들에게 가져다줄 수 있는 모든 축복 — 으로 가득한 삶과 최고의 행복을 약속해 주는 것입니다. 그리고 그 참된 신자가 인내하며 쉬지 않고 기도할 때, 그것은 점차 그의 지상 최고의 목표이자 최고의 기쁨이 되며, 거룩하신 하나님과의 놀라운 교제를 체험하는 최고의 경험이 될 것입니다.

　"쉬지 말고 기도하라!"는 말씀을, 성령께서 우리 안에서 역사하실 것에 대한 약속으로서, 주 예수님과의 연합이 참으로 친밀해질 수 있음에 대한 약속으로서, 또 하나님 우편에서 영원히 복된 중보기도를 드리는 주님을 우리가 닮을 수 있음에 대한 약속으로서 믿고 마음에 간직합시다. 이 말씀을 하나님의 소명 — 하나님의 은혜를 주위에 베푸는 청지기로의 부르심 — 으로 삼읍시다. "내가 그들 안에 있고 아버지께서 내 안에 계시어"(요 17:23)라는 그리스도의 말씀을 숙고하여, 아버지께서 그리스도 안에서 역사하신 것 같이, 중보기도하시는 대제사장 그리스도께서도 우리 안에서 역사하시고 기도하신다는 것을 믿읍시다. 우리의 마음이 고귀한 소명으로 가득할 때, 우리는 하나님의 제사장이 되는 특권과 단 한순간이라도 견줄 만한 것이 지상에 없다고 느끼기 시작할 것입니다. 이 특권은 쉬지 않고 하나님 앞에 나아가 주위 사람들의 짐을 하나님의 보좌 앞에 내어놓고, 동료 인간들에게 나누어 줄 능력과 복을 하나님의 손에서 받는 것입니다.

이것은 실로 사람이 하나님의 형상대로 창조되었다(창 1:27)는 구약의 말씀을 성취하는 것입니다.

제 24 장

중보기도, 하늘과 땅을 연결하는 고리

뜻이 하늘에서 이루어진 것 같이 땅에서도 이루어지이다 — 마태복음 6:10

하나님께서는 하늘과 땅을 창조하셨을 때, 땅이 본받아야 할 신성한 형태로 하늘을 지으셨습니다. "하늘에서와 같이 땅에서도"는 그 둘의 존재 법칙이어야 했습니다. 이 진리는 하늘의 영광을 형성하는 것이 무엇인지에 대해 생각하게 해 줍니다. 모든 것은 하나님 안에서, 그리고 하나님의 영광을 위해서 삽니다. 그런데 우리는 땅에 대해, 죄와 비참함 때문에 형성된 지금의 이 세상에 대해 생각합니다. 이곳 지상의 사람들 대부분은 참하나님에 대한 지식이 전혀 없습니다. 이들은 하나님의 요구에 완전히 무관심하고, 하나님의 거룩하심과 사랑을 멀리합니다. 이런 대다수 사람을 위한 일부의 사람이 그리스도인입니다. 말씀이 "하늘에서와 같이 땅에서도" 이루어지려면 얼마나 큰 혁명과 기적이 필요하겠습니까?

이 말씀이 어떻게 실현될 수 있겠습니까? 하나님의 자녀들의 기도를 통해서 실현될 수 있습니다. 우리 주님께서는 우리에게 그것을 위해 기도하라고 가르치십니다. 중보기도는 하늘과 땅을 잇는 위대한 고리입니다. 땅에서 시작된 아들의 중보기도는 "하늘에서와 같이 땅에서도" 강한 변화를 일으킬 것입니다. "내가 하나님의 뜻을 행하러 왔나이다"(히 10:9) 말씀하신 것처럼, 그리스도께서는 겟세마네에서 "아버지의 뜻이 이루어지이다"(마 26:42)라고 기도하셨습니다. 그리스도께서 구속하신 자들, 그리스도의 마음과 영에 온전히 헌신하는 자들은 그리스도의 기도를 자신의 기도로 삼아 끊임없이 외칩니다. "뜻이 하늘에서 이루어진 것 같이 땅에서도 이루어지이다."

자녀를 위한 부모의 기도, 잃어버린 자들의 구원을 위한 신자의 기도, 구원받은 자들에게 은혜가 더욱 내리기를 구하는 기도 등 모든 기도는 지상으로부터 밤낮으로 하늘로 올라가는 위대한 외침, "하늘에서와 같이 땅에서도"라는 외침의 일부입니다.

그러나 하나님의 자녀들이 마음을 같이하여 드린 간구가 하나님께 능력을 발휘하는 때는 그들이 가까운 모임과 관심사들을 위해 기도하기를 배울 뿐만 아니라, 마음을 넓혀 전 교회와 전 세계를 위해 기도할 때입니다. 그렇게 할 때 "하늘에서와 같이 땅에서도," 다시 말해서 온 땅이 하나님의 영광으로 가득 차는 날이 속히 올 것입니다. 하나님의 자녀여, 그리스도처럼 "아버지여 … 뜻이 하늘에서 이루어진 것 같이 땅에서도 이루어지이다"(마태복음 6:10)라고 기도 드리는 일에 헌신하지 않겠습니까?

"하늘에 계신 우리 아버지여 이름이 거룩히 여김을 받으시오며 나라가 임하시오며 뜻이 하늘에서 이루어진 것 같이 땅에서도 이루어지이다"(마 6:9-10). 아멘.

제 25 장

하나님의 소원의 실현

여호와께서 시온을 택하시고 자기 거처를 삼고자 하여 이르시기를 이는 내가 영원히
쉴 곳이라 내가 여기 거주할 것은 이를 원하였음이로다 — 시편 132:13-14

이 구절에는 하나님께서 구속사업을 펼치시게 된 동인(動因)인 하나님
의 원하심이 나타나 있습니다. 하나님의 마음은 사람이 하나님과 함께
그리고 하나님 안에서 살기를 원하셨습니다. 하나님께서는 모세에게 "내
가 그들 중에 거할 성소를 그들이 나를 위하여 짓되"(출 25:8)라고 말씀하
셨습니다. 이스라엘이 하나님의 거처를 준비해야 했듯이, 이제 하나님의
자녀들도 하나님께서 그들 안에 거하시도록, 또 다른 이들을 하나님의
거처가 되도록 하는 일에 헌신해야 합니다. 우리 마음이 하나님의 원하
심으로 가득할 때, 주위 사람들을 모으고 그들도 하나님의 거처가 되게
하려는 원함이 우리에게 일어납니다.

얼마나 큰 영광입니까! 나의 세상사를 완전히 부차적인 것으로 간주하
게 하고 하나님께서 기뻐하시는 일인 영혼을 구하는 데에서 기쁨과 생기
를 찾는 것, 이 얼마나 고귀한 소명입니까! "내가 영원히 쉴 곳이라. 내가
여기 거주할 것은 이를 원하였음이로다."

이것이 내가 중보기도를 통해 할 수 있는 가장 고귀한 것입니다. 나는
내 주위 사람들에게 성령을 주시기를 하나님께 기도할 수 있습니다. 사
람이 하나님께 거처를 지어드리는 것은 하나님의 큰 계획입니다. 하나님

의 자녀들이 끊임없이 중보기도할 때, 하나님께서는 이 기도의 응답으로 하나님의 능력과 복을 주십니다. 하나님의 이 큰 원하심이 우리에게 가득 찰 때, 그것을 이루기 위한 일에 우리는 온전히 헌신합니다.

이스라엘 안에 거하시기를 바라시는 하나님의 원하심에 대해 생각하면서, "내 눈으로 잠들게 하지 아니하며 내 눈꺼풀로 졸게 하지 아니하기를 여호와의 처소 곧 야곱의 전능자의 성막을 발견하기까지 하리라 하였나이다"(시 132:4-5)라고 말하는 다윗을 생각해 보십시오. 하나님께서 거주하실 거처에 대해 알게 된 우리, 그분이 원하시는 것을 이루어 드리기 위해 생명을 바치지 않으렵니까?

이전과는 달리 우리의 자녀들을 위해, 주위의 영혼들을 위해, 온 세상을 위해 기도하기 시작합시다. 그들을 사랑하기 때문만이 아니라, 하나님께서 그들을 원하시고 또 우리에게 하나님의 축복의 통로가 되는 영광을 주시고 싶어하시기 때문입니다. 하나님의 자녀들이여, 하나님께서 여러분을 중보기도하는 사람으로 훈련시키시려는 의도를 실현하도록 각성하십시오. 사랑이신 하나님의 마음의 소원은 중보기도하는 사람을 통해 충족될 수 있습니다.

사람의 마음을 가리켜 "내가 영원히 쉴 곳이라 내가 여기 거주할 것은 이를 원하였음이로다"라고 말씀하신 하나님, 기도하오니 우리에게 기도를 가르쳐 주옵소서. 하나님의 마음의 소원이 실현되기를 밤낮으로 기도하게 하옵소서. 아멘.

제 26 장

인간의 소원의 실현

여호와를 기뻐하라. 그가 네 마음의 소원을 네게 이루어 주시리로다 — 시편 37:4

하나님은 피조물들을 하나님 안에 있는 모든 거룩함과 복에 참여시키고 싶어하시는 사랑이시며 샘이십니다. 그 샘에서는 이러한 하나님의 소원이 끝없이 흘러나옵니다. 영혼을 구원하시려는 하나님의 이 소원은 실로 하나님의 완전한 뜻이요 지극히 높은 영광입니다.

하나님께서는 온전히 헌신하는 자녀들에게 이 소원을 나누어 주십니다. 이 소원에는 하나님의 형상과 하나님을 닮은 모습이 있습니다. 이 소원은 하나님의 사랑에 완전히 사로잡히고 하나님처럼 사랑하는 데서 최고의 기쁨을 찾는 마음입니다.

한 예로서 시편 본문은 그 소원의 실현을 보여 줍니다. "여호와를" 그리고 여호와의 사랑의 삶을 "기뻐하라. 그가 네 마음의 소원을 네게 이루어 주시리로다." 사랑의 중보기도를 드리면, 우리 마음의 소원을 이루어 주신다는 말씀을 의지하십시오. 하나님께서 기뻐하시는 것을 기뻐한다면, 그 기도는 하나님께서 감동을 주신 것이며 그 기도엔 응답이 있습니다. 그리고 우리의 기도는 계속해서 "오 나의 아버지, 아버지의 소원이 저의 소원이며, 아버지의 거룩한 사랑의 뜻이 저의 뜻입니다"라고 말씀드리는 것이 됩니다.

우리 기도가 하나님께 상달되리라는 확신이 점점 커가면서, 우리는 애착이 가는 사람들이나 모임들을 하나님의 보좌 앞에 데려오고자 하는 용기를 하나님과의 교제로부터 얻습니다. 사랑을 갈망하면서 하나님께 손을 뻗을 때, 우리는 축복하시고 싶어하시는 하나님의 뜻을 움켜잡는 힘과, 하나님께서 자기의 복된 뜻을 이루시리라는 것을 믿는 힘을 받게 될 것입니다. 우리 영혼의 기쁨은 하나님의 소원이 실현되는 것이기 때문에 하나님께서는 자기의 복된 뜻을 이루실 것입니다.

그렇게 될 때, 우리는 가장 심오한 의미에서 하나님의 동역자가 됩니다. 우리의 기도는 잃어버린 자들을 감동시키고 구원하는 하나님의 거룩한 일의 한 부분이 됩니다. 그리고 우리는 주위 사람들을 구원하는 일에서 행복을 찾게 될 것입니다.

인간을 향한 아버지의 소원을 기뻐할 때에만, 바르게 기도할 수 있고 응답을 확신할 수 있다는 것을, 아버지여 우리에게 가르쳐 주옵소서. 아멘.

제 27 장

나의 큰 소원

내가 여호와께 바라는 한 가지 일 그것을 구하리니 곧 내가 내 평생에 여호와의 집에 살면서 여호와의 아름다움을 바라보며 그의 성전에서 사모하는 그것이라 — 시편 27:4

여기에서 우리는 하나님의 소원, 곧 우리 안에 거하기를 원하시는 하나님의 소원에 대해 시편 기자가 보이는 반응을 봅니다. 우리를 향한 하나님의 소원이 우리의 삶과 마음을 다스리기 시작할 때, 우리의 소원은 오직 하나에 고정됩니다. 그것은 평생 여호와의 집에 거하는 것입니다. 여호와의 집에 거한다는 것은 주님의 아름다움을 주목하고, 거룩한 아름다움에 계시는 주님을 예배하고, 주님의 성전에서 구하고, 주님께서 하신 말씀 곧 "나 여호와가 말하였으니 내가 이루리라"(겔 22:14) "그래도 이스라엘 족속이 이같이 자기들에게 이루어 주기를 내게 구하여야 할지라"(겔 36:37)는 말씀의 의미를 배우는 것을 뜻합니다.

마음에 안식을 주시려는 하나님의 소원을 깨달을수록, 날마다 하나님의 성전에 살면서 그분의 아름다움을 주목하려는 소원이 생기를 띨수록, 우리 안에는 중보기도의 영이 더욱 자라나 우리는 신약에서 약속하신 모든 것을 요구하게 됩니다. 하나님께서는 우리가 요청하기만 하면, 참으로 인간의 마음에서 거처와 쉴 곳을 찾고 싶어하십니다. 이 점을 명심하고 있다면, 우리가 교회와 나라, 가정과 학교, 크고 작은 모임에 대해 생각하든, 구원받은 자와 그들의 모든 필요, 또는 구원받지 못한 자와 그들의 위험에 대해 생각하든, 우리는 마음의 평화를 잃지 않을 것입니다. 자신이 연약하고 가치 없다고 느끼는 우리의 모든 생각은 하나님께서 인간의 마음에 대해 보증하신 말씀, "이는 내가 영원히 쉴 곳이라. 내가 여기 거주할 것은 이를 원하였음이로다"(시 132:14) 하신 말씀에서 완전히 해소됩니다.

우리의 믿음은 우리의 소명이 얼마나 중요한지, 그리고 하나님께서 진지하고 열렬하고 끊임없는 기도를 하나님의 목표 실현에 반드시 필요한 조건으로 정하셨다는 것을 이해하기 시작합니다. 그렇게 되면 우리는 하나님과 더 가까이 동행하는 삶에 헌신하게 됩니다. 우리는 끊임없이 하나님을 섬기고, 자신과 동료 신자들 안에서 하나님께서 행하신 일에 대해 증언하는 사람이 될 것입니다.

놀랍지 않습니까? 하나님께서는 자기 소원의 성취를 우리에게 맡기셨습니다. 이 얼마나 놀라운 일입니까? 그런데도 이것을 그토록 깨닫지 못하다니 참으로 큰 수치가 아닙니까?

하늘에 계신 우리 아버지, 구하오니 아버지의 백성들에게 능력을, 은혜와 기도의 영을 주시옵소서. 아멘.

제 28 장

밤낮으로 드리는 중보기도

하물며 하나님께서 그 밤낮 부르짖는 택하신 자들의 원한을 풀어 주지 아니하시겠느냐 그들에게 오래 참으시겠느냐? — 누가복음 18:7

느헤미야는 예루살렘의 파괴에 대해 듣고서 하나님께 "이제 종이 …
위하여 주야로 기도하오니 … 주는 귀를 기울이시며 눈을 여시사 종의
기도를 들으시옵소서"(느 1:6)라고 하나님께 부르짖었습니다. 하나님께
서는 예루살렘 성벽 위에 세운 파수꾼에 대해 말씀하셨습니다. "그들로
하여금 주야로 계속 잠잠하지 않게 하였느니라"(사 62:6). 바울은 이렇게
썼습니다. "주야로 심히 간구함은 … 우리 주 예수께서 그의 모든 성도와
함께 강림하실 때에 하나님 우리 아버지 앞에서 거룩함에 흠이 없게 하
시기를 원함이라"(살전 3:10, 13).

이렇게 밤낮으로 드리는 기도가 정말로 필요하고 가능할까요? 오로지
원하는 것만 생각하고 그 소원이 성취되기 전에는 마음이 편하지 못할
정도라면 분명히 그런 기도가 필요하고 가능합니다. 삶은 하늘의 축복에
달려 있기 때문에, 그 축복을 얻기 위해서라면 모든 것을 희생하겠다는
태도가 가능한 것입니다.

하나님의 자녀가 교회와 세상에 필요한 것을 보기 시작할 때, 하나님께
서 우리 마음에 사랑을 부어 주시면서 약속하신 신성한 구속을 보게 될
때, 하늘의 복을 가져다주는 중보기도의 능력을 보게 될 때, 중보기도 사

역에 동참해도 좋다는 허락을 받을 때, 그 자녀는 그 일 — 하나님의 강한 능력을 드러내 달라고 밤낮으로 부르짖는 일 — 을 지상에서 가장 신성한 일로 여기게 됩니다.

"주의 집을 위하는 열성이 나를 삼키나이다"(시 69:9)고 말한 다윗에게서 배웁시다. 이 말씀에 아주 잘 어울리는 분이 우리 주 그리스도이십니다. 그분께는 삶의 목적으로 삼을 만큼 가치 있는 생각이 있었습니다. 그 생각은 이런 것이었습니다. 인간과의 교제와 인간의 사랑을 갈망하시는 하나님의 마음을 어떻게 만족시켜 드릴 수 있을지, 그리고 사람들의 마음을 어떻게 하나님의 처소로 만들 수 있을지에 대한 생각이었습니다. 이러한 주님의 생각을 배웁시다. 우리 마음 안에 전능하신 분을 위한 자리를 찾아드리기 전에는, 또 중보기도라는 위대한 사역에 헌신하기 전에는, 우리는 결코 마음이 편하지 않을 것입니다.

이 신성한 사실에 우리의 마음이 감화되어서, 그리스도께 온전히 헌신하기를 바랍니다. 하나님의 마음을 만족시키려는 우리의 갈망이 우리 삶의 첫째 목표가 되기를 바랍니다.

모든 영광을 중보기도에 두신 주 예수, 대 중보자시여, 기도하오니 당신의 영을 우리 마음에 불어넣어 주소서. 아멘.

제 29 장

대제사장과 그의 중보기도

이러한 대제사장이 우리에게 있다 — 히브리서 8:1

그러므로 자기를 힘입어 하나님께 나아가는 자들을 온전히 구원하실 수 있으니 이는

그가 항상 살아 계셔서 그들을 위하여 간구하심이라 — 히브리서 7:25

이스라엘의 대제사장, 제사장, 레위인 사이에는 아주 큰 차이가 있었습니다. 지성소에 들어갈 수 있는 사람은 대제사장뿐이었습니다. 그는 "여호와께 거룩"이라고 새겨진 금관을 머리에 썼으며, 속죄일에 중보기도함으로써 사람들의 죄를 담당했습니다. 제사장들은 날마다 제물을 가지고 하나님 앞에 섰다가 다시 나와 백성들에게 축복했습니다. 대제사장과 제사장의 차이는 매우 컸습니다. 그러나 같은 점이 훨씬 많았습니다. 제사장들은 대제사장과 한 몸을 이루었으며, 대제사장과 마찬가지로 하나님 앞에 나아가 하나님의 축복을 받아서 백성들에게 전해 주는 권한을 갖고 있었습니다.

이런 사항은 우리의 대제사장이신 그리스도에게서도 똑같습니다. 그리스도께서는 끊임없는 중보기도를 통해 자기 백성에게 필요한 것을 아버지께로부터 얻어내십니다. 그분과 그분을 보좌하는 제사장직 사이에는 무한한 간격이 있지만, 그분의 백성이 그분과 나누는 교제와 하나됨 역시 무한합니다. 그분은 우리를 위해 아버지께로부터 복을 받아 간직하시고, 그의 백성인 우리는 열렬한 간구를 통하여 그 복을 그분께로부터

받아, 다시 주위의 뭇 영혼에게 전해 줍니다.

그리스도인들이 단지 구원받는 것과 그 구원을 안전하게 해 주는 삶만을 생각하는 한, 그들은 자신에게 맡겨진 중보기도의 능력과 그 비밀을 이해할 수 없습니다.

반면에 그리스도인들이, 구원은 예수 그리스도와 생명의 연합을 맺는 것이며; 우리 안에 거하시고 역사하시는 그분의 삶을 실제로 공유하는 것이며; 우리의 전 존재를 바쳐 살고 일하고, 생각하고 계획하고, 왕의 제사장으로 사는 데에서 최고의 기쁨을 찾는 것임을 이해한다면, 교회는 능력을 갖게 될 것이며, 동시에 그리스도의 능력과 그리스도를 닮은 모습이 교회에 참으로 있음을 증명하게 될 것입니다.

오 하나님, 우리의 마음을 여시사 우리의 제사장직이 어떤 것인지, 예수님의 이름으로 살고 기도 드리는 것이 실제로 어떤 의미인지, 또 구하는 것을 우리가 실제로 받으리라는 것을 우리가 알고 증명하게 하소서! 오 주 예수, 우리의 거룩한 대제사장이시여, 거룩한 대제사장이신 당신의 영을 우리의 마음에 불어넣어 주소서. 아멘.

제 30 장

왕의 제사장

너는 내게 부르짖으라. 내가 네게 응답하겠고, 네가 알지 못하는 크고 은밀한 일을 네
게 보이리라 — 예레미야 33:3

새 언약에 있는 큰 자비를 간청할 때는 이런 생각들을 하십시오. 하나님
은 복 주시기를 무한히 원하심: 하나님의 본성이 이것을 보증합니다. 하나
님께서는 자비를 베푸시기를 기뻐하십니다. 하나님께서는 은혜 베푸실
때를 기다리십니다. 하나님의 약속과 성도들의 체험이 이것을 보증합니
다.

그렇다면 축복이 왜 그토록 자주 지체될까? 자유의지를 지닌 존재로 인간
을 지으시고 땅을 다스리는 일에 그 인간을 동참시키시면서, 하나님께서
는 자신에게 제한을 두셨습니다. 하나님께서는 인간이 어떻게 하느냐에
따라 행동하시기로 작정하셨습니다. 인간의 기도가 하나님께서 축복하
시는 척도가 되었습니다.

하나님의 자녀가 거의 기도하지 않거나 아예 기도하지 않을 때, 하나님께서
어떻게 방해를 받으시며 실망하시는가에 대해 생각해 보십시오. 교회의 생기
가 약하고, 회심과 성결을 위한 성령의 능력이 부족한 이유는 기도가 없
기 때문입니다. 하나님의 백성이 하나님께 쉬지 않고 부르짖는다면, 교회

와 교회 밖 사람들의 상태는 너무도 달라질 것입니다!

하나님께서는 자기 백성의 믿음과 열성의 정도에 따라 축복해 오셨습니다. 이것을 하나님께서 인정하신다는 표시로 여기고 만족해서는 안 됩니다. 오히려 "우리의 이토록 약한 노력과 기도에도 축복하셨다면, 우리가 중보기도에 전적으로 헌신할 때는, 무슨 일이든 해 주시지 않겠는가?" 하고 생각해야 합니다.

우리가 헌신하지 않음으로 인해 하나님의 축복이 세상에 오지 못했음을 참회하고 고백해야겠습니다. 하나님께서는 인간을 구원할 준비가 되셨지만, 우리는 그리스도와 그분의 일에 전심으로 헌신하려고 하지 않았습니다.

하나님의 자녀들이여, 하나님께서는 당신이 중보기도하는 사람으로서 보좌 앞에 앉기를 기대하십니다. 나는 당신이 왕의 제사장으로서 거룩한 소명을 인식하기를 기도합니다. 하늘에서 중보기도하시는 주 예수와 닮고 교제하는 것인 중보기도는, 인간이 바랄 수 있는 최고의 특권임을 인식하고서 새로운 삶을 시작하십시오. 큰 기대를 갖고 이 말씀을 받아들이십시오. "너는 내게 부르짖으라. 내가 네게 응답하겠고, 네가 알지 못하는 크고 은밀한 일을 네게 보이리라."

지금까지 이 책을 읽은 사람들이여, 하나님의 교회와 백성을 위해 또 죽어 가는 세상을 위해, 예수 그리스도의 능력 안에서 중보기도하는 이 복된 소명에 온전히 헌신하지 않겠습니까? 이것을 삶의 중요한 목적으로 삼지 않겠습니까? 이것이 너무 큰 요구입니까? 우리를 위해 자기를 내어 주신 복되신 주님께, 이 거룩한 일, 즉 왕의 제사장으로서의 일을 위해, 당신의 삶을 바치는 것이 너무 무리한 일입니까?

제 31 장

중보기도, 신성한 일

또 다른 천사가 와서 … 많은 향을 받았으니 이는 모든 성도의 기도와 합하여 보좌 앞
금 제단에 드리고자 함이라 — 계시록 8:3

    이 작은 책에서 언급한 생각은 교회의 목사와 교인들이 중보기도를 부
차적인 것으로 가르치고 행한 데 대해 아주 심각하게 고발한 것이 아니
겠습니까? 중보기도는 참 그리스도인의 삶에서 본질적이고 필수적인 요
소가 아닙니까? 하나님의 말씀이 의미하는 바를 온전히 받아들이는 사람
들은 기도에 응답이 있을 것을 의심하지 않습니다. 중보기도는 구속이라
는 하나님의 목적에 너무도 필수적인 요소여서, 그것이 없으면 하나님의
목적이 성취되지 못할 수도 있습니다.

    하늘에서 드리는 그리스도의 중보기도는 그리스도께서 지상에서 시작
하신 일을 이루시는 데에 필수적입니다. 하지만 그분은 자신의 뜻을 성
취하시는 일에 성도들을 청하시어 중보기도하라고 하십니다. 다음 말씀
을 생각해 보십시오. "모든 것이 하나님께로서 났으며 그가 그리스도로
말미암아 우리를 자기와 화목하게 하시고 또 우리에게 화목하게 하는 직
분을 주셨으니"(고후 5:18). 하나님과의 화목은 그리스도께서 자기 직분
을 감당하시는가에 달려 있었습니다. 마찬가지로 그 일의 성취는 교회가
자기 직분을 감당하는가에 달려 있습니다. 바울은 자신에게 맡겨진 일을
성취하기 위해서는 주야로 드리는 중보기도가 필수적이라고 생각했습니

나. 중보기도는 믿는 자들의 마음에 역사하시는 하나님의 강한 능력의 일면일 뿐입니다.

중보기도는 정말로 신성한 일입니다. 그것이 없으면 교회는 교회의 중요한 아름다움 하나를 잃어버리며, 또 하나님의 중요한 일들을 성취하는 성령의 능력과 기쁨을 잃어버립니다. 그것이 없으면, 모든 사람에게 복음을 전하라는 명령을 결코 수행할 수 없습니다. 그것이 없으면, 병들고 연약한 상태에서 회복할 능력과, 세상을 이길 능력이 교회에 있을 수 없습니다. 하나님을 깨우는 파수꾼, 주야로 하나님께 부르짖는 자가 되지 않는 한, 그 목사나 교인의 삶은 하나님과 날마다 교제하는 기쁘고 풍족한 삶이 결코 될 수 없습니다. 그리스도의 교회여, 각성하십시오, 각성하십시오! "쉬지 말고 기도하라"(살전 5:17)는 부르심에 귀기울이십시오. 쉬지 말며, 하나님도 쉬시지 못하게 하십시오. 마음속 깊은 곳으로부터 한숨이 나올지라도, "나는 … 시온을 위하여 잠잠하지 아니할 것이라"(사 62:1)는 응답이 오도록 하십시오. 하나님의 성령은 중보기도하는 삶의 능력을, 신성한 실체로서, 위대한 구속(救贖)과 참그리스도인의 삶에 꼭 필요한 요소로서, 우리에게 드러낼 것입니다.

하나님, 우리가 우리의 소명을 깨달아 알고 성취하도록 도와주옵소서!

제4권

중보기도의 사역

The Ministry of Intercession

머리말

한 친구가 이 책이 출판될 것이라는 말을 듣고서, 같은 주제에 대해 이전에 내가 쓴 「그리스도의 기도 학교에서」라는 책과 어떻게 다른지 물었습니다. 그 질문에 대한 답변이 이 책에 붙일 수 있는 최상의 서문이 될 것입니다.

「그리스도의 기도 학교에서」가 조금이라도 호평을 받았다면, 그것은 두 가지 위대한 진리를 부각시켰기 때문일 것입니다. 그 첫째 진리는 기도가 반드시 응답을 받는다는 것입니다. 어떤 사람들은, 구하고 응답을 기대하는 것이 그리 훌륭한 기도가 아니라고 생각합니다. 이기적인 기도일 경우가 많은 간구보다는 하나님과의 교제가 더 낫다고 그들은 주장합니다. 예배하는 것이 간구하는 것보다 낫다는 것입니다. 그런가 하면, 기도에 응답이 오지 않는 때가 너무 많다고 생각해서 기도로 실제적인 선물을 얻기보다는 기도 연습을 통해서 얻는 영적 유익을 더 많이 고려하는 사람들도 있습니다. 「그리스도의 기도 학교에서」는, 이런 견해들이 제 위치를 지키는 경우에는 어느 정도 일리가 있다는 것을 인정하면서도, 기도란 우리가 바라는 바를 얻는 수단이라고 우리 주님께서 거듭거듭 말씀하셨음을 보여 줍니다. 또한 주님께서는 우리에게 어떻게 해서든지 기도 응답의 확신을 심어 주시려고 하셨다는 사실도 보여 줍니다. 사람은 기도를 통해 하나님의 마음을 공감할 수 있고, 새사람으로서 받은 신령한 권한을 주장할 수 있으며, 기도가 없었더라면 받지 못했을 것을 이 땅에 가져올 수 있습니다. 이처럼 사람이 하나님의 아들을 닮았음을 보여 주는 최상의 증거가 기도라는 것을, 나는 설명하고 싶었습니다. 하나님의 아들을 닮은 사람은 경배와 예배에서 하나님과 교제를 가질 만한 존재입니다. 또한 하나님의 영원한 목적을 이루는 통로가 될 뿐만 아니라, 세상을 통치하는 일에서도 자신의 뜻을 실제로 반영합니다. 「그리스도의 기도 학교에서」에서 나는, 그리스도께서 그토록 지속적으로 전해 주시는 귀한 진리들을 거듭 강조하려고 하였습니다. 즉, 기도의 복이란 여러분이 구하고 바라는 바를 얻을 수 있다는 것이며, 기도의 최상의 훈련과 영광은 처음에는 하나님께서 주실 수 없고 주시려고도 하시지 않는 것을 끈기있게 하나님을 설득함으로써 마침내 얻을 수 있다고 하는 진리들을 강조하려고 했습니다.

이 진리와 더불어 우리가 주님의 말씀을 공부할 때 아주 두드러지게 나타나는 두 번째 진리가 있었습니다. 우리는 '기도 응답이 그처럼 적극적으로 약속되어 있는데 어째서 응답받지 못하는 기도가 그처럼 많은 것입니까?'라는 문제에 답하는 가운데, 기도의 응답은 몇 가지 조건에 좌우된다고 그리스도께서 가르치신 것을 발견하였습니다. 주님은 믿음에 대해, 오래 참음에 대해, 주님의 이름으로 기도하는 것에 대해, 하나님의 뜻대로 구하는 것에 대해 말씀하셨습니다. 하지만 이 모든 조건은 다음의 핵심적인 한마디 말씀으로 요약되었습니다. "너희가 내 안에 거하고 내 말이 너희 안에 거하면 무엇이든지 원하는 대로 구하라 그리하면 이루리라"(요 15:7).

효력있는 믿음의 기도를 드릴 수 있는 능력은 바로 생활에 달려 있다는 것이 분명해집니다. 이러한 약속의 실현은 가지가 포도나무에 붙어 있고 포도나무를 위해 있듯이 전적으로 그리스도 안에 있고 그리스도를 위하여 사는 생활에 전념하는 사람에게만 해당되는 사실입니다. "그날에는 너희가 구하는 것을 … 내 이름으로 주시리라"(요 16:23). 그리스도께서 "그날"이라 함은 오순절을 가리켜 말씀하신 것입니다. 그리스도의 이름으로 구한다는 것이 어떤 능력을 가졌는지는 성령으로 충만한 삶을 살 때에만 알 수 있습니다. 이 사실은 결국, 일반적인 그리스도인의 삶으로는 이 약속들이 이루어지는 것을 볼 수 없다는 진리를 강조합니다. 능력

있게 기도하기 위해서는 아주 건전하고 활기찬 영적 생활이 필요합니다. 이 교훈은 자연스럽게 전적으로 헌신하는 삶이 필요하다는 것을 강조하게 됩니다. 꽤 많은 사람이 그 책을 읽는 도중에 더 나은 삶 — 그리스도의 놀라운 약속이 우리에게 실현되는 것을 맛보려면, 우리가 살아야 하고 또 살 수 있는 더 나은 삶 — 을 알게 되었다고 말했습니다.

이 두 가지 진리에 관해서는 지금 이 책에서도 전혀 변함이 없습니다. 한 가지 바라는 점은, 이 책에서 그 두 가지 진리를 아주 분명하고 힘있게 제시하여 하나님의 사랑하시는 모든 그리스도인들이 하나님의 자녀로서 우리 특권의 현실과 영광을 인상깊게 받아들일 수 있었으면 하는 것입니다. "무엇이든지 원하는 대로 구하라 그리하면 이루리라"(요 15:7). 전에는 지금처럼 강렬한 인상을 받지 못했던 이 두 진리를 강조하고 싶은 마음 때문에 이 책이 생겨난 것입니다.

한 가지 진리는 그리스도께서 기도를 큰 능력이 되기를, 즉 그리스도의 교회가 제 기능을 발휘할 수 있게 만드는 큰 능력이 되기를 의도하셨다는 것이며, 따라서 교회가 기독교 국가와 이교 국가의 대중들에게 좀 더 큰 영향력을 행사하지 못하는 중요한 이유가 바로 교회가 기도를 게을리했기 때문이라는 것입니다. 이 사실에 대한 내 확신이 어떻게 강화되었는지, 그리고 어떤 계기로 이 책을 쓰게 되었는지를, 나는 첫 장에서 말하였습니다. 이 책은 나 자신과 목회를 하고 있는 형제들, 모든 하나님의 백성들을 대신해서 그동안 우리에게 있었던 죄와 결함을 고백하기 위해서 쓴 것입니다. 또한 이 책은 상황이 달라질 수 있다는 것과 그리스도께서 성령으로 말미암아 우리를 훈련하시되 주께서 바라시는 대로 기도하도록 훈련시키려 하신다는 것을 믿으라는 초청의 글입니다.

물론 이 초청 때문에 나는 전 책에서 이야기했던 바, 즉 성령 안에서 사는 삶이 있다는 것을 다시 언급하게 됩니다. 다시 말해서 그리스도 안에 거하는 삶, 곧 기도하는 능력과 응답받는 능력이 전에는 생각조차 할 수 없을 정도로 놀랍게 실현되는 삶이 있다는 것을 말합니다. 그리스도께서 우리에게 마련해 주신 자리를 어떤 욕구에 빼앗기거나 기도생활에 실패했기 때문에, 우리는 그리스도인의 생활에 나타난 은혜 교리의 근본을 생각하게 됩니다. 기도생활이 진정으로 건강하게 회복될 수 있으려면 오직 성령의 격려하심과 인도하심에 전적으로 순종함으로써 그리스도 안에 거하는 생활을 온전히 행해야만 합니다. 「그리스도의 기도 학교에서」에서는 이 사실을 생각만큼 충분히 전달하지 못했습니다. 그래서 나는 기도하였고, 약한 것들을 들어 쓰시는 하나님께서 자신의 영광을 위하여 그 약점을 보충하실 것이라고 믿고 있습니다.

내가 그동안 강력히 주장하고자 해 왔던 두 번째 진리는 자신을 위한 기도와 구별되는 중보기도가 교회와 그리스도인의 생활에서 차지해야 하는 위치에 대해 사람들이 거의 아무것도 모른다는 것입니다. 보좌 위에 앉아 계신 우리 왕께서는 자신의 지극히 높은 영광을 중보기도에서 찾으십니다. 그리고 우리도 중보기도에서 우리의 지극히 높은 영광을 발견합니다. 우리 주께서는 중보기도를 통해 자신의 구원 사역을 계속하시므로 중보기도 없이는 아무것도 행하실 수 없습니다. 중보기도를 통해서만 우리는 일을 할 수 있고 중보기도 없이는 아무것도 소용이 없습니다. 우리 주께서는 항상 중보기도를 통해서 아버지로부터 성령과 모든 영적 복을 받아 나누어 주십니다. 우리도 역시 중보기도를 통해서 성령 충만을 받아야 하며, 다른 사람들에게 영적 복을 나누어 줄 능력도 중보기도를 통해서 받아야 합니다. 진정으로 축복할 수 있는 교회의 능력, 다시 말해서 하늘의 선물을 받아 사람들에게 나누어 줄 능력은 중보기도에 달려 있습니다. 가르침이나 영적 통찰력이 부족한 탓에, 그리고 세상과 육체의 영향력 탓에 우리가 자신의 근면과 노력을 의지하고 기도보다는 일을 더 많이 하는 경우에 하나님의 임재와 능력이 우리가 바라는 만큼 우리 일에 나타나지 않는 것은 당연한 일입니다.

이러한 생각 때문에 나는 신자들에게 중보기도에 대한 높은 소명 의식을 불러일으키고, 중보기도에서 자신의 역할을 하도록 훈련하는데 도움을 주기 위해, 무슨 일을 할 수 있을까 하고 생각하게 되었습니다. 그래서 이 책은 실천 학교를 열고, 중보기도라는 위대한 사역을 한 번도 제대로 해 보지 못한 모든 사람을 초청하여 중보기도를 시작하고 전념하게 한다는 점에서 이전의 책과 다릅니다. 기도로써 무엇을 할 수 있는지를 알고 있고 그것을 훌륭하게 증거하는 기도의 사역자들이 많습니다. 그러나 기도는 별로 하지 않으면서 일에만 몰두하는 사람도 수없이 많습니다. 하늘의 복을 땅에 가져오는 많은 중보기도자들의 명단에 낄 수 있는 방법이나 경우를 모르기 때문에, 일조차 하지 않는 사람은 더 많습니다. 그들을 위해서 그리고 도움이 필요한 모든 사람을 위해서 나는 이 책 끝에 한 달 간 시행할 중보기도 학교를 위한 도움과 힌트를 적어 놓았습니다.

나는 중보기도에 합류하기를 바라는 사람들에게 적어도 하루에 10분 간 중보기도에 할애함으로써 시작하라고 요구하였습니다. 어떤 것을 배우는 지름길은 실제로 그것을 하는 것입니다. 일단 중보기도를 시작하면 성령께서 도우실 것입니다. 우리가 매일 하나님의 부르심을 듣고 일단 중보기도를 실천하면, '나도 중보기도자이다' 라는 의식이 생기기 시작합니다. 우리가 이 중보기도의 일을 바르게 행하면 그리스도 안에서 살아야 할 필요성과, 성령을 충만히 받아야 할 필요성을 느끼게 될 것입니다.

중보기도자가 되려는 정직한 시도만큼 그리스도인의 생활을 단련하고 자극하는 것은 아무것도 없을 것입니다. 우리가 하나님께서 제시하는 명예로운 자리를 온 마음으로 받아들일 경우, 우리 자신과 교회가 얼마나 많은 것을 얻게 될지 알기 어렵습니다. 중보기도 학교에 관해서 말하자면, 처음 한 달간의 과정을 시행하고 나면 우리가 중보기도를 드리는 방법을 얼마나 모르고 있었는지를 깨닫게 될 것입니다. 두세 달 시행하고 나면 이런 생각이 더 깊어집니다. 하지만 이런 생각은 큰 복이 될 것입니다. "우리가 마땅히 빌 바를 알지 못한다"(롬 8:26)는 고백은 "성령이 … 우리를 위하여 친히 간구하시느니라"(26절)는 경험으로 가는 시작입니다. 중보기도를 잘 알지 못한다는 의식이 생기면 우리는 우리 속에서 기도하시는 성령을 의지하게 되고 성령 안에서 살 필요성을 느끼게 될 것입니다.

우리는 체계적인 성경 공부에 대해서 많이 들어왔습니다. 그리고 성경

공부반과 성경읽기반이 수없이 많은 것에 대해 하나님께 감사드립니다. 그 같은 성경공부반의 지도자들은 또한 기도반을 시작해야 합니다. 자기 반 학생들이 은밀한 가운데 기도하도록 돕고 무엇보다도 그들이 기도의 사람이 되도록 훈련하는 기도반을 시작해야 합니다. 목사들은 이 일과 관련하여 자신들이 무엇을 할 수 있는지 물어야 합니다. 구하고 기대하고 응답을 찾는 중보기도에서만큼 하나님의 말씀을 믿는 믿음이 잘 발휘되고 완성되는 곳은 없습니다. 성경 전체에 걸쳐서, 그리고 모든 성도의 생활에서, 성자 하나님의 공생애에서, 하나님의 교회 역사 전체를 통해서 하나님께서는 무엇보다도 기도를 들으시는 하나님으로 나타나십니다. 하나님의 자녀들이 하나님이 어떤 분이신지 알도록 돕고, 하나님의 모든 종들이 다음과 같은 확신을 가지고 일하도록 격려해야 합니다. 내 일에서 가장 중요하고 복된 부분은 다른 사람들에게 가져다줄 수 있는 것을 하늘 아버지께 구하여 받는 일입니다. 이것을 하나님의 종들이 확신하도록 격려합시다.

이 책이 담고 있는 내용은 바로 이전 책의 중요한 두 가지 교훈에 대한 확증이자 교훈을 실천하라는 요청임을 이제는 쉽게 이해할 것입니다. 두 가지 교훈이란 "무엇이든지 원하는 대로 구하라 그리하면 이루리라"(요 15:7). "무엇이든지 기도하고 구하는 것은 받은 줄로 믿으라"(막 11:24)는 것입니다. 위대한 이 두 가지 기도의 약속은 교회에 사역을 수행할 수 있는 능력을 부여하는 것으로서, 우리는 그것을 문자 그대로, 그리고 실제로 진리로 여겨야 합니다. "너희가 내 안에 거하고 내 말이 너희 안에 거하면"(요 15:7). "그날에는 너희가 구하는 것을 … 내 이름으로 받으리라"(요 16:23). 위대한 이 두 가지 기도의 조건은 보편적이고 변치 않는 것입니다. 그리스도 안에 거하고 성령으로 충만한 삶, 곧 열매 맺는 포도나무의 가지처럼 전적으로 자기를 드린 생활에는, 이런 약속들을 이루어 주시기를 강력히 요청하는 기도, 역사하는 힘이 많은(약 5:16) 기도를 드릴 수 있는 능력이 따릅니다.

제 1 장

기도하지 않음

너희가 얻지 못함은 구하지 아니하기 때문이요 — 야고보서 4:2

사람이 없음을 보시며 중재자가 없음을 이상히 여기셨으므로 자기 팔로 스스로 구원
을 베푸시며 자기의 공의를 스스로 의지하사 — 이사야 59:16

주의 이름을 부르는 자가 없으며 스스로 분발하여 주를 붙잡는 자가 없사오니 — 이사
야 64:7

얼마 전에 참석한 집회는 아침 시간을 기도와 중보기도만으로 진행했
습니다. 참석자들은 하나님의 말씀을 들으면서 자신들의 필요와 능력의
근원에 관해서 배우는 동시에, 합심하여 지속적으로 간구를 드리면서 큰
은혜를 받았습니다. 오래 참으며 끈기 있게 기도하는 데에 매우 취약하
다는 것을 많은 사람들이 절감하게 되었는데, 그러한 기도야말로 이 시
대 교회에 가장 절실한 것들 가운데 하나입니다.

우리는 너무나 기도를 하지 않습니다! 거기에 중대한 변화가 일어나기
를 바라는 마음도 없습니다. 이는 오래 젖어 지내온 타성 때문이기도 하
고, 기도를 의무로 여기는 강박 관념 때문이기도 합니다.

최근에 기도에 관한 말을 듣고서 깊은 인상을 받았습니다. 아직도 지워
지지 않고 생생하게 남아 있는 말은, 하나님의 종들이 좌절감 — 철저한
변화를 일으킬 힘이 자기들에게 없다는 느낌 — 을 맛보아야 한다는 것
이었습니다. 그 말을 듣고서 하나님 앞에 아뢰었습니다. 문제를 직시하게

하고 믿음을 북돋워 주는 말씀을 허락하시어, 당신의 성령으로 우리가 마땅히 드려야 하는 그런 기도를 드릴 수 있도록 확신을 일으켜 달라고 구했습니다.

이 문제를 진지하게 생각해 본 적이 없는 분들을 위해서, 기도하지 않는 현상에 대한 진단이 얼마나 보편적인 것인가를 보여 주는 몇 가지 사례를 소개함으로써 논의를 시작하고자 합니다.

스코틀랜드 에든버러의 프리 세인트 조지 교회를 담임하는 화이트 박사(Dr. Whyte)가 목회자들 앞에서 강의를 했습니다. 그는 젊은 목회자 시절에 시간을 쪼개어 책을 많이 읽고 연구하는 것을 큰 과제로 삼아 지냈다고 했습니다. 자신이 준비할 수 있는 최선의 말씀으로 교인들을 먹이고 싶었기 때문이었습니다. 그러나 이제는 기도가 연구보다 더 중요하다는 것을 깨달았습니다. 사도들이 집사들을 세워 헌금을 맡아 집행하도록 한 목적이 자신들은 "오로지 기도하는 일과 말씀 사역에 힘쓰"기 위함이었음을 기억했습니다(행 6:4). 화이트 박사는 집사들이 사례금을 들고 찾아오면, 그들이 자신의 소임을 다하는 것처럼 과연 자신도 소임을 다했는지 자문해야 할 때가 있었노라고 털어놓았습니다. 그는 지난 날 자신이 잃어버린 것을 되찾기에는 너무 늦었다고 느끼면서 형제들에게 기도에 더욱 힘쓰라고 독려했습니다. 그와 같이 높은 지위에 있는 사람의 입에서 숙연한 고백과 경고가 나온 셈인데, 그 요지는 우리가 너무 기도를 하지 않고 산다는 것입니다.

여러 해 전에 열렸던 집회 기간에, 기도에 관해서 런던의 유명한 목회자와 대화를 나누었습니다. 그분은 기도에 지나치게 시간을 할애한다면 목회자로서의 여러 가지 직무들에 그만큼 소홀해지지 않겠느냐고 주장했습니다. "아침에 일어나면 식전에 열 통 가량의 답장을 써야 합니다. 그러고 나면 여러 위원회 모임들과 스물네 시간으로도 부족할 헤아릴 수 없이 많은 업무가 기다리고 있습니다. 그 일을 다 해내기도 어렵습니다."

그분에게 내가 대답한 말은 사실상 이런 것이었습니다. 그것은 단지 우리의 시간과 관심을 하나님이 요구하시는 일에 기울일 것인가, 아니면 사람이 요구하는 일에 기울일 것인가 하는 문제일 뿐입니다. 하나님께서 우리를 만나시려고, 그리고 당신의 일을 하도록 하늘로부터 복과 능력을 주시려고 기다리고 계실진대, 마땅히 하나님과 그분을 기다리는 일을 두어야 할 자리에 다른 일을 둔다는 것은 근시안적인 태도입니다.

어느 목회자 모임에서 큰 지역을 관할하는 감독(superintendent)이 그 문제를 다음과 같이 다루었습니다. "저는 아침에 일어나서 아침을 먹기 전에 반 시간 동안 말씀과 기도로 하나님과 함께 보냅니다. 출근해서는 종일 복잡하고 다양한 일을 수행합니다. 순간마다 인도나 도움을 구하는 기도를 드리는데, 그렇게 하는 데 몇 분도 채 걸리지 않습니다. 일과를 마치고 돌아와서는 저녁 기도 시간을 가지고서 그날 있었던 일들을 하나님께 아룁니다. 그러나 성경이 가르치는 강렬하고 분명하고 끈기 있는 기도에는 턱없이 부족합니다." 그런 생활에 대해서 어떻게 생각하느냐고 그분은 물었습니다.

가족을 부양하고 직업을 계속 수행할 정도만큼만 벌이를 하는 사람과, 사업을 확장하고 남들을 도울 만큼 벌이를 하는 사람의 차이를 한 번 생각해 보십시오. 진실한 그리스도인 가운데서도 영성 곧 그리스도를 닮아 가는 일에 크게 장성하지 못한 채 그저 퇴보나 면하고 현 상태를 유지할 만큼만 기도하고 사는 분들이 있을 수 있습니다. 이런 기도 자세는 더 높은 목표에 도달하려는 공세적인 것이라기보다, 시험을 이기는 데 목표를 둔 수세적인 것입니다. 우리 자신을 거룩하게 하고 다른 사람들에게 실제로 복을 끼치게 할 만큼 하나님의 능력을 크게 체험하여 능력있는 사람이 되려면 좀 더 확고한 태도로 인내하며 기도해야 합니다. 정말로 들으심을 받는 중보기도를 드리려면, "밤낮 부르짖는"(눅 18:7) 일과, "기도에 항상 힘쓰"는 일(롬 12:12), 깨어 구하기를 항상 힘쓰는 일(엡 6:18), 그리고 끈기 있게 기도함으로써 응답 받는 일에 관한 성경의 가르침을 직접 체험해야 합니다.

또 다른 예를 들어봅시다. 큰 교회를 담임하느라 과중한 책임을 수행해 가시던 어느 목회자가 한 번은 내게 이렇게 말했습니다. "많이 기도하는 것이 중요하다는 것을 잘 아는데, 그런데도 생활은 그럴 여유를 주지 않습니다. 그냥 이런 상태로 살아야 하는 겁니까? 그렇지 않고 우리가 바라는 바를 얻을 수 있는 비결이 있으면 좀 말씀해 주십시오." 그 어려움이 한두 분의 것이 아닌 모든 목회자들의 것임을 나는 인정했습니다. 남아프리카에서 매우 큰 존경을 받으며 사역하다가 지금은 땅의 수고를 그치고 쉬고 계신 어느 선교사도 같은 내용의 하소연을 한 적이 있습니다. 그분의 말이 지금도 생각납니다. "새벽 다섯 시가 되면 환자들이 약을 타러 문 밖에 와서 기다립니다. 여섯 시에는 인쇄 견습공들이 찾아오며, 나는 그들에게 인쇄 기술을 가르쳐야 합니다. 아홉 시에는 학교에 나가며, 늦은 밤까지 여러 통의 편지를 써야 합니다."

그럴 때마다 나는 "가장 무거운 것을 맨 앞자리에 두어야 한다"는 네덜란드의 격언을 인용하여 대답했습니다. 하나님의 법은 불변합니다. 땅에서도 그렇지만 장차 하늘에 가서도 우리는 주는 만큼만 받게 마련입니다. 하늘의 은사들을 받기 위한 의무들을 수행하기에 꼭 필요한 대가와 희생과 시간과 관심을 기꺼이 지불하지 않는다면 천상의 능력을 맛보면서 사역할 생각은 하지도 말아야 합니다. 나의 이러한 발언을 듣고서 그 자리에 참석한 모든 사람들이 탄식하듯이 대답했습니다. 그 문제를 수없이 생각도 해 보고 안타까워도 해 보았다는 것입니다. 그런데 그렇게 각성과 결심을 할수록 기도하기가 더 힘들어졌다고 했습니다. 대화가 그 뒤로 어떻게 전개되었는가 하는 것은 이 책의 다음 장들에서 보게 될 것입니다.

한 사람 이야기만 더 하고 넘어가겠습니다. 여행길에 코울리 수도회 신부(the Cowley Fathers) 한 분을 만났는데, 그는 영국 성공회 목회자들을 위한 수련회를 방금 인도하고 돌아온 참이었습니다. 그가 어떤 방향으로 가르쳤는지 궁금한 생각이 들었습니다. 대화 과정에서 그는 '일이 바빠서'라는 표현을 사용했는데, 그가 자신과 다른 사람들에게서 해결해야 할 큰 문제의 하나가 바로 그것임을 발견했다는 뜻이었습니다. 그는 자신이 수사 서약을 할 때 특별히 기도에 전념하기로 서약했었노라고 했습니다. 그런데 서약을 실천하기가 여간 어렵지 않음을 발견했습니다. 날마다 자기가 살고 있는 도시의 네 지역을 둘러보아야 했습니다. 전임자가 설립해 놓고 간 여러 위원회들이 있어서 그 일을 다 맡아봐야 했습니다. 마치 세상 모든 것이 공모하여 기도하지 못하도록 방해하고 있는 것만 같았습니다.

이런 간증들은 목회자들과 그리스도인들의 삶에서 기도가 마땅히 차지해야 할 자리를 차지하지 못하고 있는 현실을 한 목소리로 규명해 줍니다. 기도를 별로 드리지 못하고 산다는 것이 모든 이들의 한결같은 고백이고, 막상 기도하려고 해도 어떻게 기도해야 할지를 몰라서 진실하고 온전한 기도 생활을 하지 못하는 사람이 많습니다. 하지만 감사해야 할 이유가 있습니다. "무릇 사람이 할 수 없는 것을 하나님은 하실 수 있느니라"(눅 18:27). "하나님이 능히 모든 은혜를 너희에게 넘치게 하시나니 이는 너희로 모든 일에 항상 모든 것이 넉넉하여 모든 착한 일을 넘치게 하게 하려 하심이라"(고후 9:8). 많이 기도하기를 하나님께서 원하신다는 사실이 짐과 자책의 원인이 되어서는 안 될 것입니다.

하나님께서는 기도가 기쁜 일이 되기를 바라십니다. 기도 시간에 신선한 생각을 공급하시어 우리의 일을 잘 수행해 나가도록 하실 수도 있고, 우리를 통해서 동료 인간들에게 일하실 수도 있습니다. 부끄러운 죄를 자백하기를 두려워하지 말고, 만일 자백했다면 우리의 전능하신 구주의 이름을 의지하고서 그 죄에 맞닥뜨려야 합니다. 하나님께서 빛을 비추어 우리의 죄를 드러나게 하시고 그로 인해 정죄하시므로, 죄에서 빠져나와 하나님을 기쁘시게 해 드리는 자유의 삶으로 들어가는 길도 보여 주실 것입니다. 이 한 가지 문제, 즉 기도에 신실하지 못한 생활에 대해 큰 책망을 순순히 받는다면, 하나님께서 이런 깨달음을 쓰셔서 우리가 고대하는 기도할 능력을 주실 뿐 아니라, 이에 따르는 새롭고 건강한 생활의 기쁨도 주십니다.

기도의 부족을 절감하는 것이 어떻게 하면 복의 수단이 될 수 있으며, 악을 정복하는 길에 들어서는 입구가 될 수 있겠습니까? 어떻게 하면 지속적인 기도와 중보기도로써 아버지와 나누는 사귐을 정상적으로 유지하여 우리와 우리 주변 세계에 복을 끼칠 수 있겠습니까? 내 판단으로는 먼저 하나님의 말씀으로 돌아가서 하나님께서 자기 자녀의 삶과 교회의 삶에서 기도를 어떤 자리에 두셨는가 하는 것을 배워야 한다고 봅니다. 어떤 기도가 하나님의 뜻에 맞는지, 하나님께서 은혜를 베푸시면 우리의 기도가 어떤 것이 될 수 있는지를 새롭게 깨닫는다면 우리에게 번번이 실패를 안겨 주는 원인인 지속적인 기도의 부족에 대해서도 연약하고 부족한 견해를 말끔히 씻어내게 될 것입니다.

하나님께서 세워 주신 이 은혜의 방편(기도)이 얼마나 합리적이고 정당한가를 바로 이해하고, 이것이 하나님의 사랑과 우리의 행복에 얼마나 부합하는지를 깨달으면 기도가 항상 무거운 부담만 안겨 준다는 그릇된 인상을 씻어낼 수 있습니다. 기도를, 하늘의 복을 땅에 임하게 하는 유일한 방법으로서 받아들이고 온 마음으로 기뻐할 것입니다. 호흡이 건강과 생명에 필수적이듯이, 기도도 성령의 인도와 충만함을 받는 그리스도인의 삶에 필수적입니다. 이것을 믿을 때 기도에 대한 의무감과 부담감, 노력과 긴장이 말끔히 사라질 것입니다.

하나님의 말씀이 기도에 관해서 가르치는 내용을 배우고 받아들이면 그동안 기도 생활에 실패한 원인이 성령 안에서 살지 못한 데 있음을 알게 될 것입니다. 기도는 영적 생활에서 가장 천상적이고 신령한 기능들의 하나입니다. 영혼이 온전히 건강하지도 못하고 성령의 인도와 감동을 받으며 살지도 못하면서 어찌 하나님을 기쁘시게 해 드릴 수 있겠습니까? 하나님께서 기도에 부여하신 가치는 온전한 그리스도인의 삶에서만 구현할 수 있다는 것을 깨닫게 되면, 그동안 우리가 참되고 풍성한 삶을 살지 못했다는 것이 여실히 드러날 것입니다. 우리의 복되신 주 예수님과 친밀한 사귐을 갖지 않는 한 기도를 더 많이 더 효과적으로 드리겠다는 생각은 헛되다는 것을 알게 될 것입니다.

그리스도는 우리의 생명이십니다. 그리스도께서는 우리 안에 실제로 거하십니다. 땅에 계실 때 기도하시던 삶과 하늘에서 중보기도하시는 삶을, 우리가 믿음과 순종으로 받아들이는 정도만큼 우리에게 불어넣어 주십니다. 예수 그리스도는 모든 질병의 치유자이시고, 모든 원수의 정복자이시며, 모든 죄에서 건져 주시는 분이십니다. 우리가 실패를 교훈 삼아 새로운 각오로 그리스도를 바라보고, 그분 안에서 마땅히 드려야 할 기도를 드린다면, 지극히 큰 복을 받을 것입니다.

하나님께서 우리 영혼을 찾으시기를, 그리고 남들을 위해 기도할 자격과 힘을 불어넣어 주시기를 바라면서 우리 모두 한마음으로 하나님께 기도드립시다. 이 시대의 교회와 세상에 그것보다 더 절실한 것은 없습니다. 오직 중보기도만이 하늘로부터 그러한 능력을 가져올 수 있으며, 그 능력을 받으면 교회는 세상을 정복할 수 있을 것입니다. 우리 모두, 구석에 처박힌 채 잠자고 있는 기도의 은사를 흔들어 깨워서 가능한 한 여러 사람이 하나가 되어 하나님께 기도드립시다. 교회가 땅에서 기쁨을 누리게 될 때까지 하나님께 부단히 구하여 쉬시지 못하도록 합시다. 강렬한 믿음의 기도만이 도처에서 신자들을 곤궁에 빠뜨리는 강렬한 세상 정신에 대응할 수 있습니다.

제 2 장

성령의 역사와 기도

너희가 악할지라도 좋은 것을 자식에게 줄 줄 알거든 하물며 너희 하늘 아버지께서 구하는 자에게 성령을 주시지 않겠느냐 ― 누가복음 11:13

그리스도께서는 누가복음 11:9에서 "구하라 그러면 너희에게 주실 것이요"라고 말씀하셨습니다. 하나님의 주심은 우리의 구함과 뗄 수 없이 연결되어 있습니다. 그리스도께서는 이러한 원리를 특히 성령에게 적용하십니다. 이 땅의 아버지가 자식에게 세 끼 밥을 확실히 주듯이, 하나님께서는 구하는 자들에게 성령을 주십니다. 성령의 역사는 한 가지 큰 법칙에 따릅니다. 그것은 하나님께서 주셔야 하고, 우리가 구해야 한다는 것입니다. 성령께서 오순절에 마르지 않는 강물로서 교회에 오셨을 때, 그 일 역시 기도의 응답으로 이루어진 것입니다. 성령께서 신자의 마음 안에서 흘러 넘쳐 생명수 강으로 흐르는 것도 "구하라 그러면 너희에게 주실 것이요"라는 법칙에 달려 있습니다.

기도를 드리지 않고 살았다고 고백하는 것과 관련하여 우리에게 필요한 것은 하나님의 구속 계획에서 기도가 차지하는 자리를 올바로 깨닫는 것입니다. 사도행전 전반만큼 이 점을 명쾌하게 보여 주는 곳도 없습니다. 성령께서 오심으로써 교회가 탄생하는 내용과, 성령의 권능에 힘입어 하늘의 삶이 최초로 땅에 구현되는 내용은 땅에서 우리가 드리는 기도가 원인으로든 결과로든 성령께서 임재하시도록 하는 진정한 길임을 가르쳐 줍니다.

우선 잘 알려진 구절부터 봅시다. "마음을 같이하여 오로지 기도에 힘쓰더라"(행 1:14). "오순절 날이 이미 이르매 그들이 다같이 한 곳에 모였더니 ··· 그들이 다 성령의 충만함을 받고 ··· 이 날에 신도의 수가 삼천이나 더하더라"(2:1, 4, 41). 구속의 위대한 사역이 이미 완수되었습니다. 그리고 그리스도께서는 "몇 날이 못 되어" 성령을 보내시겠다고 약속하셨습니다(행 1:5). 그분은 이미 하늘의 보좌에 앉으셨고, 성부 하나님에게서 성령을 받으셨습니다. 그러나 이것으로는 충분하지 않았습니다. 한 가지가 더 필요했습니다. 제자들이 열흘간 합심하여 쉬지 않고 기도하는 일이 필요했던 것입니다. 그렇게 강렬하고도 지속적인 기도가 제자들의 마음을 준비시켰고, 하늘의 문을 열었고, 약속된 복을 가져왔습니다. 그리스도께서 보좌에 앉으사 성령의 권능이 임하게 하신 일도 제자들이 보좌 앞에 나아가는 일이 있음으로써 이루어졌습니다.

교회가 탄생하는 시점에서 만대를 위한 법칙이 제시된 셈입니다. 그것은 기도가 성령의 권능을 하늘로부터 임하게 한다는 것입니다. 믿음의 분량을 말해 주는 지속적인 기도가 성령께서 교회 안에서 역사하시는 분량을 결정해 줄 것입니다. 우리에게 필요한 것은 직설적이고 분명하고 확고한 기도입니다. 이러한 기도를 어떻게 드리는지 사도행전 4장에서 살펴봅시다. 베드로와 요한은 공회에 붙잡혀 가서 만약 계속해서 전도하면 처벌할 것이라는 경고를 받았습니다. 두 사도가 형제들에게 돌아가 자신들이 들은 말을 전하자, "그들이 한마음으로 하나님께 소리를 높여"(24절) 하나님의 말씀을 담대히 전하게 해 달라고 기도했습니다.

> 빌기를 다하매 모인 곳이 진동하더니 무리가 다 성령이 충만하여 담대히 하나님의 말씀을 전하니라. 믿는 무리가 한마음과 한 뜻이 되어 모든 물건을 서로 통용하고 자기 재물을 조금이라도 자기 것이라 하는 이가 하나도 없더라. 사도들이 큰 권능으로 주 예수의 부활을 증언하니 무리가 큰 은혜를 받아(31-33절).

마치 오순절 이야기가 재차 반복되는 듯한 정경입니다. 신자의 무리가 기도를 드리자 집이 흔들리고, 성령이 충만하게 임하시고, 사도들이 하나님의 말씀을 담대하고 능력 있게 전파하고, 모든 이들에게 큰 은혜가 임하고, 일치와 사랑이 구현되었습니다. 기도가 영적 생활과 영적 능력의 뿌리라는 사실이 교회의 심장에 지울 수 없이 뚜렷하게 각인되었습니다. 하나님께서 성령을 주시는 척도가 우리의 기도입니다. 하나님은 아버지로서 아이처럼 구하는 이에게 주십니다.

사도행전 6장을 살펴봅시다. 여기서는 헬라파 유대인들이 구제에서 빠졌다는 이유로 원망을 하자, 사도들이 봉사를 전담할 집사들을 세우자고 제안했습니다. 그러면서 "우리는 오로지 기도하는 일과 말씀 사역에 힘쓰리라"고 했습니다(4절). 우리가 하나님의 나라를 전심으로 구하면서 어떤 일을 수행한다면, 그 일은 하나님과의 사귐에 조금도 방해가 되지 않는다는 말을 자주 듣습니다. 가난한 자들을 섬기는 것 같은 일은 틀림없이 영적 생활에 장애를 주지 않습니다. 그런데도 사도들은 그 일이 기도와 말씀 사역에 힘쓰는 데 장애가 된다고 느꼈습니다. 이 사실이 가르쳐 주는 것은 무엇입니까? 교회의 지도자들에게는 기도의 정신을 유지하는 것만으로는 충분하지 않다는 것입니다. 왕과 백성들 사이에 의사소통이 잘 되도록 힘쓰고, 자신뿐 아니라 주변 사람들의 영적 생활을 유지하도록 능력과 복이 임하게 하고, 가르침과 능력을 끊임없이 받아 큰 임무를 수행하기 위해서, 말씀 사역자들인 사도들은 기도에 더욱 전념할 필요를 느꼈고, 그래서 다른 의무들을 벗을 필요를 느꼈습니다.

야고보는 이렇게 썼습니다. "하나님 아버지 앞에서 정결하고 더러움이 없는 경건은 곧 고아와 과부를 그 환난중에 돌보고 또 자기를 지켜 세속에 물들지 아니하는 그것이니라"(약 1:27). 헬라파 과부들을 보살피는 일이야말로 거룩한 일이었습니다. 그런데도 이런 의무들이 기도와 말씀 전파에 전념하도록 특별히 부름을 받은 사도들에게는 방해가 될 수 있었던 것입니다. 땅에서 그렇듯이 하늘 나라에서도 역할 분담이 좋은 결과를 가져옵니다. 집사 같은 이들이 이 땅의 가난한 이들을 대접하고 구제하는 일을 맡아야 하는 반면에, 어떤 이들은 하늘의 권능을 끊임없이 흘러 내리게 하기 위해 다른 업무를 맡지 않고 자유롭게 기도에 힘써야 합니다. 그리스도께서도 말씀 사역과 더불어 기도에 크게 힘쓰셨습니다. 이 법에 충실히 순종하는 것이 교회의 능력과 성공의 비결입니다. 오순절 이전과 마찬가지로 이후에도 사도들은 기도에 전념했습니다.

사도행전 8장은 오순절의 은사가 기도와 밀접한 관계가 있음을 다른 각도에서 비춰 줍니다. 사마리아에서 빌립은 복음을 전파하여 큰 은혜를 끼쳤고, 많은 사람들이 믿게 되었습니다. 그러나 성령께서는 그들 아무에 게도 아직 임하시지 않았습니다. 그 소식을 들은 사도들이 베드로와 요 한을 보냈고, 두 사도는 그들이 성령을 받을 수 있게 해 달라고 기도했습 니다. 그러한 기도의 능력은 전도보다 한층 차원 높은 은사였습니다. 그 것은 영광의 주님과 매우 밀접한 접촉을 가져온 사람들의 일이었으며, 전도와 세례, 믿음과 회심으로 시작했을 뿐인 삶이 온전한 데 이르게 하 는 필수적인 사역이었습니다. 우리가 갈망하는 초대 교회의 모든 은사들 가운데 기도의 은사, 즉 신자들에게 성령이 임하시도록 하는 기도만큼 절실한 것이 없습니다. 이 능력은 "우리는 오로지 기도하는 일과 말씀 사 역에 힘쓰리라"고 말하는 사람들에게 임합니다(행 6:4).

가이사랴의 고넬료의 집에 성령을 부어 주신 일(행 10장)은 기도와 성 령의 놀라운 상관 관계를 증거하는 하나의 사례이며, 기도에 전념하는 사람에게 어떤 일이 있을 것인지를 일러 주는 또 하나의 증거입니다. 베 드로는 정오에 기도하러 지붕으로 올라갔습니다. 그곳에서 어떤 일이 일 어났습니까? 베드로는 하늘이 열리는 것과, 이방인들을 깨끗하게 할 것 을 계시하는 환상을 보았습니다. 그 후 고넬료가 보낸 세 사람이 왔습니 다. 고넬료는 "하나님께 항상 기도"하는 사람이었으며(2절), 천사에게서 "네 기도와 구제가 하나님 앞에 상달되어 기억하신 바가 되었"다는 말을 들었습니다(4절). 성령께서는 베드로에게 "일어나 내려가 의심하지 말고 함께 가라"고 말씀하셨습니다(20절). 베드로가 기도할 때에 하나님의 뜻 이 계시되었고, 가이사랴로 가라는 지시가 임했습니다. 기도하는 베드로는 역시 기도하며 준비하고 있던 무리에게 가서 복음을 전했습니다. 이렇게 기도의 응답으로 전혀 예기치 못하던 큰 복이 임하여 이방인들에게 성령이 부어진 것은 이상한 일이 아닙니다. 기도에 힘쓰는 목회자는 다른 방법으로는 받지 못할 하나님의 뜻을 깨닫는 은혜를 받을 것입니다. 예상치 못했던 기도하는 사람들에게 보냄을 받을 것이며, 자신이 구하거나 생각한 것을 넘어서는 복을 받을 것입니다. 성령의 가르침과 능력은 철저히 기도와 연결되어 있습니다.

다음에 살펴볼 본문은 교회의 기도가 영화로우신 왕에게 발휘하는 호소력이 얼마나 큰가를 확실히 믿게 해 줄 것입니다. 그 기도의 능력은 사도들에게서 뿐 아니라 기독교 공동체에서도 나타났습니다. 사도행전 12장에는 베드로가 처형되기 전날 밤에 겪은 사건이 기록되어 있습니다. 야고보가 순교하면서 교회가 큰 위기 의식에 빠져들게 된 차에, 베드로마저 잃게 될지도 모른다는 생각 때문에 신자들은 잔뜩 위축되어 있었습니다. 이때 교회는 기도에 전념했습니다. "이에 베드로는 옥에 갇혔고 교회는 그를 위하여 간절히 하나님께 기도하더라"(5절). 그리고 그 기도로 큰 것을 얻었습니다. 베드로가 구출된 것입니다. 베드로가 마리아의 집에 찾아갔을 때 "여러 사람이 거기에 모여 기도하고" 있었습니다(12절). 육중한 석벽과 이중 사슬, 군병들과 간수들, 철문들은, 베드로를 구하시기 위해 내려오신 힘 앞에서는 아무것도 아니었습니다. 성령에 사로잡힌 교회가 기도를 통해 발휘하는 능력 앞에서 헤롯으로 대표되는 로마 제국의 세력은 무력했습니다. 신자들은 하늘에 계신 주님과 밀접하고도 살아 있는 교제를 나누고 있었으며, "하늘과 땅의 모든 권세를 내게 주셨으니"와 "볼지어다 내가 세상 끝날까지 너희와 항상 함께 있으리라"는 말씀이 온전히 참되다는 것을 알고 있었습니다(마 28:18, 20). 그들은 자신들이 무엇을 구하든 들어주시겠다고 하신 주님의 약속을 믿었습니다. 이 약속 때문에, 하늘의 능력이 땅에 임할 수 있다는 것과, 하늘의 능력이 그들의 기도에 따라 그들을 위해 발휘되리라는 것을 굳게 믿고 기도했습니다. 초대 교회는 기도를 믿었고 그것을 실천했습니다.

성령 충만을 받은 사람들에게 기도가 어떠한 위치에 있었는지, 그리고 어떠한 복을 가져왔는지를 보여 주는 사례를 하나만 더 살펴봅시다. 사도행전 13장에는 안디옥에서 기도와 금식으로 주님을 섬긴 다섯 사람의 이름이 나옵니다. 그들의 기도는 헛되지 않았습니다. 그들이 주님을 섬길 때에 성령께서 그들에게 임하시어 하나님의 계획을 깨달을 새로운 지혜를 주셨습니다. 성령께서는 바나바와 사울에게 맡기신 일에 그들도 동역자가 되라고 부르셨습니다. 그들의 역할과 특권은 지속적인 금식과 기도로써 그 두 사람을 지원하고 파송하는 것이었습니다(3절).

하늘에 계신 하나님께서는 택하신 종들을 보내실 때 교회의 협력 없이 보내시지 않습니다. 이렇게 하심으로써 땅에 거하는 사람들이 하나님의 사역에 실제로 동참하게 하셨습니다. 그들로 이 일을 할 수 있는 자격과 능력을 갖추게 하는 것이 기도였습니다. 성령께서는 기도하는 사람들에게 성령의 일을 수행하고 당신의 이름을 사용할 권세를 주셨습니다. 성령이 임하신 것도 기도의 결과였습니다. 교회가 하늘의 인도를 받아, 하나님께서 부르시고 능력을 입혀 주신 사람들을 발견하고 파송함으로써, 교회를 참으로 확장해 갈 수 있는 유일한 비결도 기도입니다. 기도를 통해서 성령께서는 당신이 택하신 사람들을 드러내십니다. 기도를 통해서 이 사람들이 "성령의 보내심을 받"을 사람들임을 아는 영예를 주십니다. 보좌에 앉으신 왕과 그분 발등상에 있는 교회를 연결해 주는 것이 기도입니다. 기도의 신성한 힘은 기도의 응답으로 임하시는 성령의 권능 안에 있습니다.

초대 교회의 역사를 기록한 이 성경본문들을 다시 읽어 보면 이 두 진리가 얼마나 명쾌하게 드러나 있는지 확인하게 됩니다. 기도가 많은 곳에는 성령의 역사도 많으며, 성령의 역사가 많은 곳에는 기도가 항상 증가합니다. 이 둘 사이의 관계가 워낙 명쾌하기 때문에, 기도 응답으로 성령께서 임하실 때는 성령의 능력과 은혜를 좀 더 충분히 계시하시고 전달하시기 위해 더욱 기도를 일깨우십니다. 기도는 땅의 교회가 번성하며 승리할 수 있게 하는 능력입니다. 오늘날 교회가 기도를 가장 절실히 필요한 것으로 여겨야 하지 않겠습니까?

지금까지 살펴본 사실들을 우리 교회 사역에 적용합시다.

* 하늘은 사도 시대와 마찬가지로 지금도 영적 복으로 가득 차 있는 곳간이다.
* 하나님께서는 지금도 "구하는 이들에게" 성령을 주시기를 기뻐하신다.
* 우리의 삶과 사역은 초대 교회와 마찬가지로 여전히 하나님의 능력을 직접 부여받는 데 달려 있다.
* 기도는 지금도 하늘의 복을 우리 자신과 주위 사람들에게 가져오는 방법이다.
* 하나님께서는 여전히 성도를 섬기는 모든 일 외에도 항상 기도하기 위해 힘쓰는 사람들을 찾으신다.

우리 — 독자인 당신과 나 — 는 이 복들을 땅에 가져오기 위해 기도 사역에 힘쓰고 하나님께 헌신하는 특권을 가질 수 있습니다. 이 모든 진리가 우리 안에 활발히 살아 역사하여서 그것이 우리를 주관할 때까지, 그리고 우리의 온 마음이 그것으로 충만하여서 중보기도를 숭고한 특권으로 여기게 될 때까지 쉬지 않고 기도할 수 있도록 하나님께 간구합시다. 오직 이 진리로만 우리 자신과 교회와 세상에 임할 복을 헤아립시다.

제 3 장

중보기도의 모범

또 이르시되 너희 중에 누가 벗이 있는데 밤중에 그에게 가서 말하기를 벗이여 떡 세 덩이를 내게 꾸어 달라. 내 벗이 여행중에 내게 왔으나 내가 먹일 것이 없노라 하면 그가 안에서 대답하여 이르되 나를 괴롭게 하지 말라. 문이 이미 닫혔고 아이들이 나와 함께 침실에 누웠으니 일어나 네게 줄 수가 없노라 하겠느냐. 내가 너희에게 말하노니 비록 벗됨으로 인하여서는 일어나서 주지 아니할지라도 그 간청함을 인하여 일어나 그 요구대로 주리라 — 누가복음 11:5-8

예루살렘이여 내가 너의 성벽 위에 파수군을 세우고 그들로 하여금 주야로 계속 잠잠하지 않게 하였느니라. 너희 여호와를 기억하시게 하는 자들아 너희는 쉬지 말며 — 이사야 62:6-7

　

앞장에서는 기도가 지니는 능력을 살펴보았습니다. 기도는 하늘의 능력을 가져오는 땅 위의 유일한 능력입니다. 초대 교회의 이야기는 하나님께서 주신 위대하고 객관적인 교훈입니다. 그것은 기도가 어떤 일을 할 수 있으며, 어떻게 유일하게 하늘의 보화와 능력을 땅 위의 삶에 내리게 할 수 있는지를 교회에 가르쳐 줍니다.

지금까지 배운 바를 간단히 정리해 봅시다.

　

* 기도는 꼭 있어야 할 것이고 거역할 수 없는 것이다.
* 들어보지 못한 능력과 복이 우리를 위해 하늘에 간직되어 있다.

* 이 능력이 우리를 사람들에게 복의 근원으로 만들어 줄 것이며, 무슨 일이든 하며 어떠한 위험이라도 직면할 수 있도록 해 준다.
* 이 능력을 얻으려면 낙망치 않고 꾸준히 기도로 구해야 한다.
* 하늘의 능력을 지닌 사람은 기도를 통해 그 능력이 다른 사람들에게도 임하게 할 수 있다.
* 그리스도의 교회가 수행하는 모든 사역에서 기도가 유일한 성공의 비결이다.
* 기도는 세상의 모든 권력 앞에서도 감히 설 수 있게 하고, 그리스도를 위해 세상을 정복할 수 있도록 사람을 준비시킨다.

천상적 삶의 능력 곧 성령의 능력은 땅에 임하기 위해 기도를 기다리고 있습니다.

사도들이 드린 기도에는 개인의 필요나 행복의 흔적이 조금도 없습니다. 그들의 마음에는 그리스도를 증거하고 그리스도의 구속을 다른 사람들에게 전달하는 일로만 가득했습니다. 이 제자들을 사로잡고 있었던 것은 하나님의 나라와 그 영광에 관한 생각뿐이었습니다. 기도를 게을리하는 죄에서 건짐을 받고 싶다면 마음을 넓혀 중보기도 사역에 힘써야 합니다. 항상 자기 자신의 언저리에서 맴도는 기도는 실패하게 되어 있습니다. 다른 사람들을 위해서 기도할 때에야 비로소 우리의 믿음과 사랑과 인내가 자랄 것이며, 영혼 구원을 위해 우리를 준비시키시는 성령의 능력을 발견하게 될 것입니다.

어떻게 하면 좀 더 신실하고 성공적인 기도를 드릴 수 있게 될까 하는 문제를 생각해 보려고 합니다. 이 문제와 관련하여, 주님께서 한밤중에 찾아온 친구의 비유에서 가르쳐 주시는 바를 살펴봅시다. 주님의 교훈은, 곤란한 사람을 위해 기도해 주려면 믿고 인내하는 기도에 힘써야 한다는 것입니다. 중보기도는 지금 보좌에서 그리스도께서 드리시는 기도라는 점에서 가장 완전한 형태의 기도입니다. 참된 중보기도의 요건이 무엇인지 살펴봅시다.

1. 절박한 필요. 중보기도는 이런 절박한 현실에서 일어납니다. 한밤중에 불쑥 친구가 찾아왔습니다. 몹시 시장해하는데 먹을 것을 구할 수 없습니다. 올바로 기도하는 법을 배우려면 눈과 마음을 크게 열어 주변에 널려 있는 절박한 처지들을 바라봐야 합니다.

우리는 구원받지 못한 무수한 영혼들이 한밤중과 같은 세상에 살면서 생명의 떡을 얻지 못해 멸망해 가는 현실에 관하여 자주 듣습니다. 구원받지 못한 사람들과 사실상 다를 바 없는, 깨달음도 관심도 없는, 명목상의 그리스도인들에 관해서도 듣습니다. 교회 안에서도 하나님의 빛 가운데서 행하거나 하늘의 양식을 공급받아 생명의 능력을 발휘하는 것과 거리가 먼 사람들을 무수히 봅니다. 우리가 몸담고 있는 영역 — 교회와 학교와 친구들과 선교회 — 에서도 하나님의 빛과 생명을 거의 모른다는 비탄의 소리가 들립니다. 우리는 하나님께서만 도우실 수 있고, 하나님께서는 틀림없이 기도를 들으신다고 고백합니다. 만일 우리가 고백하는 바를 정말로 믿는다면, 이런 절박한 현실 앞에서 주변 사람들을 위해 중보기도하는 사람이 되지 않을 수 없습니다.

시간을 내어서 주위의 절박한 현실들을 진지하게 생각해 봅시다. 교회에 생명의 양식이 있음에도 불구하고, 그리스도를 모르는 영혼들은 철저한 흑암으로 내려가 굶어 죽어가고 있습니다. 우리가 모르는 수백 수천만 명의 사람들이 그리스도를 알지 못한 채 죽어가고 있습니다. 우리의 이웃들과 친구들, 우리에게 맡겨진 이 영혼들이 소망 없이 죽어가고 있습니다. 우리 주위의 그리스도인들이 영적 생활에 병들고 약하여 열매를 맺지 못한 채 살아가고 있습니다. 기도해야 할 필요가 확실히 있습니다. 하나님께 도움을 구하는 기도 외에는 아무 소용이 없습니다.

2. 자발적인 사랑. 비유에 등장하는 사람은 지치고 주린 친구를 집 안으로 들였을 뿐 아니라 마음으로도 받아들였습니다. 밥이 없습니다는 말로 핑계를 대지 않았습니다. 한밤중이었는데도 친구를 위해 먹을 것을 찾으러 나섰습니다. "사랑은 … 자기의 유익을 구하지 아니하며"(고전 13:4-

5). 다른 사람을 위해 자기를 포기하고 잊는 것이 사랑의 본질입니다. 사랑은 다른 사람의 딱한 형편을 자기 일로 여기고, 그리스도께서 그러셨듯이 다른 사람들을 위해 살고 죽는 데서 기쁨을 얻습니다.

어머니로 하여금 방탕한 아들을 위해 기도하게 하는 것은 어머니의 사랑입니다. 우리 안에 있는 참된 사랑은 중보기도의 정신이 될 것입니다. 참된 사랑 없이도 형제 자매들을 위해 신실하고 진지하게 일할 수 있습니다. 환자에게 깊은 관심은 있으나 각별한 사랑을 느끼지 않는 의사를 생각해 보십시오. 자기 직업을 사랑하고 자기 의무에 충성하겠다는 의식만으로도 그는 의사의 직무를 잘 수행할 수 있습니다. 그리스도의 종들도 그리스도의 심정으로 영혼들을 뜨겁게 사랑하지 않은 채 자기 희생적인 열정만으로 일할 수 있습니다. 기도하지 않고 살게 되는 원인이 바로 이처럼 사랑의 부족에 있습니다. 기도 생활에 철저하고 근면하겠다는 각오가 그리스도의 깊은 사랑에 흠뻑 젖을 때, 우리는 그 참사랑 때문에 기도하지 않고는 견디지 못합니다. 그렇게 되면 우리는 구원받지 못한 영혼들이 있는 현실로 인하여 기도를 쉴 수 없을 것입니다. 진정한 사랑이 있다면 반드시 기도하게 되어 있습니다.

3. 무능에 대한 자각. 사랑의 힘에 관해서 자주 말들을 합니다. 어떤 의미에서 사랑은 힘을 가지지 않지만, 이 사실에는 간과해서는 안 될 제한들이 있습니다. 아무리 강한 사랑도 철저히 무능할 수 있습니다. 어머니가 죽어 가는 아이를 위해서 자기 목숨을 내어줄 마음이 있어도 아이를 구하지 못할 수가 있습니다. 친구가 한밤중에 불쑥 찾아왔을 때 밥상을 차려줄 마음이 굴뚝같았으나 줄 것이 없었습니다. 그로 하여금 다른 집을 찾아가 "내 벗이 여행중에 내게 왔으나 내가 먹일 것이 없노라" 하고 간청하게 만든 것이 바로 이러한 무능에 대한 자각이었습니다. 하나님의 종에게는 이러한 자각이 중보기도를 하게 하는 힘이 됩니다.

"내가 먹일 것이 없노라" 하는 자각이 목회자나 선교사나 교사나 사역자를 사로잡을 때 중보기도가 그들에게 유일한 소망과 피난처가 됩니다.

지식과 진리를 갖고 있고, 사랑하는 마음도 있고, 내게 맡겨진 사람들을 위해서 나 자신을 기꺼이 버릴 각오도 되어 있지만, 내가 그들에게 하늘의 양식을 줄 수는 없습니다. 사랑과 열정이 아무리 많을지라도 내게 그들을 먹일 것이 없을 수 있습니다. "내가 먹일 것이 없노라"는 말씀을 사역의 좌우명으로 삼는 목회자는 복이 있습니다. 최후 심판의 날과 그날에 구원받지 못한 영혼들이 처하게 될 위험을 생각할 때, 사람들을 죄에서 건져내기 위해서는 초자연적인 능력과 생명이 필요하다고 깨달을 때, 자기에게는 그들에게 생명을 줄 아무런 힘도 없음을 자각할 때, "내가 먹일 것이 없노라"는 생각으로 인해 기도하게 될 것입니다. 한밤중 같은 캄캄한 세상에서 굶주려 비참하게 방치되어 있는 영혼들이 생각날 때, 유일한 소망과 피난처로서 중보기도가 다가올 것입니다.

자신의 무능을 자각하는 것이 중보기도의 핵심이라는 교훈은 강하고 지혜로운 사람들에게는 경고가, 약한 사람들에게는 위로가 되어야 합니다. 아무리 단순하고 약한 그리스도인이라도 전능하신 하나님께 아뢰어 하늘의 복을 땅에 임하게 할 수 있습니다.

4. 기도에 대한 확신. 자신에게 없는 것을 다른 사람이 공급해 줄 수 있습니다. 비유에 등장하는 사람은 곁에 부유한 친구가 살고 있었습니다. 그는 양식을 줄 능력과 마음을 다 가지고 있었습니다. 자기가 찾아가 구하면 틀림없이 받게 된다는 것을 확신했습니다. 이러한 확신이 그로 하여금 한밤중에 집을 나서게 했습니다. 자기에게 줄 것이 없을 때는 친구에게 찾아가 구하면 된다는 것을 그는 알고 있었습니다.

우리는 구하는 것을 하나님께서 주신다는 단순한 확신이 있어야 합니다. 이러한 확신이 있다면 구해도 되는 일인지 구하지 말아야 하는 일인지에 대해서 착오가 없습니다. 하나님의 말씀은 우리 안에 그러한 확신을 일으키고 강하게 해 주는 데 필요한 모든 것을 공급합니다. 우리가 눈으로 보는 하늘이 빛과 열기를 발산하는 거대한 햇살의 바다로서 땅에 아름다움과 결실을 주듯이, 성경은 영적인 복들 — 하나님의 빛과 사랑,

생명 ─ 로 가득한 하나님의 참된 하늘이 우리에게 찬란히 내리비취는 것을 보여 줍니다. 성경은 하나님께서 기도의 응답으로 이런 복들을 내려주시기를 기뻐하시면서 어떻게 기다리고 계시는지를 보여 줍니다. 성경은 그 안에 담긴 무수히 많은 약속과 증거를 통해 하나님께서 기도를 반드시 들으신다는 것과, 기도가 아니면 다른 사람들을 돕고 싶어도 도울 수 없다는 것을 믿도록 강권합니다. 하나님께서 기도를 들으신다는 것과, 아무리 가난하고 약한 사람이라도 기도를 통해서 다른 궁핍한 사람들에게 복을 끼칠 수 있다는 것, 그리고 우리 각 사람이 비록 가난할지라도 많은 사람들을 부요하게 할 수 있다는 것을 조금도 의심하지 말아야 합니다.

5. 승리를 가져다 주는 인내. 비유에 등장하는 사람은 갑자기 예상치 못한 장애를 만났습니다. 부자 친구가 "일어나 네게 줄 수가 없노라" 하면서 요청을 거부한 것입니다. 하지만 마음에 사랑이 있으면 이런 상황에 좌절하지 않으며, 그것을 현실로 받아들이지도 않는 법입니다. 그 사람은 '딱한 친구가 있는데, 자네는 풍족하며 나는 자네의 친구가 아닌가?' 하면서 세 번이나 청을 했습니다. 그는 거절당한 처지를 현실로 받아들이지 않은 것입니다. 한밤중에 자기 집을 열어 주고, 다시 도움을 얻기 위해 집을 나선 이런 사랑은 반드시 승리하게 되어 있습니다.

이것이 이 비유의 중심 교훈입니다. 중보기도를 하다보면 어려움에 부닥칠 수도 있고 응답도 지체될 수 있습니다. 마치 하나님께서 "일어나 네게 줄 수가 없노라" 하고 말씀하시는 것처럼 느껴질 때가 있습니다. 그런 현실 앞에서 기도 응답에 대한 확신을 견지한다는 것은 쉬운 일이 아닙니다. 그런데도 하나님께서는 바로 그러한 태도를 우리에게 기대하십니다. 하나님께서는 우리가 하나님 자신을 신뢰하는 것을 대단히 높게 평가하시며, 또한 그것이 피조물로서 창조주 앞에 보여 드릴 수 있는 가장 높은 존경이기에, 우리로 하여금 이렇게 당신을 신뢰하도록 만드시기 위해서는 어떠한 일도 하실 수 있습니다. 하나님이 지체하시거나 침묵하시거나 명백히 거절하신다고 생각하고서 좌절하지 않고, 믿음을 강하게 갖고서 하나님께 영광을 돌리는 사람은 복이 있습니다. 그러한 믿음은 필요할 경우 끝까지 인내하며, 반드시 복을 받게 되어 있습니다.

6. 풍성한 상에 대한 확신. "내가 너희에게 말하노니 비록 벗됨으로 인하여서는 일어나서 주지 아니할지라도 그 간청함을 인하여 일어나 그 요구대로 주리라." 풍성한 응답을 확고히 믿는 법을 배운다면 얼마나 좋겠습니까! 옛적 선지자는 이렇게 말했습니다. "너희의 손이 약하지 않게 하라. 너희 행위에는 상급이 있음이라"(대하 15:7). 기도하기가 어렵다고 생각되는 사람은 눈을 상급에 고정하고, 자신이 드린 기도가 결코 헛되지 않다는 하나님의 약속을 믿음으로 신뢰하는 법을 배워야 합니다. 하나님과 그분의 신실하심을 믿을 수 있다면, 다른 사람을 위해 복을 구할 때, 중보기도가 가장 먼저 해야 할 일이자 포기해서는 안 될 가장 중요한 일로 여기게 될 것입니다. 그리고 기도하는 동안 우리가 백 배의 결실을 거둘 씨앗을 뿌리고 있음을 알기에, 중보기도는 기쁘고 소망스러운 일이 될 것입니다. 좌절할래야 할 수가 없습니다. "내가 너희에게 말하노니 비록 벗됨으로 인하여서는 일어나서 주지 아니할지라도 그 간청함을 인하여 일어나 그 요구대로 주리라."

용기를 내십시오! 기도에 들이는 시간이 사역에 들이는 시간보다 더 많은 결실을 낼 것입니다. 기도만이 사역에 가치와 성공을 부여합니다. 기도는 하나님께서 우리 안에서 우리를 통해서 일하실 수 있는 길을 열어 줍니다. 하나님의 사역자들인 우리는 중보기도를 주된 과업으로 여겨야 합니다. 하나님의 임재와 능력은 우리가 중보기도를 할 때에 우리와 함께할 수 있습니다.

"너희 중에 누가 벗이 있는데 밤중에 그에게 가서 말하기를 벗이여 떡 세 덩이를 내게 꾸어 달라." 이 벗은 다름 아닌 우리의 하나님이십니다. 캄캄한 한밤중에, 대안은 없고 필요는 가장 절박한 순간에 사랑하는 사람에게 줄 것이 하나도 없을 때, 하늘에 부요한 벗이 계십니다. 그분은 영원하신 하나님이시요 아버지로서, 우리가 구하기를 기다리고 계십니다. 그러므로 그분 앞에 나아가 기도하지 않고 살아온 죄를 자백하고, 그것이 우리의 믿음이 부족한 증거이고 여전히 자아와 육신과 세상의 권세 아래 있다는 표시임을 시인합시다. 한밤중에 찾아온 친구의 비유를 말씀해 주신 예수 그리스도께서는 우리 모두가 끈기 있게 구하는 친구들이 되기를 기대하십니다.

그러므로 중보기도에 힘쓰는 사람이 됩시다. 도움이 필요한 사람들을 볼 때, 우리 속에서 측은한 심정이 솟아오를 때, 그러나 도울 힘이 없음을 절감할 때, 혹은 기도 응답을 받는 데 장애를 발견할 때 하나님 앞에 나아가 집요하게 구합시다. 오직 하나님께서만 도우실 수 있습니다. 하나님께서는 우리 기도를 들으시고 도와주실 것입니다. 나아가 우리가 배운 대로 다음 세대의 그리스도인들을 최선을 다해 가르칩시다. 기도를 쉬지 않는 복된 삶으로 들어가는 비결을 자녀들에게 가르쳐야 합니다. 모세는 가나안 땅에 들어갈 수 없었으나 하나님의 지시를 받아 그가 할 수 있는 일이 있었습니다. "너는 여호수아에게 명령하고 그를 담대하게 하며 그를 강하게 하라"(신 3:28).

모범적인 중보기도자가 모범적인 기독교 사역자입니다. 사역에 성공하는 비결은 우리 자신이 하나님에게 받은 것을 날마다 다른 사람에게 돌려주는 데 있습니다. 중보기도는 우리의 무능과 하나님의 전능을 이어주는 복된 연결 고리입니다.

제 4 장

그 간청함을 인하여

내가 너희에게 말하노니 비록 벗됨으로 인하여서는 일어나서 주지 아니할지라도 그 간청함을 인하여 일어나 그 요구대로 주리라 ― 누가복음 11:8

예수께서 그들에게 항상 기도하고 낙심하지 말아야 할 것을 비유로 말씀하여 이르시되 … 주께서 또 이르시되 불의한 재판장이 말한 것을 들으라. 하물며 하나님께서 그 밤낮 부르짖는 택하신 자들의 원한을 풀어주지 아니하시겠느냐. 그들에게 오래 참으시겠느냐 ― 누가복음 18:1, 6-8

우리 주 예수께서는 우리가 항상 낙심치 말고 기도해야 할 필요를 깨닫는 것이 중요하다고 생각하시고서, 두 가지 비유를 베풀어 그 점을 가르치셨습니다. 여기서 배우게 되는 것은 기도 생활의 가장 큰 어려움이자 가장 큰 능력이 낙심하지 않고 끈질기게 구하는 데 있다는 사실입니다. 그리스도께서는 기도가 항상 쉽고 유쾌하지만은 않다는 것을 우리가 알기를 바라십니다. 여러 가지 어려움을 예상해야 하며, 그 어려움들은 확고한 인내로만 극복할 수 있다는 것을 알아야 합니다.

두 가지 비유에서 우리 주님께서는 기도하는 사람이 당하는 어려움과, 그것을 극복하기 위해서 인내하고 구하는 태도가 필요함을 말씀하십니다. 하나님과 대화를 나눌 때 생기는 어려움은 하나님에게 있지 않고 우리에게 있습니다. 첫 번째 비유와 관련하여서, 주님은 우리 아버지께서 세상의 여느 아버지가 자기 자식에게 양식을 주는 것보다 더 흔쾌한 태도로 구하는 자들에게 좋은 것을 주신다고 말씀하십니다. 두 번째 비유에서, 주님은 하나님께서 택하신 자들의 원한을 속히 갚아 주기를 원하신다는 것을 확신시켜 주십니다. 따라서 우리가 다급히 기도해야 하는 이유도 하나님을 설득시켜야 하기 때문이 아닙니다. 그 필요는 전적으로 우리에게 있습니다. 주님께서는, 낙심치 않고 끈질기게 기도할 필요를 가르치는 데 좋은 예가 될 아버지나 친구를 이 세상에서 찾을 수 없으셨기에, 내켜 하지 않는 친구와 불의한 재판관을 예로 들어서 인내의 기도가 어떠한 장애도 극복할 수 있다는 믿음을 불어넣어 주십니다.

어려움은 하나님의 사랑이나 능력에 있지 않고 우리 자신과 복을 받을 수 없는 우리의 무능에 있습니다. 그렇지만 이런 어려움 — 영적인 준비가 미비한 우리의 상태 — 때문에 하나님에게도 어려움이 생깁니다. 하나님은 지혜로우시고 의로우시므로, 그리고 우리를 진정으로 사랑하시므로, 우리가 너무 빨리 또는 너무 쉽게 받으면 오히려 해가 될 만한 것은 주시지 않습니다. 하나님께서 즉시 응답하실 수 없게 만드는 죄와 죄의 결과들이 우리뿐 아니라 하나님 편에서도 장애물입니다. 우리들 혹은 우리가 기도하는 사람들을 움켜쥐고 있는 이 죄의 세력을 부숴 버려야만 기도의 노력과 분투가 실제적인 것이 됩니다. 만대의 사람들이 천상적 세계에 극복해야 할 어려움들이 있음을 정확히 자각하고서 기도해 왔습니다. 그들은 알지 못하는 장애물들을 제거해 달라고 하나님께 구하면서, 그리고 그렇게 인내하며 간구하는 과정에서 철저히 상심하고 절망하게 되면서, 하나님을 꽉 붙잡는 믿음을 가지고 하나님의 뜻에 맞게 하나님을 온전히 의지하게 되었습니다. 그때에 그들과 하늘에 있던 장애가 다 제거되었습니다. 하나님께서 그들을 장악하셨듯이 그들도 하나님을 장악했습니다. 하나님께서 우리를 감동시키시듯 우리도 기도로 하나님을 감동시킵니다.

하나님께서는 우리가 어떤 요구의 당위성을 더욱 분명히 깨달을수록 더욱 진심으로 그것에 굴복하게끔 우리를 지으셨습니다. 우리가 기도하지 않고 살게 되는 가장 큰 이유는 그렇게 쉬지 말고 기도하라는 명령에

독단적인 어떤 것이 혹은 적어도 이해할 수 없는 어떤 것이 있는 것처럼 보이기 때문입니다. 하지만 그것이 하나님에게서 나온 필연이고 이루 말할 수 없는 복의 근원임을 깨달을 수 있다면, 우리는 즐거운 마음으로 인내하며 기도하게 될 것입니다. 항상 낙심치 말고 기도하라는 요구가 겉으로는 어렵게 여겨질지라도 실은 대단히 큰 특권임을 깨달을 필요가 있습니다.

일상에서 이런저런 어려움이 어떠한 역할을 하는지 한 번 깊이 생각해 보신 적이 있는지 모르겠습니다. 어려움은 다른 어떤 것보다 인간의 능력을 이끌어냅니다. 인격을 강하고 고상하게 단련합니다. 예를 들어 교육도 학생들이 어려운 문제들을 극복할 수 있도록 날마다 정신을 연마하고 훈련하는 것과 다르지 않습니다. 학생이 교과 과정을 쉽게 느끼게 되는 순간 교사는 한 단계 높은 과정으로 그를 이끌어 갑니다. 인간은 어려움에 맞닥뜨려 그것을 해결하는 과정에서 가장 큰 업적을 남깁니다.

우리가 하나님과 맺고 있는 관계에서도 마찬가지입니다. 하나님의 자녀가 구하는 족족 받게 된다면 그 결과가 어떻게 될지 생각해 보십시오. 그의 영적 생활에는 이루 말할 수 없는 손해가 있을 것입니다. 어려움을 당하고 구해도 쉽게 응답이 오지 않은 상태에서라야 천상적 삶에 따르는 참된 복을 얻기 위해 인내하며 기도할 수 있게 됩니다. 인내하는 과정에서, 우리가 하나님과 교제하기를 얼마나 꺼리는지, 하나님에 대한 살아 있는 믿음이 얼마나 희박한지를 배우게 됩니다. 우리 마음이 얼마나 세상적이고 신령하지 못한지, 성령님에게서 얼마나 등을 돌리고 사는지 발견하게 됩니다. 우리가 약하고 자격이 없는 존재임을 절감하게 됩니다. 성령께서 우리 안에서 대신 기도해 주시기를, 우리가 예수 그리스도 안에 거하게 되기를 아버지께 간절히 구하게 됩니다. 거기서 우리 자신의 의지와 힘과 선함이 십자가에 못 박힙니다. 거기서 우리는 그리스도 안에서 새 생명으로 살아나고, 마음을 다해 하나님을 의지하고 그분의 영광을 구하게 됩니다. 우리가 낙망치 않고 집요하게 기도할 수밖에 없는 어려운 현실로 인하여 오히려 하나님께 감사드려야 마땅합니다. 그것이 하나님께서 은혜를 베푸실 때 사용하시는 훌륭한 방법의 하나입니다.

우리 주 예수께서 지상에서 어떠한 어려움들을 겪으셨는가를 생각해 보십시오. 겟세마네에서는 성부께서 아예 귀를 막으신 것만 같았습니다. 그런 상황에서도 예수께서는 더욱 간절히 기도하셔서 결국 들으심을 얻었습니다. 우리를 위해서 길을 닦아 가시면서 친히 당하신 고난으로 순종을 배우셨고 그것으로써 완전하게 되셨습니다. 자신의 뜻을 접고 오직 하나님께 순종하셨습니다. 하나님에 대한 믿음은 시험을 당하는 과정에서 더욱 강해졌습니다. 온갖 시험을 가지고 다가온 이 세상 임금을 이기셨습니다. 바로 이것이 주님께서 우리를 위해서 거룩히 구별해 놓으신 새롭고 산 길입니다. 우리는 인내의 길을 걸음으로써 성령께서 하시는 일에 동참하는 자들이 됩니다. 기도는 일종의 십자가이며 그리스도의 십자가에 참여하는 것이고 우리 육체를 죽음에 내어주는 것입니다. 그리스도인들이여! 기도하지 않고 지내는 생활에서 잘 나타나는 것처럼, 우리 육체와 우리 의지와 세상을 십자가에 달아 죽게 하는 데 몹시 주저하고 있습니다. 부끄러워해야 할 일이 아닙니까? 우리는 그리스도와 우리 본성이 가르치는 교훈을 모두 배울 수 있습니까? 끈질기게 기도하는 것이 어렵다는 사실은 오히려 우리에게 크나큰 특권입니다. 그 어려움을 극복하고 나면 지극히 큰 복에 이르게 될 것입니다.

부단히 기도하는 데에는 다양한 요소들이 있습니다. 가장 중요한 요소는 인내와 결단과 열심입니다. 쉬이 체념하지 않는 데서부터 시작하여 끈기 있게 간구하다 보면 아무리 많은 시간이 걸리고 고통을 많이 겪더라도 인내해야겠다는 결단이 생기고, 마침내 응답이 오게 됩니다. 그러면 더욱 열심이 생겨서 몸과 마음을 다 바쳐 간구하게 되고, 담대하게 하나님이 주시는 힘을 붙잡게 됩니다. 그런 과정에서는 침묵하며 기다려야 할 때도 있고, 열심을 내고 담대한 태도를 가져야 할 때도 있습니다. 시간이 오래 걸리므로 인내해야 할 때도 있습니다. 어떤 상황에서든 부단히 기도하는 사람은 하나님께서 들으시고 응답해 주신다는 것을 압니다.

구약성경에서 그렇게 기도를 드린 훌륭한 사례들을 떠올려 봅시다. 소돔을 위해 간구하는 아브라함을 생각해 보십시오. 그는 그 문제로 거듭해서 기도를 고쳐가며 간구하다가 여섯 번째에 이르러서는 "주는 노하지 마옵소서"라고 아뢰었습니다(창 18:32). 그는 매번 하나님의 대답을 들을 때까지는 기도를 그치지 않다가, 마침내 하나님의 심정 속으로 들어가서 하나님의 뜻으로 만족했습니다. 그의 간구로 인하여 롯이 구원을 받았습니다. "하나님이 아브라함을 생각하사 롯을 그 엎으시는 중에서 내보내셨더라"(창 19:29). 구원받지 못한 자들을 위해 약속을 받은 우리, 아브라함처럼 하나님께 더욱 간구해야 옳지 않겠습니까?

야곱이 에서 만나기를 두려워하던 순간을 생각해 봅시다. 주의 천사가 캄캄한 중에 그를 찾아와 그와 씨름을 했습니다(창 32:24-32). 천사가 자신이 이길 수 없음을 보고서 "나로 가게 하라"고 말했습니다(26절). 야곱이 "당신이 내게 축복하지 아니하면 가게 하지 아니하겠나이다"라고 대답하자(26절), 천사는 그 자리에서 그에게 축복했습니다. "가게 하지 아니하겠나이다"라고 담대히 말함으로써 응답을 지연하던 천사에게 축복을 강요하는 모습은 하나님을 몹시 기쁘시게 해 드렸습니다. 그리하여 야곱은 "네 이름을 다시는 야곱이라 부를 것이 아니요 이스라엘[하나님과 겨루어 이김]이라 부를 것이니 이는 네가 하나님과 및 사람들과 겨루어 이겼음이니라"는 말씀을 듣게 되었습니다(28절).

어느 시대든 하나님의 자녀들은 그리스도께서 베푸신 두 가지 비유의 교훈을 깨달았습니다. 그것은 우리가 육체와 자아와 게으름에 속한 것을 버리기 전에는, 그리고 하나님을 끝내 설득함으로써 우리에게 복 주시지 않을 수 없도록 만들기 전에는, 하나님께서 우리에게 등을 돌려 자꾸만 떠나려고 하신다는 것입니다. 하나님의 자녀들 가운데 하나님과 겨루어 이기기를 사모하는 사람이 이토록 적은 이유는 무엇입니까? "무엇이든지 기도하고 구하는 것은 받은 줄로 믿으라"는 우리 주님의 말씀(막 11:24)은 "당신이 내게 축복하지 아니하면 가게 하지 아니하겠나이다"라는 야곱의 말(창 32:26)을 새로 하신 것이나 다름없습니다. 이것이 주님께서 가르치시는 간구이며, 우리는 이러한 간구를 통해서 복을 구하고 얻는 법을 배워야 합니다.

이스라엘이 금송아지를 만들었을 때 모세가 드린 기도를 생각해 보십시오. 모세는 주님께 다시 나아가 이렇게 아뢰었습니다. "슬프도소이다. 이 백성이 자기들을 위하여 금 신을 만들었사오니 큰 죄를 범하였나이다. 그러나 이제 그들의 죄를 사하시옵소서. 그렇지 아니하시오면 원하건대 주께서 기록하신 책에서 내 이름을 지워 버려 주옵소서"(출 32:31-32). 이것이 바로 끈질기게 드리는 간구입니다. 모세는 이스라엘 백성을 자기와 함께 가게 하시지 않을 바에는 차라리 죽고자 했던 것입니다.

하나님께서는 모세의 기도를 들으시고 천사를 백성과 함께 가도록 보내시겠다고 약속하셨습니다. 그러나 모세는 이에 만족하지 않고 다시 나아가 아뢰었고, 하나님께서는 그의 기도를 들으셔서 친히 그들과 함께 가시겠다고 약속하셨습니다(출 33:2-3, 12-15, 17-18). "네가 말하는 이 일도 내가 하리니"라고 하셨습니다(17절). 그 일이 있은 후 "원하건대 주의 영광을 내게 보이소서"라는 모세의 기도(18절)를 받으시고 하나님께서 그에게 하나님의 선하심을 보여 주시자, 모세는 다시 한 번 "원하건대 주는 우리와 동행하옵소서" 하고 간구하기 시작했습니다(출 34:9). 그리고는 그곳에서 주님과 함께 사십 주야를 머물렀습니다(28절). 훗날 이때를 회상하면서, 모세는 이렇게 말했습니다. "내가 전과 같이 사십 주 사십 야를 여호와 앞에 엎드려서 떡도 먹지 아니하고 물도 마시지 아니하였으니 이는 너희가 여호와의 목전에 악을 행하여 그를 격노케 하여 크게 죄를 지었음이라"(신 9:18).

모세는 하나님께 중보기도를 드려 하나님을 이겼습니다. 진정으로 하나님과 동행하는 사람, 하나님께서 대면하여 말씀하시는 사람은 하나님의 우편에 계시면서 항상 기도하시는 분에게 있는 것과 동일한 중보기도의 능력에 동참하게 된다는 사실을, 모세는 직접 입증해 보였습니다.

엘리야가 드린 기도를 생각해 봅시다. 그는 처음에는 하늘에서 불을 내려달라고 기도했고, 나중에는 비를 내려달라고 기도했습니다. 앞의 경우는 기도하여 즉시 응답을 받는 기도에 해당합니다. 고개를 크게 숙여 두 무릎 사이에 넣고서 기도를 드린 후자의 경우에, 바다를 보고 돌아와서 "아무것도 없나이다"라고 보고하는 사환에게 엘리야가 대답한 말은 "일곱 번까지 다시 가라"는 것이었습니다(왕상 18:43). 이것이 바로 인내의 간구였습니다. 그는 이미 아합에게 비가 올 것이라고 말했습니다. 비가 올 줄을 알았으면서도 일곱 번이나 기도했습니다. 엘리야와 그의 기도에 관해서 성경은 이렇게 가르칩니다. "서로 기도하라 … 엘리야는 우리와 성정이 같은 사람이로되 … 의인의 간구는 역사하는 힘이 큼이니라"(약 5:16-17). 엘리야의 하나님 여호와, 그러한 능력의 기도를 이끌어내시고 놀랍게 응답해 주시는 이 하나님이 어디에 계십니까? 하나님의 이름을 찬송합시다. 그분은 그때나 지금이나 동일하십니다. 하나님의 백성은 하나님께서 그들의 기도를 기다리신다는 사실을 단순하게 믿어야 합니다. 하나님께서 기도를 들으신다는 것을 믿을 때에 기도를 사랑하는 그리스도인이 됩니다.

비유가 가르쳐 주는 참된 중보기도자의 특징이 무엇인지 기억하십시오. 인간의 절박한 필요에 대한 자각, 그리스도의 심정으로 품는 사랑, 인간의 무능에 대한 인식, 기도의 능력에 대한 확신, 거절당하더라도 포기하지 않고 구하는 용기, 풍성한 상에 대한 확신, 이런 특징들이 중보기도를 드릴 줄 아는 그리스도인을 만들어 내며, 승리하는 기도의 능력을 가져옵니다. 이러한 특징들이 그리스도인의 삶을 아름답고 건강하게 만들어 주며, 하나님에게서 생명의 양식을 받아 주린 자들에게 나누어 주는 참된 그리스도의 일꾼이 되게 해 줍니다. 이러한 특징들은 신앙 생활의 숭고한 덕목들을 찬란히 빛나게 합니다.

여행이나 전쟁이나 정치나 학문에서, 어려움과 싸워 승리하는 모험심과 용기만큼 인간의 본성을 숭고하게 만드는 것도 없습니다. 승리를 얻기 위해서는 어떠한 수고나 비용도 크다고 할 수 없습니다. 우리 그리스도인들은 기도를 통해서 어려운 문제들에 부닥칠 줄 알아야 하지 않겠습니까? 스스로 싸워가며 힘써 기도하노라면 그리스도의 이름을 힘입어 사람들의 운명에 영향을 끼칠 능력을 하나님께 담대하게 구할 수 있게 될 것입니다. 포로된 상태에서 자유의 상태로, 멸망의 길에서 구원의 길에 이르기 위해서는 안일과 쾌락을 버리고 힘써 분투해야 하지 않겠습니까?

그리스도의 종이라면 자신의 소명이 무엇인지 확고히 알아야 합니다. 그의 왕께서 항상 살아서 기도하고 계십니다. 왕이 보내신 성령께서 우리 안에 늘 거하시면서 기도하십니다. 세상에 꼭 필요한 복을 우리는 인내하고 포기하지 않는 믿음의 기도를 통해 하늘로부터 가져와야 합니다. 성령께서 우리를 완전히 주장하시어 우리를 통해 그분의 일을 하시는 것은 그러한 기도의 응답이 하늘에서 온 결과입니다. 우리가 기도 없이 해왔던 모든 일들이 얼마나 헛된 것이었는지를 인식합시다. 이제는 생활을 바꾸어 끊임없이 기도에 힘씀으로써 우리가 매사에 하나님을 바라며 우리의 기도를 들으실 줄을 믿는다는 증거를 나타내 보입시다.

제 5 장

기도할 수 있는 생활

너희가 내 안에 거하고 내 말이 너희 안에 거하면 무엇이든지 원하는 대로 구하라. 그리하면 이루리라 — 요한복음 15:7

의인의 간구는 역사하는 힘이 큼이니라 — 야고보서 5:16

사랑하는 자들아 만일 우리 마음이 우리를 책망할 것이 없으면 하나님 앞에서 담대함을 얻고 무엇이든지 구하는 바를 그에게서 받나니 이는 우리가 그의 계명을 지키고 그 앞에서 기뻐하시는 것을 행함이라 — 요한일서 3:21-22

　세상에서는 다른 사람에게 호의를 구하여 얻는 것이 자신의 인품과 평소 상대방과 맺어온 관계에 전적으로 좌우됩니다. 그가 어떤 사람인가에 따라 구하는 것을 받게도 되고 받지 못하게도 됩니다. 이러한 공식은 하나님에게도 다르지 않습니다. 우리의 기도가 갖는 호소력은 우리의 삶에 좌우됩니다. 바르게 살면 하나님을 기쁘시게 하는 기도를 드릴 줄 알게 되고, 그런 기도는 응답을 받습니다. 위에 인용한 성구들도 한결같이 그 점을 가리킵니다. 우리 주님은 이렇게 말씀하셨습니다. "너희가 내 안에 거하고 내 말이 너희 안에 거하면 무엇이든지 원하는 대로 구하라. 그리하면 이루리라." 야고보는 의인의 기도가 역사하는 힘이 크다고 가르칩니다. 요한은 우리가 "무엇이든지 원하는 대로" 구하여 받게 되는 것은 하나님을 순종하고 기쁘시게 해 드리기 때문이라고 말합니다.

　인내하며 바르게 기도하지 못하는 것과, 기도해서 응답을 받지 못하는 것은 그리스도인으로서의 삶에 무언가 부족함이 있다는 뜻입니다. 우리 주 예수께서는 포도나무 비유에서 건강하고 왕성한 그리스도인의 삶이 무엇인지, 어떻게 해야 무엇이든지 원하는 대로 구하여 받을 수 있는지 잘 가르쳐 주셨습니다. 주님의 음성을 들어봅시다. "너희가 내 안에 거하고 내 말이 너희 안에 거하면 무엇이든지 원하는 대로 구하라. 그리하면 이루리라." 그리고 비유 말미에서 주님은 다시 이렇게 말씀하십니다. "너희가 나를 택한 것이 아니요 내가 너희를 택하여 세웠나니 이는 너희로 가서 열매를 맺게 하고 또 너희 열매가 항상 있게 하여 내 이름으로 아버지께 무엇을 구하든지 다 받게 하려 함이라"(요 15:16).

열매를 맺고, 무엇이든지 원하는 대로 구하여 받는 삶은 과연 어떤 삶입니까? 과연 어떤 사람이 되고 어떻게 해야 마땅한 기도를 드리고 구하는 것을 받을 수 있겠습니까? 그 답은 가지로서의 삶이 기도에 힘을 준다는 것입니다. 우리는 살아 있는 포도나무이신 그리스도의 가지들입니다. 따라서 가지처럼 살아야 합니다. 다시 말해서 그리스도 안에 거해야 합니다. 그러면 원하는 것을 구하여 받게 될 것입니다.

가지가 무엇인지 모르는 사람은 없습니다. 가지의 본질적인 특성은 포도나무에서 생겼다는 것과 열매를 맺게 되어 있다는 것입니다. 가지가 존재하는 이유는 하나밖에 없습니다. 포도나무에 붙어 있음으로써 나무가 가지를 통해서 소중한 열매를 맺어 무르익게 하려는 것입니다. 포도나무가 오직 포도 열매를 만드는 진액을 만들기 위해서 살 듯이, 가지도 진액을 받아 열매를 맺는 한 가지 목적이 있습니다. 가지가 해야 할 일은 포도나무가 제 일을 잘 할 수 있도록 돕는 것뿐입니다.

신자는 하늘의 포도나무이신 그리스도의 가지로서 말 그대로 그리스도께서 자신을 통해 열매를 맺으시게 하는 것을 유일한 목적으로 삼고 살아가야 하지 않겠습니까? 참된 그리스도인이라면 포도나무이신 그리스도께서 땅에 계실 때도 그러셨고 지금 하늘에서도 그러시듯이 하나님의 영광을 위해 열매를 맺는 일에 전념해야 하지 않겠습니까? 바로 그것이 이 비유가 가르쳐 주는 교훈입니다. 비유에 나타난 무한한 기도 응답의 약속도 이러한 가지로서의 삶을 전제로 한 것입니다. 오직 포도나무만을 위해서 존재하는 이러한 가지로서의 삶이 올바로 기도할 수 있는 힘을 줍니다. 우리가 주님 안에 거하고 그분의 말씀이 우리의 마음과 삶에 거하여, 그 말씀을 지키고 순종하면, 올바로 기도할 수 있는 은혜와 응답받는 믿음을 갖게 될 것입니다.

그리스도께서 하신 말씀 가운데 "무엇이든지 내게 구하면"(요 14:14), "무엇을 구하든지"(13절)라는 표현을 문자 그대로 받아들이고, 그 안에 담긴 무한하고 신성한 장엄함을 생각해 봅시다. 이 표현은 우리 주님께서 고별사에서 하신 약속들에 여섯 번이나 반복됩니다(요 14:13-14; 15:7, 16; 16:23-24). 이런 약속들은 문자 그대로 받아들이기에는 너무나 엄청나 보여서, 우리는 대체로 인간의 생각에 맞춰 받아들입니다. 이렇게 되는 이유는 우리가 그 약속들을 그리스도께 바치는 절대적이고도 무한한 헌신의 삶과 분리해서 생각하기 때문입니다.

하나님의 언약은 항상 동일합니다. 전부를 주시고 전부를 취하십니다. 정말로 가지 역할을 제대로 할 각오가 있는 사람은 하나님의 포도나무이신 예수께서 당신의 열매를 맺으시기 위해서 시키시는 모든 일을 하고 매순간 그분만을 위해서 살 각오가 되어 있어야 합니다. 이러한 사람이 그리스도께서 말씀하신 "무엇이든지"와 그것을 받아 올바로 사용할 신령한 지혜와 겸손을 구할 신령한 자유를 받게 될 것입니다. 이러한 사람은 그리스도께서 그러셨던 것처럼 오직 사람들을 구원하여 하나님의 영광을 드러내기 위한 목적으로 아버지의 약속들을 구하며 살 것입니다. 이렇게 담대히 구할 수 있는 특권을, 오직 중보기도를 드려 사람들에게 복을 끼치는 데만 사용할 것입니다. 가지로서 열매를 맺기 위해 무한히 헌신하는 생활과, 포도나무의 생명이 베푸는 보화들에 무한히 나아가는 일은 서로 떼어놓을 수 없습니다. 그리스도 안에 전적으로 거하는 생활을 해야만 그리스도의 이름으로 능력 있는 기도를 드릴 수 있습니다.

성경에 나오는 기도의 인물들을 잠시 생각해 봅시다. 그리고 능력 있는 기도를 드릴 수 있었던 그분들의 삶을 살펴봅시다. 앞에서 우리는 아브라함을 중보기도자라고 말했습니다. 무엇이 아브라함을 그렇게 담대하게 만들었습니까? 그는 하나님께서 자신을 선택하시고 고향과 그곳 사람들에게서 불러내셨다는 것과, 열국이 자신으로 말미암아 복을 받을 수 있다는 것을 알았습니다. 자신이 하나님의 말씀에 순종하여 하나님을 위해 모든 것을 버려왔다는 것을 알았습니다. 그의 삶을 이끌어 간 법칙은 아들마저 제물로 바치기를 마다하지 않는 절대 순종이었습니다. 그는 하나님께서 자신에게 요구하시는 것을 행했으며, 하나님께서도 자신이 요구하는 것을 해 주실 것이라고 감히 신뢰했습니다. 우리는 모세에 대해서도 중보기도자라고 했습니다. 그도 "그리스도를 위하여 받는 수모를 애굽의 모든 보화보다 더 큰 재물로" 여기고서 하나님을 위해서 모든 것을 버렸습니다(히 11:26). 따라서 그가 그처럼 담대했던 것은 하나도 이상한 일이 아닙니다. 그의 마음은 하나님 앞에서 거리낄 것이 없었으며, 하나님께서 자신의 기도를 들으실 줄을 알았습니다. 이스라엘의 하나님 여호와를 위해서 담대히 섰던 엘리야의 경우도 전혀 다르지 않았습니다. 하나님을 위해서 모든 것을 버릴 준비가 되어 있는 사람은 하나님께서 자신을 위해 모든 것을 해 주시리라는 것을 신뢰할 수 있습니다.

사람들이 드리는 기도에는 그들의 생활이 고스란히 반영되게 마련입니다. 삶이 곧 기도이기 때문입니다. 철저한 헌신으로 모든 것을 하나님께 드리는 삶은 하나님께 모든 것을 구할 수 있습니다. 우리 하나님께서는 자기가 신실하신 하나님이시며 자기 백성을 도우시는 전능하신 하나님이심을 확고히 입증하기를 바라십니다. 자기 백성들이 세상에서 온전히 돌이켜 하나님 자신의 선물을 흡족히 받기를 기다리십니다. 그런 점에서 모든 것을 잃는 사람은 모든 것을 얻게 될 것이고, 담대히 구하는 사람은 받을 것입니다. 하늘의 포도나무이신 그리스도 안에만 거하는 가지, 그리스도처럼 인간을 구원하는 열매를 맺기 위해 자신을 온전히 드리는 가지, 그리스도의 말씀을 간직하고 살아 있는 그 말씀 안에 거하는 가지는 원하는 것을 구할 수 있고 또 그렇게 담대히 구할 것이며, 주님께서는 그것을 들어주실 것입니다.

우리는 아직 주님께서 제자들을 훈련시키셨던 정도만큼의 온전한 헌신을 하지 못하고 있을 수도 있고, 기도 능력도 그들에게 미치지 못할 수 있습니다. 그럴지라도 온전한 가지의 삶을 향해 내딛는 우리의 한 걸음 한 걸음이, 그리고 중보기도를 드려 다른 사람들을 위해 사는 우리의 삶이, 더욱 담대히 구하고 더 큰 응답을 받는 자유에 의해 마침내 성취되리라는 것을 기억하고 용기를 낼 필요가 있습니다. 더 많이 기도할수록, 능력 있는 기도를 드릴 준비가 되어 있지 않다는 것을 자각할수록, 우리는 기도 능력의 열쇠 — 그리스도 안에서 온전히 그분의 뜻에 순종하며 사는 삶 — 를 향해 더욱 힘써 나아가라는 권고를 받게 될 것입니다.

이렇게 단순하면서도 능력이 있는 복된 가지의 삶에 이르지 못한 것을 한탄하는 사람이 있습니까? 어떻게 하면 그러한 생활에 도달할 수 있는지 궁금하십니까? 포도나무와 가지의 비유에 담긴 소중한 교훈을 주고자 합니다. 예수께서는 "나는 참포도나무요 내 아버지는 농부라"고 말씀하십니다(요 15:1). 우리가 영화롭게 되신 하나님의 아들을 모시고 그분의 충만한 하늘 생명과 은혜에 참여하고 있다는 사실은 실로 놀라운 일입니다. 그러나 그것보다 더 놀라운 사실이 있습니다. 우리가 성부 하나님을 모시고 있다는 것입니다. 성부 하나님께서는 우리가 포도나무 안에 거하는 것과 자라고 열매 맺는 것을 농부로서 지켜보십니다.

우리가 그리스도와의 연합을 유지하는 일은 우리의 믿음이나 신실함에 달려 있지 않습니다. 그리스도의 아버지로서 우리를 그리스도와 연합시키신 하나님께서 가지를 가지답게 만들어 주실 것입니다. 우리가 마땅히 맺어야 할 열매를 맺도록 능력을 베풀어 주실 것입니다. 그리스도께서 이 점에 관해서 하신 말씀을 들어 보십시오. "무릇 열매를 맺는 가지는 더 열매를 맺게 하려 하여 그것을 깨끗하게 하시느니라"(2절). 아버지께서는 더 많은 열매를 구하십니다. 그리고 더 많은 열매를 맺을 수 있도록 친히 공급하십니다. 바로 이 일을 위해 농부로서 가지들을 깨끗하게 하십니다.

이 비유가 무엇을 뜻하는지 잠시 생각해 봅시다. 지상의 열매 맺는 나무들 가운데 포도나무처럼 정신을 가득 채워 주는 열매 ─ 그 열매로써 정신을 풍성히 고쳐시키는 ─ 가 없다고들 말합니다. 그리고 모든 열매 맺는 나무들 가운데 포도나무처럼 무성하게 자라서 가지를 쳐 주고 깨끗 하게 해 주지 않으면 안 되는 나무도 없습니다. 농부가 해마다 포도나무에 꼭 해 주어야 하는 큰 일이 가지치기입니다. 다른 나무들은 가지를 쳐주지 않아도 한동안은 열매를 맺습니다. 그러나 포도나무는 반드시 가지를 쳐 주어야 합니다. 그러므로 그리스도 안에 거하면서 많은 열매를 맺고 싶은 ─ 그리하여 무엇이든 원하는 대로 구할 수 있기를 바라는 ─ 가지는 하나님께서 깨끗하게 해 주실 것을 신뢰하고 복종해야 합니다.

농부가 가지치기 칼로 잘라내는 것이 정확히 무엇입니까? 가지가 생산 해낸 목질입니다. 포도나무의 참된 본질이 들어 있는 목질입니다. 이것이 잘려나가야 합니다. 왜 그렇습니까? 그것은 포도나무의 힘과 생명력을 빼앗아 가서 진액이 포도 열매로 가는 것을 방해하기 때문입니다. 그런 가지를 많이 잘라낼수록 포도 열매에 더 많은 진액이 가게 됩니다. 열매 가 많이 달리기 위해서는 그런 가지들이 줄어들어야 합니다. 이 경우는 자연 법칙대로 죽음이 생명에 이르는 길이며, 희생을 통해 얻는 길입니다. 가지에 웃자란 풍성하고 근사해 보이는 목질을 잘라내야만 포도송이 에 더욱 풍성한 생명이 맺힙니다.

하늘 포도나무의 가지인 하나님의 자녀여, 당신 안에는 흠 없고 적법해 보이지만 당신의 마음과 힘을 빼앗아 가서 당신으로 하여금 가지를 쳐주고 깨끗하게 하는 일을 외면하게 하는 부분이 있습니다. 우리는 아브 라함과 모세, 엘리야 같은 기도의 사람들에게 매우 강력한 기도의 능력 이 있었다는 것과, 그들이 맺은 열매를 압니다. 그러나 그들이 그렇게 되기까지 어떠한 대가를 치렀는지는 별로 기억하지 못하며 삽니다. 하나님 께서 그들을 주변 환경과 철저히 분리해내시고 자기 힘을 의지하는 데서 이끌어내신 까닭에 그들은 오직 하나님 안에서만 살기를 구했습니다. 우 리는 우리 자신의 의지와 힘과 노력과 기쁨 ─ 이런 것들이 모두 자연스 럽고 죄와 상관이 없을지라도 ─ 이 잘려나가고 온전히 자유롭게 된 상태에서, 하늘 포도나무의 진액이신 성령을 온 마음으로 영접할 때에야 비로소 많은 열매를 맺게 됩니다. 인간 본성으로 꽉 붙들고 있는 것을 놓고 하나님의 거룩한 가지치기 칼에 자신을 내맡길 때, 우리는 그리스도께서 우리를 택하시고 세우실 때 기대하신 그런 사람, 즉 열매를 많이 맺어서 그리스도의 이름으로 무엇이든 아버지께 구해서 받는 사람이 될 것입니다.

다음 절에서 그리스도께서는 가지를 자르는 칼이 무엇인가를 말씀하십니다. "너희는 내가 일러 준 말로 이미 깨끗하여졌으니"(3절). 뒤에 가서는 이렇게 말씀하십니다. "그들을 진리로 거룩하게 하옵소서. 아버지의 말씀은 진리니이다"(요 17:17). "하나님의 말씀은 살아 있고 활력이 있어 좌우에 날선 어떤 검보다도 예리하여 혼과 영과 및 관절과 골수를 찔러 쪼개기까지 하며 또 마음의 생각과 뜻을 판단하나니"(히 4:12). 그리스도께서는 이렇게 마음의 생각과 뜻을 판단하는 말씀을 제자들에게 해 주셨습니다. 사랑과 겸손에 대해서, 주께서 행하신 대로 모든 사람의 종이 되고, 자기를 부인하고, 십자가를 지고, 목숨을 잃는 일에 대해 말씀하셨습니다. 성부께서는 그리스도의 말씀으로 제자들을 깨끗하게 해 주시되, 그들 자신이나 세상에 대한 모든 신뢰를 잘라 버리시고, 그들을 하늘 포도나무의 성령으로 충만하게 되도록 준비시켜 주셨습니다. 우리는 스스로를 깨끗하게 할 수 없습니다. 가지를 치시는 분은 하나님이시기 때문입니다. 우리는 하나님께서 우리를 깨끗하게 해 주시기를 굳게 믿으면서 우리 자신을 드릴 뿐입니다.

사랑하는 그리스도인 여러분, 여러분이 목회자든 선교사든 교사든 사역자든 신자든 기도를 드리지 못하고 사는 것과, 그 결과 기도에 능력이 없는 것 때문에 고민하십니까? 일단 고민을 제쳐 두고 사랑하는 주님께 나아와, 가지로서 하늘 포도나무에 꼭 붙어 있으라고 하시는 주님의 말씀을 귀담아 들으십시오. 포도나무에 붙어 있으면 여러분의 기도에 능력이 있게 될 것입니다. 그리스도 안에 거하는 이러한 가지의 생활을 하지도 않고 할 수도 없어서 좌절하고 있습니까? 와서 다시 한 번 들어 보십시오. 여러분이 열매를 더 맺게 되는 것은 여러분만의 소원이 아니라 아버지의 소원이기도 합니다. 그분은 가지를 깨끗케 하여 열매를 더 많이 맺게 하는 농부이십니다. 여러분 속에 사람으로서는 어찌할 수 없는 일이 있다면 그것을 하나님께 맡기십시오. 자기를 신뢰하고 자기 힘으로 무엇을 해 보려는 모든 노력을 잘라 버리십시오. 그런 노력은 지금까지 당신이 실패한 원인입니다. 사랑하시는 아들을 주셔서 여러분의 포도나무가 되게 하시고, 여러분을 그 나무의 가지로 만드신 하나님께서 여러분을 깨끗하게 하시어, 기도와 중보기도를 포함한 모든 선한 일에 풍성한 열매를 맺게 하실 것입니다.

기도할 수 있는 사람은 포도나무와 포도나무의 생명에 자신을 온전히 내맡긴 가지입니다. 가지를 깨끗하게 할 책임은 온전히 농부에게 있습니다. 그리스도 안에 거하면서 하나님께서 깨끗하게 해 주실 것을 신뢰하고 복종하는 가지는 많은 열매를 맺을 수 있습니다. 그러한 생명력이 있으면 기도를 사랑하게 될 것이고, 어떻게 기도할 줄을 알게 될 것이며, 기도하여 구하는 바를 받게 될 것입니다.

제 6 장

기도하지 않는 것이 죄인가?

참으로 네가 하나님 경외하는 일을 그만두어 하나님 앞에 묵도하기를 그치게 하는구나 — 욥기 15:4

전능자가 누구이기에 우리가 섬기며 우리가 그에게 기도한들 무슨 소용이 있으랴 — 욥기 21:15

나는 너희를 위하여 기도하기를 쉬는 죄를 여호와 앞에 결단코 범하지 아니하고 — 사무엘상 12:23

그 온전히 바친 물건을 너희 중에서 멸하지 아니하면 내가 다시는 너희와 함께 있지 아니하리라 — 여호수아 7:12

교회가 영적 생활에 깊은 각성을 하게 되면 반드시 죄를 깊이 의식하게 됩니다. 이것은 신학으로 되는 일이 아닙니다. 신학은 하나님께서 자기 백성의 삶에서 이미 행하신 일을 다루고 표현할 뿐입니다. 그런가 하면 죄에 대한 의식은 강한 자책으로만 나타나는 것도 아닙니다. 오히려 자책은 죄와 불신앙을 더욱 조장하기 십상입니다. 죄를 진정으로 혐오하고 증오하는가의 여부는 죄에서 해방되기를 간절히 염원하고 죄에서 해방시키시는 하나님의 능력을 철저히 맛보아 알기 위해 투쟁하는 것으로 입증될 것입니다. 하나님에게 죄를 짓지 않는 것이 거룩한 질투입니다.

기도하지 않고 사는 폐습을 제대로 고치려면 이 관점에서 "기도하지 않는 것이 죄인가?" 하고 자문해 보아야 할 것입니다. 만약 그것이 죄라면 그 죄를 어떻게 발견하고 자백하고 버려서, 하나님께 씻음을 받겠습니까? 예수께서는 죄에서 건지시는 구주이십니다. 죄의 실상을 알아야만 죄에서 구원하시는 능력도 제대로 알 수 있습니다. 능력 있게 기도할 수 있는 삶은 깨끗해진 가지의 삶, 즉 자아의 세력에서 건짐을 받는 것이 무엇인지 아는 삶입니다. 기도하지 않는 것이 정말로 죄임을 아는 것이 그런 죄에서 건짐을 받는 첫걸음입니다.

아간의 기사(여호수아 7장)에는 하나님의 백성에게서 하나님의 복을 앗아가는 것이 죄이며, 하나님께서 그 죄를 용납하지 않으신다는 매우 강력한 증거가 실려 있습니다. 그 기사는 하나님께서 어떤 원칙으로 죄를 다루고 제거하시는가를 뚜렷하게 보여 주는 지표이기도 합니다. 기사의 내용에 비추어, 기도하지 않는 죄와 그 뿌리에 놓여 있는 죄성을 살펴보기로 합시다. 앞에서 인용한 단락이 그 기사의 핵심부에 해당합니다. "그 온전히 바친 물건을 너희 중에서 멸하지 아니하면 내가 다시는 너희와 함께 있지 아니하리라." 이 단락은 귀중한 교훈을 줍니다. 그것은 죄의 존재가 하나님의 임재를 불가능하게 만든다는 것입니다.

1. 하나님의 임재는 하나님의 백성의 큰 특권이며, 그들이 적을 이길 수 있는 유일한 힘이다. 하나님은 모세를 언약의 땅으로 데리고 들어가시겠다고 약속하셨습니다. 이스라엘 백성이 금송아지를 만드는 죄를 범한 뒤에 하나님께서 당신의 임재를 거두시고 천사를 보내시겠다고 말씀하셨을 때, 모세는 자신이 그 약속을 깨닫고 있다는 것을 보여 주었습니다. 모세는 하나님의 임재 이외의 그 어느 것도 받아들이기를 거부했습니다. "나와 주의 백성이 주의 목전에 은총 입은 줄을 무엇으로 알리이까. 주께서 우리와 함께 행하심으로 나와 주의 백성을 천하 만민 중에 구별하심이 아니니이까"(출 33:16). 하나님의 임재 곧 하나님이 우리와 함께하신다는 사실이 갈렙과 여호수아에게 확신을 주었습니다. 하나님의 임재가 여리고에서 이스라엘에게 승리를 안겨 주었습니다. 성경 전체에 나타나는 위대하고 중심적인 약속은 "내가 너희와 함께하리라"는 것입니다. 전심으

로 하나님을 바라는 신자는 하나님의 임재의 비밀을 간직하며 삶으로써 세상과 또 주변의 세상적인 그리스도인들과 구별됩니다.

2. 패배와 실패는 항상 하나님의 임재가 없는 데서 기인한다. 아이 성에서 그랬습니다. 하나님께서는 당신의 백성에게 가나안 땅을 주시겠다고 약속하시고서 그들을 그 땅으로 인도하여 들이셨습니다. 그런데 아이 성에서 패배를 당했을 때, 여호수아는 그 원인이 하나님의 권능이 빠져나갔기 때문이라고 즉각 느꼈습니다. 하나님께서 그들을 위해 싸워 주지 않으신 것입니다. 그분의 임재가 그친 것입니다.

그리스도인의 생활과 교회 사역에서 발생하는 패배도 분명 하나님의 임재가 없다는 징후입니다. 이 진리를 우리가 기도 생활을 제대로 하지 못하고 사역에서 실패하는 것에 적용해 보면, 그 원인이 하나님과 분명하고도 충만한 사귐을 갖지 못하는 데 있다는 것을 알게 됩니다. 하나님이 가까이 계시고 친히 임재해 주시는 것을, 우리가 중요한 일로 여기지도 구하지도 신뢰하지도 않았다는 것을 알게 됩니다. 그런 상태에서는 하나님께서 바라시는 대로 일하실 수 없습니다. 복과 능력을 잃는 것은 언제나 하나님의 임재가 없는 데서 기인합니다.

3. 하나님이 임재를 거두시는 이유는 우리의 숨은 죄 때문이다. 통증이 몸속의 어떤 질병의 징후이듯이, 하나님이 우리에게 하시는 말씀을 듣지 못하는 것도 무언가 잘못되어 있기 때문입니다. 하나님께서는 자기 백성에게 자신의 전부를 주시고, 그들과 함께 거하시기를 기뻐하시며, 자신의 사랑과 능력을 그들 안에 나타내시기를 몹시 즐거워하십니다. 그러므로 그들의 죄 때문에 어쩔 수 없이 물러나시기 전에는 절대로 물러나시는 일이 없습니다.

오늘날 교회는 수없이 당하는 패배를 불평합니다. 문명화된 세상에서 거의 힘을 발휘하지 못합니다. 도처에서 재정과 인력 부족으로 복음을 전파하지 못합니다. 강력한 회심이 일어나지 않습니다. 하나님과 동료 인간들을 섬기기로 헌신한 거룩한 그리스도인들의 수가 소수에 지나지 않습니다. 이 모든 것의 원인은 목회자, 신자, 선교사, 구원받지 못한 영혼들에게 성령을 임하시게 하는 능력의 기도가 없기 때문입니다. 기도하지 않는 것은 하나님의 임재와 능력을 우리에게서 거두어 가는 죄임을 부정할 수 있겠습니까?

4. 하나님께서 친히 은밀한 죄를 찾아내신다. 우리는 죄가 무엇인지 잘 알고 있는 것처럼 생각할 수 있으나, 오직 하나님께서만 죄의 진정하고도 깊은 의미를 발견하실 수 있습니다. 하나님께서는 여호수아에게 아간의 죄를 지목하실 때 먼저 이렇게 말씀하셨습니다. "이스라엘이 범죄하여 내가 그들에게 명령한 나의 언약을 어겼으며"(수 7:11). 일찍이 하나님께서는 여리고의 모든 탈취물 — 금 은을 포함한 모든 것 — 을 거룩히 구별하여 하나님의 곳간에 들이라고 명령하신 바 있습니다(수 6:19). 이스라엘은 이러한 성별(聖別) 서약을 어기고서 하나님께 바쳐야 할 것을 바치지 않고 가로챘습니다.

기도하지 않는 죄는 우리가 성별 서약 — 마음과 생활 전부를 하나님께 드리겠다는 — 에 신실하지 못했음을 보여 주는 증거입니다. 기도를 제대로 하지 않고 지내면서 이런저런 핑계를 대는 것은 우리가 알고 있는 것보다 더 큰 죄입니다. 그것은 우리가 하나님과의 교제를 별로 좋아하지 않으며, 우리의 믿음이 하나님의 능력보다 우리 자신의 행위와 노력에 더 의존하고 있다는 증거입니다. 그러한 우리의 모습은, 하나님께서 소나기처럼 부어 주기를 바라시는 천상의 복에 우리가 별로 관심이 없다는 것과, 육신의 안일과 보장을 버리고 하나님을 끈질기게 기다릴 준비가 되어 있지 않다는 것을 입증합니다. 끝으로, 그것은 우리의 영성 곧 그리스도 안에 거하는 생활이 너무나 취약하여 기도에 승리하지 못한다는 것을 입증합니다. 혹시 그리스도를 위한 일이 너무 많아서 가장 절실한 필요인 하나님의 임재와 능력을 구할 시간을 내지 못했다고 변명한다면, 그것은 하나님을 전적으로 의지하는 태도가 아닙니다. 그것은 하나님께서 행하시는 신령하고 초자연적인 사역에서 우리가 그분의 도구일 뿐임을 깊이 깨닫지 못한 것이고, 우리가 맡아 수행하는 사역이 천상적이고 절대 타자적(他者的)인 것임을 이해하지 못한 것이며, 그리스도 예수 한 분으로 만족하지도 그분께 복종하지도 않는 것입니다.

이러한 것들이 모두 기도를 등한히하고 가치 순서를 잘못 세운 데서 비롯되었다는 것을 성령께서 깨닫게 해 주신다면, 우리는 어떤 변명도 하지 않을 것입니다. 다만 엎드려 "저희가 죄를 범했나이다! 저희가 죄를 범했나이다!" 하고 부르짖게 될 것입니다. 사무엘은 이렇게 말했습니다. "나는 너희를 위하여 기도하기를 쉬는 죄를 여호와 앞에 결단코 범하지 아니하리라"(삼상 12:23). 기도를 쉬는 것은 하나님께 죄를 범하는 것입니다. 하나님께서 이 사실을 우리에게 깨닫게 해 주시기를 바랍니다.

5. 하나님께서 죄를 들춰내실 때는 죄를 자백하고 버려야 한다. 아이 성에서 패배를 당했을 때, 여호수아와 이스라엘은 그 원인을 몰라 당혹스러워했습니다. 하나님께서 이스라엘을 하나의 민족 단위로, 하나의 몸으로 대하셨기 때문에, 그들 모두가 한 지체의 죄에 대해서 책임을 져야 했습니다. 전체로서의 이스라엘은 죄를 자각하지 못했으나 그로 인해 고통을 겪어야 했습니다. 교회가 기도하지 않는 죄의 심각성을 알지 못하고, 각 목회자나 신자들도 그것을 중대한 죄로 간주하지 않을 수 있습니다. 그럴지라도 그 죄는 형벌을 초래합니다. 성령께서 죄를 자각하게 해 주시면 죄가 더 이상 숨어 있지 못하게 되고, 그러면 마음을 성찰하는 시간이 시작됩니다. 앞서 인용한 본문에서는 개인의 책임과 연대 책임이 매우 철저하게 연결되어 있습니다. 하나님께서는 각 사람을 한 사람씩 서게 하셨습니다(수 7:14). 모든 사람이 하나님의 감찰하시는 눈 아래서 처분을 받는다고 느꼈으며, 아간이 그 자리에 섰을 때 그는 자신의 죄를 자백하지 않을 수 없었습니다. 이스라엘은 하나의 몸이었기에, 전체가 하나님의 처분을 받아 고통을 겪었습니다. 그런 뒤에 "온 이스라엘"(25절) 전체가 아간과 그의 가족(24절)과 모든 소유를 돌로 치고 불살랐습니다.

우리가 속한 집단의 죄가 기도하지 않는 죄라고 생각할 만한 근거가 있거든 먼저 그것을 개인적으로뿐 아니라 집단적으로도 자백해야 합니다. 그런 다음 하나님 앞에 나아가 그 죄를 버려야 합니다. 아골 골짜기에 쌓인 돌무더기가 이스라엘의 가나안 정복사의 초입에 서 있음으로써 하나님께서 죄를 참지 못하시며, 죄와 함께 거하시지 않으시며, 우리가 진심으로 하나님의 임재를 원한다면 죄를 버려야 한다는 것을 깨우쳐 주고 있습니다. 다른 많은 죄 때문일지라도, 하나님의 임재를 잃게 하는 결정적인 죄는 그리스도와 성경이 가르치는 대로 기도하지 않는 것입니다. 이 죄를 하나님 앞에 가지고 가서 죽음에 넘겨야 합니다. 그런 다음에는 하나님께 우리 자신을 드리고 그분의 음성에 순종해야 합니다. 과거에 실패한 두려움 때문에, 여러 가지 유혹과 의무와 변명거리 때문에 기도하지 않는 상태로 돌아가서는 안 됩니다. 그것은 순종의 문제입니다.

우리는 과연 하나님과 성령께서 기뻐하시는 기도 생활에 힘쓸 수 있겠습니까? 하나님께서 우리에게서 떠나지 않으신다면, 우리 죄를 정말로 드러내신다면, 정말로 죄를 버리고 순종하기를 우리에게 요구하신다면, 우리는 우리를 받으시고 힘을 주시는 은혜에 힘입어 하나님께서 우리에게 바라시는 삶을 살 수 있을 것입니다. 다만 문제는 우리가 전심으로 하나님께 드려야 할 것을 드리고, 하나님의 뜻과 은혜가 우리를 주관하도록 온전히 우리 자신을 굴복시키는가 하는 것입니다.

6. 죄를 버리면 하나님의 임재가 회복된다. 이날로부터 여호수아서에는 전투에서 패배한 일이 다시는 기록되지 않습니다. 다만 승승장구한 이야기만 기록될 뿐입니다. 하나님의 임재를 되찾는 것이 모든 원수를 이길 수 있는 능력을 줍니다.

이 진리는 너무나 쉽고 단순하여서 깊은 생각 없이 받아들이다가 제대로 깨닫지 못하는 일이 많습니다. 이 진리가 무엇을 뜻하는지 잠시 생각해 봅시다. 하나님께서 우리와 함께 하시면 당연히 승리를 거두게 되는데, 그렇다면 패배의 책임은 우리 손에 있는 셈입니다. 이것은 틀림없이 어떤 죄가 패배의 원인으로 작용했음을 뜻합니다. 그러므로 그 죄를 즉시 찾아내어 버려야 합니다. 그렇게 하는 순간에 하나님께서 우리와 함께하신다고 확실히 믿어도 좋습니다. 그러나 우리 각 사람은 자신의 생활을 샅샅이 조사하여 어떤 부분에 이러한 악이 있는가를 찾아내야 할 엄숙한 의무가 있습니다.

하나님께서 자기 백성의 죄에 관해 말씀하시는 목적은 죄로부터 자기 백성을 구원하시기 위함입니다. 죄를 비춰 주는 그 빛이 죄를 버릴 수 있는 길도 비춰 줄 것입니다. 주님 앞에 겸손히 복종하고서 죄를 자백하고 믿음으로 기다린다면, 허물고 정죄하는 그 능력이 세우고 정복할 수 있게 해 줄 것입니다. 이 죄에 관해서 교회와 우리에게 말씀하시는 분은 하나님이십니다. "사람이 없음을 보시며 중재자가 없음을 이상히 여기셨으므로"(사 63:5). "성 무너진 데를 막아서서 나로 하여금 멸하지 못하게 할 사람을 내가 그 가운데에서 찾다가 찾지 못하였으므로"(겔 22:30). 이렇게 말씀하시는 하나님께서 하나님의 얼굴을 구하는 자녀들에게 변화를 일으켜 주십니다. 고통과 수치의 상징이자, 죄를 자백하고 내다버리는 아골 골짜기를 소망의 문으로 만들어 주십니다.

상황이 이러니 어쩔 수 없다는 핑계와 변명을 과감히 버립시다. 우리가 해야 할 일이란 죄를 자백하는 것뿐입니다. "저희가 죄를 범해 왔고, 지금도 죄를 범하고 있으며, 더 이상 죄를 짓지 않을 자신이 없나이다." 하나님께서는 우리에게 불가능한 것을 기도하라고 요구하시는 것이 아닙니다. 현실성 없는 이상론을 가지고 우리를 지치게 하시는 것이 아닙니다. 우리에게 기도할 은혜를 주시면서 기도하라고 요구하시는 것입니다. 그러므로 우리는 하나님께서 우리에게 기도할 수 있는 은혜를 주셔서 우리의 중보기도가 하나님과 우리에게 기쁨이 되도록 하시고, 우리의 양심과 사역에 힘의 원천이 되게 하시며, 우리가 위하여 일하는 사람들에게 복의 통로가 되게 하실 것을 안심하고 확신할 수 있습니다.

하나님께서는 여호수아와 이스라엘과 아간을 직접 대하셨습니다. 우리 각 사람에게도 하나님께서 이렇게 대해 주시기를 구해야겠습니다. 기도를 등한히 하는 죄와 그로 인해 삶과 사역에 초래되는 결과들을 직접 다루어 주시고, 그렇게 하심으로써 우리를 이 죄에서 건져 주시고 확신을 갖고 기도할 수 있게 해 주시기를 하나님께 구해야 할 것입니다. 하나님께서 임재하시어서 여러분을 덮으시기까지 고요히 엎드려 기다리십시오. 하나님께서 여러분을 인간적 생각의 영역에서 이끌어내 주시기를 구하십시오. 그 영역에서는 죄를 깊이 자각하는 일이나 온전한 구원이 있을 수 없습니다. 하나님 앞에서 조용한 시간을 가지면서 하나님께서 친히 이 문제를 해결해 주시기를 기다리십시오. "이 사건이 어떻게 될지 알기까지 앉아 있으라. [그분이] 오늘 이 일을 성취하기 전에는 쉬지 아니하리라"(룻 3:18). 여러분 자신을 하나님의 손에 맡기십시오.

제 7 장

누가 건져내랴?

길르앗에는 유향이 있지 아니한가. 그곳에는 의사가 있지 아니한가. 딸 내 백성이 치
료를 받지 못함은 어찌 됨인고 ─ 예레미야 8:22
배역한 자식들아 돌아오라. 내가 너희의 배역함을 고치리라 ─ 예레미야 3:22
나를 고치소서. 그리하시면 내가 낫겠나이다 ─ 예레미야 17:14
오호라 나는 곤고한 사람이로다. 이 사망의 몸에서 누가 나를 건져내랴. 우리 주 예수
그리스도로 말미암아 하나님께 감사하리로다 … 이는 그리스도 예수 안에 있는 생명
의 성령의 법이 죄와 사망의 법에서 너를 해방하였음이라 ─ 로마서 7:24-25; 8:2

하루는 신사 한 분이 찾아와 조언과 도움을 청했습니다. 진실하고 제대
로 교육받은 그리스도인임에 틀림없었습니다. 그는 여러 해 동안 아주
어려운 상황에서 그리스도를 증거하기 위해 힘썼습니다. 하지만 남은 것
은 패배감과 불행이었습니다. 이제는 하나님의 말씀이 예전처럼 마음을
사로잡지도 않고, 기도를 해도 마음이 실리지 않는 것 같다고 고민을 털
어놓았습니다. 다른 사람들에게 말로 전도를 하거나 전도 책자를 건네줄
지라도 의무감에서 그렇게 할 뿐, 사랑과 기쁨이 없다고 했습니다. 하나
님의 성령으로 충만해지고 싶지만 전혀 그렇지 않은 것 같아서 더 이상
구하지도 않는다고 했습니다. 그 상황에서 그는 어떻게 생각해야 하며,
거기서 빠져나갈 길은 과연 무엇이겠습니까?

나는 그 문제가 지극히 단순하게 보인다고 대답했습니다. 은혜 아래 살

지 못하고 율법 아래 살기 때문이라고 했습니다. 그렇게 사는 동안에는 변화가 있을 수 없다고 했습니다. 그는 주의 깊게 들었으나 내 말뜻을 정확하게 이해하지 못했습니다.

나는 그에게 율법과 은혜의 차이를 상기시켜 주었습니다. 율법은 요구하지만 은혜는 베풉니다. 율법은 명령하지만 순종할 힘을 주지 않습니다. 은혜는 우리를 위해 모든 것을 함으로써 약속도 하고 그것을 이루어 주기도 합니다. 율법은 짐을 지게 하고 주저앉게 하고 정죄합니다. 은혜는 위로하고 강하고 기쁘게 만듭니다. 율법이 자아에 최선의 것을 행하도록 호소하지만, 은혜는 모든 것을 다 해 주시는 그리스도를 제시합니다. 율법은 노력과 긴장을 요구하면서, 우리가 도달할 수 없는 목표를 향해 가도록 재촉합니다.

은혜는 하나님의 복되신 뜻을 우리 안에서 이룹니다. 나는 그 신사에게 실패와 무능을 부정하지 않고 철저히 받아들이는 것이 급선무이며, 하나님께서는 바로 그 점을 깨우쳐 주고자 하신다고 일러 주었습니다. 이것을 받아들여야 철저한 절망 속에서 하나님 앞에 엎드릴 수 있습니다. 그래야만 하나님께서 은혜로 그를 건지시고 힘을 주시기 전에는 앞으로도 절대 성공할 수 없다는 것을 배우게 될 것이고, 그러면 은혜가 그를 위해서 모든 것을 해 줄 것입니다. 그는 율법과 자아와 노력에서 건짐을 받아 은혜 아래로 들어와 하나님께서 모든 것을 하시도록 해 드려야 할 것입니다.

나중에 그 신사를 다시 만났을 때 그는 내가 내린 진단이 정확했다고 말했습니다. 은혜가 모든 것을 해야 한다는 내 말을 인정했습니다. 그럼에도 불구하고 은혜의 역사를 확고히 하거나 신실해지기 위해서는 자신이 무슨 일이든 해야 한다는 깊은 신념이 있었던 까닭에, 은혜에 모든 것을 내맡겨봐도 결국 자신이 그다지 변하지 않을 것이라고 우려했습니다. 그는 자신이 새로 겪고 있던 어려운 문제들을 감당해낼 만큼 강하지 않다고 생각했습니다. 그의 진지함 속에는 절망의 기색이 있었습니다. 당위로 알고 있는 삶을 살 수 없었기 때문입니다.

앞서 말했듯이 나는 이러한 절망에 관해서 이미 그에게 말한 바 있습니다. 온전히 하나님을 위해 살려고 ─ "주께 합당하게 행하여 범사에 기쁘시게"(골 1:10) 하려고 ─ 노력하는 사람들을 접해 본 목회자라면, 그렇게 해서는 참된 진보를 이룰 수 없다는 것을 압니다. 그렇게 살려고 노력하자면 숱한 어려움을 만나게 되고, 특히 기도 생활을 온전히 해 보려고 할 때는 더욱 그러합니다. 우리는 기도를 더 많이 제대로 해야겠다고 결심한 다음에 실패하는 경우를 자주 봅니다. 습관을 바꾸는 데 필요한 의지력을 모든 사람이 다 갖고 있는 것이 아닙니다. 기도하기로 했으니 기도해야 한다는 압박감은 크게 다가오는데, 기도할 시간을 내기가 쉽지 않습니다.

기도를 하면 항상 기쁨이 생겨야 할 텐데 꼭 그렇게 되지도 않습니다. 간절히 구할 힘도 없습니다. 기도가 기쁨과 힘을 주지 못하고, 오히려 끊임없는 자기 정죄와 의심의 근원이 됩니다. 우리는 이따금씩 슬퍼하고 자백하고 결심했습니다. 그러나 솔직히 말해서 우리는 큰 기대를 하지 않습니다. 그러한 변화로 가는 길을 모르기 때문입니다.

이러한 정신이 지배하고 있는 동안에는 개선의 전망이 전혀 없습니다. 낙심은 필연적으로 패배를 초래합니다. 의사가 환자에게 가장 먼저 해 주는 일은 희망을 심어 주고 유지시키는 것입니다. 환자가 소망을 갖지 못하면 약이 효과를 발휘하지 못하는 경우가 많다는 것을 알기 때문입니다. 마음속에 "이젠 희망이 없어"라고 속삭이는 어떤 것이 남아 있는 한, 더 많이 기도할 필요와 의무, 기도에 힘쓸 때 임하는 복에 관해서 가르치는 하나님의 말씀은 힘을 발휘하지 못합니다. 첫째로, 우리는 실패와 절망에 빠진 원인을 찾아야 하고, 하나님께 얼마나 확실한 구원의 보장이 있는가를 깨달아야 합니다.

현재의 상태에 주저앉아 있고 싶지 않다면 다음과 같은 질문을 귀담아 듣고 거기에 동참해야 합니다. "길르앗에는 유향이 있지 아니한가. 그곳에는 의사가 있지 아니한가. 딸 내 백성이 치료를 받지 못함은 어찌됨인고." 그리고는 "배역한 자식들이 돌아오라. 내가 너희의 배역함을 고치리라"고 하시는 하나님의 약속과 "나를 고치소서. 그리하시면 내가 낫겠나이다"라는 이스라엘의 대답을 듣고 마음에 받아들여야 합니다. 하나님 앞에 직접 나아가 기도하고, 하나님께서 직접 들어주신다는 믿음을 가져야 합니다. 이제는 기도하지 않고 살아온 죄에 대해서 하나님께서 우리를 도우실 것을 믿고서 "나를 고치소서. 그리하시면 내가 낫겠나이다"라고 간구합시다.

병의 증상과 병 자체를 구분하는 것은 언제나 중요합니다. 기도에서의 약함과 실패는 영적 생활이 약하다는 징후입니다. 환자가 의사에게 약한 맥박을 자극할 만한 게 없느냐고 묻는다면 맥박을 자극해 봐야 소용없다는 말을 듣게 될 것입니다. 맥박은 심장과 전체 건강 상태의 지표이기 때문입니다. 의사는 지금 환자의 건강을 회복시키려고 노력하고 있습니다. 기도를 좀 더 신실하고 능력 있게 하기를 바란다면 자신의 영적 생활 전체가 병에 걸려 있으므로 고쳐서 회복되어야 한다는 것을 알아야 합니다. 기도를 적게 하고 지내는 것은 신앙이 약해졌다는 징후입니다. 이 점을 깨달아야만 자기가 걸린 병이 얼마나 심각한 것인가를 제대로 알 수 있습니다. 따라서 영적 생활의 맥박에 해당하는 기도 생활이 건강과 활력을 나타내야, 생활 태도를 근본적으로 바꿀 필요를 느낄 것입니다. 하나님께서는 우리를 창조하실 때 모든 건강한 기능을 발휘하여 기쁨을 누리며 살도록 하셨습니다. 기도는 원래 건강한 사람의 호흡이나 활동처럼 단순하고 자연스러운 것입니다. 기도하기가 왠지 부자연스럽고 꺼려진다면 그것은 하나님께서 우리가 병에 걸려 있음을 알려 주시고 하나님 앞에 나아가 고침을 받기를 바라신다는 증거입니다.

그렇다면 기도의 부족은 어떤 병의 징후이겠습니까? 다음 말씀만큼 적절한 대답은 없을 것입니다. "너희가 법 아래 있지 아니하고 은혜 아래에 있음이라"(롬 6:14).

이것은 그리스도인의 삶에 두 가지 유형이 있을 수 있음을 암시합니다. 하나는 반쪽은 율법 아래 반쪽은 은혜 아래 있는 삶이고, 다른 하나는 온전히 은혜 아래 있어서 자아의 노력에서 완전히 자유를 얻고 그 자유가 줄 수 있는 신령한 능력을 충만히 체험하는 삶입니다. 참신자라도 여전히 일부분은 율법 아래 거하면서 자신이 성취할 수 없는 것을 스스로 성취하기 위해 노력할 수 있습니다. 그러한 신자가 신앙 생활에서 자꾸 실패하는 이유는 자신을 의지하고서 최선을 다하려고 노력하는 데 있습니다. 그는 기도도 하고 하나님께 도움도 구하지만, 여전히 하나님의 도움을 받아 자기가 그 일을 하려고 합니다. 로마서와 갈라디아서에서 바울은 신자들에게 그들이 "다시 무서워하는 종의 영을 받지 아니"했고(롬 8:15) "죄와 사망의 법에서 해방"되었다고 가르치고(2절), 이제는 더 이상 종이 아니라 아들이며(갈 4:7), 따라서 "다시는 종의 멍에를 메지 말라"고 당부합니다(갈 5:1).

신약성경 도처에서 우리는 이러한 대조, 즉 율법과 은혜, 율법 아래 있는 육체와 은혜의 선물인 성령이 대조되어 있는 것을 봅니다. 우리도 초대 교회 신자들과 마찬가지로 율법 아래 살면서 우리의 육신의 힘으로 하나님을 섬기려고 하는 큰 위험에 처해 있습니다. 절대 다수의 그리스도인들이 이런 상태에서 살아가고 있는 듯합니다. 그들이 거룩한 생활을 하지 못하고 기도에도 능력이 없는 것은 대부분 거기에 원인이 있습니다. 모든 실패의 원인은 오직 하나임을 그들은 모릅니다. 그들 안에서 은혜만이 할 수 있고, 또한 은혜가 가장 확실하게 해 줄 일을, 그들 스스로 하려고 하는 것이 그 원인입니다.

많은 사람들은 "은혜 아래"(롬 6:14) 살고 있지 못한 것을 질병으로 인정하려고 하지 않습니다. 그렇게 사는 것이 불가능하다고 말합니다. 어떤 그리스도인은 이렇게 외칩니다. "마음 깊은 곳에서 나는 내 안에 선한 것이 없다는 것과, 모든 것이 오직 은혜로 된다는 것을 믿고 압니다." 어떤 목회자는 이렇게 말했습니다. "나는 하나님께서 값없이 베푸시는 은혜의 교리를 전하고 드높이는 데 평생을 보냈고 거기서 보람을 얻었습니다." 어느 선교사는 이렇게 대답합니다. "나도 마찬가지입니다. 내가 전하는 복음과 또 내가 신뢰하는 바 하나님의 무한하신 은혜의 능력을 확신하지 않았다면, 내가 어찌 이방인을 구원할 생각을 할 수 있었겠습니까?" 이

제 당신은 은혜 아래 살지 않음으로써 기도에 실패하는 잘못을 범해서는 안 됩니다. 이러한 질병에 걸려서는 안 됩니다.

질병에 걸렸는데도 그 사실을 모르고 고통을 겪는 경우가 있습니다. 간단한 병이겠거니 생각하고 지내다가 그것이 매우 위험한 병인 줄을 뒤늦게 압니다. 이제는 "율법 아래"(14절) 살지 않고, 확실히 "은혜 아래" 산다고 지나치게 자신하지 마십시오. 이런 잘못을 자주 범하는 이유는 은혜라는 단어를 부분적으로만 이해하기 때문입니다. 믿음이 옅거나 없는 생각으로 하나님을 부분적으로만 이해하듯이, "은혜의 풍성함"(엡 1:7)과 "은혜가 … 넘치도록 풍성하였도다"(딤전 1:14) 같은 표현을 즐겨 사용하면서도 하나님의 은혜를 부분적으로만 이해합니다. '충만한 은혜'라는 표현을 지극히 사악한 죄인들을 항상 새롭게 용서하시는 칭의라는 한 가지 크고 복된 진리에만 국한시켜 이해합니다. 성화(聖化)에 나타나는 '충만한 은혜'에 대해서는 제대로 알지 못합니다.

바울은 "더욱 은혜와 의의 선물을 넘치게 받는 자들은 한 분 예수 그리스도를 통하여 생명 안에서 왕 노릇 하리로다"라고 썼습니다(롬 5:17). 죄의 정복자로서 생명 안에서 왕 노릇 하는 일이 지금 이 땅에서도 존재합니다. 신자의 생명, 곧 신자의 존재와 삶 전체에서 이런 일이 일어난다는 뜻입니다. "죄가 더한 곳에 은혜가 더욱 넘쳤나니 이는 죄가 사망 안에서 왕 노릇 한 것 같이 은혜도 또한 의로 말미암아 왕 노릇 하여"(5:20-21). 이렇게 은혜가 삶을 주관하는 상황을 전제하고서, 바울은 "우리가 법 아래 있지 아니하고 은혜 아래에 있으니 죄를 지으리요?"라고 물은 다음 "그럴 수 없느니라"라고 대답합니다(롬 6:15).

은혜는 죄를 용서할 뿐 아니라 죄를 이길 힘도 부여합니다. 은혜는 죄가 사람의 삶에서 차지했던 위치를 차지하고서, 죄가 사망 안에서 왕 노릇 했던 것처럼 그리스도의 생명의 능력 안에서 왕 노릇 합니다. 이러한 은혜에 관해서 그리스도께서는 "내 은혜가 네게 족하도다"라고 말씀하셨고, 바울은 "이러므로 내가 그리스도를 위하여 약한 것들과 능욕과 궁핍과 박해와 곤고를 기뻐하노니 이는 내가 약한 그때에 강함이라"고 대답합니다(고후 12:9-10). 우리가 철저히 무능하고 의지할 데 없음을 고백할 때, 은혜가 우리 안에 임하여서 모든 것을 행하십니다. 이 은혜에 관해서 바울은 다음과 같이 가르쳤습니다. "하나님이 능히 모든 은혜를 너희에게 넘치게 하시나니 이는 너희로 모든 일에 항상 모든 것이 넉넉하여 모든 착한 일을 넘치게 하게 하려 하심이라"(고후 9:8).

하나님과 구원을 찾는 사람이 성경은 많이 읽지만 믿음으로 말미암아 즉각 값없이 충만히 받는 칭의라는 진리에 관해서는 모르는 경우가 종종 있습니다. 그러다가 일단 눈이 열리고 그 진리를 받아들이면 성경 도처에서 그 진리를 발견하고서 깜짝 놀랍니다. 마찬가지로 많은 신자들이 값없이 베푸시는 은혜의 교리를 죄 사함과 관련해서만 알 뿐, 우리 속에 완전히 새로운 생명을 일으킨다는 놀라운 의미는 깨닫지 못하고 지냅니다. 그 은혜는, 성부 하나님께서 우리에게 바라시는 일을 매순간 행할 수 있는 힘을 줄 수 있습니다.

하나님의 빛이 이 복된 진리로 우리 마음을 비출 때, 우리는 바울이 말한 "내가 한 것이 아니요 오직 나와 함께 하신 하나님의 은혜로라"(고전 15:10)는 말씀의 뜻을 알게 됩니다. 이 상태에서도 다시 두 가지 단계의 그리스도인의 삶이 있습니다. 하나는 "내가 한 것이 아니요"에 해당하는 단계로서, 그리스도인의 삶이 아직 실체가 되지 못하고 다만 '나는 아무것도 아니다', '나는 아무것도 할 수 없다'고 말하는 단계입니다. 다른 하나는 놀라운 변화가 발생하여서 은혜가 우리의 노력을 대신하는 단계입니다. 이 단계에서는 "이제는 내가 사는 것이 아니요 오직 내 안에 그리스도께서 사시는 것이라"(갈 2:20)고 말하고 그 말뜻을 압니다. 그렇게 되면 다음 말씀을 평생 지속적으로 경험할 수 있습니다. "우리 주의 은혜가 그리스도 예수 안에 있는 믿음과 사랑과 함께 넘치도록 풍성하였도다"(딤전 1:14).

사랑하는 하나님의 자녀여, 이것이 여러분의 인생에서 문제였고, 여러분이 기도 생활에 실패했던 이유였다는 것을 믿습니까? 여러분은 삶 전체를 은혜 아래 둘 경우에 은혜가 여러분에게 기도할 힘을 준다는 것을 알지 못했습니다. 다만 기도하기 싫은 마음을 극복하려고 여러모로 노력하지만 실패하고 말았습니다. 스스로 기도 의욕을 자극하기 위해 부끄러움이나 사랑 같은 모든 동기를 다 동원했습니다. 그러나 별로 도움이 되지 못했습니다. 하나님의 종으로서 전하는 나의 이 메시지가 여러분이 생각했던 것보다 여러분 자신에게 더 잘 적용되지 않습니까? 기도하지 않는 것은 삶이 병들었기 때문에 생기는 결과이며, 그 병이란 하나님의 말씀이 전해 주는 온전한 구원을 여러분이 일상 생활과 그리스도인으로서 수행하는 의무에서 받아들이지 않는 것입니다. "죄가 너희를 주장하지 못하리니 이는 너희가 법 아래에 있지 아니하고 은혜 아래에 있음이라"(롬 6:14). 우리를 생명 안에서 왕 노릇 하게 하는 은혜와 능력은 율법의 요구와 죄의 지배 못지 않게 광범위하고 깊게 미칠 뿐 아니라, '넘치도록 풍성"합니다(딤전 1:14).

로마서 7장에서 바울은 율법 아래 있는 신자의 삶을 "오호라 나는 곤고한 사람이로다. 이 사망의 몸에서 누가 나를 건져내랴"라고 탄식하는 삶으로 묘사합니다. 이 질문에 대답하여 쓴 "우리 주 예수 그리스도로 말미암아 하나님께 감사하리로다"라는 말씀은 신자가 악습에 사로잡힌 채 그것을 극복하기 위해 분투하지만 실패했던 생활에서 건짐을 받는 것을 보여 줍니다. 이 건짐은 그리스도의 생명이 우리 안에서 이룰 수 있는 것을 충만히 경험하게 해 줍니다. "이는 그리스도 예수 안에 있는 생명의 성령의 법이 죄와 사망의 법에서 너를 해방하였음이라." 하나님의 율법은 우리를 죄와 사망의 법에 예속시킬 수 있을 뿐입니다. 하나님의 은혜는 우리를 성령의 자유로 인도하고 늘 그 안에 거하게 할 수 있습니다. 우리는 우리를 포로로 붙잡고 우리가 원하는 의로운 일을 하지 못하게 하는 세력으로부터, 그 세력 밑에서 슬프게 지내던 삶으로부터 해방될 수 있습니다. 그리스도 안에 계신 생명의 성령께서 끊임없이 기도에 실패하는 상태에서 우리를 풀어 주시고 "주께 합당하게 행하여 범사에 기쁘시게"(골 1:10) 할 수 있게 해 주십니다.

그러므로 좌절하거나 낙심할 필요가 없습니다. 길르앗에 유향이 있습니다. 그곳에 의사가 계십니다. 그곳에 가면 병을 고칠 수 있습니다. 사람으로서 할 수 없는 일을 하나님께서는 하실 수 있습니다(눅 18:27). 여러분이 해낼 수 없다고 판단한 것을 은혜는 해낼 것입니다. 병에 걸린 사실을 인정하고 자백하십시오. 의사를 신뢰하십시오. 고쳐달라고 간구하십시오. 믿음의 기도를 드리십시오. "나를 고치소서. 그리하시면 내가 낫겠나이다." 당신도 기도의 사람이 되어서 역사하는 힘이 많은 기도를 드릴 수 있습니다.

제 8 장

네가 낫고자 하느냐?

예수께서 … 이르시되 네가 낫고자 하느냐? 병자가 대답하되 주여 물이 동할 때에 나를 못에 넣어 줄 사람이 없어 … 예수께서 가라사대 일어나 네 자리를 들고 걸어가라 하시니 그 사람이 곧 나아서 자리를 들고 걸어가니라 — 요한복음 5:6-9

베드로가 대답하되 … 나사렛 예수 그리스도의 이름으로 걸으라 하고 … 예수로 말미암아 난 믿음이 너희 모든 사람 앞에서 이같이 온전히 낫게 하였느니라 — 사도행전 3:6, 16

베드로가 가로되 애니아야 예수 그리스도께서 너를 낫게 하시니 일어나 네 자리를 정돈하라 한대 곧 일어나니 — 사도행전 9:34

기도가 약하다는 것은 질병에 걸려 있다는 표시입니다. 활동하지 못한다는 것은 일상 생활에서처럼 그리스도인의 생활에서도 의사가 나서서 고쳐야 하는 악한 병이 생겼다는 심각한 증거입니다. 새롭고 힘차게 그리고 즐겁게 걸어서 아버지 하나님과 은혜의 보좌로 가는 능력이 결여되어 있다는 것은 매우 중요한 문제입니다. 그리스도야말로 낫기를 바라는 사람들이 모여 있는 세상 모든 곳의 베데스다에 찾아오셔서 "네가 낫고자 하느냐?"고 폐부를 꿰뚫는 애정어린 질문을 하시는 위대한 의사이십니다. 아직도 연못에 희망을 두고 있거나 자기를 연못에 넣어줄 사람을 찾고 있는 사람에게든, 혹은 그저 일반적인 은혜의 수단을 계속 사용하면서 때가 되면 어떻게든 나을 것이라고 기대하는 사람에게든 주님의 이 질문은 더 나은 방법을 가르쳐 줍니다.

그리스도께서는 그런 사람들이 한 번도 생각해 본 적이 없는 효과적인 치료법을 그들에게 제시하십니다. 그리고 자신에게 능력이 없다는 것뿐만 아니라 자기를 도와줄 어떤 사람도 찾을 수 없음을 기꺼이 고백하는 사람에게 주님의 이 질문은 구원이 가까이 있다는 확실하고 분명한 희망을 줍니다.

우리의 기도가 약하다는 것은 영적 생활이 질병에 걸려 있다는 표시라고 말한 바 있습니다. 주께서 우리에게 영적 힘을 회복시키고 우리가 건강하고 힘있는 사람처럼 주님의 모든 길에서 행할 수 있도록 우리를 고치고자 하실 때 주님의 음성에 귀를 기울이도록 합시다. 그러면 우리는 중보기도라는 위대한 사역에서 우리의 위치를 제대로 잡게 될 것입니다. 주님께서 제시하시는 치료를 보고, 주께서 어떻게 우리를 낫게 하시며 우리에게 무엇을 요구하시는지를 알 때 우리는 주님의 질문에 기꺼이 대답할 수 있게 될 것입니다.

주님께서 주시는 치료

영적으로 건강하다는 표시들 가운데는 어떤 것이 있습니까? 본문을 보면 '걷는 것'임을 알 수 있습니다. 병자에게 예수께서 말씀하셨습니다. "일어나 … 걸어가라." 주님께서는 그 말씀과 함께 병자를 아주 건강하고 활기찬 사람으로 다시 세워서 생활의 모든 활동 가운데 자기 몫을 할 수 있게 만드셨습니다. 그것은 영적 건강의 회복을 보여 주는 아주 놀라운 시사적인 그림입니다. 걷는다는 것이 건강한 사람에게는 즐거운 일이지만 병자에게는 불가능한 일은 아닐지라도 고역스러운 짐입니다. 절름발이에게 걷는 일이 아주 지치게 하는 힘든 노역인 것처럼 하나님의 길을 따라 활동하고 나아간다는 것이 많은 그리스도인에는 힘든 노역입니다. 그리스도께서는 오셔서 말씀하십니다. "일어나 … 걸어가라." 그리고 그 말씀과 함께 걸어갈 힘을 주십니다.

주님께서 우리에게 힘을 주시고 회복시켜서 걷게 하시는 이 걸음을 생각해 봅시다. 그것은 "하나님과 동행한"(창 6:9) 에녹과 노아의 삶과 같은 생활입니다. 하나님께서 "내 앞에서 행하라"고 말씀하셨고 그 자신도 "내가 그 앞에서 행한 여호와"(한글 개역은 '나의 섬기는 여호와')라고 말한 아브라함의 삶과 같은 생활입니다. 다윗은 "여호와여 저희가 주의 얼굴 빛에 다니며"(시 89:15)라고 노래했고, 이사야는 "여호와를 앙망하는 자는 새 힘을 얻으리니 … 달음박질하여도 곤비치 아니하겠고 걸어가도 피곤치 아니하리로다"(사 40:31)라고 예언하였는데, 바로 이들의 생활과 같은 것입니다. 창조주 하나님께서 피곤치 아니하고 지치지 아니하시듯이 하나님과 함께 걷고 하나님을 바라는 자들은 결코 지치거나 약해지지 않을 것입니다.

구약 성도 가운데 마지막 인물들인 사가랴와 엘리사벳이 이 같은 생활을 하였습니다. 그래서 이들의 삶을 두고 성경은 이같이 말합니다. "이 두 사람이 하나님 앞에 의인이니 주의 모든 계명과 율례대로 흠이 없이 행하더라"(눅 1:6). 이것이 바로 예수께서 오셔서 전에 없이 큰 능력으로 자기 백성들에게 살도록 하신 삶입니다.

신약 성경이 그 점에 대해 말하는 바를 들어봅시다. "아버지의 영광으로 말미암아 그리스도를 죽은 자 가운데서 살리심과 같이 우리로 또한 새 생명 가운데서 행하게 하려 함이니라"(롬 6:14). "일어나 … 걸어가라"고 말씀하신 분은 바로 다시 살아나신 주님이십니다. 주님께서 우리에게 부활의 생명의 능력, 곧 그리스도 안에서 행하는 생명을 주십니다. "그러므로 너희가 그리스도 예수를 주로 받았으니 그 안에서 행하되"(골 2:6). 그것은 바로 그리스도처럼 행하는 것입니다. "저 안에 거한다 하는 자는 그의 행하시는 대로 자기도 행할지니라"(요일 2:6).

그것은 성령을 따라 성령으로 행하는 삶입니다. "너희는 성령을 따라 행하라 그리하면 육체의 욕심을 이루지 아니하리라"(갈 5:16). "육신을 좇지 않고 그 영을 좇아 행하는 우리에게"(롬 8:4). 그것은 하나님께서 인정하시고 하나님을 기쁘시게 하는 생활입니다. "주께 합당히 행하여 범사에 기쁘시게 하고 모든 선한 일에 열매를 맺게 하시며"(골 1:10). "우리가 주 예수 안에서 너희에게 권면하노니 너희가 마땅히 어떻게 행하며 하나님께 기쁘시게 할 것을 우리에게 받았으니 곧 너희 행하는 바라 더욱 많이 힘쓰라"(살전 4:1). 그것은 하나님 나라의 사랑을 가지고 행하는 것입니다. "그리스도께서 너희를 사랑하신 것 같이 너희도 사랑 가운데서 행하라"(엡 5:2). 또 그것은 "저가 빛 가운데 계신 것 같이 우리도 빛 가운데 행하는"(요일 1:7) 것입니다. 그것은 믿음의 생활이며, 이 생활의 능력은 순전히 하나님과 그리스도, 성령이 세상에서 돌이킨 영혼에게 주시는 것입니다. "이는 우리가 믿음으로 행하고 보는 것으로 하지 아니함이로라"(고후 5:7).

그래서 많은 신자들은 그같이 걷는 것을 불가능하다고 생각합니다. 걷는 것을 아예 불가능하다고 생각하기 때문에 걷지 못하는 것을 죄라고 생각지 않습니다. 그러므로 그들은 새 생명 가운데 행하는 이 걸음을 고대하지 않습니다. 이 신자들은 무기력한 생활에 너무 익숙해져서 하나님의 힘으로 살고 행하는 것에 별로 관심이 없습니다. 그러나 그렇지 않은 신자들도 있습니다. 이들은 이 말씀이 실제로 의미하는 바가 사람들이 말하는 그런 것일까 하고 생각합니다. 이들 각 사람이 말하고 있는 놀라운 생활은 그저 도달할 수 없는 이상인지 혹은 육신의 몸으로 실현할 수 있다는 것을 의미하는지 의문스러워합니다.

신자들이 이 말씀을 연구하면 할수록, 이 말씀이 일상적인 생활을 이야기하고 있다는 것을 더욱 느끼게 될 것입니다. 그렇지만 이 말씀의 수준은 너무 높게 보입니다. 그러나 하나님께서 사람이 감히 생각하거나 기대할 수 있는 어떤 것을 초월하는 신령한 생활을 신자들이 할 수 있도록 하기 위해 그의 전능하신 아들과 성령을 보내셨다는 것을 믿기만 한다면 그것은 불가능한 일이 아닙니다.

예수께서 우리를 낮게 하시는 방법

의사는 환자를 고칠 때 외적으로 치료하고, 할 수 있는 대로 앞으로는 환자가 의사의 도움 없이 지낼 수 있도록 하는 조처를 취합니다. 환자가 건강을 완전히 회복하도록 하고 나서 퇴원시킵니다. 그런데 우리 주님의 사역은 두 가지 면에서 그와는 정반대입니다. 예수께서는 성령의 능력으로 우리 생명의 본질 속으로 들어가십니다. 즉 환자의 밖으로부터 시작하지 않고 안으로부터 시작하십니다. 환자가 장차 주님의 도움 없이 지낼 수 있도록 하시지 않습니다. 그리스도께서 환자를 고치시는 한 가지 목적은 우리가 그리스도 없이는 단 한 순간도 살 수 없도록 주님을 의지하게 하려는 것입니다. 이것이 주님의 치료가 성공했는지 여부를 보여 주는 한 가지 조건입니다. 그리스도 예수 자신이 바로 우리의 생명인 것입니다. 그런데 많은 그리스도인들이 이 사실을 전혀 알지 못합니다.

우리에게 널리 퍼져 있는 힘없고 병약한 생활은 전적으로 하나님의 진리를 바르게 이해하고 있지 못한 데 원인이 있습니다. 그리스도께서 하늘에서 우리를 위해 이따금씩 은혜로운 일들을 행하실 것을 기대하고, 그리고 매번 잠시 동안만 지속될 어떤 것을 우리에게 주실 것이라고 믿는 한, 우리는 완전한 건강을 회복할 수 없습니다. 그러나 어떤 것이든 단 한 순간도 우리 자신의 것이 아니고 모든 것이 그리스도께 속했음을 알 때, 우리가 주님으로부터 이것을 받고, 주께서 주실 줄로 믿는 것을 배울 때 비로소 그리스도의 생명이 우리 영혼의 건강이 됩니다. 건강이란 정상적이고 평온하게 활동하는 생명입니다. 그리스도께서는 자신을 우리에게 생명으로 주심으로써 건강을 주십니다. 이렇게 해서 주님은 우리를 걸을 수 있게 만드는 우리의 힘이십니다. 이사야의 다음 말은 신약에서 성취되고 있습니다. "여호와를 앙망하는 자는 … 걸어가도 피곤치 아니하리로다"(사 40:31) 하였는데, 이는 그리스도께서 이제는 신자들에게 생명의 힘이 되시기 때문입니다.

신자들이 때로 이렇게 그리스도께 의존되어 있는 생활을 너무 짐스럽게 생각하고 개인의 자유가 상실되는 것으로 보는 것은 이상한 일입니다. 신자들은 자기가 그리스도께 의지해야 하는 것을, 그것도 많이 의지해야 하는 것을 인정하면서도 자신의 뜻과 힘으로 행할 수 있는 여지를 남기려고 합니다. 그런데 신자들은 우리가 부분적으로라도 그리스도께 의지하게 되면 자랑할 것이 우리에게는 아무것도 없다는 것을 알지 못합니다. 우리가 하나님께 의존되어 있고 또 우리가 하나님과 협력한다고 하는 것이 하나님은 큰 부분을 맡아서 일하고 우리는 작은 부분을 맡아서 하는 것이 아니라 하나님께서 모든 것을 하시고 우리도 모든 것을 한다, 즉 하나님께서 우리 안에서 모든 것을 행하시며 우리는 하나님을 통해 모든 것을 한다는 것임을 잊어버립니다. 이같이 우리가 하나님께 의존되어 있음이 참으로 우리를 독립하게 만드는 것입니다.

우리가 참으로 하나님의 뜻만을 추구할 때 거룩한 고결함, 즉 창조된 모든 것의 참된 독립성에 이르게 됩니다. 이 사실을 알지 못하는 사람은 자신은 자신의 역할을 하고 그리스도께서는 그리스도의 역할을 하는 것으로 생각하는 병든 그리스도인으로 남을 수밖에 없습니다. 우리의 생명과 건강과 힘이신 그리스도께 끊임없이 의존해서 사는 이 생활을 받아들이는 사람은 온전하게 됩니다. 하나님이신 그리스도께서는 자신의 피조물의 생명 속으로 들어갈 수 있습니다. 아버지로부터 성령을 받아 신자에게 주시는 영화로운 그리스도께서는 범죄한 피조물의 마음을 새롭게 하실 수 있고 신자의 마음에 거하실 수 있습니다. 그리스도께서는 이같이 신자 속에 거하심으로써 신자가 완전한 건강과 힘을 유지할 수 있게 하십니다.

하나님을 기쁘시게 하려고 하고 그래서 기도 생활에 거리낌이 없는 사람들은 모두 그리스도의 다음 말씀에 귀를 기울여야 합니다. "네가 낫고자 하느냐?" 주님은 여러분의 영혼에 건강을 주실 수 있습니다. 주께서는 여러분이 기도로 구하는 생명을 주실 수 있습니다. 그리고 그 생명이 아버지 하나님을 기쁘시게 하는 것임을 알 수 있게 하십니다. 여러분이 원한다면 와서 어떻게 해야 그 생명을 받을 수 있는지 들으십시오.

그리스도께서 우리에게 요구하시는 것

베데스다 연못가에 있던 이 남자의 이야기를 읽다 보면 우리는 다음 세 가지 사실을 특별히 주목하게 됩니다. 첫째로 그리스도께서 하신 질문은 그 사람의 의지에 대해 호소합니다. 즉 그의 의지가 동의할 것을 요구하고 있습니다. 그 다음에 그리스도는 그에게서 자신이 전적으로 무력하다는 고백을 듣습니다. 그 다음에 일어나 걸어가라는 그리스도의 명령에 즉각적인 순종이 따릅니다.

첫 번째 단계는 "네가 낫고자 하느냐"입니다. 이 앉은뱅이 남자의 답변에 대해서는 다른 어떤 의심이 있을 수 없을 것입니다. 자신의 병을 낫고자 하지 않을 사람이 어디 있겠습니까? 그러나 영적 생활에서는 이런 질문을 해야 할 필요성이 많습니다. 어떤 사람들은 자신이 아주 큰 병에 걸려 있다는 것을 인정하지 않습니다. 그런가 하면 그리스도께서 사람의 병을 고칠 수 있다는 것을 믿지 않는 사람들도 있습니다. 그리스도께서 다른 사람들은 고치실 수 있지만 그 일이 자기들한테는 해당되지 않는다고 확신하는 사람들도 있습니다. 이 모든 생각의 밑바닥에는 자기 부인과 희생이 필요하다는 두려움이 깔려 있습니다. 이들은 세상에서 자기들의 행실을 완전히 버리려고 하지 않습니다. 즉 아집, 자신감, 자기를 기쁘게 하는 태도 등을 다 버리려고 하지 않습니다. 그리스도 안에서 행하고 그리스도처럼 행하는 것은 실천하기에 너무 엄격하고 힘든 일이라고 생각합니다. 그래서 그들은 그렇게 행하려고 생각하지 않습니다. 낫고자 원하지 않습니다. 여러분은 그렇게 하기를 원한다면, 이렇게 소리치십시오. "주님, 어떤 희생을 치르더라도 주님 안에서 행하고 주님처럼 행하겠습니다!" 여러분을 깨끗하게 하고 온전하게 하는 것이 그리스도의 뜻입니다. 그러나 여러분도 그렇게 하려고 마음먹고 행해야 합니다. 여러분이 병으로부터 해방되고자 원한다면 두려움 없이 주님께 말씀하십시오. "낫고 싶습니다, 낫고 싶습니다!"

그 다음에는 두 번째 단계입니다. 그리스도께서는 우리가 그리스도를 유일한 구원자로 알고 쳐다보기를 바라십니다. "나를 못에 넣어 줄 사람이 없나이다" 하고 우리 자신도 부르짖어야 합니다. 여기 이 세상에서 내가 받을 도움은 어디에도 없습니다. 신체가 건강한 상태에 있다면 약한 몸도 정상적인 방법으로 강하게 자랄 수 있습니다. 그러나 병에는 특별한 처방이 필요합니다. 여러분의 영혼은 병들어 있습니다. 여러분이 그리스도인의 생활을 기쁘게 누리지 못하고 있다는 것이 병들어 있다는 표시입니다. 그 사실을 고백하기를 두려워해서는 안 됩니다. 그리스도의 자비가 여러분을 치료하지 않는 한 여러분 영혼의 건강을 회복시킬 소망은 없습니다. 여러분이 병들어 있는 상태에서 건강한 상태로 자연스럽게 변화하리라고, 율법 아래 있는 생활에서 은혜 아래 있는 생활로 변화하리라는 생각을 버리십시오.

며칠 전에 나는 한 학생에게서 이런 말을 들었습니다. "선교사로 자란다고 생각해서는 안 됩니다. 하나님께서 여러분을 금하시지 않는 한 구체적인 조치를 취해야 합니다. 여러분의 결심이 기쁨과 힘을 가져다주고, 여러분이 선교사가 되는 데 필요한 모든 일에 자유롭게 성숙하도록 만들어 주며, 다른 사람들에게 도움을 줄 것입니다." 이 점은 그리스도인의 생활에서도 똑같습니다. 결심을 미루는 태도와 갈등이 여러분을 방해할 것입니다. 여러분은 스스로 마땅히 해야 할 만큼 기도할 수 없다는 것을 그저 고백하십시오. 이는 여러분이 기도하기를 즐거워하는 건강한 영적 생활, 곧 여러분 안에서 기도하시는 성령을 의지할 줄 아는 신령한 생활을 스스로에게 부여할 수 없기 때문입니다. 여러분을 치료하시도록 그리스도께로 오십시오. 그리스도께서는 단 한 순간에 여러분을 낫게 하실 수 있습니다. 여러분 감정에, 내면에 갑작스런 변화가 없을 수도 있습니다. 그러나 영적 현실에서 그리스도는 여러분의 순종과 믿음을 보고 오셔서 여러분의 내적 생명에 자신과 성령을 충만케 하실 것입니다.

그리스도께서 구하시는 세 번째 일은 믿음의 순종입니다. 주께서 앉은 뱅이에게 말씀하셨을 때 그 사람은 주님의 명령에 순종해야 했습니다. 그 사람은 그리스도의 말씀에 진리와 능력이 있다는 것을 믿었습니다.

그 믿음으로 그는 일어나 걸었습니다. 믿음으로 순종한 것입니다. 그리고 그리스도께서 다른 사람들에게 하신 말씀은 그 사람에게도 해당되는 것이었습니다. "가라, 네 믿음이 너를 구원하였느니라"(막 10:52). 그리스도께서는 이 믿음을 우리에게도 요구하십니다. 이는 그의 말씀이 우리를 병에서 일으켜 힘을 주고, 우리가 주님 안에서 받은 새 생명 가운데 행할 수 있도록 하기 위함입니다. 우리가 이 사실을 믿지 않는다면, 용기를 내어 바울처럼 "내게 능력 주시는 자 안에서 모든 것을 할 수 있느니라"(빌 4:13)고 말하려고 하지 않는다면, 우리는 순종할 수 없습니다. 그러나 하나님의 옛 성도들이 증거하였듯이 일어나 걸어가게 하는 그 말씀에 귀를 기울인다면, 권능의 말씀으로 "일어나 걸어가라"고 명령하시는, 전능하시고 살아 계신 사랑의 그리스도만을 바라본다면 우리는 용기를 내어 순종하게 될 것입니다. 우리는 그 안에서 그리고 그의 힘으로 일어나 걷기 시작할 것입니다. 우리가 어떤 감정이나 느낌을 갖든 상관없이 믿음으로 우리는 보이지 않는 그리스도를 스스로 받아들이고 신뢰하며 주 하나님의 힘으로 계속 나아갈 것입니다. 우리는 그리스도를 우리 생명의 힘으로 알 것입니다. 예수 그리스도께서 우리를 낫게 하셨다는 것을 알고 말하고 증거할 것입니다.

그런 일이 정말로 일어날 수 있을까요? 예, 일어날 수 있습니다. 주께서는 많은 사람들을 고치셨습니다. 주님은 당신도 고치기를 원하십니다. 반드시 일어나야 할 일을 잘못 생각하지 않도록 주의하십시오. 그 앉은 뱅이가 나았을 때 새로 얻은 힘을 사용하는 법을 배워야 하는 일은 여전히 그에게 남아 있었습니다. 그 사람이 땅을 파고 집을 짓거나 거래를 배우기 원한다면 처음부터 시작해야 했습니다.

기도에서나 그리스도인 생활의 다른 어떤 면에서도 즉시 유능해질 것을 기대해서는 안 됩니다. 그러나 이것 한 가지만은 기대하고 확신을 가져야 합니다. 여러분은 여러분의 건강이 되고 힘이 되신 그리스도께 여러분 자신을 맡겼기 때문에 주님께서 여러분을 인도하고 가르치시리라는 것입니다. 여러분이 무지하고 약하다는 것을 조용히 인정하고 기도를 시작하십시오. 그러나 주님께서 여러분 안에서 여러분에게 필요한 것을 일으키시리라는 즐거운 확신을 가지고 시작하십시오. 주님께서 여러분과 함께 계시고 여러분 안에 계시다는 거룩한 확신 속에서 매일 일어나 걸으십시오. 그냥 예수 그리스도를 살아 계신 분으로 받아들이고 그분이 당신의 일을 하실 것을 믿으십시오.

그렇게 하시겠습니까? 이미 그렇게 하셨습니까? 바로 지금도 예수께서는 말씀하십니다. "일어나 걸어가라." 그분께 대답하십시오. "아멘, 주님! 당신의 말씀을 듣고 제가 갑니다. 제가 당신과 함께, 당신 안에서, 당신처럼 일어나 걷습니다."

제 9 장

능력 있는 기도의 비결

무엇이든지 기도하고 구하는 것은 받은 줄로 믿으라 그리하면 너희에게 그대로 되리
라 — 마가복음 11:24

본문에서 우리는 기도에 대한 주님의 가르침이 요약되어 있는 것을 봅
니다. 기도를 게을리 하는 것이 죄이며 그 원인이 무엇인지 가르쳐 주고
거기에서 완전히 탈출할 것을 기대하도록 우리에게 용기를 주는 데에는,
이 교훈을 주의깊게 공부하고 믿음으로 받아들이는 것만큼 좋은 것은 달
리 없을 것입니다. 우리가 진심으로 우리의 복되신 주님의 마음을 공감
하고 주께서 생각하신 대로 기도를 생각하면 할수록 그만큼 확실히 주님
의 말씀은 살아 있는 씨가 될 것입니다. 이 씨가 자라서 우리 속에 열매를
맺을 것입니다. 열매란 씨앗인 말씀이 품고 있는 하나님의 진리에 정확
히 일치하게 사는 생활입니다. 우리는 이 사실을 믿어야 합니다. 살아 계
신 하나님의 말씀이신 그리스도께서 말씀이 말하는 바를 이루는 신적 능
력, 곧 주께서 요구하시는 바를 우리 속에 일으키고, 주께서 요구하시는
모든 것을 실제로 우리가 행할 수 있게 하는 능력을 그의 말씀 안에서 주
신다는 것입니다. 주께서 내주하시는 성령으로 말미암아 여러분의 인격
속에 일어나게 하려고 하시는 바를 주시겠다고 명확히 약속하셨는데, 그
약속인 기도에 대한 주님의 가르침을 존중하는 법을 배워야 합니다.
　우리 주님은 참된 기도의 다섯 가지 요소 혹은 본질적 요소를 가르쳐

주십니다. 첫째는 마음의 소원이 있어야 한다는 것입니다. 그 다음은 그 소원을 기도로 표현해야 한다는 것입니다. 또 하나님께 기도를 드리는 믿음이 있어야 합니다. 그 믿음으로 하나님의 응답을 받아야 합니다. 그러면 바라던 복을 경험하게 됩니다. 우리 각자가 주님께 명확한 요구를 드린다면 믿음으로 기도하는 법을 배우는데 도움이 될 것입니다. 혹은 그동안 우리가 계속 생각해 왔던 한 가지 사실, 곧 기도의 실패를 주님께 아뢸 수도 있을 것입니다. 우리는 간구의 은혜를 소원하고 구할 수 있습니다. 또한 우리는 하나님께서 우리에게 기대하시는 대로 주시기를 구할 수 있고, 그리고 기대하시는 만큼 기도의 능력을 믿음으로 구하고 받을 수 있을 것입니다. 주께서 이런 복을 받을 수 있도록 기도하는 법을 우리에게 가르치시리라고 확신하고서 주님의 말씀을 숙고해 봅시다.

1. "무엇이든지 구하는 것은." 소원이야말로 온 세계를 움직이며 각 사람의 인생 행로를 지도하는 은밀한 능력입니다. 그러므로 소원은 기도의 정수입니다. 충분하지 못한 혹은 응답을 받지 못한 기도는 소원이 아예 없거나 부족한 사실 때문인 경우가 많습니다. 어떤 사람은 이 사실을 의심할 수 있습니다. 사람들은 자신이 구하는 바를 아주 진실되게 소원하였다고 확신합니다. 그러나 그들의 소원은 하나님께서 품으시는 것만큼, 그리고 이런 복이 지닌 천상의 가치가 요구하는 것만큼 전심전력을 기울인 소원이 아닐 수 있습니다. 정말로 기도 응답의 실패는 바로 소원의 부족 때문일 수 있습니다. 하나님께 해당되는 것은 하나님이 주시는 각각의 복에도 해당됩니다. 그리고 하나님께서 내리시는 복이 영적일수록 그 복은 그만큼 더 참된 것입니다. "너희가 전심으로 나를 찾고 찾으면 나를 만나리라"(렘 29:13)

아사 시대에 유다에 대해 이 같은 기록이 있습니다. "무리가 마음을 다하여 여호와를 찾았으므로"(대하 15:15). 그리스도인이라면 영적 복에 대해 아주 간절한 소원을 종종 품을 수 있습니다. 그러나 이런 소원들 외에도, 매일의 생활에서 많은 관심과 애정을 차지하고 있는 다른 소원들이 있을 수 있습니다. 영적 소원들이라고 해서 모두 흥미진진한 것은 아닙니다. 신자는 자신의 기도를 하나님께서 과연 들으실지 궁금해 합니다. 간단히 말해서 하나님께서는 전심을 원하신다는 것입니다. "주 곧 우리 하나님은 유일한 주시라 네 마음을 다하고 목숨을 다하고 힘을 다하여 주 너의 하나님을 사랑하라"(마 12:29-30). 이 법은 변하지 않습니다. 하나님께서는 바로 자신을 주십니다. 하나님께 자신을 전부 주어 버리는 자, 곧 전심으로 하나님께 향하는 자에게 자신을 주십니다. 우리에게 주실 때 하나님은 우리 마음의 소원을 따라 주시되 우리가 생각하는 대로 주시는 것이 아니라 하나님께서 아시는 대로 주십니다. 하나님 자신이나 하나님의 임재보다 우리 마음을 더 차지하고 있는 다른 소원들이 있다면, 하나님께서는 그 소원들이 이루어지도록 허락하시지만 기도 시간에 우리의 마음을 끄는 거룩한 소원들은 주실 수 없을 것입니다.

우리는 중보기도라는 선물, 은혜 그리고 바르게 기도할 수 있는 능력을 소원합니다. 우리는 이밖의 소원들에 마음을 뺏겨서는 안 됩니다. 우리는 전적으로 이 한 가지에 몰두해야 합니다. 우리는 철저히 하나님 나라를 위한 중보기도 가운데서 살려고 해야 합니다. 이 은혜의 복됨과 필요성에 관심을 모을 때, 하나님께서 이 은혜를 우리에게 주시고자 한다는 것을 굳게 믿을 때, 멸망해 가는 세상을 위해 중보기도에 전념할 때 우리의 소원이 굳세어질 수 있고 간절히 바라는 복을 얻는 첫 단계를 밟을 수 있을 것입니다. 우리가 하나님을 추구하듯이 기도의 은혜를 추구하도록 합시다. 우리가 "전심으로"(대하 15:15) 기도할 때 하나님과 연결될 것입니다. 우리는 이 약속을 의지할 수 있습니다. "저는 자기를 경외하는 자의 소원을 이루시며"(시 145:19). 우리는 주님께 "제가 전심으로 기도의 은혜를 소원합니다" 하고 말하기를 두려워하지 맙시다.

2. "무엇이든지 기도하고 구하는 것은." 마음의 소원은 입술로 표현되게 마련입니다. 우리 주님께서는 당신께 자비를 구하며 부르짖는 사람들에게 이같이 물으신 적이 여러 번 있었습니다. "네게 무엇을 하여 주기를

원하느냐?"(막 10:51). 주께서는 이들이 자기의 소원하는 바를 말하기를 바라셨습니다. 자신의 소원을 큰 소리로 말하려면 그들의 전 존재가 움직여야 했습니다. 자신의 소원을 그렇게 표현함으로써 그들은 주님과 접촉하고 기대를 갖게 되었습니다. 기도하는 것은 하나님의 어전에 들어가서 하나님의 주의를 끄는 것이며, 어떤 요구를 놓고 하나님과 명확한 거래를 하는 것입니다. 기도는 우리의 필요를 하나님의 신실하심에 믿고 맡겨 놓는 것입니다. 그렇게 하는 가운데서 우리가 추구하는 것이 무엇인지 확실히 알게 됩니다.

종종 마음에 강한 소원이 있으면서도 계속해서 기도로 명확히 표현하여 하나님께 그 소원을 아뢰는 일을 하지 않는 사람들이 있습니다. 믿음을 굳세게 하기 위해 하나님의 말씀과 말씀에 담긴 약속을 찾아보면서도 문제를 하나님의 손에 맡겼다는 확신을 갖도록 하는데 도움이 되는, 하나님께 명확히 구하는 일에는 충분히 관심을 기울이지 않는 사람들이 있습니다. 그런가 하면 아주 많은 요청을 가지고 기도하면서도 자신들이 정말로 하나님께서 해 주시기를 기대하는 것이 무엇인지는 잘 말하지 못하는 사람들도 있습니다. 여러분이 기도하는 가운데서 신실하심이라는 이 큰 선물을 하나님으로부터 받기를 소원한다면, 그리고 바르게 기도하는 능력을 얻기를 원한다면 기도할 때 바로 그 점을 말하는 것부터 시작하십시오. 여러분 자신과 하나님께 이같이 말씀하십시오. "저는 중보기도의 은혜를 달라고 주님께 구하고 싶습니다. 저는 그 은혜를 지금 달라고 요청하고 있습니다. 그리고 받기 전까지는 계속해서 주님께 그 은혜를 구하겠습니다. 글로써 표현할 수 있는 만큼 분명하고 뚜렷하게 저는 말합니다. '내 아버지! 저는 원합니다, 주께 간구합니다. 저는 주께서 이 요청을 허락해 주실 것으로 믿습니다.'"

3. "무엇이든지 기도하고 구하는 것은 받은 줄로 믿으라." 우리가 하나님을 알고 예수 그리스도를 영접하며 혹은 그리스도의 삶을 살 수 있는 것은 순전히 믿음으로 되는 일이기 때문에 믿음은 기도의 생명이자 능력입니

다. 기쁨과 능력과 복이 따르는 중보기도 생활에 들어가고자 한다면, 이 중보기도의 은혜를 구하는 우리의 기도가 응답받으려고 한다면 우리는 믿음이 무엇인지를 다시 배워야 합니다. 우리는 전과 다르게 믿음으로 생활하고 기도하기 시작해야 합니다.

믿음은 보는 것의 반대입니다. 이 둘은 서로 반대됩니다. "우리가 믿음으로 행하고 보는 것으로 하지 아니함이로다"(고후 5:7). 보이지 않는 것이 우리 자신과 마음과 생활을 전부 차지하게 되고, 기도가 믿음으로 가득해진다면, 보이는 것을 부정하고 보이는 것으로부터 물러나야 합니다. 표면적으로는 죄가 아니거나 합법적인 것을, 할 수 있는 대로 즐기고자 하고 세속적인 생활의 요청과 의무를 제일 먼저 생각하는 영혼은 굳센 믿음과는 거리가 멀고 영적 세계와 친밀한 접촉을 갖지 못합니다. "우리의 돌아보는 것은 보이지 않는 것이니"라는 적극적인 면이 우리에게 자연스러운 것이 된다면 "우리의 돌아보는 것은 보이는 것이 아니요"라는 소극적인 면을 강조할 필요가 있습니다. 기도할 때 우리의 믿음은 이 보이지 않는 세계에 우리가 살고 있다는 사실에 좌우됩니다.

이 믿음은 특별히 하나님을 아는 일에 중요합니다. 우리에게 믿음이 부족한 큰 이유는 하나님의 지식이 부족하고 하나님과의 대화가 빈약한 것입니다. 예수께서는 산을 옮기는 일에 대해 말씀하시면서 "하나님을 믿으라"(막 11:22)고 하셨습니다. 영혼이 하나님을 알게 되고, 하나님의 능력과 사랑, 신실하심에 사로잡히며 자신과 세상을 부인하고 하나님의 빛이 자신의 영혼에 비추기를 허락할 때에는 믿지 않을 수 없을 것입니다. 기도 응답과 관련된 모든 신비와 어려움은 우리가 아무리 지적으로 해결할 수 없는 경우라도 다음과 같이 경외하는 확신을 갖게 되면 깨끗이 사라질 것입니다. "이 하나님은 우리 하나님이시다. 하나님께서 우리에게 복을 주실 것이다. 하나님께서 참으로 기도에 응답하신다. 내가 구하고 있는 기도의 은혜를 하나님께서는 기쁘게 주실 것이다."

4. "무엇이든지 기도하고 구하는 것은 받은 줄로 믿으라." 믿음이 있는 신

자라면 기도 응답이 땅에서 이루어지기 전에 먼저 하늘에서 하나님께서 주신 것으로 받아들여야 합니다. 이 점을 이해하기가 쉽지 않습니다만, 그것이 바로 믿음있는 기도의 본질이고 실제적인 비결입니다. 그 점을 받아들이도록 노력해야 합니다. 영적인 사실들은 영적으로만 이해되고 혹은 받아들일 수 있습니다. 여러분의 기도에 대해 하나님이 하늘에서 응답하여 내리는 영적 복은, 여러분이 그것을 조금이라도 느끼기 전에 먼저 영적으로 이해하고 받아들여야 합니다. 이것을 이루는 것은 바로 믿음입니다. 응답을 구할 뿐만 아니라 응답을 주시는 하나님을 먼저 구하는 영혼은 자신이 하나님께 구한 바를 이미 받았다는 것을 압니다. 자신이 하나님의 뜻과 약속을 따라 구했다는 것을 영혼이 안다면, 그리고 하나님을 찾고 하나님께서 주신다는 것을 발견하게 된다면, 구한 것을 이미 받았다는 것을 확실히 믿게 됩니다. "우리가 구하는 바를 들으시는 줄을 안즉"(요일 5:15).

믿음만큼 마음을 살피는 것은 없습니다. "받은 줄로 믿으라." 믿고 찾으려고 노력할 때 우리는 자신을 방해하고 있는 것이 무엇인지 발견하게 됩니다. 아무것도 감추는 것이 없고 어떤 것도 그 사람을 감추지 못하는 사람은 복됩니다. 그 사람은 눈과 마음을 오직 하나님께만 두고 우리 주님께서 자기에게 명하신 것을 믿고 받은 줄로 알 때까지 쉬기를 거부합니다. 야곱이 이스라엘이 되는 곳이 여기이고, 역사하는 힘이 많은 기도의 능력은 인간의 약점과 절망에서 태어납니다. 끈기 있는 기도를 드릴 실질적인 필요가 생기는 것이 이 부분입니다. 끈기 있는 기도는 자신의 기도를 하나님이 들으신다는 것을 알고, 구한 것을 받은 줄로 알 때까지 쉬거나 가 버리거나 포기하지 않습니다.

여러분은 "은총과 간구하는 심령"(슥 12:10)을 주실 것을 기도하고 계십니까? 강한 소원을 가지고 구하고, 기도를 들으시는 하나님을 믿고 구하십시오. 밀어붙이기를 두려워하지 말고 여러분의 삶이 실제로 변화될 수 있으며, 세상의 압박과 여러 가지 책무로써 기도를 방해하는 세상을 극복할 수 있다는 것을 믿으십시오. 하늘에 계신 아버지께서 아들 예수에게 행하게 하려고 하신 것과 똑같이 하나님은 여러분에게 마음의 소원을 주시며 영으로 기도하는 은혜를 주신다는 것을 믿으십시오. "받은 줄로 믿으라."

5. "무엇이든지 기도하고 구하는 것은 받은 줄로 믿으라 그리하면 너희에게 그대로 되리라." 믿음으로 하나님께 받는 것, 즉 구하는 바를 받았다는 것을 굳게 믿고 찬양하는 확신과 함께 기도 응답을 믿음으로 받는 것이 반드시 우리가 구한 선물을 경험하거나 주관적으로 입수하는 것을 의미하지는 않습니다. 우리가 구하는 것과 받을 것 사이에 시간적으로 긴 간격이 있는 경우가 때때로 있을 수 있습니다. 또 어떤 경우에는 믿음의 간구를 드리자마자 구한 것을 즉각 실제로 받는 수도 있습니다. 믿음과 인내를 가져야 하는 것은 특별히 전자의 경우입니다. 즉 응답을 받았다는 확신으로 기뻐하고, 아무것도 느껴지지 않을지라도 응답받은 것으로 생각하고 행동하기 시작하는 믿음이 필요합니다. 현재로서는 응답의 현실을 느낄 만한 아무 증거가 없을지라도 기다리는 인내가 필요합니다. 우리는 이 말씀을 믿고 기다려야 합니다. 명백한 현실로 "너희에게 그대로 되리라."

신실한 중보기도의 능력을 구하는 기도, 다시 말해 우리 주변에 있는 영혼들을 위해 간절하고 끈기 있게 기도하는 은혜를 받기 위한 기도에 이 사실을 적용한다면, 우리는 믿는 것만큼 확실히 받는다는 거룩한 확신을 터득하는 법을 배워야 합니다. 그러므로 믿음이 있으면 기도 응답의 확실성을 즐거워할 수 있습니다. 우리가 응답의 확실성을 인해서 하나님을 찬송할수록 그만큼 빨리 기도의 응답을 경험하게 될 것입니다. 일단 우리는 전과 다르게 더 끈기 있게 그리고 더 믿음으로 기도하기 시작할 수 있습니다. 우리가 기도에서 즉각적인 성장이나 능력을 발견할 수 없을지라도 그로 인해 기도에 방해를 받거나 낙심해서는 안 됩니다 우리는 느낌과 상관없이 믿음으로 하나님께서 주시는 영적 선물을 받았습니다. 아무것도 의심하지 말고 믿음으로 기도해야 합니다.

성령께서 잠시 동안 우리 속에 숨어 계실 수 있습니다. 그러나 우리는 어떻게 표현해야 할지 몰라 속으로 탄식할지라도 우리 속에서 기도하시는 성령을 의지할 수 있습니다. 때가 되면 우리는 성령의 임재와 능력을 깨닫게 될 것입니다. 소원, 기도, 믿음, 믿음으로 선물을 받는 것만큼 확실히 우리가 구한 복을 경험하게 될 것입니다.

사랑하는 그리스도인들이여, 진실로 여러분은 하나님께서 여러분의 생활이 계속적인 자기 정죄에서 해방되고 기도에 대한 응답으로 성령의 능력이 임하는 기도를 할 수 있도록 해 주시기를 소원하십니까? 와서 하나님께 구하십시오. 무릎을 꿇고 명확하고 분명하게 기도로 구하십시오. 여러분이 그렇게 했다면 계속해서 믿음으로 구하고 응답하시는 하나님을 믿으십시오. 여러분이 기도한 것을 지금 확실히 받았다고 믿으십시오. 이미 받았다고 믿으라는 것입니다. 그렇게 하기가 어렵다면, 계속해서 무릎을 꿇고 여러분이 주님 자신의 말씀에 힘입어 그렇게 믿고 있다고 말씀하십시오. 그렇게 하는데 시간이 걸릴지라도 갈등하거나 의심하거나 두려워하지 마십시오.

여러분이 주님의 발 앞에 앉아 주님의 얼굴을 바라보고 있는 동안 믿음이 올 것입니다. "받은 줄로 믿으라." 주께서 명령하시므로 여러분은 감히 기도의 응답을 주시라고 주장할 수 있습니다. 비록 그 기도 생활이 약할 수 있지만 그 같은 믿음으로 기도 생활을 새로 시작하십시오. 이 한 가지 생각을 기도 생활의 힘으로 삼으십시오. 즉 여러분은 그리스도 안에서 구했고, 기도와 중보기도에 점차 신실하도록 준비시키는 은혜를 받았습니다. 여러분이 이 사실을 굳게 붙잡고 성령께서 여러분 속에서 이 사역을 일으키실 것을 기대하면 할수록 그만큼 더 확실하고 충만하게 이 말씀이 이루어질 것입니다. 즉 여러분에게 그대로 이루어질 것입니다. 응답을 주신 하나님께서 친히 여러분 속에 그 일을 일으키실 것입니다.

제 10 장

간구하는 심령

내가 다윗의 집과 … 에게 … 은총과 간구하는 심령을 부어 주리니 — 스가랴 12:10

이와 같이 성령도 우리 연약함을 도우시나니 우리가 마땅히 빌 바를 알지 못하나 오직 성령이 말할 수 없는 탄식으로 우리를 위하여 친히 간구하시느니라 마음을 감찰하시는 이가 성령의 생각을 아시나니 이는 성령이 하나님의 뜻대로 성도를 위하여 간구하심이니라 — 로마서 8:26-27

모든 기도와 간구로 하되 무시로 성령 안에서 기도하고 이를 위하여 깨어 구하기를 항상 힘쓰며 여러 성도를 위하여 구하고 — 에베소서 6:18

성령으로 기도하며 — 유다서 20절

성령님은 하나님의 모든 자녀에게 생명이 되도록 주어졌습니다. 성령께서 신자 속에 거하시되 신자 본성의 한 부분에 별개의 존재로 거하시는 것이 아니라 바로 신자의 생명으로 거하십니다. 성령은 신자의 생명이 유지되고 힘을 얻는 신적 능력이며 에너지입니다. 신자가 부름을 받아 존재하거나 해야 할 모든 일을 성령께서 신자 속에서 행하실 수 있고 또 행하실 것입니다. 신자가 성령을 알지 못하거나 성령께 순종하지 않는다면 복되신 성령께서 일하실 수 없습니다. 신자의 생활은 실패와 죄로 가득한 병든 삶이 될 것입니다. 신자가 순종하고 기다리며 성령의 인도하심에 복종할 때 하나님께서 기뻐하시는 모든 일을 신자 속에 행하십니다.

첫째로 성령은 기도의 영이십니다. 성령은 "은총과 간구의 영"으로, 즉 간구하는 은혜로 약속되었습니다. 성령은 "양자의 영"으로 우리 마음에 보내심을 받았으며, 그러므로 우리가 "아바 아버지라" 부를 수 있습니다 (롬 8:15). 성령께서는 우리가 참된 믿음으로, 그리고 그 의미를 점점 더 이해하는 가운데 이같이 말할 수 있게 합니다.

"하늘에 계신 우리 아버지여"(마 6:9). "성령이 하나님의 뜻대로 성도를 위하여 간구하심이니라"(롬 8:27). 성령으로 기도할 때 우리의 예배가 하나님께서 바라시는 대로 "신령과 진정으로"(요 4:23) 드리는 예배가 됩니다. 기도란 우리 속에 계시는 성령으로 호흡하는 것입니다. 기도의 능력은 우리가 기다리고 신뢰하는 우리 속에 계신 성령으로부터 옵니다. 기도의 실패는 우리 속에 계시는 성령의 활동이 약한 데서 오는 것입니다. 우리의 기도는 성령이 우리 속에서 일하고 계심을 보여 주는 표시입니다. 우리가 바르게 기도하려면 성령의 생명이 우리 속에 바르게 있어야 합니다. 의인이 능력있는 기도, 응답 받는 기도를 드리기 위해서는 모든 것이 성령의 내주하심에 달려 있습니다.

우리가 기도의 영으로부터 기도하는 법을 배우기 원한다면 반드시 알아야 할 아주 간단한 교훈 세 가지가 있습니다.

첫째는 성령께서 우리 안에 거하신다는 것을(엡 1:13) 믿어야 합니다. 하나님의 모든 자녀는 느끼지 못할지라도 자기 존재의 가장 깊은 곳에 거룩하고 능하신 하나님의 영을 모시고 있습니다. 신자는 하나님의 약속을 받았지만 아무 증거도 보지 못하는 것을 믿는 그 믿음으로 성령께서 내주하시는 사실을 압니다. "우리로 하여금 믿음으로 말미암아 성령의 약속을 받게 하려 함이니라"(갈 3:14). 우리가 성취할 수 있다고 느끼거나 생각하는 것으로써 우리의 기도 능력을 측정하려고 하는 한, 우리가 얼마만큼 기도해야 하는지 들으면 낙심하게 될 것입니다. 그러나 우리의 모든 약점에도 불구하고 간구의 영이신 성령께서 우리가 하나님께서 원하시는 방식과 방법대로 기도할 수 있게 하는 바로 그 목적을 위해서 우리 안에 거하고 계신다는 것을 조용히 믿을 때 우리의 마음은 희망으로 가득 찰 것입니다. 즐겁고 열매 있는 그리스도인의 생활의 근본에 놓여 있는 확신, 즉 하나님께서 우리에게 바라시는 그 모습을 위해 풍성한 준비를 해 두셨다는 확신에서 우리는 힘을 얻게 될 것입니다. 성령께서 우리 안에서 기도하실 것이고 또 기도하고 계시다는 것을 알면 우리는 항상 충분히 기도해야 한다는 것에서 오는 부담과 두려움, 낙망을 벗어 버리기 시작할 것입니다.

두 번째 교훈은 무엇보다 성령께서 근심하신다는 것을 깨닫는 것입니다(엡 4:30). 여러분이 성령을 근심하게 한다면, 어떻게 성령께서 아버지 하나님을 기쁘시게 하는 기도를 드리게 만드는 그리스도와의 연합에서 오는 조용하고 신뢰하는 복된 느낌을 여러분 속에 일으킬 수 있겠습니까? 죄와 불신앙, 이기심, 양심을 통해 들리는 성령의 음성에 불성실함으로써 성령님을 근심시키는 일을 조심해야 합니다. 성령님을 근심하게 하는 것은 어쩔 수 없는 일이라고 생각해서는 안 됩니다. 그러한 생각은 여러분에게서 힘의 원동력을 없애 버리는 것입니다.

"성령을 근심하게 하지 말라"(엡 4:30)는 명령에 순종하는 것이 불가능한 일이라고 생각하지 마십시오. 성령님이야말로 여러분이 그 명령에 순종할 수 있게 만드는 하나님의 능력이십니다. 성령의 능력을 받으면 여러분의 의지는 여러분의 의지를 거스려 일어나는 어떤 죄, 즉 게으름, 교만, 아집, 혹은 육신을 즉시 물리칠 수 있습니다. 그리스도와 그의 피를 의지해서 이런 죄들을 던져 버리십시오. 그러면 하나님과의 연합이 즉시 회복될 것입니다. 매일 성령을 여러분의 지도자이자 생명이요 힘으로 받아들이십시오. 성령을 의지하면 여러분의 마음은 무엇이든지 원하는 대로 될 수 있습니다. 오직 믿음으로만 알 수 있는, 보이지 않고 느끼지 못하는 이 분이 여러분 마음에 필요한 사랑과 믿음과 순종의 능력을 제공하십니다. 이것은 성령께서 보이지 않지만 여러분 속에서 실제로 여러분의 생명과 힘이 되시는 그리스도를 계시하시기 때문입니다. 여러분이 단지 성령의 임재를 느끼지 못한다는 그 이유 때문에 성령을 의심함으로써 근심하게 만들어서는 안 됩니다.

특별히 기도 문제에서 성령을 근심하게 하지 마십시오. 여러분이 그리스도께서 여러분에게 건강한 새로운 기도 생활을 가져다줄 것이라고 믿기만 하면 단번에 여러분이 하고 싶은 대로 쉽게, 강력하게 그리고 즐겁게 기도할 수 있을 것이라고 기대하지 마십시오. 그렇지 않습니다. 그런 기도 생활이 단번에 오지 않을 수 있습니다. 여러분의 무지와 연약함을 인정하는 가운데 조용히 하나님 앞에 그냥 무릎을 꿇으십시오. 가장 진지한 최선의 기도는 여러분이 있는 그대로, 여러분 속에서 기도하시듯 보이지 않는 성령님을 의지하듯 하나님 앞에 여러분 자신을 내놓을 때 옵니다. "우리가 마땅히 빌 바를 알지 못하나." 무지와 어려움, 분투 노력이 우리의 기도 생활 내내 따라다닙니다. 그러나 "성령도 우리 연약함을 도우십니다." 어떻게 도우십니까? 우리의 생각이나 느낌보다 더 깊은 곳에 계시는 "성령이 말할 수 없는 탄식으로 우리를 위하여 친히 간구하십니다." 여러분이 할 말을 찾지 못할 때, 여러분의 말이 냉랭하고 힘이 없이 보일 때, 단지 성령께서 여러분 안에서 기도하고 계시다는 사실을 그냥 믿으십시오. 여러분 속에서 행하시는 성령의 중보기도에 인내하며 믿음으로 순종함으로 그분을 명예롭게 하십시오. 그렇지 않으면 성령을 근심케 하는 일을 하게 됩니다.

세 번째 교훈은 "성령의 충만을 받으라"(엡 5:18)는 것입니다. 우리는 이 위대한 진리의 의미를 살펴본 바 있습니다. 즉 바른 기도를 드릴 수 있게 만드는 것은 건강한 영적 생활뿐이라는 것입니다. 이 명령은 우리 각자에게 해당되는 것입니다. "성령의 충만을 받으라." 어떤 사람이 겨우 성령의 내주하심에 만족하고 있을 때, 하나님의 뜻은 우리가 성령의 충만을 받아야 한다는 것입니다. 그것은 우리의 전존재가 성령에 전적으로 순종하고 성령에만 소유되고 성령의 통제를 받아야 한다는 것을 뜻합니다. 우리는 성령께서 우리를 소유하고 우리에게 충만하실 것을 믿고 기대할 수 있습니다. 우리가 기도에서 실패하는 것은 기도의 영이신 성령께서 우리의 생명이 되심을 받아들이지 않았기 때문입니다. 아버지 하나님께서 우리 속에 아들의 생명이 활동하도록 하기 위해 아들의 영으로 우리에게 주신 성령께 전적으로 순복하지 않았기 때문입니다. 기꺼이 성령을 받아들이도록 하고 하나님께 순복하며 하나님께서 성령을 충만히 주실 것을 믿읍시다. 성령께서 기꺼이 원하시는 대로 자신을 우리에게 주려고 하시는데, 성령 충만 받기를 거절하거나 게을리 하거나 주저함으로써 의도적으로 성령을 근심하게 하지 맙시다. 기도야말로 우리의 사역과 교회에 크게 필요한 일임을 믿는다면, 우리가 진실로 더 많이 기도하려고 한다면, 모든 능력과 복의 근원인 성령께 마음을 돌립시다. 기도의 영이신 성령께서 우리를 위하여 계시되 충만히 계신다는 것을 믿읍시다.

우리 모두는 아버지 하나님과 성자 하나님이 우리 기도에서 갖는 위치를 알고 있습니다. 우리는 아버지 하나님께 기도를 드리고 아버지 하나님으로부터 응답 받기를 기대합니다. 우리의 기도를 들으시리라고 믿는 것은 아들의 공로와 이름과 생명으로 기도하기 때문이고, 그분 속에 우리가 있고 우리 속에 그분이 계시기 때문입니다. 그러나 삼위 하나님이 기도에서 다같이 동등한 위치를 가지시며, 중보기도의 영이신 성령에 대한 믿음은 성부 하나님과 성자 하나님에 대한 믿음만큼이나 필요불가결하다는 것을 우리는 알았습니까? 이 사실이 다음 말씀에서만큼 분명하게 진술된 데는 없습니다. "저로 말미암아 우리 둘이 한 성령 안에서 아버지께 나아감을 얻게 하려 하심이라"(엡 2:18). 아들을 통해 아버지께 기도하듯이 성령으로 말미암아 기도해야 합니다. 성령께서 우리 속에 거하실 때에만 성령께서 우리 속에서 기도하실 수 있습니다. 기도를 들으시는 하나님의 영광과 성자 하나님의 복되신 중보를 하나님의 능력으로 우리가 알 수 있는 것은 우리가 우리 속에 거하고 기도하시는 성령께 몰두할 때뿐입니다.

마지막 교훈은 모든 성도를 위해 성령 안에서 기도하는 것입니다(엡 6:18). "간구의 영"이라 불리는 성령께서는 또한 중보의 영이십니다. 그래서 성령에 대해 성경은 이같이 말합니다. "성령이 말할 수 없는 탄식으로 우리를 위하여 친히 간구하시느니라." "성령이 성도를 위하여 간구하심이니라." 그리스도께서도 "우리를 위하여 간구하시느니라"(롬 8:34). 이것은 본질적으로 한 사람이 다른 사람을 위하여 간구하는 중보기도를 가리키는 말입니다. 중보의 영이 우리를 완전히 차지하면, 모든 이기심이 사라집니다. 그래서 우리는 다른 사람을 위해 간구하시는 성령의 중보 사역은 아랑곳하지 않고 성령께서 우리만 위하기를 바라는 일을 더 이상 하지 않게 됩니다. 그러면 우리는 다른 사람을 위해 기도하는 놀라운 특전을 사용하기 시작할 수 있습니다. 우리는 주변 사람들에게 하나님의 복을 가져오기 위해 끊임없이 하나님께 몰두하는 비이기적인 그리스도의 삶을 살기를 고대합니다. 그렇게 되면 중보기도는 우리 기도에서 부차적이거나 임시적인 것이 되지 않고 주요한 목표가 됩니다. 자신을 위한 기도는 우리의 중보기도 사역을 더욱 효과적으로 수행할 수 있도록 우리를 준비시키는 수단으로서 제 위치를 차지하게 됩니다.

나는 독자들에게 실패하는 기도 생활을 버리고 성령께서 이끌어 들이시는 중보기도의 생활로 들어가도록 만드는 도움과 신령한 빛을 줄 수 있게 해 달라고 겸손히 하나님께 구해 왔습니다. 그런데 그 일은 간단한 믿음의 한 행동, 곧 성령의 충만을 요구하는 것, 즉 여러분이 하나님 앞에서 받을 수 있고 하나님께서 기꺼이 주려고 하시는 성령을 충만히 받음으로써 이루어질 수 있습니다. 여러분은 바로 지금 믿음으로 이것을 받으시겠습니까?

여러분이 그리스도를 영접할 때 어떤 일이 일어나는지 다시 한 번 여러분에게 말씀드리고 싶습니다. 한동안 우리 대부분은 죄를 버리고 하나님을 기쁘시게 하려는 스스로의 노력과 싸움으로 평안을 추구하였습니다. 그러나 그렇게 해서는 평안을 얻을 수 없습니다. 하나님의 사죄의 평안은 믿을 때, 곧 그리스도와 그의 구원에 관한 하나님의 약속을 신뢰할 때 왔습니다. 여러분은 그리스도가 하나님의 사랑의 선물이라는 말을 들은 바 있습니다. 그리스도께서는 또한 여러분을 위해 일하셨다는 것을 압니다. 그리고 그리스도의 은혜를 경험하였습니다. 그러나 여러분이 하나님께서 주실 수 있는 평안과 기쁨을 발견하는 일은 하나님의 말씀을 여러분이 믿기 전까지는, 즉 여러분이 그리스도를 여러분에게 주시는 하나님의 선물로 받아들이기 전까지는 이루어지지 않았습니다. 그리스도와 그의 구원하시는 사랑을 믿는 믿음이 모든 것을 변화시켰습니다. 항상 그리스도를 근심케 하던 사람에서 그리스도를 사랑하고 섬기는 사람으로 바뀌었습니다. 그러나 여러분은 여전히 자신이 그리스도를 아주 빈약하게 사랑하고 섬기고 있음을 때때로 느낍니다.

그리스도를 영접하였을 때, 여러분은 성령에 대해서는 거의 알지 못했습니다. 후에 여러분은 성령께서 여러분 안에 내주하신다는 것을 들었고, 성령께서 여러분 속에 하나님의 능력으로 계시며 여러분이 하나님께서 여러분에 대해 계획하시는 모든 것이 될 수 있게 하신다는 것을 배웠습니다. 성령께서 내주하시고 우리 속에서 활동하신다는 사실이 아직도 막연하고 불분명하며 성령께서 우리의 기쁨이나 힘이 되시는 경우는 많지 않습니다. 여러분은 성령이 얼마나 필요한지 아직 모르고, 더군다나 여러분이 성령께 무엇을 기대할 수 있는지에 대해서는 더욱 모릅니다. 그러나 여러분은 자신의 거듭되는 실패로부터 배웠습니다. 이제 여러분은 성령님을 신뢰하지 않고 따르지 않음으로써, 성령께서 여러분 속에서 하나님의 기뻐하시는 모든 일을 행하시도록 허락하지 않음으로써 성령을 근심케 해 왔다는 것을 알기 시작합니다.

이 모든 상황은 바뀔 수 있습니다. 그리스도를 추구한 후에, 즉 그리스도께 기도하고 그리스도께 봉사하려고 하지만 성공하지 못한 후에, 여러분은 믿음으로 그리스도를 영접하는 가운데 평안을 얻었습니다. 그와 똑같은 방법으로 여러분은 성령의 충만한 인도에 순복할 수 있습니다. 성령을 영접하고 성령께서 여러분 속에서 하나님께서 원하시는 바를 행하도록 요구하십시오. 그렇게 하실 생각이 있습니까? 성령께서 그리스도의 선물임을 믿음으로 그냥 받아들이십시오. 성령께서 기도 생활을 포함해서 여러분의 모든 생활의 영이 되시도록 하십시오. 성령께서 모든 생활에서 주도권을 갖도록 맡기십시오. 여러분이 비록 약하고 바르게 기도할 수 없다고 느낄지라도 하나님께서 여러분에게 기도를 가르쳐 주시리라는 조용한 확신 가운데 하나님 앞에 무릎 꿇을 수 있을 것입니다.

사랑하는 그리스도인 여러분, 여러분의 죄를 사해 주시는 그리스도를 의식적으로 믿고 영접하였듯이 이제 똑같은 믿음으로 여러분 속에서 일하시도록 성령님을 주시는 그리스도를 의식적으로 영접하십시오. "그리스도께서 우리를 위하여 저주를 받은 바 되사 … 믿음으로 말미암아 성령의 약속을 받게 하려 함이라"(갈 3:13-14). 무릎을 꿇으십시오. 그리고 성령으로 세례 베푸시는 주 예수께서 이제 여러분의 믿음을 보시고 여러분에게 내주하시는 성령의 능력을 충만히 경험하는 복을 주시기 시작할 수 있다는 것을 그냥 믿으십시오. 여러분의 느낌이나 경험에 상관없이 성령께서 간구와 중보의 영으로 일을 행하실 것을 굳게 확신하고 성령을 의지하십시오. 매일 아침, 그리고 기도할 때마다 이 믿음의 행위를 반복하십시오. 외적으로 드러나는 모든 사실에도 불구하고 성령께서 여러분 속에서 일하시리라고 믿으십시오. 성령께서 지금도 일하고 계시고, 성령의 기쁨이 여러분 생활의 힘이 될 수 있다는 것을 여러분에게 보여 주리라는 것을 확실히 믿으십시오.

　"내가 간구하는 심령을 부어 주리니." 기도의 신비란 바로 성령의 내주하심의 신비라는 것을 이제 아시겠습니까? 하늘에 계신 하나님께서는 성령을 우리 마음속에서 기도하는 거룩한 능력으로 주시고, 우리를 하나님께로 끌어올리십니다. 하나님은 영이십니다. 그러므로 우리 속에 있는 그와 같은 생명과 성령이 하나님과 교제할 수 있는 것입니다. 사람은 하나님과 교제하도록 창조되었습니다. 그래서 하나님은 사람 속에 거하며 일하시고 사람의 생명이 되실 수 있습니다. 죄로 인해 잃어버린 것은 바로 이 하나님의 내주하심이었습니다. 그리스도께서 오셔서 그의 생명 속에 성령이 내주하심을 보이셨고 그의 죽으심으로 우리에게 되찾아 주셨으며, 그 다음에 제자들 가운데 사시기 위해 다시 하늘로부터 성령으로 오심으로써 그 내주하심을 우리에게 나누어 주셨습니다. 성령으로 말미암은 하나님의 이 내주하심만이 기도의 놀라운 약속들을 우리에게 설명해 줄 수 있고, 받을 수 있게 해 줍니다. 하나님께서는 기도의 향기가 계속해서 하늘로 올라가는 생활을 할 수 있도록, 즉 우리 속에 하나님의 거룩한 생명을 유지할 수 있도록 간구의 영이신 성령을 주십니다.

성령이 없이는 아무도 예수를 주시라 부를 수 없습니다. "아바 아버지"(갈 4:6)라 부를 수 없고 신령과 진정으로 예배할 수 없으며 쉬임 없이 기도할 수 없습니다. 하나님께서 신자에게 바라시는 대로 모든 것이 되고 모든 것을 행하도록 하기 위해 신자에게 성령을 주십니다. 특별히 기도와 간구의 영으로서 성령을 신자에게 주셨습니다. 기도의 모든 것은 우리가 성령을 신뢰함으로 우리 속에서 당신의 일을 행하시도록 하는 것에 달렸다는 것이 분명하지 않습니까? 우리는 전적으로 하나님의 인도하심에 따라야 하고 전적으로 성령님만 의지해야 합니다.

"스데반은 믿음과 성령이 충만한 사람"(행 6:5)이라는 글을 봅니다. 이 두 가지 요소는 언제나 서로에 대해 똑같은 비율로 함께 갑니다. 우리가 성령께서 우리 속에서 기도하신다는 것을 믿고 그를 기다릴 때 성령께서 당신의 일을 행하실 것입니다. 그리고 우리의 믿음, 곧 갈망하는 소원과 열렬한 간구, 즉 우리의 분명한 믿음이 하나님께서 구하시는 전부입니다. 우리는 성령을 알아야 합니다. 그리고 끊임없이 성령을 주시는 그리스도를 믿음으로 우리가 아버지께서 바라시는 대로 기도하는 것을 배울 수 있다는 확신을 갖도록 합시다.

제 11 장

내 이름으로

너희가 내 이름으로 무엇을 구하든지 내가 시행하리라 — 요한복음 14:13

내 이름으로 무엇이든지 내게 구하면 내가 시행하리라 — 요한복음 14:14

내가 너희를 택하여 세웠나니 … 내 이름으로 아버지께 무엇을 구하든지 다 받게 하려

함이니라 — 요한복음 15:16

내가 진실로 진실로 너희에게 이르노니 너희가 무엇이든지 아버지께 구하는 것을 내

이름으로 주시리라 지금까지는 너희가 내 이름으로 아무것도 구하지 아니하였으나

구하라 그리하면 받으리니 너희 기쁨이 충만하리라 — 요한복음 16:23-24

그날에 너희가 내 이름으로 구할 것이요 — 요한복음 16:26

"내 이름으로"라는 말이 여섯 번이나 반복됩니다. 주님께서는 우리가 이 말씀을 얼마나 더디 깨달을 것인지 알고 계셨던 것입니다. 주님은 당신의 이름이 큰 권세를 지녔음을, 즉 모든 사람이 그 앞에서 무릎을 꿇어야 하고, 모든 기도를 그의 이름으로 드려야만 하나님께 들으심을 얻는 큰 권세를 지녔다는 사실을 우리가 진정으로 믿기를 간절히 바라셨으므로 지칠 줄 모르고 주님은 거듭거듭 "내 이름으로"라는 말씀을 하셨습니다. "너희가 무엇을 구하든지"라는 놀라운 말씀과 "내가 시행하리라" "아버지께 다 받게 하려 함이니라"는 복된 말씀 사이에는 "내 이름으로"라는 간단한 연결 고리 하나가 있습니다. 우리가 구하는 일과 아버지께서 주시는 일이 동등하게 그리스도의 이름으로 이루어집니다. 기도의 모든 것은 바

로 이 "내 이름으로"라는 말씀을 어떻게 이해하느냐에 달려 있습니다.

이름이란 우리가 어떤 대상의 전존재와 본성을 생각할 때 사용하는 단어입니다. 내가 양 혹은 사자라고 말할 때, 즉시 그 이름은 서로 다른 각 동물의 고유한 본성을 생각나게 합니다. 하나님의 이름은 신으로서 하나님의 전 본성과 영광을 나타내기 위해 사용된 것입니다. 그러므로 그리스도의 이름은 그리스도의 전 본성, 그분의 인격과 사역, 그분의 속성과 영을 의미합니다. 그리스도의 이름으로 구한다는 것은 그리스도와 연합하여 기도한다는 것입니다. 죄인이 처음으로 그리스도를 믿을 때는, 그리스도의 공로와 중보 사역만을 알고 생각합니다. 이 점은 마지막까지 우리 신앙의 유일한 기초입니다. 그러나 신자가 은혜 안에서 자라고 그리스도와의 연합을 더 깊이 더 진실되게 경험하게 되면, 즉 신자가 그리스도 안에 거하게 되면, 그리스도의 이름으로 기도한다는 것은 또한 그리스도의 영으로 기도한다는 것을 의미함을 알게 됩니다.

그리스도의 영으로 기도한다는 말은 성령께서 우리에게 그리스도의 본성을 나누어 주시는 대로 그리스도의 본성을 가지고 기도한다는 것을 의미합니다. "그날에 ― 여기서 그날이란 그리스도께서 제자들 가운데 거하기 위해 성령으로 오신 때를 가리킵니다 ― 너희가 내 이름으로 구할 것이요"라는 말씀의 의미를 깨달으면, "너희가 내 이름으로 무엇을 구하든지 내가 시행하리라"는 약속이 너무 크다고 당혹해 하는 일은 더 이상 없을 것입니다. 이 말씀에서 우리는 무엇이든지 그리스도의 이름으로 구하되, 그리스도와 연합하여 그리고 그리스도의 본성과 영으로써 구하는 것은 다 받으리라는 이 법의 변치 않는 필요성과 확실성에 대해 어떤 통찰을 얻을 수 있을 것입니다.

그리스도의 기도의 본성이 우리 속에 있을 때 그리스도의 기도의 능력도 우리 것이 됩니다. 우리의 성취와 경험은 결코 우리 믿음의 근거가 되지 못합니다. 오히려 그리스도께서 우리 안에서 행하고자 하시는 모든 일에 정직하고 전심으로 순종하는 태도가 그리스도의 이름으로 기도하는 영적 자질과 능력을 결정할 것입니다. "너희가 내 안에 거하면 … 무엇이든지 원하는 대로 구하라"(요 15:7)고 주께서 말씀하셨습니다. 우리가 그리스도 안에 거하면 그리스도의 이름을 사용할 수 있는 영적 능력을 갖게 됩니다. 포도나무의 생명과 섬김에 전적으로 자기를 드린 가지는 포도나무의 수액과 힘을 받아 열매를 맺을 수 있습니다. 바로 그와 같이, 성령께서 자신의 전 생명을 소유하도록 믿음으로 허락하는 신자는 그리스도의 이름에 담긴 모든 능력을 사용할 수 있습니다.

그리스도께서는 기도가 무엇인지 알려 주시기 위해 이 땅에 사람으로 오셨습니다. 그리스도의 이름으로 기도하려면, 우리는 그리스도께서 땅에서 기도하셨듯이, 우리에게 기도를 가르치셨듯이, 그리고 지금 하늘에서 기도하시듯이 그리스도와 연합하여 기도해야 합니다. 우리는 그리스도를 사랑으로 연구하고 믿음으로 영접하되 우리의 모범으로, 스승으로, 중보자로 영접해야 합니다.

우리의 모범이신 그리스도

그리스도 안에서 드리는 기도와 우리 속에서 드리는 기도는 각기 다른 두 가지 일이 될 수 없습니다. 영이신 하나님, 기도를 들으시는 하나님이 한 분뿐이시 듯이, 하나님께서 들으시는 기도를 드리는 영도 하나밖에 없습니다. 그리스도께서 기도에 많은 시간을 들이셨다는 사실을 우리는 알아야 합니다. 그분의 생애에서 일어난 큰 사건들은 모두 특별 기도와 연결되어 있었습니다. 우리가 신령한 생활을 하려면, 우리 주위에 신령한 능력을 행사할 수 있으려면, 그리스도께서 신령한 세계를 절대적으로 의지하셨고 끊임없이 신령한 세계와 교통하셨음을 배우는 것이 중요합니다. 먼저 기도로 구하여 하나님 나라의 생명과 능력을 받지 않은 채, 하나님과 하나님 나라를 위해 일하려고 하는 것은 어리석고 헛된 일입니다.

주님의 세례에 대해 성경은 이같이 말합니다. "예수도 세례를 받으시고 기도하실 때 하늘이 열리며"(눅 3:21). 기도하실 때 하늘이 주님께 열렸습니다. 하늘이 열리면서 성령과 아버지 하나님의 음성이 임했습니다. 그리스도는 능력을 받고서 광야로 이끌려 가셨습니다. 금식과 기도 가운데 이 영은 시험을 받았고 충분히 이겨냈습니다. 주님의 공생애 초기에 대해 마가는 이같이 기록하였습니다. "새벽 오히려 미명에 예수께서 일어나 나가 한적한 곳으로 가사 거기서 기도하시더니"(막 1:35).

그 후에 있었던 일에 대해 누가는 이같이 말하고 있습니다. "허다한 무리가 말씀도 듣고 자기 병도 나음을 얻고자 하여 모여 오되 예수는 물러가사 한적한 곳에서 기도하시니라"(눅 5:15-16). 말씀을 전하고 병을 고치는 신성한 봉사가 영혼을 얼마나 지치게 하는지를 주님께서는 잘 아셨습니다. 사람들과 너무 많이 만나는 것이 하나님과의 교제를 가로막을 수 있다는 것을 아셨습니다. 영이 쉬고 그 안에서 뿌리를 내릴 시간이 필요하다는 것을 주님은 아셨으며, 사람들 가운데서 행해야 하는 의무들로 아무리 압박을 받을지라도 많이 기도해야 하는 절대적인 필요를 제쳐둘 수 없다는 것을 아셨습니다. 항상 기도의 영으로 살고 일하는 것으로 만족하는 사람이 있다면 그분이 바로 우리 주님이실 것입니다. 그러나 주님은 그것으로 만족하실 수 없었습니다. 주님은 간구를 드릴 뿐만 아니라 언제든지 오랜 시간 지속적인 기도로 간구를 보충해야 할 필요가 있었습니다. 기도에 그리스도의 이름을 사용하려면 확실히 그의 모범을 따르고 그리스도께서 기도하셨듯이 기도하는 일이 필요합니다.

제자들을 택하시기 전날 밤의 일에 대해 우리는 이 같은 기록을 봅니다. "예수께서 기도하시러 산으로 가사 밤이 맞도록 하나님께 기도하시고"(눅 6:12). 주께서 교회를 세우고 자신의 증인과 후계자가 될 사람을 택하는 일을 하기 위한 첫 단계는 오랜 시간 특별 기도를 드리는 것이었습니다. 모든 일은 주님이 이때 산에서 세우신 모범을 따라야 했습니다. "아들이 아버지의 하시는 일을 보지 않고는 아무것도 스스로 할 수 없나니 아버지께서 행하시는 그것을 아들도 그와 같이 행하느니라"(요 5:19-20). 기도하신 그날 밤에 주님은 당신께서 해야 할 일을 아셨습니다.

오천 명을 먹이신 때 — 이때 주님은 사람들이 자기를 억지로 잡아 왕을 삼으려고 한다는 것을 아셨습니다 ─ 와 바다 위를 걸으신 때 사이에 있는 이 밤에 주님께서는 다시 한 번 산으로 물러나서 홀로 기도하셨습니다(마 14:23; 막 6:46; 요 6:15). 주님께서 오셔서 행해야 할 것은 하나님의 뜻이었고, 계시해야 할 것은 하나님의 능력이었습니다. 이 능력은 주님 스스로 가지고 계셨던 것이 아니었습니다. 그 능력은 기도로 구하고 하늘로부터 받아야 하는 것이었습니다. 주님께서는 베드로에게서 "주는 그리스도시요"라는 고백을 들으신 후에 자신의 죽음이 가까이 온 것을 처음으로 알리시기 전에 먼저 기도하셨습니다(눅 9:18). 예수께서 "기도하시러 산에 올라가사"(28절)라는 말씀이 나오고 나서야 변화산의 기사가 소개됩니다.

"주여, 우리에게 기도를 가르쳐 주옵소서"(눅 11:1)라고 제자들이 요청하기 전에, 주님께서는 이미 "한 곳에서 기도"하셨습니다(1절). 예수님의 개인 생활에서, 아버지 하나님과의 교통에서, 사람을 위하여 존재하고 행하시는 그분의 모든 일에서, 우리가 아는 그리스도는 기도의 사람입니다. 기도는 주님에게 축복의 능력을 주고, 그분의 몸을 하늘의 영광된 몸으로 변화시켰습니다. 주님께서는 스스로 기도 생활을 하시기 때문에 다른 사람들에게 기도하는 법을 가르치실 수 있습니다. 하물며 우리가 그리스도의 영광을 함께 받거나 하늘의 복과 교훈을 다른 사람들에게 전달하는 통로가 되려면, 얼마나 많은 기도를 드려야 하겠습니까? 우리는 홀로 많은 시간을 기도에 바쳐야 합니다. 그리스도의 이름으로 기도한다는 것은 그리스도께서 하시듯이 기도하는 것입니다.

공생애의 마지막이 가까웠을 때, 그리스도께서는 더 많이 기도하셨습니다. 헬라인들이 주님을 보기를 요청하고, 주께서 자신의 죽음이 가까웠다고 말씀하셨을 때, 주님은 기도하셨습니다. 나사로의 무덤 앞에서도 기도하셨습니다. 주님은 대제사장으로서 기도하셨습니다. 이는 우리로 하여금 주님의 희생이 무엇을 가져오는지, 보좌 위에서 드리는 주님의 영원한 중보기도가 어떤 것인지를 알게 하려고 하신 것입니다. 겟세마네 동산에서, 주님께서는 죽임을 당하는 어린양으로서 기도하셨습니다. 십자가 위에서조차 주님께서는 기도하셨습니다. 자신을 죽이는 자들에게 긍휼을 구하는 기도를 드리셨고, 짙은 어둠 가운데서 속죄하는 고난의 기도를 드리셨으며, 죽음에 임해서는 아버지께 자신의 영혼을 안심하고 맡기는 기도를 드리셨습니다.

그리스도의 생애와 활동, 고난과 죽음은 모두 기도였습니다. 주님의 기도는 모두 하나님을 의지하고, 하나님을 신뢰하며, 하나님으로부터 받고 하나님께 순종하는 기도였습니다. 신자 여러분이 누리는 구속은 기도와 중보기도로 이룬 구속입니다. 여러분을 구속하신 이가 바로 기도하시는 그리스도이시기 때문입니다. 주님께서 여러분을 위해서, 그리고 여러분 속에서 사는 생활은 즐거이 하나님을 기다리고 하나님으로부터 모든 것을 받는 기도의 생활입니다. 그리스도의 이름으로 기도한다는 것은 그리스도께서 하셨듯이 기도하는 것입니다. 그리스도는 우리의 모범이십니다. 이는 그리스도께서 우리의 머리이고 구주이며 생명이시기 때문입니다. 주님은 주님의 신성과 주님의 영으로 말미암아 우리 안에서 사실 수 있습니다. 우리가 그의 이름으로 기도할 수 있는 것은 우리가 그 안에 거하고 주께서 우리 안에 거하시기 때문입니다.

그리스도, 우리의 스승

그리스도께서는 그리스도 자신을 가르치셨습니다. 그분의 가르침은 그분이 사신 삶과 우리 안에서 사실 삶을 보여 주는 것이었습니다. 제자들에게 주신 가르침은 성령에 의해 그들 안에서 머무시고 일하실 주님을 준비시키면서, 제자들에게 소망을 일깨워 주는 것이었습니다. 그리스도께서 기도하시고 가르치신 모든 것을 주시리라는 것을 확신합시다. 그리스도께서는 율법을 완성하시기 위해 오셨습니다. 그러나 그것보다 더 중요한 것은 복음을 완성하신다는 것입니다. 그분은 무엇을 기도할 것인가와 어떻게 기도할 것인가에 대해 가르치신 모든 것에서 복음을 완성하실 것입니다.

무엇을 기도할까. 직접적인 간구는 기도를 많이 하고 적절히 하는 사람들의 기도에서 그리 중요한 자리를 차지하지 못하는, 급이 낮은 기도라고 말하는 경우가 종종 있습니다. 우리 주님께서 기도에 대해 말씀하신 모든 것을 주의 깊게 살펴보면, 그렇지 않다는 것을 알 수 있습니다. 주기도문에서, 기도에 관한 비유에서, 떡을 구하는 어린아이의 예화에서, 문을 두드리며 구하는 예화에서, 믿음의 기도에 대한 중심적인 생각에서, 우리는 다음과 같은 말씀을 듣습니다. "무엇이든지 기도하고 구하는 것은 받은 줄로 믿으라"(막 11:24).

우리 주님께서는 "무엇이든지"라는 말을 통해, 구체적으로 간구하고 구체적인 응답을 기다리라고 권고하십니다. 우리가 간구를 급이 낮은 기도로 간주하고, 또 그렇게 함으로써 기도에서 이기적인 모습을 제거할 필요성이 생긴 이유는, 우리가 자신에게 필요한 것만을 구했기 때문입니다. 신자들이 중보기도 사역의 영광을 깨닫는다면, 그들은 영화로우신 주님과의 교제와 사람들에게 복을 내리는 우리의 능력이 간구하는 기도에 놓여 있음을 알게 될 것입니다. 이렇게 어떤 특정한 사람과 단체에 특정한 선물을 내려 주시기를 구하는 기도, 즉 구체적으로 간구하고 그 응답을 받는 것보다 더 진실한 하나님과의 교제는 있을 수 없습니다. 우리는 간구를 통해 그리고 그 응답을 통해 하나님의 은혜와 생명을 전하는 통로가 됩니다. 우리와 하나님 사이의 교제가, 아들이 중보기도를 통해 하나님과 나누는 교제와 같아지는 때가 바로 이때입니다.

어떻게 기도할까. 우리 주님께서는 은밀하고 간단하게 기도하라고 가르치셨습니다. 눈을 하나님께 고정하고, 겸손하게 그리고 용서하는 사랑의 마음으로 기도하라고 가르치셨습니다. 그러나 주님께서 되풀이하신 주된 진리는 믿음으로 기도하라는 것이었습니다. 그리고 그 믿음은 하나님의 선하심이나 능력을 신뢰하는 것만이 아니라, 구하는 것을 받았음을 확신하는 것이라고 정의하셨습니다. 응답이 늦어지는 경우에는 인내와 절실함을 주장하셨습니다. 우리는 "믿음과 오래 참음으로 말미암아 약속들을 기업으로 받는 자들을 본받는 자"(히 6:12)가 되어야 합니다. 믿음은 약속을 수용하고, 요구한 것은 받는다는 것을 압니다. 오래 참음은 약속을 획득하고 축복을 상속합니다. 이런 상태가 되어야, 자기 백성의 원수를 속히 갚아 주시겠다고 약속하신 하나님께서 외관상 지체하시는 이유를 이해하게 됩니다. 그 이유는 믿음이 육체의 모든 것으로부터 정화되고 연단되어서 모든 것을 가능하게 하는 영적 능력, 심지어 산을 바다 한가운데 던지는 일도 가능하게 하는 영적 능력이 되게 하시기 위함입니다.

그리스도, 우리의 중보자

우리는 주기도문에서 그리스도를 주시했습니다. 우리가 어떻게 기도할 것인가에 대해 주님의 가르침을 들었습니다. 그리스도의 이름으로 기도한다는 것이 무슨 의미인지 충분히 알기 위해, 우리는 하늘에서 중보기도를 하시는 그리스도에 대해서도 알아야 합니다.

그리스도께서는 지상에 계셨을 때와 마찬가지로 지금 하늘에서도 구원사역을 수행하고 계십니다. 만유의 주이신 아버지와 끊임없이 교통하시고, 또 아버지께 직접 중보기도를 하심으로써 그 사역을 수행하십니다. 그리스도 안에 있는 모든 은혜의 행위는 중보기도에 뒤따라 일어나는 것이며, 그 능력도 중보기도 덕택입니다. 하나님께서는 중보기도를 만드신 분으로 존경과 인정을 받으셨습니다. 그리스도께서 하나님의 보좌에 앉아 아버지와 지극히 높은 교제를 나누시고 아버지의 세계 통치에 동참하시는 것도 중보기도를 통해서입니다. 위로부터 오는 모든 복에는 그리스도의 중보기도라는 하나님의 우표가 붙어 있습니다. 그리스도의 중보기도는 그분의 속죄하심의 열매이며 영광입니다. 그리스도께서 자신을, 사람들을 위한 희생 제물로 하나님께 드렸을 때, 그분의 마음엔 사람을 구원하는 일을 통해 하나님을 영화롭게 하려는 한 가지 목적만 있었습니다. 이 큰 목적은 그리스도의 중보기도에서 실현되었습니다. 그리스도께서는 모든 것을 아버지께 구하고 받음으로써 아버지를 영화롭게 하셨습니다. 아버지께로부터 받아 사람들에게 주심으로써 사람들을 구하십니다. 그리스도의 중보기도는 아버지의 영광이자, 그리스도 자신의 영광이며, 우리의 영광입니다.

그리고 이 중보자 그리스도는 우리의 생명이십니다. 그분은 우리의 머리이시며, 우리는 그분의 몸입니다. 그리스도의 영과 생명은 우리 안에서 숨쉬고 계십니다. 하늘에서처럼 땅에서도, 중보기도는 하나님께서 선택하신 유일한 축복의 통로입니다. 중보기도에 어떤 영광이 있는지, 이 놀라운 권세가 어떤 방식으로 시행되는지, 하나님을 위한 우리의 일에 어떤 부분을 도입해야 할지 그리스도에게서 배웁시다.

중보기도의 영광. 그 어느 것보다도 중보기도에 의해, 우리는 하나님을 영화롭게 합니다. 중보기도에 의해 우리는 그리스도를 영화롭게 합니다. 중보기도에 의해 우리는 교회와 세상에 복을 가져옵니다. 중보기도에 의해 우리는 최고의 고결함을, 즉 사람을 구하는 거룩한 능력을 얻습니다.

중보기도에 이르는 길. "그리스도께서 너희를 사랑하신 것 같이 너희도 사랑 가운데서 행하라. 그는 우리를 위하여 자신을 … 희생제물로 하나님께 드리셨느니라"(엡 5:2)고 바울은 썼습니다. 그리스도께서 사신 모습대로 산다면, 우리는 자신을 — 우리의 삶 전부를 — 하나님께 바쳐서, 사람들을 위해 쓰게 할 것입니다. 우리가 이렇게 했다면, 더 이상 자신을 위해 어떤 것을 구하지 않고 다른 이들을 위해 구할 것입니다. 그리고 하나님께 우리를 써 달라고 간청하고, 다른 이들에게 줄 수 있는 것을 간구할 때, 중보기도는 하늘에 계신 그리스도에게 그렇듯이 우리에게도 중대한 일이 될 것입니다. 그리고 중보기도의 소명이 참으로 고귀하고, 그 사역이 참으로 중대하다고 생각할 때, 우리는 우리 안에 살아 계시고, 우리를 위해 중보기도하시는 그리스도를 믿는 믿음으로 말미암아, 승리를 거둘 것입니다.

우리는 "내가 하는 일을 그도 할 것이요 또한 그보다 큰 일도 하리라"(요 14:12)고 말씀하신 그리스도에게 귀를 기울일 것입니다. 우리가 무능한 율법 아래 있지 않고 우리 안에서 모든 일을 하시는 전능한 은혜 아래 있다는 것을 기억할 것입니다. 우리에게 "일어나 … 걸어가라"(요 5:8) 말씀하시고 생명을 주신 그분을 다시 믿을 것입니다. 필요한 것을 풍족히 공급해 주시는 방편으로써 성령을 충만하게 채워 주시기를 다시금 간청할 것이며, 그리스도와 하나되게 만드는 중보기도의 영이 우리 안에 머무시도록 하나님을 의지할 것입니다. 그리스도처럼, 그리스도 안에서 하나님께 우리 자신을 바칩시다. 다른 이들을 위해 우리 자신을 바치는 이 자리를 지킵시다.

그러면 하나님의 일에서 중보기도가 차지하는 역할을 이해하게 될 것입니다. 더 이상 먼저 하나님을 위해 일하고 그 다음에야 하나님께 복을 달라고 요청하는 잘못을 저지르지 않을 것입니다. 밤에 친구를 찾아간 사람이 한 일을, 그리스도께서 땅에서 하신 일이요 하늘에서 영원히 하시는 일을, 우리도 할 것입니다. 먼저 하나님께로부터 받고, 그 다음 하나님께로부터 받은 것을 사람들에게 주려고 할 것입니다. 그리스도처럼, 먼저 아버지께 받는 것을 우리의 중요한 임무로 삼을 것입니다. 그러면 사람들에게 주는 일도 능력을 갖게 될 것입니다.

그리스도의 종들과 하나님의 자녀들이여, 용기를 내십시오. 연약함이나 부족함을 두려워하지 마십시오. 그리스도의 이름으로 구하십시오. 그 이름은 지극히 완전하고 능력 많으신 그리스도 자신이십니다. 그분은 살아 계신 그리스도이시며, 그 이름으로 하여금 여러분 안에서 능력이 되게 하실 것입니다. 그 이름으로 간구하기를 두려워하지 마십시오. 그분의 약속은 끊어지지 않는 세겹줄입니다. "무엇이든지 원하는 대로 구하라" — "그리하면 [너희에게] 이루리라"(요 15:7).

제 12 장

나의 하나님이 나에게 귀를 기울이시리로다

그러나 여호와께서 기다리시나니 이는 너희에게 은혜를 베풀려 하심이라 … 그를 기
다리는 자마다 복이 있도다 … 그가 네 부르짖는 소리로 말미암아 네게 은혜를 베푸시
되 그가 들으실 때에 네게 응답하시리라 — 이사야 30:18-19
내가 그를 부를 때에 여호와께서 들으시리로다 — 시편 4:3
하나님이여 내게 응답하시겠으므로 내가 불렀사오니 내게 귀를 기울여 내 말을 들으
소서 — 시편 17:6
오직 나는 여호와를 우러러보며 나를 구원하시는 하나님을 바라보나니 나의 하나님
이 나에게 귀를 기울이시리로다 — 미가 7:7

하나님께서는 믿음으로 드리는 기도를 들으시기 때문에, 기도의 능력
은 믿음에 달려 있습니다. 여러 면에서 이것은 사실입니다. 기도할 용기
를 주는 것도 믿음이요, 하나님을 설득할 능력을 주는 것도 믿음입니다.
하나님께서 내게 귀를 기울이신다는 것을 확신하는 순간, 기도하고픈 느
낌, 인내하며 기도하고픈 느낌이 듭니다. 하나님께 간청할 힘을 느끼며,
하나님께서 주시는 응답을 믿음에 의해 붙잡을 힘을 느낍니다. 기도가
부족한 주된 이유는 "나의 하나님이 나에게 귀를 기울이시리로다"라는
살아 있는 확신이 부족하기 때문입니다. 살아 계신 하나님께서 자기 종
들이 요구하는 것 — 필요한 모든 성령의 은사 — 을 주시기 위해 기다리
고 계신다는 것을, 하나님의 종들이 직시한다면, 모든 것을 제쳐 두고 믿

음의 기도에 몰두하지 않겠습니까! 믿음의 기도는 하늘의 복을 보장해 주는 단 하나의 권세이기 때문입니다.

어떤 사람이 살아 있는 믿음에서 "나의 하나님이 나에게 귀를 기울이시리로다"라고 말할 수 있다고 말한다면, 아무것도 그가 기도하는 것을 막지 못합니다. 그는 자기가 할 수 없고 이룰 수 없는 것도 하늘로부터 그를 위해 이루어 주실 수 있고 이루어 주시리라는 것을 압니다. 각자 하나님 앞에 고요히 무릎을 꿇고, 하나님께서 기도를 들으시는 하나님으로서 우리에게 나타나시기를 기다립시다. 하나님 앞에 있으면, 중요한 진리를 담고 있는, 놀라운 생각들이 떠오를 것입니다.

1. "나의 하나님이 나에게 귀를 기울이시리로다." 참으로 복된 확신! 우리는 이 확신을 지지하는 하나님의 말씀을 수많은 약속에서 볼 수 있습니다. 그것이 사실임을 증언할 증인도 많습니다. 우리는 그것을 삶에서 경험했습니다. 그것이 사실이라는 것을 알고 있습니다. 하나님의 아들로 하여금, 구하면 아버지께서 주시리라는 메시지를 갖고 하늘로부터 오시게 했습니다. 그리스도께서도 지상에 계시는 동안에 직접 기도하셨고, 하나님께서는 그 기도를 들으셨습니다. 그리고 지금 하늘에서도 하나님의 우편에 앉아 계시며 우리를 위해 중보기도하십니다. 하나님께서는 기도를 들으시며, 기도 들으시기를 기뻐하십니다. 하나님께서는 자기 백성이 시련당하는 것을 천 번이라도 허락하시는데, 그 이유는 마지못해서라도 하나님께 부르짖게 하고, 하나님을 기도를 들으시는 분으로 알게 하시기 위함입니다.

이 놀라운 진리를 우리가 얼마나 믿지 못했는가를 부끄러운 마음으로 고백합시다. 좀처럼 그 진리를 마음속 깊이 받아들이지 못했으며, 그 진리가 우리의 전 존재를 소유하고 지배하도록 허락하지 않았음을 고백합시다. 이 진리를 인정하는 것만으로는 충분하지 않습니다. 그 진리가 말하는 살아 계신 하나님이 드러나고, 우리의 삶 전체가 하나님께 맡겨져야 합니다. "나는 아빠가 내 말에 귀 기울이신다는 걸 확실히 알아요"라고 말하는 어린아이만큼 우리도 이 진리를 확실히 알아야 합니다.

하나님의 사랑하는 자녀여! 진리를 지적으로 이해하는 것은 별로 도움이 되지 않습니다. 당신은 경험을 통해 이것을 알고 있습니다. 하나님께서 당신에게 나타나 주시기를 간청하십시오. 남다른 기도생활을 하고 싶거든, 기도할 때마다 먼저 엎드려 침묵으로 하나님을 예배하십시오. 그 상태에서 하나님께서 가까이 계시며 기꺼이 응답하시리라는 어떤 올바른 느낌이 올 때까지 기다리십시오. 그런 느낌이 올 때에야 비로소, 당신은 "나의 하나님이 나에게 귀를 기울이시리로다"라는 말로 기도하기 시작할 것입니다.

2. "나의 하나님이 나에게 귀를 기울이시리로다." 참으로 놀라운 은혜! 무한한 위엄과 헤아리기 힘든 영광, 다가설 수 없는 거룩함 가운데 계신 하나님을 생각해 보십시오. 은혜의 보좌에 앉아 계시면서, 은혜를 베풀고자 하시며, "나를 부를 때에 내가 응답하리라"(시 91:15)는 약속으로 당신을 기도에 초대하시고, 당신에게 기도를 격려하시는 하나님을 생각해 보십시오. 한 인간으로서 당신의 보잘것없음과 무력함, 한 죄인으로서 당신의 죄와 비참함, 한 성도로서 당신의 연약함과 무가치함을 생각해 보십시오. 그리고 당신 자신과 다른 이들을 위한 당신의 기도에 대해 "나의 하나님이 나에게 귀를 기울이시리로다"라고 담대히 말할 수 있게 허락하신 그 은혜를 찬양하십시오.

당신을 홀로 버려 두지 않으신 것, 그리고 하나님과의 이 놀라운 교제 안에서 당신이 이룰 수 있는 것에 대해 생각해 보십시오. 하나님께서는 당신을 그리스도와 하나되게 하셨습니다. 당신은 그리스도와 그리스도의 이름 안에서 확신을 가질 수 있습니다. 그리스도께서는 보좌 위에서, 당신과 함께, 당신을 위해 기도하십니다. 당신은 보좌 밑에서, 그리스도와 함께, 그리스도 안에서 기도합니다. 하나님께서 당신의 기도를 들으신다는 것을 확신할 수 있는 근거는 그리스도께서 당신과 함께 기도하시고, 하나님께서는 그리스도께 귀 기울이시기를 기뻐하시기 때문입니다.

또 있습니다. 당신의 마음에 오시어 당신으로 하여금 "아빠(Abba), 아버지"(갈 4:6)라고 부르게 하시는 하나님의 성령을 생각해 보십시오. 성령께서는 당신이 마땅히 기도할 바를 알지 못할 때에도 간구의 영으로서 당신 안에 계십니다(롬 8:26). 당신이 그토록 무의미하고 무가치한 존재임에도 불구하고, 하나님께서 당신을, 마치 그리스도를 받으신 것처럼, 받으신다는 것을 생각해 보십시오. 당신이 그토록 무지하고 연약함에도 불구하고, 성령께서 하나님의 뜻을 따라 당신 안에서 중보기도하신다는 것을 생각해 보십시오. 그리고 나서 "이 얼마나 놀라운 은혜인가!"라고 외치십시오. 나는 그리스도를 통해, 그리고 성령에 의해, 아버지께 나아갑니다. 나는 "나의 하나님이 나에게 귀를 기울이시리로다"라는 말씀을 믿을 수 있고 또한 믿습니다.

3. "나의 하나님이 나에게 귀를 기울이시리로다." 참으로 심오한 신비! 때로는 정직한 사람들까지도 혼란스럽게 만드는 어려운 문제들이 제기됩니다. 하나님의 지극히 높고 지혜롭고 결정적인 뜻에 관한 문제가 거기에 해당합니다. 때로는 어리석기도 한 우리의 소원이, 또 가끔은 이기적이기도 한 우리의 뜻이 어떻게 하나님의 그 완벽한 뜻을 바꾸거나 없던 일로 만들 수 있단 말입니까? 가장 좋은 것이 무엇인지 아시며, 그것을 우리에게 주고 싶어하시는 하나님께, 모든 것을 맡기는 것이 더 낫지 않습니까? 하나님께서 이미 정하신 것을 어떻게 우리의 기도가 바꿀 수 있단 말입니까? 인내하며 기도할 필요와 응답을 오래 기다릴 필요에 관한 문제도 어려운 문제에 속합니다.

하나님은 무한한 사랑이시고, 우리가 받고 싶어하는 이상으로 주시고 싶어하신다면, 간구, 절박함, 오랜 지체가 왜 필요합니까? 여기에서 또 다른 문제가 제기됩니다. 그 문제는, 분명히 응답이 오지 않은 헛된 기도가 많다는 것입니다. 많은 사람들이 사랑하는 사람을 위해 간구하지만, 구원을 받지 못하고 죽어갑니다. 많은 사람이 오랜 세월 동안 영적 축복을 간구하지만, 응답이 오지 않습니다. 이 모든 문제에 대해 생각하면, 우리의 믿음은 흔들리고 우리는 "나의 하나님이 나에게 귀를 기울이시리로다"라고 말하기를 주저하게 됩니다.

하나님께 힘을 발휘하는 기도, 그 기도를 들으시겠다는 하나님의 약속, 그 약속에 대한 하나님의 성실함은 심오한 영적 신비입니다. 앞에서 언급한 문제들에 대해, 일부 어려움을 해소해 주는 대답을 얻을 수도 있겠지만, 결국 이렇게 말할 수밖에 없습니다. 우리가 하나님을 거의 이해할 수 없듯이 하나님의 가장 복된 속성 가운데 하나인 '하나님께서 기도를 들으신다'는 속성도 거의 이해할 수 없습니다. 그것은 영적 신비, 곧 성삼위일체의 신비입니다. 하나님께서는 기도를 들으십니다. 그 이유는 우리가 성자 안에서, 그리고 성령이 우리 안에서 기도하시기 때문입니다.

그리스도의 생명을 우리의 건강의 근원으로, 성령 충만을 우리의 능력의 원천으로 믿고 요구했다면, 이제 기도의 능력도 주저하지 말고 믿읍시다. 모든 문제에 아직 답을 얻지 못한 곳에서조차, 우리는 성령의 도우심으로 기도의 능력을 믿고 기뻐할 수 있습니다. 성령께서 이렇게 도와주시는 때는 우리가 모든 의문을 하나님께 맡기고, 하나님의 성실하심을 믿으며, 쉬지 말고 기도하라는 하나님의 명령에 겸손히 순종할 때입니다. 모든 예술은 그것을 실행하는 사람에게만 그 비밀과 아름다움을 열어 줍니다. 주님의 비밀은 순종하는 믿음을 품고 기도하는 겸손한 영혼에게, 하나님께서 당부하신 기도와 중보기도를 부지런히 드리는 영혼에게 열릴 것입니다. 이런 영혼은 답답한 문제를 생각하기보다는 심오한 기도의 신비를 생각하고, 그것을 기쁨, 예배, 믿음의 근원으로 삼을 것입니다. 그리고 이 근원에서는 "나의 하나님이 나에게 귀를 기울이시리로다"라는 말이 끝없이 반복되어 울릴 것입니다.

4. "나의 하나님이 나에게 귀를 기울이시리로다." 참으로 중대한 책임! 우리는 너무나 자주 아무 도움도 없어서 그랬다는 듯이 무지, 연약함, 실패를 불평합니다. 하지만 하나님께서는 우리에게 필요한 모든 것을(빌 4:19), 그리고 하나님의 지혜와 능력과 평안을, 기도의 응답으로 주시겠다고 약

속하셨습니다. 이런 하나님, 또 이런 하나님의 약속을 붙잡는 책임을 우리가 깨달았다면, 하나님께서 주시겠다고 약속하신 것들을 제대로 활용하지 않은 부끄러운 죄를, 어떻게 저지를 수 있었겠습니까? 올바로 기도하게 해 주시는 은혜, 우리는 이 은혜 받을 것을 확신해야 합니다.

또 있습니다. 기도를 들으시는 하나님에게 나아갈 수 있는 권리를 주신 이유는 우리를 동료 인간을 위해 기도하는 중보기도자로 만드시기 위함입니다. 그리스도께서 자신을 사람들을 위한 희생 제물로 하나님께 드림으로써 하나님을 설득하는 중보기도의 권리를 획득하시고 또 사람들에게 나누어 주실 복들을 받으신 것처럼, 우리도 자신을 하나님께 진실로 드리면, 그리스도의 중보기도의 권리를 공유하고, 하늘 나라의 권세도 획득할 수 있습니다. 살리고 죽이는 권세가 우리 손에 있습니다(요일 5:16). 기도에 대한 응답으로, 성령이 흘러 넘치고, 사람들이 회심하며, 신자들이 바로 설 수 있습니다. 기도로, 어둠의 나라를 정복할 수 있고, 묶인 상태로부터 그리스도의 자유를 얻으며, 또한 하나님의 영광을 드러낼 수 있습니다.

기도를 통해, 성령의 검 ― 하나님의 말씀 ― 이 힘있게 작용할 수 있으며, 사적인 대화에서나 공적인 설교에서, 반항적인 사람들마저 예수의 발 앞에 엎드리게 합니다.

교회는 중보기도 사역에 헌신할 책임이 있습니다. 영혼 구원을 위해 구별된 목사, 선교사 등 모든 일꾼은 "나의 하나님이 나에게 귀를 기울이시리로다"라는 믿음을 실행하고 증명하는 일에 전념할 책임이 있습니다. 모든 신자는 각자 소명을 받았습니다. 그 소명을 잃어버리거나 묻어 버리지 말고 모든 성도들과 믿지 않는 사람들을 위한 중보기도에 최선을 다해야 합니다. 나의 하나님은 내게 귀를 기울이십니다. 하나님께서 주신 이 놀라운 권세, 그 권세와 관련된 진리에 깊이 들어가면 갈수록, 우리는 중보기도의 사역에 더욱 전심으로 몰두할 것입니다.

5. "나의 하나님이 나에게 귀를 기울이시리로다." 참으로 복된 전망! 나의

과거 생활의 모든 실패는 이 믿음이 부족했기 때문입니다. 특히 중보기도 사역에서의 실패는 "나의 하나님이 나에게 귀를 기울이시리로다"라는 복된 확신 없이 살았기 때문입니다. 이제는 그 확신이 보입니다. 그것을 확신합니다. 아니 하나님이 보입니다. 하나님을 믿습니다. "나의 하나님이 나에게 귀를 기울이시리로다." 그렇습니다. 내게도 귀를 기울이십니다! 내가 비록 좁은 공간을 차지하는 평범하고 하찮은 존재일지라도, 하나님께서 내게 귀 기울이신다는 확신을 갖고 하나님께 나아가면, 실패하는 일이 거의 없을 것입니다. 그리스도와 동행하고, 성령의 인도를 받는 나는 감히 말합니다. "나는 남을 위해 기도할 것입니다. 나의 하나님께서 나의 말을 들으실 것이기 때문입니다: '나의 하나님이 나에게 귀를 기울이시리로다.'" 참으로 복된 전망이 내 앞에 펼쳐져 있습니다. 땅의 걱정과 영적 근심 모두가 모든 것을 돌보시고 기도를 들으시는 하나님의 평화로 바뀝니다. 나의 일에도 참으로 복된 전망이 있습니다. 응답이 지체될 때에도, 더욱 참고 인내하는 기도가 요구될 때에도, "나의 하나님이 나에게 귀를 기울이시리로다"라는 진리는 전혀 틀림없이 확실합니다.

우리 모두가 기도에 자리를 내어주고, 하나님을 믿는 믿음에 자리를 내어주고, 기도를 들으시는 하나님께 자리를 내어드린다면, 그리스도의 교회는 참으로 복된 전망을 가질 것입니다. 기도가 절박하게 필요함을 어느 정도 이해하기 시작한 사람들이 우선적으로 간구해야 하는 것이 이것입니다. 하나님께서 최초로, 그리고 때때로 자기의 기도하는 백성들에게 성령을 부어 주셨을 때, 하나님께서는 영원한 법칙, 즉 기도한 만큼 성령을 주신다는 법칙을 정하셨습니다. "나의 하나님이 나에게 귀를 기울이시리로다"라고 말할 수 있는 사람들이여, 진리가 모든 교회에서 제자리를 회복하기를, 그리고 복된 전망이 실현되기를 간구하십시오. 다시금 말하건대 성령의 능력이 넘치는 기도하는 교회가 되게 해 달라고 열렬히 간구하십시오.

6. "나의 하나님이 나에게 귀를 기울이시리로다." 거룩한 가르침이 참으로 필

요함! 이 말씀을 산 믿음으로 붙잡기 위해서는, 또 이 말씀을 중보기도에 최대한 이용하기 위해서는 거룩한 가르침이 필요합니다. 우리 시대의 교회에 한 가지 필요한 것은 성령의 능력입니다. 이것은 아무리 자주 그리고 아무리 진지하게 말해도 지나치지 않습니다. 또한 인간에게 필요한 한 가지는 더욱 믿고 인내하는 기도라고 말할 수 있는데, 그 이유는 하나님께도 기도가 필요하기 때문입니다. 성령께서 자유롭게 역사하시려면, 우리 안의 많은 것을 고백하고 제거해야 합니다. 이렇게 고백하고 제거해야 할 것이 많은 반면, 하늘을 바라봄, 철저하게 하나님을 의지함, 하나님께 절실히 부르짖음, 효력을 발휘하는 믿음의 기도 등 꼭 필요한 것들은 부족합니다. 이것들은 모두 필수적인 것들인데도 말입니다.

승리하는 기도를 드릴 수 있게 해 주는 교훈 — "나의 하나님이 나에게 귀를 기울이시리로다"라고 늘 노래하는 믿음의 교훈 — 을 배우려고 노력해야 하지 않겠습니까? 이 교훈은 비록 간단하고 초보적인 것일지라도 그것을 바로 배우는 데에는 실천, 인내, 시간, 하늘의 가르침이 필요합니다. 훌륭한 생각이나 복된 체험이라는 인상을 갖고 있기 때문에, 이 교훈은 마치 우리가 완벽히 아는 것처럼 보일 수 있습니다. 그러나 우리는 이 교훈을 계속해서 우리의 첫째 기도로 삼을 필요가 있습니다. 기도를 들으시는 하나님께서 우리에게 그것을 믿고, 그래서 바르게 기도하라고 가르치시기 때문입니다. 우리가 그렇게 되기를 원한다면, 우리는 하나님을 의지할 수 있습니다. 하나님께서는 기도를 들으시고 기도에 응답하시기를 기뻐하십니다. 항상 우리를 위해 그리고 우리와 함께 기도하실 아들과, 우리 안에서 기도하실 성령을 주셨습니다. 우리의 전 존재가 "나의 하나님이 나에게 귀를 기울이시리로다"라고 반응하는 기도, 이를 위해 기도를 들으시는 하나님으로 다가와 달라는 기도, 이런 기도보다 하나님께서 더 확실히 들으실 기도는 없습니다.

제 13 장

바울: 기도의 본

가서 유다의 집에서 다소 사람 사울이라 하는 사람을 찾으라 그가 기도하는 중이니라
— 사도행전 9:11
그러나 내가 긍휼을 입은 까닭은 예수 그리스도께서 내게 먼저 일체 오래 참으심을 보
이사 후에 주를 믿어 영생 얻는 자들에게 본이 되게 하려 하심이라 — 디모데전서 1:16

하나님께서는 자기 아들을 택하셔서 우리의 모범과 본이 되게 하셨습니다. 그리스도의 모범이 그 힘을 잃어버리는 때가 간혹 있습니다. 죄가 없으신 그리스도는 우리와 동일한 사람이 아니라고 생각하기 때문입니다. 주님께서는 우리와 성정(性情)이 같은 바울을 택하시어, 죄인 중에 괴수였던 사람에게 행하실 일의 본이 되게 하셨습니다(딤전 1:15). 바울은 다른 어떤 사람보다 교회에 그의 흔적을 남겼으며, 언제나 모범이 되는 사람으로 여겨졌습니다. 거룩한 진리에 통달하고 그것을 가르치는 일에서; 주님께 헌신하고 주님을 섬기기 위해 자신을 불사르는 열정에서; 그리스도의 내재와 십자가의 교제가 지닌 능력을 깊이 경험한 일에서; 진정한 겸손과 꾸밈없고 담대한 믿음에서; 선교의 열정과 인내에서; 그리고 이 모든 것보다도 더 "우리 주의 은혜가 … 넘치도록 풍성하였"(딤전 1:14)다는 점에서 우리의 모범이었습니다. 그리스도는 바울을, 그리스도께서 하실 일에 대한 본으로 주셨고, 교회는 그를 받았습니다.

바울은 자신을 따르는 신자들에게 "그러므로 내가 너희에게 권하노니

너희는 나를 본받는 자가 되라"(고전 4:16); "내가 그리스도를 본받는 자가 된 것 같이 너희는 나를 본받는 자가 되라"(고전 11:1)는 말씀을 일곱 차례에 걸쳐 말했습니다(빌 3:17; 4:9; 살전 1:6; 살후 3:7-9 참조).

우리가 바울을 다른 여러 측면에서 연구하고 생각하면서도 기도의 본으로서 연구하고 생각하지 않는 이유는 그가 은혜의 놀라운 증거가 아니기 때문도 아니며, 그의 기도의 모범으로부터 우리가 도움을 받을 필요가 없기 때문도 아닙니다. 기도의 본으로서 바울을 연구하면, 교훈과 격려를 충분히 얻게 될 것입니다. 바울이 회심할 때에 우리 주님께서 바울에 관하여 하신 "저가 기도하는 중이다"라는 말씀은 그 후 바울의 인생을 규정하는 열쇠로 간주할 수 있습니다. 바울에게는 하나님 우편에 계신 그리스도, 우리에게 모든 성령의 복을 주시는 그리스도가 전부였습니다(엡 1:3). 하늘의 능력이 기도에 의해 하늘로부터 그의 일에 곧바로 내리기를 기도하고 기대한 것은 영광을 받으신 그리스도를 믿은 직접적인 결과였습니다. 그리스도께서는 여기에서도 바울을 모범으로 삼으셨습니다. 그리스도와 그리스도의 선물, 하늘의 능력 — 구원을 위해 역사하는 — 들을 깨닫고 믿을 때, 기도가 마음속에서 저절로 일어나 삶의 유일한 근원이 된다는 것을 바울에게서 배우게 하셨습니다. 바울에 대해 아는 바를 살펴봅시다.

바울의 반복되는 기도

바울 자신은 의식하지 못했겠지만 그에게는 계속 반복되는 기도가 있었습니다. 그는 로마서 1장에서 이렇게 썼습니다. "하나님이 나의 증인이 되시거니와 항상 내 기도에 쉬지 않고 너희를 말하며 … 내가 너희 보기를 간절히 원하는 것은 어떤 신령한 은사를 너희에게 나누어 주어 너희를 견고하게 하려 함이니라"(롬 1:9, 11). 로마서 10장에서는 "형제들아 내 마음에 원하는 바와 하나님께 구하는 바는 이스라엘을 위함이니 곧 그들로 구원을 받게 함이라"(롬 10:1); 로마서 9장에서는 "나에게 큰 근심이 있는 것과 마음에 그치지 않는 고통이 있는 것을 내 양심이 성령 안에서 나와 더불어 증언하노니 나의 형제 곧 골육의 친척을 위하여 내 자신이 저주를 받아 그리스도에게서 끊어질지라도 원하는 바로라"(롬 9장)고 썼습니다.

고린도전서 1:4에서는 "그리스도 예수 안에서 너희에게 주신 하나님의 은혜로 말미암아 내가 너희를 위하여 항상 하나님께 감사하노니"; 고린도후서 6:4-5에서는 "모든 일에 하나님의 일꾼으로 자천하여 … 자지 못함과 먹지 못함 가운데서도"라고 썼습니다.

갈라디아서 4:19에서는 "나의 자녀들아 너희 속에 그리스도의 형상을 이루기까지 다시 너희를 위하여 해산하는 수고를 하노니"; 에베소서 1:16에서는 "내가 기도할 때에 기억하며 너희로 말미암아 감사하기를 그치지 아니하고"; 에베소서 3:14-16에서는 "내가 … 아버지 앞에 무릎을 꿇고 비노니 그의 영광의 풍성함을 따라 그의 성령으로 말미암아 너희 속사람을 능력으로 강건하게 하시오며"; 빌립보서 1장에서는 "내가 너희를 생각할 때마다 나의 하나님께 감사하며 간구할 때마다 너희 무리를 위하여 기쁨으로 항상 간구함은"(3-4절), "내가 예수 그리스도의 심장으로 너희 무리를 얼마나 사모하는지 하나님이 내 증인이시니라. [이를 위하여] 내가 기도하노라"(8-9절); 골로새서 1장에서는 "우리가 너희를 위하여 기도할 때마다 하나님 곧 우리 주 예수 그리스도의 아버지께 감사하노라"(3절), "이로써 우리도 듣던 날부터 너희를 위하여 기도하기를 그치지 아니하고 구하노라"(9절); 골로새서 2:1에서는 "내가 너희와 … 무릇 내 육신의 얼굴을 보지 못한 자들을 위하여 얼마나 힘쓰는지를 너희가 알기를 원하노라"(골 2:1).

다시 데살로니가전서 1:2에서 "우리가 너희 모두로 말미암아 항상 하나님께 감사하며 기도할 때에 너희를 기억함은"; 데살로니가전서 3:9-10에서 "우리가 우리 하나님 앞에서 너희로 말미암아 모든 기쁨으로 기뻐하니 너희를 위하여 능히 어떠한 감사로 하나님께 보답할까 주야로 심히

간구함은 … 너희 믿음이 부족한 것을 보충하게 하려 함이라"; 데살로니
가후서 1:3과 11절에서 "형제들아 우리가 너희를 위하여 항상 하나님께
감사할지니 이것이 당연함은 너희의 믿음이 더욱 자라고 너희가 다 각기
서로 사랑함이 풍성함이," "이러므로 우리도 항상 너희를 위하여 기도
하노라"; 디모데후서 1:3에서 "내가 밤낮 간구하는 가운데 쉬지 않고 너
를 생각하여 청결한 양심으로 … 하나님께 감사하고"; 빌레몬서 4절에서
는 "내가 항상 내 하나님께 감사하고 기도할 때에 너를 말함은"이라고 썼
습니다.

여기에 적은 구절들은 "쉬지 말고 기도하라"(살전 5:17)고 말한 사람,
또 생활 자체가 그러했던 사람의 모습을 우리에게 보여 줍니다. 그는 충
분하지 못한 회심; 기도하는 새 신자들에게 하늘의 은혜와 능력이 내려
올 필요성; 그 은혜와 능력을 가져오기 위해 주야로 끊임없이 기도할 필
요성을 감지하고 있었기 때문에, 그의 삶은 지속적이고도 명확한 기도
그 자체였습니다. 바울에게는 이러한 감지력이 있었기 때문에 모든 것이
위로부터 와야 한다는 의식이 있었고 또 기도에 응답이 오리라는 믿음이
있었기 때문에, 그에게 기도는 의무도 짐도 아니었습니다. 다른 사람을
위해 구한 것을 주실 수 있는 분에게 마음을 돌리는 자연스러운 행위였
습니다.

바울의 기도 내용

바울이 어떤 기도를 드렸는지 아는 것은 그가 얼마나 자주 열렬히 기도
했는가를 아는 것만큼이나 중요합니다. 중보기도는 영적인 일입니다. 중
보기도에 대한 우리의 확신은 우리가 하나님의 뜻에 따라 구한다는 것을
인식하는 데 달려 있습니다. 우리가 하늘의 것 ― 하나님만이 주실 수 있
다고 느껴지고, 하나님께서 주실 것이라고 확신하는 것 ― 을 더욱 분명
히 구하면, 오직 하나님께 구하는 우리의 간구는 더욱 직접적이고 절실

한 것이 됩니다. 우리가 더욱 불가능한 것을 구할수록, 우리는 모든 인간적인 노력으로부터 기도와 하나님께로 고개를 돌릴 것입니다.

　바울이 자신의 기도에 대해 말한 곳 외에도 서신서 여러 부분에는, 바울이 편지를 받는 사람들을 위해 마음의 소원들을 명확히 말하는 기도가 아주 많습니다. 이러한 기도들에서 우리는 그의 첫 번째 소원이 무엇이었는지 알 수 있습니다. 그것은 편지를 받는 사람들이 그리스도인의 삶에서 "견고하게"(롬 1:11) 되는 것이었습니다. 회심한 사람들에 대해 들을 때마다 바울은 하나님을 찬양하는 동시에, 새 신자가 연약하다는 것과, 기도로 성령의 은혜를 가져오지 못하면 그들이 견고해지지 못한다는 것을 잘 알았습니다. 그의 주된 기도를 보면, 그가 구한 것과 구해서 얻은 것을 알 수 있습니다.

　에베소서에서 두 개의 기도를 봅시다. 하나는 빛을 위한 것이고, 다른 하나는 능력을 위한 것입니다. 바울은 빛을 위한 기도에서(1:16), 하나님께서 에베소 교인들에게 지혜와 계시의 영을 주시어서, 그들이 하나님의 소명과 기업이 어떤 것인지 알기를 기도했습니다(17-18절). 또한 그들 안에서 역사하시는 하나님의 강한 능력에 대해서도 그들이 알기를 기도했습니다(19절). 영적으로 눈뜨고 인식하는 것은 그들에게 대단히 필요한 것이었으며, 기도를 통해 얻어야 할 것이었습니다. 능력을 위한 기도에서 (3:14), 바울은 그들이 깨달아 안 그리스도 안의 능력이 그들 안에서 역사하게 해 달라고 기도합니다. 그는 그들이 거룩한 힘으로 강해지기를 구했습니다. 그리하여 그리스도께서 그들 안에 계시고, 지식보다 더한 사랑과 하나님의 모든 충만하심이 그들에게 실제로 넘치기를 구했습니다(19절). 이것들은 오직 하늘로부터 직접 올 수 있는 것이었으며, 바울이 구하고 기대한 것들이었습니다. 바울의 중보기도 솜씨를 배우고 싶다면, 우리는 우리 시대의 신자들을 위해 구해야 합니다.

　빌립보서 1:9-11의 기도를 보십시오. 여기에도 신령한 지식이 처음으로 나오고, 그 다음 허물없는 삶, 그리고 열매가 가득하여 하나님께 영광이 되는 삶이 나옵니다. 골로새서 1:9-11의 아름다운 기도에서도 마찬가지입니다. 신령한 지혜와 하나님의 뜻을 아는 것이 먼저 나오고, 모든 견 딤과 기쁨에 이르게 하는 능력이 그 뒤를 따릅니다.

또는 데살로니가전서의 두 기도를 보십시오. "또 주께서 ··· 너희도 피 차간과 모든 사람에 대한 사랑이 더욱 많아 넘치게 하사 너희 마음을 굳 건하게 하시고 ··· 거룩함에 흠이 없게 하시기를 원하노라"(살전 3:12-13) 가 하나이고, "평강의 하나님이 친히 너희를 온전히 거룩하게 하시고 또 너희의 온 영과 혼과 몸이 우리 주 예수 그리스도께서 강림하실 때에 흠 없게 보전되기를 원하노라"(살전 5:23)가 또 하나입니다. 이 말씀들은 너 무 심오해서 의미하는 바를 이해하기가 거의 어려우며, 하물며 믿거나 경험하기는 더욱 어렵습니다. 바울은 거의 하늘 세계에서 사는 정도였기 때문에 ― 그는 하나님의 거룩하심과 전능하심 그리고 하나님의 사랑 안 에서 편안해했기 때문에 ― 그런 기도들은 그가 아는 바 하나님께서 하 실 수 있고 하실 일을 자연스럽게 표현한 것이었습니다.

"주께서 ··· 거룩함에 흠이 없게 하시기를 원하노라"; "하나님이 친히 너희를 온전히 거룩하게 하시기를 원하노라." 이러한 것을 믿고 소원하 는 사람은 다른 사람들을 위해 이것을 구할 것입니다. 이러한 기도들은 바울이 다른 사람들을 위해 기도한 증거, 즉 그들이 지상에서 하늘의 삶 을 살게 해 달라고 기도한 증거입니다. 바울이 어떤 인간적인 수단에 의 지하지 않고 오직 하늘을 의지했다는 것은 의심할 여지가 없습니다. 우 리가 바울의 기도를 우리의 기도의 본으로 삼고, 그의 소원을 우리의 소 원으로 삼는다면, 하나님께 드리는 우리의 기도는 날마다 숨쉬는 호흡과 같은 것이 될 것입니다.

기도하라는 바울의 당부

기도하라는 바울의 당부는 그가 성도들을 위해 직접 기도한 것만큼이 나 教훈적입니다. 바울이 기도를 당부한 것을 보면, 그가 기도를 사도의 전유물로 생각하지 않았음이 증명됩니다. 그는 겸손하고 순수한 신자들에게 자신들의 권리를 주장하라고 요구합니다. 바울의 기도 당부를 보면, 바울은 새 신자나 연약한 그리스도인만이 기도가 필요하다고 생각하지 않았습니다. 바울 자신도 몸의 한 지체로서 동료 그리스도인들에게, 그리고 그들의 기도에 의존했습니다. 20년 동안 복음을 전파한 뒤에도, 바울은 자신이 제대로 설교할 수 있도록 기도해 달라고 요청했습니다. 한 번, 일정 기간이 아니라, 날마다, 끊임없이, 자신의 사역을 위해 은혜를 구하고 그 은혜가 하늘로부터 와야 합니다. 바울이 볼 때, 교회의 유일한 소망은 마음을 합하여 끊임없이 하나님을 섬기는 것입니다. 성령과 함께, 하늘의 생명 ― 하늘에 계신 주님의 생명 ― 이 세상에 들어왔습니다. 그 생명을 보존할 수 있는 길은 계속해서 하늘과 소통하는 것입니다.

바울이 기도를 어떻게 요청하는지, 얼마나 진지하게 요청하는지 들어 보십시오.

> 형제들아 내가 우리 주 예수 그리스도와 성령의 사랑으로 말미암아 너희를 권하노니 너희 기도에 나와 힘을 같이하여 나를 위하여 하나님께 빌어 나로 유대에서 순종하지 아니하는 자들로부터 건짐을 받게 하고 또 … 하나님의 뜻을 따라 기쁨으로 너희에게 나아가 너희와 함께 편히 쉬게 하라(롬 15:30-32).

로마서 15:5-6과 13절의 기도는 참으로 놀라운 응답을 받았습니다. 하나님 나라에 적개심을 드러냈던 로마 세계의 힘이 갑자기 바울의 보호자가 되고, 바울에게 로마까지의 안전한 호송을 보장해 준 사실은 이러한 기도에 의해서만 설명될 수 있습니다.

고린도후서 1:10-11에서 바울은 이렇게 썼습니다. "그가 이같이 큰 사망에서 우리를 건지셨고 또 건지실 것이며 이후에도 건지시기를 그에게 바라노라. 너희도 우리를 위하여 간구함으로 도우라." 에베소서 6:18-20: "모든 기도와 간구를 하되 항상 성령 안에서 기도하고 … 여러 성도를 위하여 구하라. 또 나를 위하여 구할 것은 내게 말씀을 주사 나로 입을 열어 복음의 비밀을 담대히 알리게 하옵소서 할 것이니 이 일을 위하여 내가 쇠사슬에 매인 사신이 된 것은 나로 이 일에 당연히 할 말을 담대히 하게 하려 하심이라." 빌립보서 1:19: "이것이 너희의 간구와 예수 그리스도의 성령의 도우심으로 나를 구원에 이르게 할 줄 아노라." 골로새서 4:2-4: "기도를 계속하고 기도에 감사함으로 깨어 있으라. 또한 우리를 위하여 기도하되 하나님이 전도할 문을 우리에게 열어 주사 그리스도의 비밀을 말하게 하시기를 구하라. 내가 이 일 때문에 매임을 당하였노라. 그리하면 내가 마땅히 할 말로써 이 비밀을 나타내리라" 데살로니가 전서 5:25: "형제들아 우리를 위하여 기도하라." 빌레몬서 22절: 오직 너는 나를 위하여 숙소를 마련하라. 너희 기도로 내가 너희에게 나아갈 수 있기를 바라노라."

우리는 그리스도께서 기도하시던 방법과 제자들에게 가르치신 기도 방법을 보았습니다. 바울의 기도 방법과 그가 교회에 가르쳐 준 기도 방법도 보았습니다. 주님과 마찬가지로 바울도, 기도는 선교의 힘이며 교회의 힘임을 믿으라고, 또 증명하라고 요구합니다. 바울의 다음과 같은 말에서 우리는 그의 신앙을 요약할 수 있습니다. "이것이 너희의 간구와 예수 그리스도의 성령의 도우심으로 나를 구원에 이르게 할 줄 아노라"(빌 1:19). 성령의 도우심을 확실히 받기 위해, 바울은 하늘에 계신 주님을 바라보는 동시에 땅에 있는 동료 신자들을 바라보았습니다. 바울에게는 하늘로부터의 성령과 땅에서의 기도가 따로 뗄 수 없는 것이었습니다. 우리는 사도의 열성과 헌신, 능력에 대해 자주 말합니다. 하지만 사도의 기도를 달라고 하나님께 기도해야겠습니다.

다시 한 번 묻겠습니다. 중보기도의 사역이 교회에서 제자리를 차지하고 있습니까? 모든 것이 "예수 그리스도의 성령의 도우심"을 얻느냐에 달려 있음을 다같이 이해하고 있습니까? 우리 안에서, 우리를 위한 이 성령의 도우심은 복을 주시는 그 능력을 우리의 사역에 실제로 주실 수 있습니다. 성령의 도우심을 받으라는 것은 그리스도의 거룩한 명령으로서 그리스도와 그 종들의 일을 위한 것입니다. 이것은 바울이 따른 명령이기도 합니다. 아무것도 없을 때 우선 날마다 나아와, 중보기도를 드리십시오. 그 기도를 통해 하나님께로부터 "성령의 도우심"을 받으십시오. 그리고 하늘로부터 받은 것을, 가서 나누어 주십시오.

우리 주 예수께서는 제자들에게 가르치실 때마다 설교보다는 기도에 대해 더 자주 말씀하셨습니다. 승천하시기 전에 하신 고별설교에서도 설교에 대해서는 거의 말씀이 없으셨고, 성령에 대해 그리고 주님의 이름으로 구하는 것에 대해 많이 말씀하셨습니다(요 14:13). 우리가 최초의 사도들과 바울의 이런 삶으로 돌아가려면, 그리고 우리의 힘은 오직 중보기도라는 사실을 진실로 받아들이려면, 과거의 죄를 고백하고 그 죄로부터 구원됨을 믿는 용기가 있어야 합니다. 옛 습관들을 벗어 버리는 것, 의무감으로만 기도하는 상태를 벗어나는 것, 무엇보다도 기도를 중시하는 것, 이것들은 모두 다른 이들이 인정하든 안 하든 처음에는 쉽지 않을 것입니다. 그러나 신실한 사람들은 보상을 받을 뿐 아니라 동료 그리스도인들에게 은인이 될 것입니다. "너를 일컬어 무너진 데를 보수하는 자라 할 것이며 길을 수축하여 거할 곳이 되게 하는 자라 하리라"(사 58:12).

하지만 그것이 정말로 가능합니까? 어려움을 직시하지도 극복하지도 못한 사람이 기도에 능해진다는 것이 과연 가능합니까? 말해 보십시오. 야곱은 하나님을 이긴 이스라엘이 되지 않았습니까? 그런 일이 정말로 가능하지 않았습니까? 그렇습니다. 사람에게는 불가능한 것이 하나님께는 가능합니다(눅 18:27). 그리스도의 구속의 큰 열매로서 간구하는 영, 중보기도하는 영을 아버지께로부터 아직 받지 못했습니까? 이것이 무엇을 뜻하는지 잠시 멈추어 생각해 보십시오.

하나님께서 당신을 하나님과 겨루는 사람, 하나님을 이기는 사람으로 만들어 주실 수 있는지(롬 15:30) 당신은 여전히 의심하겠습니까? 모든 두려움을 버리고, 간구의 은혜와 중보기도의 은혜를 구합시다. 성령께서 우리 안에 거하시는 것도 이 은혜를 위함입니다. 성령께서 우리 안에 사시면서 우리로 하여금 우리의 사역을 감당할 수 있게 해 주시리라는 것을 조용히, 변함없이 믿으십시오. 중보기도는 보좌에 계신 왕의 중대한 일입니다. 따라서 땅 위에 있는 주의 종들에게도 중대한 일입니다. 이 진리를 주저 말고 믿음으로 받아들이십시오. 우리에게는 성령이 계십니다. 그분은 우리 마음에 그리스도의 생명을 가져다주셔서 우리를 이 일에 적합하게 만들어 주십니다. 우리 속에 있는 그 선물을 즉시 깨닫고 그것을 일깨웁시다. 날마다 중보기도를 위해 따로 시간을 떼어둘 때, 그리고 권능을 주시는 성령의 능력에 의지할 때, 바울이 그리스도를 따랐던 것처럼 우리도 그분을 따를 수 있다는 자신감이 자라날 것입니다.

제 14 장

하나님은 중보기도하는 자를 찾으신다

예루살렘이여 내가 너의 성벽 위에 파수꾼을 세우고 그들로 하여금 주야로 계속 잠잠
하지 않게 하였느니라. 너희 여호와를 기억하시게 하는 자들아 너희는 쉬지 말며 또
여호와께서 예루살렘을 세워 세상에서 찬송을 받게 하시기까지 그로 쉬지 못하시게
하라 — 이사야 62:6-7

사람이 없음을 보시며 중재자가 없음을 이상히 여기셨으므로 — 이사야 59:16

내가 본즉 도와 주는 자도 없고 붙들어 주는 자도 없으므로 이상하게 여겨 내 팔이 나
를 구원하며 내 분이 나를 붙들었음이라 — 이사야 63:5

주의 이름을 부르는 자가 없으며 스스로 분발하여 주를 붙잡는 자가 없사오니 이는 주
께서 우리에게 얼굴을 숨기시며 우리의 죄악으로 말미암아 우리가 소멸되게 하셨음
이니이다 — 이사야 64:7

이 땅을 위하여 성을 쌓으며 성 무너진 데를 막아 서서 나로 하여금 멸하지 못하게 할
사람을 내가 그 가운데에서 찾다가 찾지 못하였으므로 — 에스겔 22:30

너희가 나를 택한 것이 아니요 내가 너희를 택하여 세웠나니 이는 너희로 가서 열매를
맺게 하고 또 너희 열매가 항상 있게 하여 내 이름으로 아버지께 무엇을 구하든지 다
받게 하려 함이라 — 요한복음 15:16

하늘의 수많은 별을 연구할 때는 크기를 적절히 이해하는 데에 많은 것
이 달려 있습니다. 눈에는 너무도 작게 보이는 천체의 크기와, 가까워 보
이지만 별이 움직이는 거의 무한한 공간에 대해 어느 정도 이해가 없다

면, 천체나 천체와 지구의 관계에 대해 정확한 지식을 가질 수 없습니다. 영적인 하늘과 하늘의 삶도 마찬가지입니다. 하늘과 땅 사이의 지극히 훌륭한 교제인 중보기도의 삶에서는 특히 그렇습니다. 모든 것이 크기를 적절히 이해하는 데에 달렸습니다.

제일 중요한 세 가지를 생각해 보십시오. 필요한 것을 전적으로 중보기도에 의존하고, 중보기도의 도움을 기다리는 세상이 있습니다. 모든 필요한 것을 충분히 갖고 계시면서, 요청하여 오기를 기다리시는 하늘에 계신 하나님이 있습니다. 훌륭한 소명과 확실한 약속을 지닌, 그리고 훌륭한 책임 의식과 권세 의식이 각성되기를 기다리는 교회가 있습니다.

하나님은 중보기도하는 자를 찾으신다. 헤아리기 힘들 만큼 수많은 사람이 죽어 가고 있고, 세상은 중보기도밖에 소망을 둘 곳이 없습니다. 너무도 많은 사랑과 노력이 중보기도가 없는 탓에 비교적 쓸모 없게 됩니다. 숱한 사람이 자신을 위해 하나님의 아들이 죽었다는 것을 모르는 듯이 살아갑니다. 해마다 수백만의 사람이 소망 없는 바깥 어둠의 세계로 들어갑니다. 너무도 많은 사람이 명목상으로만 그리스도인일 뿐 그 대다수는 그리스도를 전혀 모르거나 그리스도에게 무관심한 채로 살아갑니다.

연약하고 병든 수백만의 그리스도인, 지친 수천의 일꾼들은 중보기도에 의해 복을 받을 수 있으며, 그들도 중보기도에 더 강해질 수 있습니다. 생명과 노력을 바치는데도 결과가 거의 없다면, 그 교회와 선교에 중보기도의 능력이 부족한 경우가 많습니다. 그리스도의 피로 값을 치렀기에 각 영혼은 온 세상보다 더 가치가 있습니다. 이렇게 귀한 영혼을 얻을 수 있는 것이 중보기도입니다. 우리는 중보기도하는 사람들이 얼마나 큰 일을 이루는지 전혀 모르고 있습니다. 그렇지 않다면 우리는 무엇보다도 중보기도의 영을 달라고 하나님께 부르짖었을 것입니다.

하나님은 중보기도하는 자를 찾으신다. 이 모든 필요를 충족시켜 주실 수 있는 영광의 하나님이 계십니다. 우리는 하나님께서 기쁜 마음으로 자비를 베푸시며, 은혜 베풀기를 기다리시며, 복을 부어 주시기를 갈망하신다고 듣습니다. 아들을 죽음에 내어주셨던 그 사랑으로 매순간 모든 사람을 지켜보신다는 말을 듣습니다. 그런데 웬일인지 하나님께서 도와주시지 않습니다. 사람들이 죽어가고 하나님께서 역사하시지 않는 것처럼 보입니다. 그토록 사랑이 많으시고 복 주시기를 갈망하시는 하나님께서 사랑과 복 주시기를 지체하시는 데에는 이해하기는 어려워도 분명 어떤 이유가 있습니다. 그 이유가 무엇이겠습니까? 그 이유는 우리의 믿음 없음 때문이라고 성경은 말합니다(마 13:58; 17:20 참조). 그 이유는 하나님의 백성의 믿음 없음과 그에 따른 신실하지 못함 때문입니다.

하나님께서는 그 백성을 동반자 관계로 부르셨습니다. 그 백성의 기도가 하나님의 능력을 발휘하게 만드는 수단이 되게 하심으로써, 그들을 높이고 스스로 그 기도에 묶이셨습니다. 축복이 없는 주된 이유는 중보기도가 없기 때문입니다. 다른 곳에 쏠려 있는 눈과 마음을 돌려서, 기도를 들으시는 하나님께 고정합시다. 그분의 약속과 능력의 장엄함, 그분의 사랑의 목적에 감격합시다! 우리의 마음과 삶 전체가 중보기도가 될 것입니다.

하나님은 중보기도하는 자를 찾으신다. 우리의 눈이 보아야 하는 세 번째 중요한 것이 있습니다. 그것은 중보기도하는 자의 특권과 능력입니다. 자기의 약점을 변명하는 거짓 겸손함이 있습니다. 그것은 아무 소용없는 일입니다. 이 사실을 안다면 연약함을 변명하지 않을 것입니다. 대신에 완전한 연약함은 그리스도의 능력을 받는 한 조건이라며 자랑할 것입니다. 믿음은 사람이 하나님의 형상으로, 또 하나님의 대리자로 창조된 것과 이 세상을 지배할 권한이 있음을 이해합니다. 믿음은, 사람이 구원을 받고 그리스도와 하나 되는 것을 이해합니다. 다시 말해서 그리스도 안에 거하고, 그분과 하나 되며, 중보기도를 통해 그분의 능력을 입는 것을 이해합니다. 믿음은 성령께서 우리 안에 거하시고 기도하시며 우리가 탄식하는 중에도 하나님께 중보기도하시는 것을 이해합니다. 성도들의 중보기도가 성 삼위의 삶의 일부인 것과 신자는 성자 안에서 성령을 통해 성부께 간청하는 하나님의 자녀임을 이해합니다. 중보기도를 통한 이 구원의 계획이 참으로 적절하며 아름답다는 것을 이해합니다. 영혼을 각성시켜 참으로 좋은 그 운명을 인식하게 하며, 복된 자기 희생을 위해 능력으로 영혼을 무장시킵니다.

하나님은 중보기도하는 자를 찾으신다. 하나님께서는 자기 백성을 애굽에서 불러내시면서, 제사장 지파를 따로 구별하시고, 그들로 하여금 하나님께 가까이 나아오고, 하나님 앞에 서며, 하나님의 이름으로 그 백성을 축복하게 하셨습니다. 때때로 하나님께서는 중보기도하는 자들을 찾으셨으며 그들을 존귀하게 하셨습니다. 그리고 이들로 인해 그 백성을 용서하시고 축복하셨습니다. 우리 주님께서는 승천하실 때, 주위에 불러모은 가까운 이들, 주님을 섬기는 일에 특별히 헌신하는 이들에게 말씀하셨습니다. "내가 너희를 택하여 세웠나니 … 내 이름으로 아버지께 무엇을 구하든지 다 받게 하려 함이라." 우리는 여섯 번이나 반복된 놀라운 세 마디를 이미 살펴보았습니다. "내 이름으로," "무엇을 구하든지," "다 받으리라(또는 이루리라)"(요 15:7).

그리스도께서는 이 세 마디 말로 하늘의 권세를 그들에게 맡기셨습니다. 그러나 그 권세를 행사하는 것은 이기적인 목적에서가 아니라 하나님 나라에 대한 관심에서 행사하게 하셨습니다. 우리는 그 제자들이 이 권세를 얼마나 훌륭하게 행사했는지 알고 있습니다. 그리고 그 제자들은 지금까지 계속해서 후계자들 — 하나님께서 기도에 얼마나 확실하게 응답하시는지를 증명하는 사람들 — 을 얻었습니다. 중보기도가 교회와 선교에, 크고 작은 모든 사회에 중요한 일이라는 것을 이해하고 증명하는 사람들이 우리 시대에도 늘어나고 있습니다. 이 일로 인해 하나님을 찬양합시다. 이런 사람들은 중보기도가 하나님을 감동시키고 하늘 문을 여는 권세임을 압니다.

그들은 영혼을 위한 우리의 일에서, 중보기도가 가장 첫 번째 자리를 차지해야 한다는 것을 알고 있으며, 더 잘 알기를 갈망합니다. 그 이유는 모든 사람이 다 이것을 알게 하기 위함입니다. 다른 사람에게 전해 줄 수 있는 것을, 성령을 통해 하늘로부터 받는 사람은 주님의 일을 가장 잘 할 수 있을 것입니다.

하나님은 중보기도하는 자를 찾으신다. 이스라엘에는 하나님께서 임명하신 종들 — 주야로 하나님께 부르짖어 쉬시지 못하게 해야 할 파수꾼들 — 이 있었으나, 하나님께서는 종종 중보기도하는 자들이 없음을 인하여 놀라고 한탄하셨습니다. 하나님의 능력을 붙잡기 위해 스스로 분발하는 사람이 없는 것에 놀라셨습니다. 지금도 중보기도하는 자를 기다리시지만 우리 시대에도 그러한 자가 별로 없다는 사실에 놀라십니다. 그분의 모든 자녀가 이 존귀하고 거룩한 일에 왜 헌신하지 않는지, 헌신한다고 할지라도 왜 좀 더 강하게 인내하며 집중하지 않는지 의아해하십니다. 복음을 전하는 목사들이 불평하는 이유에 놀라십니다. 그들은 자신의 의무 때문에 기도할 시간이 없다고 불평합니다.

하나님께서는 중보기도가 그들의 가장 중요한 일인 동시에 가장 존귀하고 기쁘고 효율적인 일이라고 생각하시는데도 말입니다. 하나님을 위해 집과 친구까지 버린 하나님의 자녀가, 하나님께서 그들의 영원한 능력으로 작정하신 것, 즉 믿지 않는 자들에게 나누어 주어야 할 것을 날마다 하나님께로부터 받는 일에 왜 그토록 소극적인지에 대해 의아해하십니다. 중보기도가 무엇인지 거의 모르는 자녀가 왜 그토록 많은지 의아해하십니다. 중보기도가 자신의 의무임을 배우고, 그 의무를 수행하려는 사람이 많지만, 그들이 하나님과 겨루어 이기는 것에 대해 거의 모른다고 고백할 수밖에 없는 이유에 대해 의아해하십니다.

하나님은 중보기도하는 자를 찾으신다. 하나님께서는 더 큰 복을 주고 싶어하십니다. 하나님의 능력과 영광, 구원하시는 사랑을 더욱 풍성히 드러내시기를 원하십니다. 주님의 길을 예비하기 위해 더 많은 중보기도자,

더 큰 능력을 지닌 중보기도자를 찾으십니다. 하나님의 교회가 아니면 어디에서 이런 중보기도자를 찾을 수 있겠습니까? 하나님께서는 교회에 임무 — 주님께서 원하시는 것에 대해 말하는 임무와, 하나님을 섬기는 거룩한 일을 위해 중보기도하는 자들을 격려하고, 훈련하고, 준비시키는 임무 — 를 맡기셨습니다. 그리고 항상 다시 오셔서 열매를 찾으시고 중보기도하는 자들을 찾으십니다. 성경에서 하나님께서는 이렇게 말씀하셨습니다. "참 과부로서 외로운 자는 하나님께 소망을 두어 주야로 항상 간구와 기도를 하느니라"(딤전 5:5).

하나님은 중보기도하는 자를 찾으신다. 하나님께서는 교회가 노인들을 훈련시키는 것을 보고 싶어하십니다. 이들은 현직에서 은퇴했지만, "밤낮 부르짖는 택하신 자"(눅 18:7)들을 강하게 할 수 있는 사람들입니다. 하나님께서는 숱한 그리스도인들의 노력 — 3백만 또는 4백만 젊은이들의 엄숙한 맹세("우리 주 예수 그리스도께서 내게 시키고 싶어하시는 것은 무엇이든지 다 하겠습니다. 주님께 이것을 약속합니다")를 주목하십니다. 그리고 매주 기도회에서 하나님께 충성할 것을 고백하고, 은밀한 중보기도로 영혼을 구하는 훈련을 받는 사람이 많은 것을 보시고 놀라워하십니다. 목회와 선교를 위해 훈련받는 수천의 젊은이들을 바라보십니다.

중보기도가 그들의 첫 번째 관심사가 되어야 한다는 것을 교회가 그들에게 가르치는지를 눈여겨보십니다. 교회는 그들이 그렇게 할 수 있도록 훈련하고 도와야 합니다. 하나님께서는 목사와 선교사들이 자신들의 기회를 이해하고 있는지, 그리고 자신의 교인들을, 서로 기도로 돕고(대하 20:4) 함께 힘써 기도하는 사람(롬 15:30)으로 변화시키기 위해 애쓰는지를 눈여겨보십니다. 그리스도께서 잃어버린 양을 끝까지 찾으시는 것처럼, 하나님께서는 중보기도하는 사람을 찾으십니다.

하나님은 중보기도하는 자를 찾으신다. 하나님은 교회의 손에서 중보기도를 거두어 가시지도 가실 수도 없으십니다. 그래서 여러 방법으로 부르시고 호소하시며 다가오십니다. 이제 하나님께서는, 하나님을 섬기며 믿음의 삶을 살도록 선택하신 사람을 통해, 그리고 하나님께서 기도에 참으로 풍족하고도 실질적으로 응답하신다는 것을 증명하도록 선택하신 사람을 통해 그렇게 하십니다. 처음부터 영혼들을 위해 기도했던 교회, 하나님의 신실하심을 증언하는 교회의 역사를 통해 그렇게 하십니다. 때로는 특별한 기도를 드리면 특별한 필요가 충족되고 성령의 능력도 받는다는 것을 증명하는 선교를 통해 그렇게 하십니다. 때로는 긴박하고 마음을 합한 간구에 대한 응답으로 보내 주시는 부흥기를 통해 그렇게 하십니다. 하나님께서는 이밖에도 여러 방법으로, 중보기도에 의해 이루어질 수 있는 것을 우리에게 보여 주십니다. 하나님의 자녀들이 모두 중보기도하는 사람이 되도록 그들을 각성시키고 훈련시키라고 하나님께서는 우리에게 부탁하고 계십니다.

하나님은 중보기도하는 자를 찾으신다. 하나님께서는 중보기도하는 자들을 부르시기 위해 자기의 종들을 보내십니다. 목사는 이것을 자기의 직무로 삼아야 합니다. 교회를 중보기도를 훈련하는 학교로 만들어야 합니다. 사람들에게 기도라는 분명한 목표를 제시해야 합니다. 기도를 위해 매일 단 10분이라도 시간을 내도록 격려해야 합니다. 하나님께 담대히 나아갈 수 있음을 이해시켜야 합니다. 응답을 바라고 기다리도록 가르쳐야 합니다. 은밀히 기도하고 응답을 받는 것, 그 응답을 전하고 복을 나누어 주는 것이 어떤 것인지 보여 주어야 합니다. 기도에 시간을 내는 사람은 천사처럼 하나님의 보좌 앞에서 오래 머물고, 다시 나와 구원을 받은 자들을 돌볼 수 있다는 것을 말해야 합니다. 이 영광은 모든 하나님의 백성이 이러한 영광을 받을 수 있다는 복된 사실을 큰 소리로 말해야 합니다. 여종업원, 일당 노동자, 누워만 있는 병자, 부모 집에 머무는 딸, 사업가 등 모두 부름을 받았고 모두 필요한 사람들입니다. 그들 사이에 어떤 차이도 없습니다. 하나님은 중보기도하는 사람을 찾으십니다.

하나님은 중보기도하는 자를 찾으신다. 목사가 중보기도하는 사람을 찾고 훈련시키는 일을 시작하면, 교인들은 더욱 기도하게 될 것입니다. 그리스도께서는 바울을 은혜의 설교자로 만드시기 전에 은혜의 본보기로 만드셨습니다.

"목회자의 첫 번째 의무는 그가 자기 교인들 안에서 이루어야 할 것을 먼저 자기 안에서 진실하고 충실하게 이루기를 하나님께 겸손히 구하는 것이다"라는 말이 있습니다. 이 메시지를 전하게 되면 겸손해지고 내면을 살피는 일이 일어납니다. 어떤 일을 하는 데에 최선의 실천은 다른 사람들이 그것을 하도록 돕는 것입니다. 오, 그리스도의 종들이여, 주야로 하나님께 부르짖는 파수꾼이 되십시오. 우리의 거룩한 소명에 눈뜹시다. 우리의 교인들을 위해, 우리가 설교하는 성령과 생명을 하나님께로부터 받읍시다. 우리의 영혼과 생명을 하나님께 중보기도로 드릴 때, 하나님께서는 우리를 통해 교인들에게 성령과 생명을 주십니다. 그리고 이 성령과 생명이 중보기도의 생명이 됩니다.

제 15 장

임박한 부흥

주께서 우리를 다시 살리사 주의 백성이 주를 기뻐하도록 하지 아니하시겠나이까?
— 시편 85:6

여호와여 주는 주의 일을 이 수년 내에 부흥하게 하옵소서 — 하박국 3:2

내가 환난 중에 다닐지라도 주께서 나를 살아나게 하시고 … 주의 오른손이 나를 구원
하시리이다 — 시편 138:7

내가 높고 거룩한 곳에 있으며 또한 통회하고 마음이 겸손한 자와 함께 있나니 이는
겸손한 자의 영을 소생시키며 통회하는 자의 마음을 소생시키려 함이라 — 이사야
57:15

오라 우리가 여호와께로 돌아가자. 여호와께서 우리를 찢으셨으나 도로 낫게 하실 것
이요 … 우리를 살리시리라 — 호세아 6:1-2

　우리는 임박한 부흥이라는 단어를 자주 듣습니다. 다가오는 부흥의 표적을 보고 그것이 곧 나타날 것이라고 확신에 차서 예고하는 사람들이 많습니다. 선교에 대한 관심의 증가에서, 기독교에 문을 열고 있는 이교 지역에서의 부흥의 물결에서, 수많은 우리의 젊은이에게서, 이미 보장된 승리에서, 믿음과 소망의 일꾼들이 가는 어디에서나, 이 사람들은 이제까지 우리가 알지 못했던 능력과 축복의 시기가 올 것을 확신합니다. 그들은 교회가 영성이 증가하는 새 시대에 돌입하리라는 말을 듣습니다.

　반면에 이런 사실들을 일부 인정하면서도 그 사실에서 도출해낸 결론

이 일방적이고 미숙하다고 생각하는 사람들이 있습니다. 이들은 선교에 대한 관심이 증가한 것을 보는 동시에 그 관심이 아주 작은 집단에 한정되어 있음을 지적합니다. 그리고 그것이 얼마나 균형을 잃은 것인지를 지적합니다. 대부분의 교회와 교회 구성원은 이것을 결코 문제로 여기지 않았습니다. 문제를 지적하는 이들은 또 속된 마음과 인습의 힘을 우리에게 상기시킵니다. 돈 벌기와 오락을 좋아하는 정신이, 그리스도인이라고 고백하는 사람들 사이에서도 증가하고 있는데, 이것은 너무도 많은 교회 안에 영성이 부족해지는 현실과 대조를 이루고 있습니다. 주일과 말씀을 멀리하는 사람이 계속해서 늘어난다는 사실은 대부흥이 확실히 시작되지 않았으며, 대부분의 사람이 부흥에 대해 거의 생각하지 않는다는 증거라고 그들은 단언합니다. 또 모든 참된 부흥의 전조로 나타나는 하나님께 굴복함, 강한 소망, 뜨거운 기도가 보이지 않는다고 말합니다.

이 상반된 두 견해는 모두 위험합니다. 악을 가늠하지 못하는 막연한 낙관주의는 거부해야 합니다. 그리고 하나님께서 이루신 일을 찬양하지도, 하나님께서 이루실 일을 신뢰하지도 않는 비관주의를 모두 거부해야 합니다.

낙관주의는 열성과 부지런함과 명백한 성공을 기뻐하는 사이에 실제로는 그 낙관적인 상황을 잃어버리고 맙니다. 낙관주의는 열심히 기도하고 고백할 필요를 깨닫지 못하게 하여서, 어둠의 군대를 만나 물리칠 준비를 할 수 없게 합니다. 비관주의는 사실상 세상을 사탄에게 넘겨 주고 상황이 악화되기를 기도하고 즐거워하는 것과 다름없습니다. 비관주의는 상황을 정상으로 만드실 분이 서둘러 오시게 만듭니다. 하나님께서 우리로 하여금 잘못을 저지르지 않고, "너희가 오른쪽으로 치우치든지 왼쪽으로 치우치든지 네 뒤에서 말 소리가 네 귀에 들려 이르기를 이것이 바른 길이니 너희는 이리로 가라"(사 30:21)는 말씀을 이행하게 해 주시기를 기도합니다.

앞에서 인용한 말씀들이 제시하는 교훈을 새겨 들읍시다. 그러면 "여호와여, 주는 주의 일을 부흥하게 하옵소서"라고 기도 드릴 수 있습니다.

1. "여호와여, 주는 주의 일을 부흥하게 하옵소서." 이 장(章) 맨 앞에 인용한 구절들을 다시 읽어 보십시오. 그 구절들에는 부흥이 하나님의 일이라는 견해가 들어 있습니다. 부흥은 하나님만이 주실 수 있는 것이며, 위로부터 오는 것입니다. 우리는 하나님께서 하신 일과 하시는 일을 볼 때, 그것을 하나님의 약조로, 즉 하나님께서 더 많은 것을 곧 이루어 주시리라는 약조로 간주할 때가 많습니다. 그러나 우리의 믿음이나 희생으로 인해 하나님께서 우리에게 축복을 주실 수는 있으나, 우리가 하나님을 방해하는 것이 무엇인지 깨닫고 그것을 고백하기 전에는 하나님으로서도 그 이상을 우리에게 주실 수 없습니다. 우리는 주위에서 생명과 선함의 표적들을 보고 있을지 모릅니다. 창조된 모든 유기체와 그 작용을 축하하고 있을지 모릅니다. 하나님의 강하고 직접적인 간섭의 필요성을 적절히 느끼지 못하며, 하나님께 전적으로 의존하는 마음도 길러지지 않습니다.

우리는 중생 — 하나님의 생명을 받는 것 — 을 하나님의 행위로, 하나님의 능력이 만들어 낸 기적으로 인정합니다. 한 영혼이나 교회가 하나님의 생명을 회복하고 소생하는 것은 초자연적인 일입니다. 하늘의 표적을 이해할 수 있는 영적 분별력을 지니고, 그리하여 임박한 부흥을 예고하기 위해서는 하나님의 마음과 뜻 안으로 깊이 들어갈 필요가 있습니다. 우리에게는 그 부흥의 조건을 하나님께서 알려 주실 필요가 있습니다. 부흥을 위해 기도하거나 부흥을 가져오는 데 쓰일 사람을 하나님께서 준비시키실 필요가 있습니다. "주 여호와께서는 자기의 비밀을 그 종 선지자들에게 보이지 아니하시고는 결코 행하심이 없으시리라"(암 3:7). 부흥을 주시는 분은 하나님이십니다. 하나님의 비밀을 알려 주시는 분도 하나님이십니다. 부흥을 준비하는 것은 하나님께 존귀와 영광을 드리는 영혼, 곧 하나님을 절대적으로 의지하는 영혼입니다.

2. "여호와여, 주는 주의 일을 부흥하게 하옵소서." 두 번째 교훈은 하나님께서 주시고자 하는 부흥은 기도의 응답으로 받는 것이라는 사실입니다.

그것은 하나님께서 직접 요구하시고 주신 것이어야 합니다. 부흥의 역사를 아는 사람들은 이것이 어떻게 증명되어 왔는지를 기억할 것입니다. 국제적인 부흥과 지역적인 부흥 모두 특별한 기도와 연결되어 있었습니다. 우리 시대의 수많은 교회와 선교지에서 일어나는 특정 부흥이나 지속적인 부흥들 역시 체계적이고 믿음이 강한 기도와 연결되어 있습니다. 임박한 부흥은 오고야 말 것입니다. 신자들에게 은밀하고 마음을 합한 기도를 촉구하고, 애써 기도하라고 권하는(골 4:12) 비범한 기도의 영은, 축복이 홍수처럼 밀려오고 있음을 보여 주는 가장 확실한 표적 가운데 하나일 것입니다.

영성이 부족한, 곧 하나님의 생명이 부족한 사람들로 하여금 들려오는 소명에 귀 기울이게 하십시오. 부흥이 있으려면, 다시 말해 강하고 거룩한 부흥이 있으려면, 기도와 믿음에 전념하는 것이 필요합니다. 어떤 신자가 자신은 너무 약해서 도움을 줄 수 없다고 생각하거나 자기가 없는 것을 아무도 아쉬워하지 않을 것이라고 생각하지 않게 하십시오. 그 사람 안에 있는 은사는 너무도 고무적인 것이어서, 그는 친구나 이웃을 위해 기도하는 사람, 하나님께서 선택하신 중보기도자가 될 것입니다.

사람들에게 필요한 것들, 하나님의 백성들이 짓는 모든 죄, 능력이 부족한 수많은 설교를 생각해 보고, "주께서 우리를 다시 살리사 주의 백성이 주를 기뻐하도록 하지 아니하시겠나이까?"라고 부르짖읍시다. 그리고 모든 부흥은 오순절 때처럼 지속적이고도 마음을 합한 기도의 열매로 온다는 진리를 마음 깊이 새깁시다. 임박한 부흥은 반드시 기도의 대부흥으로 시작합니다. 큰 부흥의 소리는 문을 닫은 골방에서 처음으로 들릴 것입니다. 목사와 교인이 은밀히 기도할수록, 그것은 축복의 확실한 예고가 될 것입니다.

3. "여호와여, 주는 주의 일을 부흥하게 하옵소서." 세 번째 교훈은 겸손하고 죄를 뉘우치는 사람에게 부흥이 약속되었다는 것입니다. 우리는 부흥이 거만하고 독선적인 사람의 마음을 녹이고 그들을 구원하기를 원합니

다. 하나님께서는 오직 한 가지 조건에서만 이 부흥을 주십니다. 그 조건은 다른 사람의 죄를 보고 그것을 심각하게 느끼는 사람들이 그 죄를 하나님께 참회하는 짐을 대신 감당해야 한다는 것입니다. 교회를 위해 기도하고 하나님의 부흥의 능력을 요구하는 사람은 모두 교회의 죄를 겸손히 고백해야 합니다. 부흥의 필요는 항상 이전의 타락을 지적합니다. 그리고 그 타락은 항상 죄 때문에 일어나는 것입니다. 부흥의 조건은 항상 겸손과 죄의 뉘우침이었습니다. 인간 편에서 죄의 고백과 하나님 편에서 의로운 심판은 모든 중보기도에 필수적인 사항입니다.

우리는 이것을 이스라엘의 역사에서 계속 봅니다. 이것은 유다의 경건한 왕들 치하에서 일어난 종교개혁에서 나타납니다. 우리는 이것을 에스라, 느헤미야, 다니엘의 기도에서 듣습니다. 이사야, 예레미야, 에스겔은 물론 소예언서들에서도, 그것은 모든 경고와 약속의 중심 내용입니다. 죄를 버리는 일과 겸손이 없으면, 어떠한 부흥이나 구원도 있을 수 없습니다. "이 사람들이 자기 우상을 마음에 들이며 죄악의 걸림돌을 자기 앞에 두었으니 그들이 내게 묻기를 내가 조금인들 용납하랴?"(겔 14:3). "무릇 마음이 가난하고 심령에 통회하며 내 말을 듣고 떠는 자 그 사람은 내가 돌보리라"(사 66:2). 하나님의 거룩한 방문을 약속하는 지극히 은혜로운 말씀 가운데에 다음과 같은 말씀이 있습니다. "이스라엘 족속아 너희 행위로 말미암아 부끄러워하고 한탄할지어다"(겔 36:32).

똑같은 것이 신약에도 있습니다. 산상수훈은 심령이 가난한 자와 애통하는 자에게 천국을 약속합니다. 고린도서와 갈라디아서는 사람의 종교 — 세상의 지혜와 육체를 신뢰하는 종교 — 를 폭로하고 비난합니다. 이 세속성을 회개하고 버리지 않는 한, 은혜와 성령에 대한 모든 약속은 헛되게 될 것입니다. 일곱 교회에 보낸 서신서들에는 하나님께서 그들에 대하여 싫어하시는 다섯 가지가 있습니다. 그 각각의 내용에서, 하나님의 중심 메시지는 믿지 않는 자들에게 촉구하는 회개가 아니라 교회에 촉구하는 회개입니다. 이 서신서 각각에 포함되어 있고 성경 끝까지 지속되는 지극히 은혜로운 약속은 이렇습니다.

"볼지어다 내가 문 밖에 서서 두드리노니 누구든지 내 음성을 듣고 문을 열면 내가 그에게로 들어가 그와 더불어 먹고 그는 나와 더불어 먹으리라. 이기는 그에게는 내가 내 보좌에 함께 앉게 하여 주리라"(계 3:20-21). 그리고 이 약속은 '회개' 라는 한마디에 달려 있습니다.

우리의 교회들에 부흥이 있으려면, 거룩하고 영적인 교인들이 생기려면, 회개의 나팔 소리가 울려야 하지 않겠습니까? 씻어 버려야 할 죄악이 이스라엘에만, 왕과 예언자의 일에만 있었겠습니까? 바울과 야고보와 주님께서 1세기의 교회들에만 그토록 날카로운 말씀을 하셨겠습니까? 돈, 재능, 교양에 대한 숭배가 우리 시대의 교회에는 없습니까? 교회의 신랑이자 주인이신 주님께 불성실하게 만드는 속된 정신이, 그리고 하나님의 성령을 거부하고 슬프게 만드는 육체에 대한 신뢰가 우리 시대의 교회에는 없습니까? 영성과 영적 능력의 부족에 대한 고발이 우리 교회에는 없습니까?

임박한 부흥을 갈망하고, 기도로 그것을 촉진하려는 모든 사람들이여, 무엇보다도 이것을 — 주님의 초대에 따라 주님 앞에 나아갈 예언자들을 주님께서 준비시키시기를 — 기도하십시오. "크게 외치라. 목소리를 아끼지 말라. 네 목소리를 나팔 같이 높여 내 백성에게 그들의 허물을, 야곱의 집에 그들의 죄를 알리라"(사 58:1). 하나님의 백성에게서 일어나는 모든 부흥은 죄를 깊이 자각하고 고백하는 데에 뿌리를 두고 있습니다. 교회를 부흥의 길로 인도하는 사람들이 교회의 죄를 성실히 지적하기 전에는, 교인들은 준비되지 않을 것입니다.

사람들은 부흥을 자신들의 중재와 진보의 산물로 여기고 싶어합니다. 하지만 하나님의 방식은 정반대입니다. 하나님께서는, 죄의 벌로 인정되고 철저히 무력한 것으로 고백되는 죽음으로부터 우리를 소생시키십니다. 그분은 참회하는 사람의 심령을 부흥케 하십니다.

4. "여호와여, 주는 주의 일을 부흥하게 하옵소서." 마지막 교훈은 호세아서 본문이 제시하는 것입니다. 부흥이 오는 것은 우리가 여호와께 돌아

갈 때입니다. 왜냐하면 우리가 하나님을 떠나지 않았다면, 하나님의 생명이 우리 가운데 능력으로 머물렀을 것이기 때문입니다. "오라 우리가 여호와께로 돌아가자. 여호와께서 우리를 찢으셨으나 도로 낫게 하실 것이요, 우리를 치셨으나 싸매어 주실 것임이라. 여호와께서 … 우리를 살리시리니 … 우리가 그의 앞에서 살리라"(호 6:1-2).

앞에서 말한 바와 같이, 하나님을 떠난 것에 대한 자각이나 참회가 없으면, 하나님께 돌아가는 일은 일어날 수 없습니다. "여호와께로 돌아가자"가 부흥의 핵심 주장이 되어야 합니다. 여호와께로 돌아갑시다. 그리고 여호와의 마음과 영에 완전히 부합하지 않는 것이 교회에 있었다면, 그 사실을 인정하고 그것이 무엇이든 버리도록 합시다. 여호와께로 돌아가서, 우리의 믿음 속에 자리잡은 하나님의 두 큰 대적 — 육체에 대한 신뢰와 세상 정신 — 을 던져 버립시다.

여호와께로 돌아가서, 성부께서 우리에게 끊임없이 성령을 채워 주셔야 하며, 성자의 나라를 위해 우리를 써 주셔야 한다는 것을 알립시다. 하나님을 의지하고 하나님께 헌신하겠다는 마음으로 그분께 돌아갑시다. 아버지께서 우리를 온전히 아버지의 것으로 만드시고 우리가 계속해서 아버지의 것이 되기 위해, 전심으로 아버지께 돌아갑시다. 아버지께서 우리를 소생시키실 것이며, 우리는 아버지의 눈앞에서 살 것입니다. 그리스도께서 제자들을 오순절의 하나님께로 인도하셨듯이, 우리도 오순절의 하나님을 향해 갑시다. 그러면 오순절의 하나님께서도 우리를 향하실 것입니다.

이렇게 하나님께로 돌아가는 데에는 중보기도라는 위대한 사역이 필요합니다. 임박한 부흥은 바로 여기에서 그 힘을 얻어야 합니다. 각자 하나님께 간구하고, 우리에게서나 다른 사람들에게서 죄나 하나님을 방해하는 것이 보이거든 그것을 하나님께 고백하기 시작합시다. 다른 죄가 없을지라도, 기도가 부족하다면 그것은 회개하고, 고백하고, 하나님께로 돌아갈 충분한 이유가 됩니다. 주위 사람들에게 고백, 간구, 중보기도의 영을 조성하기 위해 애씁시다. 스스로 너무 연약하다고 생각하는 사람들을 격려하고 도움을 줍시다. 목소리를 높여 이 큰 진리들을 선포합시다.

부흥은 위로부터 와야 합니다. 믿음으로 받고 기도로 가져와야 합니다. 부흥은 겸손하고 죄를 깊이 뉘우치는 사람에게 오며, 다른 사람에게 부흥을 전해 주는 것도 그들에게 달려 있습니다. 우리가 전심으로 하나님께 돌아가면, 하나님께서는 우리를 부흥케 하실 것입니다. 이 진리를 증언하고 실행하는 책임은 이 진리를 이해하는 사람들에게 맡겨졌습니다.

전 교회에 부흥이 있기를 간구할 때는 우리의 지역과 이웃을 위해 하나님께 부르짖읍시다. 하나님께서 바라시는 대로 시간과 힘을 기꺼이 기도에 바치겠다는 큰 결심이(삿 5:16) 모든 목회자와 사역자에게 있게 하십시오. 큰 교회의 목사이든 작은 교회의 목사이든 은밀히 중보기도에 전념하며, 중보기도하는 무리 가운데 앞자리를 차지하게 하십시오. 큰 부흥과 축복의 소나기가 오려면 그들이 하나님을 설득하여야만 합니다. 부흥을 말하거나 생각하거나 갈망하는 사람이라면, 누구라도 정직하고 진지하며 분명한 간구: "여호와여 주는 주의 일을 이 수년 내에 부흥하게 하옵소서." "주께서 우리를 다시 살리지 아니하시겠나이까?"라는 간구를 주저하지 말고 드리게 하십시오.

이제 주께로 돌아갑시다. 주께서 우리를 살리실 것입니다! 주님을 알도록 합시다. 주님을 알기 위해 주님을 따릅시다. "그러므로 우리가 여호와를 알자. 힘써 여호와를 알자. 그의 나타나심은 새벽 빛 같이 어김없나니 비와 같이, 땅을 적시는 늦은 비와 같이 우리에게 임하시리라 하니라"(호 6:3). 아멘.

중보기도 가이드

쉬지 말고 기도하라. 누가 이렇게 할 수 있습니까? 일상사로 바쁜 사람이 이렇게 할 수 있는 방법은 무엇입니까? 어머니는 어떻게 쉬지 않고 자기 자녀를 사랑할 수 있습니까? 눈꺼풀은 어떻게 쉬지 않고 눈을 보호할 수 있습니까? 어떻게 나는 쉬지 않고 숨쉬고, 느끼고, 들을 수 있습니까? 이 모든 것은 건강하고 자연스러운 삶의 작용이기 때문에 가능합니다. 그러므로 영적 삶이 건강하다면, 성령의 능력이 충만하다면, 쉬지 않고 기도하는 것은 자연스러운 일일 것입니다.

쉬지 말고 기도하라. 이 말은 응답을 받을 때까지 계속 기도하는 것을 가리키겠습니까, 아니면 하루종일 기도의 영에 사로잡혀 있는 것을 가리키겠습니까? 둘을 모두 포함합니다. 우리 주 예수님의 기도를 통해 우리는 이것을 알 수 있습니다. 우리는 특별한 기도 기간 동안 골방에 들어가서 때로는 그곳에서 끈질기게 기도해야 합니다. 또한 온 마음을 하늘의 것에 집중한 채 하나님 앞에서 날마다 행해야 합니다. 정해진 기도 기간이 없으면, 기도의 영은 무뎌지고 약해집니다. 지속적인 기도가 없으면, 그 정해진 기간은 아무 소용이 없습니다.

쉬지 말고 기도하라. 이것은 자신을 위한 기도를 말하는 것이겠습니까, 아니면 남을 위한 기도를 말하는 것이겠습니까? 둘 모두를 말하는 것입니다. 많은 사람이 기도를 실행하는 데 그토록 자주 실패하는 이유는 기도를 자신에게만 한정하기 때문입니다. 가지가 건강하고 수액(樹液)을 충분히 얻기를 기대할 수 있는 때는 가지가 열매를 맺기 위해, 더 많이 풍성히 맺기 위해 자신을 내어줄 때뿐입니다. 그리스도께서는 죽음을 통해 영원히 중보기도하는 자리에 앉으셨습니다. 당신이 그리스도와 함께 죄와 자신에 대해 죽으면, 당신은 자신에 대한 걱정에서 해방됩니다. 그러면 당신은 남을 위해 하나님께로부터 생명과 복을 얻어내는 존귀한 중보기도자가 됩니다. 당신의 소명을 깨닫고, 그 일을 시작하십시오. 그 일에 헌신하십시오. 그러면 미처 깨닫기도 전에, 당신이 '항상 기도하려 하는 것'(엡 6:18)을 알게 될 것입니다.

쉬지 말고 기도하라. 이것을 어떻게 배울 수 있겠습니까? 어떤 것을 어떻게 하는지를 배우는 최상의 방법이자 유일한 방법은 실제로 그것을 하는 것입니다. 매일 하나님과 자신에게 말하는 약간의 시간, 예를 들어 10분이나 15분을 따로 정해서 시작하십시오. 이 시간에 남을 위해 중보기도하는 사람으로서 하나님께 나아가십시오. 아침이나 저녁 기도 후, 또는 기타 다른 시간을 중보기도 시간으로 정하십시오. 매일 같은 시간을 낼 수 없을지라도, 괘념하지 마십시오. 당신이 그 일을 하고 있다는 것만 주목하십시오. 그리스도께서 당신을 택하시고, 남을 위해 기도하는 일에 당신을 임명하셨습니다.

처음에 당신의 기도에서 어떤 특별한 절실함이나 믿음, 또는 능력을 느끼지 못할지라도, 그 때문에 방해받지 마십시오. 당신의 연약함을 주 예수께 조용히 말씀하십시오. 당신 안에 계신 성령께서 기도하는 법을 가르쳐 주신다는 것을 믿으십시오. 그리고 일단 시작하면 하나님께서 도와주신다는 것을 확신하십시오. 일단 당신이 시작하고 지속하지 않으면 하나님께서도 도와주실 수 없습니다.

쉬지 말고 기도하라. 무엇을 위해 기도해야 할지 어떻게 알겠습니까? 일단 주위의 어려운 이들에 대해 생각하기 시작하면, 곧 충분히 알게 될 것입니다. 하지만 도움이 되도록 이 책 뒤에 기도의 제목과 방법을 제공했으니 그것을 참고하십시오. 성령의 인도를 어떻게 따르는지 충분히 알 때까지, 그리고 당신이 직접 기도 제목을 정할 수 있을 때까지, 매달 반복해서 그것을 참고하십시오. 당신이 이런 도움을 이용하는 데에는 몇 마디의 조언이 필요합니다.

무엇을 기도할까. 성경은 여러 사람을 위해 기도하라고 합니다. 모든 성도를 위해, 모든 사람을 위해, 왕과 통치자들을 위해, 역경 중에 있는 모든 사람을 위해, 일꾼을 보내 달라고, 복음의 일꾼들을 위해, 새로 믿기 시작한 이들을 위해, 죄지은 신자들을 위해, 가까운 공동체에 속한 사람들을 위해 기도하라고 합니다. 교회는 신약이 쓰여졌을 때보다 지금 훨씬 더 커졌습니다. 교회 일의 종류와 일꾼의 유형도 훨씬 많아졌습니다. 교회와 세상의 요구들도 더욱 잘 알려져, 기도가 필요한 곳을 인식하는 데에도 시간을 두고 생각할 필요가 있습니다. 우리의 마음이 가장 끌리는 곳이 어디인지 살펴볼 필요가 있습니다. 기도하라는 성경의 요구에는 모든 성도, 모든 사람, 모든 궁핍한 사람을 담을 수 있는 큰 마음이 필요합니다. 이 도움말에서는 중요한 기도제목들을 보여 주는 시도를 했습니다. 이 시도는 모든 그리스도인의 관심을 끌 것입니다.

가끔 나오는 너무 광범위한 기도에는 많은 사람이 어려움을 느낍니다. 이 때문에 각각의 표제어 바로 다음에 우리 각자의 관심사를 위한 중보기도를 놓기도 했습니다. 어떤 기도제목이 다른 기도제목보다 더 긴급하고 특별한 관심을 기울여야 할 것 같은 경우에는 아무 때라도 그것을 기도제목으로 삼아 기도하시면 됩니다. 중보기도에 실제로 시간을 쏟는다면, 중보기도의 영을 계발한다면, 중보기도의 목적은 성취됩니다. 때로는 모든 것을 수용할 만큼 마음이 넓어져야 하는 한편, 우리 기도가 더 명확하고 핵심이 뚜렷해진다면, 우리 기도는 더욱더 좋아질 것입니다.

어떻게 기도할까. 각 날짜 아래에는 두 개의 표제어(무엇을 기도할까, 어떻게 기도할까)가 있습니다. 기도제목만 나열했다면, 독자는 금세 하나님 앞에서 이런저런 일들과 이름들만을 언급하는 처지가 되고, 기도하는 일은 짐이 되고 말 것입니다. 표제어 '어떻게 기도할까'에 나오는 기도 방법들은 중보기도의 영적 본질과 신성한 도움의 필요성을 상기시키기 위한 것입니다. 그리고 하나님께서 우리에게 바르게 기도하는 은혜를 성령을 통해 주실 것이며, 또한 우리의 기도를 들으시리라는 믿음을 북돋기 위한 것입니다. 사람들은 담대히 자기 자리를 찾지 못하는 동시에, 하나님께서 자기 기도를 들으시리라는 것을 감히 믿지도 못합니다. 그러므로 날마다 시간을 내어 하나님의 목소리에 귀 기울입시다. 그 목소리는 하나님께서 당신의 기도를 반드시 들으신다는 것을 일깨워 줍니다. 아버지를 믿는 믿음 안에서 기도하라는 소리, 당신이 원하는 복을 요구하고 받으라는 하나님의 목소리를 들어 보십시오. 그리고 어떻게 기도할까와 관련된 내용을 마음에 새기고 수시로 생각하십시오. 중보기도는 그리스도의 위대한 지상 사역입니다. 이 사역이 그분에게 맡겨진 것은 그리스도께서 사람들을 위해 자신을 하나님께 희생제물로 드리셨기 때문입니다. 중보기도의 사역은 그리스도께서 하실 수 있는 가장 훌륭한 일입니다. 사람들을 위해 당신 자신을 하나님께 희생제물로 드리십시오. 그러면 그 일은 당신의 영광과 기쁨이 될 것입니다.

기도의 응답. 개인이나 특별한 영역의 일과 관련하여 간구한 내용과 그 응답을 깨달을 수 있도록, 간구한 내용을 적어 두었다가 응답을 받은 때를 주목하라는 책이 여러 권 출판되었습니다. 우리가 모든 성도를 위해, 전반적인 선교를 위해 기도할 때는 언제 어떻게 응답 받았는지, 또는 우리 기도가 그 응답을 가져오는 데 어떤 역할을 했는지 알기 어렵습니다. 하나님께서 우리 기도를 들으신다는 것을 증명하는 것, 그리고 이런 목적에서 우리가 어떤 응답을 구하는지, 그 응답이 언제 오는지에 주목하는 것은 극도로 중요합니다. 모든 성도를 위해 기도하는 날에는, 당신의 교회나 기도회의 성도들을 택하여 그들에게 부흥이 있기를 구하십시오. 선교와 관련해서는, 어떤 특정한 선교지나 관심이 있는 선교사를 택하여 축복을 간청하십시오. 그리고 당신이 하나님을 찬양할 수 있도록 그 복이 오기를 기대하고 고대하십시오.

　기도 모임. 중보기도에 초대하는 이 책을 출판하면서, 또 하나의 기도 모임을 추가할 욕심은 전혀 없습니다. 이 책의 첫째 목적은 무지와 불신앙 때문에 중보기도 사역에 거의 동참하지 못하는 많은 그리스도인들을 각성시키는 것입니다. 둘째 목적은 이 사역의 위대함과 이 사역에 온 힘을 기울일 필요를 온전히 이해하는 기도의 사람들을 돕는 것입니다. 성령의 능력을 더 충분히 드러내기 위해 매달 첫째 날에 기도를 요청하는 기도 모임이 있습니다. 그 초청의 말을 나는 첫째 날의 기도제목으로 제시했고, 끝까지 일관하는 중심 생각으로 삼았습니다. 결핍, 약속, 방해들을 생각할수록, 기도가 우리의 일상사가 되어야 한다고 더욱 느낄 것입니다. 기도는 다른 어떤 관심사보다 우선하는 것이 되어야 합니다.

　한마음으로 기도할 작은 기도 모임을 갖는 것도 도움이 될 수 있다고 생각합니다. 목사가 주위의 동역자들이나, 부흥을 위해 한마음으로 기도하는 데 열심인 교인들에게, 이 책에 수록된 기도제목에 따라 특별히 기도하자고 초대한다면, 일부는 여기에서 훈련을 받아 위대한 중보기도 사역의 일꾼이 될 수 있습니다. 비록 지금은 아무에게도 초대받지 않아서 기도에 게으른 사람일지라도 말입니다.

　누가 이 일에 적합하겠습니까? 이 중보기도의 은혜를 더 공부하고 실행하려 할수록, 우리는 그 은혜의 위대함과 우리의 연약함에 압도됩니다. 이런 인상을 받았을 때, "내 은혜가 네게 족하도다"(고후 12:9)는 말씀에 귀 기울이고, 다시 "우리의 만족은 오직 하나님으로부터"(고후 3:5) 난다는 진실한 대답을 드립시다. 당신이 부름을 받아 동참할 일은 그리스도의 중보기도입니다. 그러니 용기를 내십시오. 짐과 고통, 승리와 성공은 모두 그분의 것입니다. 그분에게 배우십시오. 어떻게 기도할지에 대해서는 당신 안에 있는 성령에게 맡기십시오. 그리스도께서는 중보기도의 권한과 능력을 얻기 위해, 자신을 희생제물로 하나님께 바치셨습니다. "그가 많은 사람의 죄를 담당하며 범죄자를 위하여 기도하였느니라"(사

53:12). 그리스도께서 이미 이루신 일에 당신의 믿음을 맡기십시오. 당신의 마음을, 죽으시고 다시 사신 그분의 마음과 하나되게 하십시오. 그분처럼 당신 자신을 사람들을 위한 희생제물로 하나님께 바치십시오. 그렇게 하는 것이 당신에게 가장 고귀한 일이며, 그분과 진실하고도 온전히 하나가 되는 것이고, 그분에게 그러하듯 당신에게도 중보기도의 능력이 될 것입니다. 친애하는 그리스도인들이여, 와서 당신의 온 마음과 생명을 중보기도에 바칩시다. 그러면 중보기도의 복과 능력을 알게 될 것입니다. 하나님께서는 중보기도를 요구하십니다. 세상도 중보기도가 필요합니다. 그리스도께서도 중보기도를 요구하십니다. 우리가 하나님께 드릴 것은 중보기도뿐입니다.

제1일

무엇을 기도할까: 성령의 능력을 위해

내가 ... 아버지 앞에 무릎을 꿇고 비노니 그의 영광의 풍성함을 따라 그의 성령으로 말미암아 너희 속사람을 능력으로 강건하게 하시기를 구하노라 —에베소서 3:14-16
아버지께서 약속하신 것을 기다리라 — 사도행전 1:4

성령의 은혜와 힘이 더욱 온전히 드러나기를, 그래서 하나님의 뜻에 어긋나는 모든 것이 제거되기를 기도하십시오. 그리하여 우리가 성령을 슬프시게 하지 않으며, 성령께서는 교회에 더 큰 능력으로 역사하시어 그리스도를 높이고 사람들에게 복을 내리시기를 기도하십시오.

하나님께서는 높이 들리신 아들에게, 아들을 통해 약속을 하나 주셨습니다. 우리 주님께서는 그의 교회에 선물을 하나 주셨습니다. 교회는 필요한 것이 하나 있습니다. 기도하는 모든 사람은 성령의 능력을 구하는 일에서 하나가 됩니다. 성령의 능력을 구하는 일이 당신의 기도가 되게 하십시오.

어떻게 기도할까: 자녀가 아버지께 구하는 것처럼

너희 중에 아버지 된 자로서 누가 아들이 생선을 달라 하는데 생선 대신에 뱀을 주며 알을 달라 하는데 전갈을 주겠느냐 ... 너희 하늘 아버지께서 구하는 자에게 성령을 주시지 않겠느냐? — 누가복음 11: 11-13

자녀가 먹을 것을 구하는 것처럼 단순하고도 믿는 마음으로 구하십시오. "하나님이 그 아들의 영을 우리 마음 가운데 보내사 아빠 아버지라 부르게 하셨기"(갈 4:6) 때문에, 당신은 그렇게 구할 수 있습니다. 하나님께서 보내 주신 이 아들의 영 때문에 당신은 자녀로서 확신을 가질 수 있습니다. 그 영이 당신 안에서 기도하고 계시다는 것을 믿고서, 그 성령의 능력이 어디에나 나타나기를 구하십시오. 특별히 그 능력이 나타나기를 바라는 곳이나 모임을 당신 입으로 말하십시오.

<h1 style="text-align:center">제2일</h1>

무엇을 기도할까: 간구하는 영을 위해

> 오직 성령이 … 우리를 위하여 친히 간구하시느니라 — 로마서 8:26
>
> 내가 … 간구하는 심령을 부어 주리라 — 스가랴 12:10

"세계 복음화는 먼저 기도의 부흥에 달려 있습니다. 잊혀진 비밀, 곧 전 세계적인 기도가 무엇보다도 필요합니다. 외관상 사람들에게 필요한 그 무엇보다도 이것이 필요합니다."

모든 하나님의 자녀 안에는 기도하는 영, 곧 성령이 계십니다. 하나님께서는 그 영을 충분히 주시고 싶어하십니다. 당신과 또 당신과 함께한 모든 사람에게 간구의 영을 부어 주시기를 기도하십시오. 당신의 기도 모임에 간구하는 영을 부어 주시기를 구하십시오.

어떻게 기도할까: 성령 안에서

> 모든 기도와 간구를 하되 항상 성령 안에서 하라 — 에베소서 6:18
>
> 성령으로 기도하라 — 유다서 1:20

우리 주님께서는 제자들이 오순절의 성령 충만을 기다릴 수 있도록, 부활하신 날 제자들에게 성령을 주셨습니다. 이미 우리 안에 계시는 성령의 능력 안에서만이, 우리는 성령이 더욱 드러나시기를 기도할 수 있습니다. 아버지께서 약속하신 것을 간청할 수 있도록, 당신 안에 있는 아들의 영이 당신을 주장하게 해 달라고 아버지께 말씀하십시오.

제3일

무엇을 기도할까: 모든 성도를 위해

모든 기도와 간구를 하되 … 이를 위하여 깨어 구하기를 항상 힘쓰며 여러 성도를 위하여 구하라 — 에베소서 6:18

몸의 각 지체는 몸 전체의 행복에 관심이 있어서 다른 지체를 돕고 온전하게 하기 위해 존재합니다. 믿는 자들은 한 몸입니다. 자신이 속한 교회나 사회의 행복을 위해 기도하기보다 먼저 모든 성도를 위해 기도해야 합니다. 이 크고 이기적이지 않은 사랑은 그리스도의 영과 사랑이 그들에게 기도를 가르치고 있다는 증거입니다. 먼저 모든 믿는 자를 위해 기도하고, 그리고 나서 가까운 신자들을 위해 기도하십시오.

어떻게 기도할까: 성령의 사랑 안에서

너희가 서로 사랑하면 이로써 모든 사람이 너희가 내 제자인 줄 알리라 — 요한복음 13:35
아버지여 … 그들도 다 하나가 되어 우리 안에 있게 하사 세상으로 아버지께서 나를 보내신 것을 믿게 하옵소서 — 요한복음 17:21
형제들아 내가 … 성령의 사랑으로 말미암아 너희를 권하노니 너희 기도에 나와 힘을 같이하여 나를 위하여 하나님께 빌라 — 로마서 15:30
무엇보다도 뜨겁게 서로 사랑할지니 사랑은 허다한 죄를 덮느니라 — 베드로전서 4:8

기도하려면 사랑해야 합니다. 하나님의 모든 성도를 사랑한다고 하나

님께 말씀드립시다. 특히 우리가 아는 하나님의 자녀들을 사랑한다고 말
씀드립시다. 뜨거운 사랑으로, 성령의 사랑 안에서 기도합시다.

제4일

무엇을 기도할까: 거룩한 영을 위해

하나님은 거룩하신 분이십니다. 하나님의 백성은 거룩한 백성입니다.
하나님께서 말씀하시기를: 나는 거룩하다; 나는 너희를 거룩하게 하는
주이다. 그리스도께서 기도하시기를: 저들을 거룩하게 하소서; 아버지의
진리로 저들을 거룩하게 하옵소서. 바울은 기도하기를: "너희 마음을 …
하나님 우리 아버지 앞에서 거룩함에 흠이 없게 하시기를 원하노라"(살
전 3:13). "평강의 하나님이 친히 너희를 온전히 거룩하게 하시기를 원하
노라"(살전 5:23).

거룩하신 성령께서 다스리도록 하나님의 거룩한 백성, 모든 교회의 모
든 성도를 위해 기도하십시오. 특히 새로 신자된 사람들과 자기가 다니
는 교회의 성도들, 이웃에 있는 성도들, 당신이 관심을 기울이는 성도들
을 위해 기도하십시오. 그들의 특별한 필요와 약점, 죄 등에 대해 생각하
고, 하나님께서 그들을 거룩하게 해 주시기를 기도하십시오.

어떻게 기도할까: 하나님의 전능하심을 신뢰하면서

사람에게는 불가능한 것이 하나님께는 가능합니다(눅 18:27). 우리가
구하는 훌륭한 것들을 생각해 볼 때, 우리의 보잘것없는 견해로는 그것
들이 불가능한 것처럼 보입니다. 기도는 단지 바라고 구하는 것이 아니
라 믿고 받아들이는 것입니다. 하나님 앞에 조용히 머물며, 하나님을 전
능하신 분으로 깨달을 수 있도록 도와달라고 기도하십시오. 놀라운 일을
행하시는 하나님께 당신의 간구를 맡기십시오.

제5일

무엇을 기도할까: 하나님의 백성이 세상으로부터 지켜지도록

거룩하신 아버지여 내게 주신 아버지의 이름으로 그들을 보전하사 우리와 같이 그들
도 하나가 되게 하옵소서 … 내가 비옵는 것은 그들을 세상에서 데려가시기를 위함이
아니요 다만 악에 빠지지 않게 보전하시기를 위함이니이다. 내가 세상에 속하지 아니
함 같이 그들도 세상에 속하지 아니하였사옵나이다 ― 요한복음 17:11, 15-16

  겟세마네에서, 그리스도께서는 제자들에게 세 가지를 요구하셨습니다. 세상에 속하지 않을 것, 거룩해질 것, 사랑 안에서 하나가 될 것이 그것이었습니다. 당신은 예수님보다 더 나은 기도를 할 수 없습니다. 하나님의 백성들에게 세상과 세상의 영을 멀리하라고, 또 성령에 의해 세상에 속하지 않는 사람으로 살라고 요구하십시오.

어떻게 기도할까: 하나님 앞에서 담대함을 갖고

사랑하는 자들아 만일 우리 마음이 우리를 책망할 것이 없으면 하나님 앞에서 담대함
을 얻고 무엇이든지 구하는 바를 그에게서 받나니 이는 우리가 그의 계명을 지키고 그
앞에서 기뻐하시는 것을 행함이라 ― 요한일서 3:21-22

  이 말씀을 마음에 새기십시오. 명심하고 또 명심하십시오. 요한과 함께 확신을 가지고 하나님께 가까이 다가가는 사람들의 반열에 서십시오. 하나님 앞에서 담대함을 가진 사람들은 마음의 책망을 받지 않습니다. 이런 담대함을 가지고, 죄를 범하는 형제를 위해 기도하십시오(요일 5:16). 순종하는 자녀의 담대함을 가지고, 형제를 위해, 즉 죄에 빠질 수 있는 형제를 위해 탄원하십시오. 모든 사람이 죄에 빠지지 않기를 기도하십시오. 그리고 자주 이렇게 말하십시오. "우리가 구하는 바를 하나님께로부

터 받는 이유는 하나님의 명령을 지키고 하나님께서 기뻐하시는 것을 행하기 때문입니다."

제6일

무엇을 기도할까: 교회에 사랑의 영이 넘치기를

아버지여, 아버지께서 내 안에, 내가 아버지 안에 있는 것 같이 그들도 다 하나가 되기를 … 아버지께서 나를 보내신 것과 또 나를 사랑하심 같이 그들도 사랑하신 것을 세상으로 알게 하시기를 … 나를 사랑하신 사랑이 그들 안에 있고 나도 그들 안에 있게 하시기를 [기도하나이다] ― 요한복음 17:21, 23, 26

성령의 열매는 사랑이니라 ― 갈라디아서 5:22

그리스도가 아버지와 하나이듯, 신자들은 그리스도 안에서 하나입니다. 하나님의 사랑은 신자에게 달렸으며, 신자 안에 머물 수 있습니다. 이 사랑이 성령의 능력에 의해 신자들 안에서 살아 움직이기를 기도하십시오. 그리하여 세상이 신자들에게서 그 사랑을 보고 깨달을 수 있기를 기도하십시오. 이를 위해 더욱 기도하십시오.

어떻게 기도할까: 하나님을 쉬지 못하시게 하는 사람으로서

예루살렘이여, 내가 너의 성벽 위에 파수꾼을 세우고 그들로 하여금 주야로 계속 잠잠하지 않게 하였느니라. 너희 여호와를 기억하시게 하는 자들아 너희는 쉬지 말며 … 그로 쉬지 못하시게 하라 ― 이사야 62:6-7

중보기도하는 사람으로 임명되었다는 의식이 당신의 온 영혼에 가득할 때까지 이 말씀을 묵상하십시오. 그런 믿음을 갖고 하나님이 계신 곳으로 들어가십시오. 중보기도가 나의 일이라고 생각하며 세상에 필요한 것이 무엇인지 살펴보십시오. 성령께서 당신에게 무엇을 어떻게 해야 할지 가르쳐 주실 것입니다. 그리스도와 마찬가지로 나의 평생의 큰 일은 중보기도, 즉 아직 하나님을 모르는 사람들과 신자들을 위해 기도하는 것임을 영원히 명심하십시오.

제7일

무엇을 기도할까: 성령의 능력이 목회자들에게 내리기를

형제들아 내가 … 너희를 권하노니, 너희 기도에 나와 힘을 같이하여 나를 위하여 하나님께 빌라 — 로마서 15:30
우리를 … 건지시기를 그에게 바라노라. 너희도 우리를 위하여 간구함으로 도우라 — 고린도후서 1:10-11

그리스도의 교회에는 목회자가 참으로 많습니다. 그들이 기도해야 한다는 것은 말할 필요도 없습니다. 그들이 모두 성령의 능력으로 옷 입으면, 얼마나 큰 영향을 미치겠습니까! 정확히 이것을 위해 기도하십시오. 그것을 갈망하십시오. 당신의 목사님을 생각해 보십시오. 그리고 그분이 그렇게 되기를 아주 특별히 구하십시오. 당신의 동네나 이웃 동네, 또는 세계의 모든 목회자에 대한 생각이, 생각을 넘어 기도가 되게 하십시오. 그들이 모두 성령으로 충만해지기를 기도하십시오. "너희는 위로부터 능력으로 입혀질 때까지 … 머물라"(눅 24:49). "오직 성령이 너희에게 임하시면 너희가 권능을 받으리라"(행 1:8). 이 약속이 그들에게 이루어지기를 간청하십시오.

어떻게 기도할까: 은밀히

너는 기도할 때에 네 골방에 들어가 문을 닫고 은밀한 중에 계신 네 아버지께 기도하

라. 은밀한 중에 보시는 네 아버지께서 갚으시리라 — 마태복음 6:6

무리를 보내신 후에 기도하러 따로 산에 올라가시니라 — 마태복음 14:23

다시 혼자 산으로 떠나 가시니라 — 요한복음 6:15

하나님과 홀로 있을 때면, 여유를 갖고 '내가 하나님의 종들을 위해 중보기도하러 지금 여기, 하나님과 얼굴을 맞대고 있다' 는 것을 깨달으십시오. 당신에겐 아무 영향력이 없다고 생각하지 마십시오. 당신의 기도와 믿음은 효과를 발휘할 것입니다. 하나님의 목회자들을 위해 하나님께 은밀히 부르짖으십시오.

제8일

무엇을 기도할까: 성령이 모든 그리스도의 일꾼들에게 임하시기를

너희도 우리를 위하여 간구함으로 도우라. 이는 우리가 많은 사람의 기도로 얻은 은사로 말미암아 많은 사람이 우리를 위하여 감사하게 하려 함이라 — 고린도후서 1:11

교회와 선교지, 철도, 관공서, 군대, 학교, 회사, 병원, 지역사회 등에 그리스도의 일꾼이 얼마나 많습니까! 이 일로 인해 하나님을 찬양하십시오. 각 일꾼이 성령 충만하여 산다면 얼마나 많은 일을 이루겠습니까? 그리스도의 일꾼들을 위해 기도하십시오. 그 기도는 당신도 그들의 일에 동참한 사람으로 만들 것입니다. 당신은 곳곳에 내린 축복을 들을 때마다 하나님을 찬양할 것입니다.

어떻게 기도할까: 구체적인 간구로

네게 무엇을 하여 주기를 원하느냐? — 누가복음 18:41

주님께서는 이 질문을 받는 사람이 무엇을 원하는지 아셨음에도 불구하고, 그에게 본문과 같은 질문을 하셨습니다. 우리는 소망을 아룀으로써 하나님께 우리의 간구를 강조하고, 그 결과 믿음과 기대를 일깨웁니다. 당신이 어떤 응답을 구하는지 알기 위해, 아주 구체적으로 간구하십시오. 수많은 일꾼을 떠올리고, 하나님께서 그들의 기도에 구체적으로 응답해 주시기를 구하고 기대하십시오. 그 다음 당신 주변의 일꾼들을 위해서는 더욱 구체적으로 구하십시오. 중보기도는 실현될 가망이 없는 소망들을 내놓는 것이 아닙니다. 그 목적은 복을 받고 복을 가져오는 믿음과 인내의 기도입니다.

제9일

무엇을 기도할까: 하나님의 성령이 우리의 선교 사업에 내리기를

주를 섬겨 금식할 때에 성령이 이르시되 내가 불러 시키는 일을 위하여 바나바와 사울을 따로 세우라 하시니 이에 금식하며 기도하고 두 사람에게 안수하여 보내니라 … 두 사람이 성령의 보내심을 받아 … 갔더라 — 사도행전 13:2-4

"세계복음화는 기도의 부흥에 달려 있습니다. 우리의 영적이지 못한 삶에는 그 어떤 것보다도 전세계적인 기도가 필요합니다. 이러한 기도는 잊혀진 비밀이 되고 말았지만 무엇보다도 필요한 것입니다."

우리의 선교사업이 하나님을 섬기고, 성령의 목소리를 들으며, 선교사 역자를 보낼 때 금식하고 기도하는 정신에서 이루어지기를 기도합시다. 선교에 대한 교회의 관심과 활동이 성령과 기도의 능력으로 이루어지기를 기도합시다. 성령 충만하고 기도하는 교회가 기도에 능한 선교사들을 보낼 것입니다.

어떻게 기도할까: 시간을 쏟아

나는 기도할 뿐이라 — 시편 109:4

우리는 오로지 기도하는 일과 말씀 사역에 힘쓰리라 — 사도행전 6:4

너는 하나님 앞에서 함부로 입을 열지 말며 급한 마음으로 말을 내지 말라 — 전도서 5:2

이때에 예수께서 … 밤이 새도록 하나님께 기도하시더라 — 누가복음 6:12

시간은 아주 중요한 가치 평가 기준입니다. 시간을 쏟고 있다는 것은 우리가 관심을 갖고 있다는 증거입니다.

하나님께도 시간을 쏟을 필요가 있습니다. 하나님의 임재를 깨닫고, 하나님의 계시를 기다리며, 간청하는 것들을 생각하고 느끼는 일에, 또 그리스도 안에 거하며 응답을 받았다는 믿음이 설 때까지 기도하는 일에 시간을 쏟아야 합니다. 기도에 시간을 쏟으십시오. 그리고 교회의 선교에 축복이 있기를 기도하십시오.

제10일

무엇을 기도할까: 우리의 선교사들에게 하나님의 성령이 내리기를

오직 성령이 너희에게 임하시면 너희가 권능을 받고 … 땅 끝까지 이르러 내 증인이 되리라 하시니라 — 사도행전 1:8

오늘날 세계에 필요한 것은 더 많은 선교사뿐만 아니라 하나님께서 자기를 위해 일하라고 외국으로 보내신 모든 사람들에게 하나님의 성령이 내리는 것입니다.

하나님께서는 항상 자기의 종들에게 능력을 주십니다. 그리하여 하나님의 종들은 하나님께서 요구하시는 일을 감당할 수 있습니다. 사탄을

쫓아내는 일이 얼마나 중요하고 어려운 일인지 생각해 보십시오. 그리고 그 일에 참가한 모든 사람이 성령의 능력을 받아 자기 일을 잘 감당할 수 있기를 기도하십시오. 선교사들이 겪는 어려움을 생각하고, 그들을 위해 기도하십시오.

어떻게 기도할까: 하나님의 신실하심을 믿으며

약속하신 이는 미쁘시니 – 히브리서 10:23

이는 약속하신 이를 미쁘신 줄 알았음이라 – 히브리서 11:11

하나님께서 하나님의 나라에 대하여 아들에게 하신 약속과 이방인들에 관하여 교회에 하신 약속, 자기의 종들에게 그들의 일에 관하여 하신 약속들을 생각하십시오. 그리고 하나님께서는 신실하신 분이심을 믿고 기도하십시오. 하나님께서는 그 약속들을 이루시기 위해 오로지 기도와 믿음을 기다리십니다. "너희를 부르시는(너희에게 기도를 요구하시는) 이는 미쁘시니 그가 또한 [약속하신 것을] 이루시리라"(살전 5:24).

우리를 개별적인 선교사로 생각하고, 당신도 그런 선교사 가운데 한 사람이 되십시오. 그리고 하나님께서 당신의 기도를 들으셨음을 알게 될 때까지 기도하십시오. 그리스도의 나라를 위해 살기 시작하십시오! 그것이야말로 삶을 바칠 만한 것입니다!

제11일

무엇을 기도할까: 일꾼을 더 보내 주시기를

그러므로 추수하는 주인에게 청하여 추수할 일꾼들을 보내 주소서 하라 하시니라 – 마태복음 9:38

이 얼마나 훌륭한 주문입니까? 주 예수께서는 필요한 것을 채워 주시기 위해 제자들에게 이렇게 주문하셨습니다. 기도는 이토록 큰 영광을 입었습니다. 이것은 하나님께서 기도를 원하시며 기도를 들으신다는 증거입니다.

일꾼을 위해, 신학대학원과 성서대학 등에서 공부하는 학생들을 위해 기도하십시오. 그리하여 그들이 하나님의 부름이나 보냄을 받지 않았다면, 가지 않게 하십시오. 우리의 교회들이 학생들을 훈련시켜 그들로 하여금 성령의 보내심을 구하도록 기도하십시오. 모든 신자가 보냄 받을 준비를 하거나, 보냄 받는 사람들을 위해 기도할 준비를 하도록 기도하십시오.

어떻게 기도할까: 믿고 의심하지 않으며

예수께서 그들에게 대답하여 이르시되 하나님을 믿으라 … 누구든지 이 산더러 들리어 바다에 던져지라 하며 그 말하는 것이 이루어질 줄 믿고 마음에 의심하지 아니하면 그대로 되리라 — 마가복음 11:22-23

하나님을 믿는 믿음을 지니십시오! 신실하시고 능력이 많으신 하나님을 알려 달라고 하나님께 구하십시오. 그러면 아무리 불가능해 보일지라도 하나님께서는 적당한 일꾼을 충분히 보내 주신다는 것을 믿을 수 있게 될 것입니다. 그러나 하나님께서는 기도와 믿음에 대한 응답으로만 그렇게 하신다는 것을 명심하십시오.

좋은 일꾼이 필요한 모든 곳에 이것을 적용하십시오. 일이 하나님의 일이 되고, 하나님께서 올바른 일꾼을 보내 주실 것입니다. 그러나 하나님께 기도로 구하고 기도로 섬겨야만 합니다.

제12일

무엇을 기도할까: 성령께서 세상으로 하여금 죄를 깨닫게 하시기를

내가 그를(보혜사 성령을) 너희에게로 보내리니 그가 와서 죄에 대하여 … 세상을 책망하시리라 — 요한복음 16:7-8

그리스도께서 오신 목적이기도 한 하나님의 소원 하나는 죄를 없애는 것입니다. 성령께서 이 세상에서 하시는 첫 번째 일도 죄를 깨닫게 하는 것입니다. 이 일 없이는 어떤 철저하고도 지속적인 부흥도, 강력한 회심도 일어날 수 없습니다. 이 일을 위하여 기도하십시오. 그리하여 복음이 성령의 능력 안에서 선포되도록, 그리고 그리스도를 부인하고 십자가에 못 박은 사람이 바로 자신임을 깨닫고 "형제들아 우리가 어찌할꼬?"(행 2:37)라고 외칠 수 있도록 기도하십시오.

복음이 선포되는 어느 곳에서나 죄를 깨닫게 하는 강한 능력이, 행사되기를 진지한 마음으로 기도하십시오.

어떻게 기도할까: 스스로 분발하여 하나님의 힘을 붙잡으며

내 힘을 의지하고 나와 화친하며 나와 화친할 것이니라 — 이사야 27:5

주의 이름을 부르는 자가 없으며 스스로 분발하여 주를 붙잡는 자가 없사오니 — 이사야 64:7

네 속에 있는 하나님의 은사를 다시 불일듯 하게 하라 — 디모데후서 1:6

우선, 하나님의 힘을 붙잡으십시오. 하나님은 영이십니다. 따라서 성령에 의하지 않고는 하나님을 붙잡을 수 없습니다. 하나님께서 약속하신 것이 당신에게 이루어질 때까지 하나님을 붙잡고 놓지 마십시오. 죄를 깨닫게 하는 성령의 능력을 구하십시오.

그 다음, 하나님을 붙잡기 위해 스스로 분발하십시오. 온 마음과 뜻을 하나님을 붙잡는 데에 쏟고, 이렇게 말하십시오. "당신이 내게 축복하지

아니하면 가게 하지 아니하겠나이다"(창 32:26).

제13일

무엇을 기도할까: 소멸하는 영을 위해

시온에 남아 있는 자 중 기록된 모든 사람은 거룩하다 칭함을 얻으리니 이는 주께서 심판하는 영과 소멸하는 영으로 시온의 딸들의 더러움을 씻기실 때가 됨이라 — 이사야 4:3-4

불로 씻음! 심판으로 깨끗게 함! 이것을 겪은 사람은 거룩하다고 일컬어질 것입니다. 세상을 축복하는 능력, 효력을 발휘하는 중보기도의 능력은 교회의 영적 상태에 달려 있습니다. 그리고 그 상태는 죄를 깨닫고 멀리할 때만 더 나아질 수 있습니다. 심판은 하나님의 집에서 시작되어야 합니다. 거룩해지기 위해서는 죄에 대한 깨달음이 있어야 합니다. 하나님의 백성 안에 있는 죄를 찾아내고 태워 버리기 위해, 심판하는 영이요 소멸하는 영이신 성령을 달라고 하나님께 간절히 구하십시오.

어떻게 기도할까: 그리스도의 이름으로

너희가 내 이름으로 무엇을 구하든지 내가 행하리니 … 내 이름으로 무엇이든지 내게 구하면 내가 행하리라 — 요한복음 14:13-14

당신을 구원하신 이, 보좌에 계신 이의 이름으로 구하십시오. 하나님의 백성에게서 죄가 멀어지도록, 그분이 약속하신 것, 죽음을 무릅쓰고 주신 것을 구하십시오. 죄를 깊이 깨닫게 하는 영이 그 백성에게 오기를 구하십시오. 이러한 기도는 하나님의 마음을 따르는 것입니다. 죄를 소멸하는 영을 구하십시오. 그분의 이름을 믿는 믿음으로, 즉 그분이 원하시는 것과 그분이 하실 수 있는 것에 대한 믿음으로 구하고 그 응답을 기다리십시오. 교회가 세상의 복이 되기 위해 먼저 복을 받기를 기도하십시오.

제14일

무엇을 기도할까: 교회의 미래를 위해

그들의 자손에게 일러서 … 그들의 조상들 곧 … 마음이 정직하지 못하며 그 심령이 하나님께 충성하지 아니하는 세대와 같이 되지 아니하게 하려 하심이로다 — 시편 78:6, 8

나의 영을 네 자손에게, 나의 복을 네 후손에게 부어 주리니 — 이사야 44:3

다음 세대를 위해 기도하십시오. 이 시대의 젊은이와 어린이를 생각하고, 그들이 속한 모든 기관을 위해 기도하십시오. 단체, 사회, 조합, 가정, 학교 등에서, 그리스도께서 영광을 받으며, 성령께서 그들을 다스리시기를 기도하십시오. 당신 이웃의 젊은이들을 위해 기도하십시오.

어떻게 기도할까: 온 마음으로

네 마음의 소원대로 허락하시고 네 모든 계획을 이루어 주시기를 원하노라 — 시편 20:4

그의 마음의 소원을 들어 주셨나이다 — 시편 21:2

여호와여 내가 전심으로 부르짖었사오니 내게 응답하소서 — 시편 119:145

하나님께서는 살아 계시고, 모든 간구를 온 마음으로 들으십니다. 우리가 기도할 때마다, 온전히 무한하신 하나님은 그곳에서 기도를 들으십니다. 아울러 우리의 전존재가 그 기도에 담겨 있기를 요구하십니다. 온 마음으로 부르짖기를 요구하십니다. 그리스도께서는 사람을 위해 자신을 하나님께 드렸습니다. 그리고 중보기도를 드려 필요한 모든 것을 구하십니다. 일단 한 번 온 마음으로 하나님께 구하면, 모든 기도에 온 마음이 담기게 될 것입니다. 온 마음을 기울여 젊은이들을 위해 기도하십시오.

제15일

무엇을 기도할까: 모든 학교를 위해

여호와께서 이르시되 내가 그들과 세운 나의 언약이 이러하니 곧 네 위에 있는 나의 영과 네 입에 둔 나의 말이 이제부터 영원하도록 네 입에서와 네 후손의 입에서와 네 후손의 후손의 입에서 떠나지 아니하리라 하시니라. 여호와의 말씀이니라 — 이사야 59:21

교회와 세계의 미래는 상상하기 힘들 정도로 교육에 달려 있습니다. 교회는 이방인에게 복음을 전하기를 원하고, 자녀들이 세속적이고 물질적인 영향에서 벗어나기를 원합니다. 모든 학교를 위해 기도하십시오. 그리고 교회가 자녀들을 보살피는 중대한 의무를 깨닫고 이행하기를 기도하십시오. 믿음이 깊은 교사들을 위해 기도하십시오.

어떻게 기도할까: 하나님을 제한하지 않으면서

그들이 돌이켜 하나님을 거듭거듭 시험하며 이스라엘의 거룩하신 이를 노엽게 하였도다 — 시편 78:41

그들이 믿지 않음으로 말미암아 거기서 많은 능력을 행하지 아니하시니라 — 마태복음 13:58

여호와께 능하지 못한 일이 있겠느냐? — 창세기 18:14

슬프도소이다, 주 여호와여! 주께서 큰 능력과 펴신 팔로 천지를 지으셨사오니 주에게는 할 수 없는 일이 없으시니이다 … 나는 여호와요 모든 육체의 하나님이라. 내게

할 수 없는 일이 있겠느냐? — 예레미야 32:17, 27

믿지 못하기 때문만이 아니라, 하나님께서 하실 수 있는 일을 당신이 안다고 생각함으로써 하나님을 제한하지 않도록 하십시오. 기도에서 무엇보다도 명심해야 할 것이 이것입니다. 구하거나 생각한 이상의 것을 기대하십시오. 중보기도를 드릴 때마다, 먼저 침묵하고, 영광 중에 계신 하나님을 높이십시오. 하나님께서 하실 수 있는 일, 하나님께서 그리스도의 기도를 들으실 때 얼마나 기뻐하시는지, 그리스도 안에서 당신의 자리에 대해 생각하고, 정말로 좋은 것들을 기대하십시오.

제16일

무엇을 기도할까: 주일학교에 성령의 능력이 함께하기를

여호와가 이같이 말하노라 용사의 포로도 빼앗을 것이요 두려운 자의 빼앗은 것도 건져낼 것이니 이는 내가 너를 대적하는 자를 대적하고 네 자녀를 내가 구원할 것임이라 — 이사야 49:25

하나님의 교회가 행해야 할 일은 모두 하나님의 일입니다. 하나님께서 그것을 하셔야 합니다. 우리가 우리 자신을 하나님의 손에 맡기기만 한다면, 하나님께서 그 일을 우리 안에서, 우리를 통해 행하실 것입니다. 그리고 그렇게 고백하는 것이 기도입니다. 수십만의 주일학교 교사들을 위해, 하나님을 아는 그들이 성령의 충만함을 받도록, 그들을 위해 기도하십시오. 당신 교회의 주일학교를 위해 기도하십시오. 그 아이들의 구원을 위해 기도하십시오.

어떻게 기도할까: 담대히

우리에게 큰 대제사장이 계시니 … 하나님의 아들 예수시라 … 그러므로 … 은혜의 보
좌 앞에 담대히 나아갈 것이니라 — 히브리서 4:14, 16

중보기도를 하는 데 도움이 되는 이 말씀이 우리에게 어떤 작용을 하겠습니까? 우리가 기도할 때 소심하다는 것을 일깨워 줍니다. 이 가르침으로 인해 하나님께 감사합시다. 역사하는 힘이 많은 기도(약 5:16)를 드리기 위해서는 이 가르침이 가장 먼저 필요합니다. 각 기도제목을 "은혜의 보좌 앞에 담대히" 내려놓고 응답이 올 때까지 오래 기다립시다. 기도하면서, 점점 담대하게 기도하고 믿고 기대할 줄 알게 됩니다. 확신을 잃지 말고 단단히 붙잡으십시오. 그 확신은 중보기도자로서 나아오라는 하나님의 명령에 근거를 두고 있습니다. 그리스도께서 당신에게 바르게 기도하는 은혜를 주실 것입니다.

제17일

무엇을 기도할까: 임금들과 통치자들을 위해

그러므로 내가 첫째로 권하노니 모든 사람을 위하여 간구와 기도와 도고와 감사를 하되 임금들과 높은 지위에 있는 모든 사람을 위하여 하라. 이는 우리가 모든 경건과 단정함으로 고요하고 평안한 생활을 하려 함이라 — 디모데전서 2:1-2

기도의 능력을 믿는 믿음은 너무도 큰 것입니다! 힘없고 멸시받는 그리스도인일지라도 강한 로마 황제에게 영향을 미칠 수 있으며 평화와 안정을 보장하는 데 도움을 줄 수 있습니다. 기도는 하나님께서 세상을 다스리실 때 채택하시는 능력임을 믿읍시다. 우리 나라와 그 통치자들을 위해 기도합시다. 세상의 모든 통치자들과 우리가 관심을 갖고 있는 도시 및 지역의 지도자들을 위해 기도합시다. 하나님의 백성이 이 일에 연합하는 이유는 자신의 기도가, 보이는 세상보다 보이지 않는 세상에 더 영

향을 미친다는 것을 알고 있기 때문입니다. 이 사실을 확고히 믿고 그 믿음을 잃지 맙시다.

어떻게 기도할까: 하나님 앞으로 올라가는 향처럼

또 다른 천사가 와서 제단 곁에 서서 금 향로를 가지고 많은 향을 받았으니 이는 모든 성도의 기도와 합하여 보좌 앞 금 제단에 드리고자 함이라. 향연이 성도의 기도와 함께 천사의 손으로부터 하나님 앞으로 올라가는지라. 천사가 향로를 가지고 제단의 불을 담다가 땅에 쏟으매 우레와 음성과 번개와 지진이 나더라 — 요한계시록 8:3-5

한 향로가 성도들의 기도를 하나님 앞에 드리고는 향로의 불을 땅에 쏟습니다. 이와 같이 하늘에 오르는 기도는 이 땅의 역사에도 한 몫을 감당합니다. 당신의 기도가 하나님 앞에 올라간다는 것을 확신하십시오.

제18일

무엇을 기도할까: 평화를 위해

그러므로 내가 첫째로 권하노니 모든 사람을 위하여 간구와 기도와 도고와 감사를 하되 임금들과 높은 지위에 있는 모든 사람을 위하여 하라. 이는 우리가 모든 경건과 단정함으로 고요하고 평안한 생활을 하려 함이라. 이것은 우리 구주 하나님 앞에 선하고 받으실 만한 것이니라 — 디모데전서 2:1-3
그가 땅 끝까지 전쟁을 쉬게 하시는도다 — 시편 46:9

국가가 군사력에서 자부심을 찾는 것은 참으로 끔찍한 상황입니다. 아무 때라도 전쟁을 일으킬 수 있는 비뚤어진 정열은 얼마나 끔찍한 생각입니까? 고통과 폐허가 오고야 말리라는 예상을 쉽게 할 수 있습니다. 하나님께서는 자기 백성의 기도에 응답하시어 평화를 주실 수 있습니다.

평화를 위해 그리고 그 평화를 확립할 수 있는 정의로운 통치를 위해 기도합시다.

어떻게 기도할까: 마음으로 이해하며

그러면 어떻게 할까? 내가 영으로 기도하고 또 마음으로 기도하리라 — 고린도전서 14:15

믿음과 능력으로 하나님을 붙잡으려면, 영으로 기도할 필요가 있습니다. 하나님께 구할 필요한 것들을 실제로 깊이 깨달으려면, 마음으로 이해하며 기도할 필요가 있습니다. 각 기도제목마다 요구하는 것의 본질과 요구하는 정도, 요구의 긴박함을, 그리고 하나님의 말씀에서 드러난 하나님의 약속의 확실성과 그 약속의 근거와 방법을 이성적으로 이해할 시간이 필요합니다. 이러한 이해가 우리 마음에 작용하게 하십시오. 마음으로 기도하고 또 영으로 기도하십시오.

제19일

무엇을 기도할까: 성령께서 기독교 국가에 함께 하시기를

경건의 모양은 있으나 경건의 능력은 부인하니 — 디모데후서 3:5
네가 살았다 하는 이름은 가졌으나 죽은 자로다 — 요한계시록 3:1

명목상의 기독교인이 5억쯤 됩니다. 그 대다수의 상태는 말할 수 없이 끔찍합니다. 형식적이고 세속적이며 경건하지도 그리스도를 섬기지도 않으며, 무지, 무관심 등이 만연합니다! 오, 그리스도인이라고 불리는 이들을 위해 기도합시다. 어둠 가운데 있는 이교도들보다 상황이 더 좋지 않은 이들이 많습니다.

그 영혼들을 위해 당신의 생활을 접고서라도 주야로 부르짖어야 할 것처럼 느껴지지 않습니까? 그 기도의 응답으로 하나님께서 성령의 능력을 주십니다.

어떻게 기도할까: 영혼의 깊은 고요함 속에서

> 나의 영혼이 잠잠히 하나님만 바람이여 나의 구원이 그에게서 나오는도다 — 시편 62:1

기도만이 하나님께 효력을 발휘합니다. 하나님께 가까이 나아갈수록 하나님의 뜻에 더욱 깊이 도달합니다. 하나님을 더욱 붙잡을수록 그의 기도는 더욱 효력을 발휘합니다.

하나님께서는 반드시 자신을 드러내십니다. 하나님께서 흔쾌히 자신을 드러내시고자 하시면, 사람의 마음으로 하여금 하나님의 임재를 깨닫게 해 주십니다. 우리의 태도는 거룩한 경외의 태도, 조용히 기다리고 예배하는 태도여야 합니다.

이 한 달간의 중보기도가 날이 더함에 따라, 당신이 그 일을 위대하다고 느끼게 되거든, 하나님 앞에 조용히 머무십시오. 기도의 능력을 얻게 될 것입니다.

제20일

무엇을 기도할까: 하나님의 성령이 구원받지 못한 이들에게 내리기를

> 어떤 사람은 먼 곳에서 … 어떤 사람은 시님 땅에서 오리라 — 이사야 49:12
>
> 고관들은 애굽에서 나오고 구스인은 하나님을 향하여 그 손을 신속히 들리로다 — 시편 68:31
>
> 때가 되면 나 여호와가 속히 이루리라 — 이사야 60:22

아직 하나님의 말씀이 없는 구원받지 못한 사람들을 위해 기도하십시오. 십억이 넘는 인구, 그리스도를 모른 채 매달 수백만 명이 죽는 중국을 생각하십시오. 인구 2억의 아프리카를 생각하십시오. 해마다 암흑세계에 빠져드는 3천만 명의 사람들을 생각하십시오. 이들을 위해 그리스도께서 자기 생명을 주셨다면, 당신도 같은 일을 해야 하지 않겠습니까? 당신은 그들을 위해 중보기도하는 데 헌신할 수 있습니다. 당신이 아직 시작하지 않았다면, 이 한달 간의 중보기도학교에서 당장 시작하십시오. 당신이 할애하는 10분으로는 충분하지 않다고 느끼게 될 것입니다. 하나님의 성령이 당신을 계속 끌어당길 것입니다. 당신이 아무리 연약할지라도 참고 기도하십시오. 기도할 국가나 부족을 정해 달라고 하나님께 요청하십시오. 그리스도께서 하신 일을 하는 것보다 더 고상한 일이 있을 수 있습니까? 구원받지 못한 사람들을 위해 당신의 삶을 바치십시오.

어떻게 기도할까: 응답을 확신하고 기대하며

너는 내게 부르짖으라. 내가 네게 응답하겠고 네가 알지 못하는 크고 은밀한 일을 네게 보이리라 — 예레미야 33:3

주 여호와께서 이같이 말씀하셨느니라. 그래도 이스라엘 족속이 이같이 자기들에게 이루어 주기를 내게 구하여야 할지라 — 에스겔 36:37

위의 두 성경 말씀이 언급하는 내용은 이렇습니다. 하나님께서 주신 약속은 분명하지만, 그 성취는 기도에 달렸으므로, 그 약속을 이루어 달라고 하나님께 기도해야 한다는 것입니다.

하나님께서 아들과 그 교회에 주신 약속을 이루어 달라고 기도하고, 그 응답을 기대하십시오. 구원받지 못한 사람들을 위해 기도하십시오. 하나님의 약속이 성취되기를 기도하십시오.

제21일

무엇을 기도할까: 유대인들에게 성령이 임하시기를

내가 다윗의 집과 예루살렘 주민에게 은총과 간구하는 심령을 부어 주리니 그들이 그
찌른 바 그를 바라보리로다 — 스가랴 12:10
형제들아, 내 마음에 원하는 바와 하나님께 구하는 바는 이스라엘을 위함이니 곧 그
들로 구원을 받게 함이라 — 로마서 10:1

유대인을 위해 기도하십시오. 교회의 축복과 주 예수의 오심은 유대인
들이 그들 조상의 하나님께 돌아오는 일과 연관되어 있습니다. 하나님께
서 이 모든 것을 미리 정해 놓으셨으며, 우리는 그것을 앞당길 수 없다고
생각하지 마십시오. 하나님께서는 약속의 성취를 신성하고 신비로운 방
식으로 우리의 기도와 결부시키셨습니다. 우리 안에서 일어나는 성령의
중보기도는 하나님의 축복의 전령입니다. 이스라엘과 그들 가운데 일어
날 일을 위해 기도하십시오. "아멘 주 예수여 오시옵소서"(계 22:20)!

어떻게 기도할까: 성령의 중보기도로

우리는 마땅히 기도할 바를 알지 못하나 오직 성령이 말할 수 없는 탄식으로 우리를
위하여 친히 간구하시느니라 — 로마서 8:26

당신이 무지하고 연약할지라도, 성령의 은밀한 내재와 중보기도를 믿
으십시오. 성령의 끊임없는 인도하심에 당신을 맡기십시오. 그분은 당신
의 연약함을, 즉 마땅히 기도할 바를 알지 못하는 당신을 도우실 것입니
다. 하나님의 약속이 어떻게 이루어질지 알지 못할 때라도 그 약속의 성
취를 간청하십시오. 성령께서는 하나님의 뜻에 따라 성도들을 위해 기도
하시기 때문에, 하나님께서는 성령의 마음을 아십니다. 어린아이처럼 순

진하게 기도하십시오. 하나님의 성령을 모신 사람, 그 안에서 성령이 기도하시는 사람처럼 거룩한 경외와 존경심을 가슴에 품고 기도하십시오.

제22일

무엇을 기도할까: 학대받는 모든 사람을 위해

너희도 함께 갇힌 것 같이 갇힌 자를 생각하고 너희도 몸을 가졌은즉 학대 받는 자를 생각하라 — 히브리서 13:3

우리는 학대받는 세계에서 살고 있습니다! 예수께서는 모든 것을 희생하시고 자신을 학대받는 세상과 동일시하셨습니다. 우리도 조금이나마 그렇게 합시다. 박해받는 러시아와 폴란드 국민, 기근에 시달리는 수백만의 인도인, 가난에 찌든 대도시의 비참한 사람들이 있습니다. 하나님을 아는 사람들에게나 하나님을 모르는 사람들에게나 너무도 많은 학대가 가해집니다. 그리고 수많은 가정과 사람들에게 큰 슬픔이 있습니다. 도움과 위로가 필요한 이웃이 얼마나 많습니까? 학대받는 자들을 생각하고 그들을 위하는 마음을 지닙시다. 그렇게 하면 더 기도하고, 더 일하고, 더 소망하고, 더 사랑하게 될 것입니다. 하나님께서는 우리가 미처 깨닫지 못한 순간에 알 수 없는 방식으로 우리의 기도를 들으실 것입니다.

어떻게 기도할까: 항상 기도하고 낙심하지 않으며

예수께서 그들에게 항상 기도하고 낙심하지 말아야 할 것을 비유로 말씀하여 — 누가복음 18:1

기도가 이 죄 많은 세상에 진정으로 도움이 된다는 느낌이 들지 않습니까? 쉬지 않고 기도할 필요는 너무도 큽니다. 이 일의 중대성 때문에 우리는 쉽게 단념하고 맙니다! 10분 정도 중보기도하는 것이 무슨 소용이 있겠습니까? 이렇게 느끼는 것은 온당합니다. 하나님께서 우리를 부르시고 기도에 헌신하도록 준비시키시는 것도 이런 방식입니다. 사람들을 위해 하나님께 온전히 헌신하십시오. 그러면 당신의 모든 일 가운데서, 마음이 사람들을 향해 사랑으로 넘치고, 하나님을 향한 신뢰와 기대로 넘칠 것입니다. 이렇게 성령의 인도를 받는 마음은 항상 기도하고 낙심하지 않을 수 있습니다.

<h2 style="text-align:center">제23일</h2>

무엇을 기도할까: 성령께서 당신의 일에 역사하시기를

나도 내 속에서 능력으로 역사하시는 이의 역사를 따라 힘을 다하여 수고하노라 — 골로새서 1:29

당신에게는 당신만의 특별한 일이 있습니다. 중보기도를 당신만의 특별한 일로 삼으십시오. 바울은 자신 안에서 역사하시는 하나님의 역사를 따라 힘을 다하여 수고하였습니다. 하나님은 창조주일 뿐 아니라 만물 안에서 모든 일을 행하시는 크신 일꾼이십니다. 당신은, 성령을 통해 당신 안에서 역사하시는 하나님의 능력으로만 당신의 일을 할 수 있습니다. 당신이 사람들 가운데서 일할 때, 하나님께서 그들을 위해 당신에게 생명을 주실 때까지 그들을 위해 많이 기도하십시오.

또한 우리 서로를 위해, 그리고 하나님의 모든 교회의 일꾼을 위해, 외딴 곳의 알려지지 않은 모든 일꾼을 위해 우리 모두 중보기도합시다.

어떻게 기도할까: 하나님 앞에서

하나님을 가까이하라. 그리하면 너희를 가까이하시리라 — 야고보 4:8

하나님을 가까이하면 기도의 능력과 안식을 얻습니다. 하나님을 가까이 하는 일은 그것을 제일의 목적으로 삼는 사람에게만 가능합니다. "하나님을 가까이하라"; 하나님과 가까이하려고 하십시오. 그러면 하나님께서 허락하실 것입니다; "너희를 가까이하시리라." 그렇게 되면 믿음으로 기도하는 것이 쉬워집니다.

하나님께서 당신을 중보기도의 학교에 처음으로 데리고 가실 때, 그것은 다른 사람들을 위해서라기보다는 거의 당신을 위한 것임을 명심하십시오. 당신은 사랑하고, 기다리고, 기도하고, 믿는 훈련을 받아야 합니다. 오로지 인내하십시오. 하나님 앞에 나아가고, 하나님께서 가까이하시리라는 확신을 조용히 기다리는 법을 배우십시오. 하나님의 거룩한 면전에 나아가, 그곳에 머물며, 그 앞에 당신의 일을 말씀드리십시오. 사람들 가운데 일하면서 그들을 위해 중보기도하십시오. 그들을 위해 하나님으로부터 — 당신 안에 들어와 계신 성령으로부터 — 복을 받으십시오.

제24일

무엇을 기도할까: 교회의 교인들에게 성령께서 임하시기를

예루살렘에서 시작하여 — 누가복음 24:47

우리는 저마다 어떤 교회의 교인들이나 신자 단체와 연결되어 있습니다. 이들은 그리스도의 몸으로서 우리는 그들과 매우 직접적으로 접촉합니다. 그들은 우리의 중보기도를 받을 자격이 있습니다. 그들을 위해 기도로 힘쓰는 일이 당신과 하나님 사이에서 이미 해결된 문제가 되게 하십시오. 당신의 목사님과 지도자들, 일꾼들을 위해 기도하십시오. 신자들을 위해, 그들의 필요에 따라 기도하십시오. 회심하는 사람들을 위해 기도하십시오. 성령의 능력이 나타나기를 기도하십시오. 다른 이들과 연합하여 은밀히, 그리고 특별히 간구하십시오. 설교나 주일학교 활동처럼 중

보기도를 체계적으로 수행하십시오. 끝으로 응답을 기다리며 기도하십시오.

어떻게 기도할까: 끊임없이

> 내가 너의 성벽 위에 파수꾼을 세우고 그들로 하여금 주야로 계속 잠잠하지 않게 하였느니라 — 이사야 62:6
>
> 하나님께서 그 밤낮 부르짖는 택하신 자들의 원한을 풀어 주지 아니하시겠느냐? — 누가복음 18:7
>
> 주야로 심히 간구함은 너희 얼굴을 보고 너희 믿음이 부족한 것을 보충하게 하려 함이라 — 데살로니가전서 3:10
>
> 과부로서 외로운 자는 하나님께 소망을 두어 주야로 항상 간구와 기도를 하거니와 — 디모데전서 5:5

하나님의 영광, 그리스도의 사랑, 각 사람의 필요를 알게 될 때, 우리 안에는 이 끊임없는 중보기도의 불길이 타오르기 시작할 것입니다. 우리의 중보기도는 먼 곳에 있는 사람이나 가까운 곳에 있는 사람이나 가리지 않을 것입니다.

제25일

무엇을 기도할까: 더 많은 사람이 회심하기를

> 하나님께 나아가는 자들을 온전히 구원하실 수 있으니 이는 그가 항상 살아 계셔서 그들을 위하여 간구하심이라 — 히브리서 7:25
>
> 우리는 오로지 기도하는 일과 말씀 사역에 힘쓰리라 하니 하나님의 말씀이 점점 왕성하여 예루살렘에 있는 제자의 수가 더 심히 많아지니라 — 사도행전 6:4, 7

온전히 구원하시는 그리스도의 능력은 그리스도의 끊임없는 중보기도에 달려 있습니다. 사도들이 기도에 전념하기 위해 다른 일을 그만두었을 때, 제자들의 수가 점점 많아졌습니다. 우리도 지금 중보기도에 전념하면, 회심하는 사람이 더 많아질 것입니다. 이를 위해 하나님께 간구합시다. 그리스도께서 들리신 것은 회심시키기 위함입니다. 교회는 회심이라는 신성한 목적과 약속을 지니고 있습니다. 우리의 죄와 연약함을 고백하고 하나님께 부르짖는 일을 부끄러워 마십시오. 이는 당신이 알고 사랑하는 사람들이 더 많이 회심하도록 하기 위한 것이기 때문입니다. 죄인들의 구원을 위해 간구하십시오.

어떻게 기도할까: 지극히 겸손히

> 주여 옳소이다마는 개들도 제 주인의 상에서 떨어지는 부스러기를 먹나이다 하니 …
> 이에 예수께서 대답하여 이르시되 여자여 네 믿음이 크도다 네 소원대로 되리라 하시
> 니라 — 마태복음 15:27-28

당신은 바르게 기도할 자격도 능력도 없다고 느낍니다. 진심으로 이렇게 느끼는 것이, 자격이 없으면서도 하나님께 나아와 복을 받은 사실에 만족하는 것이 바로 참된 겸손입니다. 이런 겸손은 오직 하나님의 은혜를 믿는 믿음만을 구함으로써 그 고결함을 증명합니다. 따라서 이런 겸손함에는 큰 믿음이 지닌 힘이 있으며 충분한 응답을 받습니다. 사탄에게 사로잡혀 있을지도 모르는 사람을 위해 기도할 때, "개들도"라는 말로 간구하십시오. 겸손하지 못함으로 인해 잠시라도 기도에 방해를 받지 마십시오.

제26일

무엇을 기도할까: 새 신자들에게 성령이 내리시기를

베드로와 요한이 내려가서 그들을 위하여 성령 받기를 기도하니 이는 아직 한 사람에게도 성령 내리신 일이 없고 오직 주 예수의 이름으로 세례만 받을 뿐이더라 — 사도행전 8:14-16

우리를 너희와 함께 그리스도 안에서 굳건하게 하시고 우리에게 기름을 부으신 이는 하나님이시니. … 그가 보증으로 우리 마음에 성령을 주셨느니라 — 고린도후서 1:21-22

너무도 많은 새 신자가 연약한 상태에 있습니다. 너무도 많이 죄에 빠집니다. 원래의 상태로 돌아가는 이가 너무도 많습니다. 당신이 교회를 위해 기도한다면, 교회의 거룩함이 성장하고 하나님을 섬기는 일에 교회가 헌신하기를 기도한다면, 새 신자들을 위해 특별히 기도하십시오. 유혹에 둘러싸인 채 홀로 서 있는 새 신자가 너무도 많습니다. 그들은 자기 안에 계시는 성령과 자기를 세우는 하나님의 능력에 대해 아무런 가르침을 받지 못하고 있습니다. 박해받는 땅에서, 사탄의 힘에 둘러싸인 신자가 너무도 많습니다. 성령의 능력이 교회 안에 있기를 당신이 기도하고 있다면, 무엇보다도 모든 새 신자가 성령의 충만함을 요구하여 받을 수 있다는 것을, 하나님께서 그들에게 알려 주시기를 기도하십시오.

어떻게 기도할까: 쉬지 않고

나는 너희를 위하여 기도하기를 쉬는 죄를 여호와 앞에 결단코 범하지 아니할 것인즉 — 사무엘상 12:23

다른 사람을 위해 기도하기를 쉬는 것은 주님께 죄입니다. 중보기도는 하나님을 사랑하고 그리스도를 믿는 것만큼이나 중요한 의무로서, 너무도 필요한 것이라는 사실을 이해하기 시작하는 순간, 그리고 우리가 신자로서 중보기도에 어떻게 부름을 받았고 그것을 어떻게 수행해야 하는지 이해하는 순간, 중보기도를 하지 않는 것은 큰 죄라고 느낄 것입니다.

제사장으로서의 자리를 기쁘게 감당하여, 하늘의 복을 가져오는 데 헌신하게 해 달라고 은혜를 구합시다.

제27일

무엇을 기도할까: 하나님의 백성이 자기 소명을 깨닫도록

> 내가 … 네게 복을 주리니 너는 복이 될지라 … 땅의 모든 족속이 너로 말미암아 복을 얻을 것이라 하신지라 — 창세기 12:2-3
> 하나님은 우리에게 은혜를 베푸사 복을 주시고 그의 얼굴 빛을 우리에게 비추사 … 주의 도를 땅 위에, 주의 구원을 모든 나라에게 알리소서 — 시편 67:1-2

아브라함은 세상 모든 사람에게 복이 되기 위해 복을 받았습니다. 이스라엘이 복을 구한 것은 하나님께서 모든 열방 가운데 알려지기를 원했기 때문입니다. 모든 신자는 아브라함처럼 하나님의 복을 세상에 전하기 위해 복을 받습니다.

모든 신자는 오직 하나님과 하나님의 나라를 위해 살아야 합니다. 이 진리를 하나님의 백성이 깨달을 수 있게 해 달라고 하나님께 부르짖읍시다. 이 진리를 선포하고 믿고 실행하면, 우리의 선교 사업에 얼마나 큰 혁명이 일어나겠습니까! 기꺼이 중보기도하는 사람들이 참으로 많아질 것입니다! 하나님께서 이 일을 성령으로 도와주시기를 간청하십시오.

어떻게 기도할까: 다른 사람을 위해 구하는 것을 이미 받은 자로서

> 베드로가 이르되 … 내게 있는 이것을 네게 주노니 — 사도행전 3:6
> 성령이 그들에게 임하시기를 처음 우리에게 하신 것과 같이 하는지라 … 그런즉 하나님이 우리가 주 예수 그리스도를 믿을 때에 주신 것과 같은 선물을 그들에게도 주셨으니 — 사도행전 11:15, 17

이 큰 복이 하나님의 백성에게 내리고, 성령께서 그들을 온전히 사로잡아 그들이 하나님을 섬기게 하시기를 기도할 때는, 하나님께 온전히 굴복하고 다시금 믿음으로 그 선물을 구하십시오. 연약함과 약점에 대해 생각할 때마다 다른 사람을 위한 기도에 더욱 뛰어드십시오. 그들에게 복이 임하면, 당신도 도움을 얻을 것입니다. 회심한 자들이나 선교사업을 위한 기도와 더불어, 하나님의 백성이 깨닫기를, 즉 자신들이 하나님께 온전히 속했음을 깨닫게 해 달라고 기도하십시오.

제28일

무엇을 기도할까: 모든 하나님의 백성이 성령을 알기를

그는 진리의 영이라. 세상은 능히 그를 받지 못하나 … 너희는 그를 아나니 그는 너희와 함께 거하심이요 또 너희 속에 계시겠음이라 — 요한복음 14:17

너희 몸은 … 성령의 전인 줄을 알지 못하느냐? — 고린도전서 6:19

성령은 사람을 구원하는 하나님의 능력입니다. 그분은 교회에 거하시면서 일하십니다. 그분은 신자들이 하나님께서 허락하신 대로 살 수 있도록 자신을 주십니다. 하나님께서 신자들에게 허락하신 삶은, 온전히 구원하시는 하나님을 충분히 경험하고 보는 삶입니다. 하나님의 모든 백성이 성령을 알도록 하나님께 기도하십시오. 모든 충만함 가운데 계신 성령께서 그 백성에게 자신을 주시기를 기도하십시오. 어느 곳에 있는 하나님의 백성이든 "성령을 믿습니다"라고 말할 줄 알게 되기를 기도하십시오.

어떻게 기도할까: 애써 기도하자

그리스도 예수의 종인 너희에게서 온 에바브라가 너희에게 문안하느니라. 그가 항상

너희를 위하여 애써 기도하여 너희로 하나님의 모든 뜻 가운데서 완전하고 확신 있게 서기를 구하나니 — 골로새서 4:12

건강한 사람에게 노동은 기쁨입니다. 그 사람은 관심이 있는 일을 열심히 합니다. 참으로 건강하고 그 마음이 성령으로 충만한 신자는 열심히 기도합니다. 무엇을 위해 그렇게 하겠습니까? 그의 형제들이 하나님의 모든 뜻 가운데서 완전하고 온전히 서도록 하기 위함입니다. 그들을 향한 하나님의 뜻과, 성령의 인도를 받으며 살도록 부르신 하나님의 부름을 알게 하기 위함입니다. 이것이 가능하며 확실하다는 것을, 하나님의 모든 자녀가 알도록 애써 기도하십시오.

제29일

무엇을 기도할까: 중보기도의 영을 위해

내가 너희를 택하여 세웠나니 이는 너희로 가서 열매를 맺게 하고 또 너희 열매가 항상 있게 하여 내 이름으로 아버지께 무엇을 구하든지 다 받게 하려 함이라 — 요한복음 15:16
지금까지는 너희가 내 이름으로 아무 것도 구하지 아니하였으나 … 그날에 너희가 내 이름으로 구할 것이요 — 요한복음 16:24, 26

우리가 예수님의 이름으로 거의 기도하지 않았다는 사실은 우리의 중보기도학교에서 배우지 않았습니까? 주님께서는 제자들에게 "그날에, 성령이 너희에게 임하시면, 너희가 내 이름으로 구할 것이라"고 약속하셨습니다. 우리 곁에는 중보기도의 능력이 없어서 슬퍼하는 사람이 수없이 많습니다. 오늘 우리의 중보기도가 그 슬퍼하는 사람들과 하나님의 모든 자녀를 위한 것이 되게 합시다. 성령 충만한 삶은 어떤 것인지, 그리고 우리 안에서 역사하시는 성령의 중보기도에 자신을 맡기는 것은 어떤 것인지, 그리스도께서 성령을 통해 우리에게 가르쳐 주시기를 기도합시다. 하나님의 능력을 세상에 가져오는 중보기도의 영만큼 교회와 세상에 필요한 것이 없습니다. 중보기도의 영이 하늘로부터 내려와 기도에 대부흥이 일어나기를 기도하십시오.

어떻게 기도할까: 그리스도 안에 거하며

> 너희가 내 안에 거하고 내 말이 너희 안에 거하면 무엇이든지 원하는 대로 구하라 그리하면 이루리라 – 요한복음 15:7

하나님을 인정하는 것과, 하나님께 다가가는 것은 모두 그리스도 안에 있습니다. 애써 그리스도 안에 거할 때, 우리는 구할 자유를 얻습니다. 그 자유는 우리의 옛 본성이나 의지에 기초를 둔 자유가 아니라 자기 본위에서 벗어난 거룩한 자유입니다. 우리는 새 본성의 능력 안에서 원하는 것을 자유롭게 구할 수 있고, 그것은 이루어질 것입니다. 자유롭게 구할 수 있는 이 자리를 잃지 맙시다. 그리고 하나님께서 우리의 기도를 들으시며, 우리 주위의 모든 사람에게 간구하는 영을 주시리라는 것을 지금 이 순간에도 믿읍시다.

제30일

무엇을 기도할까: 하나님의 말씀에 성령이 더하기를

> 이는 우리 복음이 너희에게 말로만 이른 것이 아니라 또한 능력과 성령과 큰 확신으로 된 것임이라 – 데살로니가전서 1:5
> 이것은 하늘로부터 보내신 성령을 힘입어 복음을 전하는 자들로 이제 너희에게 알린 것이니라 – 베드로전서 1:12

참으로 많은 성경이 배포되고 있습니다. 성경에 대한 설교도 참으로 많이 선포되고 있습니다. 그리고 가정과 학교에서 성경이 참으로 많이 읽히고 있습니다. 성경이 "말로만" 다가온다면 무슨 복이 있겠으며, "성령으로" 다가온다면, 또 "하늘로부터 보내신 성령을 힘입어" 선포된다면, 얼마나 거룩한 복과 능력이 있겠습니까? 성경이 배포되고, 선포되고, 가르치고, 읽혀지기를 기도하십시오. 그 모든 것이 많은 기도로 인해 성령 안에서 이루어지기를 기도하십시오. 성경을 읽고 듣는 모든 곳에서 그 말씀에 성령의 능력이 더하기를 기도하십시오. "하나님의 말씀"에 있는 한 구절 한 구절로부터 중보기도를 일깨우십시오.

어떻게 기도할까: 깨어 기도하자

기도를 계속하고 기도에 감사함으로 깨어 있으라. 또한 우리를 위하여 기도하되 하나님이 전도할 문을 우리에게 열어 주사 그리스도의 비밀을 말하게 하시기를 구하라 — 골로새서 4:2-3

모든 것이 하나님과 기도에 달려 있다는 것을 깨닫지 못합니까? 하나님께서 살아 계시고 사랑하시며 들으시고 일하시는 한, 말씀을 받아들여야 할 사람들이 있는 한, 말씀대로 행함으로써 이루어질 일이 있는 한, 쉬지 말고 기도하십시오. 흔들리지 말고 기도를 계속하며, 기도에 감사함으로 깨어 있으십시오. 모든 그리스도인에게 당부하는 말입니다.

제31일

무엇을 기도할까: 그리스도의 마음이 그의 백성에게도 있기를

나는 포도나무요 너희는 가지라 — 요한복음 15:5
내가 너희에게 행한 것 같이 너희도 행하게 하려 하여 본을 보였노라 — 요한복음

13:15

우리는 가지로서 포도나무처럼 되어야 하고, 포도나무와 완전히 하나가 되어야 합니다. 그리하여 우리가 같은 본성, 같은 생명, 같은 마음을 가졌음을 모두에게 보여야 합니다. 우리가 그리스도의 마음, 그리스도의 영을 구할 때, 능력의 영만 생각할 것이 아니라, 그리스도 예수의 기질과 성품도 생각합시다. 오직 이것만을 구하고 기대합시다. 당신을 위해, 하나님의 모든 자녀를 위해 이것을 구하며 부르짖읍시다.

어떻게 기도할까: 힘써 기도하자

너희 기도에 나와 힘을 같이하여 나를 위하여 하나님께 빌라 — 로마서 15:30
내가 너희를 위하여 얼마나 힘쓰는지를 너희가 알기를 원하노라 — 골로새서 2:1

모든 사악한 힘은 우리가 기도하는 것을 막으려 합니다. 기도는 기도를 방해하는 세력과 싸우는 것입니다. 따라서 기도에는 온 마음과 온 힘이 필요합니다. 힘써 기도하여 그 세력을 이길 때까지, 하나님께서 우리에게 은혜 베푸시기를 기도합니다.

🔵 독자 여러분들께 알립니다!

'CH북스'는 기존 '크리스천다이제스트'의 영문명 앞 2글자와
도서를 의미하는 '북스'를 결합한 출판사의 새로운 이름입니다.

세계기독교고전 60

그리스도의 기도학교

3판 1쇄 발행 2019년 3월 8일
3판 2쇄 발행 2021년 3월 5일

발행인 박명곤
사업총괄 박지성
기획편집 채대광, 김준원, 박일귀, 이은빈, 김수연
디자인 구경표, 한승주
마케팅 박연주, 유진선, 이호, 김수연
재무 김영은
펴낸곳 CH북스
출판등록 제406-1999-000038호
전화 070-4917-2074 **팩스** 031-944-9820
주소 경기도 파주시 회동길 37-20
홈페이지 www.hdjisung.com **이메일** main@hdjisung.com
제작처 영신사 월드페이퍼

ⓒ CH북스 2019

"크리스천의 영적 성장을 돕는 고전"
세계기독교고전 목록